U0875947

湘籍辛亥风云人物传记丛书

饶怀民 主编

南社诗雄

宁调元传

邓江祁 著

岳麓書社

·长 沙·

宁调元像

宁调元曾经就读的醴陵渌江书院

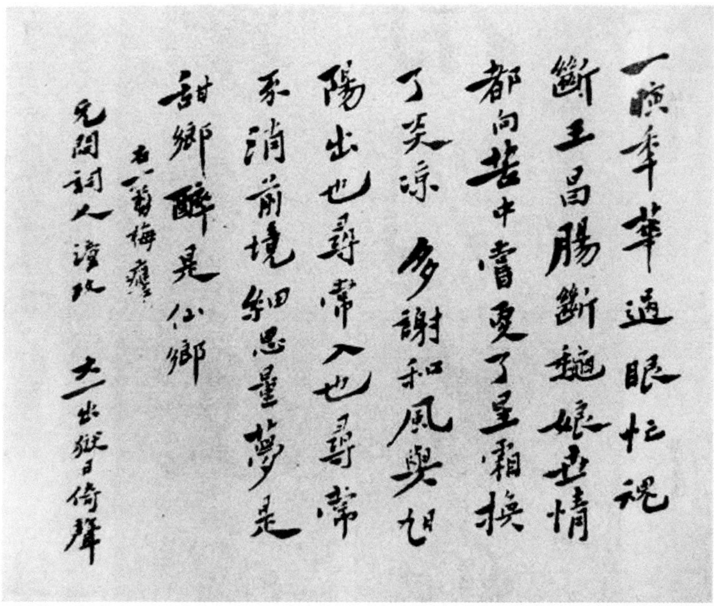

宁调元书《一剪梅·出狱日作》

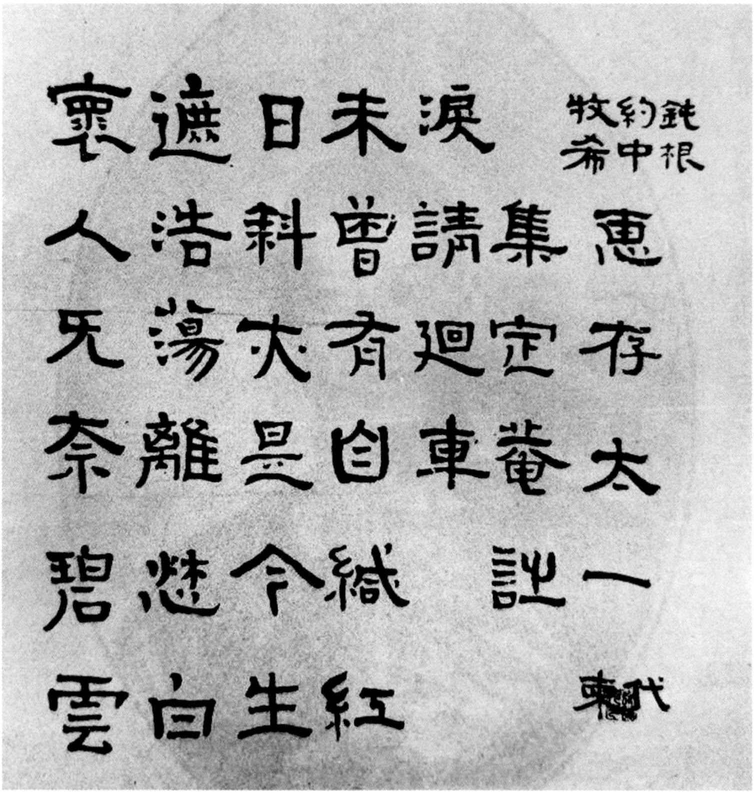

宁调元书赠文斐、傅専等

宁调元为傅専书联

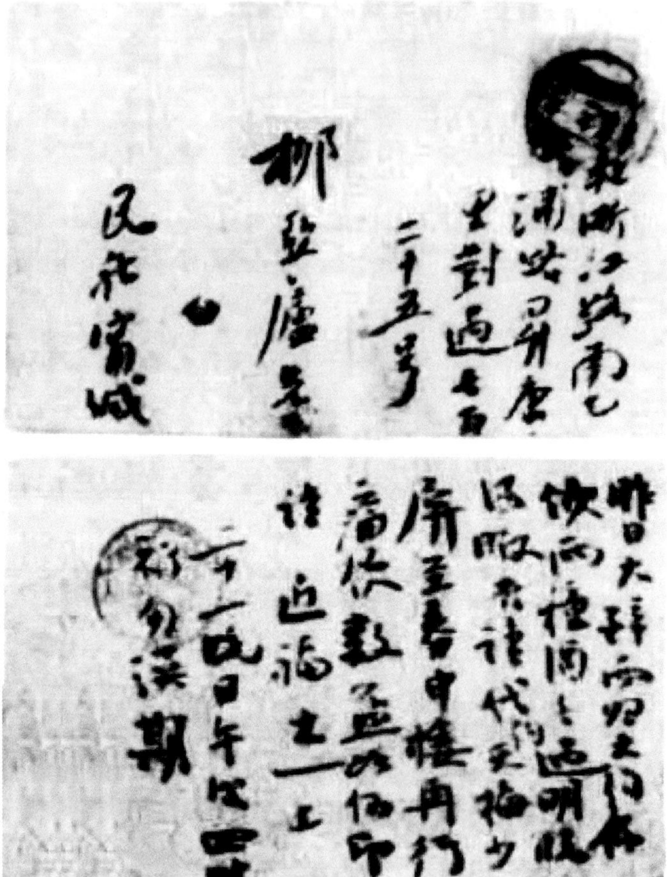

宁调元致柳亚子的明信片

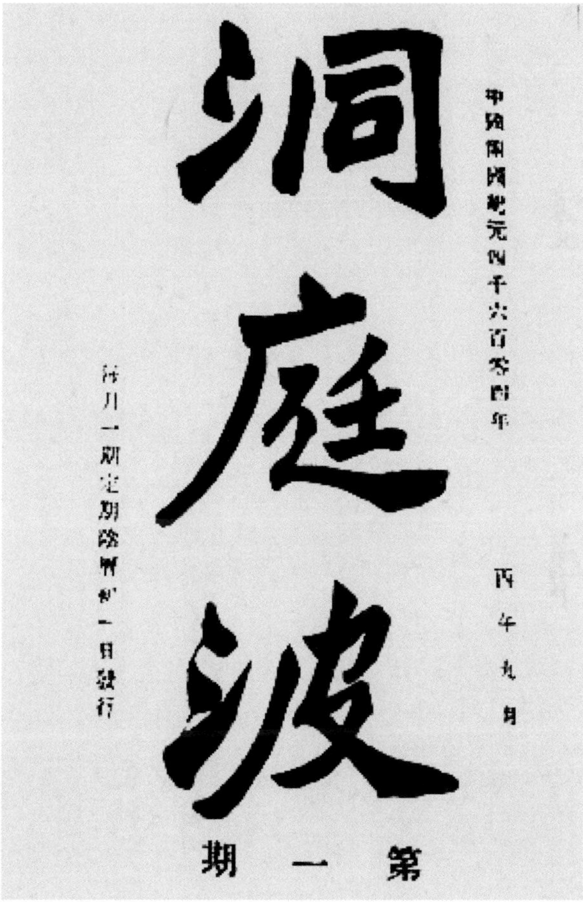

宁调元创办的刊物《洞庭波》

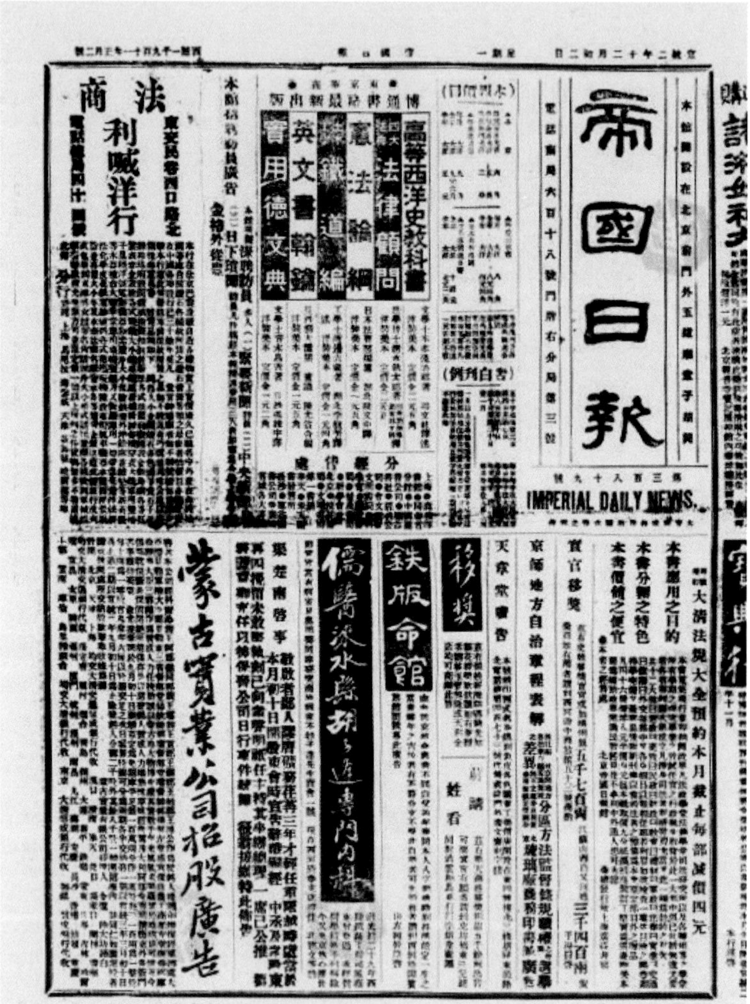

帝國日報

IMPERIAL DAILY NEWS.

宁调元主编的《帝国日报》

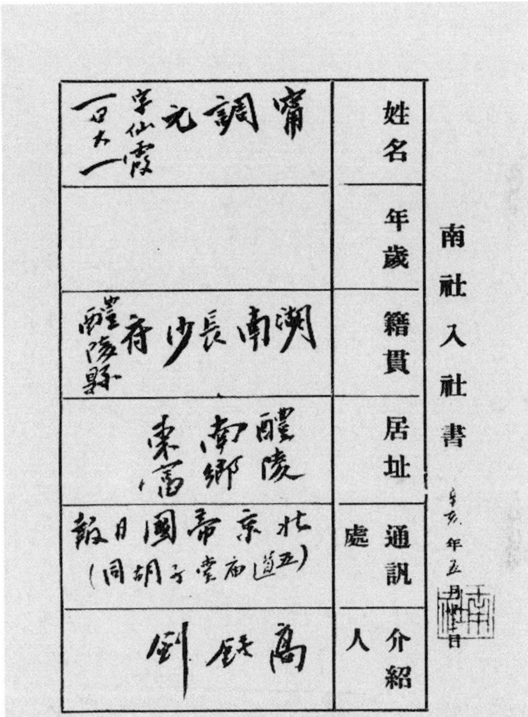

南社入社書

姓名	甯調元 字仙霞 一曰大一
年歲	
籍貫	湖南長沙府醴陵縣
居址	醴陵南鄉東富
通訊處	北京帝國日報（[illegible]）
介紹人	高鈍劍

辛亥年五月 日

宁调元南社入社书

宁调元墓

（1913 年原葬醴陵西山龙形，1936

年改葬醴陵西山渌江书院虎形）

湘籍辛亥风云人物传记丛书
总序

1911年10月10日，以武昌首义为标志的辛亥革命是中国近代史上的重大事件，它一举推翻了统治中国2000多年的封建君主专制制度，建立了资产阶级民主共和国，使中国民族资本主义获得了进一步发展，也使中国人民在思想上获得了空前大解放，大大促进了中国的近代化。因此，在近代以来的中国社会发展进程中，辛亥革命是一个重要的里程碑，产生了重大而深远的影响！湖南则因其特殊的历史机缘在辛亥革命时期成为举足轻重的地域之一，具有重要的历史地位，如国内率先发动的甲辰长沙起义，引领长江流域革命的鄂宁起义，震惊中外的萍浏醴起义，民族资产阶级上层发动的国会请愿运动，以绅商为主体带头发动的湖南保路运动，社会广泛参与的长沙抢米风潮，湖南首先响应武昌首义以及派遣湘军援鄂、策动各省光复等等，都是整个辛亥革命史链条中的重要环节。

辛亥革命这场伟大的革命运动不仅改造着社会，也改造着人们自身，诚如列宁曾经指出的，“历史早已证明，伟大的革命斗争会造就伟大人物，使过去不可能发挥的天才发挥出来”①。辛亥革命不仅铸就了孙中山在中国资产阶级民主革命中的领袖地位，而

① 列宁：《悼念雅·米·斯维尔德洛夫》（1919年3月8日），《列宁全集》第29卷，人民出版社，1956年，第71页。

且造就了一个庞大的领袖集团，可以毫不夸张地说，在这一领袖集团中，湖南人以其人数之众、知名度之高、贡献之大、影响之深，格外引人瞩目。其中有与孙中山齐名，领导过十多次武装起义的“武圣”、陆军总长黄兴；有以领导云南重九起义和奋起讨伐袁世凯、声威播于海内外的护国将军蔡锷；有率先加入湖北新军，担任过湖北著名革命团体文学社社长，武昌起义前被推举为临时总司令的蒋翊武；有精通资产阶级民主与法制，被人们赞誉为“第一流政治家”“为宪法流血第一人”的宋教仁；有代理孙中山、黄兴主持东京同盟会总部工作长达四五年之久，抵制“倒孙”风潮，粉碎暗杀孙中山阴谋，为辛亥革命一家牺牲三位亲人的“痛苦的革命家”刘揆一；有受东京同盟会总部派遣领导过萍浏醴起义，被清吏杀害而成为“同盟会员中为中国革命流血第一人”“留日学界为中国革命流血第一人”的青年革命家刘道一；有一生四次加入革命团体、六次担任总司令，开辟整个华东战场，在沪宁光复过程中立过汗马功劳的李燮和；有著名通俗宣传家、被时人称之为“革命党之大文豪”，著名的《警世钟》《猛回头》《狮子吼》的作者陈天华；有在日本参与创办《游学译编》和湖南编辑社，着力介绍西方社会科学和自然科学知识，对帝国主义本质有着深刻认识的《新湖南》作者、蹈海志士杨毓麟；有大胆改革《苏报》、大造革命舆论、第一个将日本志士宫崎滔天所著《三十三年之梦》节译出来，将孙中山首先介绍给国人的著名的民主革命宣传家章士钊；有以联络会党为职志，在汉口、汉阳相继失守的关键时刻临危受命，出任过武昌防御使兼北面招讨使，人称“托塔天王”的谭人凤；有担任过同盟会湖南分会会长，因积极从事革命活动被捕、备受酷刑而宁死不屈的革命活动家禹之谟；有担任过同盟会调查部长，嗣后又参与组织著名革命团体共进会，并率先响应武昌首义，被推举为湖南首任都督的焦达峰；有秘密策划武昌首义，事泄被捕、英勇就义的武昌首义著名三烈士之一的刘复基；有因抗议日本文部省颁布的《清国留学生取缔规则》愤而回国，在上海创办中国公学受阻、投黄浦江以死抗争的姚宏业；有主编过《洞庭波》杂志和《帝国日报》，积极鼓吹反清革命、事泄被捕的"牢狱诗人"宁调元；有回国响应萍浏醴起义，失败后在江苏扬州谋刺两江总督端方、慷慨捐躯的杨卓林；有毁家纾难、离乡背井，长期以山西为主要活动区域，辗转于长江流域各省，联络会党密谋起义，失败后被捕而瘐死的郑子瑜；有在广州新军中秘密散发"保亚票"，联络清巡防营中会党，策动反清武装起义被捕牺牲的谭馥、葛谦；有在新疆领导迪化（今乌鲁木齐）起义，将民主革命烈火燃遍天山南北，誓与迪化共存亡，被捕牺牲的刘先俊；有在甘肃领导秦州（今天水）起义、宣布秦州独立、成立甘肃临时军政府担任都督的黄钺；有在贵州率先成立自治学社、担任贵州枢密院院长的张百麟。几乎可以说，在辛亥革命时期，湖南人在中国乃至世界各地都留下了他们从事革命活动的足迹，在辛亥革命的每一个阶段都曾建立过不朽的历史功勋！

孙中山于 1912 年 3 月 6 日曾以临时大总统名义给予陈天华、杨毓麟、杨卓林、郑子瑜等湖南死难烈士以高度的评价，并批准建立烈士祠。他在给陆军部下达的批文中明确批示："按民国缔造之功，匪一手足之烈，睹兹灿烂之国徽，尽系淋漓之血迹。以上诸烈士，或谋未遂而身赴西市，或难未发而瘐死囹圄，或愤铁弹之一击，或举义旗于万夫，或声嘶去国之吟，或身继蹈海之烈"；"此次义师一呼，万方响应，实由民族学说灌输人心，已匪朝夕，故铜山崩而洛钟应，光复大业，期月告成"。[①] 这段赞词无异于给所有湘籍志士的反清革命活动勾勒出了一幅色彩绚丽的历史画卷！

为了叙述的方便，我们将湘籍辛亥风云人物对辛亥革命的贡献概括为以下四个方面：

第一，出版著作、译作，创办报章杂志，广泛开展革命的舆论宣传。

"长梦千年何日醒，睡乡谁遣警钟鸣？"在中华民族面临亡国

---

① 孙中山：《令陆军部准建杨、郑二烈士专祠并附祀吴、熊、杨、陈四烈士文》（一九一二年三月六日），《孙中山全集》第二卷，中华书局，1982 年，第 183 页。

灭种的危急关头，是杨毓麟、陈天华等人率先向国人敲响了警世钟！他们撰写、出版了一大批唤醒国人的著作，其中较早的代表作是杨毓麟的《新湖南》。该书于1902年冬在日本东京刊行，早于邹容的《革命军》、章炳麟的《驳康有为论革命书》等著作。《新湖南》虽以省区命名，但其出发点并非仅仅论述湖南省范围内的区域自治，而是基于作者深厚的国学功底和对世界历史与现状的深刻了解，以其广阔的政治视野探索了20世纪的时代特征。杨毓麟将湖南人的历史责任放在民族解放运动的整体中进行考察，同时又将振兴中华的事业放在新世纪的世界全局中来认识，他的著作因此具有超越同时代革命党人的思想深度。可以毫不夸张地说，杨毓麟对帝国主义本质的认识是最深刻的，诚如我国当代著名历史学家章开沅教授曾经指出的，“作者对帝国主义这个怪物的认识，是当时历史条件下先进的中国人所能达到的最深刻的理解”①。《新湖南》以强烈的理论色彩见长，容易在“中等社会”，即资产阶级知识分子中广泛传播。此书出版后，“风行于世”，大量传播内地，成为当时影响最大的新潮读物之一。

如果说杨毓麟的《新湖南》是用文言文写成，专从学理上阐述反帝反封建斗争，容易在“中等社会”中广为流传的话；那么陈天华的《猛回头》《警世钟》《狮子吼》则是用白话写成，更容易在“下等社会”，即广大下层劳动群众中传播开来。1906年，龙华会会员、浙江金华人曹阿狗到处演唱《猛回头》，被金华知府杀害。为此，金华知府出一告示，诬称《猛回头》为“逆书”，“阅者杀无赦，以阿狗为例”；可是，“索观此逆书之人益多，乡人多辗转向上海购阅”②。据史料记载，士兵读之，“奉为至宝”；学生读之，“如同着迷”，“时以偷看《猛回头》为乐”。当时革命派在新军中的代表，甚至以此为政治教材，士兵退伍，“散至民间，则

---

① 章开沅：《湖南人与辛亥革命》，湖南史学会编《辛亥革命在湖南》，湖南人民出版社，1984年，第6页。

② 冯自由：《中华民国开国前革命史》中编，良友图书印刷公司，1920年，第130页。

用为歌本，遍行歌唱，其效力之大，不可言喻”[①]。《猛回头》《警世钟》两书再版十余次，仍然供不应求。陈天华强烈的反帝爱国思想大大鼓舞了人们的斗志，也使他赢得了“革命党之大文豪”的赞誉！

除上述著作之外，还不能不提到一批颇具影响的译作，最引人注目的是翻译家赵必振的译作。他于1902年在上海广智书局翻译出版了日本著名社会主义思想家幸德秋水所著《二十世纪之怪物帝国主义》和《广长舌》；翌年，他又翻译出版了福井准造著的《近世社会主义》；在此前后，他还翻译了《日本人权发达史》《世界十二女杰》《东亚将来大势论》《阿拉伯史》《土耳其史》《巴比伦史》《希腊史》《罗马史》等十余部著作；他是我国早期介绍社会主义思想的著名翻译家，尽管他所说的社会主义并不完全是真正意义上的科学社会主义。此外，由黄兴、杨毓麟于1902年11月在东京创办的《游学译编》是“全以译述为主”的刊物。是年底，黄兴、蔡锷等人创办了“湖南编译社”，大量译介西方近代科学知识，宣传民主革命思想。这一大批湘籍志士的译著，如果从整体上考察，则无论从广度或深度方面较诸启蒙大师严复都有所前进！

报刊是舆论之母，是传播思想文化的重要载体。湘籍志士始终把创办报章杂志作为推动民主革命事业的重要组成部分。据不完全统计，在辛亥革命前后，即从1901年到1917年，由湘籍志士创办或主编的宣传民族民主革命思想的报章杂志总数有40余种。他们在这些刊物上发表的文章包括时评、社论、新闻等等，大都有感而发，具有很强的针对性。上述著作、译作和文章犹如黑血、金鼓、警钟、木铎，敲响了清王朝灭亡的丧钟！

第二，聚集人才，创建革命团体，深入进行组织发动。

1904年2月以黄兴为首成立的华兴会，是国内第一个反清革命团体，人数多达数百人。1905年8月，同盟会成立，华兴会除

① 曹亚伯：《武昌革命真史》前编上，上海书店，1982年，第130页。

个别成员外，几乎全部加入了同盟会。据冯自由著《革命逸史》所载《同盟会最初三年会员人名册》统计，1905 年至 1907 年间在东京登记的 960 名会员中，湘籍志士 157 人，仅次于广东。[①] 同盟会东京本部所设执行、评议、司法三部中，黄兴任执行部庶务，实居协理之职。其后，代理庶务干事、主持本部工作的还有宋教仁、刘揆一等人，刘揆一主持同盟会本部工作长达四五年之久。宋教仁还担任过司法部检事长。胡瑛、覃振、陈家鼎、范治焕等任评议部评议员。同盟会章程八名起草人员中即有黄兴、宋教仁、陈天华等人，处于执牛耳的地位。以孙中山、黄兴为轴心的中国第一个资产阶级政党同盟会的成立，标志着中国资产阶级民主革命进入到一个崭新的阶段。

1907 年 8 月，共进会在日本东京成立，焦达峰被推举为交通部长。对于组织共进会，刘揆一“极表赞成”。该会创立的目的完全是为了加强会党的联络工作，以推动长江流域的革命事业。由于焦达峰、刘揆一及川人张百祥、吴玉章等同盟会会员的推动，各地哥老会、孝友会、三合会等会党组织在日本的首领“终于在 1907 年的下半年结成了一个统一的组织”[②]。

为进一步推动长江流域的革命事业，中部同盟会应运而生。1911 年 7 月在上海成立的中部同盟会，选举宋教仁、谭人凤等人为总务干事。公推谭为总务议长，负责召集会议、保管文书及印信等事，会后发布了谭起草的成立《宣言》；宋教仁被推举任文事，他亲手制定了《中部同盟会总会章程》《总务会暂行章程》《分会章程》等等。谭、宋二人实居于核心地位。

上述两个革命团体尽管在成立过程中存在这样或者那样的缺点甚至错误，但它对统一全国各地会党、促成同盟会将战略重点由东南沿海转移到长江流域、推动中部地区的革命事业具有重要的战略意义，其积极作用还是主要的。

---

① 冯自由：《革命逸史》第六集，中华书局，1981 年，第 75 页。

② 吴玉章：《吴玉章回忆录》，中国青年出版社，1978 年，第 49 页。

1908 年 12 月在广州成立的保亚会，是谭馥、葛谦等湘籍志士为策动广州巡防营起义而设立的革命团体。保亚会采用唐才常领导庚子自立军起事散发“富有票”的方法，在广州巡防营士兵中散发“保亚票”，嗣因鄂人严国丰不慎失落“保亚票”，而使这次策动清巡防营起义的计划泄露而归于流产。葛谦、严国丰当即被捕就义，谭馥于翌年被捕牺牲。

特别值得一提的是，在湖北革命团体的演变中，鄂籍志士无疑起到了关键性的主导作用；湘籍志士的参与更是湖北革命团体屡仆屡起的重要原因之一，有的甚至还担任了湖北革命团体的主要领导者。1904 年成立的科学补习所，胡瑛为总干事，宋教仁任文书；1906 年成立的日知会，辜天佑为干事，胡瑛为主要活动分子；1908 年成立的军队同盟会，湘籍志士杨王鹏、钟畸、章裕昆等都是该组织的骨干成员；同年底成立的群治学社，“暂设庶务一人，主持会务”，众推钟畸为庶务①；1910 年，群治学社改为振武学社，杨王鹏任社长；钟、杨均为著名的湘籍英烈。1911 年，振武学社改为文学社，蒋翊武任社长。武昌首义前夕，文学社已发展会员多达 3000 人，成为当时最有影响的革命团体。正是文学社与湖北另一个革命团体共进会联合，共同领导了武昌首义。

第三，拥戴孙中山，维护孙中山，勇敢地捍卫孙中山的领袖地位。

当清政府横加诬陷、悬重赏捉拿孙中山的时候，当保皇党人肆意诋毁、恶毒攻击孙中山的时候，当多数革命党人由于孙中山形象被扭曲而对其产生误解、不敢与其接近的时候，是毕永年、秦力山等一批湘籍志士主动与孙中山站在一起，风雨同舟，带头与孙中山交游，从而较早地沟通了孙中山与留日学生之间的感情。孙中山与湖南知识界最早取得联系的代表人物是长沙拔贡毕永年。毕于 1899 年东渡日本，率先加入孙中山最早创立的革命团体兴中

---

① 张难先：《群治学社之始末》，严昌洪等编《张难先文集》，华中师范大学出版社，2005 年，第 162 页。

会，旋奉孙中山之命，回国调查国内会党势力，从事联络长江流域哥老会的工作。同年冬，毕永年邀约哥老会各山堂正龙头齐集香港，与陈少白联络的三合会合作，并在兴中会本部举行兴中会、三合会、哥老会合并大会，另拟会名为“兴汉会”，共推孙中山为总会长。为让更多的人了解孙中山，秦力山曾有过为孙中山立传的想法，后因担心别人说他“好标榜，复罢之”。但这一意愿终于由另一个湖南人章士钊在1903年实现了，章利用他在沪上主《苏报》笔政的余暇，节译了日本志士宫崎滔天撰写的《三十三年之梦》，以《孙逸仙》为书名出版。章士钊以敏锐的政治眼光率先喊出：孙逸仙为“近今谈中国革命之初祖，实行革命者之北辰！”“有孙逸仙，中国始可为！”这种认识与秦力山极相类似，因而秦热情为该书作序，尊崇孙逸仙为“天锡之勇者”[①]。此书一出，“一时风行天下，人人争看”，这对人们全面了解、重新认识孙中山起到了振聋发聩的作用。以1903年章士钊的《孙逸仙》一书出版为契机，初步确立了孙中山在资产阶级、小资产阶级知识分子中的领袖地位。

此后，在陶成章、章太炎、张继等人连续两次掀起倒孙风潮的关键时刻，是黄兴、刘揆一挺身而出，坚决捍卫孙中山的领袖地位。1907年3月，在第一次倒孙风潮中，陶成章等人要求当时主持本部工作的刘揆一召开一次特别会议，以便开除孙中山，另选黄兴为总理。刘揆一力排众议，断然拒绝召开特别会议。为此，张继竟然同刘揆一在民报社编辑部互相揪打起来。刘揆一坚持认为，黄兴“素以实行革命为务，绝不居此空虚总理之名，且方与孙总理共谋粤东起义，万一因‘总理’二字而有误会，使党军前途顿生阻力，非独陷害孙、黄二公，实不啻全体党员之自杀”[②]。

---

① 章士钊：《孙逸仙》，《中国近代史资料丛刊·辛亥革命》四，上海人民出版社，1957年，第91页。

② 刘揆一：《黄兴传记》，饶怀民编《刘揆一集》，华中师范大学出版社，2011年，第118页。

就在同盟会内部矛盾加剧之时，日后成为叛徒的刘光汉伙同日本人北辉次郎等人企图篡夺同盟会领导权，提出所谓改组同盟会的提案，挑起了更加激烈的纷争。刘揆一在“望浅，众意不属”的情况下[①]，仍然坚持维护孙中山的领袖地位，他将东京本部这种混乱状况急函在香港的友人彭邦栋请他转告黄兴。黄兴在复函中称：“革命为党众生死问题，而非个人名位问题，孙总理德高望重，诸君如求革命得有成功，乞勿误会，而倾心拥护，且免陷兴于不义。”正是由于黄、刘正确处理同盟会内部纷争，“会众遂欣然安之”，第一次倒孙风潮暂时平息下来。

1908年2月，刘光汉在公众舆论面前，无法遂其个人野心，竟暗中勾结日本人北辉次郎、清藤幸七郎等人阴谋暗杀孙中山，“欲以十万金而鬻孙文之首”[②]。又是刘揆一团结东京同盟会本部同仁共同斗争，一举粉碎了一起惊心动魄的暗杀孙中山的阴谋。

1908年9月，在第二次倒孙风潮中，陶成章以川、粤、湘、鄂、江、浙、闽七省同志的名义起草了一份“孙文罪状”的公函，要求同盟会公开发表；章太炎发布《伪〈民报〉检举状》以与陶相唱和，大肆攻击孙中山；在法国的张继，与陶、章遥相呼应，要求孙中山“辞退同盟会总理”职务，布告天下。黄兴、刘揆一严正拒绝了陶、章等人提出革除孙中山总理的要求，拒绝发表所谓的公函。并由黄兴、刘揆一、谭人凤三人联名致函南洋各埠，对陶氏散发的“孙文罪状”逐条加以驳斥，以中国同盟会总部的名义致函美洲各华侨报馆同盟会员，针对陶、章所为，规定“按本会章程，如总理他适，所有事务由庶务代理，故凡公函必须有庶务签名及盖用同盟会之印者，方可认为公函”[③]。如非公函，“同人可置之不理”。喧嚣一时的第二次倒孙风潮总算平息下来。

---

① 汤志钧编：《章太炎年谱长编》上册，中华书局，1979年，第258页。

② 宋教仁：《程家柽革命大事略》，陈旭麓主编《宋教仁集》下册，中华书局，1981年，第439页。

③ 黄兴等：《致美洲各埠中文日报同志书》（1909年11月7日），刘泱泱编《黄兴集》，湖南人民出版社，2008年，第23页。

在组织南京临时政府的过程中，黄兴仍然在关键时刻发挥了重要作用。1911 年 12 月，各省代表会议致函黄兴，欢迎黄兴去南京组织临时政府。临行前，黄兴获悉孙中山不久即可到达上海，遂决定等待孙中山到达上海之后再定行止，众不以为然，他解释说："孙先生是同盟会的总理，他未回国时，我可以代表同盟会，现在他已在回国途中，我若不等待他到沪，抢先一步到南京就职，将使他感到不快，并使党内同志发生猜疑。"[①] 于是，在黄兴等人的积极努力和精心安排下，使孙中山顺利当选为中华民国临时大总统，从而胜利地完成了建立民主共和国这一中国历史上的伟大创举！

第四，赴汤蹈火，前仆后继，积极开展反清武装斗争。

1904 年的长沙起义是国内第一个反清革命团体华兴会领导的第一次反清武装起义。这次起义的计划是由黄兴、刘揆一等革命知识分子与倾向革命的会党首领马福益等共同商量制订的，他们计划于 1904 年 10 月 10 日清西太后 70 岁生日那天，全省官吏在省城行礼时，"预埋弹药其下，以炸毙之"，而乘机起义，外分五路响应，以"洪会健儿充队伍，军学界人为指挥"[②]。推黄兴为主帅，刘揆一、马福益为正副总指挥。但这次起义由于会党败类告密而流产，黄兴、刘揆一等人逃往上海，马福益于翌年被捕遇难。长沙起义失败后，黄兴、刘揆一又与华兴会外围组织上海爱国协会同仁于同年 11 月间共同策动了引领长江流域革命的鄂宁起义，但这次起义又由于受万福华刺王之春事件的牵连，造成黄兴等 13 人被捕入狱，鄂宁起义计划被迫搁浅。黄兴等人出狱后，原华兴会成员纷纷东渡日本，他们并没有因两次起义的先后失败而停止其革命活动，而是集结在中国第一个资产阶级政党同盟会的旗帜下，酝酿着更大规模的反清武装起义。

---

① 李书城：《辛亥前后黄克强先生的革命活动》，《辛亥革命回忆录》第一集，文史资料出版社，1981 年，第 196 页。

② 刘揆一：《黄兴传记》，饶怀民编《刘揆一集》，第 108 页。

1906年，受黄兴派遣，同盟会员刘道一、蔡绍南在湘、赣边境发动了震惊中外的萍浏醴起义，这次起义是同盟会成立后领导的第一次大规模武装起义，也是中国南部自太平天国运动以后范围最大的一次革命。参加起义的民众包括江西萍乡安源地区的一部分煤矿、陶瓷工人，湖南醴陵、浏阳的贫苦农民和手工业者，聚众3万多人，义旗所指，云集响应，起义遍及萍乡、浏阳、醴陵、衡山、湘潭、平江、宜春、万载、义宁（今江西修水）等市县，与清军鏖战匝月，交战26次，给清朝统治者以沉重的打击。清政府集结了湘、鄂、赣、苏四省兵力，包括地主武装团练5万多人，才将这次起义镇压下去。这次具有资产阶级民主革命性质的大起义揭开了以后同盟会领导的一系列武装起义的序幕。孙中山在东南沿海发动和领导的反清武装起义中，黄兴几乎无役不与，例如1907年的防城起义和镇南关起义、1908年的钦廉上思之役和云南河口起义、1910年的广州新军起义、1911年的黄花岗起义等等。在钦廉上思之役中，黄兴率领华侨青年200余人对抗清兵2万多人，“转战数月，所向无前，敌人闻而生畏，克强之威名因以大著”[①]。黄花岗起义前夕，黄兴抱着以身殉革命事业的决心，留下绝笔书，战斗打响以后，他组织敢死队，始终站在斗争第一线，一直战斗到最后只剩下他一个人，而且被打断两指，仅以身免。

武昌首义爆发后，临时总司令是蒋翊武，嗣由黄兴担任战时总司令，黄兴离汉赴沪之后，谭人凤毅然出任武昌防御使兼北面招讨使。在各省光复过程中，湖南是首先响应湖北首义的“首应之区”。10月22日，焦达峰、陈作新率新军起义，湖南各地会党积极响应，当晚，湖南即宣告独立，举焦达峰、陈作新为湖南军政府正、副都督。湖南军政府成立之后，先后分四批派遣16个营8000多湘军援鄂，湖湘子弟在前线风餐露宿、浴血奋战，表现出对清朝封建专制统治的无比愤恨和对革命事业的无限忠诚，协统

① 孙中山：《革命原起》，《中国近代史资料丛刊·辛亥革命》一，上海人民出版社，1957年，第14页。

刘玉堂和敢死队队长徐鸿斌在前线英勇杀敌殉难，其他官佐、士兵“死伤约千人”[①]。这批援鄂湘军参战，稳定了武汉战局，巩固了新生的湖北革命政权。在各省光复中，还有蔡锷、李燮和、孙道仁、黄钺等湘籍志士纷纷率众在各地起义，以响应武昌首义。10月30日，蔡锷在云南昆明发动重九起义，这次起义是除首义的湖北之外，独立各省革命党人组织的省城起义中战斗最为激烈、付出代价也是最巨大的一次，经过一个晚上又一个上午的血战，终于大获全胜。11月1日，成立云南军政府，蔡锷出任都督。11月3日，陈其美发动上海起义受挫被俘，李燮和下令组织敢死队，冲锋陷阵，营救陈其美出险；经过连夜苦战，清政府在上海的最后一个反动堡垒江南制造总局终于被攻克。11月4日，上海胜利光复。诸军推李燮和为临时总司令，移驻江南制造总局。李燮和除担任上海起义军临时总司令外，还先后担任过吴淞军政分府水陆军总司令、光复军总司令、援鄂联军总司令、光复军北伐总司令、长江水师总司令等多个总司令职衔，以军功论，李燮和应当出任上海军政府都督，但由于革命党人内部发生争夺都督风波，李燮和以大局为重，只好让位于陈其美，他本人退守吴淞，被举为吴淞军政分府都督。后来，李燮和又参与江、浙联军攻克南京，厥功甚伟。11月7日，经过革命党人反复做工作，广西宣布独立，改巡抚衙门为军政府、谘议局为议院、桂军为国民军，以原清广西巡抚沈秉堃为都督。9日，孙道仁在福建率新军起义，11日，成立福建军政府，孙被推举为都督。在山东光复过程中，烟台曾是同盟会北方支部所在地，在革命与反革命进行殊死搏斗的关键时刻，孙中山委任胡瑛为烟台都督。在甘肃光复过程中，黄钺领导了秦州（今天水）起义，成立了甘肃临时军政府，黄钺出任都督。此外，新疆光复是刘先俊领导的，他率先在迪化（今乌鲁木齐）起义，被捕遇害，成为辛亥革命时期牺牲在西北边陲的著名

① 谢介僧、文斐：《湖南辛亥光复事略》，《辛亥革命史料选辑》（下），湖南人民出版社，1981年，第11页。

英烈。贵州光复是张百麟为首的“自治学社”领导的，贵州军政府成立时，众推张百麟为都督，张固辞未就，改任枢密院院长，掌握军政、民政事宜。刘先俊和张百麟也都是湖南人。诚然，清王朝的最终覆灭是同盟会领导全国人民共同奋斗的结果，但湘籍志士毕竟具有特殊的功绩。

中华人民共和国成立以来，有关湖南辛亥革命史以及湘籍辛亥人物的文献整理与研究取得了较大的成绩，特别是湘籍辛亥人物文集的整理成效尤著，先后出版了《黄兴集》《蔡锷集》《宋教仁集》《陈天华集》《刘揆一集》《杨毓麟集》《谭人凤集》《宁调元集》《杨度集》《章士钊全集》等十多部文集；在此基础上，也陆续出版了有关黄兴、蔡锷、宋教仁等人的传记。尽管如此，这与湘籍辛亥人物在辛亥革命史上的地位相比还是极不相称的。因此，出版一套“湘籍辛亥风云人物传记丛书”就显得很有必要。

科学研究是没有止境的，辛亥革命时期的人物研究也不例外。有的湘籍辛亥人物虽然已经出版过传记，但还是可以继续挖掘新资料，从新的视角、不同的侧面进行深入研究的；有的湘籍辛亥人物由于搜集资料存在某些困难，几乎无人问津，类似这种情况更需要有人去进行研究，只要我们下苦功夫沿着当事人的活动轨迹去进行“地毯式”的搜查，还是能够发现蛛丝马迹、找到不少文献资料和口碑资料的，而且这样的学术研究成果属于填补空缺之作，更具有学术价值。

因此，对湘籍辛亥风云人物的研究，仍然具有广阔的空间。这就为出版“湘籍辛亥风云人物传记丛书”提供了可能。

马克思主义认为，历史首先是劳动群众创造的，是劳动群众的历史；在承认劳动群众创造历史的同时，也承认个人在历史上的作用。杰出的历史人物对社会的发展往往能起到加速或者延缓的作用。政治家、思想家的正确领导能促进历史的发展；他们所创造的革命理论能为群众自发运动指明前进的方向，诚如列宁所指出的："没有革命的理论，就不会有革命的运动。"[①] 如果没有正确的领导，革命就会失败，社会变革就会推迟。我们研究湘籍辛亥风云人物的思想及其生平史迹，涉及辛亥革命时期的政治、经济、军事、思想、文化以及当时的国际环境、社会背景和一些重大的历史事件等等。特别是辛亥革命时期发生的一系列重大历史事件都与湘籍志士有着千丝万缕的联系，他们或是领导者，或是策动者，或是参与者。他们的思想和活动与这些重大历史事件紧密相连，甚至直接影响着这些重大历史事件的发展进程。因此，出版一套"湘籍辛亥风云人物传记丛书"，不仅可以推动辛亥革命时期人物的思想与革命实践的研究，而且还可以促进和加深对整个辛亥革命史乃至中国近现代史的研究。

湘籍辛亥风云人物是近代湖湘文化哺育的结果。而近代湖湘文化继承了古代湖湘文化的优良传统，又吸收了近代西方文化的精华，对湘籍辛亥风云人物产生了深远影响。他们大都具有强烈的忧患意识和爱国主义情怀，他们主张经世致用，勇于任事，注重气节，有一种敢为天下先的使命感和投身政治洪流的献身精神。可以说，他们大多数的事迹都是一部活生生的爱国主义教材！他们坚贞不屈的民族气节，改造社会的伟大理想，一往无前的英雄气概，孜孜不倦的探索精神，永远是鼓舞我们建设中国特色社会主义的强大精神动力！因此，出版他们的传记，对于弘扬先进文化，加强社会主义精神文明建设，对广大人民群众进行爱国主义教育，推动我国的社会主义现代化建设事业具有极其重要的现实意义！

岳麓书社申报、湖南省新闻出版局批准出版"湘籍辛亥风云人物传记丛书"是很有创意的举措，是一件很有意义的大事，也是一件喜事！作为这套丛书的主编，我深感责任重大，将不遗余力地组织大家完成此项任务，以不辜负广大读者的期盼。

---

① 列宁：《怎么办》（1901年秋—1902年2月），《列宁选集》第1卷，人民出版社，1976年，第241页。

由于众所周知的原因，出版学术著作丛书本来就是一件很困难的事情，主要是出版经费难以筹措。在本丛书因为经费问题面临搁浅的情况下，得到了华民慈善基金会的资助，从而解除了丛书作者的后顾之忧。他们这种强烈的社会责任感和爱国主义情怀时时令我感动不已，我唯有以努力推动和促成本丛书早日出版的实际行动感谢他们的关心和支持。

我希望长期从事辛亥革命史研究的学者，特别是青年学者积极参与此项系统工程建设，振奋精神，潜心研究，撰写出更多有创意、有特色、有质量的湘籍辛亥风云人物传记，为广大读者提供丰富的精神食粮，为弘扬先进文化、繁荣社会主义史学作出更大、更新的贡献！

是为序。

饶怀民

2011 年 7 月 1 日

目　录

前　言 …………………………………………………………………（1）
第一章　家世探源 ……………………………………………………（1）
　第一节　宁姓起源 ……………………………………………（1）
　第二节　醴陵宁氏 ……………………………………………（4）
　第三节　家族世系 ……………………………………………（8）
　第四节　家族特征 ……………………………………………（17）
第二章　少年才俊 ……………………………………………………（23）
　第一节　宁家独子 ……………………………………………（23）
　第二节　庄屈学子 ……………………………………………（28）
　第三节　诗坛新秀 ……………………………………………（35）
第三章　立志反清 ……………………………………………………（55）
　第一节　求学明德 ……………………………………………（55）
　第二节　留学扶桑 ……………………………………………（65）
　第三节　入会同盟 ……………………………………………（72）
　第四节　反对规则 ……………………………………………（82）
　第五节　公葬陈姚 ……………………………………………（87）
第四章　奔走革命 ……………………………………………………（102）
　第一节　创刊沪渎 ……………………………………………（102）
　第二节　横议排满 ……………………………………………（117）
　第三节　反对立宪 ……………………………………………（132）
　第四节　鼓吹暗杀 ……………………………………………（139）
　第五节　传檄讨满 ……………………………………………（145）
　第六节　驰援起义 ……………………………………………（155）

第五章　战斗狱中 …………………………………… (162)
第一节　发愤读书 …………………………………… (162)
第二节　痛悼战友 …………………………………… (181)
第三节　碧血留痕 …………………………………… (192)
第四节　坚持革命 …………………………………… (212)
第五节　重获自由 …………………………………… (225)
第六章　办报京师（上） ……………………………… (237)
第一节　年轻总编 …………………………………… (237)
第二节　关注立宪 …………………………………… (243)
第三节　关心教育 …………………………………… (300)
第四节　讥评时政 …………………………………… (323)
第七章　办报京师（下） ……………………………… (352)
第一节　鼓吹革命 …………………………………… (352)
第二节　改良社会 …………………………………… (376)
第三节　热心组党 …………………………………… (385)
第四节　克敌制胜 …………………………………… (397)
第八章　民初政见 …………………………………… (406)
第一节　反对议和 …………………………………… (406)
第二节　发起民社 …………………………………… (413)
第三节　昭雪英烈 …………………………………… (419)
第四节　论争国都 …………………………………… (428)
第九章　梦醒南粤 …………………………………… (438)
第一节　管理铁路 …………………………………… (438)
第二节　结社羊城 …………………………………… (445)
第三节　决然离职 …………………………………… (456)
第十章　二次革命 …………………………………… (463)
第一节　坚决反袁 …………………………………… (463)
第二节　鼓动湖湘 …………………………………… (470)
第三节　策动沪上 …………………………………… (478)
第四节　壮志未酬 …………………………………… (483)

第十一章　献身共和 …………………………………………… (492)

第一节　多方营救 …………………………………………… (492)

第二节　慷慨就义 …………………………………………… (498)

第三节　千古流芳 …………………………………………… (512)

附　录　宁调元年表 …………………………………………… (525)

后　记 …………………………………………… (541)

前 言

宁调元（1883—1913），派名之梯，学名调元，字光甲，号仙霞、大一，又称仙甫、太一、辟支、士逸等，是中国近代史上著名的爱国主义者、民主革命家、宣传家，杰出的文学家和诗人。他早年立志反清，先后加入华兴会和同盟会，积极开展反清革命宣传活动，为推翻清政府封建专制统治、创建中华民国做出了重要贡献。民国成立后，他积极投身经济建设，坚决反对袁世凯独裁专制，踊跃参与筹划“二次革命”，并为之献出了年轻的生命，为捍卫民主共和制度立下了不可磨灭的功勋。

一

1883年8月22日（清光绪癸未年七月二十日），宁调元诞生于湖南醴陵县之南的东富乡芷泉潘家塘（今湖南省醴陵市东富镇芷泉村潘家塘组）一个耕读世家。

宁调元幼承庭训，读书过目成诵，12岁时，在乃父指导下，开始阅读《庄子》《离骚》，继而师从刘师陶初学为诗。1903年，宁调元肄业渌江书院，从吴德襄研习音韵、训诂和考据。是年9月，宁调元又入长沙明德学堂师范速成班，受黄兴、周震鳞、张继、胡元倓等教习“革命排满”思想的影响，旋加入以黄兴为会长的华兴会，积极参与组织长沙起义。因事机不密，长沙起义未及发动而流产。宁调元没有暴露身份，仍留长沙负责联络工作，继续与黄兴等人保持联系。同时，为倡办渌江中学，奔走于长沙、醴陵之间，终将学校办成。

1905年春，宁调元由明德学堂（经正学堂）保送赴日本留学，7月初抵达东京后，入早稻田大学研习法学，“尽结交当代革命巨子”，并由黄兴介绍加入同盟会，“自是得一意于党。每作一事，辄为同辈先，踔厉直前，不计成败，同乡诸子尝笑君为滔天之荒唐，呼为滔公”。是年11月，为了镇压中国留学生中的革命运动，日本文部省颁布《关于准许清国人入学之公私立学校之规程》（即《取缔规则》），宁调元与秋瑾、陈天华、杨卓霖、姚宏业等坚决反对，鼓动留学生罢课抗议，并力主罢学归国。为警醒同胞，陈天华愤而蹈海身亡。年底，宁调元组织留学生返抵上海，并与姚宏业等人筹办中国公学，以解决归国留学生继续求学问题。

1906年初，宁调元奉孙中山、黄兴之命返回长沙，与周震鳞等组织同盟会湘省分会，并回醴陵主持渌江中学校务，暗中与洪江会首李香阁、龚春台、宋弼唐等人相联系。4月6日，中国公学干事姚宏业因办学经费困难，留下绝命书，呼吁社会各界关注和支持中国公学后，效法陈天华投水而死。宁调元闻噩耗后非常悲愤，即与禹之谟、陈家鼎、覃振等人于5月23日组织长沙各校学生近万人，公葬陈、姚二烈士于岳麓山，但因此触怒守旧派，湘省当局密谋查拿究办宁调元等首要之人。胡元倓闻讯后即劝宁调元于7月17日离湘赴沪躲避。

抵达上海后，宁调元寄居租界，与陈家鼎、傅尃等人创办《洞庭波》杂志，宣传排满革命，“抨击汉奸满虏，不遗余力”。杂志出版之后，“散布各省，流入醴陵、萍、浏等县尤夥，粗解文字者，莫不以先睹为快，豆棚瓜架，引为谈资，数百里风气为之顿变。虽穷乡僻壤之氓，咸了然于革命之不可一日缓矣”。与此同时，宁调元与时聚上海的革命志士柳亚子、高旭、秋瑾等人往来密切，共谋反清革命大计。10 月，宁调元等人的革命活动为清政府当局侦知，两江总督端方派人与租界当局联系，谋划逮捕租界的革命党人。宁调元得此消息后即重返日本暂避，到东京中国同盟会总部任《民报》干事，协助章太炎等编辑《民报》，并继续编辑《洞庭波》杂志，后决定改名《汉帜》发行。

1906 年 12 月，震惊中外的萍浏醴起义爆发。消息传到东京，孙中山、黄兴决定派遣宁调元、谭人凤、周震鳞、洪春岩、何弼虞、胡瑛等人归国亟谋响应。但当宁调元等人抵达湖南之时，萍浏醴起义在清政府的残酷镇压之下已告失败。宁调元回到醴陵，寻访起义会党不遇，只好复返日本，但途经岳州时被清吏所捕，并于 1907 年 1 月 28 日押解至长沙。

被捕后，宁调元写下《绝命词》，做了随时牺牲的准备。但湘省当局拿不出足以给宁调元定罪的任何证据，而醴陵廪贡生刘泽湘（字今希）“诉于县，请以百口保君（即宁调元）”，并力言“时局阽危，宜为国家惜人才”。时任醴陵县令汪文溥亦“据以上详”，使“当道意移”，此案遂被搁置。于是，宁调元由挺身求死转为图圄求生，在狱中坚贞不屈，学而不倦，每天读书百余页，并通过记述近 200 位明末清初“或建义起兵，或投阁寻死，或服黄冠为道士，或削发入空山”的爱国志士事迹、绝命词、遗言、遗书等，编写成《碧血痕》一书，以反映他们不屈反清、不事清朝、不为清民的民族气节，借以砥砺自己及同志的反清革命斗志。在狱中坚持学习的同时，宁调元仍时刻关注着狱外的革命斗争，并在力所能及的情况下支持反清革命事业。他在《长沙日报》上先后发表《去私利篇》《论风俗之蠹》《论开国会之宜缓》等文章，抨击时弊，宣传革命思想。他委托并支持刘谦、李隆建等重建同盟会湖南支部，继续开展革命工作。他劝勉章太炎顾全大局，以团结为重，继续尽力办好《民报》。他积极参与筹建革命文学团体“南社”，并起草该社的重要文献《南社序》，主张继承明末应社、复社、几社的传统，创作反映富有时代特点的作品。他赋诗支持同盟会员于右任、杨毓麟主编的《神州日报》在上海创刊，希望该报发扬精卫填海的精神，宣传民主革命思想，并借助舆论的撼山之力来激发国魂。

1909 年 11 月 1 日，经同盟会员文裴等多方奔走营救，并由谭延闿、龙璋等人联名具结，宁调元终于出狱，结束了两年零九个多月的监禁生活，重新获得自由。狱中近三年，宁调元读书 2000 余种，作诗填词近 600 首，并完成了《南幽文集》《叹逝集》《碧血痕》《庄子补注》等著作多部，被誉为“囚徒诗人”和“监狱学者”。

宁调元出狱后，经周震鳞推荐，应原明德学堂教习陆鸿逵之召，于 1910 年 3 月 17 日到达北京，任《帝国日报》总编辑，特辟“大一丛话”“我之言”“时事小言”“滑稽新闻”“议场谈屑”“是是非非”“京都杂记”“燕尘琐录”等栏目，撰写和刊载大量时政要闻、时事评论和杂文，以隐晦曲折的笔调，讥讽时政，揭露时弊，嘲讽君臣，辛辣地抨击清朝贵族的封建专制统治，并以多种形式巧妙地宣传革命思想，激发广大读者的爱国情感和推翻清政府的革命热情，“言论一时风靡”。《帝国日报》也因此而受到反动势力的憎恨。御史胡思敬参劾《帝国日报》“对朝廷体制有大不敬之行为”，要求清政府封闭报馆，拿办主笔。京师审判厅借端传讯该报发行人，处以罚款。宁调元临危不惧，运用清政府新颁布的报律和刑律，据理力争，反控审判厅“紊乱律章”，使审判厅由原告变成被告，挫败了反动势力的阴谋，从而赢得了报界同仁的赞赏，并被北京报界公会推举，赴日本考察实业。

宁调元途经上海时，适逢武昌起义爆发。他立即改变东游计划，乘轮西上，来到长沙，被湘督谭延闿聘为秘书，继而被派驻上海，任湘省驻沪特派员。在此期间，宁调元与张振武、孙武、刘成禺等发起成立民社，创办《民声日报》作为机关报，宁调元任总编。不久，宁调元因回湘办理祖母丧事而去职。后来，鉴于民社与统一党等合并为共和党，与同盟会对立，宁调元遂郑重宣布退出民社。

同年 4 月，宁调元经谭延闿委任为三佛铁路（广州经佛山至三水段，亦称广三铁路）湘省总办，赴广东任职。在职期间，宁调元清廉自守，从严治路，认真查办路局工程师蔡某贪污舞弊一案，不数月积弊为之一扫，路风大变。在此期间，宁调元介绍同盟会广东支部长谢英伯加入南社，并发起成立南社粤支部，与蔡哲夫、邓尔雅、王君衍、黄节、谢英伯等人，相互唱和，砥砺革命意志。8 月 15 日，袁世凯以莫须有的罪名，枪杀辛亥革命元勋张振武。此事使宁调元对袁世凯专制独裁的反动本质有了进一步认识，即于年底由粤返沪，奔走于沪、皖、赣之间，与陈其美、柏文蔚、李烈钧等商议武装反袁计划。

1913 年 3 月 20 日晚，国民党代理理事长宋教仁在上海火车站被暗杀。宁调元闻讯星夜由湘赴沪，面见孙中山、黄兴，力主武力讨袁，并自请赴武汉谋划，寓居汉口德租界日本人开设的富贵旅馆，与湖北革命党人季雨霖、詹大悲、胡秉柯等人秘密组织鄂省革命机关，筹划在武汉举事。但因事机不密，引起黎元洪警觉，于 6 月 24 日，突然派军警搜查汉口民国日报馆，查获有关革命党人的起义计划以及军人条例等文件，当场逮捕了编辑周览、杨端六、曾毅等人。于是，黎元洪下令全城戒严，分头缉拿革命党人。詹大悲、季雨霖等人见事机已泄，于 25 日晚率众攻打汉阳制造局等数处，均归于失败。城外南湖炮兵营激战一昼夜，也终因寡不敌众，全营覆没，大批革命党人及下级军官被捕杀。26 日，宁调元在富贵旅馆被捕，并从其随身携带的皮包内搜出江西都督李烈钧为他所开特别通行证及密电本、部分机关收支账单等。7 月 5 日，宁调元被引渡到武昌，关押于湖北省军法局陆军监狱，交军法课审讯。

宁调元被捕后，引起社会各界的高度关注，刘揆一、杨度、谭人凤、孙武、张謇、陈家鼐、汪文溥、高旭、黎尚雯以及众议员等数十人纷纷致电致函袁世凯、黎元洪，要求释放宁调元。李烈钧于 7 月 12 日在江西湖口宣布独立后，也于次日致电黎元洪，愿以扣押的黎部军官余大鸿、汤则沸两人交换宁调元。但黎元洪置之不理。袁世凯镇压“二次革命”后，于 8 月 4 日下令将宁调元“在鄂就近讯明，按法惩办”。27 日，宁调元以“内乱罪”被判处死刑。9 月 25 日，宁调元英勇就义于武昌湖北省军法局陆军监狱内，年仅 30 岁。宁调元牺牲后，宁调元三佛铁路局旧属晏阁芗购棺收殓，并会同宁调元好友刘谦将灵柩运返醴陵，安葬于醴陵西山。

1923 年，柳亚子在叙述南社历史时，深情地称宁调元等烈士“青磷碧血”，“足蔚为国光”。[①]

1935 年 7 月 10 日，国民政府下令：先烈宁调元赋性英毅，学术湛深，早岁奔走革命，屡濒危难，矢志益坚。癸丑之役，联络长江各省密谋响应，尤著勋勤。不幸中道被逮，就义武昌。追怀壮烈，轸悼弥深，亟应特予褒扬，用阐幽潜，而昭矜式。

二

宁调元英勇就义之后，其遗著由傅尃、刘谦搜集，经柳亚子编辑成《太一遗书》和《太一遗书续刊》，分别于 1915 年至 1916 年陆续刊行。其中《太一遗书》共七种十三卷：《朗吟诗草》三卷、《南幽百绝句》一卷、《明夷诗钞》二卷、《明夷词钞》一卷、《太一诗存》四卷、《太一笺启》一卷、《太一文存》一卷；《太一遗书续刊》共七种十二卷：《笺启补遗》一卷、《诗存补遗》一卷、《读〈汉书〉札记》一卷、《〈庄子〉补释》一卷、《南幽杂俎》二卷、《南幽笔记》一卷、《太一丛话》五卷。宁调元遗著的整理和刊行，为人们认识和研究宁调元奠定了重要的基础。

1917 年 7 月，柳亚子在《南社》第 20 期发表《宁烈士太一传》一文。此文虽然仅有 1000 余字，但简要介绍了宁调元的生平和主要事迹，是为迄今发现的最早介绍和研究宁调元的文章。

① 胡朴安选录：《南社从选 · 柳序》，解放军文艺出版社，2000 年，第 5 页。

1923年，《国学丛刊》第1卷第4期又转载了此文，使之在社会上产生更大的影响。

1929年，刘谦撰《宁调元革命纪略》一文，由湖南官纸印刷局印行。由于刘谦是宁调元的醴陵老乡，加之长期与宁调元并肩战斗，对宁调元知之甚深，因而此文篇幅达8000余字，对宁调元生平和事迹的介绍更为详尽。次年，此文改名为《宁调元先生事略》又载《建国月刊》第三卷第二期，影响更广。同年，宁调元早年的同学傅尃所著《亡友宁太一事略》一文在《江苏革命博物馆月刊》第二卷第五期上问世。此文虽然也仅有1500来字，但对于其与宁调元共同参加的革命活动记述较详。1948年，陈鲲修主持编修的《醴陵县志》中的《人物志》有《宁调元传》一篇。

以上宁调元传记，是早期宁调元研究的重要成果，成为研究宁调元必不可少的史料，也为以后宁调元研究的发展和深入奠定了重要基础。

随着《太一遗书》和《太一遗书续刊》的问世，宁调元的诗文作品也为众多学者所喜爱和重视。1924年，胡朴安所编之《南社丛选》，选录宁文9篇、宁诗77首、宁词6首。1934年王家棫编《国魂诗选》（下）录有宁诗《游白云感赋》《感事一什病中作》《癸丑狱中作》《秋兴》《偶成》等。1935年，中华书局出版的李宗邺所编《注释中国民族诗选》第2集中选录宁诗文《渡黑水洋有作七首》。1937年，广益书局出版的吴芹所编《近代名人文选》一书中选录宁文《文学林维岳墓志铭》。1939年，风雨书屋出版了宁调元《民族诗话》，即《太一丛话》。1941年，正中书局出版的唐卢锋所编注的《革命诗文选》选录宁诗文《丁未狱中与傅钝根书》《戊申狱中与傅钝根书》《自祭文》《武昌狱中与刘约真书》《书感（有序）》等等。

宁调元不仅是一位杰出的民主革命家，还是一位优秀的近代文学家和诗人，因此，中华人民共和国成立之后，对宁调元的研究先是从介绍和认识其作品开始的。1959年，郭绍虞等所编之《中国近代文论选》（下）收有宁调元的《南社序》。1961年，姜亮夫编著的《楚辞书目五种》（上海古籍出版社）选录宁调元《楚辞王补》一文。1963年，北京大学中文系文学专业一九五五级集体编写的《中国文学史》在介绍“革命的文学团体——南社”时引述了宁调元的诗。他们选注的《近代诗选》中也选录了宁调元《早梅叠韵》（选一）、《感怀四首》（选一）、《读史感书》《武昌狱中书感》（选一）、《秋兴用草堂韵并序》（四首选一）、《秋兴三叠前韵》（四首选一）等诗。1964年，游国恩主编的《中国文学史》（四）中，在介绍柳亚子及其他南社诗人时，简介了宁调元，并录其《武昌狱中书感》一首。1974年《中国近代史稿》编写组所编的《简明中国近代史知识手册》（北京师范大学出版社）则简介了“资产阶级民主革命者、诗人”宁调元生平及事迹。1979许涤新著《百年心声　中国民主革命诗话》（生活·读书·新知三联书店）介绍了“愤世嫉俗的”宁调元及其《感怀》《读史书感》《狱中书感》《秋兴》四首诗。

进入20世纪80年代之后，随着辛亥革命史研究的兴起和对宁调元诗文的介绍，对宁调元的研究越来越受到重视，研究的视野不断拓展，研究的新成果不断涌现。主要表现在以下六个方面：

一是介绍和研究宁调元生平事迹的文章逐年增多。宁调元是一位民主革命家、宣传家和社会活动家，为推进中国近代民族民主革命做出过重要贡献，值得后人学习和怀念，因而介绍其革命生涯和事迹的文章不少。主要有周颂的《南社诗人宁调元》（《新湘评论》1981年第1期）、刘湘雅的《革命家和诗人——宁调元》（湖南史学会编：《辛亥革命在湖南论文集》，湖南人民出版社，1984年）、《宁调元》（林增平等编：《清代人物传稿》下编第3卷，辽宁人民出版社，1987年）、《宁调元》（林增平等主编：《辛亥革命史研究备要》，湖南出版社，1991年），饶怀民的《宁调元》（湖南省革命烈士传编纂委员会编：《三湘英烈传》第2卷《旧民主主义革命时期》，国防科技大学出版社，2001年），孙之梅的《湖湘英杰宁调元的志士人生》（刘琦、杨萍主编：《中国近代文学研究》，吉林人民出版社，2006年）、刘湘雅的《湖湘名人宁调元革命事略》（《湖南师范大学社会科学学报》1987 年第 6 期）、《黄兴与宁调元》（《湖南师范大学社会科学学报》1989 年第 2 期）和《纵论武装反袁的先驱——宁调元》（《湖南师范大学社会科学学报》1989 年第 3 期）、熊罗生的《宁调元》（《醴陵文史》第 7 辑，1990 年）、刘泱泱等的《宁调元》（刘泱泱等著：《辛亥风云人物钩奇》、湖南文艺出版社，1991 年）、时鑑的《愿播热血高万丈的囚徒诗人宁调元》（时鑑主编：《中华历代英杰传记》第 2 卷，山东大学出版社，1999 年）、唐建明的《“祝身化作千百亿，日日东西南北之”——“热血诗魂”宁调元生平事略》（饶怀民主编：《辛亥人物论集》，甘肃人民出版社，2001 年）、李阳春的《南社诗魂宁调元》（李阳春：《湘籍近现代文化名人 · 文学家卷》，湖南大学出版社，2010 年）等。此外，肖邦祥所编《建安山人　醴陵人物荟萃》（湖南人民出版社，2005 年）、方克立等主编的《湘学史 · 2》（湖南人民出版社，2008 年）、郭汉民编《湖南辛亥革命人物传略》（湖南人民出版社，2011 年）、邵盈午编《民国范儿　风流总被雨打风吹去》（东方出版社，2012 年）、李广生主编《时代笔录　辛亥革命亲历亲闻》（百花文艺出版社，2012 年）和范中华编《风雨报晓　黎明前呐喊：中国近代文学故事》（湖南人民出版社，2013 年）等著作中也辟专节，对宁调元的生平事迹做了介绍。

二是介绍宁调元作品的著作越来越多。如前所述，宁调元不仅是一位民主革命家，还是一位文学家和诗人，在中国近代文学史上也占有一席之位。所以，介绍宁调元及其作品的文学史著作为数众多。郭延礼的《中国近代文学发展史》（第 3 卷）专门介绍了“南社著名的革命诗人”“杰出的资产阶级民主主义革命战士”宁调元及其主要作品，并认为：“宁调元诗的风格以沉郁雄浑为主，特别是他两次狱中之作，慷慨激昂而又悲凉苍劲，读后令人感发奋起，热血沸腾。他的诗‘极才力所驱使，喷薄而出’。往往于平淡中创造出奇特的意境，壮美的形象。宁调元三年的狱中生活写诗数百首，这在中国文学史乃至世界文学史上都是罕见的。"[①]陈书良的《湖南文学史（古代卷）》第十八章第四节重点介绍了"监狱诗人"宁调元两次在狱中的诗歌创作，并指出："在他短暂的一生里，前后六年间两度入狱，计达三年之久，但他临难不苟，视死如归，在狱读书不止，吟咏不辍，成《明夷诗钞》《明夷词钞》《叹逝集》《南幽百绝句》，积数百余首，为近代诗坛留下了壮美的乐章，他本人也以'监狱诗人'的光辉形象闪耀于近代诗苑。"[②]张炯等主编的《中华文学通史》第5卷《近现代文学编》（华艺出版社，1997年）、于润琦主编的《插图本百年中国文学史（上）》（四川人民出版社，2002年）、程翔章等编著的《中国近代文学》（华中师范大学出版社，2003年）、郭杰等主编的《中国文学史话·近代文学》（吉林文史出版社，2008年）也有对宁调元及其作品的介绍。

不少近代文学作家作品集也收录和评介宁调元的作品。陈淑宽等所编《近代爱国诗人诗作评析》（重庆出版社，1988年）评析宁调元狱中诗八首，并指出："他的文学素养较深厚，尤喜作诗，主张学唐，受杜甫影响很大，并力求诗歌表现现实生活，反映国计民生。他对《乐记》所论述的'治世之音安以乐，乱世之音怨以怒，亡国之音哀以思'极为赞赏，他认为中国正遭受帝国主义和清王朝的双重灾难，有志之士应奋起救亡图存，推翻这两座压在人民身上的大山，而诗歌便是最好的武器。因此，他在《南社诗序》中极力提倡写作反映晚清现实社会的诗歌，用以揭露和鞭挞统治者的罪行。他的诗，慷慨悲愤，雄浑高昂，且善于用典故表达新意。尤其是狱中诗，具有乐观豪放而又凄厉悲愤的特色。狱中所写诗约六百余首，这在中国以至世界文学史上都是很少见的。"[③]钟鼎选注《近代诗一百首》（上海古籍出版社，1980

① 郭延礼：《中国近代文学发展史》第三卷，山东教育出版社，1993年，第1762页。
② 陈书良：《湖南文学史（古代卷）》，湖南教育出版社，1998年，第382页。
③ 陈淑宽等编：《近代爱国诗人诗作评析》，重庆出版社，1988年，第308页。

年）介绍宁诗《早梅叠韵》《题〈神州日报〉周年纪念次哀蝉韵》；刘运祺等编注的《辛亥革命诗词选》（长江文艺出版社，1980 年）介绍宁诗《感怀》等五首；陈铁民选注的《近代诗百首》（人民文学出版社，1982 年）选录宁诗两首《感怀四首》（选一）和《武昌狱中书感》（四首选一）；黎洪等选注的《历代诗词选注 · 华夏正气篇》（安徽人民出版社，1982 年）选注宁诗《感怀》等五首；啸马等编《历代爱国诗选析》（福建教育出版社，1984 年）选析宁诗《武昌狱中书感》；龚书铎等选注的《近代爱国诗选》（北京师范大学出版社，1985 年）选录宁诗《感怀四首》《岳州被逮时口占》《读史书感》《武昌狱中书感》等；魏中林选注的《近代爱国诗选》（内蒙古人民出版社，1985 年）选录宁诗《感怀四首》（选一）；湖南师范学院中文系古代文学教研室编《中国历代作家小传（下，第 2 分册）》（湖南人民出版社，1985 年）介绍了宁调元的生平和创作，并称宁为“辛亥革命时期烈士、南社著名诗人”；汪松涛的《辛亥革命前后诗坛名人谱》（《中国近代文学评林》第 2 辑，广东高等教育出版社，1986 年）认为宁诗“诗风苍凉雄放，多慷慨悲愤之辞”；陈友琴主编的《元明清诗选注》（下册）（北京出版社，1988 年）和《千首清人绝句》（浙江古籍出版社，1988 年）分别选注宁诗《感怀四首》（选一）和《早梅叠韵二首》（选一）；孙震等编《烈士绝笔》（重庆出版社，1988 年）选录宁散文《自祭文》《武昌狱中与刘约真书》；张翰仪编《湘雅摭残》（岳麓书社，1988 年）录宁诗《拟古》《渌江曲》等 14 题 21 首；孙钦善等选注的《近代爱国诗选》（人民文学出版社，1989 年）选注宁诗《秋怀》《感怀》《丙午冬日出亡，作于洞庭舟次》《清明日忆亡友姚竞生》《武昌狱中书感》；唐圭璋选编的《历代爱国词选》（广东人民出版社，1989 年）选录宁词《浪淘沙 · 次韵答哀蝉》；钱仲联主编的《中国近代文学大系（1840—1919）》第 4 集第 15 卷《诗词集》2（上海书店出版社，1991 年）收录宁诗《从军行》《感怀》等 8 首；管林等主编的《中国近代文学发展史》（中国文联出版公司，1991 年）介绍了宁调元生平及作品，并引用“友人韵荃山人”评宁诗“似梅村，亦似定庵”之语，对宁诗给予了较高的评价；管林主编的《中国近代文学作品选》（中国文联出版公司，1991 年）也选录宁诗《感怀四首》（选一）；郑逸梅的《民国笔记概观》（上海书店出版社，1991 年）介绍并收录了宁调元的《太一丛话》；马玉卿等编《辛亥革命名诗名联八百首》（陕西人民教育出版社，1992 年）收录宁诗 28 首；陈智贤等选析的《清代诗词》（花城出版社，1992 年）选析宁诗《感怀》《岳州被逮时口占》二题；任访秋主编的《中国近代文学大系（1840—1919）》第 3 集第 13 卷《散文集》4（上海书店出版社，1993 年）收录宁调元《南社序》等散文 8 篇；毛谷风编著的《二十世纪名家诗词钞》（华东师范大学出版社，1993 年）收录宁诗《从军行》《秋兴》等 7 首；王凤海等主编的《历代爱国诗歌名篇鉴赏》（红旗出版社，1994 年）鉴赏宁诗《感怀》（四首选一）；王知还选译的《古今爱国抒情诗词选（汉英对照）》（中国对外翻译出版公司，1995 年）译宁诗《武昌狱中书感》；周小立的《民族魂——历代爱国诗词选析》（湖南文艺出版社，1995 年）选析宁诗《感怀》和《早梅叠韵》；柯灵等主编的《中国近代文学大系（1840—1919）》第 6 集第 19 卷《笔记文学集》2（上海书店出版社，1995 年）收录《太一丛话》28 条；杨光治编注《历代绝命诗选析》（百花文艺出版社，1996 年）选析宁诗《武昌狱中书感》；王果等选注《新千家诗》（岳麓书社，1996 年）收录宁诗《岳州被逮时口占》；朱宗震等《近代序跋文选译》（巴蜀书社，1997 年）选译宁调元的《南社序》；谢冕编选的《中国百年诗歌选》（山东文艺出版社，1997 年）选录宁诗《早梅叠韵》（二首选一）；程翔章选注的《中国近代文学作品选》（华中师范大学出版社，1999 年）选注宁诗《感怀四首》（选一）；毛大风等编注的《近百年诗钞》（岳麓书社，1999 年）选录宁诗《武昌狱中书感》，等等。

此外，褚斌杰主编的《中国历代诗词精品鉴赏》（下）（青海人民出版社，2001 年）、周啸天编《宋元明清诗词曲鉴赏》（四川人民出版社，2003 年）、王充闾选注的《诗性智慧　古代哲理诗三百首》（辽宁人民出版社，1999 年）、陶文鹏主编的《历代爱国诗歌选译》（北京工业大学出版社，1995 年）、艾治平的《历代绝句精华鉴赏》（湖南文艺出版社，1987 年）、周啸天编《中国历代诗词精品鉴赏辞典》（国际文化出版公司，1996 年）、郑竹青等主编的《中国历代诗歌通典（上）》（解放军出版社，1999 年）、王晋熙等编译的《金元明清绝句英译》（外语教学与研究出版社，2002 年）、马宏强编《近当代诗三百首》（中国致公出版社，2002 年）、王建民主编的《千古绝唱　历代绝笔诗词大观》（长征出版社，2004 年）、罗宗强等主编《中国古代文学作品选》第 4 卷《明清近代卷》（高等教育出版社，2004 年）、姜烁编《千古英雄绝命辞》（团结出版社，2005 年）、傅德岷主编的《中华诗词鉴赏辞典》（湖北辞书出版社，2005 年）、杨朝伟主编的《武昌首义诗词楹联大观》（武汉出版社，2005 年）、尹志武编注的《中国历代名家诗词选》（大众文艺出版社，2006 年）、袁行霈等编《中国文学作品选注（第 4 卷）》（中华书局，2007 年）、周啸天选注《百代千家绝句诗（下）》（黄山书社，2007 年）、黄士华编著的《诗词纪事》（中国文联出版社，2007 年）、解放军红叶诗社选编的《百年抗争诗词选萃》（解放军文艺出版社，2008 年）、刘梦芙编《二十世纪中华词选（下）》（黄山书社，2008 年）、荣斌编《咏梅诗词精选》（金盾出版社，2008 年）、郭杰等主编的《中国文学史话（近代文学）》（吉林文史出版社，2008 年）、方克立等主编的《湘学史 · 1》（湖南人民出版社，2008 年）、雍桂良等编《中华民国诗词大典（第 1 册）》（时代文艺出版社，2009 年）、焦文彬等主编《近代文学（上）》（吉林文史出版社，2009 年）、杨子才编注《民国六百家诗钞（1911—1949）》（长征出版社，2009 年）、张永芳编著的《近代诗歌选注》（光明日报出版社，2010 年）、王龙君编著的《最唯美的诗歌散文》（吉林大学出版社，2010 年）、石叟等编《中华民国诗千首》（海南出版社，2013 年）、董雁南编《近现代爱国诗文选》（北京时代华文书局，2016 年）、陈伯海主编的《唐诗学文献集粹（下）》（上海古籍出版社，2016 年）等诗文选集也均选录了宁调元的诗文，为广大读者认识和了解宁调元及其诗文，推进宁调元研究发挥了重要作用。

三是研究宁调元道德文章方面的学术论文日益增多。主要有：杨光辉的《宁调元生年考》（《近代史研究》1980 年第 2 期）、关爱和等《辛亥革命烈士宁调元诗文简论》（《中州学刊》1982 年第 1 期）、曾永玲的《愿播热风高万丈，风雨不住注神州——革命诗人宁调元》（赵矢元：《中国近代爱国者百人传》，黑龙江人民出版社，1985 年）、杨天石的《浅析宁调元的作品》（《齐齐哈尔大学学报（哲学社会科学版）》1987 年第 4 期）、刘湘雅的《宁调元爱国主义思想述论》（《湖南师范大学社会科学学报》1988 年第 3 期）和《宁调元思想品德述论》（《湖南师范大学社会科学学报》1990 年第 3 期）、曾景忠的《铁窗难锁革命志，碧血涌浇自由花——辛亥时期烈士南社诗人宁调元的革命精神和气节》（《南学通讯》第十期，2001 年）和《记宁调元的革命精神和气节》（《传记文学》2003 年第 6 期）、朱玉华的《论南社英杰宁调元的革命精神》（《江西社会科学》2007 年第 12 期）、孙之梅的《湖湘英杰宁调元的志士人生》（《中国近代文学国际学术研讨会暨第十三届年会论文集》，吉林人民出版社，2006 年）、《宁调元与秋瑾交游考》（《济南大学学报（社会科学版）》2010 年第 4 期）、《南社创始人宁调元诗歌风貌变迁》（《中国近代文学学会第十七届年会会议论文集》，2014 年）、《南社创始人宁调元早期的诗歌创作》（《南京理工大学学报（社会科学版）》2015 年第 5 期）和《宁调元铁窗三年的诗歌创作及其特色》（《南京理工大学学报（社会科学版）》2017 年第 2 期）、王杨的《抒悲愤之情，扬雷霆之声：浅析近代诗人宁调元的狱中诗》（《新余高专学报》2010 年第 2 期），等等。

还值得一提的是，近年来，一些研究生以宁调元作为学位论文的选题，主要有唐建明的硕士学位论文《宁调元生平及思想述论》（2001 年）和陈陇芳硕士学位论文《南社作家宁调元文学创作研究》（2015 年）。前者对宁调元的生平事迹及民族主义思想做了较为详细探讨，并指出，宁调元是一位寓学识、革命理论和革命实践三位于一体的激进民主革命活动家。后者则在全面考察宁调元革命生涯的基础上，结合时代背景分析宁调元文学思想的形成，并在吸收前人研究成果的基础上，对其诗、词和散文进行全面深入研究，以展现宁调元文学创作的全貌。此外，郝丽秀的硕士学位论文《南社湖湘巨子傅尃研究》（2011 年）、王翼飞的硕士学位论文《近代湖湘词人群体研究》（2011 年）、崔颖的硕士学位论文《高旭及其文学研究》（2014 年）等，虽然未将宁调元研究作为其学位论文的选题，但在其学位论文中也都曾研究了宁调元与其研究对象的交往、友谊及其相互影响。

四是宁调元的遗著重新出版。如前所述，宁调元 1913 年 9 月就义后，其遗著由傅尃、刘谦收集，经柳亚子编辑成《太一遗书》和《太一遗书续刊》于 1915 年至 1916 年陆续刊行。但由于出版年代久远，加之当时出版数量很少，给日益兴起的宁调元研究带来不便。鉴此，编纂出版宁调元遗著工作得到重视。1988 年，杨天石、曾景忠将柳亚子等人整理的《太一遗书》列为上编，将其辑录所得的宁调元遗文列为下编，编成《宁调元集》，由湖南人民出版社出版。此集较柳亚子等人整理的《太一遗书》更趋完备，是为中华人民共和国成立之后出版的首部宁调元文集，也是迄今规模最大、内容最全的宁调元文集。1996 年，经宁志荣点校的《太一遗书》中的《太一丛话》五卷及《南幽杂俎》二卷被列为《民国笔记小说大观》丛书中的一部，由山西古籍出版社出版。2008 年，杨天石、曾景忠所编《宁调元集》又被列入《湖湘文库》甲编第 357 种，由湖南人民出版社再版。宁调元遗著的完善和重新出版，对于宁调元研究的发展和深入，无疑产生了十分重要的推动作用。

五是相关领域研究异军突起。一百多年来，在宁调元研究中，还有一个特殊现象。如前所述，宁调元既是辛亥革命时期著名的民主革命家、宣传家、社会活动家，也是中国近代史上规模最大的革命文学社团、被称为同盟会的宣传部——南社的创始人和巨擘之一。因此，南社研究不可能没有宁调元。宁调元研究与南社研究密不可分。早在20世纪三四十年代，宁调元就被南社研究者所关注。1930年，曼昭在《南社诗话》中，盛赞宁调元的宽广胸襟，把宁调元的视死如归精神，与明末清初的抗清志士张苍水（张煌言）相比："太一以癸丑六月入狱，至九月绝命。狱中所为诗凡二十五首。感喟苍凉。太一诗文才气本奔放，至是益激宕矣。'今日凭窗一凝睇，水光山色剧凄凉。'张苍水临命时，叹曰：'好山色。'呜呼！革命党人之胸襟，革命党诗人之胸襟！"[①] 1943年，胡朴安也在其《南社诗话》中，评价宁调元"才气奔放"，认为宁诗"学有根底，满腔热血，化作文字，随处发泄。故其所作，异于时流。其诗以缙绅定字学论之，或议其粗豪，或议其无律，而不知其固草泽文学本色也"[②]。而宁词则"慷慨可诵，虽不可以词人之词律之，而才气实无两也"[③]。同时，他指出，当南北议和时，宁调元极端反对，故有"未食帝羓总积恨"及"铁铸九州浑是错"之句，"其满腔不平之慨，时于言外见之"。胡朴安还认为，宁调元"倜傥多英气，即席赋诗，凌砾座人"，在继承古代诗人风格方面，宁诗也很有特点，《集定庵句，柬楚伧、鹓雏》，尽管是采撷龚自珍诗句连缀而成的诗，不能算是真正的创作，然而，其连缀巧妙，犹如创作一样，意境优美，寓意深刻。[④] 然而，因种种原因，中华人民共和国成立前后的一段时间，南社研究却一直萧索。

到了20世纪80年代，南社"由于柳亚子与苏曼殊在国内外的声望，这个民初的文学社团终于现今复兴起来了！"[⑤] 1979年11月，茅盾在第四次全国文代会和中国作协第三次会员代表大会联席会议上发表讲话指出："现在谈继承遗产，应当从《诗经》《楚

① 曼昭、胡朴安：《南社诗话两种》，中国人民大学出版社，1997年，第53页。
② 曼昭、胡朴安：《南社诗话两种》，第90页。
③ 曼昭，胡朴安：《南社诗话两种》，第89页。
④ 马以君主编：《南社研究》第2辑，中山大学出版社，1992年，第93页。
⑤ 《海内外"南学"起潮音》，《人民日报》1994年12月30日第8版。

辞》直到章太炎、柳亚子。我认为，柳亚子是前清末年到解放后这一长时期内在旧体诗词方面最卓越的革命诗人。”由于柳亚子得到高度评价，柳亚子及其参与发起并为之付出巨大心血的南社也因此受到空前的重视。1980 年，王晶垚写于 1974 年的《南社始末》一文在《中国社会科学》第 4 期上发表，裘柱常的《关于南社》在《上海师范学院学报》第 3 期上刊发。是年，杨天石与刘彦成完成于 1962 年的专著《南社》也终于由中华书局出版。1981 年，王承礼的《辛亥革命时期的南社》在《华东师范大学学报》第 1 期上刊发，郑逸梅的《南社丛谈》由上海人民出版社出版。1983 年 6 月 21 日，全国政协隆重举行柳亚子逝世 25 周年纪念大会。1987 年 5 月，民革中央委员会和中国作协、中国史学会联合在苏州召开了纪念柳亚子 100 周年诞辰暨南社发起 80 周年国际学术研讨会。1988 年，金绍先、臧克家、叶至善、王奇、柳无非等人在全国政协七届四次会议上做了题为《支持中国南社与柳亚子研究会开展活动，为祖国和平统一作贡献》的联合发言。1989 年 5 月，以柳亚子的长子柳无忌为会长的“国际南学会”在美国加州成立，秘书处设在香港，会员遍及美国、澳大利亚、新加坡、马来西亚、日本、荷兰、捷克等七国及中国台湾、香港等地区，共近百人。该会还编辑印行《国际南社学会丛刊》《国际南社学会通讯》和《南社丛书》。1990 年 11 月 13 日，“中国南社与柳亚子研究会”在北京成立，印行《南学通讯》。随后，广东南社研究会、云南南社研究会、江苏南社研究会、上海南社学研究中心等地区性的南社学术研究机构也相继成立。

南社研究的兴起和发展也促进了宁调元研究发展。王晶垚的《南社始末》一文中称宁调元为“南社的优秀代表人物”，重点介绍了宁调元在狱中撰写《南社序》，赞助南社创立和投身反清革命，致力革命宣传及积极参与“二次革命”等事迹，并引用宁诗多首。王承礼在《辛亥革命时期的南社》中提及“参加实际革命工作”，“最后献出了自己生命”的“南社著名诗人之一”宁调元。杨天石、刘彦成合著的《南社》在第五部分“南社成员的创作”中，重点介绍“参与筹创南社”的宁调元的生平事迹及其“反映一个革命者的精神面貌”的诗作，并将宁诗的特色以其1913年“二次革命”中第二次入狱为中点，分为前后两期，认为“乐观豪放是他前期狱中诗的特色”，第二次入狱后，“诗风转为凄厉哀伤”。[①] 1981年，郑逸梅在《南社丛谈》的《南社社友事略》中，对宁调元生平做了介绍，并录其《丙午被捕作于巴陵县署》《残棋》《书感》等三首诗作。1988年，杨天石在《宁调元集》的《前言》中指出：“不论是就人言，还是就诗言，宁调元都是南社的光荣和旗帜。”[②] 这就从人品和作品两个方面充分肯定了宁调元在南社中重要价值和地位。1994年，钱仲联在《南社吟坛点将录》中将宁调元列入步军头领一十员中的“天牢星病关索杨雄”，系梁山泊天罡星三十六员之一，并题诗曰：“读罢南幽浩气吟，楚囚两系志难沉。明夷太乙篇多少，字字黄龙痛饮心。”[③] 虽然钱仲联对宁调元所排之位置和评诗尚可商榷，但能在1000多名南社社员被选出，并列入前三十六员，亦可见宁调元在南社研究者心目中的地位非同一般。2017年，曾景忠发表《宁调元与南社的创立》（《南京理工大学学报（社会科学版）》2017年第3期）一文，认为宁调元是除陈、高、柳之外，“最积极的推动南社创立者”。此外，邵迎武《南社人物吟评》（社会科学文献出版社，1994年）、杨天石等《南社史长编》（中国人民大学出版社，1995年）、孙之梅的《南社研究》（人民文学出版社，1999年）、柳无忌的《南社人物传》（社会科学文献出版社，2002年）、栾梅健的《民间的文人雅集——南社研究》（东方出版中心，2006年）、卢文芸的《中国近代文化变革与南社》（社会科学文献出版社，2008年）、汪梦川的《南社词人研究》（上海古籍出版社，2015年）、张春田的

---

① 杨天石、刘彦成：《南社》，中华书局，1980年，第104—105页。

② 杨天石、曾景忠编：《宁调元集·前言》，湖南人民出版社，2008年，第22页。本书引用《宁调元集》有湖南人民出版社1988年、2008年两个版本，后文均不再注明出版社名。

③ 马以君主编：《南社研究》第6辑，中山大学出版社，1994年，第8页。

《革命与抒情：南社的文化政治与中国现代性（1903—1923 年）》（上海人民出版社，2015 年）、陈国安的《南社旧体文学著述叙录・初编》（上海古籍出版社，2016 年）等南社研究著作也都从不同方面论及或介绍宁调元及其文学作品。还值得一提的是，这一时期，南社研究也成为研究生学位论文的选题，主要有孙之梅的博士学位论文《南社研究》（2000 年）、卢文芸的博士学位论文《变革与局限——南社文化论》（2002 年）、汪梦川的博士学位论文《南社词人研究》（2007 年）、邱睿的博士学位论文《南社诗人群体研究》（2010 年）等，在其相关章节中也有涉及对宁调元及其作品介绍和研究的内容。

六是对于宁调元有记载的工具书越来越多。主要有《中国历史人物生卒年表》（黑龙江人民出版社，1981 年）、《辞海・历史分册（中国近代史）》（上海辞书出版社，1982 年）、《中国历代名人辞典》（江西人民出版社，1983 年）、《中国近代史辞典》（上海辞书出版社，1983 年）、《简明中国古典文学辞典》（江西人民出版社，1985 年）、《简明中国近现代史词典（上）》（中国青年出版社，1985 年）、《清人别名字号索引》（新文丰出版公司，1987 年）、《中外历史人物词典》（湖南人民出版社，1987 年）、《近代六十家诗选》（山东文艺出版社，1987 年）、《清代人物传稿》下编第三卷（辽宁人民出版社，1988 年）、《中国历代诗歌类编》（河南教育出版社，1988 年）、《大学历史词典》（黑龙江人民出版社，1988 年）、《中国历代人名辞典》（江西教育出版社，1989 年）、《中国古代诗歌辞典》（四川人民出版社，1989 年）、《中国文学辞典（古代卷）》（三秦出版社，1989 年）、《中国革命史辞典》（湖北教育出版社，1989 年）、《新编诗词曲赋辞典》（江西人民出版社，1989 年）、《中国近现代人名大辞典》（中国国际广播出版社，1989 年）、《中国诗歌大辞典》（作家出版社，1990 年）、《中华英烈词典（1840—1990）》（军事译文出版社，1991 年）、《近代诗文鉴赏辞典》（光明日报出版社，1991 年）、《金元明清诗词曲鉴赏辞典》（光明日报出版社，1991 年）、《中华青年英烈辞典》(湖北人民出版社，1991年)、《文学百科辞典》(知识出版社，1991年)、《辛亥革命辞典》(武汉出版社，1991年)、《中国文学大辞典》(天津人民出版社，1991年)、《民国史大辞典》(中国广播电视出版社，1991年)、《中华英烈辞典》(北方妇女儿童出版社，1991年)、《中国历史大辞典·清史卷》下(上海辞书出版社，1992年)、《中国历代咏物诗辞典》(江西教育出版社，1992年)、《清诗鉴赏辞典》(重庆出版社，1992年)、《中华文化名人录》(中国青年出版社，1993年)、《中国国民党史大辞典》(安徽人民出版社，1993年)、《中华英烈大辞典》(黑龙江人民出版社，1993年)、《中华百年爱国英杰辞典》(广西人民出版社，1994年)、《中国文化大百科全书·历史卷》下(长春出版社，1994年)、《元明清诗鉴赏辞典·清、近代》(上海辞书出版社，1994年)、《中华诗词实用大百科》(长春出版社，1995年)、《中国文学家大辞典·近代卷》(中华书局，1997年)、《中国诗词曲赋辞典》(大象出版社，1997年)、《中国文学家辞典·近代卷》(中华书局，1997年)、《诗歌通典》(解放军文艺出版社，1999年)、《中国诗学大辞典》(浙江教育出版社，1999年)、《爱国主义教育辞典》(山西人民出版社，2000年)、《中国文学大辞典(分类修订本)》(上海辞书出版社，2000年)、《上海名人辞典(1840—1998)》(上海辞书出版社，2001年)、《中国新闻界人物》(中国人事出版社，2002年)、《中国序跋鉴赏辞典》(河北教育出版社，2003年)、《宋元明清诗词曲鉴赏》(四川人民出版社，2003年)、《中华诗词鉴赏辞典》(湖北辞书出版社，2005年)、《寻求历史的谜底：近代中国的政治与人物》(中国人民大学出版社，2010年)、《中华民国大事记》(中华书局，2011年)、《南社诗选》(人民文学出版社，2011年)，等等。以上对宁调元有所记载的工具书，对于广大读者认识和了解宁调元，推动宁调元研究的发展也发挥了重要作用。

还值得一提的是，1965年，为了筹备孙中山100周年诞辰纪念活动，台湾特地编辑出版了《革命先烈先进诗文选集》，其中第二册为宁调元遗著选集，收录宁调元遗著《朗吟诗草》三卷、《明夷诗钞》二卷、《南幽百绝句》一卷、《太一诗存》四卷、《明夷词钞》一卷、《太一文存》一卷、《太一笺启》一卷、《太一丛话》五卷、《南幽杂俎》二卷、《南幽笔记》一卷，涵盖了宁调元的主要著作。同时，《革命先烈先进传》中也收录了刘谦所撰《宁调元先生事略》一文。

宁调元的遗著和传记在中国台湾地区的重新编辑出版，也在一定程度上促进了台湾学者对宁调元的研究，产生了一些成果。1974 年，王卫民在《中央月刊》第 6 期上发表《诗魂热血宁调元》一文，简要介绍了宁调元及其部分诗作。该文后被杜元载主编的《革命先烈先贤为党牺牲奋斗事迹（第 1 集）》（“中央文物供应社”，1974 年）和马星野等编的《革命故事》（“中央文物供应社”，1980 年）分别收录。其他介绍宁调元及其诗作的文章主要有胡钝俞的《宁调元其人其诗》（《夏声月刊》1979 年第 8 期)、李猷的《先烈宁调元先生及其遗诗简介》（《中华文化复兴月刊》1982 年第 5 期)、王卫民的《宁调元慷慨悲歌：附录宁先烈诗词选粹》(《艺文志》1983 年第 2 期）等。1985 年，杨震夷为《先烈先贤传记丛刊》所著《太一诗魂宁调元传》在台湾出版，该书介绍了宁调元的生平事迹，是为台湾关于宁调元的一部专著。但该书为根据已有宁调元的生平介绍演绎而成的文学作品，其中虚构成分和不合史实之处较多，故而学术价值不大。

台湾地区学者专题研究宁调元的学术论文并不多见，似乎仅有林香伶《创伤记忆与革命召唤——宁调元〈太一丛话〉析论》(中国近代文学研究三十年回顾与前瞻学术研讨会暨中国近代文学学会第十六届年会，2012 年)。与内地学界相似的是，在南社研究中，也多有涉及宁调元。如林香伶的《从〈南社丛刻〉浅谈南社的几个问题——以文类分布为核心》（纪念南社成立 90 周年暨学术讨论会，1999 年)、陈敬之的《首创民族主义文艺的南社》（成文出版社，1980 年)、林香伶的《南社文学综论》（里仁书局，2009 年)、《南社诗话考述》（里仁书局，2013 年）及林香伶的博士学位论文《清末民初文学转型期的标志——南社文学研究》、陈香杏的硕士学位论文《南社研究——以思想层面为主（1909—1923）》等。总之，台湾地区对宁调元的研究基本上还停留在人物及其作品的介绍阶段。

我国对宁调元的研究，虽然已有百年，也产生了一些重要的学术成果，但由于多方面的原因，有关宁调元的研究与其为中国民主革命事业所作出的重要贡献和其在中国近代史、中国近代文学史上所处的重要地位相比，仍然存在明显的差距。主要表现在以下三个方面：

一是重视不够。宁调元是辛亥革命时期著名的民主革命家、宣传家、社会活动家，但在辛亥革命史的研究中，关于宁调元的研究并不多见，相关成果也较少。宁调元又是南社的筹创者之一，并被称为“南社的光荣和旗帜”，但在近年来兴起的南社研究中，对于宁调元虽然有所涉及，但也只不过是一个充当“绿叶”的“群众演员”，唱“主角”的“红花”历来是柳亚子、陈去病、苏曼殊等人。马以君主编的《南社研究》第1—7辑（1991—1999年）中，没有一篇研究宁调元的文章。1999年纪念南社成立90周年暨学术讨论会上，提交的论文有68篇之多，而专题研究宁调元的也仅有孙之梅的《宁调元与秋瑾》。2009年的南社成立100周年学术研讨会编辑出版的论文集中，收录论文40篇，没有一篇关于宁调元的论文。2011年的南社与辛亥革命学术研讨会上，提交的论文有60余篇，仍然没有一篇关于宁调元的论文。

二是全面不够。已有的研究，主要集中在宁调元作为革命烈士、监狱诗人等方面，一些重要领域的研究尚未开展，如对宁调元总编《帝国日报》和担任三佛铁路湘省总办事功方面的研究则相对薄弱。又如，对宁调元作品的研究，主要集中在诗的方面，对宁调元的散文和词，尤其宁调元总编《帝国日报》期间所撰写的政论文章等方面的研究则为数很少。即便是对宁调元诗的研究，也相对集中在为数不多的篇目上，而缺乏整体研究。所以迄今为止，尚无一部全面研究宁调元生平事迹及主要作品的学术著作。

三是深度不够。前人对于宁调元的研究，大都处于对宁调元生平事迹或其作品的介绍阶段，而且对宁调元生平事迹的研究也大都仍停留在刘谦等人早期作品所涉及的范围，缺乏有深度和有突破的研究成果。例如：宁调元生平中许多问题一直没有弄清楚，宁调元的家世源流、家庭状况、赴日留学时间、民初的活动等问题，也有待进一步深入研究。由于100多年来的宁调元研究不全面、不深入，因此在许多重要的问题上众说纷纭，莫衷一是，尚待解决。例如，宁调元的名、字、号究竟是什么，他有哪些笔名，他有没有参加过大成会，他赴日留学的具体时间，他举行公葬陈姚究竟在哪一天，他究竟于何时何地加入同盟会，他被行刑的地点究竟在何处，等等。

由上可见，宁调元的研究任重道远，还有待广大学者共同努力，把宁调元研究推向全面、精准、深入，以使宁调元的精神和作品在中国人民实现中华民族复兴的中国梦的征程中发挥更大的推动作用。

三

2017年11月，拙著《革命巨子谭人凤传》出版后，导师饶怀民教授又将由其主编的《湘籍辛亥风云人物传记丛书》中的《宁调元传》的写作任务交给了我。于是，我又谨遵师命，着手搜集宁调元的有关资料，潜心于宁调元的研究工作。一年多来，我先后赴北京、上海、广州、武汉、台湾等地搜集有关宁调元的资料，并于2018年4月专程赴宁调元家乡醴陵调研。功夫不负有心人，在浩瀚的中国近代史史料之中，我陆续发现了大量有关宁调元研究的新资料和宁调元的佚文，并通过醴陵宁氏后人宁海根先生找到了研究宁调元家世源流的重要资料《楚攸宁氏六修族谱》。在广泛搜集研究资料的同时，我开始对宁调元分专题进行研究，陆续撰写和发表《宁调元家世源流考》《〈宁调元年谱〉考误》《〈宁调元集〉勘误》《宁调元的名、字、号及笔名考论》《宁调元加入同盟会时间考》《姚宏业投江自戕究竟是哪一天？——兼考公葬陈天华、姚宏业日期》《宁调元与“二次革命”》等多篇学术论文，并在充分吸取前人研究成果的基础之上，在导师饶怀民教授的精心指导之下，完成了我国第一部全面反映宁调元生平事迹的大型学术专著的撰写工作。鉴于宁调元为南社杰出的诗人，故此书名之曰《南社诗雄宁调元传》。

作为迄今为止我国第一部全面、深入介绍和研究宁调元的大型学术专著，笔者以为，本书较好地解决了长期以来影响宁调元研究深入的瓶颈，具有以下四个方面的特点：

一是“全”。中国历来重传统、重因缘、重谱籍。传主后来的造就和事功往往与其家世渊源、家族特征、家庭环境息息相关，因而传主的家世源流是研究传主的重要内容。然而在以往宁调元研究中，宁调元的家世源流却一直是个谜，人们只是从刘谦《宁调元先生事略》关于“其先由江西莲花迁湖南之攸县，再徙醴陵。祖若岩公，以力田起家，尽以其余蓄捐攸邑中兴学、育婴及社仓积谷。父子承先生，续学笃行，恂恂儒者”的简略记载中得知一个大概，而不得其详。这不能不说是宁调元研究中的一个重大的缺失。本书根据新发现的《楚攸宁氏六修族谱》，专辟《家世探源》一章，分为四节，对宁调元家世源流做了全面的介绍和述论，使读者对于宁调元的家族迁徙、家族世系、家族特征以及家庭情况，有一个较为全面深入的了解，终于补上了长期以来宁调元研究中的这个“缺口”。此外，在已有宁调元研究中，宁调元任《帝国日报》总编和三佛铁路湘省总办期间的事功也鲜有提及和研究，使人们对宁调元生平与事功缺乏一个全面的认识，鉴此，本书在深入挖掘相关史料的基础上，特辟两章，对其分别进行较为详细的介绍和述论，从而加深了人们对宁调元的全面了解和认识，促使宁调元研究更趋全面、更为完善。

二是“深”。现有宁调元研究中，对于一些重要问题，虽有涉及，但由于各种原因而缺乏深度，不仅令人不得其详，误传也为数不少。鉴于此，本书利用新发现的史料，拓宽了研究空间，加大了研究深度，使这些重要问题得到较好的解决。例如，对于宁调元的名、字、号，学界多采用柳亚子在《宁烈士太一传》一文中“宁调元，字仙霞，号太一”的说法，还有的说“宁调元，字仙霞，一字太一”或“宁调元，字太一，号仙霞”，等等，不一而足。本书根据《楚攸宁氏六修族谱》，将其正确表述为：“宁调元，派名之梯，学名调元，字光甲，号仙霞，又号大一”，从而结束了学界对于宁调元的名、字、号的混乱认识。又如，对于宁调元第一次入狱三年的研究，学界往往从“监狱诗人”或“牢狱诗人”的角度，重点对宁调元此间的诗词进行研究，如孙之梅的论文《宁调元铁窗三年的诗歌创作及其特色》等。本书则专辟《战斗狱中》一章，分成五节，对宁调元在狱中的学习、生活、创作、斗争等情况进行了深入的研究，力求使读者对宁调元铁窗三年的经历有一个较为全面、深刻的认识。再如，对于宁调元入同盟会的时间问题，多数论者根据《中国同盟会成立初期（乙巳丙午两年）之会员名册》上的记载，认为宁调元于丙午四月十三日由易本羲主盟加入同盟会。但本书在深入研究相关史料后认为，《名册》上的记载与史实不相符，宁调元应于 1905 年 8 月下旬在日本由黄兴介绍加入同盟会。

三是“准”。宁调元是一位革命诗人，常常以诗歌来表达自己的政治观点或反映自己某一时期的思想情绪。然而，他的诗歌创作，与其他诗人一样，常常不署写作时间。因此，柳亚子等人编《太一遗书》之时，将宁调元的遗著按诗、词、散文、札记等体裁分卷排列。这就给准确判断宁调元诗文的写作时间，准确了解其写作背景，准确解读诗文的内容，从而准确研究宁调元思想的发展变化带来了诸多困难。杨天石等编《宁调元集》时，对于来自《太一遗书》的诗文，虽然考订了其中一部分的写作时间，但多以系年为主，仍欠精准，同时也存在一些过于宽泛或讹误的情况。为此，本书根据有关史料，对宁调元部分诗文的写作时间进行了重新考订和勘误，使之更趋精准。例如，宁调元曾在与傅尃的一封信中谈及自己作诗为格律所苦的问题，而《宁调元集》中此信未署时间。但笔者根据此信中有“辄读《妾薄命》数过，欲拈管面和之”之语和《傅熊湘集》中作于癸卯年的《妾薄命》，以及此书在《南社》第12集刊出时的标题为《癸卯长沙与傅钝根书》等史实，判定宁调元此信的写作时间为1903年下半年在长沙明德学堂读书之时。这就为准确研究宁调元诗作的风格和特点提供了有价值的资料。又如《八月十五夜漫书二律》，杨天石考订的写作时间为1907年9月22日。但笔者根据此诗发表在1910年中秋节后的第二天，即9月20日（阴历八月十七日）《帝国日报》上和诗中“遥念南楼诸伴侣，尔独何辜限河梁”等诗句的分析，认为此诗应写于1910年的中秋节，即公历1910年9月18日，从而为准确理解此诗找到了突破口。[①] 在以往宁调元研究中，由于缺少考证，结论不准确的情况也比比皆是，有些问题争论也不少。对此，本书根据相关史料进行了缜密的考证，力求得出准确的结论。例如，关于宁调元经谭延闿等人保释出狱的时间，学界就有1909年9月、1909年10月19日、1909年11月1日、1910年和1911年7月等五种说法。本书根据相关史料考证后，认为宁调元出狱的时间应为1909年11月1日。又如，关于宁调元与禹之谟等人公葬陈天华、姚宏业的日期，学界也有四种说法，即5月23日、5月29日、6月10日、7月11日。本书根据相关史料考证后，认为宁调元与禹之谟等人公葬陈、姚的日期确系1906年5月23日。此外，还有一些似乎已成定论的东西，其实也有问题。例如，关于宁调元就义的地点，学界已习惯于引用刘谦《宁调元先生事略》“武昌之抱冰堂”的结论，这其实也是不准确的。本书根据当时多种资料论证，宁调元就义的地点不是“武昌之抱冰堂”，而是湖北省军法局陆军监狱内。因此，注重史事的考证，力求使宁调元的研究更为精准，也是本书的特色之一。

---

① 邓江祁：《〈宁调元集〉勘误》，《特立学刊》2018年第6期。

四是“新”。在全面、深入研究宁调元的理念指导下，本书还致力开辟宁调元研究的新领域，填补宁调元研究的空白，给予读者和研究者以新的认识和新的收获。例如，本书对宁调元家世源流考述，就为宁调元研究提供了一个新的视野。如前所述，1910 年 3 月至 1911 年 10 月，宁调元曾任《帝国日报》总编，虽然为时仅一年多，但这一时期正是武昌首义爆发的前夕，也是革命派与清政府斗争最为激烈的时期，更是宁调元作为革命宣传家最为辉煌、最有影响的一段时光。对于宁调元的这段经历，此前除了唐建明在其硕士学位论文和相关文章中略有介绍之外，学界对这一方面涉及很少，研究也不深，如刘湘雅的《湖湘名人宁调元革命事略》一文对此则一笔带过。有鉴于此，本书对宁调元总编《帝国日报》期间的经历进行了深入的挖掘，并专辟《京师办报》一章，以八节的长篇幅，对于宁调元的这段经历做了较为详细、深入地介绍和研究，填补了宁调元研究中的这一空白，使人们对宁调元的这段经历有一个全面的、新的认识。再如，宁调元 1912 年 4 月至 12 月曾任广东三佛铁路湘省总办一职，虽然为时也只有半年多，却是宁调元民国初年参加民国建设的重要经历。然而，此前对于宁调元的介绍中对此往往也是一笔带过，更无专门研究。鉴此，本书专辟一章，分三节，对宁调元这一段重要经历做了较为详尽的介绍和研究，填补了宁调元研究的这一空白，使读者耳目一新。此外，本书还根据从大量清末民初珍稀报刊中发现的宁调元佚文和有关宁调元的资料，开辟新的研究领域，并精选出各个时期有关宁调元活动的记述，拂去历史的尘埃，点缀于相关章节，以期还原历史场景，重现历史回响，从而大大增强了本书有关资料的新颖性和相关论述的可信度。

由于具备以上四个方面的特点，本书具有较强的史料性、创新性、纪实性、可读性、可信性和新颖性，对于进一步推进宁调元及相关研究的深入，大力弘扬宁调元爱国主义精神，均具有重要的学术价值和现实意义，值得对于宁调元及相关方面有兴趣的读者和研究者一读。

第一章　家世探源

宁调元1883年8月22日（清光绪癸未年七月二十日）诞生于湖南醴陵县之南的东富乡芷泉潘家塘（今湖南省醴陵市东富镇芷泉村潘家塘组）一个耕读之家。近百年来，由于史料匮乏，学术界对于宁调元家世源流的研究一直相对薄弱。时至今日，人们只是大致知道其祖先原籍江西省莲花县，后迁湖南省攸县，再迁醴陵县东富镇，而对其先人及家庭的情况则知之甚少，误传较多。这就直接影响到了对宁调元全面、深入、精准的研究。有鉴于此，本书根据《楚攸宁氏六修族谱》①，终于解开了宁调元家世源流的谜团。

第一节　宁姓起源

宁（繁体字“甯”，宁调元在南社入会书上签名时，写的就是“甯”）姓，在宋版《百家姓》中排名第241位，在2017年全国最新姓氏人口排名中位居第187位，拥有人口60余万，约占全国

---

① 我国历史上原有寧（níng）、甯（nìng）两姓，汉字简化后，统改为宁。宁调元祖先本为甯姓。楚攸宁氏广修族谱理事会编：《楚攸宁氏六修族谱》，笃亲堂，2005年。

总人口的0.053%。

宁氏的远祖乃周文王姬昌第九子姬封，因他初封于康，后人称他为康叔。周成王四年（前1041），康叔因参与平定“三监之乱”有功而被改封为卫国国君，故又称卫康叔。《史记·卫康叔世家》云：“卫康叔，名封，周武王同母少弟也。”① 卫康叔去世后，历传康伯、考伯、嗣伯、捷伯、靖伯、贞伯、顷侯、釐侯、共伯，十一传到卫武公（共伯之弟）。后来，卫武公将其最小的儿子季亹封于宁邑，从此季亹的子孙便以宁为姓。历代姓氏谱书对此也均有记载。《潜夫论·姓氏志》曰：“宁氏出自卫武公。”②《通志·氏族略》曰：“武公生季亹，食采于宁，因以为氏。”③《元和姓纂》卷九《四十六径》中记载：“宁，卫康叔之后，至武公生季亹，食采于宁，弟顷叔生跪，跪孙速生武子俞，俞生殖，殖生悼子喜，九世卿族。”④《姓氏考略》曰：“宁，卫康叔之后，至武公生季亹，食采于宁，以邑为氏。望出齐郡，又与宁通。汉宁成，史记作宁城。”⑤ 根据以上史籍和族谱的记载，我们得知，季亹为宁姓的得姓始祖，宁氏发祥于距今两三千年前的春秋时期，是我国历史悠久的一个姓氏。

关于宁氏早期的居住地，史籍也有记载。《左传·文公五年》曰：“晋阳处父聘于卫，反，过宁，宁嬴从之。”杜预注：“宁。晋邑，汲郡修武县也。”⑥《续汉书·郡国志·河内郡》之修武县下：“有小修武聚。”刘昭补注：“春秋曰宁。”⑦《路史·国名记六》

---

① ［汉］司马迁：《史记》，北京时代华文书局，2014年，第61页。

② ［汉］王符原著，张觉译注：《潜夫论全译》，贵州人民出版社，1999年，第734页。

③ ［宋］郑樵：《通志》第二十七卷，庠刊本，1322年。

④ ［唐］林宝：《元和姓纂》，中华书局，1994年，第630页。

⑤ 杨秀源：《锦屏姓氏史话》，中国戏剧出版社，2013年，第95页。

⑥ 上海人民出版社编：《春秋左传集解》，上海人民出版社，1977年，第442页。

⑦ 许嘉璐：《二十四史全译·后汉书》第一册，汉语大词典出版社，2004年，第347页。

云："宁，杜注云：汲郡修武，今卫之获嘉有宁城，故修武也。"①《大清一统志·河南卫辉府》古迹条下记载："修武故城，今获嘉县治，即古修武也。亦即宁邑。"② 从以上有关文献的记载看，宁氏祖地宁邑应为古之修武，即今之河南省新乡市获嘉县一带。

关于宁氏来源和祖地，历代姓氏谱书的记载虽然比较简略，但宁氏后代是认同的，其族谱中的相关记载就比较详细了。《宣威宁氏族谱》说："宁氏系周文王之后裔。文王第九子，武王同母弟姬封，协助武王伐纣有功，封于康（今河南禹县西北），史称康叔。商灭后，武王亦封纣王之子武庚为诸侯，分商地为三部，命自己的兄弟管叔、蔡叔、霍叔各据一部监视武庚，史称三监。武王崩，子成王姬诵即位，因年幼，武王同母弟周公姬旦摄王位，代行国政。三监不服，武庚乘机勾结三监，联合东方夷同反。周公东征，康叔率兵辅助。平武庚之乱后，周公把殷民七族和商都附近地区封给康叔，成为当时大国，国号卫，建都朝歌（今河南淇县），康叔为卫国君，传十一世，至卫武公姬和。周幽王十一年（前770），武公率诸侯平定犬戎主大闹镐京之乱，扶周平王姬宜臼即位，受封为司徒，位备六部，秉周政。武公少子季亹，俸禄采邑在宁，其地在今河南省修武县、获嘉县地域，后世子孙遂以封地为姓，季亹为宁姓始祖。其后代相传为跪、穆、速、俞、相、殖、喜等，世袭封爵，为卫国上卿、大夫、相国。"③《楚攸宁氏六修族谱》所载清乾隆三十六年（1771）《初修自序》中也说："予宁氏系出姬姓，自季亹食采于宁，因以为氏。"④ 2006年《六修序言》中说："昔文王伐纣得天下，幼子康叔封于卫，至卫武公，其四子季亶封于宁邑，遂以封地为姓，距今已二千八百余年。"

---

① 焦锦淼、耿开昌编：《中华姓氏河南寻根》第1卷，中州古籍出版社，2009年，第264页。

② 获嘉县地方史志编纂委员会编：《获嘉县志》，中州古籍出版社，2008年，第667页。

③ 宣威宁氏修谱委员会编：《宣威宁氏族谱》，1994年，第1页。

④ 《楚攸宁氏六修族谱》，第2页。

作为我国历史悠久的一个姓氏，在中国历史上，宁氏一族也是雄才辈出，英名远播。卫国宁氏家族的主要成员中，尤以宁俞和宁殖最为突出。宁俞，即宁武子，贤明忠勤、机智勇敢，不避艰险，为卫国排忧，能委曲以求复卫成公之位。孔子称之为“邦有道则知（智），邦无道则愚，其知（智）可及也，其愚不可及也”。而今“愚不可及”的成语就来源于宁武子。宁殖，即宁惠子，因卫国国君卫献公专横粗暴，便与大夫孙林父主谋，共同发动宫廷政变，放逐卫献公，迎立殇公为君。春秋时有宁戚，初怀才不遇，隐于商贾，贩牛至齐国，牧牛于猺山下，扣牛角而歌，被管仲发现，荐以齐桓公，遂拜为齐国上卿，任为主管农业的“大司田”，与管仲同参国政，屡建勋业，后来还进一步继管仲为齐相，千古垂名。战国时有宁越，他原是赵国中牟（今河南鹤壁西）农民，发愤读书，努力求学，积学十五年，而受聘为周威烈王之师，成为中原“好学之邑”中的典范。

第二节 醴陵宁氏

秦统一六国，季亹的子孙繁衍于卫国者，有的仍居荥阳，有的迁徙南阳，而南阳族人较多。在齐国的，有的留居北海，有的迁徙河东，而山西晋阳族亦较繁盛。秦汉以降，历经三国、两晋、南北朝，数百年间，世态迁移，沧桑巨变，宁氏子孙或为官，或从戎，或经商，或务农，由齐、卫到河北、山西、山东等地。北宋末年，金兵大举进攻中原，大批宁氏后裔为避战乱，纷纷南迁，部分宁氏后裔陆续迁入江西、湖南、广东、福建等省，椒繁瓜衍，蔓延四方。其中就有宁调元所在的这一支醴陵宁氏。他们是何年因何迁入醴陵并在此繁衍生息的呢？《楚攸宁氏六修族谱》给出了明晰的答案。

楚攸宁氏族谱初修于清乾隆三十六年（1771）冬，重修于清道光六年（1826）春，三修于清咸丰八年（1858）秋，四修于清光绪二十四年（1898）秋，五修于民国二十二年（1933）秋，六修于2005年冬，详细记载了楚攸宁氏的源流和分流、楚攸宁氏的风俗文化、楚攸宁氏的簪缨英名、楚攸宁氏的世系世录以及历次修谱的情况，是研究楚攸宁氏源流及繁衍的重要历史文献。

据《楚攸宁氏六修族谱》记载，隋朝仁寿二年（602）河南荥阳宁氏之族中有宁干为衡州（今湖南衡阳）司马，离任后即定居于衡阳回雁峰下，成为宁氏南迁始祖。

南宋光宗朝，有司马干公之后裔宁时发（1163—1243），字含章，于绍熙四年（1193）登进士，授大理评事，官吉州（今江西吉安）。含章公离任后卜居永新洋江，后又迁入莲花神泉（今江西萍乡市莲花县神泉乡），遂为江西神泉宁氏始迁祖。

对于莲花神泉，神泉十八世宁邦仪曾作《神泉地胜记》一文，对其山川形胜，述之颇详：

> 瑶溪之名何昉乎！相传姚元之游兴所及，欣然忘适殆地，以人而授字焉。其雪上鸿爪之意也乎！溪以内有泉万斛，温于冬而寒于夏，烹茗酿酒有异味。宁氏始祖含章公解组卜居其间。从而神之，故称神泉。宁氏由神泉而北相距一里有枫仙山，盖枫仙山十二真人养玄，其地石船水鼓，古迹宛然。南距里许有中华山，为丘、黄、郭三真人栖真悟道所，至今庙貌如新。自此至西南界，相传宋理宗乙巳年，有采薪者见一人身无布缕，遍体茅生二寸，随风高下，俱凌空蹑雾。急追步之，萧然霞举。因名其坡曰茅踪焉。而其下则蛟龙窟宅，旱时善求其甘霖，则得鞭策。求之则如惔，如惔者益甚。其上则与茶陵邓阜比肩并峙。若朝见两山白云相连，虽晴霁酷暑之天其日必获霖雨。而神泉东折而下有阁焉，为许真人附体降笔所建，自题曰锦绣，盖志其胜也。由阁而下不数武有仙瓦，片片插水岸。更下有柱石高丈余，独立江心，堪称中流砥柱焉。而神泉宅后有山，来脉百里，中起七峰，每峰开一大窝。窝内可容十日，雨不见，牛跲行潦迹状类北斗，因

相沿称北斗山。而其上峰有白石似人形，夜光如烛，都邻人忌之，坏其半而光终莫掩至第七坎。杨救贫曾为汉王丞相，祖夫人卜葬于此，及即圹见山下出泉，意谓灵气既泄，山下必将发祥，阳宅于是乎改厝莲溪。若乃一族之社坛世居垄内，坛树以桂，拳曲有古，致外有合抱之枫屏之。一岁桂树枝尽枯，了无生气者几，五六月族之老成相率为词祷之，不一月而春意以回，枯枝悉为返荣，且于春二三月其花一发则其岁。族中之文名必盛百不一爽，凡若此者颇称胜境。爰历历记叙，俾后之君子一游历而登眺焉。其或亦歌之赋之，以传其名于不朽乎！[①]

在莲花神泉这块风水宝地，含章公一家繁衍生息，逐步发达。下传三世，有曾孙宁齐荣（1256—1341），字炳魁，号万七郎，元朝世祖至元十九年壬午（1282）领乡荐补承奉郎，任祁阳县丞，致仕回籍路经攸县时，见攸城东北郊地幽形胜，近城似乡，就定居于此，从此就在此地繁衍生息，故齐荣公是为楚攸宁氏始迁祖，为楚攸宁氏之一世。因此，宁氏后裔五修族谱时，断自炳魁公始，炳魁公后详书之，炳魁公之前略之，至六修族谱时，则称冠以“楚攸”，是为《楚攸宁氏六修族谱》。

齐荣公之后多系单传，经则敬公、持正公、宏毅公传至第五世生羽高公（1403—1484），字双鹤，号鸣皋，廪膳生。羽高公生五子，彦琼、彦瑶、彦瓒、彦玺、彦琇，五兄弟均列庠英，异绝群人，号五马，后派分五大房（五大分支），各为分房派祖。楚攸宁氏传至羽高公，家族兴旺，成为当地望族，其所在之街道称五马巷，时人曾作有《五马巷记》曰：

五马巷在攸城东郭外半里许，位圣帝庙右。近为宁氏会宗庭与欧家园大漠观出隐入要径。明以前名金钱巷，相传土人拾金钱五枚，故名。自吉水宁公炳魁倦官隐此而官盖相望，渐为显达道。至炳魁元孙羽高公时，栋宇衔接，占圣帝庙街

---

① 宁邦仪：《神泉地胜记》，《楚攸宁氏六修族谱》，第767—768页。

> 之半，因有宁半街之称。羽公生五子，英萃杰出，名均在庠，乘坚择肥，居恒并辔，时遂呼金钱巷为五马巷。东粤严公由潭垣来宰是邦，自震阳亭步行先谒羽公，询民疾苦，而欢迎文武追踪至，人声马嘶，巷为之满，由是五马巷之名益著。巷长四丈五尺，宽六尺五寸。[①]

羽高公五子中，二房祖彦瑶公（1429—1513）之第六代孙，即十二世思邦公（1622—1710）约在17世纪60年代从攸城迁往坪阳乡宁家坪，生四子。过了二三十年，其次子，二房祖彦瑶公第七代孙，即楚攸宁氏十三世祖魁玲公（1644—1710）携子北上，迁居于醴陵东富、孙家湾和萍乡的青山村一带。康熙四十九年（1710）十二月，魁玲之父思邦公以89岁高龄逝世，魁玲兄弟请邻居陈元登为其父作墓志铭。陈元登在思邦公的墓志铭中写道："生子四：长魁钰、次魁铃、三魁锡、四魁钿，今三子徙居芝都大漠观，惟铃徙居醴陵。"[②] 由此可证，魁玲公是为醴陵宁氏之鼻祖。

魁玲公定居醴陵后生三子，即祖机（宁调元的烈祖）、祖相、祖楫。据《楚攸宁氏六修族谱》记载，他们逝世之后分别葬于醴陵南乡箕斗冲、芷泉财主塘和泗汾易家坪。由此可证，魁玲公的三个儿子是为醴陵宁氏之第二代。

综上可知，宁调元远祖自河南荥阳迁湖南衡阳，南宋年间迁江西省莲花县，元世祖年间迁湖南攸县，清康熙年间再迁醴陵。若以神泉宁氏始迁祖含章公为第一代，宁调元即为神泉第二十三代；若以楚攸宁氏始迁祖齐荣公为第一代，宁调元则为楚攸宁氏第二十代；若以醴陵宁氏之鼻祖魁玲公为第一代，宁调元则为醴陵宁氏第八代。

至1949年之时，醴陵宁氏仍集中于东富一带，宁姓人口也仅有200人，与醴陵何、易、黄、陈、张等万人以上的大姓人口相

---

① 《五马巷记》，《楚攸宁氏六修族谱》，第757页。

② 陈元登：《二房思邦公字寰赤墓志铭》，《楚攸宁氏六修族谱》，第209页。

比，实在是为数不多，不过为一小姓耳。[①]

第三节 家族世系

据《楚攸宁氏六修族谱》记载，宁氏在明以前，历代命名虽无定行，究亦昭穆不紊也。明以后，每代定一嘉字，随时择用，至乾隆辛卯，族谱经初修于此前的“乾思魁祖 元武映宗”八个辈份字之后，加上“卫之祥发 远振家声”八字。民国癸酉(1933)，五修族谱之际，再添二十四字，形成楚攸宁氏班行诗，供后世命名循序取用，以免重名越序之弊：

乾思魁祖 元武映宗 卫之祥发 远振家声 泽承先正 光裕后昆 敦信崇礼 康乐和亲 美继前哲 德观厥成[②]

现根据《楚攸宁氏六修族谱》的记载，将宁调元所在的楚攸宁氏第二房一支第十三世至二十二世族人逐一摘要介绍如下（限于篇幅，仅列直系，未举旁支)：

第十三世宁魁钤，字祥生，为思邦公次子，宁调元太祖，生于清顺治甲申年（1644）十月二十九日，清康熙庚寅年（1710）三月二十二日殁，葬萍乡地名上七藜山虎形酉卯。配：贺氏，名润娘，清顺治丙戌年（1646）八月十九日生，清康熙丙申年(1716) 九月初二日殁，葬萍乡，夫妇同冢。生子三：祖机、祖相、祖楫。

第十四世宁祖机，字子奇，为魁钤公长子，宁调元烈祖，生于清康熙丁未年（1667）八月初九，逝于清雍正丁未年（1727）十二月初五，葬契买醴陵南乡六都失鲤境张山，大地名箕斗冲，

① 陈鲲修：《醴陵县志》，湖南人民出版社，2009 年，第 70 页。后文此书皆为此版本，省略出版社名及出版时间。

② 《楚攸宁氏班行诗》，《楚攸宁氏六修族谱》，第 260 页。

小地名中嘴金线吊壶炉形午子。配：唐氏，清康熙戊申年（1668）十一月初七日生，清康熙壬午年（1702）四月二十三日殁，葬醴陵箕斗冲中嘴，夫妇同冢。生子三：元滨、元澜、元江。

第十五世宁元江，字如作，为祖机公三子，宁调元天祖，生于清康熙乙亥年（1695）六月十四日，逝于清乾隆己巳年（1749）四月初三，葬醴陵箕斗冲父坟后左侧。配：魏氏，清康熙戊戌年（1718）十一月二十九日生，清嘉庆丙寅年（1806）十一月初六日殁，葬萍乡怀信里，地名耳塘龙形辛乙。生子三：武标、武楠、武柳，生女二。

第十六世宁武楠，字琴材，为元江公次子，宁调元高祖，生于清乾隆癸亥年（1743）二月初七，逝于清嘉庆癸酉年（1813）四月初七，原葬醴南箕斗冲，后改葬萍西怀信里耳塘老屋后龙形卯酉。配：孙氏，清乾隆辛未年（1751）十月十一日生，清嘉庆癸酉年（1813）四月十日殁，原葬醴南箕斗冲，后葬萍西耳塘老屋后龙形，夫妇同冢。生子三：映琢、映宏、映达，生女二。

第十七世宁映宏，字华声，为武楠公次子，宁调元曾祖，生于清乾隆乙巳（1785）正月初二，逝于清道光丙午年（1846）六月初三，葬萍西怀信里松树桥铃公祠后龙形庚甲兼酉卯。配：何氏，清乾隆戊申年（1788）七月初十日生，清道光庚寅年（1830）四月初四日殁，葬萍西松树桥耳塘龙形庚甲兼酉卯，有碑。生子四：宗顺、宗晖、宗嵘、宗绶，生女二。

第十八世宁宗绶，字有桂，号若岩，为映宏公四子，宁调元祖父，生于清道光己丑年（1829）十二月初一，逝于清光绪庚辰年（1880）七月三十日，葬萍西连田境，契买刘姓之山癸丁，改葬醴南箕斗冲中嘴祖山金线吊壶炉形坤艮，与兄弟夫妇合冢。配：杨氏，生于清道光甲午年（1834）四月初十，逝于清宣统辛亥年（1911）十二月二十七日，原葬绶公祠（醴南芷泉境）下首盆形，改葬醴南箕斗冲祖山中嘴金线吊壶炉，夫妇同冢。生子二：卫均、卫坚，生女一。

第十九世宁卫均，字克仁，号子承，为宗绶公长子，宁调元之父，生于清咸丰壬子年（1852）正月十四日，逝于清光绪壬寅年（1902）正月初一，原葬绥公祠下首，改葬醴南洞停坡虎形丁癸。配：谭氏，萍西炳煊公长女，名元娘，清咸丰壬子年（1852）正月初二日生，殁葬失考。生子一：调元，生女四：长适王大猷，次适王鸿卢，三适谭人修，四适醴东刘培年。

第二十世宁调元，字光甲，派名之梯，号仙霞，又号大一，为宁卫均之子，生于清光绪癸未年七月二十日（1883 年 8 月 22 日），民国癸丑年八月二十五日（1913 年 9 月 25 日）殁，葬醴陵县城西山龙形。配：阳氏，花石凤梧公长女，名璞，生于清光绪壬午年三月二十六日（1882 年 5 月 13 日），殁葬失考。生子一：祥大，女一：适杨荫梗。

第二十一世宁祥大，字鸿猷，号小仙，为宁调元之子，生于清光绪壬寅年八月十七日（1902 年 9 月 18 日），逝于 1951 年，葬宁家屋场下岸。配：张氏，井头村兰芬公三女，名萃铭，光绪辛丑年（1901）十二月十六日生，殁于 1952 年，葬与夫同坟。生子一：发仁，生女二。

第二十二世宁发仁，字中仁，为宁祥大之子，宁调元之孙，生于 1940 年 8 月 20 日。

以上宁调元家族世系源流，另以简表说明如下：

宁调元家族世系源流简表

		魁铃		第十三世
		|		
		祖机	祖相　祖楫	第十四世
		|		
元滨	元澜	元江		第十五世
		|		
	武标	武楠	武柳	第十六世
		|		
	映琢	映宏	映达	第十七世
		|		

宗顺 宗晖 宗嵘 宗绶 第十八世
|
卫均 卫坚 第十九世
|
之梯（宁调元） 第二十世
|
祥大 第二十一世
|
发仁 第二十二世

同时，《楚攸宁氏六修族谱》还有以下记载：

宁调元之高祖父武楠公貤赠奉直大夫，其妻孙氏貤赠宜人；宁调元之曾祖父映宏公貤赠奉直大夫，其妻何氏貤赠宜人；宁调元之祖父宗绶公诰封奉直大夫、例授修职佐郎，其妻杨氏诰封宜人；宁调元之父亲卫均公，国学生，授州同衔加二级诰封，其妻谭氏诰封宜人。宁调元之叔父卫坚公例授九品。

以上记载说明，宁调元的先人历代在当地是具有一定的社会地位的。

需要指出的是，在前人的研究中，关于宁调元的生地、生年及名、字、号等均有不同的说法，现在根据《楚攸宁氏六修族谱》的相关记载，可以得出以下正确的结论。

第一，关于宁调元的生地。绝大多数研究者认为是在醴陵，但杨震夷在《太一诗魂宁调元传》中却说："他出生的地方是湘东（攸县）黄土岭，以后（1887 年）举家迁徙到醴陵小沩山乡间定居。"[①] 从《楚攸宁氏六修族谱》的相关记载看，宁调元的前七代，即其太祖宁魁铃就已经定居醴陵，前六代即其烈祖宁祖机就已经契买醴陵南乡箕斗冲中嘴作为宁家坟地，以后宁调元的天祖宁元江、高祖宁武楠及祖父宁宗绶均葬于此，且绶公祠也建在醴陵东

① 杨震夷：《先烈先贤传记丛刊 · 太一诗魂宁调元传》，（台湾）近代中国出版社，1985 年，第 1、215 页。

富芷泉境内。因此，既然宁调元的祖父宁宗绶即已定居醴陵东富芷泉，其长子宁卫均不可能又东迁返湘东（攸县）黄土岭，1887年再举家迁徙到醴陵小沩山，宁调元也就不大可能出生在“湘东（攸县）黄土岭”。所以，宁调元的生地应为醴陵县东富乡的芷泉。

第二，关于宁调元的生年。对此，学术界曾有以下六种不同的说法：

一是1873年，见之于郑逸梅编著的《南社丛谈》（上海人民出版社，1981年）、吴海林等编《中国历史人物生卒年表》（黑龙江人民出版社，1981年）、陈旭麓等主编《中国近代史词典》（上海辞书出版社，1982年）、郭延礼的《中国近代文学发展史》（高等教育出版社，2001年）、孙海洋的《湖南近代文学》（东方出版社，2005年）、黄士华编《诗词纪事》（中国文联出版社，2007年）、张永芳所编《近代诗歌选注》（光明日报出版社，2010年）等。

二是1885年，见之于北京大学中文系主编的《近代诗选》（人民文学出版社，1963年）、中国社会科学院文学研究所编的《中国近代文学百题》（中国国际广播出版社，1989年）、俞长江等主编《中国历代诗歌名篇鉴赏辞典》（农村读物出版社，1989年）等。

三是1884年，见之于姜亮夫编《历代人物年里碑传综表》（中华书局，1959年）等。

四是1892年，见之于1991年政协湖南醴陵市委员会文史资料委员会编《醴陵文史》第8辑《纪念辛亥革命八十周年专辑》等。

五是1883年，见之于杨天石等编《宁调元集》（湖南人民出版社，1988年）和陈书良主编的《湖南文学史》（湖南教育出版社，1998年）等。

六是1833年，见之于周啸天编《宋元明清诗词曲鉴赏》（四川人民出版社，2003年）等。

杨光辉曾在1980年第2期《近代史研究》上发表《宁调元生年考》一文，从宁调元诗《生日和屯子》的自注：“余与屯同庚生”一语，判断宁调元与“屯”即傅熊湘生于1883年，并指出，后人说他 1913 年牺牲时年仅“三十一岁”去世，实际上是按宁调元虚岁算的。根据《楚攸宁氏六修族谱》关于宁调元生年的记载，可进一步证实，杨光辉和杨天石等人的判断是对的，宁调元的生年确系 1883 年。

第三，关于宁调元的名、字、号。宁调元出生之后，其父给他取的是什么名字呢？据《楚攸宁氏六修族谱》记载，是“之梯”。楚攸宁氏班行（世派）诗，宁调元父亲属“乾”字派下第九世，按上述班行（世派）诗顺序属“卫”字派，故名卫均。而宁调元则属“乾”字派下第十世，在楚攸宁氏班行诗序中为“之”字派，故以派序取名为“之梯”。所以，宁调元的派名或谱名叫宁之梯。既然如此，调元又算他的什么名呢？笔者认为，是其学名。旧时大户人家小孩入学时为方便学习，还要为小孩取个正式的名字，以供老师称呼，即为学名。虽然《楚攸宁氏六修族谱》中关于调元的条目中对此未作说明，但笔者从其堂弟（宁调元叔父宁卫坚之子）宁之煦的条目中发现了线索。宁之煦的条目中记载：“之煦，字先荣，学名调文，号仙云。”[①] 由此不难推知，宁调元是宁之梯的学名。当然，除了派名、学名，宁调元在以后的革命工作中还曾使用过辟支、（林）士逸等化名。

宁调元的字又为何字呢？对此，学界的说法却众说纷纭。柳亚子、刘谦在其所撰纪念宁调元的文章中均说：“宁调元，字仙霞。”所以，后来众多宁调元的研究者，如杨天石、曾景忠、刘湘雅、郭汉民、熊罗生、唐建明等等，都持此说。但冯自由则说：“宁调元，字太一。”而傅専综合以上两种说法：“宁调元，字仙霞，又字太一。”笔者还发现，宁调元于 1911 年 6 月 19 日在南社入会书上的姓名一栏中所填写的信息为“宁调元，字仙霞，一曰大一。”但如前所述，《楚攸宁氏六修族谱》上记载宁调元的字却既非“仙霞”，亦非“大一”或“太一”，而是“光甲”。笔者认为，《楚攸宁氏六修族谱》上所记载的宁调元的字为“光甲”是可

① 《楚攸宁氏六修族谱》，第 464 页。

信的。理由主要有二：

其一，宁调元的名与字符合古人取字选字的规则。古代男女除名之外皆有字。《礼记·檀弓上》曰：“幼名，冠字。”孔颖达疏：“始生三月而加名……年二十，有为人父之道，朋友等类不可复呼其名，故冠而加字。”这就是说，古代男儿出生后三个月由父辈取名（亦有出生后即取名），二十岁行冠礼时取字（后来并不一定遵循，曹冲、孙亮都是未冠死去但皆有字）。之所以名之外还要字，是因为名是用于自称，而字则用于人称。也就是自称用名，表示谦称；称人用字，以示尊称。例如：屈原名平，字原；韩愈名愈，字退之；诸葛亮，字孔明；等等。古人的名与字在意义上也都存在一定的关联。有的词义相近，有的词义相辅，有的词义则相反。如诸葛亮，字孔明，“亮”与“明”词义相近；屈原名平，字原，“平”与“原”词义相辅；而韩愈名愈，字退之，“愈”是胜过的意思，与“退”的意思正好相反。据分析，宁调元的字“光甲”与其名也有一定联系。甲，在天干中排第一位，通常表示居第一位；而元则有首、始、开端、第一等意思，所以“甲”与“元”词义相近，均有第一的意思。这说明，宁调元的名和字在意义上存在词义相近的联系，符合古人取字选字的规则。

其二，宁调元的父亲和儿子均曾先后两次参与修谱。经查，楚攸宁氏族谱初修于清乾隆三十六年（1771）冬，重修于清道光六年（1826）春，三修于清咸丰八年（1858）秋，四修于清光绪二十四年（1898）秋，五修于民国二十二年（1933）秋，六修于2005年冬，详细记载了楚攸宁氏的源流和分支、楚攸宁氏的风俗文化、楚攸宁氏的簪缨英名、楚攸宁氏的世系世录以及历次修谱的情况。该谱1898年四修之时，宁调元已15岁，宁调元之父宁卫均尚在世（1902年逝世）并为四位纂修之一。在修族谱这件大事当中，宁卫均应该不会把自己为儿子取的字给编错。到1933年秋五修之时，宁调元逝世已20年，宁调元之子宁祥大积极参与，不仅为其祖父卫均公夫妇、曾祖父宗绶公夫妇分别捐大洋二十元配享，且与其叔，即宁调元的堂弟之煦（仙云）均为纂编（共四位）。他们应该也不会把乃父和乃兄的字弄错。而况，楚攸宁氏每次修谱都组织严密，除了四位纂修，还有四位校对，因此也不必怀疑族谱在编写、校对和印刷上出现错误。此外，到1933年秋五修之时，柳亚子《宁烈士太一传》、刘谦《宁调先生革命纪略》、傅尃《亡友宁太一事略》均已先后发表，刘谦还曾为之作序，序中称宁调元为“宁太一”；2005年六修之时，宁调元逝世已92年，谱中的《簪缨英名录》全文收录了上述三篇纪念宁调元的文章。然而，楚攸宁氏族谱中有关宁调元“字”的记载，却一直未按上述三篇文章中的说法或宁调元在南社入会书上所填信息，而将其更改为“仙霞”“大一”或“太一”。这就充分说明，楚攸宁氏族谱中关于宁调元“光甲”之字的记载是初始的、延续的，因而也是真实可信的。

除了名和字，中国古代一些中上层人物，尤其是文人雅士还有“号”。号，是人们根据自己的志趣和爱好所起，所以又叫“自号”，又因它是名和字之外另起的一种称谓，因而也叫“别号”。号，一般常用于自称，对人称其号则是一种敬称。所以，号亦常被作为称呼之用。名和字因系长辈所取，一般不可轻易更改，而号则不同，可因个人喜好和人事变迁随意更改或增加。作为文学家和诗人，宁调元当然也少不了号。对于宁调元的号，学界的观点似乎比较一致，即“号太一”。张明观则又在其后加上“亦写作大一”。[①] 然而，《楚攸宁氏六修族谱》上记载宁调元的号却为“仙霞，大一”。可见，宁调元在南社入会书上所填之“仙霞，大一”不是其字，而是其号。而况，如前所述，宁调元的堂弟宁调文（之煦），号仙云。两兄弟一号仙霞，一号仙云，两者之间也是有内在联系的。此外，笔者还发现，宁调元曾自称“秋士”，自号“愁人”。[②]

虽然宁调元号仙霞、大一，但其好友，如柳亚子、傅尃、刘

① 张明观：《柳亚子史料札记三集》，上海人民出版社，2017年，第61页。
② 宁调元：《戊申七月初十笔记》，《宁调元集》，2008年，第382页。

谦、高旭等人则一般不称宁调元“仙霞，大一”之号，却常常称之为“太一”“太乙”或者“仙甫”。他们不仅在其纪念宁调元的文章中不用“大一”而用“太一”，而且对其整理出版的宁调元遗集亦统统命名为《太一遗书》《太一诗钞》《太一诗存》《太一丛话》《太一笺启》《太一文存》或《太乙丛话》《太乙笺启》《太乙文存》。高旭与宁调元诗词唱和时也不称宁调元的“仙霞”之号而常称之为“仙甫”，如其所作《南歌子·仙甫集所作〈愿歌〉及〈至日怀人〉之什，为〈南幽百绝〉，索题》及《貂裘换酒·仙甫感某君营救事，寄示一阕，依韵和之》等等。

还需要指出的是，柳亚子甚至在整理出版《太一笺启》时，竟将宁调元原信中凡署名为“大一”者，一律改作“太一”。这一秘密直至1960年代柳亚子夫人郑佩宜将柳亚子所保存的宁调元致其十五封信的原件捐赠给苏州市文管会之后，才被张明观发现。所以，如前所述，张明观认为宁调元的号“亦写作大一”。此外，笔者查考宁调元文集后也发现，宁调元在任《帝国日报》总编时，主持的一个有影响的栏目明明为“大一丛话”，结果也被柳亚子等人改为“太一丛话”。

既然宁调元的号为“仙霞，大一”，为何柳亚子、傅尃、高旭、刘谦等人又常常称之为“太一”“太乙”或者“仙甫”呢？这是因为，号既是被作为他人称呼之用，因此一些好友在使用时往往又根据自己的喜好做一些小小修改。例如，黄兴，号觐五，而其友人则喜欢称（写）之为廑五、谨吾、廑午、近午、庆午、竞武或堇坞等等。这些略经修改而成的“号”类似于今日广泛流行的昵称，朋友间用之，以示亲密和亲切。但它们与原号往往也存在一定的关联，有的是音相近，有的是字相近，有的则是义相近。柳亚子、傅尃等人所称宁调元为“太一”“太乙”“仙甫”与其“仙霞”“大一”之本号其实也是有关联的。如《易经》中太极又称大一或太一，大即太，都有至高无上的意思。而在中国古代“太一”也指北极星，又常常被写作“太乙”，且“太一”与“太乙”的读音也近似，故“大一”“太一”与“太乙”又为相通。“甫”则是古人在男子名字下加的美称，类似于今天的“君”，所以高旭对宁调元不称“仙霞”而称“仙甫”也是对宁的一种敬称。

值得一提的是，柳亚子等人对宁调元的昵称“太一”，经他们广泛应用之后广为人知，而宁调元“大一”的本号却鲜为人知。所以，后来宁调元不仅认可了“太一”“太乙”“仙甫”这些友人对他的称号，还曾以之为笔名发表文章。

综上所述，关于宁调元的名、字、号的正确表述应为：宁调元，谱名之梯，学名调元，自称秋士，化名林士逸、辟支；字光甲；号仙霞、大一，自号愁人，别号太一、太乙、仙甫等。①

第四节　家族特征

据《楚攸宁氏六修族谱》记载，宁氏家族订有《族规家范》。乾隆三十六年（1771），楚攸宁氏第十四世宁祖祯和第十五世宁元澹曾撰《谕族文》曰：

> 秉礼守义，端人正土之风；敬长事亲，幼子童孙之职。敦友爱于家室乃称诗礼之门，裕道德于厥躬方羡阀阅之子。故占符五世之盛人传奕叶之昌，道在择师，事宜自尽。爰着规训，用谕族人。
>
> 窃维祖宗衍庆，父母诞生，恩同昊天，务宜反始报本，泽垂后裔。须当耀祖光宗，尽孝养于高堂。虽牵车服贾，不可子职有亏，殚职业于伏处，惟焦心劳思始为克家肖嗣。学人日就月将，求为亢宗迈族之子；农夫手胼足胝，勿类艰衣

① 邓江祁：《宁调元的名、字、号及笔名考论》，《湖南工业大学学报》（社科版）2019 年第 1 期。为尊重历史，本书所引文中有“太一”者仍其旧，而本书所述文字中则统一用“大一”，特此说明。

鲜食之徒。合三时而罔怠荒饶豫无艰起于奋勉，统四民而深砥砺家室自尔至于丰亨。若夫卑凌尊小加大已非雍睦之风，强锄弱众暴寡尤蹈凌竞之习。故敦伦睦族，范文正至论可思；败易成难，柳先贤古训堪法。广行善事，宜师梓潼之格言；活家作人，当效考亭之芳躅。守清白之家范，法古昔之高踪，则是路是门，坦然由之而莫阻可法可则，尚其勉旃以遵循行见。学优于家才足以重乡党而达邦国，行无过举德可以感宗亲而动鬼神，安在五世之昌不于我！躬而集庆尤卜奕叶之远自于后昆而永隆。至报本追远之宜崇，游惰焰淫之必禁，规训具在，喷述奚容！①

咸丰八年（1858），第十七世宁凤翥又撰《家范》规定了尊祠宇、守祖茔、修谱牒、明四礼、郭孝弟、别名分、端蒙养、慎婚姻、肃闺阃、联族众、戒废业、崇节俭、供赋役、睦乡邻、广施济、抑浮薄、杜争讼、禁掩溺、慎结纳、御群小、戒淫邪、禁赌博、兴文会等23大类。后又有《重订家训十条》曰：

孝父母：孝顺父母百行之先，鞠育顾复罔极洪恩，昏定晨省饮块枕苫，感通天地福禄自绵。

友兄弟：凡今之人莫如兄弟，如手如足爱护宜备，勿听妇言莫争小利，门庭雍穆共拥大被。

敬长上：家必有长户必有尊，应对进退惟命是听，颁白不负让畔称贤，昏庸老朽切记勿言。

勤职业：农工商学国之四民，各司其事业精于勤，尽心竭力善作善成，出人头地远近扬名。

戒游惰：一息尚存不容稍懈，苟且偷安终身何赖，生活日高游惰重戒，从古豪杰原不自在。

诚祭祀：祖亲虽远祭祀宜诚，器具整洁肴馔鲜明，喧哗跛倚有犯必惩，神其歆格万福来崇。

勒墓碑：人冒我祖我认人宗，何以如此墓表无踪，勒石

---

① 《谕族文》，《楚攸宁氏六修族谱》，第74页。

刊碑不得言穷，岂畏沧桑永杜争端。

崇节俭：节用俭朴治家之宝，量入为出人人须晓，穷奢极欲金穴莫保，行乞作奸原是阔老。

培人才：干国栋家须造真才，振兴教育作育之媒，贫毋使困境勿令摧，祀余有款尽量栽培。

恤无告：鳏寡孤独最足矜怜，扶危济困视力所能，欺凌暴陷鬼怒神歼，先王仁政四者必先。

后又订有《重订家规六则》曰：

戒忤逆：此身何来父母血肉，碎骨粉身报恩不足，乃有逆子天地反复，生犯国刑死遭鬼戮。

逐匪类：奸拐匪盗法律不容，寡廉鲜耻殒身丧名，家有此种及早锄惩，毋令滋长玷祖辱宗。

惩凶暴：谦和致祥凶暴取戾，脑筋单简多任血气，一朝之忿家亡身毙，国法森严稍忍亦利。

禁赌博：打牌赌钱日贯夜缠，典当不足借贷来填，田园卖尽衣食不全，穷愁到老有谁相怜。

正婚姻：男婚女嫁人道所系，许配定偶彼此同意，毋贪资财莫趋势利，性交自由禽兽何异。

慎嗣续：世绝则续自古已然，先昭后穆宜爱择贤，毋悖心理莫乱大伦，不背宗法血食长延。①

此外，《楚攸宁氏六修族谱》还订有《祭冠婚丧四礼》等供后人遵循。这些家范家规虽然含有封建迷信成分，但也有戒恶向善的意义。在漫漫的历史长河中，宁氏家族恪守族规家范，代代相传，形成了以下鲜明的家族特征。

1. 好学善文。长房的鼻祖彦琼公就是邑庠生，五房的鼻祖彦琇公“书无不读，博综渊邃，独得精蕴”②。长房的会山公也是邑庠生，自幼即“好学能文，工词赋善草书，年未冠即领芹

---

① 《家规家范》，《楚攸宁氏六修族谱》，第75—82页。

② 《五房彦琇公字岳钟墓志铭》，《楚攸宁氏六修族谱》，第218页。

香。……其生平尤以文章意气自豪"[①]。四房的魁见公"好博览群书，不屑同迂学守咫尺之义"[②]。四房的宗滋公，"幼读书颖悟异常儿，长从族伯云阁先生游，造诣益邃，县试屡列前茅"[③]。二房的宗绥公，即宁调元祖父，"好读书，延师课子，备极殷勤"[④]，宗绥公之子卫均公，即宁调元父亲，也勤奋向学，是一位国学生。据《楚攸宁氏六修族谱》之《簪缨英名录》统计，自第六世分为五房后至第十九世（卫字辈，即宁调元父辈），楚攸宁氏四房（三房已失传）共出进士1人，国学生33人，庠（廪）生26人。

2. 排忧解难。长房祖荷公"睦族和邻，排难解忿，尤为近今罕观"[⑤]。长房邦源公对于"乡曲间纷者难者，竭力排解，蜥礼必公，故是是非非，类以翁言为定"[⑥]。长房武烈公"乡族之忿者疑者，与是非之剖，缓急之济，待以审处措置者，悉于公有嘉赖焉"[⑦]。二房思邦公"与人交重然诺，好施与，排难解纷，乡党赖之者，事难枚举"[⑧]。四房魁见公，"人以事就质者，委曲详论，是是非非，定于一言，宗族乡党咸推为端方长者焉"[⑨]。五房大僎公"生平敦孝友，重然诺，虚以待人，故族中户事多代理而主持之"[⑩]。五房思芬公"和邻睦族，济困释争，乡党中素有贤声"[⑪]。

3. 性格耿直。五房彦琇公"厉以持己，贞以制行，敦古道，重然诺，言笑不苟，喜怒不形"[⑫]。长房之宁铨公，"一言投契，则

① 《长房会山公讳铨墓志铭》，《楚攸宁氏六修族谱》，第204页。
② 《四房魁见公字非伯墓志铭》，《楚攸宁氏六修族谱》，第214页。
③ 《四房宗滋公事略》，《楚攸宁氏六修族谱》，第239页。
④ 《二房宗绥公字若岩公传》，《楚攸宁氏六修族谱》，第226页。
⑤ 《长房祖荷公字宗友夫妇墓志铭》，《楚攸宁氏六修族谱》，第206页。
⑥ 《长房邦源公夫妇传》，《楚攸宁氏六修族谱》，第225页。
⑦ 《长房武烈公字炎土墓志铭》，《楚攸宁氏六修族谱》，第206页。
⑧ 《二房思邦公字寰赤墓志铭》，《楚攸宁氏六修族谱》，第209页。
⑨ 《四房魁见公字非伯墓志铭》，《楚攸宁氏六修族谱》，第214页。
⑩ 《五房大僎公字朝升墓志铭》，《楚攸宁氏六修族谱》，第219页。
⑪ 《五房思芬公字瑞完墓志铭》，《楚攸宁氏六修族谱》，第220页。
⑫ 《五房彦琇公字岳钟墓志铭》，《楚攸宁氏六修族谱》，第218页。

性命以之；言不相入，虽王公贵人弗顾也”[①]。长房武烈公“为人侃直不阿，无柔媚态”[②]。二房思邦公“为人强毅正直，古处是敦”[③]。五房元泗公“为人秉德不回，温厚和平，从无疾言遽色、智患相欺、喜怒相疑，虽乡党誉之得警然不顾，乡党非之失亦傥然不受”[④]。

4. 重视教育。长房祖荷公“生子六，悉勖以诗书，服饰示尚朴素，举止不使踰闲”[⑤]。二房思邦公“课子训孙，纠若绳检，不使踰乎藩篱之外”[⑥]。二房元洲公“殷于训子，日以远大相期”[⑦]。四房魁见公“训迪子弟，循循礼法，尤不欲以败德毁节而下同卑陋侪俗之徒焉”[⑧]。五房思芬公“生子三，能以诗礼课训，俾知绳趋矩步，不越尺寸”[⑨]。

5. 乐善好施。二房莲塘公“凡济困扶危与津梁梵刹，悉捐施而无稍吝”[⑩]。二房宗绶公，即宁调元之祖父，“其处事也重义轻财，留心实行，其大者修寝庙以妥无灵，捐田产以隆祀事。他如戚族邻里中衣食不给者，则推解之；丧葬不能治者，则博助之。其余道桥寺观诸善果，无不挥金以襄厥成”[⑪]。四房思宪公“遇善事与孤危乏绝，则解骖相助，以玉于成而毫无吝惜”[⑫]。五房云瀚公诰封奉政大夫同知衔宁诚斋司马，“凡创修庙宇、桥路及邑中诸大务，恒输金为众人先。遇岁荒，饥民每负薪易米，人咸利其值

---

① 《长房会山公讳铨墓志铭》，《楚攸宁氏六修族谱》，第204页。
② 《长房武烈公字炎土墓志铭》，《楚攸宁氏六修族谱》，第206页。
③ 《二房思邦公字寰赤墓志铭》，《楚攸宁氏六修族谱》，第209页。
④ 《五房元泗公字佑书墓志铭》，《楚攸宁氏六修族谱》，第221页。
⑤ 《长房祖荷公字宗友夫妇墓志铭》，《楚攸宁氏六修族谱》，第206页。
⑥ 《二房思邦公字寰赤墓志铭》，《楚攸宁氏六修族谱》，第209页。
⑦ 《二房元洲公字子宜墓志铭》，《楚攸宁氏六修族谱》，第211页。
⑧ 《四房魁见公字非伯墓志铭》，《楚攸宁氏六修族谱》，第214页。
⑨ 《五房思芬公字瑞完墓志铭》，《楚攸宁氏六修族谱》，第220页。
⑩ 《二房莲塘公讳大俨墓志铭》，《楚攸宁氏六修族谱》，第208页。
⑪ 《二房宗绶公字若岩公传》，《楚攸宁氏六修族谱》，第226页。
⑫ 《四房思宪公字文所墓志铭》，《楚攸宁氏六修族谱》，第213页。

拒与取，徒占便宜。司马则不拘时日，不计多寡，惟知于人有济，以故闾里感激，颂无间言”[①]。

1933年，楚攸宁氏五修族谱之时，曾请刘谦为序。刘谦考谱后认为，“太一在日，每熹称道其先畴旧德，孝思油油然”。楚攸宁氏“蔚然巨族，髦士辈兴居，恒以忠孝节义训诲其子弟，熏陶渍染，渐与性成太一。然族之人莫不皆然也。今观其谱，益信太一前言之匪夸”[②]。这说明，宁氏的家世家风和宁氏先辈们的优良品格、先进事迹以及宁氏深厚的家学渊源，对于宁调元性格和思想的形成产生了深刻的影响，使其从小就受到良好的家族和家庭教育，逐步形成了勤奋好学、追求真理、开拓进取、勇于任事、刚正不阿的品格，后来又经过民主革命思想的熏陶和反清革命斗争实践的锤炼，逐步成长为一名坚定的民主革命家、宣传家、文学家和诗人，最终成为一位名垂千古的革命烈士。

宁调元被害后，其英勇事迹广受后世称颂，《楚攸宁氏六修族谱》卷三《簪缨英名录》中载有傅熊湘所作《二房太一事略》、柳亚子所作《二房烈士太一传》和刘谦所作《二房太一革命纪略》[③]；卷四《世系世录》中宁调元的条目下记载：“幼负天才，著述甚富，留学日本，志切排满，光复后历任要职，振聋擿伏，不避怨劳。袁项城继任总统，帝制自为，霞谋彻底革命，进行联络，被捕阳夏，就义武昌，年才三十一，海内惜之。”[④] 使其成为宁氏后人又一个值得学习的光辉榜样。

---

① 《五房云瀚公字诚斋墓志铭》，《楚攸宁氏六修族谱》，第222页。

② 《五修刘序》，《楚攸宁氏六修族谱》，第9页。

③ 傅熊湘：《二房太一事略》等，《楚攸宁氏六修族谱》，第227—239页。

④ 《调元》：《楚攸宁氏六修族谱》，第463—464页。

第二章　少年才俊

宁调元的儿童少年时代是在其家乡长沙府醴陵县度过的。幼年时，宁调元由乃父启蒙，并口授《庄子》和《离骚》等，稍长，又被送入刘师陶的书塾学习科举之业，并跟随刘师陶初学为诗，考察社会。1902 年，宁调元入渌江书院师从山长吴德襄学习训诂考据。儿童少年时代的宁调元虽然接受的是封建传统教育，但在刘师陶的带领和影响下，通过接触社会现实，对清政府的封建专制统治产生了强烈的不满，从而萌发了救国救民的思想，为其日后反清革命思想的形成打下了重要的基础。

第一节　宁家独子

1883 年 8 月 22 日（清光绪癸未年七月二十日），是醴陵县东富乡芷泉潘家塘宁家大喜的日子。这一天，31 岁的宁卫均和他同龄的妻子谭元娘喜得贵子。按照族谱的宁氏班行诗，刚出生的儿子属“之”字派，故宁卫均为之取名之梯，字光甲。

那么，这个刚出生的儿子在宁家排行第几呢？对此，学界曾有不同的说法。杨震夷在《太一诗魂宁调元传》中说，宁调元母亲“早年生一女，八年后再生调元”[①]。而唐建明在《祝身化作千百亿，日日东西南北之——“热血诗魂”宁调元生平事略》一文中说：“子承有小孩四人，调元居长，下有三女”[②]。以上各说均不正确。据《楚攸宁氏六修族谱》记载，宁卫均和谭元娘夫妇“生子一：调元，生女四：长适王大猷，次适王鸿卢，三适谭人修，四适醴东刘培年。”但这一回生下的男儿算是“老几”呢？对此，《楚攸宁氏六修族谱》却并无明确记载。但据笔者推断，宁调元应为“老五”。理由主要有二：

第一，据笔者查考，宁调元有个外甥叫纪宣。宁调元在1907年的《五月二十七日记事》中说：“余甥纪宣就学实业（学校），每休息日辄来省视，一切琐事均以责之。”[③] 刘谦也曾说：“时余肄业城南师范学校。校中藏书綦富，每星期休假，必领书若干册携之往，限一星期内阅完，辄复易以他书。其为校所无者，与君甥王纪宣多方物色之。”[④] 这个纪宣就是王启玾，字纪宣。王启玾1915年11月入南社，其入社书上所填年龄为“二十六岁”[⑤]，由此可推知，王启玾出生于1889年，仅小宁调元6岁。这说明，王启玾的母亲年长宁调元10多岁。据《楚攸宁氏六修族谱》记载，宁卫均和谭元娘有二女嫁王姓丈夫，“长适王大猷，次适王鸿卢”，所以，王启玾的母亲应为宁调元的姐姐。

第二，中国封建社会历来重男轻女，把传宗接代看得极重，所谓“不孝有三，无后为大”。如果没有后代，就愧对祖宗。因此，生儿子是件大事，可以延续祖上香火。加之宁卫均这一支脉前几辈都是男丁兴旺，每代均有兄弟三四人，但到宁卫均这一辈则仅有卫均、卫坚两弟兄，而且卫坚曾生一子，又不幸夭折。这

---

① 杨震夷：《太一诗魂宁调元传》，（台湾）近代中国出版社，1985年，第2页。

② 饶怀民主编：《辛亥人物论集》，甘肃人民出版社，2001年，第84页。

③ 宁调元：《五月二十七日记事》，《宁调元集》，2008年，第234页。

④ 刘谦：《宁调元先生事略》，《宁调元集》，1988年，第652页。

⑤ 郭建鹏、陈颖编：《南社史料辑存 · 南社社友录》（3），上海大学出版社，2017年，第1143页。

样，宁卫均夫妇极有可能是连续四女之后，才迎来儿子的降生。因为宁卫均夫妇从生下宁调元的姐姐，即王启理的母亲之后到宁调元降生前的10多年时间中，很可能连续又生三个女儿，直到最后才终于盼来儿子。所以，宁调元在宁家的五个子女中，为独子，排行应为第五。

宁调元的出生地醴陵位于湖南省东部、罗霄山脉北段西沿，东邻江西省萍乡县（今萍乡市湘东区、上栗县），北靠湖南省内浏阳县（今浏阳市），西接湘潭县（今株洲县的一部分），南连攸县。醴陵古为《禹贡》所称九州的荆州之域，春秋、战国时属楚，故有荆楚古邑之称。秦朝时，醴陵属长沙郡临湘县，西汉高祖五年（前202）属长沙国临湘县，西汉高后四年（前184），封长沙相刘越为醴陵侯，食邑六百户，并建侯城于转步古城村。东汉初，析临湘县（辖今长沙、望城、浏阳、醴陵四县地）地置醴陵县。三国之时，醴陵属吴之荆州长沙郡。晋代因之。南北朝宋时属湘州长沙内史；齐以后属湘州长沙郡。隋初属荆州长沙郡；大业三年（608），改临湘县为长沙县，撤醴陵县建置，以其地并入长沙县。唐武德四年（621），分长沙县地复置醴陵县，属江南西道潭州长沙郡。五代十国时，醴陵属楚国潭州长沙府。元代，醴陵属湖广行省岭北湖南道天临路；元贞元年（1295），醴陵升县为州。明洪武二年（1369），醴陵又降州为县，隶湖广布政使司长沙府。清初仍之；康熙三年（1664），湖南建省后醴陵属湖南省长宝道长沙府。民国元年（1912），醴陵属湖南省湘江道。1949年7月，醴陵和平解放，属湖南省长沙专区。1952年，长沙专区改名湘潭专区，醴陵改属湘潭专区。1983年7月，醴陵划入株洲市管辖。1985年8月，醴陵撤县建市（县级），由株洲市代管。

醴陵地貌组合以山地、丘陵和岗地为主，境内属中亚热带东南季风湿润气候，植物资源较丰富，具备粮食作物、经济作物和林木生长的良好自然条件，并蕴藏有较丰富的瓷土、陶土、耐火泥（石）、石灰石、沙石等非金属矿产和铅、锌等金属矿产。

醴陵又为湘赣交通要冲，南乡有水道和陆路通攸县和江西萍乡，与攸县、萍乡之间的贸易历来至为频繁。加之南乡农产、矿产均甚富足，故市镇墟场皆极发达。清末，南乡之东富与贺家桥、新阳等乡镇，开始仿浏阳之普迹、攸县之皇图岭之墟场而分别建立墟场，东富每月逢二、八开市，主要交易竹木器具、布匹、油、盐、糖果、棉花、猪、羊、米、谷等物。因水运方便而成市者有船湾、泗汾、唐家渡等；因陆运方便而成市者有东富、美田桥、孙家湾、贺家桥等；因特殊出产而成市者有石门口、袁木岭等。早在清光绪二十四年（1898）至二十九年（1903），为适应安源煤矿建设的需要，即陆续架设电讯专线，通邮，并修筑湖南省第一条铁路——萍醴铁路。醴陵水上航运可经渌水入湘江，出洞庭，入长江。

醴陵人口以客籍移民后代为主，据 1944 年统计，客籍移民后代占总人口的近 99%。其中，元以前来自全国各地的历代移民后代近 10%；元末至明代客籍移民后代约占 73%，主要来自赣西、赣南；清代客籍移民后代约占 16%，主要来自粤、闽两省的东江、汀江一带。外籍移民汇集交流，有利于提高醴陵人口素质，促进本地社会、经济、文化发展。清初广东移民带来红薯，逐渐成为醴陵主要旱粮作物。雍正年间，广东兴宁移民在沩山发现瓷泥，创办了醴陵第一个瓷厂，醴陵瓷业由此发源。江西移民善于经商，对搞活醴陵流通，促进商品经济发展，作出了较大贡献。由于赣、粤、闽三省为主的大量移民汇集，各地方言经演变、融合，醴陵又形成于一种隶属赣语，却又区别于湘赣两省邻近诸县（市）的特殊方言。同时，客籍移民来醴落户、繁衍与开发，对形成勇敢、勤劳、顽强、实干、开拓、进取的民风和地方习俗，无疑也产生了积极的影响。

据《楚攸宁氏六修族谱》记载，宁调元的先祖思邦公（1622—1710）是明末的文庠生，“为人强毅正直，古处是敦。不事华丽，布衣蔬食，处之晏如。与人交重然诺，好施与，排难解纷，乡党赖之者，事难枚举。即时当鼎革，土寇猖獗，毙于蹂躏者众矣。公规方通变，卒能全家完名，优游绵堂，以乐天真焉。

至举业一道，自入庠后萑蒲遍地，即课子训孙，纠若绳检，不使踰乎藩篱之外”，其妻萧氏，“贤而有操，克治内政”。[①] 思邦公夫妇育有四子二女。其中次子魁铃公是为醴陵宁氏之鼻祖。

通过以上记述，我们不难看出，宁调元的先祖思邦公以耕读为本，讲求实际，不图虚华，而且热心公益，注重对后代的教育，加之萧氏贤惠能干，从而使家庭人丁兴旺、历代不衰。

另据《楚攸宁氏六修族谱》记载，宁调元的祖父宗绶公，“姿颖悟早事丹铅，奉高堂以孝闻，处昆王以友著，天性纯笃，甚为乡先辈所器重。既而家务旁午，不获攻举子业，未冠即经纪其家，大纲小纪，有理有条，较持重老成无多让。其饬己也，境丰厚无富家气，笑颦不苟，古处独敦数十年，谨厚自持，凡市井喧嚣之地，皆裹足不轻往，昔林和靖居西湖三十年不履城市，先生似之。其接物也，无疾言，无厉色，气度温平，率真相与，即人有以机巧待者，一笑付之不与交，昔程明道端坐似泥塑人，及接人浑是一团和气，先生又似之；其处事也重义轻财，留心实行，其大者修寝庙以妥先灵，捐田产以隆祀事。他如戚族邻里中衣食不给者，则推解之，丧葬不能治者，则博助之。其余道桥寺观诸善果，无不挥金以襄厥成焉。伏波曰：凡殖货财，贵能施赠，否则守钱虏耳。先生深得其旨欤。先生好读书，延师课子，备极殷勤，虽哲嗣子承学养深邃，未见赏于宗工，而前茅履拔、名澡成均，存晋州司马衔，遵例请封先生为奉直大夫，未始非先生隐德之报”[②]。

通过以上文字，我们不难看出，宁调元的祖父宗绶公继承和发展了宁家祖先的优良传统。他天性纯笃，勤劳顽强，未成年就开始经纪其家，把家里的大纲小纪，治理得有理有条。经过他的经纪，宁家家境丰厚，加之宗绶公乐善好施、谨厚自持、重义轻财，因而在当地很有影响，故存晋州司马衔，遵例封为奉直大夫。对于所生二男一女，宗绶公延师课子，备极殷勤，因而宁调元的

① 《二房思邦公字寰赤墓志铭》，《楚攸宁氏六修族谱》，第 209 页。

② 《二房宗绶公字若岩公传》，《楚攸宁氏六修族谱》，第 226 页。

父亲宁卫均和叔叔宁卫坚学养深邃，虽未见赏于宗工，出为名臣，但也前茅履拔，学业有成。

虽然宗绶公年过50就撒手西去，但由于其勤劳持家，家业兴旺发达，传至宁调元父亲宁卫均后，仍有不菲的田产。笔者2018年4月赴醴陵调研时，采访了83岁的王启政老人。据他说，他家从父辈开始就是宁卫均家的雇农。当时宁卫均的家是一个大院子，房子很多，他父亲一家人就住在宁家，每天男人们帮忙下地种田，女人们则在家照料宁卫均一家人的日常起居生活，一直住到了1946年。王启政还说，他父亲曾告诉他，宁卫均家当时是当地的大户人家，家里的田产很多，江西萍乡小坑、醴陵洞天坡和芷泉三处都有宁家的田产。但宁家为富且仁，宁母为人慈善，每逢歉年，主动减少雇农的地租。王启政母亲也曾告诉他，生他时没奶，宁家少奶奶（宁调元母亲）还经常亲自煮肉送给他母亲吃。王启政还说，宁家讲究“四气”，即正气、骨气、志气、勇气。所以，宁家不仅有财气，更有志气，因而在当地颇有影响。宁家讲究“四气”的家风，对宁调元性格的形成也是有影响的。

由上可知，在醴陵这个绿水青山之地，在宁卫均这个耕读之家，宁调元度过了无忧无虑、幸福温暖的童年。

第二节 庄屈学子

宁父宁卫均“绩学笃行，恂恂儒者”①，虽为国学生，但不得志于时，积学未售，靠宗绶公留下的田产，在家过着耕读的生活，因而对于这个迟到的儿子宁之梯期望甚殷，特为之取学名调元，取字光甲。名中有“元”，字中有“甲”，“元”和“甲”字，含有状元、第一和出人头地、出类拔萃的意思，而字中的“光”则

① 刘谦：《宁调元先生事略》，《宁调元集》，1988年，第647页。

蕴含“光宗耀祖”之意。而他给宁调元取字“大一”，语出《庄子·天下》“至大无外，谓之大一”，也蕴含天下第一之意。因此，对宁调元的教育问题，宁卫均也是经过深思熟虑的，所以他亲自启蒙，每天教宁调元读书写字，待宁调元年纪稍长，又亲自口授《庄子》《离骚》，逐日精心教导、严格约束，即便是春节期间的正月初一，也“必唤至书房温书数小时”[①]。

中国封建社会传统的蒙学教材可谓汗牛充栋，从小就接受封建社会传统教育的宁卫均却独独挑选《庄子》《离骚》作为教材来教导年幼的宁调元，应当是有深意的。

《庄子》为我国战国时期著名的思想家、哲学家、文学家，道家学派重要代表人物之一庄周（约前369—约前286）及其门人的著作，分内篇、外篇、杂篇三大部分，原有五十二篇，现存三十三篇。其中，内篇七篇为庄周本人所作，是庄子思想的核心，外篇十五、杂篇十一则为庄周门人及后学所作。该书包罗万象，对宇宙大道、人与自然万物的关系、生命的价值、道德的标准等，都有详细的论述。鲁迅曾在《汉文学史纲要》中评价《庄子》“汪洋辟阖，仪态万方，晚周诸子之作，莫能先也”。

《庄子》虽然是阐述关于自然、生命、政治和社会哲学观点的著作，但这些哲学观点都是通过180多则想象飞驰、夸张大胆、语言富丽、幽默讽刺、趣味盎然、含意深刻的寓言故事来表达的。这些寓言故事涉及飞鸟22种，水中生物15种，陆上动物32种，虫类18种，植物37种，无生命物象32种，虚拟的神性物象34种。在庄子的笔下，蝉、斑鸠、小雀、蛤蟆、甲鱼、蛇、风、栎树都会说话，也会辩论、讲道理。我们今天熟悉的成语，有近200个，如“井底之蛙”“东施效颦”“邯郸学步”“足音跫然”“得心就手”“螳螂捕蝉”“捉襟见肘”“栉风沐雨”“朝三暮四”“涸辙之鲋”“得鱼忘筌”“吞舟之鱼”“不系之舟”“沉鱼落雁”“望洋兴叹”“交淡若水”“管窥蠡测”“鹏程万里”“扶摇直上”“游刃

① 宁调元：《南幽笔记》，《宁调元集》，2008年，第408页。

有余”“栩栩如生”“相濡以沫”“如胶似漆”“才大难用”“不近人情”“害群之马”“独来独往”“分庭抗礼”“庖丁解牛”等等，也都是从《庄子》的寓言故事衍化而来的。此外，《庄子》文中多用韵，声调铿锵，使读者读来富于和谐的节奏感，真可谓“天籁之文”。由于其独特的表达方式，《庄子》历来受到众多不同年龄、不同时代的读者所喜爱。

《离骚》是战国时期我国著名爱国主义诗人屈原的一首政治抒情诗，共373句，分为九个部分，自述了诗人身世、品德、理想，斥责了楚王昏庸、群小猖獗与朝政日非，抒发了诗人遭谗被害的苦闷与矛盾，表现了诗人坚持“美政”理想，抨击黑暗现实，不与邪恶势力同流合污的斗争精神和至死不渝的爱国热情。全诗感情炽烈，辞藻瑰丽，想象丰富，比喻多样，通过极其丰富的想象和联想，把地上和天国、人间和幻境、过去和现在交织在一起，构成了瑰丽奇特、绚烂多彩的幻想世界，表现了诗人强烈的爱国主义思想和对理想的热烈追求，在文学上，创立了一种新的韵文体裁“骚体”，并开创了“香草美人”、比兴寄托的文学传统。

庄周和屈原都是战国中期的名人，且基本上是同时代的人（庄周长屈原约20岁）。两人的作品虽然一为散文，一为韵文，但都具有想象丰富、感情洋溢、语言自由奔放的浪漫主义艺术特色，均为楚文化的代表，后人多以“庄屈”或“庄骚”并称。庄、屈两人的人生态度虽然一为入世，一为出世，但在人生的道路上并没有绝对的界限，而是相辅相成，须臾不可离，都在追求人格的尊严与个性的独立。所以，宁卫均挑选《庄子》《离骚》来教导宁调元，其目的就是要把宁调元培养成有知识、有智力、有智慧、有追求、有涵养的人。小小年纪的宁调元，聪明伶俐，在父亲的教导之下，“过目成诵。十二（岁）读《庄》《骚》，辄了解大义”[①]，而且后来竟然与《庄子》《离骚》结下了不解之缘，不仅“旦暮寻玩，借用通人情世变之原，证今古文字之异”，而且

① 刘谦：《宁调元先生事略》，《宁调元集》，2008年，第647页。

1907—1909 年在长沙狱中，仍对《庄子》进行研究，成《〈庄子〉补释》一卷，对《庄子》补释 60 余处，并自认为“虽未必尽美善，自信于前人解释之讹、断句之谬、传写之误，所订正处亦不无一得之愚，足以质诸古人者也”[①]。而于《离骚》，当时宁调元“拟作《离骚补正》一卷，方有志而未暇也”。虽然宁调元英年早逝，其《离骚补正》一文惜未如愿，但他曾作《楚辞王注补》，亦足见屈原《离骚》对其影响之深。

由上可见，宁卫均挑选《庄子》《离骚》来教导宁调元，是慧眼独具，也是非常成功的，不仅对于培养宁调元的观察力、想象力、逻辑力、思维力以及语言能力很有好处，而且对于培养宁调元的机智勇敢、正直无私、除暴安良、尊老爱幼、团结友爱等美德也具有积极意义，特别是对于宁调元成长为革命家、宣传家、文学家和诗人产生了十分重要的作用。主要表现在以下四个方面：

1. 对于宁调元爱国主义思想的形成具有重要影响。在《离骚》中，屈原的爱国主义思想表现为对故国、故乡的热爱，对国家和人民命运的关切和对祖国繁荣富强的追求，因而屈原被称为“真正的人民诗人”（闻一多语）和“伟大的爱国诗人”。郭沫若也曾指出：“屈原是中华民族所产生出的一位伟大的诗人。他热爱人民，热爱祖国，热爱真理和正义，他的诗是由这种真挚的感情所充溢着的。”[②] 在学习《离骚》的过程中，屈原的爱国主义思想对年幼的宁调元产生了重要影响，后来，宁调元反清革命的代表作《仇满横议》就是以“屈魂”为笔名发表的，表示他要继承屈原的爱国主义精神，推翻清政府的封建专制统治，挽救国家和人民。1908 年 6 月 5 日（阴历五月初七），长沙狱中的宁调元在致高旭的信中特将写信的时间署为“屈子沉渊后之二日也”[③]，即表示不忘屈原为楚国而沉江殉国的爱国之举。屈原在《离骚》常以辟

① 宁调元：《〈庄子〉补释 · 自叙》，《宁调元集》，2008 年，第 235 页。
② 郭沫若：《郭沫若文集》第 17 册，人民文学出版社，1963 年，第 362 页。
③ 宁调元：《与高天梅书（八）》，《宁调元集》，2008 年，第 211 页。

芷、兰茎、薜荔、胡绳、春兰、秋菊、芙蓉、木兰等香花香草来象征诗人品德的高洁，宁调元诗中有“愿作薜荔裳”“愿为木兰汤”[①]之句，表示要追求屈原高洁的品德。宁调元的自号“辟支”也是由《离骚》“扈江离与辟芷兮，纫秋兰以为佩”一语中的“辟芷”演变而来，并以“纫兰辟芷亦何为”等诗句，表示要培养和陶冶屈原那种高尚的爱国主义情操。宁调元还以“辟支”为笔名，发表《蠢哉直督》等反清革命的文章。由此可见，屈原在《离骚》中所表现的爱国主义思想是促成宁调元爱国主义思想形成的重要来源。

2. 对于宁调元不屈不挠性格的养成具有重要影响。在《离骚》中，屈原抨击黑暗现实，斥责楚王的昏庸、群小的猖獗与朝政的日非，抒发自己遭谗被害的苦闷与矛盾，表现了坚持“美政”理想，不与邪恶势力同流合污的斗争精神和至死不渝的爱国激情。受屈原的影响，宁调元也具有为理想奋勇献身的精神。1907 年 1 月，在岳州被捕之时，宁调元口占十诗，其四曰：“几生东海填精卫，千古南冠泣楚囚。如此相逢如此死，并时屈贾更风流。”[②]抒发了以屈原为榜样、愿为理想而献身的精神。在狱中，宁调元在《秋章十兴》中吟道：“兰芷渐称纫佩愿，芙蓉暗起涉江思。未遑李密陈情表，欲唱屈原去国辞。”[③]表示要以屈原以死抗争为榜样来激励不屈不挠的革命斗志，锤炼自强不息的斗争精神。

3. 对于宁调元向往自由性格的促成具有重要影响。庄周一生主张无为，反叛传统，崇尚自由，因此在《庄子》中有许多反对束缚、追求自由的寓言故事。《逍遥游》是《庄子》的开篇之作，充满了奇特的想象和浪漫的色彩，寓说理于寓言和生动的比喻中，描写鲲鹏、蜩、学鸠等的自由快乐，其意义就是自由自在地、没有任何束缚地生活。又如《秋水》中有一个“泥涂曳尾”故事，

---

① 宁调元：《愿诗》，《宁调元集》，2008 年，第 106 页。

② 宁调元：《岳州被逮时口占十截》，《宁调元集》，2008 年，第 38 页。

③ 宁调元：《秋章十兴》，《宁调元集》，2008 年，第 66 页。

说的是庄子在濮水钓鱼，楚王派两位大夫前往，邀请他做官。庄子说："我听说楚国有一只神龟，已经死了3000年了，楚王却用锦缎将它包好放在竹匣中，珍藏在宗庙里。这只神龟，是宁愿死去而显示尊贵呢？还是宁愿拖着尾巴在烂泥里爬行呢？"两位大夫回答："宁愿拖着尾巴在烂泥里爬行。"庄子对他们说："你们回去吧！我宁愿拖着尾巴生活在烂泥里。"庄周借此表达了自己不想去做官，只想自由自在地畅游于山水之间，享受人生之乐的意思。再如，《养生主》说"泽雉十步一啄，百步一饮，不蕲畜乎樊中，神虽王，不善"，表达了庄周向往自由、不受拘谨的追求。对于《庄子》中这些反映向往自由的寓言故事，宁调元印象很深，受到潜移默化的影响。庄周向往自由的思想和追求成为宁调元反清革命、推翻清政府封建专制统治的主要动力之一。在长沙狱中，宁调元表示"不自由，毋宁死"，并借"鲲鹏溟北思千里，鸡犬淮南尽九天"[①]、"早知天意难潜转，胡不泥中曳尾归"[②]、"明明大网吞舟漏，翻与樊笼困泽鸡"[③] 等诗句，表达了不受束缚、向往自由的强烈愿望。庄子反叛传统、反对圣人的思想对宁调元也有明显的影响。宁调元"只可恨，盗多如鲫，圣人不死"[④] 的词句以及《孔子之教忠》一文中对孔子及儒家的批判精神，则直接来源于庄子的《胠箧》中所表达的"圣人不死，大盗不止"的思想。宁调元后来在狱中编写了大量明末抗清志士仁人在明亡之际奔起反抗，不事异族、不为清臣、不做清民的故事，借以学习明末志士仁人抗清的精神，从而砥砺志节，激发自己反清革命的斗志。其书名《碧血痕》中的"碧血"二字即来自《庄子·外物》中"苌弘死于蜀，藏其血，三年而化为碧"之语，用以比喻志士捐躯。此外，庄子在《天运》中借鲁国太师"今而夫子亦取先王已陈刍狗"

---

① 宁调元：《燕京杂作》，《宁调元集》，2008年，第133页。
② 宁调元：《至日诗》，《宁调元集》，2008年，第111页。
③ 宁调元：《至日诗》，《宁调元集》，2008年，第110页。
④ 宁调元：《满江红·感事柬某君》，《宁调元集》，2008年，第163页。

“礼义法度者，应时而变者也”等语，批评孔子循规守旧，不懂得事物运动变化并无常规的应变、求变思想，也对宁调元产生重要影响，成为其后来批评孔子及儒家的动力。

4. 对于宁调元文学创作特色的铸成具有重要影响。《庄子》《离骚》想象丰富，辞藻瑰丽，洋溢着浪漫主义精神，这些也为宁调元所学习、继承和发扬，成为宁调元诗文的重要艺术特色之一。例如，宁诗中“祝身化作千百亿，日日东西南北之”“愿播热潮高万丈，雨飞不住注神州”“他年黑水洋如在，应助同胞起怒潮”等诗句就想象飞驰、夸张大胆，充满了浪漫主义色彩，令人惊叹不已。宁调元的《游仙诗八首》和为祝贺《民声日报》创刊的《昆阆游仙》一文，更是反映宁调元文学创作中浪漫主义艺术特色的重要作品。同时，宁调元还大量以《庄子》《离骚》的寓言和语句入诗，使其创作语言精练、想象丰富、寓意深刻，具有更强的表现力。如《书感》诗之二有“谁明黄雀螳螂意，频见朱门主仆喧”[①]之句，即来自《庄子·山木》中螳螂捕蝉的故事。又如其《至日诗》中有“明明大网吞舟漏，翻与樊笼困泽鸡”[②]之句，其中“吞舟”来自《庄子·庚桑楚》的“吞舟之鱼，砀而失水，则蚁能苦之”之句，表示罪恶滔天的大奸；“泽鸡”则来自《庄子·养生主》中“泽雉十步一啄，百步一饮，不蕲畜乎樊中”之句，表示自由自在之人。其“腐鼠任凭鸱鹞吓”[③]一句，则借用《庄子·秋水》中鹓雏不与鸱争腐鼠的寓言，表达自己对世俗的名利并无兴趣。与之类似的还有“失水蛟龙蚁欲图”[④]、“翻令渔网漏吞舟”[⑤]等诗句。而其“冬至阳生春又回，有娀佚女隔瑶台”[⑥]，就化用了《离骚》中“望瑶台之偃蹇兮，见有娀之佚女”之句。“冬

① 宁调元：《武汉狱中书感》，《宁调元集》，2008年，第142页。
② 宁调元：《至日诗》，《宁调元集》，2008年，第110页。
③ 宁调元：《满江红·感事柬某君》，《宁调元集》，2008年，第163页。
④ 宁调元：《感怀四首》，《宁调元集》，2008年，第118页。
⑤ 宁调元：《秋兴三叠前韵》，《宁调元集》，2008年，第145页。
⑥ 宁调元：《至日诗》，《宁调元集》，2008年，第112—113页。

至阳生春又回，少留灵琐误重来”[①]，则是由《离骚》“欲少留此灵琐兮，日忽忽其将暮”化用而来。屈原心系楚国，在《离骚》中常以香草美人自喻，开创了“香草美人”的文学传统。对此，宁调元也有继承，他在《美人蕉歌》诗中把“香草美人”比作祖国与英雄：“我闻美人能化身，从今见花如见君。祖国英雄已两空，花即祖国与英雄。吁嗟乎！天地不灭此花在，我情直与争时代！”[②] 对于屈原在《离骚》中开创的新的文体“骚体”，宁调元也很喜欢，其《祭六叔文》就是用“骚体”写成。此外，寓言故事富有讽喻意味，也是《庄子》的艺术特色之一，对此，宁调元在其总编《帝国日报》期间所写的讥评时政、抨击清政府、讽喻官员的文章中也有继承和发展，给人以深刻的印象。

第三节　诗坛新秀

1895 年，13 岁的宁调元受业于本县塾师刘师陶。刘师陶，字少樵，号沧霞，1876 年 9 月生于醴陵泗汾沧霞里。刘师陶“少颖异，为四书文辄惊其长老，兼致力诗、古文辞”[③]，并具有新颖的思想，17 岁时所作《会真山佛字岩》一诗中，有“世上本无真个佛，空留一字误人间”之句，对迷信神佛的观念做了大胆的批判，因而就读渌江书院之时，就为时任该院山长的胡棣华、萧大猷所激赏，“常拔置前茅”[④]。

刘师陶一边在渌江书院读书，一边又在乡下设经诒书塾授徒教书。为了使宁调元将来通过科举，步入仕途，光宗耀祖，宁卫

---

① 宁调元：《至日诗》，《宁调元集》，2008 年，第 111 页。

② 宁调元：《美人蕉歌》，《宁调元集》，2008 年，第 53 页。

③ 陈鲲修：《醴陵县志》，第 426 页。

④ 陈鲲修：《醴陵县志》，第 426 页。

均慕名将宁调元送入经诒书塾，师从刘师陶。刘师陶年长宁调元六七岁，对宁调元而言，亦师亦兄，故宁调元“独诚服师陶，其后以节烈文学著，实基于此”①。

宁调元师从刘师陶，不仅学习写作应付科举考试的八股文和试帖，还初学为诗。② 俗话说：“熟读唐诗三百首，不会作诗也会吟。”这说明读诗、背诗是学习写诗的基本功。少年儿童学作诗，首先是从读诗开始的，宁调元也不例外。在刘师陶的指导下，宁调元广泛阅读前人的诗作。不久，“过目成诵”的宁调元就能够背诵和理解大量的唐诗了。这从他这一时期所作的集句诗中明显反映出来。所谓集句诗就是从前人的诗篇中，选取现成的诗句，再巧妙集合而成的新诗。宁调元很喜欢作这样有趣的集句诗，陆续作了不少。其中《塞上曲集唐》是这样的：

塞上沙葱叶正齐（曹　唐），杜鹃花发鹧鸪啼（韦　庄）。
欲知此后相思梦（柳宗元），都护行营太白西（岑　参）。
身似浮云鬓似霜（白居易），海天愁思正茫茫（柳宗元）。
未收天子河源地（令狐楚），泣上龙堆望故乡（卢　弼）。
江雨霏霏江草齐（韦　庄），杨花落尽子规啼（李　白）。
愁人一听头堪白（杜　牧），故树荒凉路已迷（温庭筠）。③

这首集句诗，集合巧妙，浑然天成，表达了一种忧思迷茫的心境。宁调元还作了《闺思集唐》，反映了家乡妻子对远方从军亲人的思念：

日日江楼坐翠微（杜　甫），潇湘江上早鸿飞（李　白）。
白狼河北音书断（沈佺期），正是归时不见归（葛亚儿）。
近寒食雨草萋萋（张　泌），春半如秋意转迷（柳宗元）。
梦里分明见关塞（张仲素），随风直到夜郎西（李　白）。
春愁黯黯独成眠（韦应物），衰老重经癸巳年（窦　常）。

① 陈鲲修：《醴陵县志》，第 426 页。

② 宁调元：《太一丛话》，《宁调元集》，2008 年，第 338 页。

③ 宁调元：《塞上曲集唐》，《宁调元集》，2008 年，第 25 页。

我寄愁心与明月（李　白），心随明月到胡天（皇甫冉）。

菊花村晚雁来天（来　鹄），马邑龙堆路几千（皇甫冉）。

闻道王师犹转战（皇甫曾），何时返旆勒燕然（李如祐）。

山北天寒足早凉（白居易），征衣未寄莫飞霜（张仲素）。

若为化得身千亿（柳宗元），便下襄阳向洛阳（杜　甫）。

富贵功名焉足图（杜　甫），年年依样画葫芦（陶　穀）。[①]

角声一动胡天晓（岑　参），寒到君边衣到无（陈玉兰）。[②]

宁调元的集句诗还有《四季望夫词集唐》《数诗二首集〈选〉》等。作集句诗要求阅读面相当广泛，对原诗理解充分。从宁调元的几首集句诗来看，所取诗句涉及李白、杜甫、柳宗元、岑参、杜牧、韦庄、曹唐、张仲素、王昌龄、谢灵运、阮籍、江淹、曹植、鲍照、颜延之、颜延年等100多位诗人的作品，足见宁调元阅读之广，兴趣之大，用功之勤。

通过学习和背诵大量前人的诗歌，宁调元逐步掌握了作诗的章法、韵律、用典、意境的创造、情景的巧妙融合等技巧，于是就开始学着作诗。其题材当然先是身边的人、眼中的景、经历的事。古人咏物抒情常用植物作比兴，初学作诗的宁调元也不例外，并在这方面花了不少工夫。梅是宁调元最喜爱的植物之一，他的早期诗中有不少咏梅的作品。例如，他在《梅》中吟道：

前不见秋华，后不见春花。冒此霜与雪，孤影逾横斜。[③]

在此诗中，宁调元描写了梅花树傲霜斗雪和苍劲古朴的形象。又如，他的《梅叠韵》云：

缟袂相逢怯染尘，每从数点见天真。年来自信无渣滓，羞作群芳队里人。

花绕凌风欲辟尘，梨云落寞梦皆真。逋仙嘱咐今犹记，第一番风莫让人。

---

① 自注：穀为宋人，误入，待改。

② 宁调元：《闺思集唐》，《宁调元集》，2008年，第27—28页。

③ 宁调元：《梅》，《宁调元集》，2008年，第1页。

平淡妆头迥出尘，雪花飞处却如真。十年十度罗浮梦，月白何曾有美人。

频年素服屏嚣尘，疏影横斜画未真。欲折一支无驿使，凭谁寄到陇头人。

轻拂溪桥桥上尘，寒香烂嚼沁元真。一双赤足坚冰走，秋水南华几道人。

昭君原不惯胡尘，但忆江南莫当真。记得骑驴动诗兴，灞桥风雪夜归人。

却嫌脂粉浥轻尘，月地云阶认不真。此后风光休记忆，多情同是梦中人。

雪花如掌似珠尘，末造繁华意更真。他日天厨摇首近，调羹端合让斯人。①

这组诗中，每首诗都有"尘""真""人"三字，极尽梅花的神态颜色和风神气韵，充分展现了梅花傲霜斗雪的高洁坚毅品格。

除了梅，宁调元还吟咏了菊花、梨花、石榴和垂柳等。他笔下的菊花傲霜斗寒：

三径丛丛尚未荒，携樽扶杖访幽香。怕随众卉为降虏，独孕黄花战白霜。②

他眼中的梨花纯洁无瑕：

小屋新阴绿四围，残花几片故飞飞。天然独有棠梨树，香雪盈枝叶尚稀。③

他欣赏的石榴热烈如火：

环榴台上暮烟青，台上荒芜几度经。麦秀黍离同有恨，金樱犹自火荧荧。④

他吟咏的垂柳婀娜多姿：

---

① 宁调元：《梅叠韵十首录八》，《宁调元集》，2008 年，第 24 页。

② 宁调元：《菊题画箑》，《宁调元集》，2008 年，第 33 页。

③ 宁调元：《梨花》，《宁调元集》，2008 年，第 29 页。

④ 宁调元：《石榴》，《宁调元集》，2008 年，第 22 页。

洛里风流殊惓惓，章台憔悴更年年。绝怜柳絮随风舞，不似杨枝待月圆。[①]

观察生活，记述生活，也是宁调元早期诗作的主要题材。如他观察堂前的飞燕后所作的《燕剪》云：

画堂春静雨帘纤，江燕飞飞尾欲钳。绝似并州新买得，半江春水泻珠帘。[②]

《渌江曲》则记述了渔翁悠然自得的生活：

渌江江绕水作城，江流无恙江潭清，渔翁傍晚舟纵横。得鱼随换一瓢酒，呼呼歌声又橹声。[③]

少年时代的宁调元不仅埋头读书，而且也活泼可爱，常常在附近玩耍。他的早期诗中也记述了这些欢快的活动。其《采莲词二首》就记述了一次乘船采莲的愉快经历：

十里夕阳天，乘船去采莲。未知初出水，还似昔时妍。

湖上偶然到，苍茫暝色赊。双鬟归尚未，同坐戏莲花。[④]

渌江河水清澈见底，河岸风光秀丽。宁调元常与小伙伴们在渌江弄舟，并留下了不少诗句，其《夏夜泛舟》云：

夜气凉如许，扁舟载酒行。犬声喧隔岸，渔火暗残更。皓月随船过，薰风荡水鸣。举头看未已，恰是斗牛横。[⑤]

其《秋夜泛舟》云：

夜气压江流，西风吹未休。水光随岸远，江影逐波流。有恨皆缘月，无愁不为秋。荻枫同瑟瑟，天地一扁舟。[⑥]

不仅喜欢泛舟渌江，少年宁调元还喜欢登高，《九日登高》一诗就反映了他重阳日结伴登高的感受：

西风飒飒作重阳，结伴登高竟日忙。吩咐黄花留一半，

---

① 宁调元：《柳》，《宁调元集》，2008 年，第 6 页。
② 宁调元：《燕剪》，《宁调元集》，2008 年，第 5—6 页。
③ 宁调元：《渌江曲》，《宁调元集》，2008 年，第 11 页。
④ 宁调元：《采莲词二首》，《宁调元集》，2008 年，第 6 页。
⑤ 宁调元：《夏夜泛舟》，《宁调元集》，2008 年，第 7 页。
⑥ 宁调元：《秋夜泛舟》，《宁调元集》，2008 年，第 17 页。

与渠他日傲风霜。

冒雨提壶兴倍豪，龙山一啸仰天高。归来不记头簪菊，忽讶幽香满锦袍。[①]

诗中，“西风”“黄花”“风霜”“提壶”“龙山”“锦袍”等普通的意象在宁调元的笔下富有诗情画意，处处动人，直白而又不庸俗。

《游三刀石》一诗则是宁调元游玩三刀石之后所作：

峻岭崔嵬接翠岚，天生奇石镇茅庵。几经雪蚀霜侵后，凭拭刀痕尚有三。

时世沧桑感慨多，汤盘孔鼎总销磨。年年唯有三刀石，长在江头第一坡。[②]

诗中，宁调元用白描的手法将三刀石坐落的位置，几经沧桑后的面貌一一展现出来，不做任何雕饰，显得既真实而又自然。

宁调元还常常借诗表达自己的追求和向往。如《早梅叠韵》云：

姹紫嫣红耻效颦，独从末路见精神。溪山深处苍崖下，数点开来不借春。[③]

宁调元在诗中通过对溪山深处、苍崖之下凌寒傲雪、坚忍不拔、独自开放的早梅的描写，表达了追求和向往情志高洁、孤高傲世、不同凡响的特立精神。

又如其《拟古》云：

芳兰生幽谷，凡卉失其荣。野梅丛荆棘，冰雪独主盟。君子处忧乱，意气愈纵横。[④]

如前所述，兰草是屈原在《离骚》中用以象征品德高洁的香草，宁调元在此诗中借幽谷中生长的兰草，表达了在“世人皆醉

---

① 宁调元：《九日登高》，《宁调元集》，2008 年，第 18 页。
② 宁调元：《游三刀石》，《宁调元集》，2008 年，第 20 页。
③ 宁调元：《早梅叠韵》，《宁调元集》，2008 年，第 13 页。
④ 宁调元：《拟古》，《宁调元集》，2008 年，第 21 页。

我独醒”的乱世对高洁品德的追求。

在父亲的影响下，宁调元不仅喜欢读诗，还热爱读史。在刘师陶的指导下，宁调元又陆续阅读了《汉书》《后汉书》《史记》等史籍。通过读史，宁调元陆续接触到一些历史人物。对于历史人物，宁调元了解其史事之后也有自己的看法和评价。

对于秦始皇，宁调元基本是否定的，借《秦始皇帝》一诗表达了对其文化专制主义的批判和对下层社会反抗力量的肯定：

愚民为政策，书烧儒不容。谁识亡秦者，却是阳城农。[①]

纪信是随刘邦起兵抗秦的将领，在荥阳城危时，假扮刘邦，向楚军诈降，使刘邦得以逃脱，而自身被俘，被项羽用火刑烧死。宁调元借《纪信》一诗表达了对纪信的钦佩：

秦鹿无处所，天下共逐之。存亡一家耳，烧死欲胡为？[②]

晁错因提出《削藩策》反惨遭汉景帝错杀，宁调元借《晁错》一诗表达了对一心报国的晁错反遭错杀而感到惋惜之情：

建议削诸侯，志本绍贾谊。报国功未成，肝脑已涂地。

惜哉邓仆射，上书无戚休！不请上方剑，为斩袁盎头。[③]

在《司马相如》一诗中，宁调元对风流倜傥、才气横溢的司马相如早年谏讽帝王游猎之举表示赞赏，但对其晚年遗稿封禅表示叹惜：

一片题桥意自深，凌云掷地有知音。只怜封禅留遗稿，辜负当年谏猎心。[④]

在《韩信四首》诗中，宁调元一方面为因功高盖主、不知收敛而招祸的“豪雄”韩信表示惋惜，另一方面也对刘邦气度太小表示愤慨：

仗剑来从隆准公，击齐破赵自豪雄。剧怜不用三分策，

---

① 宁调元：《秦始皇帝》，《宁调元集》，2008 年，第 10 页。

② 宁调元：《纪信》，《宁调元集》，2008 年，第 10 页。

③ 宁调元：《晁错》，《宁调元集》，2008 年，第 11 页。

④ 宁调元：《司马相如》，《宁调元集》，2008 年，第 4 页。

终堕陈平一计中。

斩蛇毕竟为真主，走狗由来是假王。堪笑成功不珠隐，致令结局叹弓藏。

涉彻簧言只力辞，齐中高卧意如痴。陈稀果有通谋事，何待淮阴就国时。

儿女雄奸撼至尊，沉冤钟室有谁论。至今垂钓台前望，犹恨炎刘太寡恩。①

通过以上宁调元对历史人物的吟咏，我们不难看出，少年宁调元对历史人物的评价是比较客观公正的，这些反映他的历史观和价值观已经基本趋于成熟。

对于宁调元学诗进步神速，刘师陶很满意，尤其见其诗中“有‘五日一风十日雨，庭前喜放一帘春’之句，师惊异之，谓他日必有以新吾国者”②。

然而，宁调元少年诗作中并不都是风花雪月、良辰美景和采莲泛舟的愉快经历，也有不开心的忧愁和烦恼。这从其《感怀》一诗中流露出来：

寸心千古诉谁知，犹是湘江独卧时。八尺龙须披短褐，三间蜗舍绕疏篱。

美人红泪身前感，名士青山没后悲。拍案长歌复长笑，伤今吊古欲何为？③

宁调元为何“伤今吊古”并且“拍案长歌复长笑”呢？原来，宁调元的青少年时代，正值五千年的中华灾难最为深重、国家最为黑暗、国势最为孱弱的时代。1840 年鸦片战争后，随着一系列不平等条约的签订，中国由一个独立的封建国家，一步一步沦为一个半殖民地半封建的国家，外有诸多列强的瓜分狂潮，内有清政府的专制统治，广大人民生活于水深火热之中。

① 宁调元：《韩信四首》，《宁调元集》，2008 年，第 23 页。

② 刘谦：《宁调元先生事略》，《宁调元集》，1988 年，第 647 页。

③ 宁调元：《感怀》，《宁调元集》，2008 年，第 8 页。

面对严峻的现实，21 岁的刘师陶萌生救国济民的心怀，在诗中写道："沧霞居士常不平，男儿一出为苍生。青紫如拾地上芥，竹帛犹留身后名。当世已定千古矣，岂与草木鸟兽争微名。"但他也看到，在当时要想获得"为苍生"的机会，不能不走向科举一途。1898 年，刘师陶赴长沙参加郡试，其应制之作《咏古四首》，充分显示了他报国的雄心，具有慧眼的考官的评语是"四诗激昂慷慨，音节从古乐府得来"，将他取为第一名。随后变法维新运动兴起，刘师陶受维新运动影响，思想大开，反对缠足陋习，主张妇女解放。他让自己的妹妹和女儿放了天足，以后又把他们送进女子学校读书，对当地风气的开通起了积极的倡导作用。刘师陶在读书教书的同时，还关注社会，亲近群众，关心民间疾苦。1900 年，湘东大旱，稻麦无收，人民困苦不堪，他尽力帮助乡亲们渡过难关，并做了一首长诗《不雨叹》，记录当时情景并发抒感慨，其中有"安得此身如神龙，飞上九天作霖雨，千里万里尽沾濡，坐令家家饱仓庚"之句。这年冬天又忽降大雪，还没有从旱灾的噩梦中苏醒过来的民众，又遭到奇寒的突袭，冻饿而死的惨事时有所闻。刘师陶又做了一首长诗《雪》，表达悲天悯人的心情。①

刘师陶还常带宁调元外出游历，观察社会现实，了解民间疾苦。在刘师陶的带动和影响下，宁调元开始关心现实社会，并由此喜欢上唐诗中的杜诗，既被杜甫笔下描述的现实生活所吸引，也对杜甫充满许身社稷、志在匡国的情怀非常赞赏，因而在杜诗"三吏""三别"现实主义诗风的影响下，宁调元也在诗中揭露和批判他所见所闻的社会问题。《官吏行》就是其中之一：

天地何其宽，偃息重恻侧。举世竞如此，人事曲亦直。士庶急功利，官吏尚峭刻。下情不上达，相怨还相饰。频年征输苦，贫者日以塞。壁立如磬悬，率兽而人食。身无牛衣蔽，鹄形亦菜色。老翁饿不起，稚子饥无力。有腹苦枵然，

① 谢麓彬整理：《刘师陶》，《醴陵文史》（第八辑），1991 年，第 88—89 页。

良民化为贼。禾黍成莠稗，坦途丛荆棘。纵有循良吏，廉平称其职。上官忞调遣，直如过客急。谢令推不去，邓侯挽不得。平治何时复，梦寐遥相忆。[①]

诗中，宁调元描写了人民衣不蔽体、脸如菜色，饥荒使老翁不起、稚子无力，酿成官逼民反、良民为贼的世道，人民历尽艰辛，不得不为生活而苦苦挣扎的悲惨景象和地方官吏却不仅不向上面反映实情，反而粉饰太平，歌功颂德，争功邀赏，企图瞒天过海的丑恶嘴脸，深切表达了对劳动人民的同情和对地方官吏的无比痛恨。

如果说《官吏行》只是宁调元揭露局部的社会现实的话，那么其《复愁十二首用杜工部韵》则是把关注的目光投向了整个国家。其中第六至九的四首这样写道：

蹂躏悲胡虏，烽烟起未休。何当抒片策，万里取封侯！

见说警严后，国维几不张。长缨何处请，壮志赴沙场。

大漠人烟外，阿谁赋出车！拊髀思定远，泪落感年华。

淡淡云迎阵，潇潇雨洗兵。妖氛何日靖，为筑受降城。[②]

诗中，宁调元看到了“蹂躏悲胡虏，烽烟起未休”和“国维几不张”的国家危机深重，表达了“壮志赴沙场”“为筑受降城”的少年壮志。

关心社会，关怀社稷，也促使宁调元少年时代的诗歌创作突破了风花雪月和模山范水的层次，打开了一个新的空间，上升到了一个新的思想和艺术的高度。

于是，少年的诗作《秋感三首》中有了为报国无门而感到的苦闷：

平原蒿目意纵横，斜日风高载酒行。玉杵敲残闺梦冷，霜钟撞破梵音清。一杯酒洒新亭泪，千载乌啼故国情。深愧才疏无片策，谈何容易挽苍生。

---

① 宁调元：《官吏行》，《宁调元集》，2008 年，第 11—12 页。

② 宁调元：《复愁十二首用杜工部韵》，《宁调元集》，2008 年，第 7 页。

庭除料峭远含情，细别银灯按酒兵。风打檐前惊铁马，霜溥林际冷铜钲。怕听黄叶萧萧下，仅有青肤簇簇生。世态泯棼徒懊恼，空山难作不平鸣。

色惨长天望眼惊，纵横百感热肠萦。二分月射黄云陇，万户砧敲白帝城。衰草宵磷三五点，芳菰促织几千声。年来怕走江东路，恐为莼鲈误一生。[①]

尽管“深愧才疏无片策”，但少年的心早已飞到保家卫国的边塞：

旌旗何日到龙堆，蛮雨胡尘卷地来。二十年中初出塞，三千里外一登台。请缨原是终军志，仗节应须破虏回。自顾只赢投笔事，故园一任长蒿莱。[②]

《秋怀》一诗更是抒发了少年的爱国热忱，表达了驰骋沙场、驱逐胡虏的愿望：

瑟瑟秋风约阵云，沙场争战日纷纭。凭谁驱得横磨剑，一破楼兰十万军。鞞鼓喧喧动地闻，边城何日靖狼氛。野人空洒新亭泪，可有涓埃救豆分。[③]

《从军行》则表达了少年盼望披肝沥胆、以身报国、挽回国运的凛然豪气（八首选三）：

漠庭踏破柳为营，雪冻龙旗风厉兵。百战雕戈挥不定，儿童惭愧亦知名。

漠漠征尘介胄盈，壮怀八尺羽毛轻。男儿得伴沙场死，不遣生还亦令名。

奏凯歌声四面环，战衣犹剩血斓斑。甲兵合挽银河洗，不许楼兰近玉关！[④]

日有所思，夜有所梦。边塞的战斗，甚至还出现在少年的

---

① 宁调元：《秋感三首》，《宁调元集》，2008 年，第 8 页。

② 宁调元：《出塞用韵》，《宁调元集》，2008 年，第 9 页。

③ 宁调元：《秋怀》，《宁调元集》，2008 年，第 4 页。

④ 宁调元：《从军行八首次韵》，《宁调元集》，2008 年，第 15—16 页。

梦中：

客梦三更惊，沥淅朗作声。疑是辽西贼，衔枚夜砍营。[①]

当然，宁调元也明白，现在还不是他驰骋疆场、痛扫狂胡的时候，应该先练好本领。他在《偶然作二首用韵》诗中这样写道：

天寒性云懒，日蹉跎踟蹰。晨夕递代谢，速如过隙驹。对此增叹息，十年悔读书。自顾诚负负，虚掷几三余。已焉哉，年富气刚犹如此，他年垂老当何如？

君不见，当年击楫祖士稚，闻鸡早具匡时志。又不见，三闾大夫屈正则，独醒不与众同醉！古人自顾良不如，纯盗虚声老衡泌。人世蜉蝣日几何，泛泛悠悠能不愧？那知贪多而好高，纷纷作事无纯粹。至今安得皆反是，虚心择善敦吾谊。生不愿学庸腐儒，旁若无人高位置。[②]

在《秋怀四首》的二、三首中，少年宁调元明确表达了“中原自是平生志”和“大家相约赋同仇”的远大理想：

谁把长天一木撑，茫茫日望海波平。虫沙紫塞羁人老，鸡雨青萍抵掌鸣。会见铜驼迷枳棘，空骑木马走蓬瀛。中原自是平生志，为少胸前数万兵。

风凄露冷上江楼，望渺天涯客思悠。祸水连天谁起陆，胡尘卷地恰当头。魔天漫自谈公理，奴界何缘得自由！欲把秦风编楚些，大家相约赋同仇。[③]

1898 年 9 月，轰轰烈烈的变法维新运动在以西太后慈禧为首的“后党”势力残酷的镇压下归于失败，刘师陶闻讯后扼腕长叹，自此绝意科举，专以教育青少年为职志。通过变法维新运动的失败，宁调元经过认真的思考后逐步认识到，要救国救民，必须推翻清王朝的封建专制统治。自此，宁调元萌发了反清革命思想。

1899 年春，宁调元与其他同学正在书塾温课，突然书塾垮塌。

---

① 宁调元：《秋声》，《宁调元集》，2008 年，第 16 页。

② 宁调元：《偶然作二首用韵》，《宁调元集》，2008 年，第 12 页。

③ 宁调元：《秋怀四首》，《宁调元集》，2008 年，第 15 页。

好在书塾是砖木结构的平房，宁调元等死里逃生。书塾垮塌后，学习无法继续，宁调元只好与刘师陶及其他学友各奔前程。临行前，宁调元作《经诒书塾留别王氏柏樵、纾青、萧韩、小衡诸兄并序》二首云：

瑟瑟葭霜又蓼烟，无端归去剧缠绵。黯然南浦愁分袂，行矣西风猛着鞭。无限伤怀刚聚首，不堪屈指近残年。应知此夜相思梦，只在兰亭画阁前。

身似浮云迹似萍，年年书剑怨飘零。鸡人唱罢帆初远，蝶梦回时酒半醒。只为同心增怅惋，纵然异路也留停。客心生怕阳关曲，歌向樽前不忍听。①

1901年2月，宁调元赶赴长沙参加府试。考试完毕，当局要求学生拜孔夫子像，宁调元坚决不从，老师亦无可奈何。② 这样，宁调元也就落第而归。

1902年2月8日（农历正月初一），父亲宁卫均病逝。由于父亲的逝世，加之学塾毁坏，宁调元离开乡村来到醴陵县城的渌江书院，从书院山长吴德襄学习训诂考据。

渌江书院始建于宋淳熙二年（1175），宋、明皆为学宫，清乾隆十八年（1753）正式命名为渌江书院。宋朝的大学者吕东莱、朱熹，明代理学家王守仁曾在此讲学任教，清朝名将左宗棠曾任过三年的山长，并在此留下一副“春殿语从容，廿载家山，印心石在；大江流日夜，八州子弟，翘首公归”的对联。该联为回安化省亲，途经醴陵的两江总督陶澍所激赏，并与左宗棠订交。后来，陶澍又与左宗棠结为儿女亲家，成为一段佳话。

渌江书院原在县城内，1829年迁建于西山东麓宋淳祐年间的西山书院遗址。书院青山万木环绕，面对静静流淌的渌水，是一

① 宁调元：《经诒书塾留别王氏柏樵、纾青、萧韩、小衡诸兄并序》，《宁调元集》，2008年，第30页。

② 唐建明：《宁调元生平及思想述论》，湖南师范大学硕士学位论文，2001年，第6页。

个读书治学的好去处。此时的山长为吴德襄，字称三，亦作称山，号笋樵，1827年生于湖南醴陵，咸丰十一年（1861）拔贡，历任城步教谕、宝庆府学教授、署永州府学教授，晚年回籍主讲渌江书院。吴德襄喜治朴学，擅诗文，兼工行、楷，曾师事何绍基，与罗汝怀、吴敏树、李元度、王闿运等交情深厚。宁调元后来精通小学，写下《〈庄子〉补释》《读〈汉书〉札记》《读〈说文〉札记》等著作，就得益于在吴德襄的指导下学习训诂和考据知识这一段学习的经历。

在渌江书院，宁调元又结识了一批新伙伴，其中有傅尃和卜世藩。傅尃又名熊湘，字文渠，一字君剑，号钝安、钝根、钝艮、屯艮，别署钝剑、钝庵、孤萍、红薇生等，1883年出生于醴陵北乡旁山，1900年，侍父就学渌江书院，1902年，转入长沙岳麓书院，师从王先谦，1903年春转读于渌江书院。卜世藩，派名茂琨，字韵鹃，号芸缃，出生于1873年，年长宁调元和傅尃10岁。卜世藩"幼颖悟，读书目数行下，弱冠为文，恣肆汪洋，不可控制。年二十县试列前茅"，光绪二十四年（1898），"府试冠军，补博士弟子员"[①]，此时也投拜吴德襄门下。

在师从吴德襄学习训诂和考据的同时，宁调元仍然作诗不辍，并与傅尃、卜世藩相与唱和、砥砺学问、交流思想，遂结为知己，一时有"诗文三杰"之称。[②] 吴德襄阅读三人诗作之后评价不俗，尤为宁调元诗中表现出来的志向和气魄所折服，特作以下热情洋溢的评语：

> 余外游卅有余年，吾里后来之秀，罕所接晤。今岁承乏渌江[③]，见芸湘、文渠古今体诗，深以为异。嗣文渠复以仙霞此帙与视，披阅数过，觉其音节之宏亮、议论之沉雄，均已

---

① 陈鲲修：《醴陵县志》，第422页。

② 陈鲲修：《醴陵县志》，第422页。

③ 渌江，因发源于醴陵县东之渌山，故得名；又因其在渌口汇入湘江，又名渌江或渌水。

登作者之堂，迥非近玩。吾醴洵多才矣，为慰快者久之。仙霞勉之！既与芸、文友，幸互相砥砺，衷诸至善，以祈底于古人，勿自菲薄，以一得自囿，其可乎？仙霞勉之！[①]

对于宁调元的诗作，吴德襄还“为之评阅满纸，每与人必曰：宁、傅后起”，并“期以远到”。[②] 对于老师的鼓励和鞭策，宁调元铭刻在心，作为座右铭。1909 年吴德襄逝世后，时陷长沙狱中的宁调元闻讯曾含泪撰挽联云：

卢后王前，雅有平生知己感；山颓木坏，益伤人望后来艰。[③]

在深切悼念先师的同时，宁调元将其比之于唐代著名诗人卢照邻和王勃，对其道德文章给予了高度的评价，表达了浓厚的师生情谊。

在渌江书院，随着阅历的增长，宁调元的反清革命思想也进一步坚定，决心创作革命之诗歌，为革命事业鼓与呼。他在赠好友傅尃的诗中写道：

我有一言君莫嗤，宜秘勿令余子知。诗坛请自今日始，大建革命军之旗。[④]

这表明，宁调元的反清革命思想进一步成熟，为自己的诗歌创作找到了一个意义重大的新的发展方向，为其以后成为一名革命的宣传家和诗人奠定了坚实的基础。

除了关心现实，主张在诗坛“大建革命军之旗”，宁调元的早期诗歌创作还有以下两个鲜明的特点：

一是思想活跃而不受格律限制。1903 年秋，傅尃作《妾薄命》曰：“十三学吹笙，十四学旋舞，十五鬻娼门，对镜怜眉妩。东家客过西家来，妾身未死心已灰。一妹难逢药师托，文君不遇长卿

---

① 《吴称三师评语》，《宁调元集》，2008 年，第 35 页。

② 傅尃：《与柳亚子书》，《南社丛刻》第 11 集，第 6 页。

③ 傅尃：《与柳亚子书》，《南社丛刻》第 11 集，第 6 页。

④ 宁调元：《题〈纫秋兰集〉》，《宁调元集》，2008 年，第 116 页。

才。宁为贫窭妻，不为纨袴妇。长此相爱心，愿期同穴死。只今情景妾自羞，懒抱琵琶向人语。妾薄命，君勿悲，勉葆红芳待君悦，扁盘同载五湖归。”①

《妾薄命》属乐府杂曲歌辞，傅専将此诗寄给此时就读于明德学堂的宁调元索和，而宁调元一时却难以和之，只得复信曰：“来示诵悉。弟作诗每为格律所缚，心苦之。昨倾来论，因阅少陵诗及诸人所作，如天马行空，操纵自如，为欣慰者久之，诚所谓得我心之所同然也，懊恼之极。辄读大作《妾薄命》数过，欲拈管而和之，以抒写司勋旧恨。呜咽泪下，不能成章，今数日矣。”②这表明，追求诗坛“大建革命军之旗”的宁调元在其早年的诗歌创作中既有“为格律所缚”的烦恼，也有不为格律所缚的突破。例如，前述《偶然作二首用韵》一诗，既有五言句，又有七言句，还有三言句，有受李白诗中张扬个性的影响。又如五言诗，“五律”8句40字，“五绝”4句20字，而宁调元的《见月戏成》和《夜坐》则均为6句30字，既非“五律”，又非“五绝”，但意思却已经很完整了，多则蛇足，因而宁调元就此打住。可见宁调元作诗大多心有所至、感有而发，有时也并不受格律的限制，重视诗的“思想性”甚于其“艺术性”的倾向。宁调元的这种倾向在后来的诗词创作中也有一定反映，所以，有学者曾对此作出过评论：“太一才气奔放，而学有根底，满腔热血，化作文字，随处泄发，故其所作，异于时流。其诗以缙绅定字学论之，或议其粗豪，或议其无律，而不知其固草泽文学本色也。”③“太一词，亦慷慨可诵，虽不可以词人之词律之，而才气实无两也。”④

二是既倡扬诗言志，也倡导诗言情。中国历代诗歌中不乏言情诗的踪影。因此少年时代的宁调元在学诗作诗过程中，也读情

① 傅熊湘：《傅熊湘集》，湖南人民出版社，2010年，第262页。

② 宁调元：《与傅钝根书（一）》，《宁调元集》，2008年，第193页。

③ 胡朴安：《南社诗话》，《南社诗话两种》，第90页。

④ 胡朴安：《南社诗话》，《南社诗话两种》，第89页。

诗，并学写情诗。其集句诗中的情诗，除了前述《闺思集唐》之外，还有《四季望夫词集唐》：

春风昨夜到榆关（卢 弼），万里长征人未还（王昌龄）。落日临川问音信（皇甫冉），人传郎在凤皇山（张 潮）。

朝朝马策与刀环（柳 淡），莲子花开不见还（张 潮）。惟有寄书书未得（许 浑），落云边月满西山（严 武）。

白马嘶霜雁叫烟（鲍 溶），何人倚剑白云天（李 益）？自家夫婿无消息（施肩吾），从事东军已四年（李 郢）。

朔风吹雪透刀瘢（卢 弼），不破楼兰终不还（王昌龄）。别恨转深何处写（李 端）？朝朝应上望夫山（卢 弼）。[①]

在他少年时代创作的诗歌中，情诗也不少。例如《闺怨》云：

郎去东山东，妾家淮水北。安得水怀山，阻郎行不得。[②]

又如《闺词四首》云：

南国春风早，红豆惹相思。望郎郎不至，空见泪双垂。

郎去一何促，郎至一何迟！欲递书尺素，常恐有人知。

忆昔帘栊侧，握手话别离。行行两相顾，人去意犹随。

昨日轻骑至，今日轻骑归。下依千点泪，不忍向郎挥。[③]

再如《月夜有怀次韵》云：

落落庭前竹，卓卓阶下桐。月明无远近，已觉流影同。夜久声俱寂，独倚小楼东。长天净如洗，银汉长烟空。临风一弄笛，清声绕关中。相思在何处，谁与诉离衷。玉漏有时尽，此心无时穷。[④]

从上述所引宁调元的情诗来看，感情之真挚，笔力之老到，典故之精熟，颇令人叹服，很难想象其出自一个十多岁的少年之手。据《楚攸宁氏六修族谱》记载，宁调元长子宁祥大出生于

---

① 宁调元：《闺词四首》，《宁调元集》，2008 年，第 31 页。

② 宁调元：《闺怨》，《宁调元集》，2008 年，第 31 页。

③ 宁调元：《闺词四首》，《宁调元集》，2008 年，第 9—10 页。

④ 宁调元：《月夜有怀次韵》，《宁调元集》，2008 年，第 7 页。

1902年9月18日，由此可知，宁调元与阳璞结婚应在1901年。所以此时的宁调元爱读情诗、喜作情诗也都在情理之中。但需要指出的是，宁调元爱读情诗、写情诗不仅仅是性情使然，更是理性所致。这可从以下事例中看出。

在渌江书院师从吴德襄期间，宁调元读了翰林院庶吉士、江西萍乡萧立炎（字景霞）的《惆怅词》后所作之《题萧景霞〈惆怅词〉》云：

惆怅而今觉已迟，空将旧事谱新诗。沿途但尔求倾国，发笥谁怜悲去帷。冷落迷香空有洞，阑珊泣涕却如丝。无情最是萧郎甚，灯畔难容花一枝。

频年处处种相思，采得东风第一枝。及尔飘零情太忍，向谁惆怅意如痴？红绡空寄乘垣泪，碧玉从无合璧期。一日南归马蹄远，国容恩断不相随。

最惜惺惺莫笑吾，芙蓉为面玉为肤。未应神女留巫峡，真个彭郎弃小姑。到处狂来如柳絮，暂时圆便等荷珠。从今笑问罗敷女，此后曾弹筝也无？

情根才种向天津，薄醉心情一味新。解恨事成长恨事，寻春人作送春人。肯教远梦空寻路，错认孱躯解效颦。寄语西江萧太史，好收覆水续前因。[①]

但吴师见此诗后不太高兴了，以朱彝尊编《曝书亭集》“不删风怀诗，宁不食两庑豚肉”为例“相勉”。[②] 朱彝尊，明崇祯二年（1629）出生于浙江秀水（今嘉兴市），字锡鬯，号竹垞；清康熙十八年（1679），以布衣举博学鸿词科，曾任翰林院授检讨，入值南书房，并参与修撰《明史》，精于考证金石，长于古文诗词，其诗与王士禛齐名，时称“南朱北王”，著有《曝书亭集》八十卷等。朱彝尊写过著名的诗《风怀二百韵》和《静志居琴趣》八十三首，都是写与其妻妹的爱情。尤其是《风怀二百韵》，在当时还

① 宁调元：《题萧景霞〈惆怅词〉》，《宁调元集》，2008年，第29—30页。

② 宁调元：《论情诗》，《宁调元集》，2008年，第368页。

曾引起风波。因此他编《曝书亭集》时曾考虑是否删去，但最后决定不删并编入了《曝书亭集》。他还为之以诗述志，其中有云“渠宁不食两庑豚，不删风怀二百韵”，表示宁愿不当圣人之徒，不入祠庙受享，也不删《风怀》诗。对此，诗坛有人以为此举大逆不道。乾嘉诗人吴德旋就在其《杂著示及门诸子》诗中教导其子弟云：

风怀诗载曝书亭，可是才多坏典型？郑卫言情非纪欲，一生枉自抱遗经！

清代甘肃最有影响力的诗人之一张晋在其《艳雪堂诗集》中也以道学口吻说：

曝书亭集浩无涯，学富才丰格律谐。到底不曾删绮语，教人指摘议风怀。[①]

因是之故，吴德襄也就以朱彝尊不删《风怀》之事提醒宁调元注意。但宁调元却“未以为是”，又将此事笑告傅尃说：“要我删风怀诗，宁不食两庑豚肉。”后来，傅尃受宁调元之托，为其整理旧诗稿时，考虑吴德襄当时的态度，便将宁调元旧作中的情诗删去。对此，宁调元认为不妥，“复总其删去者，别为《闲情集》”，“自叙有‘昔孔子删诗，不闻《郑》《卫》二风一笔勾也’之言”。[②]

1907年，宁调元在狱中忆及此事，仍然认为自己当时对于情诗的看法是对的，并特作《论情诗》一文，为情诗正名：

《国风》三百篇，大抵皆言情之作。《古诗十九首》，无非写相思之字。《离骚》托意于美人，陶公发辞于旷世。古人曷尝讳言情哉？然而发夫情止夫义，此其所以愈本色愈真挚也。今人讳言情，其收束处，不知即其斫丧处也。夫自有天地以来，上下千年，纵横万里，大而拓都，小而幺匿，何物无情乎？个人无情以支持之，则暴弃也；社会无情以团结之，则

---

① 严迪昌：《清诗史》（上），浙江古籍出版社，2002年，第521页。

② 宁调元：《论情诗》，《宁调元集》，2008年，第368页。

解散也；国家无情以纲维之，则灭亡也。此非其显著者耶？晋人云："太上忘情，其次不及情。情之所钟，正在我辈。"亦可谓善言情矣！①

在此文中，宁调元追古溯源，把情与个人、社会、国家联系起来，足见情之重要、情之伟大，这无疑是正确的、进步的。

由上可见，宁调元早年对情诗的看法，是其后来批判封建传统观念、批判孔子及儒家的重要思想基础。

① 宁调元：《论情诗》，《宁调元集》，2008年，第367—368页。

第三章　立志反清

1903年秋，宁调元进入长沙明德学堂第一期速成师范班学习，在黄兴、周震鳞、张继、胡元倓等教习“排满革命”思想的影响下，加入华兴会，并积极参与组织长沙起义。长沙起义因事机不密而失败后，宁调元由明德学堂保送赴日本留学，“尽结交当代革命巨子”，由黄兴介绍加入同盟会，并先后参与组织中国留日学生反对日本政府“取缔规则”运动、归国筹办中国公学以及公葬陈天华、姚宏业于岳麓山等活动，成为反清革命队伍中的佼佼者。

第一节　求学明德

在渌江书院初步形成反清革命思想后，宁调元渴望进一步的发展空间和机会，恰好遇上了长沙明德学堂师范速成班招生。怀着对未来的憧憬，宁调元赴长沙参加考试，结果以优异成绩被正式录取。于是，宁调元离开渌江书院，准备赴长沙开始新的求学生活。临行之际，宁调元口占《癸卯留别文渠西山》，与傅尃依依惜别：

蕉窗听雨许多时，才到分离情更痴。方老平生知己少，钟期去后赏音谁。晚风南浦应回首，何日西山更论诗。我本浮萍君断梗，天涯地角两凄其。

旧雨寥寥半化鲲，前身窃恐是蓬根。人如云气团还散，心似炉灰烬亦温。游子河梁愁握手，孤灯旅馆暗销魂。今宵情话他宵梦，同是黄粱一枕昏。[①]

诗中，宁调元将自己与傅尃比作俞伯牙与钟子期，记述两人在渌江书院同窗共砚、切磋学问的情景，表达对新生活的憧憬和与好友分别的伤感。同时，宁调元将自己此前的诗作呈请傅尃删订。对此，傅尃略加删改后编成《朗吟诗卷》，并为之题词云：

一卷新词远寄将，删存三百费评量，灯前细草牛毛字，风雨齐声泣短墙。

慷慨悲歌尔与吾，翻令鼓瑟胜吹竽。苦吟已是清闲累，省问名山传也无？

一腔忧国恨难知，感物纷陈痛哭辞。谁笑兰成竟萧瑟，江关词赋出清时。

瓦釜当场竞鼓蛙，争从何处说仙霞。尔曹百辈沙虫耳，斯事千秋定属他！[②]

在题词中，傅尃赞扬宁调元的诗歌比南北朝的文学家庾信的“江关词赋”更加优秀，并预言宁调元将来必定会成为名垂千秋的人物。

1903 年秋，宁调元来到长沙，入读明德学堂第一期速成师范班，开始他新的求学生涯。

明德学堂是长沙最早的一所近代中学，也是湖南省第一家私立中学，1903 年初，由胡元倓所创办。胡元倓，字子靖，号耐庵，1872 年生于长沙府湘潭县，早年入县学为附生，1897 年丁酉科选拔贡，1902 年作为湖南选送的首批留日官费生，入东京宏文学院速成师范班学习，受日本教育家福泽谕吉创立庆应义塾（庆应大学前身）影响，同年十二月返国后决心投身教育事业。1903 年初，

---

① 宁调元：《癸卯留别文渠西山》，《宁调元集》，2008 年，第 115 页。

② 傅尃：《题辞》，《宁调元集》，2008 年，第 35 页。

胡元倓在其表兄龙璋和龙绂瑞的支持和资助下，暂租左文襄公祠为校舍，开办明德学堂，以胡元倓为监督，推龙璋的叔父、在籍刑部右侍郎龙湛霖为总理，延聘周震鳞、张继、王正廷、苏曼殊、黎尚雯、陆鸿逵等为教员，招收第一期两个班共 80 名学生，于 3 月 29 日正式开学。

学堂开办后，胡元倓鉴于湖南“官立公立之师范学堂不过二三处，而各属小学在在需才，不特教员奇乏，即求任管理之责者，亦难数觏”的现状，又申请依日本宏文速成师范之例，开办速成师范，于九月开学，六个月为卒业之期。[①] 为此，胡元倓于是年夏赴杭州，邀约华紫翔来湘授英文，途经上海时，邂逅刚从东京宏文学院速成师范科毕业回国的老乡加校友黄兴，便邀其到明德学堂任教并主持第一期速成师范班。

黄兴经武汉抵长沙后，即于 9 月开办明德学堂速成师范班，招收学生 100 余人，其中就有来自长沙府醴陵县的宁调元。

关于宁调元入读明德学堂的时间，杨天石、曾景忠在《宁调元年谱》中说“（1903 年）7 月（阴历闰五月）自醴陵赴长沙，进入明德学堂第一期速成师范班读书”[②]。但如前所述，胡元倓 1903 年夏才在上海邀请黄兴到长沙主持第一期速成师范班，而且第一期速成师范班何时举办，胡元倓后来也说得很清楚：“癸卯秋，开第一期速成师范班，即由克强主持，邀张溥泉（继）为历史教员。吴绶青（禄贞）、李小垣（书城）皆来湘小住”。[③]《明德学校史》中关于该校 1903 年招生开班情况的记载是：明德学堂中学甲乙两班（80 人），1903 年 3 月至 1905 年 5 月；速成师范第一期（118 人），1903 年 9 月至 1904 年 4 月。经正学堂，1903 年 9 月开设甲乙班。[④] 由上可知，宁调元到明德学堂就读第一期速成师

---

① 胡元倓：《开办速成师范附设高小学堂呈文》，周喜兰主编《胡元倓集》，湖南师范大学出版社，2013 年，第 51 页。

② 杨天石、曾景忠编：《宁调元年谱》，《宁调元集》，1988 年，第 690 页。

③ 刘泱泱编：《黄兴集》，湖南人民出版社，2008 年，第 773 页。

④ 陶旅枫、黄政海编：《明德学校史》，湖南师范大学出版社，2013 年，第 16 页。

范班的时间应为1903年9月。①

在明德学堂第一期速成师范班，宁调元很快与志趣相投的同学姚宏业结为好友。姚宏业，字剑生，号竞生，1881年出生于湖南省益阳县下梅塘（今益阳市赫山区欧江岔镇北坪村），自幼生性聪颖，爱读书，善作文，且“性孝友，慷慨喜任侠，人有急，辄舍己从之”，“读郑所南、王船山遗著，慨然有民族思想”。② 同时，宁调元还结识了陈嘉祐、胡瑛、张启汉、阎鸿飞等有志之士。

明德学堂，早就聚集了张继、周震鳞、王正廷、苏曼殊、黎尚雯、李步青、陆鸿逵等一批志趣相投、富于革命思想的仁人志士。黄兴到来后，很快将他们团结在自己周围，积极鼓吹反清革命思想，“排满革命之谈，充塞庠序”③，从而使明德学堂成为“湖南革命运动的大本营”④。黄兴十分注意“借教地以发抒革命学说，激发学者之爱国热忱”⑤，利用上历史、博物、地理、体育等课的机会，向学生灌输革命思想。如上历史课，他从孟子“民贵君轻”思想中，引申出西方资产阶级的民权思想在中国古已有之。上博物课，他借鲤鱼产卵逆流而上“跳龙门”，告诉学生它绝不会成龙的道理。并引申说，从前造反的人，都想做皇帝，才捏造出“跳龙门”之类的骗人神话，“为的不过是个人和家族的荣华富贵”；“法国的革命党人就聪明一些，他们在革命成功以后，将政体改为民主共和，实行自由、平等、博爱，再也不要皇帝了，所以大家能过幸福的日子”，从而抨击了封建专制政府，宣传西方资产阶级的自由、平等、博爱的思想。在上地理课和为学生题词时，他运用“空怅望，山川形势，已非畴昔”“无限江山，别时容易见时难”“故国不堪回首月明中”“待从头收拾旧山河”“叹江山如故，

---

① 邓江祁：《〈宁调元年谱〉考误〉》，《特立学刊》2018年第4期。

② 邹鲁：《中国国民党史稿》（下），东方出版社中心，2011年，第1249页。

③ 王先谦：《王祭酒年谱》（卷中），1908年，第91页。

④ 毛注青编：《黄兴年谱长编》，中华书局，1991年，第56页。

⑤ 刘泱泱编：《黄兴集》，湖南人民出版社，2008年，第557页。

千村寥落”等语句来激发学生们的爱国意识和革命热情。[①]与此同时，黄兴还与张继、周震鳞、胡元倓等人“演说满清压抑汉人种种虐政”[②]，并组织大量翻印邹容所著《革命军》、陈天华所著《猛回头》和《警世钟》等宣传反清革命的书籍，散发到军商各界，扩大反清革命宣传，从而使民主革命思想在湖南广泛传播开来。

在黄兴等革命教习的启发和教育下，宁调元、姚宏业、陈嘉祐、胡瑛、张启汉、阎鸿飞、万定球、宾镇远等一大批青年学生逐渐萌发了反清革命思想，成为革命的骨干力量。其中，早就具有反清革命思想的宁调元更是佼佼者。他“擅辩才，课余辄与同学开演讲会，就师所授者，触类引申，激昂尽致，听者耸然。尤长文学，每有作，辄万言，笔锋犀利，藻思纷披，上下纵横，不可一世。以故全校职员以逮同学，莫不推重之”。[③]但入学不久，由于父亲逝世，家道中落，宁调元因家庭经济困难，打算辍学回家。黄兴闻讯后甚为关心，即与校长胡元倓商量，特免其学费，使其无辍学之忧。[④]

在宣传革命思想的同时，为了联合各地革命志士，扩大革命力量，黄兴还积极谋求组织革命团体，于同年 11 月 4 日（阴历九月十六日），以过生日（29 周岁）为名，约集宋教仁、刘揆一、章士钊、谭人凤、周震鳞等人，在长沙保甲巷彭渊洵家举行秘密会议。会上，“大家一致认为非组织革命团体，积极进行排满革命，不能够挽救国家于危亡”[⑤]，于是决定成立革命组织“华兴会”。次年 2 月 15 日，黄兴等人按照上次聚会的决定，又借除夕

---

① 阎幼甫：《回忆在明德学堂执教时的黄克强先生》，田伏隆主编《忆黄兴》，岳麓书社，1996 年，第 196—197 页。

② 刘揆一：《黄兴传记》，田伏隆主编《忆黄兴》，第 21 页。

③ 刘谦：《宁调元先生事略》，《宁调元集》，1988 年，第 647 页。

④ 刘谦：《宁调元先生事略》，《宁调元集》，1988 年，第 648 页。

⑤ 周震鳞：《关于黄兴、华兴会和辛亥革命后的孙黄关系》，田伏隆主编《忆黄兴》，第 65 页。

宴聚作掩护，召开华兴会成立大会，确定以“驱除鞑虏，复兴中华”[①] 为革命口号，举黄兴为会长，宋教仁、刘揆一为副会长。同时决定为了避免清政府的注意，华兴会对外采用“华兴公司”的名义，以半公开的形式出现，并规定公司的任务是“兴办矿业，集股一百万元，作为开矿资本”，实际是以“矿业”二字代“革命”，“入股”即“入会”，股票即是会员证，还提出“同心扑满，当面算清”的口号，巧用嵌字手法，隐含推翻清朝之意。

华兴会成立后，宁调元和明德学堂中一批积极进步师生即加入其中。关于这一点，黄兴的长子黄一欧记得十分清楚：“华兴会与明德学堂有着密切的关系。它的主要成员中，有的是明德学堂的教职员，如周震鳞、张继、苏曼殊、秦毓鎏、翁巩、陆鸿逵等，有的是明德、经正两学堂的学生，如柳继忠、陈嘉佑、姚（洪）［宏］业、宁调元、萧翼鲲、张启汉、胡瑛等。”[②]

关于宁调元在明德学堂参加革命组织的情况，杨天石、曾景忠在《宁调元年谱》中说：“1904 年 2 月 8 日，日俄战争爆发。参加黄兴、陈天华、李育仁、李洞天组织的革命团体大成会。”[③] 经查，此条内容来自刘谦所著《宁调元先生事略》：“会日俄战事发生，海外学生以共有损中国主权，血书数至，君悲愤甚，恒背人椎胸饮泣。始与克强先生及陈天华、李育仁、李洞天等秘密组织革命团体，名曰大成会，未几解散，扩大为华兴会。”[④] 但经笔者查考，此说与史实不符。第一，如前所述，早在 1903 年 11 月 4 日黄兴即与刘揆一、宋教仁、陈天华等人，借为黄兴做生日酒的名义，在长沙保甲局巷彭渊恂家聚会，决定设立华兴会，领导反清革命活动，因此不可能又在 1904 年 2 月秘密组织所谓“革命团体大成会”。第二，1903 年未组织华兴会之前，黄兴也未有与陈天

① 杨世骥：《辛亥革命前后湖南史事》，湖南人民出版社，1982 年，第 304 页。

② 黄一欧：《黄兴与明德学堂》，《湖南文史资料选辑》第 1 集第 2 辑，湖南人民出版社，1961 年，第 20 页。

③ 杨天石、曾景忠编：《宁调元年谱》，《宁调元集》，1988 年，第 690 页。

④ 刘谦：《宁调元先生事略》，《宁调元集》，1988 年，第 647—648 页。

华、李育仁、李洞天秘密组织大成会之事。章士钊曾说："洎《苏报》（1903 年 7 月）被封，吾从事实际革命工作，开始与克强计划如何筹款。第一步，吾二人同赴泰兴，访龙砚仙，又同赴南京，访魏肇文。旋折回沪，部署略定，乃同返长沙，始筹备华兴会。"[①]由此可见，1903 年秋黄兴由日本回到长沙之前，计划成立的革命组织就是华兴会，根本没有先成立一个叫大成会的革命团体的计划，更不可能于 1904 年 2 月成立。因此，《宁调元年谱》中关于宁调元 1904 年 2 月间参加大成会之说应属子虚乌有。[②]

在积极参与华兴会的活动中，宁调元又先后认识了两个对于他后来革命工作有重要影响的华兴会同志：一为陈天华。陈天华，原名显宿，字星台，别号思黄，湖南新化人，从小就爱学习，1898 年考入新化实学堂，受维新变法思想影响。1900 年春入岳麓书院学习，1903 年官费留学日本东京宏文学院师范科，深受民主革命思想影响，时值沙俄违约拒绝从中国东北撤军，陈天华于是写血书以示抗议，并与黄兴等参与发起组织留日学生拒俄义勇队，后改组而成军国民教育会，宣扬鼓吹、起义、暗杀三种革命方法，并自荐为"运动员"准备回国策动起义。在此期间，他还撰成《猛回头》《警世钟》，鼓吹反清革命，在国内外影响甚大。1903 年冬归国，与黄兴、宋教仁等创设华兴会。一为禹之谟。禹之谟，原名志谟，字稽亭，湖南湘乡青树坪（今属双峰县）人，1866 年出生于一个亦农亦商的家庭。6 岁人私塾读书，喜读《史记》《汉书》《船山遗书》《明季忠烈录》等书，渐次萌发了反清革命思想。1886 年，禹之谟投身军营，先后任文书、军需等职，以江苏扬州、如皋等地为据点，往来于沪、宁一带。1894 年，禹之谟又随湘军参加中日甲午战争，并因战功叙五品翎顶，以县主簿候选，但力辞不受。1896 年禹之谟开始研究矿学，考察扬子江流域资源，计划兴办实业。次年，禹之谟回湖南，在长沙结识谭嗣同、唐才

① 田伏隆主编：《忆黄兴》，第 125—126 页。

② 邓江祁：《〈宁调元年谱〉考误》，《特立学刊》2018 年第 4 期。

常、毕永年等维新志士。1900 年，他参加了唐才常领导的自立军起义，事败后东渡日本，先后在东京千代田和大阪等工业区研习纺织工艺和应用化学，并交结留日革命志士。1902 年，禹之谟携带纺织机器回国，设“阜湘”织布厂于安庆，同时倡导革命，遭到当地官府迫害，次年便移厂湘潭，改厂名为“湘利黔”，并结识以明德学堂教师身份为掩护、暗中策动革命的黄兴。1904 年，禹之谟将织布厂迁往长沙，工厂附设工艺传习所。华兴会正式成立后，禹之谟入会，并以纺织厂为据点，配合黄兴开展革命活动。

华兴会成立之后，黄兴等人着手策划反清武装起义，起义的总机关设在“华兴公司”，总机关之下，设有一批分支机构和联络机关，如在小吴门正街设有东文讲习所，“名曰补习日文，实系培养人才，从事秘密活动的据点”[①]；在东街设有民译社为华兴会宣传联络机关；在圣公会内有黄吉亭牧师设立的秘密联络点长沙日知会；此外，还有明德学堂、经正学堂、修业学堂、醴陵渌江学堂以及《俚语日报》馆等。同时，为了联络和扩大起义力量，黄兴还与刘揆一等人“别创同仇会，专为联络洪会机关，并仿日本将佐尉各级军制，编组其为革命军旅”[②]，还设立黄汉会“专为运动军队参加起义的机构”[③]。这些机构的设立，加强了华兴会对起义的统一领导，扩大了华兴会与社会各界的联络，为起义的筹备和发动创造了有利条件。在此基础之上，黄兴等人又制定了 11 月 16 日（阴历十月十日）在慈禧太后七十寿辰之日，趁全省文武官吏在皇殿行礼之际，预埋炸药于拜垫下，将官吏炸毙，并乘机在长沙城内发难和长沙外围浏阳、醴陵，以及衡州（今衡阳市）、宝庆（今邵阳市）、常德、岳州（今岳阳市）等五路同时进军长沙的起义计划。

计划确定后，华兴会的主要负责人和骨干分赴省内各地及省

---

① 毛注青编：《黄兴年谱长编》，第 60 页。
② 刘揆一：《黄兴传记》，田伏隆主编《忆黄兴》，第 22 页。
③ 黄一欧：《回忆先君克强先生》，田伏隆主编《忆黄兴》，第 56 页。

外联络。刘揆一、张平子等人赴浏醴，宋教仁与游得胜、楚义生等人赴常德，胡瑛等人赴湖北，杨毓麟、章士钊赴宁沪，陈天华和姚宏业等人赴江西游说防营统领廖名缙届时响应，宁调元则由黄兴带领赴湘赣边界联络会党。关于这一情况，阎幼甫在《回忆在明德学堂执教时的黄克强先生》一文中有所记载："1904 年冬，汉口某报载：官军捕获马福益头目多人，供称曾到普迹和安源开会的，有黄廑午教师和宁太爷两人（'宁太爷'就是宁调元，明德中学第一班毕业。宁调元（字）[号] 太一，'爷'系'一'之讹传）。"[①]

黄兴等人策划的长沙起义计划，终因谋泄而流产。黄兴、刘揆一、宋教仁等华兴会负责人先后逃脱清军的搜捕，避往上海，马福益则逃往广西。

关于长沙起义计划流产后宁调元在长沙脱险的情况，《宁调元年谱》是这样说的："10 月 24 日（阴历七月十六日）与黄兴等集议于长沙小吴门正街东文讲习所（秘密活动机关），时华兴会谋在长沙举义事泄，湘抚陆元鼎派兵抓捕。黄兴得长沙圣公会会长黄吉亭帮助，化装潜赴上海。宁调元遇逻卒，以机警应付脱险。"[②]据查，此说亦来自刘谦所著《宁调元先生事略》："克强先生与马福益约期大举，事泄，湘抚陆元鼎据探报党人方集议于东文讲习所，派兵掩捕。君闻警，匆匆出门。遇逻卒，诡辞得脱。克强先生从后门遁，匿居某教会，旋与张继同时离湘。君则仍负联络之责，与克强先生通讯不绝，清政府不知也。"[③] 但经笔者查考，此说亦与史实不符。第一，1904 年 10 月 24 日，为阴历九月十六日，并非《年谱》所谓阴历七月十六日。第二，10 月 24 日，即阴历九月十六日，为黄兴三十岁寿辰之时，这一天黄兴并未与宁调元等

---

① 阎幼甫：《回忆在明德学堂执教时的黄克强先生》，《湖南文史资料选辑》第 1 集，第 25 页。

② 杨天石、曾景忠编：《宁调元年谱》，《宁调元集》，1988 年，第 690—691 页。

③ 刘谦：《宁调元先生事略》，《宁调元集》，1988 年，第 648 页。

人集议于长沙小吴门正街东文讲习所，而是在家里过生日，招待前来贺寿的亲戚。黄一欧说："10 月 24 日（阴历九月十六），为先君三十周岁。这天，他亲自下寒菌面招待三位进城的姑妈。大约是早晨七点钟，西园龙宅差人持帖子来请先君去，先君正准备下面，没有去。过了半个多钟头，龙砚仙先生第二次差人持帖子来催，先君说，面还没有下好，吃了面就去。先继祖母非常机警，她看到龙宅一连来了两次帖子，催得这么急，一定是有紧要的事，因此，催先君马上就去，回来再吃面不迟。先君刚刚坐轿出门，在门口就和捕捉他的差役对面碰头了。差役见了他，便问：'你是黄轸吗？'先君情急智生，镇定地回答说：'我是来会黄轸的，他家里人说他到明德学堂去了，我要再到那里去找他。'于是差役跟着先君的轿子向西往左文襄祠走。先君到了明德学堂下轿，佯称进去喊黄某出来，叫差役们在门口等候。他进校后，就由靠西边的金华祝老师住室旁的小侧门溜出，躲进了西园龙宅。差役在学堂门口久候不见有人出来，才知道上当了，只得将三个轿夫带走，把他们打得皮破血流。"① 因此，《宁调元年谱》所谓 1904 年 10 月 24 日宁调元"与黄兴等集议于长沙小吴门正街东文讲习所（秘密活动机关）"之事实属子虚乌有。②

虽然长沙起义因事泄而流产，但它震惊两湖，波及国内外，被誉之为"中国内地革命之先声"③，对于全国反清武装起义的兴起乃至武昌起义的爆发、清政府的倒台产生了十分重要的影响。

宁调元在明德学堂学习虽然为期不到一年，但在这所"湖南革命运动的大本营"中受到了革命思想的教育，参与了反清起义的活动，并结识了黄兴、刘揆一、宋教仁、周震鳞、黎尚雯、李步青、陆鸿逵等一批革命志士和姚宏业、陈嘉祐、胡瑛、张启汉、

① 黄一欧：《忆先君克强先生》，田伏隆主编《忆黄兴》，第 56—57 页。

② 邓江祁：《〈宁调元年谱〉考误》，《特立学刊》2018 年第 4 期。

③ 彭楚珩：《光复之经过》，《中华民国开国五十年文献》（第二编第三册），（台北）正中书局，1962 年，第 48 页。

阎鸿飞等富有革命思想的同学，所有这些对于宁调元坚定地走上反清革命的道路，积极开展反清革命的活动，最终成为中国民主革命志士具有至关重要的作用。

第二节　留学扶桑

长沙起义虽然因事泄不及发动而流产，但清政府湘省当局却惊恐万状，除责成各属地方官署严加防范、从严查缉起义者外，还在全省范围内开展清查活动，大肆搜捕华兴会员。同时，还发出通缉此次起义领导者黄兴、刘揆一、马福益等人的文告，飞饬各省，请“一体查拿各逸匪徒，务获究办。切饬各洋关，遇有轮船抵口，务须认真稽查，以免匪徒私运军火，混迹滋事”[①]。经过近一个月的搜捕之后，湘省衙署仍担心华兴会如期起义，以致“皇会亦不敢大开，仅以大街上悬几盏走马灯以为点缀”[②]。湖北的情形跟湖南一样，“清太后祝寿之日”，武昌城中“各营兵皆装束齐整，满街梭巡，城门严查出入，以防华兴会趁机起事”[③]。由于湘、鄂等省当局的大肆搜捕，黄兴、刘揆一、宋教仁等华兴会领导人避之日本，马福益逃往广西，华兴会成员也纷纷出走。在这种情况之下，为广播革命种子，宁调元便请假回醴陵办学。

关于宁调元回醴陵办学的情况，杨天石、曾景忠所编的《宁调元年谱》说：“（1904 年）冬，为广播革命种子，倡办渌江中学堂，请假回醴陵，兴建校舍，奔走于醴陵、长沙间，终于将学堂办成。”[④] 这一条说得比较笼统。按《年谱》所说 1904 年冬，两三

---

① 邹鲁：《中国国民党史稿》（第 3 册），中华书局，1960 年，第 677 页。

② 曹亚伯：《武昌革命真史（前编）》，上海书店出版社，1982 年，第 5 页。

③ 宋教仁：《宋教仁日记》，湖南人民出版社，1980 年，第 10 页。

④ 杨天石、曾景忠编：《宁调元年谱》，《宁调元集》，1988 年，第 691 页。

个月的时间，宁调元不仅倡办渌江中学堂，还要“兴建校舍”，最后“终于将学堂办成”，似不可能。

据笔者查考，宁调元回醴陵办学的情况是这样的：1904 年春，遵照学部章程，醴陵将渌江书院改办成高等小学堂，聘刚从日本宏文学院速成师范班毕业回国的刘揆一为监督（校长）。而刘揆一到醴陵担任高等小学堂监督还另有目的。因为此时的刘揆一已是华兴会的副会长，正与黄兴等筹划长沙起义，而醴陵地处湘东与浏阳及江西萍乡接壤，不仅地理位置重要，而且萍醴浏地区还是会党活跃地区。所以，刘揆一到醴陵担任高等小学堂监督的真正目的是联络萍醴浏的会党，策应长沙起义。因此，借醴陵高等小学堂监督的公开身份，刘揆一不仅在学堂鼓吹革命，而且还暗中联络会党，结果引起了地方官吏的注意，并密谋抓捕，但适因学校放暑假，刘揆一离校而作罢。刘揆一离校后，高等小学堂停办。是年冬，华兴会长沙起义流产后，宁调元从长沙归来，倡议将高等小学堂改办为渌江中学堂，但遭到知县鲁晋与县人李青璜等人的极力反对。宁调元于是奔走于醴陵、长沙之间协调，并到湖南巡抚衙门申诉。最后，宁调元带回时任湖南巡抚的端方亲书的“渌江中学堂”匾额，“议遂定”。渌江中学堂遂于“翌年春开学，招考学生二班”。[①] 1905 年 3 月 26 日《湖南官报》上的《省内新闻》也有消息曰：“醴陵志士热心学务，将去年所设之渌江高等小学堂改办中学堂，业已禀请立案。抚宪以县治设立中学，事属可嘉，爰特书‘渌江中学堂’匾额，以示鼓励。”[②] 由上可见，宁调元是 1904 年冬回醴陵倡办渌江中学堂，到 1905 年春才终于将学堂办成。[③] 学堂办成后，宁调元即请好友文斐出任第一任校长，自己则又返回长沙开始了新的生活。

1905 年春，湘省学务处总办张鹤龄也正在筹划选派一批学生

---

① 陈鲲修：《醴陵县志》，第 178 页。

② 《省内新闻》，《湖南官报》1905 年 3 月 26 日。

③ 邓江祁：《〈宁调元年谱〉考误》，《特立学刊》2018 年第 4 期。

赴日留学。张鹤龄，字长儒、筱圃、小浦，号啸圃，江苏阳湖（今武进）人，1889年中举，1892年中进士，颇受军机大臣翁同龢、内阁学士李端棻的赏识，旋被选为翰林院庶吉士，散馆后授户部主事职，经管学大臣张百熙奏派为京师大学堂总教习，后捐道员，候补湖南，先后署理粮储道，按察使、全省学务处总办。张鹤龄关心学务，积极主张发展留学教育，并创办湖南省留学预备科，自任监督。华兴会起义事泄后，他曾出面维护革命党人。由于宁调元适在醴陵办学成功，声名大噪，遂由经正（明德）学堂推荐保送，公费赴日留学。

5月，宁调元告别亲友乘轮船离开长沙经武汉、上海远赴日本留学。船经岳阳休整时，踌躇满志的宁调元曾下船兴致勃勃地前往岳阳楼游览。位于岳州城西门城台上面临浩瀚洞庭湖的岳阳楼，始建于三国，初为吴国大将鲁肃的阅军楼。唐开元四年（716）张说任岳州太守，修建南楼，正式定名为“岳阳楼”。北宋庆历五年（1045），岳阳郡守滕子京重修岳阳楼，并请范仲淹撰《岳阳楼记》，从此岳阳楼声名鹊起，有“洞庭天下水，岳阳天下楼”之誉，与湖北武汉黄鹤楼、江西南昌滕王阁并称为江南三大名楼。久雨初晴，登临岳阳楼，面对波涛浩渺、天水相连的洞庭湖，年轻的宁调元脑际飘过范仲淹“先天下之忧而忧，后天下之乐而乐”的警句，精神为之一振，心胸为之一开，即集宋诗四句，题于楼壁之上：

> 积雨今晨也解休，晴天影抱岳阳楼。不须搔首寻遗事，槛外风烟尽是愁。①

此诗首句出自杨万里的《和昌英叔久雨》，次句出自陈与义的《巴丘书事》，三句出自王安石的《金陵怀古》，末句出自张耒的《登海州城楼》，宁调元借此诗既抒发了在客旅中的惆怅，同时也表达了对未来的憧憬。

宁调元一行到汉口后，却遇上了一段不愉快的插曲。对此，

---

① 宁调元：《岳阳楼题壁集宋句》，《宁调元集》，2008年，第117页。

刘谦在《宁调元先生事略》中有详细的记载：

> 舟次武昌，总督张之洞设酒祖饯，使人示意，见时必行跪拜礼。君执不可，曰："挽回国运，当从提倡气节始，吾辈当求学之日，即奴颜婢膝，以曲顺当道，将来宁有冀耶？"众韪其言。张闻而怫然，议亦遂罢。①

对于此事，与宁调元一同赴日的留学生郭之奇（原名家伟）也有类似的记载：

> 前清光绪三十一年，公元一千九百〇五年，我方十八岁，肄业长沙经正学堂。承李莲舫（李步青，字廉方，亦作莲舫，湖北京山人——引者）先生识拔，由学堂保送，公费出洋，留学日本。此次由各学堂选拔者，似是二十九人，从长沙乘日本轮船赴汉口，正待长江轮船之际，湖广总督张之洞闻湖南学生道经汉口，欲召见吾辈，设筵祖饯。惟相见时例须磕头，学生闻之，一时为之大哗，不愿往见，而总督既说要见，亦不能拂之径去，相持不决，将近一旬。后经胡子靖先生由湖南专程来汉，为吾辈申说，始群往赴宴，惟宁调元（太一）独持头可断不可磕之说，与其他二三人未往督署。②

如前所述，1901 年宁调元赶赴长沙参加府试时，也曾被当局要求拜孔夫子像，宁调元坚决不从。通过前后这两件事，不难看出宁调元早年就具有宁折不弯的志士气节和蔑视封建礼法的革命精神。

经过漫长的旅行，宁调元一行终于到达日本东京。宁调元一行到达东京的具体时间，人们以前知之不详。杨天石、曾景忠所编《宁调元年谱》中对宁调元何时去、何时到的具体时间均没有交代，只是说："（1905 年）东渡赴日，入早稻田大学学法学。"③

---

① 刘谦：《宁调元先生事略》，《宁调元集》，1988 年，第 648 页。

② 郭之奇：《清末留东回忆》，《湖南文史资料选辑》第 10 辑，湖南人民出版社，1978 年，第 23 页。

③ 杨天石、曾景忠：《宁调元年谱》，《宁调元集》，1988 年，第 691 页。

但笔者发现郭之奇对此有明确的记载："是年春夏之交，我等到达日本东京，馆舍粗定，即有同乡前辈迎访。……阳历 7 月 9 日上午，至帝国教育会。湖南同乡会在此欢迎我等新来之 20 余人，渔父（宋教仁，号渔父——引者）亦到，互道寒暄。晚饭后，渔父复到我与胡经武（瑛）寄居之卧龙馆，邀往和强乐堂观电影（日语为活动写真）。"[①] 另据笔者查考，宋教仁在其 1905 年 7 月 9 日的日记中也有相应的记述："巳正，至帝国教育会，赴同乡会欢迎会。……酉初，至卧龙馆，偕胡经武、郭之奇至和强乐堂观活动写真。"[②] 由此可证，郭家伟的上述回忆是很靠谱的。所以，宁调元此行从长沙出发的时间应在 1905 年 5 月下旬，到达日本的时间应在 1905 年 7 月初。[③]

宁调元 1905 年 7 月初抵日后，入早稻田大学学法学[④]，如饥似渴地学习西方近代民主、自由、平等理论，研习近代欧美各国资产阶级民主革命的历史。学习之余，宁调元不仅经常拜访因长沙起义失败而赴日的华兴会领导人黄兴、宋教仁、刘揆一，还广交朋友，"尽结交当代革命巨子"[⑤]。当时，在日本留学的湖南青年志士不少，宁调元一一拜访。

在本校的湖南老乡就有易本羲。易本羲，字羲谷，别号竹心，湖南湘乡人，肄业于湘乡师范学堂，1903 年入长沙武备学堂，受民主革命思想影响，追随黄兴，积极协助黄兴进行革命活动，1904 年加入华兴会，与胡瑛等在经正学堂组织义勇队，被清政府侦知，行将被捕，避走湖北，与吕大森、胡瑛等在武昌创设科学补习所，后奉派回湘筹措活动经费。长沙起义事泄失败后，匿迹湖北，后因参与谋刺户部侍郎铁良一案牵连，1904 年底逃亡日本，入读早稻田大学。在日本，宁调元与易本羲往来密切，成为日后

① 郭之奇：《清末留东回忆》，《湖南文史资料选辑》第 10 辑，第 23—24 页。
② 宋教仁：《宋教仁日记》，湖南人民出版社，1980 年，第 83 页。
③ 邓江祁：《〈宁调元年谱〉考误》，《特立学刊》2018 年第 4 期。
④ 陈鲲修：《醴陵县志》，第 198 页。
⑤ 刘谦：《宁调元先生事略》，《宁调元集》，1988 年，第 648 页。

共同从事革命活动的亲密战友。

经易本羲的介绍，宁调元又认识了在日本留学的另一位湘乡人陈方度。陈方度，字闿梁，亦作凯良，湘乡潭市镇人。少时随父来往湘、鄂间，对时事与社会习俗多所了解。1902 年左右在两湖书院就读，目睹国势衰颓，政治腐败，遂与赵声等在南京开办养正学堂，倡导革命，为两江总督所逐，遂返湖南。1903 年参与组织华兴会，并积极参加同仇会、黄汉会的革命活动，后被派往江西郭人彰军中，随营印发《革命军》《猛回头》《警世钟》等书，宣传革命。后至武昌，与邓泽等创办科学补习所，谋策应华兴会组织的长沙起义。起义事泄失败后，陈方度逃往桂林，召集湖南学生百余名入桂林武备学堂，并约同志组织陆军随营学堂，谋在桂林起事。旋以事机不慎，又告失败，与赵声等逃往香港。1905 年东渡日本，当时在东斌陆军学校留学。

不久，宁调元还找到了正在日本留学的其他醴陵老乡李发群、张汉英、杨卓林等人。

张汉英，字惠芳，号惠风，醴陵丁家坊人。其父张云齐，为附贡生，学通经史，好诗词，善书法，视张汉英如掌上明珠，幼小即授之读。汉英好问强记，稍长，每读成诵，且能窥其大义，渐进而融会贯通，发之于诗文。兼有口才，善辩而折服人，闾里夸为“神童”。张云齐爱之愈切，授课更严勤，常夸“此我家女秀才”，并力排非议，毅然送汉英赴长沙女子坤学堂肄业。1904 年湖南巡抚端方令各县遴选女学生送日本留学，醴陵张汉英、王国昌获选。是年夏张汉英东渡日本留学，入日本青山实践女校附设师范班学习。对于张汉英、王国昌，宁调元非常佩服她们敢于冲破封建传统观念的勇气，因而常与她们探讨女子独立、女子革命等问题。

通过张汉英，宁调元又结识其丈夫李发群。李发群，字芋禅，号剑飞，醴陵白兔潭区富里乡化主庙人，其父李青蕃拔贡出身，学贯经史。李发群天资聪慧，自幼由其父亲传授课文，诗文都能熟记诵读，年稍长，更是好学不倦，文思敏捷，且少有壮志，被族间誉为“神童”。李青蕃与同邑张云齐为同窗契友，遂订儿女亲。发群、汉英婚后，共砚攻读，学业益进。1904 年张汉英赴日留学，次年李发群自费赴日留学，入读东京宏文学院理化专科。

在与张汉英、李发群夫妇的交往中，宁调元又认识了刚来日本不久的醴陵小老乡杨卓林。杨卓林，亦作卓霖，一名恢，字公仆，醴陵枧头洲人，早岁入清军为目兵，曾参加中日甲午战争，抵抗八国联军等役。《辛丑条约》签订后，杨卓林愤恨清政府腐败，遍游各省联络会党，共谋革命，旋入南京将弁学堂学习。1905 年，因反对两江总督周馥拟让德国租借南京狮子山，被迫逃往日本，入日本神田区高等警监学校。杨卓林因曾学习军事，还经常利用节假日到横滨从粤人李植生学制炸药、炸弹的技术，为武装反清做准备。对于杨卓林致力武装反清，宁调元非常钦佩，称之为“杨武士”，常向他请教军事方面的知识。

与此同时，通过与张汉英联系，宁调元又结识了与张汉英同校的秋瑾和唐群英。

秋瑾，字璿卿，号竞雄，别署鉴湖女侠，浙江山阴（今绍兴市）人，性豪侠，习文练武，喜男装，蔑视封建礼法，提倡男女平等。1896 年奉父母命嫁湘潭豪绅子弟王廷钧。1900 年王廷钧纳资为户部主事，秋瑾随夫进京。1904 年春为探求救国道路，秋瑾毅然冲破封建家庭束缚，东渡日本留学，入东京青山实践女校学习。

唐群英，字希陶，号恭懿，湖南衡山人，其父唐允微为湘军名将，辞官回乡后，孝亲课子，尤重视延聘名师教育子女。唐群英从小聪明好学，能诗善文，深得父母喜爱。1891 年，遵照母命，唐群英嫁与湘乡曾国藩的堂弟曾传纲为妻，并结识秋瑾和蔡和森的母亲葛健豪。但结婚数年后曾传纲不幸去世，唐群英不愿受制于传统的封建礼教与曾氏族规，不甘心缟衣素裙守节终生，毅然回到娘家，继续博览群书，并与秋瑾、葛健豪保持着书信往来。1904 年春，唐群英得知秋瑾赴日留学，也萌生了出国寻求真理的想法，遂于是年秋，东渡日本留学，入东京青山实践女校。

张汉英、秋瑾和唐群英三位巾帼女杰，不仅思想先进，性格豪放，而且均能文善诗，与宁调元经常诗歌唱和，令宁调元钦佩不已。后来宁调元曾对人说，张汉英、唐群英尤能诗文，唐群英稍胜一筹。并推荐她们加入南社。[①]

在东京，宁调元还与明德学堂的同学、长沙起义流产后留学日本宏文学院习师范的姚宏业再次相遇，并通过姚宏业，联系上长沙起义流产后逃亡日本的陈天华。此时他正与宋教仁等人创办华兴会机关刊物《二十世纪之支那》杂志，并为主要撰稿人，继续鼓吹反清革命。通过陈天华和姚宏业，宁调元还结识了陈家鼎。陈家鼎，字汉元，又作汉援，别署铁郎、毅君等，湖南宁乡人，其先世为湘中文献故家。他从小喜读《船山遗书》，渐萌反清革命思想，1898 年入湖北两湖书院，后转入湖北武普通学堂，结识黄兴、宋教仁、白逾桓等革命志士。1902 年留学日本，就读于早稻田大学政治经济科，加入拒俄义勇队，并协助黄兴创办湖南编译社。1904 年初返长沙，加入华兴会及其分支同仇会，联络会党，谋举义长沙，事败被通缉，亡命日本，次年加入同盟会，为《民报》的撰稿人之一。宁调元与陈家鼎的交往，为其后来共同创办《洞庭波》杂志，开展反清革命宣传，奠定了坚实的基础。

宁调元到日本后不久，其师刘师陶也来日本留学，入读于宏文学院，专攻教育，以实践其“教育救国”之志。师生相逢异国，彼此自然十分高兴，共同为拯救国难而发愤学习西方的民主革命理论和科学技术。

第三节　入会同盟

就在宁调元留学日本之际，日本东京发生了一件对于中国近

① 宁调元：《与高天梅书（十三）》，《宁调元集》，2008 年，第 213 页。

代民主革命具有重要意义的大事，这就是中国同盟会的成立。

长沙起义流产后，黄兴经上海潜赴日本。到日本后，为开展革命活动，黄兴“思结合革命团体”[①]，即与湖南、云南、直隶、江苏、河南等省的留日学生共百余人，“组织革命同志会，从事民族革命”[②]。1905 年春夏之交，黄兴眼见聚集东京的革命同志与日俱增，感到建立革命组织的条件已经成熟，即与宋教仁等商议，“意欲设立会党，以为革命之中坚”[③]。恰好此时，抱着到日本发展革命组织愿望的孙中山也到达日本。

孙中山这一次到达日本后，经日本友人宫崎寅藏介绍，与黄兴会见于东京凤乐园，纵谈天下大势及革命方法，畅谈近两小时，“谈论极合”[④]，主要商谈了革命力量的联合问题，一致认为“各方革命团体须统一组织起来，才能步调一致，力量雄厚”[⑤]，因而决定联合兴中会、华兴会、光复会等革命团体组建一个统一的革命组织。7 月 30 日，兴中会、华兴会、光复会及留日学生中其他团体的部分成员 79 人在东京日本友人内田良平家里开会，商讨建立统一的革命组织问题。会上，孙中山首先演说，宣讲革命之理由及革命之形势与革命之方法，强调全国各地的革命组织应联合起来，结成新团体，协力从事革命工作。之后，黄兴等人相继演说。演说完毕，孙中山主持讨论新团体的名称和宗旨，确定会名为“中国同盟会”，以“驱除鞑虏，恢复中华，创立民国，平均地权”为其宗旨。接着，经孙中山起草，黄兴、陈天华润色，确定了誓词，举行了加盟仪式，并推选黄兴、陈天华、宋教仁等 8 人为起草员，负责起草同盟会章程，提交成立大会讨论。

8 月 13 日，同盟会正式成立前夕，为了扩大革命影响，黄兴与宋教仁、张继、程家柽等发起组织留日学生欢迎孙中山大会，

---

① 黄兴：《自述革命历史》，刘泱泱编《黄兴集》，第 485 页。

② 毛注青编《黄兴年谱长编》，中华书局，1991 年，第 78 页。

③ 陈旭麓主编：《宋教仁集》（下册），中华书局，1981 年，第 436 页。

④ 黄兴：《自述革命历史》，刘泱泱编《黄兴集》，第 485 页。

⑤ 李书城：《辛亥前后黄克强先生的革命活动》，田伏隆主编《忆黄兴》，第 78 页。

到会1300余人。孙中山在大会上作了近两个小时的长篇演说，以饱满的热情和雄伟的气魄向与会代表展示了中国的光明前途，号召大家摒弃改良主义道路，用革命的手段，推翻清政府专制统治，建立民主共和国，改变积贫积弱的国势，使中国跃居世界先进国家之林。孙中山的演说打动了与会代表的心弦，博得了一阵阵经久不息的掌声。黄兴等人组织的这次大会既是一次欢迎孙中山的盛会，更是一次声势空前的反清革命宣传大会。

经过充分的筹备，8月20日下午2时，中国同盟会在东京举行正式成立大会，到会者约200多人。会议讨论通过了由黄兴等人起草的《同盟会章程》，章程规定设本部于东京，设支部于各地，在组织机构上设总理一名，总理之下，本部分设执行、评议、司法三部。执行部人员由总理指定，其余由全体会员选举。黄兴在开始选举前提议：公推孙中山为同盟会总理，不必经过选举手续。全体举手赞成。孙中山则指定黄兴为执行部庶务，“庶务实居协理之职。总理缺席时，有权主持会务”①，马君武、陈天华为书记。同时公推汪精卫任评议部议长，朱执信任书记；邓家彦任司法部判事长，张继、何天瀚任判事，宋教仁任检事。接着又确定了各省分会的负责人。为进一步扩大革命宣传，黄兴在会上还提议将其与宋教仁等人创办的《二十世纪之支那》杂志改作同盟会的机关报，获得与会人员的赞成。三个月后，《二十世纪之支那》改为《民报》正式出刊，成为同盟会进行革命宣传的主要工具。

同盟会是近代中国第一个全国性的资产阶级革命政党，它的成立，把全国各地的革命志士集结起来，使资产阶级革命派从此有了共同的章程和纲领、共同的宗旨、共同的奋斗目标、共同的领袖和统一的指挥中心，为推动革命形势的向前发展，促进革命高潮的到来奠定了重要的基础。正如黄兴所说，由于同盟会的组建，“革命事业至此稍有头绪”②。

---

① 毛注青编：《黄兴年谱长编》，中华书局，1991年，第90页。

② 黄兴：《在旅京善化同乡会欢迎会上的演说》，刘泱泱编《黄兴集》，第486页。

1905年夏，同盟会的筹备和正式成立期间，宁调元正在日本东京，但是无论是同盟会的筹备会，还是欢迎孙中山大会、同盟会正式成立大会，似乎都与宁调元无关，因为在有关记载和同人的相关回忆中也都未见宁调元的身影。人们不禁要问，同盟会的激进会员宁调元究竟于何时何地加入同盟会？

经笔者查考，目前的答案有两个：一是《中国同盟会成立初期（乙巳、丙午两年）之会员名册》（以下简称《名册》）上记载：宁调元于丙午四月十三日由易本羲主盟，加入同盟会。[①] 此时，宁调元已从日本回国。因此，杨天石、曾景忠所编《宁调元年谱》的谱文中记载为：“（1906年）5月6日（阴历四月十三日），由易本羲主盟，加入同盟会。”[②] 林增平等主编的《辛亥革命史研究备要》、刘湘雅的《元勋与英才——黄兴和他的学生宁调元》以及《湖南人物志》等著作均采用此说。二是刘谦在《宁调元先生事略》一文中说：“会先总理孙先生由欧美莅东京，正式成立革命同盟会，君（指宁调元——引者）以克强先生介绍加入，自是得一意于党。”[③] 这就是说，宁调元是1905年在日本由黄兴介绍加入同盟会的。陶旅枫等所编《明德人轶事》、郭汉民编《宁调元》、湖湘文库编辑出版委员会所编之《〈湖湘文库〉书目提要》、汪梦川所著《南社词人研究》等著作均采用此说。

笔者查考相关史料后认为，上述两种说法，后一种说法比较符合史实。理由有四：

第一，《名册》不可全信。据国民党中央史料编纂委员会所言，《名册》原为本部庶务刘揆一所保管。1911年武昌起义爆发后，刘揆一返国响应，乃将其交由本部会计何天炯保管。未几，何天炯亦返国，将《名册》携归广东兴宁故里。何天炯去世后，

---

① 《中国同盟会成立初期（乙巳丙午两年）之会员名册》，丘权政、杜春和等选编《辛亥革命史料选辑》，湖南人民出版社，1981年，第122页。

② 杨天石、曾景忠：《宁调元年谱》，《宁调元集》，1988年，第692页。

③ 刘谦：《宁调元先生事略》，《宁调元集》，1988年，第648页。

其弟何天瑞曾抄录加盟人姓名一册交该会，但未录加盟年月日及主盟人，略而不详。1939年秋，何天炯次子何承天将原存之件由兴宁携往重庆，送该会收存。《名册》固然是很有价值的史料，但由于种种原因，其中的记载也多有遗漏和错误。黄兴长子黄一欧曾对《名册》提出过质疑："1979年近代史研究所寄给我一份《同盟会会员名册》，是据冯自由《中华民国开国前革命史》所载同盟会会员名册印的（经查，冯自由的《中国同盟会最初三年会员人名册》系由《中国同盟会成立初期（乙巳、丙午两年）之会员名册》抄录而来）。冯在1912年出任临时稽勋局长，因此保存了不少珍贵的历史资料。在上述名册中，湘籍会员占156人，这个数字是不完全的。例如在日本士官学校、测绘学校等军事学校留学的会员，他们是由先君直接主盟入会，《名册》也是归先君单独保存的，有许多人就未载入这个《名册》。新化县系同盟会员荟萃之区，《名册》上只列了陈天华、曾继梧、周咏曾、高兆奎、邹毓奇、伍任钧、曾广轼、张镇衡等10人。就我所知，新化的清末同盟会员，还有谭人凤、谭一鸿、谭二式、方鼎英、邹价人、邹永成、曾杰、曾继辉、曾鲲化、曾继焘、曾继略、周咏书、苏鹏、袁华植、袁华选、杨源浚、高霖、彭作楷、刘华式、童俊、唐声太、廖楚焘、张斗枢、谢介僧、邹代藩等二十多人都未曾列进去。谭人凤父子三会员，当年传为佳话，而冯自由竟忘却了。"①

台湾学者蒋永敬也曾指出："这一名册显然不能包含民前七年（1905）至民前六年（1906）同盟会的全部会员。盖当时国内各省及海外各埠加盟者，因递寄不便，致本部未能收到盟书者。同时在东京加盟的会员，亦有少数不在名册之内。加以部分会员无加盟年月日的记载，或所记加盟年月日有用阳历者，亦有用阴历者；其主盟人及介绍人有记有不记者。因此，欲利用此名册以研究同盟会的早期情况，不免有若干困难。但如与其他有关资料对比，

① 黄一欧：《辛亥前后杂忆》，田伏隆主编《忆黄兴》，第112页。

却可发现一些极有意义的问题；同时亦可补正一般记载的不足或错误。”[①] 此外，据笔者查考，即便在湖南省内，《名册》的记载亦有矛盾之处。黄兴、宋教仁、刘道一等第一批入会人员的入会时间，《名册》记为“乙巳七月三十日”，但有人竟比他们更早，成巍、熊兆周、杨杰等人的入会时间，《名册》却记为“乙巳七月十四日”，张镇衡的入会时间，《名册》亦记为“乙巳七月二十一日”。[②]

除了黄一欧所说的人员遗漏和蒋永敬所说加盟时间有阳历、阴历混淆不清之外，《名册》上一些会员的所记时间与实际加盟时间亦有出入。例如，关于秋瑾加入同盟会的时间，《名册》记为“秋竞雄，乙巳七月二十七日”[③]，这里的日期应指阴历，因为同时记载的蒋尊簋入会时间为“乙巳六月二十八日”为阴历，即阳历1905年7月30日，同盟会筹备会议之日。这样，秋瑾入会时间应为阳历1905年8月27日。毛注青、苏威等学者即持此说。[④] 但郭延礼在《秋瑾参加同盟会时间考》一文中经多方考证后认为，秋瑾入会时间应为阴历七月十四日，阳历1905年8月14日。[⑤] 再如，《名册》记载陈家鼎于“丙午正月初三日”入会，但居正等人撰写的《陈家鼎传略》中却说“清光绪三十一年乙巳，先总理孙公在东京改组兴中会为中国同盟会，汉元首先加入”。[⑥] 由上可知，《名册》的相关记载并非绝对准确，只能作为参考，而不能作为唯一可信的证据。所以，《名册》上记宁调元加入同盟会会，可信；但“丙午四月十三日由易本羲主盟”，则未必可信。

---

① 《中华民国史事纪要》（初稿），民国纪元前七年（1905）（正月至八月），第592页。

② 《中国同盟会成立初期（乙巳丙午两年）之会员名册》，《辛亥革命史料选辑》，第119页。

③ 丘权政、杜春和等选编：《辛亥革命史料选辑》，第104页。

④ 毛注青：《黄兴年谱长编》，中华书局，2014年，第92页；苏威：《秋瑾何时加入同盟会》，郭延礼编《秋瑾研究资料》，山东教育出版社，1987年，第312—315页。

⑤ 郭延礼：《解读秋瑾》（下），山东教育出版社，2013年，第243—245页。

⑥ 卞孝萱、唐文权：《辛亥人物碑传集》，凤凰出版社，2011年，第51页。

第二，刘谦所说并非孤证。除了刘谦说宁调元是1905年在日本入的同盟会之外，当时还有其他革命党人有类似说法。试举两例：

其一，1907年1月30日，湖南巡抚岑春蓂上奏刘道一供词中有“（同盟会）孙汶为会长，黄堇午为副会长，并担任为南洋群岛中国人开学堂，借以诱令人党，预备筹款，购办枪械。湖南人王延祉、宁调元、陈方度均在其内”[①]之语。据查，宁调元赴日仅为两次，第一次为1905年夏赴日留学，同年底因反对“取缔规则”回国，第二次为1906年11月因《洞庭波》杂志事发避之日本，与宋教仁等人协助章太炎编《民报》，次月下旬即被派回国支援萍浏醴起义。因此，上引刘道一供词中所谓孙、黄派员“湖南人王延祉、宁调元、陈方度”赴南洋“预备筹款，购办枪械”一事，当在1905年同盟会成立前后。又查，陈春生在《丙午萍醴起义记》一文中说：“萍乡只有兵一百名，乡勇三百名。此四百名之中，惟四十名为知县之护兵，带有毛瑟枪，其余但有前膛枪，而革党有二千余人均携新式枪。该党之枪，在二年内从美洲及南洋群岛私运来者。”[②]这说明，同盟会成立前后确有派员赴南洋“预备筹款，购办枪械”之事，而且宁调元是其中之一。由此可知，宁调元应为同盟会首批会员之一。

其二，由黄兴在日本介绍入会并被孙中山任命为安徽同盟会分会主盟人的权道涵是实行部重要成员，1906年底他与杨卓林、宁调元等一同回国运动长江中下游响应萍浏醴起义，1907年1月因与杨卓林等谋刺端方被捕。在其供词中说：“实行部中人，非三年不尽知道。涵所知者，潘赞化、傅家珍（在成城学校）、邓瑞、黄近午即黄兴（与孙文同住）、张继、易羲谷、宁调元。所谓实行

① 《湘抚岑春萱获革命党刘道一电》，杨鹏程、胡忆红编《湖南辛亥革命史料》（一），湖南人民出版社，2011年，第162—163页。

② 陈春生：《丙午萍醴起义记》，《湖南辛亥革命史料》（一），第97页。

部中人者，非人人足能放炸弹，盖血气未定之人多故也。”[①] 这不仅说明宁调元 1905 年就已经加入同盟会，而且还是孙毓筠所云以“部长孙文，副部长黄兴”[②] 领导的实行部的重要成员。

其三，1957 年 8 月，李根源作《云南杂志选辑 · 序》中说：“丙午（1906）年 1 月，同盟会开会。会毕，刘揆一、匡一（均同盟会总部执事部的工作人员）约云南革命党人杨秋帆（振鸿）、赵直斋（伸）、罗镕先（佩金）、吕志伊（天民）与根源五人暂留，谓孙、黄两先生有事相谈。孙黄两先生向我等提出办《云南杂志》之要求。孙、黄两先生说：‘云南最近有两个导致革命之因素：一件是官吏贪污，如丁振铎、兴禄之贪污行为，已引起全省人民之愤慨，另一件是外侮日亟，英占缅甸，法占安南，皆以云南为其侵略之目标。滇省人民在官吏压榨与外侮侵凌之下，易于鼓动奋起。故筹办云南地方刊物为刻不容缓之任务。’我等对孙、黄两先生之意见，完全接受，决定立即进行组织工作与筹款工作。孙、黄两先生又指陶焕卿（成章）、宋钝初（教仁）、宁太一（调元）三君言曰：‘可随在为之帮助，有事共同商量。’”[③]

李根源以上所记的时间应该有误。经查：孙中山于 1905 年 10 月 7 日（九月初九）离开横滨赴越南筹款，次年 2 月 13 日又离开西贡赴新加坡，直到 1906 年 4 月才返日本。[④] 黄兴 1905 年 12 月离日，经香港赴广西，策动反清起义，直到 1906 年 9 月 11 日才重返日本。而宁调元则于 1905 年 12 月 14 日因反对“取缔规则”离日返国，直到 1906 年 10 月 29 日才因《洞庭波》遭查禁而离沪赴日。因此，从孙中山、黄兴、宁调元三人当时的行踪看，他们 1906 年 1 月均不在日本，也就不可能与李根源等人谈创办《云南》杂志之事。孙、黄、宁三人再次在日本聚首是在 1906 年 11 月，而

① 冯自由：《革命逸史》下，新星出版社，2016 年，第 1092 页。

② 冯自由：《革命逸史》下，第 1094 页。

③ 李根源：《云南杂志选辑 · 序》，中国科学院历史研究所第三所编《云南杂志选辑》，科学出版社，1958 年，第 1 页。

④ 中山大学学报编委会：《孙中山年谱》，大东图书公司，1980 年，第 28—29 页。

《云南》杂志已在此前的1906年10月15日创刊。综上可证，孙中山、黄兴、宁调元与李根源等人谈创办《云南》杂志之事的时间，应在孙中山1905年10月7日离日之前。既然1905年10月7日之前孙中山、黄兴要求宁调元“帮助”李根源等人创办《云南》杂志，并“有事共同商量”，就说明1905年10月7日之前宁调元已经入会。否则，孙中山、黄兴不会要一个同盟会外之人，去帮助云南同盟会分会的负责人创办革命刊物。

第三，还有更重要的证据。刘谦除了点明宁调元是1905年在日本经黄兴介绍加入同盟会之外，还说：“君之归自东京也，本部同时委君组织湘支部。”[①] 这不仅进一步说明宁调元1905年已经加入同盟会，而且是年冬还受同盟会本部指派回湘组建同盟会湘省分会。否则，同盟会本部不可能指派一个非会员回国内发展本会组织。那么，刘谦此说是否靠谱呢？经笔者查考，刘谦此说是很靠谱的，因为有人承认当时曾与宁调元接交。此人就是湖南著名的革命党人周震鳞。周震鳞在《周震鳞自序》一文中说：“乙巳，同盟会成立于日京，孙、黄两公令同志宁调元、廖炳煌（据查，同盟会早期会员名单中无廖炳煌，疑为廖秉衡之误。廖秉衡，宁乡人，乙巳九月二十四日加入同盟会）、陈家鼎持手书介绍加盟，以湖南党务付托。余各方审慎主盟，数月之久，有力友朋、学生髦俊多入吾彀。丙午年夏，孙、黄两公遣乔宜生偕法人欧契乐调查党务，长缄属详细报告。余抄名册密交，接待五日，并以军事布置渐有基础各项情形相语，极为满意。不料二人不慎，舟中用英、法语泄露机密。鄂省侦悉，遂下令缉捕。因爱护者多，闻风安全脱走，辗转由沪抵日京。”[②] 周震鳞的这段话，不仅说明宁调元受孙、黄之命为建立到同盟会湖南分会与他接头，而且点明接头的时间是在丙午年夏的“数月”之前。1907年2月12日，宁调

---

① 刘谦：《宁调元先生事略》，《宁调元集》，1988年，第651页。

② 周震鳞：《周震鳞自序》，李学通等编《辛亥革命资料选编》（第一卷《反清革命》下册），社会科学文献出版社，2012年，第778页。

元在《除夕叹补述三绝》中有“去年除夕客长沙”[①]之语。在同日的《丙午除夕笔记》一文中，宁调元又说：“乙巳，因日廷‘取缔’，买轮返国沪渎漂泊，长沙羁旅。外侮内忧，身丁其境，郁诧之极，几无生意。”[②]这证明宁调元于 1906 年 1 月 24 日（乙巳除夕）之时，正在长沙。这在时间上，与周震鳞所说的丙午年夏的“数月”之前，是相符合的。此外，周震鳞还说他接受在湖南发展同盟会组织的任务之后，“各方审慎主盟”，数月之后才发展“有力友朋、学生髦俊”入盟，说明周震鳞接受任务后是比较“审慎”的，并没有立即去发展会员。这与宁调元在《丙午除夕笔记》一文中所说当时“几无生意”的情况也相吻合。综上所述，足可证明，宁调元 1905 年冬从日本归国之前已宁调元已经就是同盟会的骨干了。同时也说明，宁调元因反对“取缔规则”于 1905 年冬从日本归国后，之所以没有继续与姚宏业等人在上海办中国公学，而是以回醴陵办学的名义匆匆返回湖南，是因为他肩负着孙中山和黄兴的委托，赴湘联络周震鳞发展同盟会组织这一更为重要的任务。

第四，不合情理。宁调元一向积极反清，1904 年就在明德学堂加入黄兴等人发起成立的华兴会，并为该会骨干，还积极参与反清起义的筹备和联络工作。因此，宁调元赴日留学之后不可能不与自己的老师和走上反清革命之路的导师黄兴以及宋教仁、刘揆一等人联系，也不可能不知道、不参加同盟会成立前后有众多留日学生参加的三次重要的会议，不可能不知道同盟会成立这样重要的大事，而且在反对“取缔规则”运动中，与之并肩战斗的杨卓林、姚宏业、秋瑾、郭之奇等都已是同盟会会员，一向激进的宁调元不可能落后在他们之后，没有参加同盟会。

综上可证，宁调元应是在日本经黄兴介绍加入同盟会，时间

---

① 宁调元：《除夕叹补述三绝》，《宁调元集》，2008 年，第 40 页。

② 宁调元：《丙午除夕笔记》，《宁调元集》，2008 年，第 364 页。

应在 1905 年 8 月下旬。[①]

加入同盟会之后，宁调元革命信心倍增，革命劲头更足，“每作一事，辄为同辈先，踔厉直前，不计成败。同乡诸子尝笑君为滔天之荒唐，呼为滔公。要其英敏果决，洞烛几先，迥非恒流所可几及”。[②]

第四节 反对规则

以反清革命为宗旨的同盟会在东京成立，引起了清政府的恐惧，急忙请求日本政府对留日学生的反清革命活动加以镇压。1905 年 11 月 2 日，应清政府之要求，日本文部省颁布《关于令清国人入学之公私立学校规程》（以下简称“取缔规则”）。这个“取缔规则”共 15 条，主要内容是对中国留日学生的活动进行限制。例如，其中第四条规定：要求转学或退学的学生，其申请书须附有清朝驻日公使馆的承认书。这实际上侵犯了中国留学生入学自由权。第九条规定：中国留学生得住在本校宿舍，如住校外，亦得受学校的管束。这实际上剥夺了中国留学生在日本的居住自由权。第十条规定：各校不得接受因“性行不良”而被他校饬令退学的学生。这就说明清政府可任意把革命学生诬为“性行不良”而永远排除出留日学界。“取缔规则”最后还宣布，该“取缔规则”从 1906 年 1 月 1 日起实施。

“取缔规则”公布后，引起了中国留学生的普遍不满，纷纷讨论对付之策。11 月 26 日，接受中国留学生的日本公私立学校分别张贴布告，限中国留学生在 3 天内将原籍及现在地址、年龄、学籍经历等一律具报，“若逾期不报，则对该生不利”。各校留学生顿

---

① 邓江祁：《宁调元加入同盟会时间考》，《文史拾遗》2020 年第 2 期。

② 刘谦：《宁调元先生事略》，《宁调元集》，1988 年，第 648 页。

时为之大哗，立即召开会议，发表抗议演说，掀起全面反对“取缔规则”的运动。

11月27日，留日学生总会干事召集会议，收集反对意见，并以总会干事长杨度，副干事长范源廉，学务干事陈幌、蒋方震、陈福颐、李宣威、邢之襄、周家彦、籍忠寅、顾琅，书记干事林长民、傅疆、徐志铎、方枢、钱良骏、陈应龙、刘思复、庶务干事张继、蹇念益、姚方荣，调查干事谭学夔、刘颂虞、陈荣镜、蒯寿枢、吴永珊、邓家彦，收支干事梁志宸、曾鲲化，招待干事周珍、匡一以及各省分会职员长等人的名义写成《学生公禀》，于12月1日寄给驻日公使杨枢，请其转致日本文部省，要求对“取缔规则”中涉及住宿、转学等事项的第九、十两条予以修改或取消，但日本文部省置之不理。

12月3日是星期天，宏文、经纬、早稻田、大成、成城、振武、东斌、东亚实业等八所学校的中国留学生，派出代表到留学生会馆开会，讨论应对“取缔规则”之策。会上，有人主张以集体罢课的方式表示反对，部分激进学生代表提议，“以停课要求，若日本政府不许，则全体退学回国”。但有人表示反对罢课，意见未能达成一致。

12月4日，宏文学院的留日学生率先开始集体罢课，随后经纬学堂、早稻田大学、大成学校、法政大学等校相继响应。同日，秋瑾等留日女生也召开会议，响应罢课。

12月5日，300多留学生在东京富士见楼集会，商讨联合行动，决定从次日起全体留学生一律罢课，并派遣纠察队到各校门前，劝阻留学生前往上课。

12月6日，各学校一齐罢课，以铁腕对付破坏罢课的学生，并制定《学生自治规则》，印发全体留学生。

12月7日，留学生联合会总代表胡瑛面请清政府驻日公使杨枢与日本外务省交涉，转咨文部省取消“取缔规则”。

在这次反对“取缔规则”运动中，正在早稻田大学就读的宁调元始终是态度最激烈的人之一。他不仅积极参与罢课，而且

“就中国留学生会馆，集合同志，组织反对取缔规则大会。自任文牍干事，撰拟宣传文字，约数万言。杨卓林则挟手枪以为后劲”①。对于积极参加反对“取缔规则”运动的宁调元，当时在日本留学的山西革命党人景梅九（名定成，字梅九，以字行）十分佩服。他“觉得这闹风潮的都是些血性男子”，要“乘这个空儿，认识几个英雄豪杰，将来好共举革命军”。后来，他“到底也得了几位知己”。他说：“别人暂不发表，那宁调元字仙霞号太一的，便是这时认识的。”②

自中国留学生开展声势浩大的反对“取缔规则”运动以来，日本报纸却连篇累牍发表文章攻击中国留学生的行动，有的甚至进行人身污辱。12 月 7 日，《朝日新闻》又刊登文章辱骂中国人“放纵卑劣”：

> 东京市内各校之清国留学生八千六百余人集体停课，……为当下之大问题。此盖由于清国留日学生对文部省命令之解释过于偏狭而生不满，以及清国人特有之放纵卑劣性情所促成，惟其团结力则颇为薄弱。③

当日晚上，为抗议日本舆论对中国留学生的污蔑和侮辱，激励留日学生继续团结奋斗，陈天华伏案疾书，留下 5000 字的《绝命词》之后，于次日晨在日本大森湾跳海自杀。陈天华在《绝命词》中写道：“鄙人心痛此言（即日本报纸辱骂中国人“放纵卑劣”），欲我同胞时时勿忘此语，力除此四字，而做此四字之反面，‘坚忍奉公，力学爱国’。恐同胞之不见听，而或忘之，故以身投东海，为诸君之纪念。”并希望留日同学“力求振作之方，雪日本报章所言，举行救国之实”④。

---

① 刘谦：《宁调元先生事略》，《宁调元集》，1988 年，第 648—649 页。

② 景九梅：《罪案》，中国史学会主编《辛亥革命》（2），上海人民出版社，2000 年，第 243 页。

③ 《朝日新闻》1905 年 12 月 7 日。

④ 刘晴波、彭国兴编，饶怀民补订：《陈天华集》，湖南人民出版社，2011 年，第 231 页。

对于日本报纸的攻击和陈天华的自尽，留学生反响强烈。宁调元对于陈天华跳海自杀尤为悲痛，长歌当哭，吟成《哭陈君天华》七律二首：

生不能期入玉门，万言遗草怕重论。南风不竞天将丧，东海难填石尚存。差幸鲁连能作伴，更无宋玉解招魂。逢人莫问东瀛事，入笠曾招几放豚。

警钟撞破几人闻，底事团成救世军。百万同胞齐堕泪，八千代表竟无群。杜鹃啼血红如我，精卫知音素许君。孤棹天涯归去也，结庐端合伴孤坟。①

在痛悼陈天华的同时，宁调元决心继承陈天华的遗志，完成陈天华未竟事业。

12 月 8 日，日本文部省发表复《学生公禀》的《说明书》，对“取缔规则”部分条文做出解释。对第九条所称留日学生走读的“校外的取缔”条文的解释是：对校方之“约束”，并非对留学生居住校外走读之“约束”，使校方负责学生免受不良之徒所引诱。如留学生在学校寄宿有所不便，或居亲友之家，或自行赁屋居住，亦非抵触规则。对第十条所定，乃为“性行不良，如紊品行，害秩序，罹刑律等类”而设，如果学生心平气静陈述其冀望之处，并不在性行不良之列，云云。

对于日本文部省的解释，留学生们并不理睬。12 月 10 日，湖南同乡会开会，决定全省留日学生，一律退学回国。同日，留学生总会举刘棣英、朱剑、吴勋、王敬芳等人先期返沪担任招待，筹划办学事宜，并商议从以下四个方面取得突破：一是致书严复、马相伯两位沪上名人，请求他们的支持与提倡；二是致书上海总商会会长曾铸（字少卿），寻求其协助；三是上书学部及各省学务处，请求将各省派遣留学生之官费酌情提若干以补充办学经费；四是要求所有归国留学生须居留上海，等待学校成立，不可

① 宁调元：《哭陈君天华七律二首》，《宁调元集》，2008 年，第 117 页。

星散。[①]

但是，在回国的问题上，留学生内部争论激烈，形成了两派，宁调元“与宋教仁、姚宏业、杨卓林等主张全体归国甚力”[②]，成立了留日学生联合会；而以江庸、汪精卫、胡汉民、朱执信为代表的一派，主张不回国，以避免被清政府一网打尽，他们成立了维持留学界同志会。两派中，倾向回国的一派占多数。12 月 14 日，第一批集体归国学生近 300 人乘“安徽号”启程从日本回国。宁调元与姚宏业随同第一批集体归国学生率先返国。16 日，第二批集体归国学生 350 余人乘法国轮船“镇安号”启程回国，刘棣英、朱剑、吴勋、王敬芳等人随同。当时，已离日本到越南的孙中山闻讯后不赞成留日学生全体回国，以免大批同盟会员回国，被清政府一网打尽，但是孙中山的电报当时被汪精卫和胡汉民等人压住并未公开，因此愤而回国的学生源源不断。

12 月 25 日以后，浙江同乡会召开会议，决议全体复学。各校学生陆续复学，维持会也宣告解散。日本方面迫于压力，也作出让步，表示暂缓执行“取缔规则”，之后这个“取缔规则”也就不了了之。

留日学生奋起反对“取缔规则”的运动打击了清政府和日本帝国主义，鼓舞了反清革命斗争，在一定程度上取得了初步的胜利。

宁调元在反对“取缔规则”运动中的出色表现也得到了其师刘师陶的赞赏。宁调元与大批留学生返国后，刘师陶在宁调元友人处看到宁的小照，特作《题太一小照，乙巳日本作》五律二首：

当代噶苏士，天涯得借观。向人悬水镜，嫉俗弃儒冠。宁静师诸葛，糊涂戒吕端。高堂方白发，对此有余欢。

世事已如此，吾徒敢畏难。艰危觇识量，患难见心肝。

① 章玉政：《光荣与梦想 中国公学往事》，浙江人民出版社，2014 年，第 36 页。
② 刘谦：《宁调元先生事略》，《宁调元集》，1988 年，第 648 页。

海峤寒云塞，乡关夕照残。好留真面目，付与大家看。[①]

诗中，刘师陶将宁调元比作领导国人把奥军赶出国土并宣布独立的匈牙利著名爱国者噶苏士，对其在反对“取缔规则”运动中所表现出来的沉着机智、不畏强暴、争取胜利的精神给予了高度的评价。

第五节　公葬陈姚

1905年12月19日，经过五昼夜的海上漂泊，宁调元与姚宏业抵达上海。两天后，宁调元、姚宏业与随同第二批归国学生回国的刘棣英、朱剑、吴勋、王敬芳等人会合，大家商量后决定在上海派克路东升里成立留日学生总会事务所，并“将由东带来之致商学界书分投”[②]。1906年1月9日，第一次各省代表全体会议在留日学生总会事务所召开，推举刘棣英为正干事，朱剑为副干事，廖嘉淦、吴勋为庶务，姚宏业、王敬芳为会计。自此，留学生总会成立，“与各省同乡会相联络，相提携，招待归人，调查行踪，为计划兴学之基础”。1月13日，各省代表召开第二次全体会议，姚宏业等人将筹办中的学校定名为“中国公学”，同时推举刘棣英、朱剑、马君武负责起草学堂章程。这标志着中国公学的筹备由此进入实际操作阶段。

中国公学进入实际性筹备阶段，宁调元感到由衷的高兴和欣慰。但是，如前所述，由于肩负孙中山和黄兴关于建立湖南同盟会分会的重托，所以，宁调元此时便与姚宏业等人分手，以回家乡办学的名义，乘船返湘联络周震鳞等革命党人建立湖南同盟会分会。

---

① 柳亚子编：《南社诗集》第六册，上海中学生书局，1936年，第92—93页。

② 章玉政：《光荣与梦想 中国公学往事》，第36页。

船过古都南京时，宁调元遥望风雨迷离中的石头城，感慨万千。公元229年，吴大帝孙权在此建都，改秣陵为建业（282年改建邺）。此后，东晋和南朝的宋、齐、梁、陈均相继在此建都，故南京有“六朝古都”之称。1368年明太祖朱元璋建都南京，1421年明成祖朱棣迁都北京，但仍将南京为留都，设南京六部等机构。在中国历史上，南京曾数次庇佑华夏之正朔，是四大古都中唯一未做过少数民族政权首都的古都。然而，这样一座历史上汉族曾经的京都，如今却被清朝统治者蹂躏，宁调元对此感到无限愤恨，口占《过金陵》七绝二首：

盗憎主人翻驻兵，鲸鲵枭獍满皇城。飘零一种王孙草，独向西风诉不平。

战血殷红秋后磷，雨花台畔莫愁滨。两三千载兴亡梦，淮水干枯总有因。[①]

诗中，宁调元感慨王朝的兴衰败亡的变迁就在转瞬之间，对六朝都城的沦落感到痛心，同时，宁调元也感到，反清革命已经开始，清朝灭亡、金陵重生已为期不远了。

1月24日，正值乙巳除夕，尽管与醴陵近在咫尺，但宁调元重任在肩，不得与妻儿团聚，只得客居长沙。当时“外侮内忧，身丁其境，郁诧之极，几无生意”[②]，宁调元以诗纪之云：

一鞭应着祖生先，千里悬崖漫息肩。记取去年今夜雪，归鞍犹滞楚江天。

又从客里度残年，旧恨新愁并几千。去日苦多来日少，黄龙痛饮梦徒然。[③]

除夕之后，宁调元于“正、二月之交，因公往返于长、醴者七八次”[④]。在长沙，宁调元一面“与李洞天，陈汉元居城南之天

① 宁调元：《过金陵》，《宁调元集》，2008年，第118—119页。
② 宁调元：《丙午除夕笔记》，《宁调元集》，2008年，第364页。
③ 宁调元：《乙巳除夕》，《宁调元集》，2008年，第117—118页。
④ 宁调元：《丙午除夕笔记》，《宁调元集》，2008年，第364页。

心阁，日以鼓吹革命为事。更翕集禹之谟、邹价人等，组织湘学会，到处演讲，风动一时”[①]；一面与周震鳞、陈家鼎、禹之谟、易本羲等人暗中建立湖南同盟会组织，发展同盟会会员。在醴陵，宁调元则一面主持渌江中学校务，向学生灌输革命思想，一面暗中与洪江会会首李香阁、龚春台等相联络。[②] 龚春台，原名谢再兴，又名张章年，号月楼，浏阳县人，爆竹工人出身。他“好气使酒”，“轻财喜交游”，早年就加入哥老会，“浏阳、醴陵、萍乡会党宗之”。[③] 1900 年曾参与唐才常领导的自立军起义。1904 年中秋，在浏阳普迹“八月会”上，由哥老会头领马福益介绍，认识了革命党人刘揆一、陈天华等，加入黄兴组织的“同仇会”。次年，马福益遭清廷杀害，龚春台承袭其位，成为萍浏醴一带洪江会首领。李香阁，号新荃，醴陵神福港人。他身材较魁梧，长方脸，浓眉，嘴上留有八字胡须，人们常常亲切叫他香阁胡子。他对《四书》《五经》皆通习过，疏财仗义，广交游，家中常有外地宾客来往。他曾随哥老会首领马福益闯荡江湖，深得其信任，曾指定为神福港一带的码头官，拥有会徒千余。[④] 宁调元与李香阁、龚春台等洪江会会首联络，显然有继与黄兴等人筹划长沙起义之后，重新策划反清起义的意图。

正当宁调元在湖南忙于革命工作之际，从上海传来了姚宏业投江自杀的消息。宁调元得噩耗感到既惊讶又悲伤。

原来，宁调元与姚宏业分手后，1906 年 1 月 17 日，各省代表召开第三次全体会议，经过推选，产生了中国公学的第一批职员：正干事刘棣英，副干事朱剑；庶务员：郭果能、姚宏业、张邦杰、谭心休；评议员：谭倬云、夏聘儒、陆振华、孙镜清；会计员：王敬芳、梅献瑞；书记员：于右任、黄云鹏、安永昌、杨若堃。1

① 刘谦：《宁调元先生事略》，《宁调元集》，1988 年，第 649 页。

② 刘谦：《宁调元先生事略》，《宁调元集》，1988 年，第 649 页。

③ 萍乡市政协等编：《萍浏醴起义资料汇编》，湖南人民出版社，1986 年，第 241 页。

④ 萍乡市政协等编：《萍浏醴起义资料汇编》，第 281 页。

月30日，中国公学在张园召集学界全体会议，寻求办学经费困难等问题的解决途径，但社会各界对于这所新生的学校，大多持观望态度，不愿给予实际的支持，中国公学几乎陷入“孤军重困，四面楚歌”的境地，而此时，距离预定的开学日期仅一个月的时间了。作为公学的庶务员，姚宏业与同人们互相勖勉，共同奋斗，呕心竭力，不辞劳怨，一面租赁房屋、添置教具，一面聘订教员、设置课程，筚路蓝缕，从未动摇。

1906年3月4日，经过姚宏业等人的艰苦努力，中国公学终于在上海北四川路底新靶子路校舍里举行开校典礼。然而，好景不长，残酷的现实考验很快就接踵而来，其中最大的困难就是经费奇缺，而赞助者却寥寥无几。姚宏业等人“求助于政府无效，求助于官府无效，求助于绅、商、学界又无效”，非独无效，“仇视”公学者有之，“诽谤”公学者有之，“破坏”公学者亦有之。尽管姚宏业等人惨淡经营，“拮据呼号”，“然权轻力薄，难动听闻”，“无米之炊，巧妇不能”，而各省事务所“筹解校款不至，留沪之无自治能力者，复时有所闻，各地立宪妖说，亦日触如耳”。[①]中国公学早期学生张承槱对当时窘迫的情况也有深刻的记忆：“当时组织中国公学，毫无基础，全体同仁，确遭遇极大困难，同情者虽多，而实际援助者除就地向上海总商会会长曾少卿募得数千元外，其他各界，毫无表现，全凭我数百人自己解囊相助，大多数困苦不堪，连自已生活难于维持。经数百人东奔西走，各方张罗，穷数月之力，始稍有头绪，而校址尚为一困难问题。至翌年二月底，始租定越界筑路之北四川路底新靶子路一六〇号至一六五号三层西式住宅六幢，作为校址。每幢租银一百六十两，共计每月须付九百六十两。此项房屋，为李鸿章所有，由外国洋行代为经租，电灯、自来水，须另外付款，每一到月，必须付租，否则要迫令迁移。”[②]

---

① 朱有瓛主编：《中国近代学制史料》第2辑（上），第728—730页。

② 章玉政：《光荣与梦想 中国公学往事》，第40—41页。

在这种“赞成者少，而反对者多”的进退维谷情况下，姚宏业万般无奈，决定效法陈天华，毅然选择了蹈黄浦江自戕，希冀以自己的死来唤醒国人的觉悟，将中国公学继续办下去。他在写于灯下的《遗书》中历数办学的重要意义和种种艰难之后，最后写道：

> 我性偏急，我诚不忍坐待我中国公学破坏，至列强以中国人为绝无血性之国民，因而剖分我土地，澌灭我同胞，而亲见其惨状也，故蹈江而死，以谢我无才无识，无学无勇，不能扶持公学之罪。夫我生既无所补，则我死亦不足惜。我愿我死之后，君等勿复念我，而但念我中国公学。我愿我诸同学皆曰，无才无学无勇无识如某某者，其临死之言可哀也，而极力求学以备中国前途之用。我愿我诸同事皆曰，无才无学无勇无识如某某者，其临死之言可哀也，而振起精神，尽心扩张，无轻灰心，无争意见，于各事件之不完善者不良者改之，务使我中国公学为中国第一学堂，为世界第一学堂而后已。我愿我四万万同胞之官之绅之兵之士之农之工之商皆曰，无学无识无才无勇如某某者，其临死之言可哀也，而贵者施其权，富者施其财，智者施其学问筹划，以共维持挟助我中国公学。即向来之仇视诽谤破坏我公学者，我亦愿其哀我临死之言，幡然改悔，将仇视诽谤破坏我公学之心，尽移予我既死之身，则我虽死之日犹生之年矣！①

留下《遗书》之后，姚宏业愤而投黄浦江自尽，年仅25岁。

然而，关于姚宏业投江殉国的日期问题，史学界历来众说纷纭，至今仍莫衷一是。主要有五说：一是3月3日说，二是3月7

① 朱有瓛主编：《中国近代学制史料》第2辑（上），第730页。

日说，三是3月27日说，四是4月6日说，五是5月6日说。[①] 以上各说，明显错误的有三种：3月3日说将阴历用作阳历，即将3月27日说征引的姚宏业《遗书》中所署“三月二日灯下书”误成为阳历“3月2日”，因有“3月3日蹈黄浦江而死”[②] 之结论。而3月7日说则为误将3月7日作为清明日。至于5月6日说，则明显晚于宋教仁1906年4月22日之日记所记“闻知姚剑生在上海蹈江而死”，因而亦不足为信。因此，上述三说均可排除。而剩下的3月27日说和4月6日说则均持之有据，辨之有理，一时难辨真伪。

据笔者查考，对3月27日说进行过考订的学者主要有二，一为郭世佑，一为刘泱泱。下面分别介绍其相关论述：

1983年，郭世佑在《关于姚宏业的生卒日期》一文中认为：“一九八二年上海辞书出版社出版的《中国近代史词典》‘姚宏业’（第五五六页）条中，称姚氏生年为一八八七年。此说不确。据《姚氏下梅塘支谱》卷二第二十六页载，姚宏业生于一八八一年。关于姚宏业自沉黄浦江的日期，《词典》述为‘一九〇六年四月’，有的史书还作是年五月六日（《湖南省志》第一卷，《湖南近百年大事纪述》，湖南人民出版社一九七九年版）。其实，这两种说法都不确切。据姚氏族谱详细记载，姚宏业蹈江日期为‘光绪三十二年三月三日卯时’，亦即一九〇六年三月二十七日。姚宏业《遗书》（载《姚氏下梅塘支谱》卷十五）中亦署为‘三月二日灯下书’，据此亦可推断其死期为农历三月三日，亦即公历三月

① 3月3日说见之于朱发建编《慷慨三湘 辛亥革命在湖南》（湖南人民出版社，2011年）；3月7日说见之于杨建宏编著的《铁血共和 辛亥长沙风云》（湖南教育出版社，2011年）；5月6日说见之于汉叔《姚烈士洪业传》一文（载邹鲁：《中国国民党史稿》第四篇，中华书局，1950年）和仇鳌《辛亥革命前后杂忆》（《辛亥革命回忆录》第一集，中国文史出版社，2012年）。

② 朱发建编：《慷慨三湘 辛亥革命在湖南》，湖南人民出版社，2011年，第61页。

二十七日。”[①] 此外，在其《辛亥革命志士姚宏业和他的〈遗书〉》一文中，郭世佑再次指出：“姚宏业一时悲愤难遏，竟于三月二十六日晚疾草《遗书》数千言，次日清晨投黄浦江而死。”[②]

1991年，刘泱泱在《师生战友——黄兴与姚（洪）[宏]业》一文中，特就姚洪业投黄浦江自戕日期问题做了考订：“姚（洪）[宏]业殉国日期，各资料记载有异。主要有三说：一、汉叔《姚烈士（洪）[宏]业传》记为‘黄帝四千六百另四年四月十三日’。此日期如系阴历，则公历为5月6日，显属错误。因《宋教仁日记》早在4月22日就已记载在东京‘闻知姚剑生在上海蹈江而死’事；如属公历，则阴历为三月二十日，对照以下二说，亦嫌过迟。二、宁调元《清明日忆亡友姚竞生》诗注云：‘至清明日，遽捐躯黄江。’该年清明为阴历三月十三日，公历4月6日。三、孙家杰《益阳之胜地与名人》姚传记为‘三月初三日’。姚《绝命书》署为‘中历三月二日灯下书’，次日蹈江。三月初三日公历为3月27日。本文采用第三说。”[③] 这样，刘泱泱也以“姚传记为‘三月初三日’”为据而主3月27日说。

至于4月6日说，则主要见之于一些时人和学者的著述。宁调元1907年《清明日忆亡友姚竞生》诗序云：“至清明日，遽捐躯黄江。”[④] 1906年清明为阴历三月十三日，即公历4月6日。1906年读了姚宏业遗书而大为感动、主动投考中国公学，后又为该校校长的胡适于1929年《中国公学校史》一文中说：“干事姚宏业先生激于义愤，遂于四月六日投江自杀，以身殉学校，遗书数千

① 郭世佑：《关于姚宏业的生卒日期》，《益阳师专学报》（哲学社会科学版）1983年第2期。

② 郭世佑：《辛亥革命志士姚宏业和他的〈遗书〉》，《益阳师专学报》（哲学社会科学版）1983年第3期。

③ 萧致治：《领袖与群伦——黄兴与各方人物》，武汉大学出版社，1991年，第242页。

④ 宁调元：《清明日忆亡友姚竞生》，《宁调元集》，2008年，第48页。

言，说：‘我之死，为中国公学死也。’”[①]

由于史学界对于姚宏业投江殉国的日期各有所据，各执一词，难以定论，政府有关部门在处理相关事务时也因无所适从而难免出现重大失误。1990 年 10 月，长沙市政府为岳麓山陈天华、姚宏业合葬墓所立介绍碑中却说姚宏业“1906 年 5 月投黄浦江殉国”。

有鉴于此，笔者就此问题查阅了相关史料，并有重大收获，下面择要作一述论，以为姚宏业投江殉国的时间问题作出最终的决断。

第一，据笔者查考，姚宏业的遗书（以下简称《遗书》）曾分别在上海《时报》1906 年 4 月 17—18 日、《中华报》1906 年 4 月 26—27 日、《通学报》1906 年第 1 卷第 10 期（5 月 1 日）和《直隶教育杂志》1906 年第 15 期（10 月 18 日）刊载，这些应当是最早一批公布的姚宏业的遗书，且这些《遗书》末尾所署并非“中历三月二日灯下书”，而均为“中历三月十一日灯下书”。而“中历三月十一日灯下书”这个时间节点与前述胡适在《姚烈士传》中所谓姚宏业“在三月十一日那晚，写了一封遗书”的叙述也相吻合。

《姚氏下梅塘支谱》卷十五所载《遗书》末尾有“兄宏陶谨录”的字样。[②] 由此可见，《姚氏下梅塘支谱》收录的《遗书》不是姚宏业通过邮局寄回或派人送回，而是后来由姚宏陶从外面抄录而来，并非原件。既是抄录，难免就会在抄录过程中出现失误。据笔者查考，姚宏陶所抄录的《遗书》与上述《直隶教育杂志》上刊登的《遗书》在文字上有 20 多处不同。这可证明，姚宏陶所抄《遗书》中的“中历三月二日灯下书”系上述三刊所载之《遗书》中的“中历三月十一日灯下书”之误（当时《遗书》中“十一日”应为竖写，姚宏陶抄时可能未看清“十”字的一竖，而误

① 陈学恂主编：《中国近代教育史教学参考资料》（中册），人民教育出版社，1987 年，第 42 页。

② 益阳县政协编：《益阳文史资料》（第 3 辑），1986 年，第 15 页。

将“十”的一横与“一”字的一横合为“二”字）。因此，《姚氏下梅塘支谱》中据姚宏陶所抄“中历三月二日灯下书”的《遗书》推导而来的有关姚宏业蹈江于“光绪三十二年三月三日卯时”的记载也就成了错误的记载了。这样，关于姚宏业蹈江于3月27日之说自然也就不能成立了。

第二，另据笔者查考，1906年4月13日（三月二十日）出版的《国粹学报》第15期上刊有姚宏业的好友、该报主编邓实所撰《祭姚烈士剑生文》，第一句就是“维丙午三月十三日，烈士姚君蹈江而死”。

如前所述，胡适1908年在《竞业旬报》上发表的《姚烈士传》中提及姚宏业投江之日是“三月十三日”。如果说胡适上述记述是事隔两年之后的回忆的话，那么邓实所撰《祭姚烈士剑生文》应为最早明确说出姚宏业投江殉国确切日期是“丙午三月十三日”的文献资料，离姚宏业投江之日仅七天。而且此文又以祭文形式发表，因而更为慎重，也更具权威性和说服力。

由此可见，上述新史料的发现，不仅以当时最早的史料进一步证实了4月6日说的正确性，而且也不可辩驳地证实了3月27日说因所凭史料错误而不能成立。所以，姚宏业投江殉国的确切日期只能是1906年4月6日。[①]

陈天华、姚宏业的相继忧愤自杀，在湖南各阶层爱国人士中，特别是青年学生中引起了巨大的反响，长沙、善化两县学生尤为震怒。同盟会湖南分会负责人禹之谟、宁调元、陈家鼎等人立即组织各校学生自治会开会，在会上，禹之谟发表演说，“极为动人，听者悲愤万状，群众高呼，革命声势惊天动地”[②]。会议决定迎接陈、姚烈士灵柩回湘公葬，以激扬民心，反对清政府封建专

---

① 邓江祁：《姚宏业投江自戕究竟是在哪一天?》，《湖南科技学院学报》2019年第4期。

② 邓介松：《启蒙时期青年学生运动的急先锋——禹之谟》，《湖南文史资料》第一辑，第147页。

制统治。

陈、姚灵柩运抵长沙后，宁调元、禹之谟等人组织湘省各学堂学生于5月20日在左文襄祠举行陈、姚追悼大会，并决定将陈天华、姚宏业合葬于长沙市郊的岳麓山。

关于禹之谟、宁调元等领导长沙万余学生公葬陈天华、姚宏业的时间，史学界也是众说纷纭，曾有1906年5月23日、6月10日和7月11日[①]三种说法，后来，刘泱泱根据皮锡瑞、余肇康等人日记有关记载，又提出陈天华灵柩于1906年5月23日运抵长沙，5月29日公葬于岳麓山之说。[②] 此外，还有禹靖寰的5月25日说[③]等等，不一而足。

但经笔者查考，此事的组织者之一宁调元1907年4月6日的《清明日忆亡友姚竞生》一诗的序中有云："姚子竞生渡海而西，倡办中国公学。见经费不足，同事者日花天酒地，不以在意，至清明日，遽捐躯黄浦江。越四十七日，余等扶其柩，合葬于麓山之阳。"[④] 其中所说"越四十七日"，即为5月23日。此外，1906年6月8日（农历闰四月十七日）《申报》上有《湘省巨绅阻葬烈士之风潮长沙》的报道曰：

> 新化陈天华、益阳姚（洪）［宏］业两烈士灵柩现已载运回里，湘省各学堂学生遂于上月二十七日在左文襄祠举行追悼大会，本月初一日合葬于岳麓山前，送殡者约有数千人。[⑤]

此报道中"本月初一日"即闰四月初一，公历5月23日。

由上可证，禹之谟、宁调元等领导长沙万余学生公葬陈天华、

---

① 仇鳌：《辛亥革命前后杂忆》，《辛亥革命回忆录》第一集，中国文史出版社，2012年，第353页。

② 刘泱泱：《关于公葬陈天华、姚宏业时间的订正》，《辛亥革命史丛刊》第5辑，中华书局，1983年，第98页。

③ 禹靖寰：《公葬陈天华、姚宏业与旋被迁葬的日期和两副挽联》，《邵阳市文史资料》第6辑，1986年，第227页。

④ 宁调元：《清明日忆亡友姚竞生》，《宁调元集》，2008年，第48页。

⑤ 《湘省巨绅阻葬烈士之风潮长沙》，《申报》1906年6月8日。

姚宏业的时间应为 1906 年 5 月 23 日。[①] 这说明，宁调元的记忆是准确的。

5 月 23 日这一天，禹之谟、宁调元等人组织了以学生为主体的 1 万多人的送葬队伍，分两路前往岳麓山。一路从朱张渡出发，由禹之谟等十余人抬着陈天华的灵柩，举着禹之谟亲自撰写的挽联“杀同胞是湖南，救同胞又是湖南，倘中原起义，应是湖南，志士竟捐生，双棺得赎湖南罪；兼夷狄成汉族，奴夷狄不成汉族，痛建虏入关，已亡汉族，国民不畏死，一举能张汉族威”[②]，向岳麓山方向行进；一路从小西门出发，由宁调元等十余人抬着姚宏业的灵柩，举着宁调元撰拟、禹之谟代书的挽联“其所生在芳草美人之邦，宁葬清流葬鱼腹；以一死作顽民义士之气，奚问泰山与鸿毛”[③]，直趋岳麓山。两路的灵柩和挽联后面都跟着绵亘十余里的身穿缟素的学生送葬队伍，他们举着各界赠送的挽联、祭帐，迈着沉重的步伐，带着满脸的哀伤，怀着一腔的忧愤，朝着岳麓山缓缓前行。站在岳麓山上，远远望处，长沙城中缟素一遍，如同六月天降大雪。面对这样一支浩浩荡荡的送葬队伍，长沙的军警也只好呆立旁观，束手无策。

公葬开始后，禹之谟、宁调元先后发表演讲，讲述二烈士生平事迹以及投水自尽的价值与意义。美国长江圣公会主教吴德施、会长孟良佐，日本立达女学校长宗家小林彦五郎等也先后登山演说，“比为西乡隆盛之铸像上野，大久保墓前之有公围，备极一时

---

① 邓江祁：《姚宏业投江自戕究竟是在哪一天?》，《湖南科技学院学报》2019 年第 4 期。

② 《洞庭波》第一期。

③ 禹靖寰说：“据彭重威《回忆禹之谟》一文中说：‘……从城内分两大队出发，一队出南门在朱张渡过河，禹之谟同十几个教职员抬着陈天华的灵柩领队先行；另一队在小西门渡河，宁调元同十几个教职员抬着姚宏业的灵柩领队先行。’宁调元是南社诗人，擅长辞藻，这副挽联，可能就是出于他的手笔。”参见禹靖寰：《公葬陈天华、姚宏业与旋被迁葬的日期和两副挽联》，第 228 页。

哀荣”[①]。

对于禹之谟、宁调元等人发起的公葬陈、姚之举，1919 年 8 月，毛泽东在《湘江评论》第 4 号上的《本会总记》中高度评价为“惊天动地可纪的一桩事”，并作了详细的介绍：

> 陈天华、姚宏业者，一个是（安）[新] 化学生，一个是益阳学生，同在日本，于归途的中间，感愤国家的危亡，蹈海而死。湖南学生得报，灵柩溯湘水回来，便要求政府，葬于岳麓山。麻木不仁的湖南巡抚俞廉三，及提学使某，正想借着革命党和学生的血将他们的顶子染得更红，固执不准。这边要求无效，便采用“自动主义”，于光绪三十二年 [闰] 四月一日，长沙省城大小学生，全体发动，分从朱张渡、小西门两处渡河。鲜明的旗子，和洁白的衣服，映着火红的日光，高唱哀歌，接二连三的延长十里以外。军警呆立路旁观看，那敢张声。这次毕竟将陈、姚葬好。官府也忍气吞声，莫敢谁何。湖南的士气，在这时候，几如中狂发癫，激昂到了极点。[②]

公葬陈天华、姚宏业虽然出乎意料地顺利，但一些思想保守的劣绅对此却大加反对，要求湘省当局“从严究惩”。湘省当局遂派人往各学校查办。对此，《申报》也有披露：

> 葬后，有湘省巨绅多人迭次谒见抚院，面陈岳麓山向例不准安葬坟茔，往年有岳麓书院山长罗慎斋前辈暨湘乡曾文正公曾经奏请入葬，均为本省士绅阻止。现在陈、姚两留学生竟敢公然入葬，并未知照地方绅董，殊属藐玩谬妄，应请从严究惩，勒令迁葬云云。惟学界中人于开会追悼时已当众宣告，谓如有人出而阻葬，则必持坚不让，故一闻众绅禀请

① 《姚烈士洪业传》，邹鲁《中国国民党史稿》下，东方出版社中心，2011 年，第 273 页。

② 刘苏华、李长林选编：《湖南近现代社会事件史料选编》，湖南师范大学出版社，2013 年，第 102 页。

饬迁之信，各学堂即连日至天心阁等处开会集议。劬帅（湖南巡抚庞鸿书，字劬盦——引者）左右为难，不得已一面电达军机处及学部请示办法，并另电商同乡瞿大军机、张管学大臣，一面饬学务处派人往各学堂解散。①

由于参加公葬的大多数是长沙各个学校的学生，因此，作为长沙和善化两县学务处总监督的俞诰庆，因为督学不力，被巡抚庞鸿书狠狠地教训了一顿。俞诰庆因此恼羞成怒，决定实施报复。公葬结束后，俞诰庆指使军警拘捕了几名积极参与公葬的学生。禹之谟闻讯即前往交涉，俞诰庆坚不放人。

为了营救被逮捕的学生，打击反动官吏的嚣张气焰，禹之谟吩咐学生密切注视俞诰庆的行动，终于在6月19日晚于樊西巷一家妓院抓获宿娼的俞诰庆。对于此事，当时的报纸有详细的报道云：

湘省各学堂学生自将已故游学生陈天华、姚（洪）［宏］业两人灵柩合葬岳麓山，经学务处示谕迁葬后，各学生纷纷会议，力图抵抗，除屡经各堂监督劝谕解散外，犹有横议阻抗者，故至今风潮犹未少息，加以其时各初等小学堂教员数十名，以禀加薪资未奉学务处批准，遂归咎于监督某君（俞诰庆），早经遍发公启，痛诋某监督不遗余力，中间又有最能号召学界之某君极力怂恿，于是终日奔驰，欲伺该监督之隙而未得也。迨上月二十八日下午，有学生数人在西长街楚善柴煤公司门首见该监督偕友人二三入公司内，久而未出，暗中探访知其内为土妓某某家，幸其有隙可乘，因传集学生由数十人至数百人，将欲入而掩捕，中有人恐其不确，正在踌躇，时天色已晚，适有肩舆悬学务处灯笼直入该公司，始知该监督确实在内，因该监督兼充学务处文案也。遂以一人先入窥探，声称欲与某君一晤，入则该监督在内室抹牌，其人入与语，该监督漫应之，其人复出遂约同人将屋之前后左右

---

① 《湘省巨绅阻葬烈士之风潮长沙》，《申报》1906年6月8日。

四面围住，再以多人入内与之为难，该监督知其不敌，密遣人通信出外，冀得救援，久之不至。盖外间虽早已闻知，均以学生人众，不敢往救。该监督亲友亦多至者，商之警察，而警察不敢；商之某营弁，某始而应允。迨至其地，终亦不敢。该监督在内，登楼升屋，多方图逃，苦不得出。遂高声谓众曰：某生平所畏者为学问较高之人，能以学问窘我至荡游之事，某素无此癖。今日不过与友人偶然至此，即遍告诸人亦不足损我名誉。尔等虽以此相逼，某亦不畏尔等。如实不见谅，只得任其所为。众人亦高声詈骂。至此，则一拥上前，竟将该监督发辫剪去，又剥去衣襟，以墨笔于额上大书一“嫖”字，于胸前至肚腹书：初等小学堂监督某某数字。有人恐其随即洗去拟以针照墨文加刺之，令其终身不能移去。正在彼此争持时，天色已晓，又有人出为变通办理，欲将此种怪相合该妓女共拍照一张，持向各处以示奇辱。众人许可，急将该监督扭至对面之濂溪祠，令该妓上坐，以该监督坐其下，合拍一照，字迹宛然。拍照后，又欲将两人捆缚由街头解送学务处惩办。该监督再三邀免，众人不由分说，或推或挽，将男女两人扭送学务处，立请究办。沿途护解者约千余人，向学务处哄闹。①

随后，禹之谟趁热打铁，又在西长街濂溪祠主持召开有五六百人参加的集会，当众揭发俞诰庆败坏学风、败坏民风的罪行，最后向俞诰庆提出释放被捕学生的严正要求。俞只得俯首认罪，并答应立即释放在押学生。

此事大快人心。后来，宁调元也曾作有《相鼠有齿》一文曰：

善化俞敕华（俞诰庆字敕华），以反对葬陈、姚事，被湘人士拿获于某妓家之草席中。辫去衣剥，丑不可状。某生戏赠一联云：‘其死也荣，其生也哀。天华千古，敕华千古；载寝之地，载衣之席。新化一人，善化一人。’喧传于一时焉。

---

① 《湘垣学界之恶风潮》，《申报》1906年6月29日。

噫！相鼠有齿，人而无耻。人而无耻，胡不遄死？[①]

文中，宁调元化用《诗经》中《相鼠》篇之文字，斥责俞诰庆卑鄙无耻。

这次公葬陈、姚和痛惩俞诰庆事件，是禹之谟、宁调元等革命党人在同盟会湖南分会成立后所领导的青年学生和各界群众反对清政府的一次政治大示威，也是湖南革命势力与反动势力的一次正面交锋，彰显了反清革命的气势。但湖南当局为之甚为震怒，俞诰庆也挟嫌报复，乘机密告禹之谟为“革命魁首”，“专派送《民报》邪说，勾结军学两界谋起事”[②]，必欲置之于死地而后快。于是，湖南当局密谋搜捕革命党人。

7 月 18 日，宁调元正与禹之谟、石广权、邹价人等在驻省邵阳中学堂开湘学评论员会议。午后，宁调元得知湖南当局即将搜捕革命党人的情报，迅速告知禹之谟等人，并商之胡元倓。为保存革命实力，胡元倓力劝宁调元暂避锋芒。宁调元与禹之谟、石广权、邹价人商议躲避事宜后，由胡元倓送至轮船码头乘船赴沪。临别之际，胡元倓“持百金为旅费”，宁调元“甚感其谊”，但“力辞不受”。[③]

就这样，宁调元带着“海阔天空、鸟飞鱼跃”[④] 的期待离开了长沙，前往上海迎接新的战斗。

---

① 宁调元：《相鼠有齿》，《宁调元集》，2008 年，第 444 页。

② 冯自由：《革命逸史》上，新星出版社，2016 年，第 305 页。

③ 宁调元：《五月二十七日记事》，《宁调元集》，2008 年，第 378 页。

④ 宁调元：《五月二十七日记事》，《宁调元集》，2008 年，第 378 页。

第四章　奔走革命

经过公葬陈、姚事件，宁调元的反清革命思想更加坚决而激进。他一面运用批判的武器，创办革命刊物，大力宣传反清革命思想；一面又积极联络会党，为发动反清武装起义而奔波，从而成为激进的反清革命者，为反清革命而奔走呼号于海内外。

第一节　创刊沪渎

宁调元乘船东下，离开长沙后，直奔上海。航行在长江之上，宁调元回忆长沙的斗争，展望上海的任务，心情久久难以平静，即赋《感怀》四首云：

四百余州男气无，几回痛哭效唐衢。悬知事虏难为宋，漫说亡秦不是胡。禾黍空凭箕子吊，江山付与杞人扶。至今丰沛还无日，失水蛟龙蚁欲图。

国步艰难更百忧，年年夜起舞吴钩。东山丝竹娱功狗，南国衣冠笑沐猴。几个下民浑易虐，九重天子竟无愁。料知王气春陵尽，到处狐鸣火一篝。

十年前是一重囚，也逐欧风唱自由。复九世仇盟玉帛，提三尺剑奠金瓯。丈夫有志当如是，竖子诚难足与谋。愿播热潮高万丈，雨飞不住注神州。

休论瞆瞆彼苍天，努力中原莫问年。一局残棋疑醉梦，几番劫火总盘旋。划清种界思存汉，恢复中原直到燕。壮志欲酬心未死，一生从不抚流弦。[①]

诗中，宁调元感愤国步艰难，一片又一片土地被瓜分，一个又一个不平等条约在签订，而“天子”居然“无愁”！预感一个“到处狐鸣火一篝”，揭竿而起的时代即将来临，表示自己誓将“逐欧风唱自由”，“提三尺剑”，“复九世仇”，“恢复中原直到燕”，表现了“壮志欲酬心未死”、革命到底的豪情和积极进取的精神，抒发了愿以冲天的热血，倾注于神州大地，以实现建立新的民主共和国的雄伟志向。全诗豪迈奔放，激荡人心，催人奋进，给人以无限的力量与鼓舞。同时也预示着宁调元在上海将开创一番革命新局。

抵上海后，宁调元住在先期抵沪的陈家鼎、傅尃在美租界北四川路所办之湘学社内，正巧与此时来沪联络革命党人的秋瑾比邻而居。对此，与秋瑾一同来沪的党人张寄涯曾有记载：

1906年夏，秋瑾来上海，另组织机关于北四川路某里，借与各省通声气。颜其门标曰：蠡城学社。社中共事者，除女侠（秋瑾——引者）外，惟陈伯平与予二人，不以仆，一切操作，躬身亲之，而澣衣之职，女侠独任其劳。居恒研究爆弹，马君君武不时过往指导。左邻为湘学社，陈汉元（家鼎）、宁调元二君寓焉。[②]

在湘学社，宁调元决定创办革命刊物，宣传革命理论，唤起民众开展反清革命活动。主意一定，宁调元将刊物定名为《洞庭波》，寓意湖南的革命波浪，随即动手“辑其在天心阁所成之稿，并请陈汉元、傅君剑分任编撰”[③]。恰好此时孙中山离日本赴南洋，

---

① 宁调元：《感怀四首》，《宁调元集》，2008年，第118页。

② 寄涯：《秋瑾遇难前小记》，《申报》1926年6月10日。

③ 刘谦：《宁调元先生事略》，《宁调元集》，1988年，第649页。

途经上海吴淞口，通知上海的革命党人秘密前往会面。宁调元便欣然前往与孙中山相见，聆听教诲。

关于这次与孙中山会面的情况，刘谦在《宁调元先生事略》一文中说："时先总理航行至吴淞口，以政府防范严，不能登岸。君迭与马子畦、秋瑾、陈其美、姚勇忱、杨侠卿、陈伯平、丁洪海等造谒舟中，于革命大计多所规划。"[①] 杨天石、曾景忠所编《宁调元年谱》也据此记载曰："10 月上旬，孙中山自西贡至日本，船舶吴淞口，因清政府防范甚严，不得登岸。宁调元与陈其美、秋瑾等到船上会见孙中山。"[②] 但笔者查考相关史料后发现，以上记述多有不实。

第一，时间不对。关于宁调元此次见孙中山，刘谦文中只说其事并未指明具体时间，而杨天石、曾景忠在《宁调元年谱》中却点明的时间为"10 月上旬"。经查，杨天石、曾景忠此言并不符合史实。孙中山 1906 年在上海吴淞口船上接见革命党人确有其事。《孙中山年谱长编》1906 年谱文记载：6 月（闰四月中旬至五月上旬），"离日本赴南洋。船经上海时，约请同志相会"[③]。柳亚子在其《自撰年谱》1906 年谱文中记载："谒孙中山先生于吴淞口外海舶中。"[④] 柳亚子还曾详细记载了那次会见的情况："一九〇六年夏秋之间，余年二十。主上海健行公学国文讲席，以《黄帝魂》为课本，与陈陶遗、朱少屏、高天梅同负中国革命同盟会江苏分会之责。一夕忽有法兰西捕房中人持刺来邀。询以何往，则曰：'孙逸仙在港外某舰上招君辈谈话耳！'同赴其地，余年少，忽见理想中之伟人，噤不能出一语。惟陶遗、少屏、天梅诸人略谈情况，珍重为别。"[⑤] 熊克武在《辛亥前我参加的四川几次武装起义》文中也记载："（1906 年）五月，中山先生化名高野，乘法国邮船

---

① 刘谦：《宁调元先生事略》，《宁调元集》，1988 年，第 649 页。

② 杨天石、曾景忠编：《宁调元年谱》，《宁调元集》，1988 年，第 693 页。

③ 陈锡祺主编：《孙中山年谱长编》，中华书局，1991 年，第 372 页。

④ 柳亚子：《柳亚子自述》，第 11 页。

⑤ 柳亚子：《磨剑室诗词集下》，上海人民出版社，1985 年，第 1836 页。

由日本经上海去南洋，约我们上船去见他，报告内地的情况。临走时，中山先生说他需要一千块钱，我们答应设法筹措，后由秋瑾送去一千元。”[①] 因此，根据柳亚子所谓“夏秋之间”和熊克武所谓阴历“五月”，可以推定这次孙中山在上海吴淞口船上接见革命党人的时间应为公历 1906 年七八月，而且是分批会见，持续的时间也不短。宁调元 7 月 18 日离湘赴沪，所以受到孙中山接见的时间应在 7 月下旬，而不应是 10 月上旬。

第二，人物不对。刘谦文中提到参加接见的还有陈其美，杨天石、曾景忠《宁调元年谱》中也沿用此说。经查，这也不符合史实。张学继在《陈其美与辛亥革命》一书中说，1906 年夏，29 岁的陈其美偕徐锷、谢持等从上海出发，乘船东渡日本，到日本后，首先进入东京警察学校第三班，学习警察法律。1907 年夏，陈其美回国度假，并筹措留学经费。在此之前，陈其采已由长沙调至南京新军第九镇任职。陈其美到南京从弟弟处取到钱后，重返日本。[②] 这说明，1906 年 7 月之时，陈其美并不在上海而在日本，因此不可能与宁调元一道在上海去见孙中山。但张学继后又说陈其美 1907 年夏返日后“在东斌学校结识了徐锡麟、秋瑾等革命志士”[③]。这就不对了，因为徐锡麟、秋瑾已相继于 1907 年 7 月 6 日和 7 月 15 日就义了，不可能 1907 年夏还在日本结识陈其美。此外，杨天石、曾景忠《宁调元年谱》还照刘谦文中所说记载：“（1906 年）12 月，宁调元至沪，住傅尃、谢诮庄之《竞业旬报》社，与陈其美、秋瑾、杨卓林、李发群等密谋运动长江一带会党。”[④] 这里，应该也没有陈其美。

这次通过会见孙中山，宁调元还结识了不少上海革命党人，加强了与他们的联系。其中就有对宁调元后来开展革命活动有重

① 熊克武：《辛亥前我参加的四川几次武装起义》，《辛亥革命回忆录》第三集，中国文史出版社，2012 年，第 4 页。

② 张学继：《陈其美与辛亥革命》，黑龙江人民出版社，2002 年，第 33—34 页。

③ 张学继：《陈其美与辛亥革命》，第 35 页。

④ 杨天石、曾景忠编：《宁调元年谱》，《宁调元集》，1988 年，第 694 页。

大影响的高旭、柳亚子等人。

柳亚子在《自撰年谱》1906 年谱文中记载："八九月间，偕陈陶遗、高天梅僦居于八仙桥鼎吉里四号，署其门曰夏寓，实中国同盟会机关部也。始识宁太一、傅钝安、陈汉元。"①

高旭，字天梅，号剑公，又号钝剑，别号慧云、慧子、哀蝉、自由斋主人，江苏金山（今属上海）人。高旭少时目睹清政府的腐败，逐渐萌发反清革命思想，青年时代倾向康、梁维新变法，1904 年留学日本东京政法大学，结识孙中山、黄兴、宋教仁等革命党人，次年创办《醒狮》杂志，宣传反清革命，加入同盟会，并任江苏分会长。1906 年回国，开展革命宣传与组织活动，与陈陶遗、朱少屏等人创办健行公学，作为革命活动的据点，以反清革命读物《黄帝魂》《法国革命史》《荡虏丛书》等为教材，对学生进行革命教育。又在附近一所住宅里设立同盟会秘密机关，因其屋初为同志夏听渠养病之所，故以"夏寓"名之，江苏省和上海地区同盟会员秘密会议经常在这里举行。

柳亚子，原名慰高，字安如，更名人权，字亚庐，后又更名弃疾，字亚子，以字行，江苏吴江黎里（今属苏州）人，1887 年出身于书香门第，父母学养有素。柳亚子幼受母教，喜读古诗，17 岁至上海，入爱国学社，为蔡元培、章太炎弟子，结识邹容，并资助其出版《革命军》。1906 年，到上海理化速成科学化学，认识了陈陶遗、高天梅、朱少屏，被他们聘请到健行公学去教书，并加入同盟会，同时又编辑《复报》，在日本出版，寄还上海发行。

高旭、柳亚子、秋瑾等江苏、浙江和上海地区的革命党人工作热情很高，加之个个都有文才，纷纷向宁调元提供稿件和诗作，使《洞庭波》的编辑工作更加顺利了，就连在日本的唐群英闻讯后也辗转寄来绝句八首。其序曰：

> 黄公克强组织同盟会于日本东京，与宁君太一等设立报

---

① 柳亚子：《柳亚子自述》，第 11 页。

馆，颜曰《洞庭波》，征集党人诗文。余于课余拟绝句八章以附刊。

其诗云：

莽莽乾坤何处家，两年栖息走天涯。文明未播中原种，美雨欧风只自嗟。

三条烛尽钟初动，九转丹成鼎未开。世界汹汹人扰扰，不知谁是济时才。

霾云瘴雾苦经年，侠气豪情鼓大千。欲展平均新世界，安排先自把躯捐。

精卫难填东海恨，女娲犹补奈何天。年来怕听伤时事，热到胸头受煮煎。

中原逐鹿亡消息，巨海龙蛇苦大千。撮得罗兰真种子，灵苗催放九华巅。

胡酋何日始魂消，百计窥人等禳枭。煮豆燃萁情更惨，媚狐威假虎狼骄。

仇雠未复子孙忧，况复新仇益旧仇。四万万人沉梦觉，早将遗恨雪千秋。

熟煮黄粱梦未醒，九重恩重许朝廷。愿身化作丰城剑，斩尽奴根死也瞑。①

宁调元收读此诗后，击节赞赏，但由于《洞庭波》第一期的稿件已满，只好留待下期刊登。②

正当宁调元以高度的革命热情忙于编辑《洞庭波》之际，传来了禹之谟被捕的消息。原来，1906 年 7 月 18 日，宁调元、石广权、陈家鼎等革命党人相继离湘后，禹之谟“孑身留省，与会党

---

① 政协衡阳市委文史资料研究委员会等编：《衡阳文史》第 12 辑，1992 年，第 227—228 页。

② 对于唐群英此诗一般都以其《序》中有为《洞庭波》投稿之语，而认为其发表于《洞庭波》第 1 期，但事实并非如此。《洞庭波》第 1 期上未见此诗，《洞庭波》只出了一期便更名为《汉帜》。经查，此诗后以干旋女史的笔名发表于 1907 年 1 月出版的《汉帜》第 2 号上。

首领龚春台、姜守旦、李经奇、王胜等密谋发难事宜”[①]。而1906年6月，由于湘乡驻省中学经费日见窘困，禹之谟曾返回湘乡发动学生百余人前往县署求见知县陶福曾，要求维持原定提取县城畅远盐行经收的食盐附加税一部分作为学校经费，抗争浮收盐捐。陶福曾却以“率众哄堂塞署”之罪，将禹之谟上告巡抚。于是，湖南巡抚庞鸿书即于8月10日下令逮捕禹之谟于长沙利黔织布厂，投入善化县监狱。

宁调元得知禹之谟被捕的消息后，感到非常激愤，一面与陈荆作《湖南黑暗记》，为禹之谟鸣冤[②]，一面向秋瑾要炸弹，准备回湘组织武力营救禹之谟。关于秋瑾在上海秘密制造炸弹一事，刘谦在《宁调元先生事略》一文中曾有记载：

> 秋瑾、陈伯平于美租界厚德里秘制炸弹，与君（宁调元——引者）别营之密室，仅隔一墙。一日药爆发，伤伯平及一女仆。君方倩同志谢逸如缮密稿于室中，闻声，摇手止逸如勿动。急缘晒楼过，移其制弹原料以归。逸如愕然，谓此危险物，宜速他度，不者祸将及。君曰：“不可。顷闻爆声甚大，捕探必四布，若运而之他，途遇若曹，势难免脱，而秋、陈二人必同受其害矣。”乃故示暇整，琅琅诵唐人诗。俄而巡捕至，在隔邻检查毕，无所获，徐以试验化学对。君俟巡捕去，即为伯平裹创送入医院，从容携弹壳药料至潘昉、丁洪海处，托转送中国公学藏之。同志咸服其机警。[③]

通过刘谦的以上记载，我们只是知道秋瑾在上海秘密制造炸弹并发生过因操作失误而发生爆炸之事，同时了解宁调元具有处变不惊的特质。但刘谦毕竟不是当事人，对其中的缘由不甚了解。而当时与秋瑾在一起制弹的张寄涯的记载就为我们提供了更多的重要信息：

---

① 陆曼炎：《革命春秋》，大华书局，1944年，第107页。

② 宁纯宦：《禹之谟革命事迹补述》，《湖南文史资料选辑》第10辑，第115页。

③ 刘谦：《宁调元先生事略》，《宁调元集》，1988年，第649—650页。

> 一日，调元方有事于湘，来商爆弹，顾无储存，乃亟为赶制。女侠豪于饮，伯平与予亦有同嗜，带醉治事，稍不经心，轰然一声，弹药爆发，女侠俯拾余事，幸免于难。而伯平已创剧而晕，桌上硝酸、火酒等物，又着火熊熊而燃。四邻突闻巨声，惊集骇视。……[①]

此次爆炸时间，据吕筠清说，当为1906年农历七月中旬。[②]1906年农历七月中旬即公历9月上旬。由此可见，宁调元此时回湘并向秋瑾要炸弹，显然是为营救禹之谟而准备的。

由于秋瑾制造炸弹发生意外，宁调元也就不能带炸弹回湘了，但他仍以化名奔走于沪、宁、九江、汉口等地联络革命同志，策划营救禹之谟，但不久又得知湘省当局逮捕禹之谟之后，因其在学生和群众中颇有威望，不敢在长沙公开对其审讯，乃判定监禁十年，并于8月25日深夜派兵押送至常德。由于情况发生变化，同志们力劝宁调元暂时取消回湘营救计划，加之《洞庭波》也亟待编辑出版，宁调元只好怏怏返沪，途中写下《感事》一诗，其中有云“我今不乐岁云秋，独让钟仪作楚囚”[③]，表示被迫放弃了营救禹之谟的计划。

回到上海不久，湘学社里来了两位不速之客。宁调元与正在社里的李发群前去接待。见面后，仔细一看，宁调元认出其中一人是明德学堂的同学魏宗铨。

魏宗铨，字月辉，1884年出生于江西萍乡上栗市桦溪，其父因继承先人遗产而富甲一方。宗铨五岁失怙，随母依世父德昭。及长，聪敏异常，性喜研究新学。年十九，学业小成，世父令其应试，不从，请赴湘求学，世父又不允，遂日与蔡绍南、邓坤、李金奇等游。1904年秋，在其母亲支持下，宗铨入长沙明德学堂，

---

① 寄涯：《秋瑾遇难前小记》，《申报》1926年6月10日。

② 郭长海、李亚彬编著：《秋瑾事迹研究》，东北师范大学出版社，1987年，第153—154页。

③ 宁调元：《丙午除夕笔记》，《宁调元集》，2008年，第364—365页。

结识黄兴、宁调元、禹之谟等，由是醉心革命。黄兴等人策划华兴会长沙起义时，魏宗铨拟请命回萍起事，恰长沙起义失败，同志星散，其事遂寝。次年春，世父丧，家书促返里。时哥老会首领马福益在长沙遇害未久，党人愤愤欲起，宗铨以为时机可乘，故急回萍，接洽上栗市各会党，又邀其友许学生，章年计议，斥资千余金，在上栗市设"全胜纸笔店"为掩护，联络会党，继续开展革命活动。

经魏宗铨的介绍，宁调元才知道与他一同前来的叫蔡绍南。蔡绍南，1875 年生于江西萍乡鸡冠山高田，幼年天资聪慧，后入私塾，系萍乡县童生。蔡绍南与魏宗铨两人相识较早，常在一起"盱衡当世，探讨时务"①。蔡绍南后赴湘入新式学堂，嗣又毅然东渡日本留学，结识黄兴等革命党人，并于 1905 年加入同盟会，次年夏，受同盟会派遣，以度暑假之名，从日本回国赴湘策动革命。

寒暄过后，魏宗铨和蔡绍南即向宁调元和李发群说明了来意。原来，1906 年春，黄兴派遣刘道一、蔡绍南、彭邦栋、覃振、成邦杰等人回国返乡，"运动军队，重整会党"，筹划反清武装起义。刘道一等人到湖南后，恰遇长江中下游阴雨连绵，洪水泛滥，湘赣交界的萍浏醴地区更是灾情严重，米价飞涨，广大农民和矿工苦不堪言。得知此情后，刘道一、蔡绍南等人审时度势，决定乘机筹划起义。在魏宗铨的帮助下，刘道一、蔡绍南等人很快就与萍乡、浏阳、醴陵一带的洪江会首领龚春台等取得了联系。嗣后，刘道一邀集蒋翊武、龚春台、刘重、刘崧衡等起义骨干在长沙水陆洲的一艘船上秘密聚会，传达了黄兴的有关指示，决定由蒋翊武、覃振、刘承烈、成邦杰、易本羲等负责运动军队；蔡绍南、龚春台、彭邦栋等负责联络防营，部署会党，"一俟军队运动成熟，约于十二月清吏封印时举事"②。经过革命党人的努力，各地

① 萍乡、浏阳、醴陵市政协合编：《萍浏醴起义资料汇编》，湖南人民出版社，1986 年，第 245 页。

② 刘揆一：《黄兴传记》，《刘揆一集》，第 149 页。

会党发动起来了，纷纷为起义积极准备。鉴于萍浏醴一带的会党各派山堂林立，互不统属，不便于统一领导和统一行动，蔡绍南按照长沙水陆洲会议的布置，与龚春台、魏宗铨等人商议后，于是年6月约集萍浏醴一带的会党各派首领100余人在萍乡蕉园洞欧阳满家聚会，议定以在湘、鄂、赣、闽等省分布较广的洪江会为基础，将其他各派并入，设立六龙山洪江会，推举龚春台为"大哥"，以忠孝仁义堂为最高机关，下分文案、钱库、总管、训练、执法、交通、武库、巡查为内八堂，各司职务。又设第一、二、三、四、五、六、七、八路码头官，为外八堂，号召同志入会。下设红旗、跑风各职，红旗司下级组织，跑风司侦候通讯。另在麻石设活动机关，又以全胜纸笔店为招待会友及筹划经济之所。布置就绪，各路码头官分境开堂散票，入会者先由红旗介绍，告码头官许可，再由码头官监视行入会礼。于是，洪江会会徒激增，革命形势一日千里。

随着革命形势的不断发展，武装起义的问题也就提到重要的议事日程上了。7月，蔡绍南、龚春台、魏宗铨等人召集各路码头官和会党骨干在萍乡大岭下弹子坑慧历寺开会，讨论发动武装起义的问题，并经过反复研究，作出了四项决定："1. 派余为璜、邓坤在高家台密造火药军械（高家台在萍浏连界有铁店数十家，余、邓家在此）；2. 派魏宗铭急筹款五千元作购买军械火药之用；3. 胡友堂、邓廷保联络哥弟会大头目冯乃古、洪福会首领姜守旦全部加入洪江会；4. 派魏宗铨、蔡绍南往沪、港、粤各地革命机关进行联络，并往日本谒孙、黄报告组织经过，要求接济新式军械，请示举义日期。"① 这样，魏宗铨、蔡绍南二人就按照慧历寺会议的决定，将其职务交许学生、龚春台、李金奇代理后，来上海联系同盟会组织。

宁调元和李发群听完他们关于萍浏醴起义的筹备情况，非常高兴，立即安排两人在社里住了下来，并商议下一步的工作。李

---

① 邹永成：《萍浏醴起义的真相》，《萍浏醴起义资料汇编》，第61页。

发群还介绍魏宗铨加入同盟会，并给他们准备前往东京同盟会本部联络之介绍函。

就在魏宗铨和蔡绍南整装待发之际，忽接龚春台发来的急电，要求他们立即返回萍乡。原来，魏宗铨和蔡绍南走后，龚春台在萍浏醴一带的活动也在紧锣密鼓地进行，通往慧历寺的道路上，前来要求入会的人群川流不息，洪江会机关也各处散发《革命军洪示》《革命军告白》等印刷品，市井田间“杀鞑子”“铲富济贫”“天下即将大乱”之类的话语不绝于耳，从而引起了湘赣当局的注意。10月6日，萍浏醴三县清军联合进攻起义活动机关所在地麻石，会党猝不及防，四处逃散，第三路码头官李金奇也于10月8日在醴陵白兔潭被族人引清兵围捕击毙。面对突发情况，龚春台连忙急电魏宗铨和蔡绍南返回，以便商议下一步的行动方案。于是，蔡绍南便将前往东京联络请示的任务交予李发群执行，自己则与魏宗铨匆匆返回萍乡。

邹永成后来在《萍浏醴起义的真相》一文中所提供的“在场参加（起义）的同志”的记载中有对这一段历史的记述，其中提及宁调元与蔡、魏二人一同回湘赣之事：魏宗铨、蔡绍南“正拟启行，忽接龚春台急信促回，乃将联络事交发群办理，而与调元南返，分向各处接洽，约齐十二月底举事。于是调元往醴陵，绍南往浏阳普迹市，宗铨往萍乡、安源”①。

后来，邹鲁在《魏宗铨传》中采信此说：“宗铨、绍南将应洽事件委发根办理，与调元结伴返湘，议定分向各处接洽，约齐腊底同时举事。调元往醴陵、平江，绍南往浏阳、普迹，宗铨往萍乡、安源。”②

对于以上说法，饶怀民教授经考证后认为：“蔡绍南与魏宗铨在上海与宁调元、李发群会面，魏由李等介绍入同盟会都是事实；

① 萍乡、浏阳、醴陵市政协合编：《萍浏醴起义资料汇编》，第61页。

② 邹鲁：《魏宗铨传》，《萍浏醴起义资料汇编》，第248页。

但蔡、魏与（宁）调元结伴返湘一事，实属误记。”[①]

毫无疑问，饶怀民教授上述结论是完全符合史实的。在此，笔者再补充两条理由加以说明：第一，时间上来不及。经查，宁调元从上海第二次赴日的时间是 1906 年 10 月 29 日。而李金奇牺牲的时间是 10 月 8 日，从当时的交通和通讯情况看，龚春台获得李金奇牺牲之信息，到城里发电报，上海收到电报再递送到蔡绍南手中一般需要 10 天到半个月，宁调元从上海到醴陵，再从醴陵返回上海最快也要半个月。这样，宁调元就来不及 10 月 29 日登上赴日本的船（还不算提前订船票等事宜）。第二，宁调元的行程早有安排。宁调元曾在《丙午除夕笔记》记载：“九月应某君召，再渡重洋。”[②] 这就说明宁调元第二次赴日是应在日本的“某君”之召。从宁调元赴日后在同盟会总部协助章太炎办《民报》一事分析，召宁调元赴日应是同盟会总部的安排，宁调元所说的“某君”应当是当时在正在东京主持同盟会总部工作的黄兴。既然是应召前往，“某君”之召早就应已发出。因此为应“某君”之召，宁调元也就不会贸然在此前赴湘。

此时，宁调元既有萍浏醴起义的急事，也有高旭结婚的喜事。宁调元在上海结识高旭、柳亚子后，气味相投，相见恨晚，来往十分密切，彼此时常以诗唱和。10 月 2 日（农历八月十五日中秋节）为高旭与何昭（字亚希）女士在上海举行新式结婚仪式。因此，这一天，宁调元欣然参加他们的婚礼，并赋诗七绝四首《祝天梅结婚》，以示祝贺：

> 三山采药童男女，玉宇琼楼汗漫游。最好青鸾递消息，鹊桥佳会恰中秋。
>
> 维多利亚加弗尔，儿女英雄两有名。昨日环球新号外，于今英意结同盟。

---

① 饶怀民：《萍浏醴起义的真伪问题——与〈萍浏醴会党起义檄文辨伪〉一文商榷》，《历史研究》1995 年第 6 期。

② 宁调元：《丙午除夕笔记》，《宁调元集》，2008 年，第 365 页。

胡风蔓衍大江南，血统模糊已不堪。但祝神仙新眷属，国民铸造百斯男。

不觅封侯觅自由，休疑亡国恋温柔。行看十万横磨剑，并缮中原杀国仇。[①]

在这革命化的贺婚诗中，宁调元感情真挚，衷心祝愿这一对新婚夫妇并肩驰骋疆场，为革命拼杀。高旭即赋和诗《辟支寄诗贺结婚，步原韵以答。即以祝其所编〈洞庭波〉之发达也》云：

到头不尽沧桑感，闲向芳洲拾翠游。淼淼潇湘怀帝子，江山如此奈何秋。

红烛烧残亡国泪，死灰寸寸冷无名。他年须傍要离葬，笑指青松与订盟。

我所思兮梦泽南，三闾沉去惨难堪。楚虽三户休闲视，自古亡秦产伟男。

甘掷头颅购自由，肯将铜铁化成柔。笔锋利过横磨剑，不杀人间琐细仇。[②]

宁调元读高旭的和诗后感到"于潮流澎湃之秋，作风雨唱酬之乐，亦未始非吾人一段奇缘也"。于是再和《简天梅》云：

旗亭妙句传高适，团扇奇缘画陆游。几许诗城新爆药，一声轰破汉宫秋。

三山犹幸还完璧，五柳真堪负盛名。甲子不随亡国尽，义熙而后续前盟。

兰成哀怨诉江南，日暮途穷世莫堪。弹指亡胡新日月，方知南八是奇男。

人寰小住甚因由，百炼钢成绕指柔。赢得宗邦正多事，前途应有愿同仇。[③]

高旭又和《再简辟支，仍用原韵》云：

---

① 宁调元：《祝天梅结婚》，《宁调元集》，2008 年，第 119 页。

② 郭长海等编：《高旭集》，社会科学文献出版社，2003 年，第 388 页。

③ 宁调元：《简天梅》，《宁调元集》，2008 年，第 119—120 页。

排将阊阖陈孤愤，驾得灵虬逞远游。无数毒龙应避我，青萍夜啸黑山秋。

头颅大好当谁斫，烈士原来要殉名。酒后论交看宝剑，时危须结岁寒盟。

双飞孔雀记东南，到眼胡尘莽不堪。红粉倘能成荡虏，定教天下悔生男！

鸾飘凤泊诉来由，民族巴枯骨太柔。黄史无灵朱鸟哭，梦中嚼血讼深仇！[①]

宁调元也又和《再叠前韵》云：

封侯已醒黄粱梦，孤剑曾从万里游。笑把微虫比身世，不平一任独鸣秋。

天下英雄人不识，灌婴韩信尽成名。东方若选文坛将，应许先登作主盟。

愁绝诗人郑所南，风尘澒洞不能堪。神州四五千年古，不信驱胡没个男。

恩怨横时天不由，敢将铁血济仁柔。侠魂返向春申浦，白刃寻仇剑复仇。[②]

宁、高二人间之贺赠答和诗相互勉励，相互关心，既充满革命感情，又洋溢真挚情意，反映了革命同志相互鼓励、亲密无间的深厚的战斗友谊。

1906 年 10 月 18 日（丙午九月初一），宁调元等人创办的《洞庭波》杂志第 1 期在日本问世。像《民报》一样，《洞庭波》不用中国封建社会传统的年号纪年，而是采用黄帝纪年，将光绪三十二年（1906）改为中国开国纪元四千六百零四年，以示不奉清廷正朔。首页有章太炎题字曰“朔风变楚”。该题字出自史岑《出师颂》“苍生更始，朔风变楚”一语，寓意推翻清朝，恢复中华。由于《洞庭波》杂志“专鼓吹种族革命，议论精辟，文词清健”，因

① 郭长海等编：《高旭集》，第 389 页。

② 宁调元：《再叠前韵》，《宁调元集》，2008 年，第 120 页。

此它一出版即大受欢迎，“海内外的同志，争先购阅”[①]，以致《洞庭波》杂志社不得不连忙加印，并于1906年12月在《民报》第10期发布广告曰：

本杂志出现以来，受同胞之最大欢迎，惟力量绵薄，自后谨当逐渐改良，力臻完全，以餍阅者诸君之望。第二期已易名《中央丛报》，不日可以出版。第一期业经营罄，现因索购者纷纷，特再付手民（即排字工），亦于本月间可以发行。特此告白。《洞庭波》杂志社启。

在这期《洞庭波》杂志上，宁调元以“辟支”“仙霞”“屈魂”等笔名，发表论著1篇，即《仇满横议》，时评7篇，即《湘潭招待所》《无聊与无耻》《电灯欤？炸弹欤?》《蠢哉，直督》《哀粤督》《北京之高等巡警学堂》《噫吁唏！危乎!！悲哉!!！学界》；在《劫灰一夕话》栏目中发表5篇文章，即《汝何不知羞耻》《毕竟衣冠文物好看》《夷之知止》《死要死得分明耳》《老兵谈话》；在《鸡肋录》栏目中发表6篇文章，即《教育家之本领（二则）》《军国民之资格》《江宁之将军》《醴陵之知县》《相鼠有齿》《沐猴而冠》；并在文苑中发表3组组诗共8首，即《哭陈君天华七律二首》《感怀四首》《过金陵二首》，共计诗文多达27篇（首），占整刊篇幅的三分之二以上，表现出宁调元饱满的革命精力与旺盛的革命热情。对此，傅尃在本刊中特以《题辟支小照三首》，高度赞扬了宁调元呼唤人们反清革命的战斗文章和不惧牺牲、勇往直前的革命精神：

海内文章新壁垒，樽前感慨旧山河。现身说尽如来法，卢孟当年未足多。

楚风一竞足亡秦，如此中原坐付人。满地胡尘遍荆棘，安排何处著君身。

但争我相即凡夫，大好头颅孰砍之。准备十方供养日，

① 景梅九：《罪案》，国风日报社，1924年，第67页。

平原绣尽买无丝。[1]

第二节　横议排满

《洞庭波》杂志第1期的重头文章无疑是宁调元的长文《仇满横议》。在这篇一万五千余字的文章中，宁调元历数清政府统治的暴政，阐述排满革命的理由，提出排满革命的主张，并驳斥改良派反对排满革命的谬论，号召全国人民拿起武器，推翻清政府的统治，是为当时激进反满革命议论的代表之作，对于启发民众反清革命觉悟，推动反清革命的开展具有重要的现实意义。

1. 揭露清政府统治者的丑恶历史。宁调元指出："满胡之起，非强大也。区区建州，不及我昆仑山下之一池也。游牧之众，不足饱吾民之一餐也。以言种族，则西伯利亚之通古斯族也。东胡也，鲜卑也，靺鞨也，契丹也，女真也，皆犬羊交媾之遗孽，历代犯顺之仇雠也。夫岂足以语于伏羲、神农，黄帝之胄哉？以言世德，则同姓通奸，妻孥共欢，父子而聚麀不丑，叔嫂而并头互咏。多尔衮，胡族中之代表也。娶太后福临之母以为妻，逼死豪格即肃亲王，纳其妃以为妾。福临，玄烨，胡族中之圣君也。一以小怨废太后，一信谗言废太子。皇太极夺立也，胤禛亦夺立也。胤禛事知之者多，兹不述。允礽、允禔并帷薄不修，以淫乱著。同根相煎于室中……王孙被啄于飞燕。女主兴而傀儡登场，阉权振而大叔柄国。狗彘之所不食，人类之所共羞。又何尝梦见我文、武、周公、孔、孟之遗教哉？若之何文野悬殊，众寡势异，一朝啸集，乘隙而入，窃我神器，握我主权，占据我土地，侵夺我财产，奴隶我子女，宰割我人民，变易我服制，败坏我纲常，监督我语言，束缚我思想，吸收我膏血，掩蔽我耳目，薙我之发，坏

---

① 剑君：《题辟支小照三首》，《洞庭波》第1期，第81页。

我之俗，食我之肉，寝我之皮。如万弩齐发，困我于马陵道上，竟束手待毙，而莫能起。回忆艺祖卧榻之侧，岂容他人鼾睡之言，其父析薪，其子不克负荷，盖不能免其讥矣。然而，逆取者必出以顺守，马上得之，自不可以马上治之。而满胡则不尔尔也。”①

2. 历数清政府统治者的昭著罪状。宁调元认为，清朝统治者“入关以来，不务德而勤远略，恃金戈而销民气，其手段之毒、政策之险，即人有千手，手有千指，不能指其一端；面有千口，口有千舌，不能名其一处”，故历数“其罪状昭著者”：一是文字之狱，二是聚敛之重，三是权利之失，四是吏治之劣。

关于文字之狱，宁调元指出：“有如福临尸位，至于乾、嘉，史祸代兴，诗狱接踵。以刊《列朝诸臣传》，身死东市，弟子僇夷，弟妻发边。判官连坐，两学斩决，绞一太守，杀一推官，贬一将军，诛一幕府，以及作序者、校对者、刊刻者、卖书买书者，均一网打尽。此非庄廷鑨之一案耶？以著《南山集》，身至寸磔，族皆弃市，尚书、侍郎等，死者三四十人，亲戚故友，无辜牵连三百余人。此非戴名世之一案乎？一汪景祺也，著《西征随笔》之诗，菲薄虏官，撰历代年号之论，指斥正字，身首顿异，乡会试并停。一查嗣庭也，主试江西，寓讥讽于闱题，刺时政于日记，禁锢而死，已属冤横，杀子僇尸，宁论天道！此则顺治间至雍正五年之最著案件是。又二年，有陆生楠之案。又年余，又有徐骏之案。然陆、徐皆祸止及身，若吕案，则较庄、戴之风潮为更恶也。至弘历嗣位，首以曾静等正法。杀江西刘震宇，以所著《治平新策》，倡更改衣服故。僇陕西学政胡中藻，以刻《坚磨生诗钞》，多犯忌讳故。蔡显刊刻禁书，表扬钱、戴也，则置之死地。……钱谦益有《初学集》行市，诋毁满清也，便销毁其版权。自《一柱楼》诗出现，有徐述夔之被杀，沈归愚之撤祀，下至周华、谢济世，皆属意欲之事，成莫须有之狱。告讦者众，为祸愈烈。迩来章、邹入狱，封报馆，禁新著，风声鹤唳，草木皆兵，

① 宁调元：《仇满横议》，《宁调元集》，2008 年，第 414—415 页。

煽其潮流，尚未有已。”

关于聚敛之重，宁调元指出：“在满胡，对于我固绝无收税之资格；在我，对于满胡更不负纳税之义务。则茫然罔觉也，岂不咨哉？况夫正供之外，创围捐，设膏捐、屠捐，抽灯捐、房捐矣。盐有税，蚕桑有税，烟酒又有税矣。予取予求，不汝疵瑕，果尔欲壑之难饱也。复分立名目，悉索备至，抽收厘金，以病民也。设昭信股票，以欺民也。摊亿兆赔款，以嫁祸于民也。鬻官卖爵数十年，以贻害于民也。两派刚毅，为搜括财政之举；一遣铁良，画集财中央之策。昔日所称为素封之境，今则十室九空，处处皆贫国矣。较之俄国每名纳税十四元，日本每名纳税五元，其名轻，其实重也。况一能为民生利，一徒为民分利，天壤之悬殊，尤不可同日语哉。噫！我之财有限，彼之欲无厌。以有限之财，应无厌之欲，日居月诸，靡所底止。东办一学，仍集资于民间。西练一兵，复敛款于各省。五毒出洋之费也，各省彩票之设也，东三省京饷之接济也，数十万焉！数百万焉！数万万焉！饵我以甘言，假我以虚名，制我以威力，无不直接间接垂手而达其目的。”宁调元进一步指出：对于巧取豪夺而来的民脂民膏，清朝统治者则挥霍无度，“彼淫妇那拉氏母子，始作俑者，殆天之所以祸汉也。寡人好货，不殊其名。天子无愁，足副其实。今日以二百万卖命钱赔补于颐和园，明日以数百万恩仇血涂抹于武英殿。梨园一曲以数十万，内廷一宴以数百万。……或看烟火于南海，或纵淫乐于圆明园。吉地工程，即制四雕龙柱，亦费五十余万。便辟使令，买笑市恩，辄糜数十万。写真（画像——引者）以赛会也，绘资一万二千，供给绘者约十余万（绘容者为美克姐，供给一年有余，月耗资一万有余），往返运费又十余万。……万寿之举行也，赔款可以拨移，廉俸可以扣除。……报效可以责问，以锱铢取也而泥沙用”。宁调元愤怒地质问：“何物不出于我汉人？何利不归于满人？又何款曾摊于满人乎？”

关于权利之失，宁调元指出：“若乃分裂山河，放弃主权，量中华之物力，结友邦之欢心。对于内，则持极端的监禁主义；对于外，则持唯一的布施政策。姑无论其琉球、缅甸、安南、朝鲜之藩服尽失也，黑龙江、乌苏里江、伊犁之版图频弃也，而谅山之战争、白河之结果、香港之丧失、台湾之让与、天津之条约，旅顺亡而胶州继之，威海卫去而广州随之。非与英人订长江之不让与他国之约，则徇法人、日人利益均沾之请。沿海无军港，内地尽商轮，航权断送，不可复得。矿政无望，何日可收？试一翻中国铁道图，观各国所占有之线，人非木石，必更有舌挢而不能下者。……总之，一豚酣卧，众虎环伺，或由势力圈所规定而扩张其利益圈，或由利益圈所规定而扩张其势力圈。……至最近数寒暑，全国男子奔走呼号，吁天恳地，百争而不一得者，而彼则以我国土为傥来之物也，不动声色，不假思索，于九重深远，人谋鬼谋，又一纸书以奉于大英、大法、大俄、大德、大日、大美之前。……吾族丘墓之地、汤沐之邑、衣饭之所，歌于斯、哭于斯、聚族而居于斯者，祖宗皲皮沥血，百战所经营，子孙千万斯年，种子所蕃布，至今日，鹊让鸠居，鸟啼花落，山重水复，物是人非，丧家之犬，伥伥何之？王孙斯须，姓名难问。此情此景，已觉难堪，倘再优容，任其败坏，一奴之不足，又再奴之，事满胡不足，又事外人，国既亡矣，家既覆矣，入非洲开矿欤？至美国作工欤？投黑龙江之水欤？供檀香山之火欤？为犹太之漂泊欤？图波兰之恢复欤？今不自立，后虽悔之，其又何及！使满胡而可托以国也，则塞尔维亚可以不分立，希腊可以不革命，杜兰斯哇不至有三年之血战，菲律宾不至为地理之名词。如满胡而爱惜吾国也，何至实行‘宁可赠与朋友，不可赠与家奴’之秘策，画割福建换东三省之密谋？一误再误，至于此极哉！”

关于吏治之劣，宁调元指出：“黑暗仕途，无殊阴府，腐败官场，非复人间。一切怪现象，古今往来，凡所应有，无所不有。积缯帛夫官库之门，纳苞苴夫夤缘之径。戾气薰于天上，冤霜坠于九渊。循请托为习惯，认势利为天经。整顿吏治，徒托子虚先生；扫除积弊，付诸乌有公子。捐输载道，积痞盈庭。吸鸦片者十之三，中疲癃残疾者又十之三。其余则崇善也，之无难识，而高踞要津；李莲英也，佞幸之徒，而阴司进退；张之洞之昏谬，丁振铎之颟顸，同当要冲；升允之恶劣，恩寿之贪污，同任封疆。学部设，而阻碍偏多；商部设，而剥削备至。盖兴学、卫商有其名，而满酋多营一巢穴其实也。推之警部也，除捕拿革命无他事；刑部也，以罗织罪状为天职。尚书联俄，侍郎亲日，昨也日蹙国百里，今也日赔款万千，行尸走肉，将就为能，则外部可不设也。红顶花翎，牛头马面，政以贿成，官作铜臭，举之则使升天，按之则使入地，则吏部可以不设也。道府州县，卑劣贪横，天怒人怨，谁尸其咎？督、抚、藩、臬，是也。督、抚，藩、臬，卑劣贪横，天怒人怨，谁尸其咎？伪政府是也。彼此敷衍，朝不谋夕。信用尽失，谁其赖之？譬之有人脑质腐败，凡百运用，无一善良。试证之每年参案之多，上控之众，实古今万国所罕见者。现又纷纷倡改官制，尤徒乱乃公意，益之害耳。”①

3. 揭示中国沦为奴国的历史事实。宁调元感叹，清军入关后，汉家河山，已成清朝天下，汉人父老皆成满奴。他引用明末抗清名将朱舜水《避地日本感赋》中“廿年家国今何在，又报东胡设伪官。起看汉家天子气，横刀大海夜漫漫”的诗句，抒发亡国之恨，并从四个方面揭示中国已沦为奴国的历史事实。

其一曰政界。宁调元指出：“中国之政界，不名誉之政界也。被发左衽，屈膝事仇，在汉人视之，则为贼；在满人视之，则为奴。非志趣卑劣者不入政界，非天良澌灭者亦不入政界。”接着，他对各级满汉官吏进行了统计和比较，揭露汉官面临的种种不平等：“各部堂官也，以满人总其成，而汉人仰其息。各缺大学士也，以满人为领袖，而汉人则傀儡。小之如京以内巡警六厅也，而满人则独据之。大之如京外总督八缺也，而满人半有之。张家口、杀虎关、淮安关、津海关、崇文门各税口监督也，无汉人之迹。布政使、盐法道、粮道、巡道各优胜地位也，几汉人之半。一关道也，就长江流域计之：江海关则瑞瀓也，九江关则玉贵也，

① 宁调元：《仇满横议》，《宁调元集》，2008 年，第 415—420 页。

镇江关则荣恒也，芜湖关则毓秀才离任也，江汉关则宝巽才辞世也。故肥缺也，则满人据之。一知府也，就浙江、安徽、陕西、甘肃四省计之：浙江领府十一，而有满人六（杭州、绍兴、金华、衢州、严州、温州六府是）。安徽领府八，而有满人五（宁国、池州、庐州、凤阳、颍州是）。陕西领府七，而有满人四（西安、同州、汉中、延安是）。甘肃领府八，而有满人六（兰州、平凉、巩昌、庆阳、西宁、凉州是）。他处可类推矣。故优缺也，而满人据之。东三省、伊犁等处，满人之多，又无论矣。即员外、中书、郎中等缺，亦四五倍于汉人。俄然则外放，俄然则内升，俄然则府道，俄然则督抚。汉家奴非特梦不见此，亦辄不敢有是希望也。年年候补，处处听差，头颅如箭，腰支可弓，手版辄数十易，跪膝辄数日换。卑职挂于口角，金钱为其司命。遇保举而钻营备至，对上司而帝天不如。幸而钻营一缺，或贪赃告发，或应酬不善，匪革则调，不老即死也。不幸则有少离桑梓，年近昏烛，白发萧萧，气息奄奄，室人交谪，日暮途穷，尚伈伈伣伣，逐臭味于化日之中，不能沾余沥于满人之手。罄家以出门，复裘敝虱生而入门。可哀何极！若夫骊龙颔下，曾悻悻以获珠；青蝇年来，尚营营而止棘。如直、鄂、江、粤四督，其著者也。非报效之巨以饵之（如袁世凯甲辰年报效十万是），则贿赂之进以营之（如张之洞离江督任入京时，进三十万银于李总管，始复本任）。非藉捐输之款以买，则假同胞之血以购（如周馥、岑春煊是）。否则，功伐虽高，仍有朕许与不许之间。如年羹尧以章奏小失，因之授首。……贡纳虽多，而内廷未厌其欲。如张弼士（张弼士报效二十万，得保京卿。以内廷未厌其欲，故商部之设，终不得钻营一参丞，此事见之甲辰某报），仍置之闲散之列，此皆虏廷对于走狗之前车也。吾同胞如飞蛾之扑焰，抵死不悟，甘蹈其覆辙，诚不解其是何居心。况平居无汉满平等之乐，有事不能援议亲议贵之条。谓他人父，谓他人母，摇尾乞怜，长此终古，生无以雪祖宗之耻，死无以逃斧钺之诛，尚何政界之足云？奴界而已！”

其二曰学界。宁调元指出：“庄子曰：‘昔田成子一旦杀齐君而盗其国，所盗者岂独其国耶，并与其圣知之法而亦盗之。’满洲亦然。据鼎以来，挥其运斤成风、去垩而鼻不伤之手腕。其一策则牢笼我学界也。建翰林馆为插流之所，设大小考为救饥之策，困我以博学鸿词科，囚我以国史馆，饵我以经济特科，诱我以东西洋留学生殿试。于是鲜操守者神经错乱，利令智昏，甘弃儒服，而衣毡裘，至有朝受命而夕饮冰，前唱攘夷而后唱尊夷者矣。若黄梨洲、顾亭林辈，则渺不可追矣。其一策则利用我学界也。假孔子以役使我，饰道德以迎合我。一二士大夫与虏相接，久之又久，几忘读圣贤书所学何事。以为夷狄可君也，则君之；盗贼可君也，则君之；妇女可君也，则君之。始则有魏、汤等为之倡理学，定名分，继而有罗、曾等率学生为之剿同胞，终则有康孽等鼓邪说为之定国是，若羊肉不慕蚁，蚁慕腥膻。如江浙间之庆祝立宪党，罔知人间有羞耻事，又微足论矣。其一策则虐待我学界也。文字之狱，前后凡数十起，既略述如前矣。江苏之役（顺治间），株连诸生近百余人。取缔之颁，约束留学生一万余人。法政警察，不能民立；兵式体操，不可私习。集会无自由之权，结社为禁令所碍。自上海之爱国学社被封也，而湖南之维一学校继之。泰州之学会被封也，而金坛、而扬州继之，而金山、而长沙、而广陵又继之。阻学之案件，毁学之风潮，殆无处不由仕途激而成之，而愚民承其意旨而鼓和之也。至若八股时代之不以人类待士子，现在之常以蛇蝎视学生也，则又更仆难数。虽然，人必自侮，然后人侮之。荀子谓：‘君子之学也，以美其身。小人之学也，以为禽犊。’今之学者，实是禽犊，尚何学界之足云？亦奴界而已！”

其三曰军界。宁调元指出：“中国之薄视军人，固不自今日始，然不过至今日为尤酷耳。闻之日本之送军人，曰：‘祈战死！’曰：‘海陆军万岁！’斯巴达之送军人，曰：‘祝汝负楯而归，不则以楯负汝归。’又何其尊严而荣誉耶？其趣一也，其价值不同，匪自为之差异。吾知以中西兵士交换，易地而观，当必成一反比例也。盖外人自负颇重，但知卫同胞，而不知助异族。中国人甘处卑下，但知为满胡尽义务，而不知与满胡争权利。故数百年来养成一种奇奇怪怪如不同种姓不同国土之特别民族，以遗臭于千古万古。三藩之平也，以汉人杀汉人。台湾之平，洪杨之役也，以汉人杀汉人。朱一贵之扑灭，广西之战争，现今鄂、赣、江、浙等处会党之剿平也，又以汉人杀汉人。且也谅山之战，鸦片之役，甲午、庚子之败，则又非特为满胡杀外人，更有助外人以杀汉人者焉。……满胡有如许替命鬼，未尝自卫死若干人，亦不闻卫我死若干人。祸则令我独当，利则任其独享。吾不知世界更有如此尽义务者否也。况夫满胡初制，原不许汉人投充军籍。旗人给饷，又复较绿营多沾利益。无事则待之如盗贼，以綮首系颈；有事则视之如鸡犬，以警夜司晨。全国一十八省中，旗人偏可择要隘以驻防。满、蒙、汉军，计二十四旗，汉人必不可有一人任都统。……以人口计，满胡仅有汉人百分之一；以要缺论，则汉人但占满胡百分之一。盖彼之膨涨，即我之消灭；彼之占领，即我之丧失。三尺童子尚知之，吾亦不知世界更有如此坐失利权者否也。嗟乎！义务云何？杀同胞焉耳，媚异种焉耳。权利云何？不平等焉耳，备差遣焉耳。更何军界之足云？亦奴界而已！”

其四曰工商界。宁调元指出：“中国者，以卖国为商，制奴为工，世所公认，毋须讳也。自十九世纪始，交通渐广，生齿日繁，间有披荆棘涉足异邦，谋个人生计，与他族竞利者，伪政府不惟坐视，且陷害之焉。古巴之猪仔，开垦欤？为奴欤？不顾也。……非洲之华工，二万欤？一万欤？不顾也。檀香山焚我商人二百余万，伪政府若漠不相关。黑龙江溺我商民六千余人，伪政府惟置之不理。美洲华工禁约之起源，由满胡所共订也。闻商界以不卖美货抵制之，惟恐其禁约之尽解也，则拿人以肆其威吓。南洋各埠派一领事，不护商而反病商，悉索重也。内地志士发明一新艺，应专利而不许专利，报效少也。开一矿产，筑一铁道，商办也，必官督之。创一轮船，设一电报，余利也，必尽提之。人为刀俎，我为鱼肉。同胞宜如何痛心疾首，引为奇耻，以力图振拔而去此眼前钉乎？夫美洲之反抗政府者，工党也。俄国之同盟罢业者，工党也。波兰之起光复军，亦工党也。英国之商人，以十万金之公司亡一印度。犹太之商人，以异地之飘零，尚自相救护。我国则郑商人弦高、宋石工常安民、明末补锅匠，其铮铮者。至近年，戴生昌轮船局之降东，旧金山华人之电谢西后，各埠商会之三呼万岁，已声誉扫地，而丑态不堪入目。岂惟望西人而却步，即念前人亦应羞死也。……尚何工商界之足云？亦奴界而已！”

最后，宁调元强调指出：“国者，积政界、学界、军界、工商界及其他而成者也。政界、学界、军界、工商界奴矣，国焉不奴？国奴矣，谁其不奴？”[①]

4. 阐述排满革命的三大理由。在揭露清朝统治者的丑恶历史，历数清政府统治的暴政，揭示汉人已成满奴的基础上，宁调元大声疾呼仇满排满，并列举仇满排满的三大理由：

第一，非排满决不足以立宪。宁调元指出：“‘力不足则伪，知不足则欺’，满胡正深中此病。今此病未除，腥膻之气未尽。忽一旦曰：彼能立宪也。其谁信？二百年不以人类待我，忽一旦曰：与我以立宪也。更其谁信？吾闻端方见西后之言曰：‘立宪决无损于君权。’又曰：‘立宪决为满人之利。’其反对派之持议曰：‘立宪只利于汉人，而不利于满人。’盖“钱财不积，则贪者忧；权势不尤，则夸者悲。”彼二说虽意见稍歧，只就其观察点言之耳。若其精神上之贯注，则图利于满人，图不利于汉人，无他肠也。况盗寝主人之室，匪一朝夕；盗憎主人之事，不一而足。种恶因，决无以收善果；聚一莸，必不能化一薰。彼七月十三之一纸勾魂书，岂真预备立宪乎？觇视汉人观念之具耳，打消汉人排满之心耳。稍有识者，当能辨之。即真立宪矣，匈之与奥冲突数十次，犹欲再图革命。瑞典、挪威联合数十年，尚不免其分立。况水火不相容之满汉哉！倘同胞犹再执迷，则臣窃有赴东海而死，宁能处小朝廷求活耶？亡国如印度，尚求自主，不戴英皇。瓜分如波兰，尚企恢复，不求立宪。盖结合两种族以上成一国，以成一立

① 宁调元：《仇满横议》，《宁调元集》，2008 年，第 420—425 页。

宪国，以成一完全立宪国，实古无所闻，而今未之见。故有韪吾言者，则非排满决不足以立宪也。”

第二，非排满决不足以救亡。宁调元指出：“中国者，中国人之中国，非异族所得有之中国，亦非异族所能代理之中国也。授刀柄于盗贼，宁能不反而击我？寄财产于仆役，未有不转以假人。孟子曰：‘王之臣，有托其妻子于其友而之楚游者，比其反也，则冻馁其妻子。’今我中国关系之重，非妻子之可拟也。而满胡对于我中国，亦非冻馁之可以已也。‘时日曷丧，予及汝偕亡！’盖彼多一年之运命，即我多一年之损害。十年而权利丧尽，二十年而社稷丘墟矣。如蓂荚然，日落一叶，不见其损。至十五日，去其半；三十日而追数之，已无有矣。思之思之，可为泪垂。倘人自为计，早起革命军：‘虎贲三千，直抵幽燕之地；龙飞九五，重开大宋之天。’或犹可从满胡手中夺还一寸平方土以为立锥之地，毋令外人笑我五千年古国无人也。善矣！夫日本某政党之答张之洞之言曰：‘若革命，但止于亡满政府而已。不革命，则恐中国与之俱亡耳。’况列强峙立，外交界之风云，光怪陆离，彼以一蠢如牛马之奕劻当其冲，焉往而不失败哉？夫东三省，彼之所谓祖先之发祥地也，尚不能自保，他复何爱！同胞诸君有望东三省而寒心者，则又非排满决不足以救亡也！”

第三，非排满决不足以存汉。宁调元指出：“戴晋人问于子惠曰：‘有所谓蜗君者，子知之乎？’曰：‘然有国于蜗之左角者，曰触氏；有国于蜗之右角者，曰蛮氏。时相与争地而战，伏尸数万，逐北旬有五日而后返。’夫以满与汉同处于一国之中，更何异于触与蛮同处于蜗角之上乎？彼强则我弱，彼胜则我负。盖利害相冲突，其一不去，其一不休，势所必至也。况满胡侵陵主义，发达甚盛，一刚毅死，百刚毅生。非日以排汉之思想深印于脑筋，则日以灭汉之政策诏勉其子弟。据最近人口之调查，汉人仅四百兆有奇，满胡则由五百万进于八百五十万。两两相形，一增一减，可不深惧？世界上有戴异族为皇帝者，印度而外，埃及是也。其种族至今日为何如乎？昨伪谕又派端方督两江，荫昌据江北，其势力之圆满，尤有如火燎原，不可向迩之势。倘一旦北京有事，率其枭獍鼷鲵，蝉联南下，盘踞我金陵为第二之兔穴，则我之立足更无所也。韩信之破赵也，以背水之阵，置之死地而后生。邓艾之平蜀也，以毡裹其身，卒从间道而得利。吾族慎毋自馁，惧印度与埃及，则非排满决不足以存汉也。”①

5. 提出“排满”革命的策略手段。要“排满”，就要有“排满”的策略和手段。在阐述坚决“反满排满”理由的基础上，宁调元同时提出“反满排满”策略和手段，主张实行“最（急）［激］进的破坏之主义”和“最（急）［激］进的破坏之方法”，具体策略是：“剪其羽翼，是为一策。捣其巢穴，是为一策”。

对于“剪其羽翼”，宁调元指出，就是“歼满酋、除汉奸、排虏官”。所谓“歼满酋”，宁调元指出：“端方、铁良辈，皆满胡中之黠鼠……倾陷汉人，如吉网而罗钳；翼卫皇室，俨房谋而杜断。留一日则贻千日之害，去一人则消万方之毒。渠魁既歼，余子碌碌，望风先溃，可立而待。所谓‘射人先射马，擒贼先擒王’也。故首曰歼满酋。”

所谓“除汉奸”，宁调元指出：“自申伯引犬戎以逼周室，管敢教匈奴以破汉军，而丧心病狂，冠履不分，以侥幸于富贵封侯者，而晋、而唐、而五代、而宋，至于范文程、至于洪承畴、吴三桂，承其衣钵，煽其潮流，其术日工，其徒亦日众。使满清三百年之祸水之鼓荡、之泛滥，以淹没我如花似锦之山河，溶解我连绵不绝之帝统，沉溺我独立自由之男儿，至今日而尚未已，殆全出于若辈之手之炮制。……盖若辈，其面则人，其心则兽。凡可以为异族用，即可以为吾同族仇。可以为吾同族仇，即当以待异族之法待之。彼施全之击秦桧，万福华之刺王之春，是其例也。故次曰除汉奸。”

所谓“排虏官”，宁调元指出：“百足之虫，死而不僵者，以其扶之者众也。彼一官去，而一官又来，旧鬼除而新鬼竞进。大

---

① 宁调元：《仇满横议》，《宁调元集》，2008 年，第 425—427 页。

之尚书、督抚，小之八品、九品，沾沾于微利，孳孳于寸禄，无事则侦探我，有事则仇敌我。罔惜牺牲其名誉，自附于后先奔走之列，以腼然人面于一时。力不能阻也，理不能喻也，情不能动也，事不能迫也，惟黑铁焉，惟赤血焉。前驱后继，视险如夷。驱之于嘉定万家之城，期之以扬州十日之久，送之以庖丁解牛之刀，焚之以秦皇焚书之火。遇大人则杀大人，见钦差则杀钦差。一长沙府来，一长沙府死。十醴陵县来，十醴陵县死。故对付之法不毒，则臭奴不绝迹，臭奴不绝迹，则满奴不入枯鱼之肆。……故再次曰排虏官。"同时，对于"翦其羽翼"的方法，宁调元主张采取暗杀手段："三者，或行其一，或并行之"，"非暗杀手段不足以达前一策之目的也"。

对于"捣其巢穴"，宁调元指出，就是"中坚破碎，则支部不固，根本动摇，则枝叶自落"。

他主张直捣清政府的巢穴北京："北京者，满胡所窃据以号令天下者也。一旦有事，盖必争之地。是以女真得之则盛，胡元盗之则强，朱明失之则亡，洪、杨置之则败。英、法乘胜北指，奕詝窜于热河。（六）［八］国联军而入，载湉遁于西安。吾辈不欲直抵黄龙府痛饮一杯而已，否则旁敲侧击，舍覆北京，必不足以制其死命也。"同时，对于"捣其巢穴"的方法，宁调元主张采取暴动主义："匪暴动主义亦无以达其目的也。"①

6. 驳斥改良派反对排满革命的谬论。同盟会成立后，旗帜鲜明地提出了民族、民权、民生的三民主义主张，但以梁启超为代表的改良派害怕革命，反对排满，认为满汉两个民族语言文字相同，住所相同，习惯相同，宗教相同，在精神体质方面也没有极其不相似的地方，满族人事实上已通化于汉族。清朝统治者任用一些汉人做大臣，说明满汉已经平等，满洲王公贵族也已经没有多少特权，并以此否认清政府推行的民族歧视和民族压迫政策，否认实行民族革命的必要性。并认为，革命会像义和团一样，导

---

① 宁调元：《仇满横议》，《宁调元集》，2008年，第427—429页。

致帝国主义列强的干涉，使国家陷入亡国的境地。梁启超还提出，中国民众的智力低下，共和政体不适合于中国。因此，与其争取什么民主政体，还不如搞君主立宪；与其搞君主立宪，还不如搞开明专制。

对于改良派反对排满革命的谬论，宁调元给予坚决的批驳。他指出：所谓“革命导致专制”论，“实承认其能革命，因革命而仍得专制，故以为不如其已也。此貌似注意政治问题，而轻种族问题，其实则以轻种族问题而并轻政治问题也。不知主张政治革命者，系反对政府，充其分不过戴异族君主为之立宪而已。主张种族问题者，系扑灭政府，一目的达，则二者得兼。其难易之差，直五十步与百步耳。即论者不幸而言中，新政府仓猝又建专制，而满胡得驱窜于塞北，则鄙人固重种族而轻政治，虽死亦瞑目，不复怨天尤人矣。况辄无是理哉！‘百发失一，不足为善射；千里跬步不至，不足为善御。’吾国民宁有能力兴第一次种族革命军，必无有能力兴第二次政治革命军，其谁谓然？昔法兰西内讧外患纷至沓来，一般国民尚奋其勇武，以血洗血，卒推王政而建共和，非其已事哉？”

对于改良派所谓“革命将召（列强）瓜分”的谬论，宁调元指出：“必有惧瓜分而惧暴动，惧暴动而至于释满不排者，皆意中事也。夫岂知革命军之起，召瓜分与不召瓜分，皆各个好自为之。若预为之假定，则是未见颜色而言，谓之瞽者也。虽然，吾辈亦就其各方面观察点而熟思之矣，以为满胡异族也，洋人亦异族也，与其誉甲毁乙，孰若两奴而听其便乎？且满胡异族而野蛮，洋人异族而文明者也。以资格论，则又不如从文明而去野蛮。故嗜为奴者，但安排作新朝顺民，虽闻革命以心惊，而见瓜分当未尝不色喜也。若夫一二侠烈之徒，入水不濡，入火不爇，愿伴革命军前吸一口自由空气，成则为华盛顿，为拿破仑，为新中国人豪，为光复界巨子。败则宁全体绝灭于枪林弹雨之中，必不再屈服于长鞭短勒之下。宁与满胡同尽于北邙之北，必不令满胡独生于东海以东。外人虽无礼，能瓜分我土地，其奈不能瓜分我人民何！

荷兰之被困于法也，危亡在旦夕，乃决北海之水以灌其城，非特人民乘桴以遁，莫之能奴，即土地财产亦付之怒涛骇浪之中，不为异族有。然而今日之荷兰，正自不亡也。‘头颅好个谁当斫？牛马今生大可怜。’是好男儿，岂有因瓜分而沮志者哉？故良农不为水旱不耕，良贾不为折阅不市。投鼠忌器，因噎废食，则非至愚者，畴肯出此？”同时，为了坚定汉族同胞排满革命的决心和信心，宁调元还大力宣传历史上汉族反对异族的事迹，以壮排满革命声威：“秦始皇却匈奴七百余里，胡人不敢南下而牧马。汉武帝平西南诸夷，诸葛亮操纵孟获，谢安石谈笑却敌，唐太宗为天可汗，明太祖恢复中原，皆尚有男儿气，不至尽坠我大汉之雄风。吾愿我同胞学之。五胡之乱华，石勒之割地，宋朝南渡，皇帝称侄，忽必烈北来，喧宾夺主，而我历史上莫大之污点。吾愿我同胞为比死者一洒之。”[①]

7. 指出排满革命的依靠力量。宁调元不仅坚决主张排满革命，而且还看到了排满革命的力量，并对排满革命的成功充满信心：“以近世而计，尚人怀破虏之心，户有挞秦之志。一二强汉，不满于爱新觉罗者，义旗纷举，时有所闻。而郑成功抗节于海隅，卢象观揭竿于宜兴，陈子龙、沈犹龙起兵于松江，侯峒、黄淳耀倡义于嘉定，李成栋、金声桓之反正，阎应元、金声之拒敌，此虽鼎革之际，效果未收，而卒之得衍其余波，连绵不绝者，盖二百年。一演三藩之活剧，再演太平天国之血战。割辫发者之蔓延于山东、直隶、江、浙等处。八卦教之陷滑县，破东华门，以密刺胤祯。陈德庆之持小刀入神武门，以刺伤近臣。张洛行之纵横于河、洛，唐浏阳之流血于鄂渚。广东惠州之举，粤西联合之军，铁道炸弹之爆发，广州万寿宫之计划。江西则庐陵、瑞昌、新城也，江苏则扬州、新扬也，湖南则平江、宝庆也，湖北则罗田，安徽则霍山，浙江则浦江也，皆前后出现，小试其技。外此，如哥老会也，三合会也，致公堂也，安庆道友会也，黄汉会也，双

---

① 宁调元：《仇满横议》，《宁调元集》，2008 年，第 429—430 页。

刀会也，大刀会、小刀会也，则丛林伏莽，所在皆是。其手段虽各殊，而其目的对于满清政府，则协同一致。盖若辈之思想，近更进步。将来任急先锋以启革命之机者，必非他人也。”[①]

在文章的最后，宁调元号召人们奋起排满：“诸君欲破坏乎，固破坏也，不欲破坏，亦破坏也。与其以破坏之事俟之他人，如黄河一决千里，不可收拾，毋宁以破坏之责负之于我，则尚有建设，有结果也。如更有疑吾说者乎，则请观二百六十年满胡之虐政。二百六十年满胡之虐政不之信也，则请观吾祖先之彝训。祖先之彝训不之信也，则曷观吾民族现象之若何！”并大声疾呼：“手持钢刀九十九，杀尽胡人方罢手！”[②]

总之，宁调元《仇满横议》无情地揭露了清朝统治者的腐朽和卖国，尖锐地批判了改良派反对排满革命谬论，旗帜鲜明地提出了以“暴动”为“急进的破坏方法”的主张，对于排满革命运动的蓬勃兴起产生了重大影响。同样主张激进排满的同盟会元老谭人凤对于宁调元及其《仇满横议》很是欣赏。武昌起义后，他在长沙以宁调元“手持钢刀九十九，杀尽胡人方罢手”之语编为一首雄壮的军歌，以激励士气：“湖南子弟善攻取，手执钢刀九十九。电扫中原定北京，杀尽胡人方罢手！”[③]

实践证明，宁调元等革命派的“排满”宣传，起到了动员人民群众参加反清革命的巨大作用。阎锡山甚至认为：辛亥革命的成功，“一半为利用时机力量，一半为排满主义力量”[④]。当然，由于时代的局限性，宁调元的“排满”宣传中也不免有偏激之处，如将满族排除在中国之外，反映其大汉族主义的传统心态。

---

① 宁调元：《仇满横议》，《宁调元集》，2008 年，第 431 页。

② 宁调元：《仇满横议》，《宁调元集》，2008 年，第 432 页。

③ 石芳勤编：《谭人凤集》，湖南人民出版社，2008 年，第 15 页。

④ 阎锡山：《求学是去欲之良法》，《阎百川先生言论类编》卷六，第 79 页。

第三节　反对立宪

开议会、订宪法、建立君主立宪政体，是维新派在戊戌维新运动中提出的政治改革终极目标。戊戌维新运动失败后，立宪的呼声趋于沉寂。1900 年 8 月 14 日八国联军攻入北京，慈禧太后携光绪皇帝仓皇出逃。次年 9 月，清政府被迫签订丧权辱国的《辛丑条约》。在内外交困之际，为了维护自身的封建统治，慈禧太后正式宣布实行“新政”，对政治、经济、文化和军事等方面进行改革，以维护清王朝的封建统治。于是，康、梁等逃亡海外的维新派人士、国内资产阶级上层和一部分绅商以及一些清朝官员，重新开始议论开议会、立宪法的问题，要求改革清朝专制政治体制，逐步实行君主立宪，从而形成了一个新的政治派别——立宪派。

在海外，康、梁等人利用维新运动的影响，继续从事君主立宪的宣传，大造君主立宪的舆论，并筹设的保皇会，遍布海外 170 余埠，会众号称数十万。1901 年 6 月，梁启超发表《立宪法议》，提出君主立宪的要求。康有为也认为最重要的改革是行立宪法、开设议院，并以数百万华侨的名义拟定奏折，要求归政光绪皇帝，“立定宪法，以垂后世，立与民权，以保国祚”[①]，开创了民间要求立宪之先河。

在国内，1901 年 4 月，张謇发表《变法平议》，提出进行政治改革、设置议院的要求，并与郑孝胥、沈云沛、沈懋昭等人借清政府推行新政之机，积极开展君主立宪思想的宣传，指出封建专制制度是造成中国积弱不振的根源，大力鼓吹政治改革的迫切性和必要性。

---

① 上海市文物保管委员会编：《康有为与保皇会》，上海人民出版社，1982 年，第 24 页。

1904年2月，日俄战争爆发，立宪派认为，日俄之战实质上是立宪与专制之战。战争开始后，俄军一直处于劣势，而日军则明显占上风，立宪派预感这场战争将是中国施行君主立宪的一大转机，更加坚定了政治改革的决心，认为只要立宪，中国就可以转弱为强，因而积极开展广泛的活动。该派要角张謇刻《日本宪法》分送各大吏，并设法送达慈禧太后。1904年5月，他还代湖广总督张之洞、两江总督魏光焘撰写《拟请立宪奏稿》。随后，他又偕同汤寿潜联络张之洞、直隶总督袁世凯等封疆大吏商讨立宪事宜。而清政府驻法公使孙宝琦则率先上书，提出立宪的建议，并详尽阐述其必要性和迫切性。一时间，立宪的问题在清政府统治集团内部议论开来，一部分官员开始提出变革政治的呼声。地方督抚中，袁世凯、张之洞和新任两江总督周馥于7月2日电请清政府派亲贵大臣分赴东西各国考察政治，以为政治改革张本。署两广总督岑春煊、署闽浙总督魏光焘此时也提出了政体改革的建议。这样，8位总督中，有5位奏请立宪。而在中央，一些枢府重臣也纷纷主张立宪，军机大臣瞿鸿禨于1905年4月奏请立宪，并多次面奏慈禧太后，要求派员出洋考察政治。加之此时俄国由于在日俄战争中惨败导致国内爆发革命，立宪派借机劝告朝廷王公大臣以俄国革命为鉴，及早立宪，避免招致革命的危机。与此同时，声势浩大的抵制美货运动正在许多大中城市如火如荼地兴起，人民自发的反抗斗争此起彼伏，而以孙中山为首的革命派的革命活动也异常活跃，所有这些，对清政府的统治形成了潜在的威胁。于是，清政府内部要求立宪的呼声日渐增高。

在内外强大的压力之下，1905年7月起，清政府连日召开御前会议，讨论立宪问题，最终决定仿效日本明治维新派大臣考察欧美各国宪政的做法，派遣亲贵重臣详细考察欧美各国政治制度，比较其优劣得失，再行决定取舍。7月9日，清政府决定派遣载泽、戴鸿慈、徐世昌、端方、绍英等五大臣出洋"考求一切政治，以期择善而从"。9月24日，考察政治五大臣率领随员由京启程，但在火车站遭革命党人吴樾投掷炸弹，载泽、绍英、端方受伤，吴樾当场牺牲。同年12月，清政府所派载泽、尚其亨、李盛铎、戴鸿慈、端方五大臣出洋考察政治终于成行。在五大臣出洋考查的同时，清政府又谕令设立考察政治馆，作为研究宪政、探讨中西政体的优劣、提供改革方案的机关。五大臣出访为时半年左右，周游14个国家，参观了被考察国家的议院、行政机关、学校等机构，请政治家、学者讲解宪政原理，调查各项制度，搜集翻译各类图书和参考资料。考政大臣回到北京后，向清政府陈述了被考察国家立宪的基本情况和本国立宪的必要性与迫切性，阐述了立宪之利与拒绝立宪之害，并对一些反对立宪的看法进行了批驳。载泽在给清廷的奏折中，强调指出立宪利于君、利于民，并指出立宪不仅可以使“皇位永固”“外患渐轻”，而且可以抵制革命的爆发，达到“内乱可弭”的目的，积极主张诏定国是，仿行宪政。清政府在征求了亲贵大臣的意见并反复商讨之后，确立了先宣示宗旨，再徐图筹备的预备立宪方针。

1906年9月1日，清政府宣布预备立宪。对此，国内官、绅、商、学、报各界热烈响应。其中以商界的反响最快、最大，“自立宪明诏颁发，各处商民无不欢欣鼓舞，开会庆祝”。上海商务总会联合上海商学公会、宁波商务总会、锡金商会以及日本的横滨、长崎、神户等中华商会还纷纷致电商部，在对预备立宪表示热烈欢迎的同时，“请以翘盼实行立宪之意代达天听”[①]。许多商人团体纷纷在报纸上刊发庆祝立宪的广告和公告。

报界也不甘落后。9月4日，申报馆、同文沪报馆、中外日报馆、时报馆、南方报馆联合发布启事声称：“朝廷特颁明诏，宣布立宪，此乃吾国旷古未有之幸福。现闻北京已经举行庆祝大会。本埠及各省绅士商民允宜特开大会，以伸庆祝而留纪念。”[②]

学界也急起直追。9月5日，江苏学务总会在《申报》上发布组织庆祝立宪活动的预告称：“沪上学界拟于月之廿一日（即公历

---

① 《商民翘盼立宪之舆情》，《商务官报》第17期，1906年10月2日，第35页。
② 《申报》1906年9月4日。

9月9日，下同）悬旗庆祝，以表大众希望幸福之忱，乞各处学界联集绅商一体照办。”[①] 次日，上海商务总会和上海城厢内外总工程局、学务公所、南市商务分会、南市商业体操会等也分别在《申报》刊发庆祝立宪活动的广告称，拟于七月二十一日联合学界、商界悬旗开会庆贺立宪。[②] 9月7日，华商体操会、洋货商业会馆也分别刊布广告，均声称定于二十一日举行庆祝立宪大会。[③] 上海寰球中国学生会假颐园举行立宪祝典，莅会者二千余人。一时间，上海各界举行的庆祝活动彼伏此起，令人应接不暇。与此同时，北京、保定、天津、南京、苏州、扬州、福州、常州、汕头、绍兴、烟台、宁波等地的商界、报界、学界也纷纷举行庆祝活动。

清政府宣布预备立宪，最高兴、最兴奋的还是那些立宪派头面人物。流亡海外的康有为、梁启超，兴高采烈，手舞足蹈。国内的张謇、郑孝胥等人更是“奔走相庆，破涕为笑。……感动奋发，不能自已”[④]，迅即在上海成立“预备立宪公会”，并高调向民政部申请立案。随后，各种宪政团体也在大江南北应运而生。上海《外交报》主编张元济约请严复撰写《论英国宪政两权未尝分立》一文，于9月3日起在《外交报》上连载。严复声称撰写此文的目的，“冀吾党言政法者，不为浅人俗说之所误，而于国家立政向明与时偕行之意，庶几有合”。

《外交报》特为此文所加编者按语云：“自七月十三日（即公历9月1日）奉预备立宪之明诏以来，举国上下，喁喁望治，乃特商之侯官严先生，撰登此文焉。”[⑤]

---

① 《江苏学务总会敬祝立宪之广告》，《申报》1906年9月5日。

② 《商务总会敬祝立宪广告》，《敬祝立宪广告》，《申报》1906年9月6日。

③ 《华商体操会敬祝立宪广告》《洋货商业会馆敬祝立宪广告》，《申报》1906年9月7日。

④ 《郑孝胥张謇等为在上海设立预备立宪公会致民政部禀》，《中华民国档案史料汇编》第一辑，第100页。

⑤ 孙应详：《严复年谱》，福建人民出版社，2014年，第235—236页。

总之，清政府宣布预备立宪，在社会各界的立宪派人士心中燃起了无限的希望与梦想，他们仿佛看到华夏的天空曙光初现，有的甚至狂呼“立宪万岁”，并为此无比激动和亢奋，乃至彻夜难眠，憧憬漫漫，以为实现抱负的时机已经到来。

但是，在这纷繁和喧哗之中，宁调元则相当冷静，认为满洲贵族“腥膻之气未尽。忽一旦曰：彼能立宪也。其谁信？二百年不以人类待我，忽一旦曰：与我以立宪也。更其谁信？”[①] 于是奋笔写下《无聊与无耻》一文，为清政府预备立宪这场闹剧猛地泼去一盆凉水。

在此文中，宁调元首先揭露清政府所谓预备立宪的假面目：“人民无要求，地方无革命。咄！咄！政府辄派人考察政治，辄创办政治馆，辄整顿警察，辄议改官制。数月以来，朝三暮四，所以收拾人心者，非一预备立宪问题欤？”对于当时社会上热闹一时的庆祝预备立宪活动，宁调元提出异议：“承何人意旨？受谁氏要挟？沪上各报馆乃慰问五大臣，欧洲留学生乃预备编书，华商体操会乃整队送迎，天津学生乃上万言书，江苏各学会乃举大祝典。数月以来，吠影吠声，所以蛊惑人心者，非一欢迎立宪问题欤？”

接着，宁调元对于清政府的预备立宪和社会的热烈反响提出严重的质疑和无情的抨击：“是诚何心？彼满政府竟预备立宪。怪哉！是诚何心？彼汉人竟欢迎立宪。丑哉！”[②]

对于“预备立宪者，何以怪”，宁调元进一步指出：“君主则男昏女暴也，奴皂则偷漏无能也，政府则老病且死也，国权则漫无定属也。披毛戴角其资格，水草游牧其程度。趋向不出子女玉帛之外，政策惟以强满弱汉为能。倘满人可立宪，则北海道之虾夷、南洋之生番、西藏之喇嘛、黔粤之苗猺，孰无能力可以立宪乎？满政府能代汉人立宪，则英也、美也、日也、德也，孰无权利可代中国立宪乎？非我族类，其心必异。胡越同舟，能长久共

① 宁调元：《排满横议》，《宁调元集》，2008 年，第 425 页。

② 宁调元：《无聊与无耻》，《宁调元集》，2008 年，第 433 页。

济者，未之前闻也。盖满洲之立宪，所以自利，非利人也；所以灭汉，非存汉也。诸君顽梦，其醒否耶？试观今岁，一十八省中扑灭革命，捕拿会党，殆无虚日也。他难缕述，只此天津、顺天二府近六十日之恶潮，已足以骇人听闻。直督访拿范某、刘某矣，端方访拿吴某、严某矣。天津杀秘密通信党二十七人矣。警部捕《中华报》馆之一侨寓者矣（四事皆以访闻兴狱，可谓惨无人道矣）。奖冯某以万金，以其能借同族以媚异族也。与林某以革职，以其不能为异族制同族也。侦骑四出，人人自危。伤我汉族，焉有尔许膏血，以染彼朱顶蓝翎之上哉！狡哉满酋，乃需若干头颅，以奠其'万年有道之基'哉！如是为立宪，如是为预备立宪。'马无威而蒙虎皮，鬼可畏而饰人相。'此保皇党人语，吾借之以证满洲政府之立宪。"①

对于"欢迎立宪何以丑"，宁调元强调指出："八旗（指汉人在旗籍者言）汉军之世仆，京师内外之贱吏，彼豢养忘旧久矣。吾何丑？舆夫走卒之贱，妇人女子之微，智识浅薄久矣。吾何丑？至有轩辕种子、学界人物，以文明自诩，国民相号，代表舆论如报馆（比年来海以内几无报章，有之，亦官吏之机关报，非国民之机关报。故代表政府而不代表舆论，此非一人之私言也），人格高尚如学生，亦丧心病狂，腼然人面，彼倡此和，献媚卖鞶，不反对之，而赞成之，不扑杀之，而趋附之。罔惜埋没其舆论，卑劣其人格，以阴图异日进身之选，升官发财之好机会、之好地步。是有人心，孰无人心？'厥角稽颡二百州，正气扫地山河羞。'彼果为满洲之报馆，八旗之学生，吾亦无丑夫尔。盖吾之所谓丑者，非立宪之可丑也，亦非欢迎立宪之可丑也，以汉人而欢迎满洲之立宪则可丑也。虽然，吾述至此，吾发指，吾眦裂，吾心痛，吾笔欲搁。吾不丑满人，吾惟丑汉人，吾不丑汉人之无知识者，吾惟丑汉人之自命有知识者。虽然，吾丑人，吾自丑，吾不屑丑人，

---

① 宁调元：《无聊与无耻》，《宁调元集》，2008 年，第 433—434 页。

吾惟自丑!”[①]

最后，宁调元还强调指出：“吾尤敢正告国民曰：预备立宪者为无聊；欢迎立宪者为无耻。”[②]

总之，宁调元《无聊与无耻》一文揭穿了清政府预备立宪的骗局，号召人们丢掉幻想，奋起推翻清朝统治，发人深省，催人奋进。

与此同时，宁调元作七绝《感怀》十首，表达对清政府欺骗民众的假立宪的痛恨和对那些盲目欢迎立宪者的愤恨：

甘随印度驯奴死，怕起波兰革命军。无上升官微妙谛，犬戎杂种不妨君。

扬州怨海未曾填，更逐腥膻颂帝天。痛哭江都王秀楚，罔编戎祸纪伊川。

谈何容易造新邦，独立钟难细崽撞。堪恨之无能识者，也随容吠学村尨。

可怜歧路泣青盲，不拜轩皇拜犬羊。他日痛编亡汉史，应埋长恨到西洋。

神州无水久沉沦，不信吴浓是可人。两字华夷浑不辨，顺民旗帜多如鳞。

新辟欢迎大会场，又传凶问接端方。服从伎俩天生惯，人世从今虎附伥。

更谁禹域悬秦镜，生怕垓前听楚歌。胡马嘶风浑细事，天亲错认是天魔。

平生瓣香一齐侯，一举能除九世仇。万古江河流不废，千秋大义揭春秋。

自由血点干枯尽，立宪镜中鬼魅多。奴种未歼长剑缺，几回起舞几婆娑。[③]

---

① 宁调元:《无聊与无耻》,《宁调元集》, 2008 年, 第 434 页。

② 宁调元:《无聊与无耻》,《宁调元集》, 2008 年, 第 435 页。

③ 自注:“自由”为书名,“立宪”为戏名。

尘世于今醉梦多，奈何空唤怯闻歌。流年莫漫悲华鬓，誓辑楼兰不负他。[①]

其中，在第二首后，宁调元注“刺扬州庆祝立宪会”，表示对王秀楚《扬州十日记》所记载的清兵杀人如麻的发生地扬州竟然开庆祝会、欢迎清政府立宪之事的抨击。在第三首后，宁调元注“刺严复”，表示对为清政府立宪而摇旗呐喊的严复的憎恨和嘲讽。在第四、五首后，宁调元分别注“刺寰球留学生会”和“刺江苏教育会”，表达对“不拜轩皇拜犬羊”的寰球留学生会和高举“顺民旗帜”的江苏教育会强烈的抨击。

第四节 鼓吹暗杀

辛亥革命期间，许多革命党人认为，擒贼先擒王，暗杀清政府的高官是报仇雪恨、震慑敌人的有效手段。所以革命党人反对清政府而采取的暴力行动，除了举行反清起义之外，还积极开展暗杀活动。辛亥革命时期，暗杀与起义始终是如影随形，相伴而行。一些革命报刊上也纷纷出现了鼓吹暗杀的文章。1903 年 5 月《湖北学生界》第 5 期上刊登的《敬告同乡学生》一文在声讨俄国侵华罪行后宣称：“既认定此目的矣，即当操巨刀，纵阔斧，斩除种种阻碍，达我报国之血诚。有么魔鬼物障碍其间，拔剑斩之，牺牲一身，以除巨蠹，此仁人君子大丈夫之所为。”[②] 同年，留日学生创办的《江苏》也刊文指出：“尝考各国独立之已事，大抵可划为三时期：首言论，次暗杀，终乃大举。吾国人言论思想，今

① 宁调元：《感怀十首》，香港《公平报》第五期，1928 年 10 月 31 日。

② 《敬告同乡学生》，《湖北学生界》第 5 期，1903 年 5 月 27 日。

已渐达高点，苟能循序而进焉，吾知其必功也。”[①] 次年，具有革命思想的著名报人林白水在《中国白话报》第17、18期“论说”栏连载《国民意见书·论刺客之教育》一文，极力鼓动暗杀。这些文章在当时产生重要影响，使一些热血志士甚至醉心于暗杀。吴樾就是其中之一。

吴樾，原名吴越，字梦霞，自号孟侠，安徽桐城人，8岁时，随父识字读书，14岁开始，先后6次参加县里的童试，但都未考中秀才。1901年，吴樾考入上海“广方言馆”，1902年，考入保定高等师范，常与同窗校友谈国事、论革命。1903年，吴樾来到上海，拜会革命党人陈独秀、张继、杨毓麟等，并经杨毓麟介绍，加入兴中会，并在《中国白话报》等报刊影响下产生暗杀思想。他说：“自阅《中国白话报》，始知革命宗旨之可贵；自读《论刺客》一篇，始知革命当从暗杀入手。”因而，吴樾积极参与黄兴、杨毓麟、张继、蔡元培等发起成立的军国民教育会，并开始试制暗杀武器、从事暗杀等活动。他认为：“今日之时代，非革命之时代，实暗杀之时代也。”1905年2月，吴樾创办《直隶白话报》，自任编辑，并在杨毓麟的帮助下，组建了革命团体“北方暗杀团”，还编纂《暗杀时代》一书，鼓吹暗杀为革命之前的必要手段。同年9月24日，清政府所派出洋考察宪政的镇国公载泽、户部左侍郎戴鸿慈、商部右丞绍英、兵部侍郎徐世昌和湖南巡抚端方等五大臣在北京正阳门车站启程，吴樾闻讯怀揣炸弹，乔装成随从混进戒备森严的车站，欲谋杀五大臣，但因火车发动，产生剧烈震动，致使炸弹从吴樾身上震落爆炸，他自己壮烈牺牲，而五大臣中，载泽、绍英、端方、戴鸿慈仅受轻伤。

吴樾针对出洋考察宪政五大臣的暗杀活动，令清政府十分恐惧，为防止再次发生炸弹袭击事件，第二次大臣出洋考察采取分批出发，低调出行。端方和戴鸿慈带领首批考察团于1905年12月

---

① 竞盦：《政体进化论》，《辛亥革命前十年间时论选集》第一集下册，第546—547页。

7 日先期出发，乘火车到天津，随后又由军舰护送至上海，最后乘坐美国太平洋邮船公司的巨型邮轮“西伯利亚”号前往日本。十日后，载泽、李盛铎和尚其亨率领的第二路考察团也从北京出发，同样经天津前往上海搭乘外国邮轮出洋。1906 年 7 月，两路考察团同样分别经上海、天津返京。考察团每次出入天津，时任直隶总督的袁世凯总是如临深渊，密查会党，以防再次发生暗杀事件。

如前所述，宁调元也是暗杀的积极支持者和参与者。加入同盟会后，宁调元成为实行部的骨干。在《仇满横议》一文中，他主张“剪其羽翼”，并指出，非暗杀手段不足以达此目的。吴樾的暗杀行动虽然没有成功，但宁调元深为他舍生取义的精神所感动，特在其所编之《洞庭波》第 1 期的“文苑”栏中，刊发了秋瑾的《吊烈士吴樾》和陈其美的《吊吴君樾》诗作，表示对吴樾暗杀行动的赞扬。

对于袁世凯密查会党、加强防范革命党人暗杀的举动，宁调元认为是螳臂当车，阻止不住革命党人的暗杀狂潮，因而撰写了时评《蠢哉直督》一文，对袁世凯进行辛辣的嘲讽：“逆胡窃尊，其皮其肉，凡我汉族思得一脔而甘心焉。盖二百年如一日，若吴樾君，特其先驱也。炸五大臣，特其发轫也。将来民族主义日益播扬，暗杀手段日益进步，中原有男儿，到处是鉏麑。俄土虚无党之活剧，试演于东方，正方兴未艾也。蠢哉，直督！嫁衣裳为人忙，燃豆萁之不惜，以革命党为可以查可以防乎？倘查之者防之者为革命党，将又派人查查之者，防防之者乎？然又安知查查之者、防防之者之又非革命党？且又安知查之者、防之者、查查之者、防防之者之不通革命党，或横死于革命党乎？故汉人不绝灭，则革命党无已时。革命党无已时，则汉人必不绝灭。直督，直督，终身役役，而不见其成功。苶然疲役，而不知其所终。”①

一波未平，一波又起。8 月 17 日，刚从海外考察回国的端方寓所又发生爆炸事件。一时间，社会上传言四起，草木皆兵。19

---

① 宁调元：《蠢哉直督》，《宁调元集》，2008 年，第 436 页。

日，《申报》刊登消息云：

（六月）二十八日北京电云：闽浙总督端制军住宅有硫酸一瓶炸裂，某提督与署理津海关道皆及于难，此外复有三人受伤。此真不测之变，北京各处皆谣言有人轰放炸弹，其实并无此事。[①]

一周之后的26日，《申报》又刊登消息，对于前在端方寓所发生的爆炸事件有了新的说法：

日前端午帅寓中电机炸裂以致讹言炸弹，兹得详细消息：端午帅回京，由外洋带来电光摄影之各国水陆兵操，以备恭呈御览。因电机稍有损伤，遍访精于制造电机之人不得。有津海关道梁观察力荐留学外洋、精于电机制造之人赵（汇）[辉] 山，并委何朝华司马协同来京，于上月二十八日正在修理时，其旁观者为姚广顺统领。赵某已将电机修好，试其光线，将螺丝多转数转致将电筒烧红，姚统领在旁即言勿再上转，速下转。赵某将螺丝下转，赵某仍以电光不甚灵通，仍行上转，其电筒又成红色，姚统领即大言勿再转，语未毕，筒即炸裂矣。姚统领炸裂两截，何司马炸裂两腿均登时毙命。何司马之仆人马二炸落一腿，于次日亦毙。赵某亦受伤。所奇者有午帅戈什李某当上机时以两手承按电筒，及至爆裂时李某全身炸出，又复从墙上撞回，衣服全行被毁而身上毫无损伤，惟两耳震聋，声息不闻。又该房之前檐亦皆飞去，各屋之玻璃窗均已破碎。现赵某、李某均在协和医院调治。……[②]

后来，北京警方经过调查，认定此事系电气影灯炸伤人命事件。对此，《申报》又刊登消息云：

六月二十八日，端制军寓所因电气影灯炸伤人命一事，已纪前报。兹经巡警部将情入奏略谓：出使考察政治之大臣

① 《西报纪北京大员受惊》，《申报》1906年8月19日。

② 《电机炸毙人命详志》，《申报》1906年8月26日。

端方回京带有德国电气影灯，系为考察军事界内一切模范形式之用。当于本年六月二十八日由天津招到机匠赵辉山来京该大臣暂寓京张铁路局后院试验，用备参考。孰意机桶开放未能得法，突于是日未刻后炸裂，将在旁监视，随同出洋三等参赞副将衔前湖南常备军协统、湖北候补参将姚广顺及天津派□委员、直隶通判何朝桦同时炸毙，该机匠赵辉山并姚广顺仆人马姓、该大臣武巡捕李炳寅并仆人简姓，均经在旁受伤。马姓因伤重身故。余人现送医院疗治，恭折奏闻。云云。[①]

上文中的“电筒”或“电气影灯”，其实就是电影放映机里的乙肽灯泡。对于此事，就连盛宣怀安插在京城的耳目陶湘也曾向上海的盛宣怀专门有报告曰：

午帅（端方）在外洋购来新式机器电光影戏（即电影放映机），拟进贡内廷。日前在寓内试演，因电门未曾弄好，电气炸裂，将在旁观看之姚广顺及北洋委员何朝桦均轰毙，并轰伤家丁及工匠共四人。于是谣传即谓炸弹等事，其实并非。实为工匠不在行，未将机器装好。幸而是先行试演，若到宫内再出此事，则大不了矣。[②]

对于这场因电气事故引发的爆炸事件，宁调元却从宣传排满、鼓吹暗杀的需要，借时评《电灯欤？炸弹欤?》一文，将其演绎为一起吴樾暗杀行动之后针对端方的又一次暗杀事件：

电灯欤？炸弹欤？某月日忽砰然一声，如雷贯耳，发现于端方之兔穴中，伤者若干人，死者一人。

噫！炸弹欤？电灯欤？千人注目，万人注目。详细而调查之，则电灯欤？炸弹也。咄咄怪事！彼吴樾后，竟再演斯剧。端方不幸又遭逢此人。彼投弹者，殆吴樾再世欤？彼炸伤炸死者，殆端方结果欤？乃大不然。翌日，传闻谓投弹者

① 《巡警部奏电气影灯炸伤人命事》，《申报》1906年9月16日。

② 宋路霞：《盛宣怀家族》，上海科学技术文献出版社，2009年，第83页。

> 沓，端方无恙，姚广顺竟替死。范增之舞剑，意在沛公。张良之击椎，误中副车。不如意事常八九，有识者能不为汉族一叹！
>
> 夫端方者，满酋中之以桀黠著者也。彼得保残喘，图报无从，乃不自发其覆，曰：是电灯也，非炸弹也。盖欲镇静之，从容之，一旦得察有形迹可疑者，出其猝不及防之手段而捕获之。端方，端方，尔问尔心：果如此否？
>
> 虽然，计成败者非英雄。拿破仑之得胜利，在最后十五分钟。彼端方一炸不死，再炸不死，三炸四炸未必不死也。君辈一失败也，再失败也，三至四失败也，五或六或七或八，未必失败也。一人死，十人死也，百人千人死也，四百兆人未必死也。即端方不死，君辈六七八皆败，四万万人同死，生王之头，固不若死士之垄也。一人流血，天下缟素。五步之内，万夫难防。我汉族其兴，我同胞其毋馁！某虽不敏，亦愿执一弹、抛一头以随其后。①

通过《蠢哉直督》《电灯欤？炸弹欤？》两篇鼓吹暗杀的时评，宁调元呼唤发扬吴樾舍生取义、暗杀满酋的大无畏的革命精神，表达了自己为暗杀虏酋，誓将前仆后继，“愿执一弹、抛一头以随其后”和“一人流血，天下缟素”的豪情壮志。

还需要指出的是：1907 年，身陷长沙监狱的宁调元仍然在研究和宣传暗杀。他在广泛阅读中重点关注俄罗斯虚无党的暗杀活动之后认为：“世界言专制国者，必首俄罗斯。言反对专制之最力者，必首俄罗斯虚无党。夫以俄罗斯之顽执，至近年尚不能不改变其方针，许国民以真正之立宪。以虚无党之猛烈，牺牲身命，前驱后继，前后近百年，始得一立宪之允许券。而国中乱事方且未艾，则立宪亦难言矣。”基于此，宁调元抄录了《新民丛报》第四年第十八号刊登的《俄国近年各大员被害表》，其中开列了一九〇一年三月至一九〇七年正月七年间俄罗斯各大臣被虚无党暗杀

① 宁调元：《电灯欤？炸弹欤？》，《宁调元集》，2008 年，第 435—436 页。

详细名单，其中有学部大臣、内务大臣、总督、巡抚、大将、将军、总司令官、警察长以及亲王、公爵、伯爵等40余人。经与中国比较，宁调元感到中国在这方面的差距太大，并指出："俄国近七年之大臣被害者，诚足寒心。以视吾国，主持排革十数寒暑，仅有一徐锡麟，仅刺一恩铭，不有天渊之别耶？"① 由此可见，宁调元主张暗杀的思想是一以贯之的。

当然，宁调元的暗杀主张也有明显的不足之处，其如刘湘雅所论："宁调元主张暗杀与暴动并列，有其认识模糊之处。他不了解暗杀手段打击的只是反动统治者中的少数人，不可能推翻整个腐朽统治。宁调元受国际无政府主义思潮影响，错误地对这一斗争形式寄予希望。"②

第五节　传檄讨满

《洞庭波》在日本出版后，迅速运回国内发行。由于《洞庭波》"专鼓吹种族革命，议论精辟，文词清健，海内外的同志争相购阅。……因为《民报》自章太炎主笔后，文章渐近艰深，普通的人，往往看不懂；《洞庭波》用极显豁痛快的文字，写出革命宗旨来，所以欢迎的很多。"③

一时间，《洞庭波》"散布各省，流入醴陵、萍、浏等县尤夥，粗解文字者，莫不以先睹为快，豆棚瓜架，引为谈资，数百里风气为之顿变，虽穷乡僻壤之氓，咸了然于革命之不可一日缓矣"④。湖南著名的经学家皮锡瑞曾在1906年11月28日（丙午年十月十

① 宁调元：《俄罗斯近年各大臣被杀之确数》，《宁调元集》，2008年，第389页。

② 刘湘雅：《宁调元思想品德述论》，《湖南师范大学社会科学学报》1990年第3期。

③ 景九梅：《罪案》，中国史学会主编《辛亥革命》（2），上海人民出版社，2000年，第251页。

④ 刘谦：《宁调元先生事略》，《宁调元集》，1988年，第649页。

三日）的日记中记载："……（长沙）学生发传单，行自治会，出示痛斥。新出《洞庭波》，当取阅之。……"[①] 由此可见《洞庭波》发行之广，影响之大。

《洞庭波》"抨击汉奸满虏，不遗余力"[②]，清政府恨之入骨，"清吏疾之，侦卒数至"[③]。"江督端方至以三省矿产开掘权许外人，购调元等人"[④]，并大肆搜查和销毁《洞庭波》。在这种情况之下，加之又有"某君（即黄兴）"在日本相召，宁调元遂于10月29日（阴历九月十二日）"再渡重洋"[⑤]，远赴日本。船过黑水洋之时，宁调元眼望波涛万里的碧蓝海水，回忆与陈家鼎、高旭、秋瑾等人在上海战斗的日日夜夜，憧憬未来新的战斗，心潮澎湃，心胸为之一开，诗兴大发，遂口占一组七绝八首：

心绪如焚赋七哀，同舟共济几人才。祖鞭应许君先着，东亚雄飞大舞台。

几经患难复同行，万败终须有一成。傥使湘乡胡将在，于今应不再扶清。

玉树久悲陈后主，棹歌休听楚渔翁。中原会有风云起，不许长逃东海东。

不信同胞目尽盲，满儿窃据竟多方。更无人解华夷辨，犹戴胡天作汉唐。

妖氛王气两漫漫，大海相看一剑寒。迟我十年新教诲，应坑降虏到邯郸。

须知安乐交人易，漫说狂澜砥柱难。惟有使君惟有我，头颅炼好铁相看。

冬青枝上夜啼鹃，痛史新排猾夏篇。我愿大家齐努力，别开民国纪元年。

---

① 刘泱泱整理：《师伏堂日记》，《萍浏醴起义资料汇编》，第322页。

② 刘谦：《宁调元先生事略》，《宁调元集》，1988年，第649页。

③《宁调元传》，陈鲲修《醴陵县志》，第410页。

④ 傅尃：《亡友宁太一事略》，《宁调元集》，1988年，第645页。

⑤ 宁调元：《丙午除夕笔记》，《宁调元集》，2008年，第365页。

> 革命之神专制敌，两人分任倒清朝，他年黑水洋如在，应助同胞起怒潮。[①]

诗中，宁调元激情盈腔，壮志满怀，立志以推翻清王朝、建立新民国为己任，坚信革命必定成功，“别开民国纪元年”，抒发了在反清革命斗争中与战友奋勇当先，一往无前的革命豪情。

11 月初，宁调元抵达日本东京。为了发挥其反清革命宣传的特长，宁调元抵日后就被安排在中国同盟会总部，任《民报》干事，协助主编章炳麟编辑《民报》，宣传反清革命思想，并与黄兴、宋教仁、张继、胡汉民、汪兆铭等同盟会重要人物交往密切。

章炳麟，浙江余杭人，初名学乘，字枚叔，因仰慕顾炎武为人，改名绛，号太炎。早年，章太炎师事朴学大师俞樾，1895 年加入强学会，次年任《时务报》撰述。戊戌变法失败后，章太炎被清政府通缉，流亡日本。义和团运动后，章太炎转向反清革命，1903 年因发表《驳康有为论革命书》和为邹容《革命军》作序，而被判监禁三年。1906 年 6 月 29 日出狱后，章太炎即被同盟会派员到上海迎至东京，担任《民报》主编。

在东京，宁调元除协助章太炎办好《民报》外，拟续办《洞庭波》，并托黄兴请宋教仁为《洞庭波》总编辑，但宋教仁因病未允。[②] 稍后，宁调元又与黄兴等人商量续办《洞庭波》事，大家“似嫌《洞庭波》名字限于一方”[③]，遂决定拟将《洞庭波》改名为《中央杂志》，并请宋教仁为之写文章。对此，宋教仁表示支持，但同时表示因病只能写些时评、小说之类的东西为助。[④] 有宋教仁的支持，宁调元感到很高兴，便去认真筹备。

就在宁调元努力编办反清革命刊物之际，远在国内的湘赣边界于 12 月 4 日爆发了震惊中外的萍浏醴起义。起义的当天，起义

---

① 宁调元：《九月十二日渡黑水洋有作，兼赠汉援》，《宁调元集》，2008 年，第 120—121 页。

② 宋教仁：《宋教仁自述》下，深圳报业集团出版社，2011 年，第 235 页。

③ 景九梅：《罪案》，中国史学会主编《辛亥革命》（2），第 251 页。

④ 宋教仁：《宋教仁自述》下，第 238 页。

军便占据了浏阳的小镇高家头，龚春台称“洪命督办民立自志社会总统全军谢”（龚春台原名谢再兴），以“汉德元年”作为年号，号令各方会党。次日，各路会党约2万人积极响应，头缚白巾，手持土枪、土炮、长矛、大刀、鸟枪、木杆、竹尖、菜刀或赤手空拳齐集萍、浏、醴三县交界处的麻石镇，并攻占了浏阳的金刚头及萍乡的高家台。12月6日，麻石起义军集合2万余人，以萍乡高家台会众为主力，分三路攻入萍乡上栗市。占领上栗市后，起义军进行了整编，定名为“中华民国革命军南军先锋队”，推龚春台为都督，以蔡绍南为左卫都统领兼文案司，魏宗铨为右卫都统领兼钱库都粮司，廖叔保为前营统带，沈益古为后营统带。起义军打出了“中华国民军”的旗帜，发布《中华国民军起义檄文》，历数清政府卖国殃民十大罪状，号召“破除数千年之专制政体”，“建立共和民国”，“享平等之利益，获自由之幸福”，“使地权与民平均”，受到广大人民群众的热烈拥护。之后，起义军又陆续攻占浏阳、文家市、宜春等地诸多重要城镇，屡败清军，声势浩大，震动了长江中下游各省。

萍浏醴起义的消息传至日本后，在日本东京的同盟会会员“莫不激昂慷慨，怒发冲冠，亟思飞渡内地，身临前敌，与虏拼命。每日到机关部请命投军者甚众，稍有缓却，则多痛哭流涕，以为求死所而不可得，苦莫甚焉”①。于是，同盟会东京总部开会，亟谋响应。宁调元也为自己家乡发动起义而感到兴奋，连日在《民报》社与章太炎、宋教仁等人谈论萍浏醴起义事。②

与此同时，他深知，中国历史上大凡出征讨伐之前，必发檄文，其目的在于声讨敌罪，伸张正义，高张武威，舆论开路，先在气势上压倒对方。司马相如的《讨巴蜀檄》、陈琳的《讨曹操檄》、骆宾王的《讨武瞾檄》、崔致远的《檄黄巢书》、杨秀清的《奉天讨胡檄》等都是骈俪佳品，檄文典范，均曾在历史上发挥过

---

① 孙中山：《孙中山文选》，九州出版社，2012年，第249页。

② 宋教仁：《宋教仁自述》下，第276页。

重要作用，产生过重大影响。因此，为了声援萍浏醴起义，宁调元奋笔写下了《三合会讨满清檄文》一文。

如果说宁调元在《洞庭波》上发表的《仇满横议》重在号召人们认清朝统治者的真实面目，宣传排满革命思想，那么，宁调元的《三合会讨满清檄文》则是号召各地会党拿起武器，奋起响应萍浏醴起义、迎接国内大规模的武装反清起义。由“议”到“檄”，标志着宁调元由“批判的武器”转向“武器的批判”，大声呼唤革命的暴风雨来得更加猛烈。

三合会是天地会的别名，清代民间秘密结社组织，相传天地会被禁止后，改称“三点会”，系取洪字偏旁“氵”命名。后嫌其偏而不全，不甚吉祥，又取洪字右边“共”有合之义，故改称为“三合会”。三合会和天地会都源自洪门。洪门是中国历史上的秘密结社系统，清初迅速在南方诸省传播。其特征是“歃血为盟、异性结拜兄弟、反清复明”。在清代，洪门举行过多次大规模起义，著名的有乾隆末年的林爽文起义、咸同年间的上海小刀会起义、两广洪门起义等，对清王朝的封建专制统治以沉重的打击，因而清政府历来对洪门实施严厉的镇压政策。为了生存，洪门便利用各种名目进行活动，如天地会、三合会、三点会、小刀会、致公堂等等，后来还派生出一个强大的支派哥老会。这些由洪门派生出的支派后来统称为“会党”。到清末，会党已经成为相当强大的社会力量，特别是长江流域的哥老会及两广的天地会，会、堂并立，活动频繁，是任何反清革命者都不可忽视的反清力量。宁调元曾在《仇满横议》一文中指出：“哥老会也，三合会也，致公堂也，安庆道友会也，黄汉会也，双刀会也，大刀会、小刀会也，则丛林伏莽，所在皆是。其手段虽各殊，而其目的对于满清政府，则协同一致。盖若辈之思想，近更进步，将来任急先锋以启革命之机者，必非他人也。”[①] 这说明，宁调元认为排满革命的力量是以三合会、哥老会为代表的会党组织，所以，其《三合会

---

① 宁调元：《仇满横议》，《宁调元集》，2008 年，第 431 页。

讨满清檄文》虽然称“三合会”，实质上指的是整个会党，也是其代整个会党所起草的讨满檄文。

在《三合会讨满清檄文》中，宁调元按照檄文的格式，首先点明其目的是，“为招贤纳士，以驱满虏而恢中原”。接着，宁调元强调讨满排满刻不容缓：“种族沉沦，朱明有驱胡之举；天人顺应，汤武兴除暴之师。前者仆，后者兴，大丈夫当如是也；成则王，败则虏，小朝廷可求活哉！风景不殊，新亭怕上；人民犹是，地狱堪怜。引救世为不二法门，仗舍身为惟一宗旨。俾斯麦铁血主义，越勾践薪胆生涯。既末日之可回，何狂澜之莫障！无剥不复，我汉族岂甘屈于人下者乎；有志竟成，彼枭酋终当窜诸塞外焉耳。”

为什么要讨满排满？宁调元历数清朝统治者残杀汉人、实行苛政、丧权辱国等种种罪状，申述讨清朝的理由：“乃者中原鼎沸，禹域尘埋，帝子不归，国魂何处？渺建州之游牧，混上国兮衣冠，舞爪扬牙，披毛戴角，语言既异，血统不良。负其豺狼之能，凶其水草之性，僭窃我神器，侵夺我政权，奴隶我人民，草芥我性命。扬州十日，同归枉死之城；嘉定万家，惨作断头之鬼。苛政与弱流并永，诗狱偕史祸代兴。剃发之令行，问汉官威仪安在？通婚之禁下，叹胡儿身价何高！几千里鸡犬不宁，五百万虎狼坐食。分职如同儿戏，驻防以御家奴。旗饷较绿营偏优，文臣而军事不假。人生至此，天道宁论！况夫逞侈心，穷人欲，狰狞面貌，禽兽行为。虐焰燔于苍穹，秽声播夫宸极。烝淫之丑，叔嫂偕欢；骨肉之亲，豆萁互咏。统男以女，则妖牝鸣晨；移履作冠，则权阉玩国。黔黎兮血泪一滴，幕庭兮土木累年。开经济特科，续博学宏词之法网；创昭信股票，实征捐加税之别名。官以贪号能，士以愚为贵。商绝阴雨之望，农咏《下泉》之诗。赔款累累，苛捐未了；地权处处，断送堪哀。纵刚毅，铁良敛货财而南下；假端方，载泽愚黔首以西游。政出多门，刑分两级。内讧辗转，外侮频仍。秦汉来之所无，胡元时其未睹。纵寻天路，难上愁书；试倒昆仑，莫填苦海。幸天心忌满，未容反主为奴；值胡运将终，孰肯认贼作父，指三岁童子，屈膝犬羊，犹为之怒，岂七尺须眉，同群鸟兽，曾不是羞乎！”

宁调元又引用古今中外讨贼出征为例，指出排满讨满乃替天行道、正义之师：“某等汉族遗黎，轩皇贵胄，鬼神可质，血气犹存。怀百年灭种之忧，抱九世复仇之志。上天聩聩，悲从中来；彼黍离离，泪如雨下。姑苏为麋鹿之薮，洛苑有铜驼之悲。秽涨腥流，神州同痛；水深火热，穷路奚之；杲卿誓除羯奴，夫差宁忘而父。记曾三合，创芳会以团沙；乃整三军，起义师而荡虏。同仇共赋，岂曰无衣，非种必锄，行无所事。管夷吾得力处尽在攘夷，诸葛亮不世功惟思扶汉。奥皇专制，卒一统以造新邦；俄土虚无，誓九死而亡政府。法兰西革命三次，王纲破而共和；美利坚苦战八年，母国认其独立。惟殷鉴之未远，实前事之可师。”

既然排满讨满是正义之师，宁调元就大声呼吁广大群众加入讨满排满行列，共同推翻清王朝封建专制统治：“爰于屡败之余，再画中兴之策。广开贤路，普度众生。图势力之扩张，为旦夕之预备。微长必录，一格不拘。龙独眼而何妨，敌万人而并重。骏骨千金可市，豹皮百变犹存。或匕首入秦，死落祖龙之胆；或铁锥走晋，生游屠狗之乡。车后马前，取头颅于反掌；花间月下，从肘腋而现身。暗鸣叱咤之雄，慷慨激昂之气，摧枯拉腐，破釜沉舟。造暗杀恐怖之时期，布多方改革之政策。祝乌头与马角，梦想都灵；并风虎兮云龙，扶摇而上。异日功铭绝域，师会孟津。撞自由钟，惊醒黄人之梦；登平等阁，推开紫塞之烟。夷满洲为放牛场，赦载湉作降王长。四百兆顶天立地奇男子，新造强邦；二千年沐雨栉风旧山河，重归故土。向江洲而刷马，翻银汉而洗兵。画列强均势之圈，开世界大同之局。逐虏西逾海，平湖北到天，曷足道哉；雪耻酬百王，除凶报千古，此其时也。”

最后，宁调元宣告：“以此制敌，何敌不摧；以此图功，何功不克。”①

---

① 屈魂：《三合会讨满清檄文》，《汉帜》第2号，第68—70页。

与中国历史上著名的檄文一样，宁调元《三合会讨满清檄文》一文，一气呵成，痛快淋漓，文采飞扬，雄气逼人，排满革命的热情、激情、豪情，跃然纸上，排满革命的决心和必胜的信心，力透纸背，具有很强的鼓动性和感染力，读后令人惊心动魄，精神振奋。

写完《三合会讨满清檄文》，宁调元意犹未尽，接着以高亢的革命激情先后写下《华盛顿之归田》《南洲翁之旷达》《路易兹之供词》《劳动党之檄文》《张同敞之骂贼》《朱舜水之绝笔》《王鲁道之遗诗》等7篇札记。

如果说前者主要是要起到号召人们奋起参加反清的作用，那么，后者则是从不同的方面介绍和宣传国内外革命的典型或榜样，以激起人们在榜样的感召下奋起反清。

在《华盛顿之归田》一文中，宁调元介绍了美国领导人民取得独立战争胜利，虽然年已七十，仍被举为大总统而“不遂山林愿”，“烈士暮年，壮心不已”的美国总统华盛顿。

在《南洲翁之旷达》一文中，宁调元介绍面对失败却毫不畏惧的日本江户时代末期政治家西乡隆盛及其绝命诗：“战不利，退于岩崎谷中。其时骁将如桐野利秋皆忧形于色，仰天太息。独南洲翁慷慨谈笑，意气若平生，似不知死期之迫于前也。一日，题一诗于洞壁云：‘百战无功半岁间，首丘幸得返家山。笑侬向死如仙客，尽日洞中棋响间。’其旷达若此。夫岂望门投止，临难苟免之辈所能几及于万一乎？求之我国，以楚项羽之雄壮，闻四面楚歌之声，犹不能不向虞兮而下逝骓之泪也。死生之于人，亦大矣哉！”①

在《路易兹之供》一文中，宁调元介绍法国70岁的女社会革命党路易兹视死如归的英勇事迹：“当某年月，事发被捕，受审判于法（廷）［庭］。伊乃大叫于裁判官之前曰：‘我不自辩护，我亦不欲辩护。我纯夫社会革命党，我全然负其责任。汝不处我死

① 《汉帜》第2号，第40—41页。

刑，我终必运动人民磔杀汝。我兄弟姐妹终必复我仇。’既而又曰：‘汝非怯者，则请速杀我。’鼎镬甘如饴，求之不可得。路易兹真有此况，言壮气直，靥颊间绝不露儿女子态。”①

在《劳动党之檄文》一文中，宁调元则介绍了日本的社会主义运动：

距今四年前，日本劳动党开观樱会于某处。其颁布之檄文，言浅理至，深饶趣味，诚吾国平民之借镜也，不可以不阅。文曰：

世有富者，斯有贫者；有贫者，斯有富者。社会主义者欲并富者与贫者而混合之，欲不有富者，不有贫者，而平均之也。社会主义昌明之世，无有富者，以人民之富即国有之富也，然国有之富即人民共公之富，故人民皆富，而贫者自此绝迹。社会主义昌明之世如一家族，以樱花为小腆，聚宴于公园，其席共有，其花共有，其食物共有，而其人皆相与熙游于春风浩荡之中。社会主义昌明之世，相爱者夫妇可自由，相亲者朋友可平等，相知者、相见者、相遇者皆可兄弟姊妹。而老人与小儿，总之皆国家之瑞，可敬可爱者也。社会主义者立博爱之旗，说兄弟之义，欲谋人类共同之生活，见诸实行者也。而其手段则主张土地、资本归共有，为惟一之进行也。世有恼贫者乎，慕义者乎，多情者乎？曷速来一接我社会主义之光明。

二十世纪，社会主义之潮流如日中天，已弥漫于六大洲之壤土，大有遇之者昌，遏之者亡之概。吾国平民中资本家之毒尚浅，急谋诊治，较之东西各国事半而功倍，可断言也。有识者曷加之意！②

通过此文，宁调元介绍了社会主义在日本的传播，指出社会主义在世界上已成为不可阻挡潮流，从而向国人揭示了反清革命

---

① 《汉帜》第2号，第41—42页。

② 《汉帜》第2号，第41—42页。

的必然性和进步性。

在《张同敞之骂贼》一文中，宁调元通过记述张同敞痛骂清官，宣传张同敞宁死不降清的气节：

> 永历四年十月，清虏既犯桂林，总督张同敞与瞿阁部同见执。清定王孔有德问之曰："汝何人？"张公不答。左右命之跪，张公大骂之曰："汝非我毛家姻仆耶？提溺器时谁为汝跪？"有德怒不可遏，厉声曰："余大圣人之后也。"张公曰："汝等屈膝犬羊，自戕宗邦，侮辱先圣，虽万死不足以蔽其辜！"有德气丧，知不可屈，愈欲降之。张公后叱之曰："痴贼奴，岂有天朝大臣降虏者乎！"既就义，首堕而尸不僵，烈矣！①

在《朱舜水之绝笔》一文中，宁调元则通过朱舜水记述在清兵入关后走避日本，宣传朱舜水不为清民的志气：

> 甲申之变，满胡乘机肆虐，窃我中原。一二士夫，邈然伤怀，或建义起兵，或投阁寻死，或服黄冠为道士，或削发入空山。余姚朱之瑜先生见国事之不可为，走日本。时人莫知其所终，或以为投海云。年八十二，赍志以没。临终援笔疾书曰：予不得再履汉土，一睹恢复事业。予死矣，奔走海外数十年，未求得一师与满胡战，亦无颜报明社稷。自今以往，区区对皇汉之心，绝于瞑目。见于葬地者呼曰：'故明人朱之瑜墓'，则幸甚。"
>
> "出师未捷身先死，长使英雄泪满襟。"古今志士，同声一哭。若舜水先生，蓄金养士，至于暮齿，坐使中原沉沦，未尝有所发表，则尤足慨也夫！②

在《王鲁道之遗诗》一文中，宁调元通过介绍王鲁道的事迹和遗诗，赞扬王鲁道谋刺铁良不果而自戕的勇气和豪气：

> （大）［太］史公退处士而进游侠，班固非之。二千余年，

---

① 《汉帜》第2号，第43页。

② 《汉帜》第2号，第44页。

侠客绝迹，此其故欤？迄于满胡猾夏，汉人重足而立，暴君污吏至史不绝书。当洪朝亡后，仅有一（汶张祥）［文天祥］。庚子以来，渐有唱民族之学说者。楚虽三户，群唱亡秦。我湖北王鲁道，实现近刺客传中之第一元祖也。癸卯秋，铁良之南下画集财中央之策，以为强干弱枝之计。鲁道忧之，微服入湘，走江西，返湖北，至于豫州。尾铁良之后，思以三尺椎效张留侯故事。既，铁良设备严密，驰归北京。谋不逞，遂自枪毙。其行事颠末，具于日记册中。其他所录格言如“敬慎不败”等语甚多。又题一绝云：“一片春色唤杨柳，几点残雪困山川。世间多少庄严相，奔走茫茫过眼前。”诗末复自跋云：“徒耽岁月，一事无成，此英雄豪杰之所以仰天而长太息也。古人云：人生及时且行乐，无使老大徒悲伤。志士作事，不当以此为心乎？”“举头自引刃，顾义谁顾形？烈士不忘死，所死在忠贞。”此韦道安之句也。吾读之，不禁为鲁道三太息也。虽然鲁道之死，又贤于生矣！生者不能继鲁道之志，但知悲人，毋暇自悲，则亦古人之所谓行尸走肉已耳，不亦重可伤乎？①

宁调元的上述 8 篇文章，后来均于 2017 年 1 月 25 日在日本出版的由《洞庭波》改组而成的《汉帜》第 2 号上刊登。而此时，宁调元已回国策应萍浏醴起义，正在以实际行动践行反清革命。

第六节　驰援起义

1906 年 12 月 4 日，同盟会成立后第一次策动的萍浏醴起义爆发。为了支援萍浏醴起义，扩大革命势力，12 月中旬，孙中山、黄兴决定从同盟会本部派谭人凤、周震鳞、宁调元、洪春岩、何

① 《汉帜》第 2 号，第 44—45 页。

弼虞、胡瑛等人同国策应。[①] 宁调元愉快地接受了任务，并迅速离日返国。

12 月下旬，宁调元抵达上海，住傅専、谢诮庄之《竞业旬报》社。谢寅杰，字诮庄，醴陵县清泉乡东坑人，明德学堂师范毕业后于 1905 年自费留学日本，加入同盟会，是年冬因抗议日本政府“取缔规则”回国，与宁调元、姚宏业等发起中国公学。次年秋，联络马君武、熊克武等人在上海组织竞业学会，发行《竞业旬报》，自任社长，并代派《民报》，以《竞业旬报》社址为同盟会驻沪机关。[②]

在《竞业旬报》社，宁调元与秋瑾、杨卓林、李发群等人密谋运动长江一带会党相机响应萍浏醴起义。[③] 经商议决定，宁调元与周震鳞、谭人凤、洪春台、何弼虞、胡瑛等人赴湖南策应萍浏醴起义；杨卓林、李发群赴江苏南京联络；秋瑾则主动承担联络浙江会党工作。

12 月 25 日夜，上海下着大雪，宁调元冒雪送别杨卓林、李发群等人赴南京。几天后的 1907 年 1 月 2 日，宁调元经精心准备后从上海乘船赴湘。秋瑾前来送行，临别之际，还从腰上摘下自己心爱的宝剑相赠。宁调元感动得热泪盈眶，双手接过宝剑，与秋瑾互道珍重后转身登船西行。

抵达长沙后，宁调元与谭人凤、周震鳞、洪春岩、何弼虞等人会合，决定周、洪担任驻省办内应，谭人凤与何弼虞、宁调元直赴浏、醴。

恰在此时，宁调元在旅店遇到醴陵同乡、革命党人潘昭，得知萍浏醴起义在数省清军的联合镇压下已经失败。谭人凤感到“事已消灭，无计可施，乃重赴东京”[④]，但宁调元感到自己对醴陵

---

① 谭人凤:《石叟牌词》，石芳勤编《谭人凤集》，第 320—321 页。

② 《谢寅杰传》，陈鲲修《醴陵县志》，第 419 页。

③ 刘谦:《宁调元先生事略》，《宁调元集》，1988 年，第 650 页。

④ 谭人凤:《石叟牌词》，《谭人凤集》，第 321 页。

熟悉，可以找到李香阁、龚春台等萍浏醴起义领导人，便决定回醴陵联络，于是将秋瑾所赠宝剑及其他秘密函件交由潘昭保存，自己则从长沙搭火车回醴陵，寻找龚春台、李香阁等人。

宁调元到达醴陵后，原想凭借对家乡的熟悉，到乡下李香阁、龚春台等人经常活动的地方去寻找会党踪迹，但事与愿违，均不可得，而清兵抓捕参加起义的会党日甚一日，不得已，乃由株洲搭民船抵岳州（今湖南岳阳市）。相隔十天后再来岳州，由来时的希望变为现时的失望，宁调元不免感慨系之，口吟七言绝句一首，以表达几分失落的心情：

巴丘迟我到今朝，流水湾湾驻画桡。九日东风十日雨，浃旬征路客魂销。[①]

此时的岳州，形势也十分严峻，到处在盘查过往行人，宁调元感到不便久留，与岳州同志任震会合后便于十二月十五日（1907 年 1 月 28 日）又一同匆匆乘利汉轮船赴武汉，拟经上海转返日本。任震，字子城，一作子臣，湖南岳阳人，早年参加华兴会，后留学日本，入东京振武学校，又加入同盟会，萍浏醴起义时，也被派回国响应。

在颠簸的船上，宁调元眼望烟波浩渺的洞庭湖，痛感起义失败、同志牺牲，脑际飘过贾谊《鹏鸟赋》中“祸之与福兮，何异纠纆；命不可说兮，孰知其极”之句，不禁悲从中来，口占《丙午冬日出亡》七律二首：

身世飘零迹已陈，浮云水泡变迁频。少年赋鹏宁论命，老子犹龙差可人。不惜头颅利天下，誓捐顶踵拟微尘。歧途几被桃源误，未解亡秦转避秦。

揽镜朝来鬓有霜，时间十二九回肠。碎琴莫漫悲知己，削辙何须怨故乡？剩有万金双剑在，未应三户并时亡。余生欲叩天阍问，枳棘何缘隐凤凰。[②]

---

① 宁调元：《巴陵舟次作》，《宁调元集》，2008 年，第 122 页。

② 宁调元：《丙午冬日出亡》，《宁调元集》，2008 年，第 121 页。

在遭受挫折，“身世飘零”之际，宁调元难免感到悲凉和迷惘，但是坚信自己的选择光时明正大，有益于国家人民，仍表示“不惜头颅以利天下”，摩顶放踵为人民。

船开后不久，岳州镇巡捕李荣俊等人登船盘查，发现身着洋装、学生打扮的宁调元与任震可疑，便将宁、任二人抓捕下船，送往巴陵县署。在巴陵县署，何县令亲自审讯宁调元，但宁调元和任震均坚不承认自己是革命党。宁调元还在巴陵县署墙壁上题诗，嘲讽何县令多管闲事：

多嫌傅粉是何郎，打鸭无端又惊鸯。未识干卿胡底事，操刀徒为他人忙。[①]

与此同时，宁调元为自己壮志未酬，没有战死沙场却将要枉死于刽子手的屠刀之下而感叹不已，从容口占绝命诗七绝十首：

正当腊尽与冬残，铁锁锒铛带笑看。赢得卫兵差解事，傍人镇日骂昏官。

不信参商原异处，岂知郭李偶同舟。一篇由鹿唐人赋，教我沉吟到白头。

旧游万里记瀛洲，今日钟期系楚丘。不信洞庭湖上望，断头台近岳阳楼。

几生东海填精卫，千古南冠泣楚囚。如此相逢如此死，并时屈贾更风流。

绕树更无枝可依，丈夫豹死不留皮。慈亲如倚门前望，休为孤儿老泪垂。

人生自古百年稀，骓不逝兮愿已违。昨夜似曾闻杜宇，声声叫道不如归。

壮志澄清付水流，漫言后乐与先忧。鬼雄如果能为厉，死到泉台定复仇。

白刃临头枉用号，向天搔首奈天高。只缘不伴沙场死，虚向人间走一遭。

---

① 宁调元：《巴陵县署题壁》，《宁调元集》，2008年，第37页。

满地梅花带雪飞，茫茫前路欲何为？魂兮应上新亭望，风景河山有是非。

幸不垂头终户牖，只缘热血在中原。人心死尽钧天醉，风雨何人吊国魂？[①]

在诗中，宁调元表示死后还要化为厉鬼，报仇雪恨，表现了视死如归的英雄气概和大无畏的斗争精神。宁调元这组绝命诗后来在同志们中迅速流传，颇受好评。景九梅对此印象很深，曾说："宁君也在途中被捕，并赋绝命诗，传诵一时，内有'断头台近岳阳楼'之句。"[②]

对于宁、任二人被捕的情况，当时多种报纸亦有报道。1907年2月24日的《申报》报道云：

浏醴匪乱其著名匪目以留东学生为多，现在匪事虽平仍于留学生极为注意。日前有岳州镇巡捕督同差官，在利汉轮船拿获匪首两名：一宁调元，醴陵人；一任智诚，巴陵人，均东洋装束，即解送巴陵县何浚廷大令审讯。宁系湖南西路伪总统，学问才华颇称博雅，是日，当何大令面前赋诗八章，一挥而就。任为前任四川某县知县某君之长公子，器宇轩昂，游日本最早，两人交谊甚笃，人皆目为有用之才云。[③]

3月3日的《申报》又报道云：

去腊，岳州镇巡捕督同差官在利汉轮船拿获匪目宁调元、任智诚两名，送交巴陵县审讯等情，已纪前报。兹悉该县已将宁、任二匪目押解到省，经臬司审讯诘知，宁调元系醴陵人，一名宁协万；任智诚系巴陵人，现名任震，曾著《洞庭波》书报，且前此北洋电饬拿办之任騆亦系任智诚化名，因饬暂予监禁听候核办。[④]

---

① 宁调元：《岳州被逮时口占十截》，《宁调元集》，2008年，第37—38页。

② 景九梅：《罪案》，中国史学会主编《辛亥革命》（2），上海人民出版社，2000年，第251页。

③ 《岳州镇拿获二大匪目》，《申报》1907年2月24日。

④ 《会匪解省讯办长沙》，《申报》1907年3月3日。

《中外日报》亦有连续报道，2月23日报道云：

> 此次萍醴匪乱，牵涉日本东京民报社员宁调元，各处捕拿甚急。宁匿于岳州府城内任姓家中（任亦留学生），当被岳州府豫太守拿获，解往省城审讯。[①]

2月24日又报道云：

> 去腊十五夜，岳州镇巡捕李千总荣俊督同差官谢玉璋，在利汉轮船拿获匪首宁调元、任智诚两名，送交巴陵县审讯。宁系醴陵县人，现充西路伪总统。学问渊博，才华富丽，在县署当向大令赋诗八章。任即巴陵县人，旧游东京，深通科学。闻者莫不惋惜云。[②]

从以上报纸的报道中可以看出，清政府湘省当局还是掌握了一些宁调元和任震参加革命的情况。

宁调元后来也记载了此次被捕的经过，并指出是因任娃事而受牵连：

> 任娃者，岳州人，任长沙四大党魁之一，亦北洋通缉单内所开。有巴陵任震者，年二十有七，因赌博事与水师营积有衅隙。丙午十二月水师营乘机图报，遂以任娃事陷之。解省，提讯一次。经湘抚电询北洋，正月十五得复电，称任娃年约四十六七，身中，面黑有须，与任震不啻有天壤之别。本宜即时省释，乃经任姓户族前后十数禀，恳其曲全，抚臬互相推诿，至九月间始递解回籍。余之得祸，亦任娃为媒介也。[③]

宁调元被捕的消息传到日本，黄兴、宋教仁积极组织营救。宋教仁特从《民报》社借得三十元，与刘揆一共拟电文给王先谦，托其救宁。得知任震亦被捕的消息后，黄兴、宋教仁、刘揆一商

① 《民报社员被拿》，《中外日报》1907年2月23日。

② 《拿获匪首》，《中外日报》1907年2月24日。

③ 宁调元：《南幽杂俎》，《宁调元集》，2008年，第372—373页。

定速发一电，辩其非革命党。[1]

鉴于岳州对宁调元、任震的审讯没有任何结果，湘省当局急令岳州，速将宁、任二人转押长沙。

① 宋教仁：《宋教仁自述》下，第270—271页。

第五章　战斗狱中

宁调元被捕后决心赴死，但由于湘省当局没有掌握确凿证据，加之狱外革命党人的周旋，案子被搁置。面对现实，宁调元由赴死转为求生，在囹圄坚持学习，“刻意治学问，暇则酌酒赋诗，歌声琅琅出金石，若忘其为囚人也者”[①]。同时，宁调元虽身在牢狱，但仍心系天下，“未尝一日忘革命”[②]，继续积极为反清革命大业作贡献。

第一节　发愤读书

1907 年 1 月底，宁调元由岳州转禁于湖南臬司狱，臬署委员车某审讯数次，宁调元均箕坐抗辩，旁若无人，自请上断头台，并在狱壁题绝命词曰：

曾作三山海外行，人寰底事误归程。只因未采长生药，虚与蜉蝣过一生。[③]

① 柳亚子：《宁调元传》，《宁调元集》，1988 年，第 643 页。
② 刘谦：《宁调元先生事略》，《宁调元集》，1988 年，第 651 页。
③ 宁调元：《长沙狱题壁》，《宁调元集》，2008 年，第 122 页。

宁调元还在一篇笔记中回忆自己以前几次死里逃生的经历，表示早已将生死置之度外：

大丈夫冻死则冻死，饿死则饿死，方能堂堂立天地间。夙昔诵此言不置。余自受生以来，颇率性任事，不解趋避。与人交，虽多龃龉，然不念私愤，此实可自信者也。今二十有三矣，较之汪锜，不为不寿；较之村儒不出户庭一步者，不为不幸。己亥之春，学塾毁坏，几死于瓦石中。癸卯之秋，旅居长沙，几一痢以死。然竟不死于痢，不死于瓦。假我数年，得洞悉世变，阅历人情，研究科学，遨游万里，乃始触吏议以死，侥幸多矣。摇尾何为耶？乞怜何为耶？故曰："君子视死如归！"①

同时，宁调元还与同狱革命志士一连七次诗歌唱和，相互鼓励。其中三次和诗云：

故垒荒凉劫后灰，可曾报国有涓埃。善哉地狱能先入，耻以歧途误后来。意土正然烧炭党，法皇卒上断头台。相看异日风云会，莫漫伤心赋大哀。

寸心已共蜡争灰，独立苍茫起暮埃。自昔鸿沟分满汉，至今祸水怨周来。回头便是菩提树，携手行登大舞台。无限伤心此弹指，南风不竞楚人哀。

万劫经过剩有灰，关河弥漫尽尘埃。铜琶铁板江东去，枪雨弹云塞北来。党锢几生悲汉室，幽囚千载怨尧台。洛阳门外深深棘，埋没铜驼尽可哀。②

在诗中，宁调元表示为了革命理想，宁愿先入善哉地狱，并且以意大利烧炭党人的革命比喻同盟会等革命党人的革命，以法皇路易十六被法国大革命推上断头台暗喻清政府必将被革命党人推翻，表现出大无畏的英雄气概和对未来充满希望的革命乐观主义精神。

---

① 宁调元：《丁未正月初十笔记》，《宁调元集》，2008 年，第 365 页。

② 宁调元：《七律次韵和同狱某》，《宁调元集》，2008 年，第 41—42 页。

宁调元视死如归的气概，令臬署委员车某“肃然动容”。由于湘省当局拿不出确凿证据给宁调元定罪，加之宁调元的挚友、醴陵廪贡生刘泽湘（字今希）为宁调元事“诉于县，请以百口”担保，并力言“时局阽危，宜为国家惜人才”。时任醴陵县令汪文溥亦“据以上详”，使“当道意移”，于是此案被搁置，宁调元“自是系府司狱者凡三年”。[①] 对于上述情况，时在长沙的皮锡瑞也有耳闻，并在其1907年3月18日（二月初五日）的日记中记云：“……见通饬查学堂，《洞庭波》等。”4月26日（三月十四日）的日记也有云：“林中堪云：捕得作《洞庭波》［者］，姓宁，似协万，不足以当之。”[②]

对于上述重大转机，宁调元当时亦有如下记载：

> 余被捕之始也，即成《绝命词》十三章。以为一入虎穴，必无生望，而头两次亲供，亦自请上断头台。委员称：“凡杀人，必据本人实供。”余之幸生心亦自此生矣。故知死者必勇，非死者难，处死者难也。[③]

虽然“处死者难”，但黑狱曼曼，度日如年。狱外的同志们也为宁调元的狱中生活做了考虑，通过上下打点，使他在狱中得到不少的优待。对此，1908年，宁调元在致章太炎的信中有所谈及：“入今岁，匪特少侵凌之事已也，且内外颇形水乳。盖彼等至下劣也，道德知识，两无可云，充塞方寸间，一完满之金币主义。某即以此而利用之，有时或尚得特别之待遇也，故亦可谓之不自由之自由。”[④] 所以，宁调元虽在狱中，但仍有“不自由之自由”，不仅可在监狱中看书读报、接待朋友来访，还可以外出做客。1908年1月29日（腊月二十六），宁调元记曰：“是日，张家请吃年饭。”[⑤]

---

① 刘谦：《宁调元先生事略》，《宁调元集》，1988年，第650—651页。

② 刘泱泱整理：《师伏堂日记》，《萍浏醴起义资料汇编》，第324页。

③ 宁调元：《南幽杂俎》，《宁调元集》，2008年，第380页。

④ 宁调元：《与章太炎书》，《宁调元集》，2008年，第198页。

⑤ 宁调元：《南幽笔记》，《宁调元集》，2008年，第408页。

面对新的形势，宁调元认识到：“虽然，余亦监狱中一分子，死生存亡未可预卜。道高一尺，魔高一丈，诚有如谭浏阳所云：‘倘此身一日尚存，则一日全能尚在。’曷可妄自菲薄，委之异人任哉！”于是，他重新调整自己的心态和目标，决定利用监狱中有限的条件加强学习和锻炼，进一步充实自己，为出狱后进行反清革命工作打牢基础。为此，宁调元为自己制订了狱中学习生活计划，即《自课四则》：

昔尝谓，大丈夫当行万里路，当读万卷书，比年东游，未有所学。天或者假我数年，置之监狱，为最良之学校，竟前日之志，亦未可知也。见近每日阅书，平均计算至少可百余页，即资质愚鲁无他心得，于养气放心之道，当庶几其不谬焉。虽然勤矣，而不持之以恒，则一曝十寒之道，鸣乎可？今拟常课如下：

一、运动　不耕而食，不织而衣，块然枯坐，木偶何殊？古有行尸走肉之诮，今有肉食动物之喻，欲矫其失而健其体，其为运动乎？

二、习字　心躁则神昏，心静则神宁。诚中形外，理有固然。曾国藩之于其弟国荃也，常以其笔迹之润枯而验其精神之优劣。此后当日习字若干张，借以自验焉。

三、读书　读世界历史，可以知社会之变迁、种族之盛衰、政治之污隆，以激发其观念；读英雄传记，可以睹其艰难之境遇、坚忍之性质、伟大之事业，以振兴其志气；读各种小说，可以验事物之因果、世道之崎岖、沧桑之变迁，以增长其阅历；读诗词可以怡养性情，唱乐歌可以高尚思想。陶潜云：“开卷有益。”朱子亦有“四时读书乐”之词。旨哉！人事万般，岂能易此乐哉？

四、作文　苏玉局嬉笑怒骂，皆为文章。白太傅巷语街谈，靡非诗歌。行有所弗适，志有所弗得，固亦可借之永今朝而永今夕也。若雕虫篆刻，壮夫不为，扬子犹能言之，则又非余现近之所敢称道也。[1]

挺身赴死，宁调元表现了一个革命者的英雄本色；图圄求生，宁调元又表现了一个革命者的顽强意志。自此之后，宁调元把监狱当成“最良之学校”，把学习当成反清革命的工作，在铁窗之下发愤读书学习。其《南幽笔记》逐日记录了1907 年 12 月—1908 年 2 月每天阅读的情况：

（十一月）初七，阅《律历志》二十六页、《礼乐志》全篇（计三十二页）、《刑法志》全篇（计二十三页半）。……

初八，阅《食货志》上、下篇（共四十页），《郊祀志》上篇（计三十三页）、下篇（十二页）。

初九日，阅《郊祀志》十二页完，阅《五行志》六十二页，阅杜诗数十首。……

初十日，阅《五行志》中之下五页起，至下之下止，计七十四页，读杜诗（《同谷七歌》起）数十首。

……

十四，阅《地理志》六十一页。……

十五，阅《地理志》二十二页完，阅《沟洫志》十七页，阅《艺文志》三十页，阅陶诗数十首。……

十六日，借桂氏《说文解字义证》一册。上午阅《说文》，下午阅《艺文志》完，《陈胜项籍列传》第一。

十七上午，阅《说文》。下午，阅《张耳陈余传》第二，又侦探小说《情魔》一本。

……

十八日上午，阅《国粹学报》……。午后，阅《魏豹田儋韩信列传》第三。

……

（十二月）初五，阅《墨子》，《患祸》《七辞》《三辩》《尚贤》上、中、下共六篇，《汉书·冯唐汲黯郑当时贾山传》

① 宁调元：《自课四则》，《宁调元集》，2008 年，第 373—374 页。

完。……灯下阅《说文》及《楞严经》。

初六，阅《墨子》，《上同》上、中、下，《兼爱》上、中、下，共六篇，《汉书·邹阳枚乘路温舒传》第二十一。灯下阅《说文》。

……

十二，阅《墨子》，《贵义》《公孟》《鲁问》《公输》四篇；《汉书》，《杜周传》第三十、《张骞李广利传》第三十一、《司马迁传》第三十二、《武五子传》第三十三，《后汉书·安帝纪》第五。灯下阅《说文》。……

十三，阅《荀子》，《劝学》《修身》《不苟》《荣辱》《非相》《非十二子》《仲尼》共七篇，《汉书·严朱吾丘主父徐严终王贾传》第三十四上，并三十四下，均完。《后汉书·顺冲质帝纪》第六。灯下阅《说文》。①

……

宁调元对自己要求很严，每天规定的读书任务必须完成。1908年2月1日（阴历丁未年腊月二十九，除夕），文斐从东京回国，前来探视宁调元，“谈甚久”。宁调元在当天的日记中记道“二十九日，旷课一天”②。

宁调元在狱中阅读甚为广泛，据统计，1907年12月9日至1908年2月5日不到两个月的时间内，夜以继日，共读完《汉书》《后汉书》《说文》《小雅》《道德经》《列子》《金刚经》《字说》《杂字解诂》《古字今注》《异字》《广苍》《墨子》《楞严经》《荀子》，日人所著《释尊传》等古今中外著作以及当时的《国粹学报》《复报》《长沙日报》《福州日报》等报刊。此外，他还阅读了大量的人物传记、诗词、时事文章及小说等等，借以拓展眼界、充实知识。

除了广泛阅读，宁调元还进行一些训诂和考据工作，并作读

① 宁调元：《南幽笔记》，《宁调元集》，2008年，第399—410页。

② 宁调元：《南幽笔记》，《宁调元集》，2008年，第408页。

书札记。《庄子》是宁调元幼时其父曾口授的中国古典作品之一，宁调元自幼就曾熟读，此次在监狱中，宁调元找来《庄子》再次阅读，并“于前人解释之讹、断句之谬、传写之误”[①]作了60余处补释。例如，对于《庄子·大运篇》中的“塗却守神”，宁调元作补释如下：

> 郭注：“塞其兑也。”却，陆：“去逆切，与隙义同。”调元案：塗，当作涂，“却”为“郤”误，实“隙”之假。于《广说文广义》中已详言之矣。

又如，对于《庄子·天运篇》中的“通昔不寐”，宁调元作补释如下：

> 昔，陆云：“夜也。”调元案：“今昔荧惑。”毕沅补注：“昔训夜。”又云：“今昔，本作今夕。”昔、夕，叠韵兼双声字，足证“昔”实为“夕”之假，故训夜。[②]

《汉书》和《后汉书》也是宁调元幼年爱读之物。入狱后，宁调元也找来这些书，第二次认真阅读，并作《汉书》札记60余条：

> 《刘向传》：“青紫貂蝉充盈幄内。”坊本“充”或讹作“克”。
>
> 《刘歆传》：“书阙简脱，朕甚闵焉。”坊本或误“朕”为“脱”。
>
> 《刘歆传》：“黨同门，妬道真，违明诏，失圣意。”味其句意，疑“道真”二字当作“真道”，传写者误为颠倒耳。而“黨”亦当为“攩”之假借字。《说文》：“攩，朋群也。”“黨，不鲜也。”乃今人非特误“朋攩”之字为“黨”，又以“攩”为“抵攩”字。谬种流传，不可收拾矣。
>
> 《张良传》：“上曰：‘天下属安定，何故而反？’”师古曰：“属，近也。言近始安定。”元案：“属，犹“底”也。

① 宁调元：《〈庄子〉补释》，《宁调元集》，2008年，第235页。

② 宁调元：《〈庄子〉补释》，《宁调元集》，2008年，第243页。

如言天下底定。古者，“底”“扺”通用。《史记·天官书》：“绝汉扺营室。”《索隐》：“扺，属也。”亦其证也。

《陈平传》：“赐金二十溢。”溢者，镒之假借。……①

就这样，宁调元在狱中三年，先后阅读书籍 2000 余种。在广泛阅读的同时，宁调元还在狱中完成了《明夷诗钞》《明夷词钞》《南幽文集》《南幽百绝句》《叹逝集》《碧血痕》《庄子补注》《读〈汉书〉札记》《说文广义正》《广说文广义》《楚辞王注补》等多部著作，作诗填词近 600 首，是其一生中文学创作最旺盛的时期，倘若没有超强的革命意志，这些都是无法想象的。

宁调元在狱中所读之书，都是时在长沙城南师范学校就读的刘谦和时在湖南高等实业学校就读的宁调元外甥王启玾（字纪宣）在狱外四处借来的。刘谦，字约真，生于 1883 年 7 月 20 日，宁调元好友刘泽湘之弟，又与宁调元同庚，稍长于宁，故宁调元常以兄称之。刘谦曾说：“时余肄业城南师范学校。校中藏书綦富，每星期休假，必领书若干册携之往，限一星期内阅完，辄复易以他书。其为校所无者，与君甥王纪宣多方物色之，计三年中所阅之书，可二千种。”② 对于刘谦的关心和支持，宁调元感铭在心，又无以回报，特作《赠约真》一诗并序相赠：

身败名裂，幽于囹圄，下贱所难，谁复齿数？约真二月来垣，肄业于城南。休息之暇，辄来省视。形迹既疏，往返日密。所以惠我，兄弟不啻。岂今日狐兔出没之世所数见之士哉？暑假既届，行将归梓，因拟数言赠之。

熏风振庭除，蒲柳日衰谢。自从南冠囚，经冬复徂夏。
时俗久轻薄，谁愿言慰藉？君岂骨肉亲，一周一来过。
文字时往还，书史资假借。既蔑嫌疑心，况乃风潮大。
密迩曾几时，分离苦无奈。曲曲城南烟，寂寂江月夜。

① 宁调元：《读〈汉书〉札记》，《宁调元集》，2008 年，第 259—260 页。
② 刘谦：《宁调元先生事略》，《宁调元集》，1988 年，第 652 页。

兔丝东北垂，雁影西南陊。累泄对兹情，夙昔涕斯下。[1]

宁调元在狱中潜心读书学习，并不是借以打发时光，而是在于汲取知识、读古通今、古为今用。因此，在广泛阅读的同时，宁调元对人事、国事、天下事进行了深入的思考，写下了大量的读书笔记和读书心得，对许多问题有了新的或更深入的省悟和理解。

在重读《汉书》之时，除对之作考据之外，宁调元对其内容又有了新的发现，并将其写入读书札记：

戊己之际，自欧潮东渐，而自由结婚之说以昌。一二议论家心醉秋风，鲜不韪其义，而大声疾呼曰："此婚姻问题不可不研究而改革之。"夫岂知吾人已有行之者乎！《张耳传》："外黄富人女甚美。庸奴其夫，亡邸父客。父客谓'必欲求贤夫，从张耳'。女听，为请决，嫁之。"颜注："请决绝于前夫，而嫁于耳也。"《朱买臣传》："买臣愈益疾歌，妻羞之，求去。买臣笑曰：'我年五十当富贵，今已四十余矣。女苦日久，待我富贵报女功。'妻恚怒曰：'如公等，终饿死沟中耳，何能富贵?'买臣不能留，即听去。"此皆婚姻离合自由之一大证据也。次之为司马相如、为黄霸。《司马相如传》："相如时从车骑，雍容闲雅，甚都。及饮，卓氏弄琴，文君窃从户窥，心悦而好之，恐不得当也。既罢，相如乃令侍人重赐文君侍者，通殷勤。文君夜亡奔相如。相如驰［与］归成都。"然卓王孙亦不过暂时断之，非有它权力以对付之，亦可怪也。且嵇康著《圣贤高士录》，尚引其事以为美谈。黄霸少为阳夏游徼，与善相人共载，出见一妇人。相者言此妇当富贵，不然，相书不可用也。霸推问之，乃其乡里巫家女。即娶为妻，与之终身。虽非真正自由结婚，然其权尚可自主也。吾请进述汉人之理论。理论显，而后知吾所引之事实非勉强牵附也。……夫夫妇之道，人伦之始，关系重大，自择尤恐不当，

[1] 宁调元：《赠约真》，《宁调元集》，2008年，第55页。

孜听命于人乎哉?[1]

在宁调元看来，张耳之妻嫁与张耳、朱买臣之妻不愿意与夫同贫而离去，都是由女子自主决定的。至于司马相如与卓文君私奔，黄霸娶巫家女也皆两相情愿，自由结合。因此，自由结婚之说并非西方独有，中国早在汉朝之时，就已流行自由结婚、离婚，而并非像近代有所谓的“父母之命，媒妁之言”。由此可见，宁调元狱中对《汉书》的研究不仅具有重要的学术价值，而且更具深远的历史和现实意义。

在《说忍》这则笔记里，宁调元记下了自己对“忍”的新的理解：

吾国人何其善忍哉！亡国可忍也，灭种可忍也，残同胞可忍［也］，贩祖宗可忍也。吾平生何其不善忍哉？三年以来，大小风波，屡厕身其中，罔知趋避，至贾今日之祸。夫大目的未达，遽薪然露头角、显颜面，牺牲于无用之地，以快一二人之心，不亦小不忍，则乱大谋乎？昔孔子以忍为美德，后世复有议非之者，盖亦视其所忍何如耳！后此倘有出狱之望，便当闭门谢客，埋迹空山，养我锐气，练我胆识。韩信之登坛拜将也，一军皆惊；吕文穆未第时，人皆以渴睡汉讥之；毛遂之与平原君偕，十九人相与目笑之。英雄之令人莫测也类此。谚云：“从前种种，譬如昨日死；以后种种，譬如今日生。”倘不痛忍，日月逝矣，岁不我与！[2]

在另一篇笔记中，他还写道：

值美雨之东来，约欧云以西渐，吾人对于民族问题有一番责任者，宜如何刻苦自励，养成耐劳忍苦之习惯，为二十世纪舞台上占一特别之位置耶?[3]

这说明，宁调元已经把“忍”作为淬砺自己革命意志的基石

① 宁调元:《读〈汉书〉札记》,《宁调元集》，2008 年，第 267—268 页。

② 宁调元:《说忍》,《宁调元集》，2008 年，第 373 页。

③ 宁调元:《二月二十三笔记》,《宁调元集》，2008 年，第 370 页。

和实现自己革命目标的前提。

在《二月二十八》笔记中，宁调元记载了通过阅读愚公移山和苏武被匈奴扣押19年仍不屈服的故事，感悟到进行革命事业要具有坚忍力、裁判力、冒险性、容纳性等“二力二性”：

> “愚公移山，期以三世；苏卿抱节，十有九年。”此言作事之贵有坚忍力也。“晋武以独断而兴，烈皇以狐疑而败。欲断不断，反受其咎。”此言作事之贵有裁判力也。“西家老翁防虎患，虎夜入室衔其头，东家儿童不知虎，执竿驱虎如驱牛。”此言作事之贵有冒险性也。“泰山不让土壤，故能成其大；河海不择细流，故能就其深。”此言作事之贵有容纳性也。然而，刻鹄不成，犹且类鹜；画虎不成，将狗毋如。学焉不成，流毒滋甚。常有貌坚忍而性执拗，外裁判而内刚愎，言冒险而行孟浪，华容纳而实依阿者，此不可不知也。[①]

在《三月二十》笔记中，宁调元记录下自己关于忧患问题的思考：

> 忧患者，鼓铸人材之机器炉也。盖精金以百炼而光彩益彰，劲草遇疾风而操守愈厉。古之圣智，几无有不从忧患中来者。文王囚于羑里而著《周易》；孔子厄于陈、蔡而作《春秋》；伍子胥负昭关之痛，卒挞平王；越勾践念除粪之羞，卒沼姑苏。余频年浪游，毫无寸进，方之古人，已堪愧死。今日之入之陷阱也，天或者有以玉成我乎？故不惜假我以岁月，尝我以艰苦，左之右之，颠之倒之，顺者逆之，扬者抑之，福者祸之，刚者柔之，风雪以坚其操，雷电以练其胆，若可以绝我望，若将以灰我心。余际斯时，可不敬受之哉！范文正云：“先天下之忧而忧，后天下之乐而乐。”佛言：“我不入地狱，谁入地狱？”三复一过，觉未来世界皆作庄严灿烂状，发见于眼球中。……厚责人而薄责己，实人生道德上一大

---

① 宁调元：《二月二十八笔记》，《宁调元集》，2008年，第370—371页。

缺点。[①]

从这篇笔记中不难看出，宁调元已学会把忧患与磨难视为革命事业对自己的锻炼和考验。面对磨难，宁调元不是气馁，不是悲伤，更不是绝望，而是在不断地自勉自励，期待着走出牢狱、重新战斗的一天，并对前途充满了信心和希望。

《回天绮谈》是玉瑟斋主人以外国题材创作的一篇政治小说，光绪二十九年（1903）五月在梁启超所办之《新小说》第四号至第六号载，后由广智书局出版。该小说讲述了英国轩利二世季子约翰因得皇太后爱怜，夺了皇孙亚疏兄弟应袭的王位后，横暴恣睢日甚，只管盘乐怠傲，不理政事，致使正直之人渐渐疏远，权落奸佞之手，引起全国爱国志士不平，纷起反抗，经过流血牺牲和不屈不挠的斗争，最后迫使约翰同意改革，成立国民议会，制定宪法，组织新政府的故事。宁调元阅读这篇政治小说后，从中归纳了成大事应具备的魄力、毅力、群力“三力”及其三者之间的辩证关系：

> 吾读《回天绮谈》，述英皇约翰之为人，始知人间世尚有过之者也。约翰幼小御极，荒于女色，政权假之宵小，致举国嚣然，丧其乐生之心。唐太宗其篡立也，秦始皇其专制也，明太祖其猜忌也，有此一节，已足覆国，既兼而有之，复兴无名之师，挑衅强邻，科额外之税，厚敛百姓，其蕴祸固有由也。当一二志士之大声疾呼也，政府不惟不知所以安慰之，乃惟恃最残酷之刑以毙其命，最黑暗之狱以促其生。扬汤止沸，热度加厉。积渐平民和之，教会和之，贵族又和之，三党联合。于是夫政府铸造革命党之力，革命党受政府鼓铸之赐，水到渠成，义旗高举，铁山为摧。前日猛如狼、毒如蛇之侦探，虺蜴为心、虎豹为肠之官吏，今则死灰寒蝉之不啻矣。或且反颜倒戈，蒲伏道左，若奔厥角，稽颡乞怜于新主翁之前。何前后之异形也？由斯以观，大概成事者必具三力，

① 宁调元：《三月二十笔记》，《宁调元集》，2008 年，第 376 页。

古今中外犹一辙也。三力谓何？一曰魄力，二曰毅力，三曰群力。非魄力不足以振发非常之睎望，非毅力不足以增进非常之睎望，非群力毋以贯达非常之睎望。政府之绝端的阻遏，固皆无二之策。……昔六国之合纵攻秦也，来若乌合，去若兽散，三者无一焉，故卒不能得志。陈涉之首发大难也，有其魄力；项羽之斩下邳令、杀卿子冠军也，破釜沉舟，裹粮而行，大有一瞑不视之概。然印玺刓敝，人心携贰，故业败于垂成，功亏夫一篑。此亦可为有魄力、有毅力、而无群力者为前车之鉴也。高帝兼三力而有之，所以屡数十败，卒有垓下一日也。夫愚公之移太行、王屋也，操蛇之神闻之，尚为色沮。事在人为，岂不然？岂不然？[①]

不仅从外国的政治小说中归纳出成大事应具备条件，宁调元还善于从外国政治家，如日本的伊藤、西乡隆盛、大久保利通、木户孝允、幸德秋水等人的诗作中汲取营养，借以砥砺意志。

幸德秋水是日本著名的社会主义者，1901 年与片山潜等人创建日本第一个社会主义政党——社会民主党，发表《我是社会主义者》，公开宣告信奉马克思的社会主义。1903 年，日俄战争爆发前夕，他与堺利彦等人创办《平民新闻》周刊，宣传反战和社会主义思想。1904 年，他在《平民新闻》上发表和堺利彦共译的《共产党宣言》，还翻译孙中山的《革命潮》一文，次年《平民新闻》被迫停刊，幸德秋水又以《直言》作为舆论阵地，不久因发表《呜呼！增税》等事件被判处 5 个月徒刑。在狱中，他坚持读书，先后阅读了恩格斯、克鲁泡特金等人著作。出狱后，去美国访问约半年。1906 年 6 月回国后，幸德秋水反对议会主义，主张组织工人总罢工。对于幸德秋水，宁调元“悲其遭遇与主义之相同也”[②]，颇有惺惺相惜之感，特于 1908 年 2 月 5 日的笔记中抄录

① 宁调元：《书〈回天绮谈〉后》，《宁调元集》，2008 年，第 366—367 页。

② 宁调元：《狱中杂吟，用日人幸德秋水韵》，《宁调元集》，2008 年，第 76 页。

了幸德秋水《狱中杂吟诗》五章以及《赤色旗》[①]，反复诵咏，并用幸德秋水《狱中杂吟诗》的题目及原韵，“立和五绝”：

《锐似刀》云：

死去端能谥酒豪，百无聊赖首频搔。艰难险阻都尝遍，哪管寒威锐似刀。

《多清福》云：

几树垂杨锁暮烟，几回关塞阻佳缘。几多清福多无分。日与豺狼一榻眠。

《反侧频》云：

寒风凛冽透孤衾，好梦难圆反侧频。自觅津梁无方便，更何机会渡他人！

《数落花》云：

医国无人病转加，贾生祠畔日西斜。鸾囚凤锁浑无赖，频倚圜门数落花。

《人欲仙》云：

阴霾万里蔽长天，到此翻疑人欲仙。惟有广陵消歇甚，爨桐一律到厨前。[②]

在发愤学习的同时，宁调元还勤于思考，连续写下《论孔子之持家》《孔子之接物》《孔子之教忠》《孔子之右文》等四篇文章，从不同的角度对中国传统封建文化进行猛烈地抨击，并提出其一系列反封建文化的观点。

在《论孔子之持家》一文中，宁调元写道：“昔孔子，圣人也，一眚之微，因出其妻。夫感化之制，至不能行于枕笫之间。乃欲周流七十二国，以求取用，毋怪伐树削辙之事，接踵而起，故《大学》言：‘欲治其国者，必先齐其家。’”[③] 因此，他认为，孔子的出妻，暴露其治家无能，何谈治国。

---

① 宁调元：《南幽笔记》，《宁调元集》，2008 年，第 409 页。

② 宁调元：《狱中杂吟，用日人幸德秋水韵》，《宁调元集》，2008 年，第 76—77 页。

③ 宁调元：《论孔子之持家》，《宁调元集》，2008 年，第 368 页。

在《孔子之接物》一文中，宁调元指出："孺悲欲见孔子，孔子不见，鼓瑟而歌，使之闻之。夫不见则不见耳，鼓瑟何为耶？使之闻之，又何为耶？坚人为恶之心，绝人自新之路，毋逾于此。况淫乱如南子，蛮野如互乡童子，皆不吝一见，岂一恭而一倨耶？"[①]因此，他认为，孔子故意不见孺悲，反映其待人偏狭，何谈圣人。

《论语·卫灵公》记载卫灵公问阵于孔子。孔子对曰："俎豆之事，则尝闻之矣；军旅之事，未之学也。"为此，宁调元作《孔子之右文》一文指出："东周而还，诸大哲学派，固无能出孔子之右，而其言论亦较诸家为有影响。惟种祸尤深者，则莫如答卫灵公问阵一事。"[②] 他认为，"至今日，文弱演为国俗，呰窳化为士习。军国主义，让欧西以独步；武士道魂，成日本之别称。称臣称侄，祸当再演；割地赔款，无有了时。"因此，孔子轻视军事的思想，是导致中国落后挨打的重要原因。他认为中国要像日本那样大力宣传军国民主义，抵御外国入侵。

在《孔子之教忠》一文中，宁调元认为，历代专制君主尊孔是为了利用孔教的"忠君说"束缚人民的思想，钳制其"叛逆"的行为。他指出："孟子曰：'古之所谓良臣，今之所谓民贼也。'吾得而易其言曰：'古之所谓至圣，今之所谓民贼也。'何以言之？孔子者，盖驯谨成若性也，其发于议论，著之行为，无一不以是为宗旨，致贻中国二千年专制之毒、民族衰弱之祸。"所以他为中国封建社会几千年的尊孔而叹惋，认为："孔子之道不衰，种可灭，国可亡，而孔子之封祀如故。悲夫！"[③]

科举制度被废除之后，清政府学部于1906年将教育宗旨分为两类，作出重新规定。其中第一类就是"忠君"和"尊孔"。所谓"忠君"，就是要"使全国学生每饭不忘忠义，仰先烈而思天地高

---

① 宁调元：《孔子之接物》，《宁调元集》，2008年，第368—369页。

② 宁调元：《孔子之右文》，《宁调元集》，2008年，第370页。

③ 宁调元：《孔子之教忠》，《宁调元集》，2008年，第369页。

厚之恩，睹时局而涤风雨飘摇之惧”，以达到“保帝国之统一”，维持“万世一系之皇位”的目的；所谓“尊孔”，就是要让学生在儒家的熏陶之下，认识到“孔子之道大而能博，不但为中国万世不祧之宗，亦五洲生民共仰之圣”，从而“使国教愈崇，斯民心愈固”。宁调元以上对于孔子及孔教的抨击，从文化的视角追溯国家民族积贫积弱的原因，并将批判的矛头指向为封建专制制度提供理论庇护、束缚人们思想的孔教，不仅独具慧眼，而且振聋发聩，反映其反清革命、反对封建传统的思想更趋成熟。

男儿有泪不轻弹，无情未必真丈夫。在狱中，宁调元既有视死如归的豪气、发愤读书的志气，但也有暗自弹泪的叹气。这就是他对亲人的深切思念与内疚。自宁父1902年去世之后，宁调元家“卖田了债，家道益中落矣”[①]。宁调元自1901年与阳氏结婚之后，先后生下一子一女。但宁调元却为了反清革命事业，长年奔波在外，家中抚养子女，照顾六旬母亲及八旬祖母的重担全部压在妻子阳璞的身上，还要拖累岳父阳凤梧、岳母陈氏常去照料。一念及此，宁调元怎不暗自弹泪？如前所述，宁调元少年之时就主张写情诗，并有不少这方面的诗作，编为《闲情集》。因此，在狱中读书写作之余，宁调元在沉沉牢狱、漫漫长夜，借诗句表达对亲人的无尽思念。宁调元的祖母杨氏此时已过古稀之年，自1880年祖父逝世后一直就与宁调元一家生活在一起，对孙子宁调元呵护有加，此时狱中的宁调元对于祖母也思念不已，因而诗中有“祖母颓唐白发稠，春晖更未寸恩酬。盘涡堕落身无定，瘦却容颜总是愁”[②] 之句。不久宁调元又在狱中迎来了重阳节。重阳节在阴历九月初九，二九相重，故称为“重九”。由于“九九”谐音“久久”，有长久之意，所以在这一天，民间有祭祖与敬老习俗。因此，宁调元此刻的心又飞回家乡，思念起母亲和祖母：

故国黄花思渺然，老亲应尚倚门前。消磨壮志难为我，

---

① 宁调元：《丙午除夕笔记》，《宁调元集》，2008年，第364页。

② 宁调元：《夜坐偶成》，《宁调元集》，2008年，第67页。

琴操拘幽又一年。[①]

宁调元思念更多更深的还是在家负重的妻子阳璞，因此这方面的诗作也最多。其《忆内》云：

记取当年出故关，相偎相依霎时间。行装一夜劳收束，禁却纤纤玉手寒。[②]

诗中通过对妻子为自己整理行装的回忆，抒发了对妻子的感激和怀念之情。

另一首《忆内》则云：

半生鸳梦老风波，消瘦容颜苦忆他。屈指近来一千日，同衾未得两旬多。[③]

诗中通过梦见妻子因想念自己而消瘦，而感叹夫妻聚少离多，思念之情溢于言表。因而又以原韵作《怨别》云：

大好华年付逝波，不怜身世转怜他。未知别后今宵梦，谁复相逢泣最多？[④]

“长相思”取自南朝乐府“上言长相思，下言久离别”句，原为唐教坊曲，后用作词调名，多写男女相思之情。在狱中，宁调元还常以《长相思》为名填词，倾诉对妻子的思念：

桃也红，面也红，旧日相看今梦中。愁多欢又匆。　西山西，东墙东，塞雁河鱼消息通。相思可是同。[⑤]

桃花妍，杏花妍，风景不殊人各天，匆匆过一年。　思绵绵，恨绵绵，一夜烦纡数起眠。便梦也难圆。[⑥]

唐代诗人崔护《题都城南庄》诗中有“去年今日此门中，人面桃花相映红”之句，将桃花比作佳人。宁调元眼望监狱外的桃花，也想到了家中的妻子，于是又借以上两首《长相思》表达对

---

① 宁调元：《重九》，《宁调元集》，2008 年，第 68 页。
② 宁调元：《忆内》，《宁调元集》，2008 年，第 46 页。
③ 宁调元：《忆内》，《宁调元集》，2008 年，第 87 页。
④ 宁调元：《怨别》，《宁调元集》，2008 年，第 87 页。
⑤ 宁调元：《长相思》，《宁调元集》，2008 年，第 150 页。
⑥ 宁调元：《长相思》，《宁调元集》，2008 年，第 155 页。

妻子的深情思念。

杜甫有《月夜》诗云："今夜鄜州月，闺中只独看。遥怜小儿女，未解忆长安。香雾云鬟湿，清晖玉臂寒。何时倚虚幌，双照泪痕干。"此诗借想象妻子思念自己的情形，从反面抒写离情，表达了强烈的团聚愿望。熟读杜诗的宁调元也借《长相思》效法之：

魂成痴，梦成痴。寻到金微路不知，闲庭月上时。 忧无涯，意无涯。写寄新词复旧词，秋鸿归去迟。

贫相思，病相思。日祝君归君未归，相思花满枝。 柳如丝，鬓如丝。摇落秋风秋雨时，忧愁只自知。[①]

除了思念在家照顾老小的妻子，未尽女婿半子义务的宁调元对于岳父、岳母也深为愧疚，每每在狱中长久地注视着岳父、岳母的照片，借以表达深深的思念和祝福。《题岳母陈氏小照》云：

泰山之巅，其木参天。泰山之下，其水涟然。女萝附松，饮水思源。既甘且旨，云何能谖。

莽枝绕滕，子亦宜九。淑人之福，淑人之厚。忝列半子，何幸之有？我仰我瞻，我瞻我久。[②]

在《浪淘沙·为岳丈阳凤梧先生题小照》中，除了充满对岳父的思念与祝福，宁调元还表达了自己从事国事的志愿，希望得到岳父的理解与支持：

沧海化桑田，沉醉苍天。算公丘壑老风烟，不必桃源寻往境，便抵神仙。 国事付儿肩，猛着先鞭。陆沉倘起看他年。铸像若论功首在，也要巍然。[③]

宁调元狱中的这些对妻子、对岳父母的情诗，正如其所言："个人无情以支持之，则暴弃也；社会无情以团结之，则解散也；国家无情以纲维之，则灭亡也。"[④] 这既包含了宁调元的个人之情，

① 宁调元：《长相思》，《宁调元集》，2008 年，第 160 页。
② 宁调元：《题岳母陈氏小照》，《宁调元集》，2008 年，第 87 页。
③ 宁调元：《浪淘沙·为岳丈阳凤梧先生题小照》，《宁调元集》，2008 年，第 158 页。
④ 宁调元：《论情诗》，《宁调元集》，2008 年，第 368 页。

更包含了宁调元的社会之情和国家之情！这样，宁调元的情诗就超越了卿卿我我、花前月下爱情诗和思亲诗的窠臼，从而具有更加广阔深远的家国情怀。

1908年8月16日，宁调元在监狱迎来自己25岁生日。在这个特殊的日子里，宁调元回忆过往，展望未来，百感交集，《满江红·戊申二五初度》三阕一气呵成，尽情抒发“骥伏枥，心更烈”和“填沧海，精禽石；开蜀道，五丁力”的慷慨悲壮、昂扬奋发的革命豪情：

水绿山青，望绵邈，中原何极。甚一夜，西风摇落，便成畴昔。弦柱华年抛掷半，囹圄甲子消磨十。待几时云雾为开开，回天日。 牛同皂，恨难涤；马生角，涕沾臆。看大江东去，虏氛南逼。已分功名成画饼，只今王霸空陈迹。尽千秋黄土与安排，长埋碧。

岁月迁延，倏过了，中元时节。空悔恨，花开花谢，不曾将折。帝女新添瑶瑟怨，娲皇惭补中天缺。想今生孽果又重圆，红羊劫。 骥伏枥，心更烈；虎变鼠，喉为咽。望帝城何在，匈奴未灭。浪迹东西桃梗断，闲愁千万丁香结。检从来历史几兴亡，浑难说。

独立苍茫，共千里，月明今夕。正旧恨新愁如絮，重重相积。鸾鸟托身榛与枳，豺狼倚狈胶和漆。枕长戈夜起问青天，天何极。 填沧海，精禽石；开蜀道，五丁力。奈南风不竞，秋虫在壁。人事浮云西没易，年华逝水东归亟。数亲朋故旧几何存，千难一。①

高旭曾将宁调元与明末王夫之词相比拟：“太一词都是血泪结成。即以工拙论，亦不减薑斋，况气概绝相似者耶！”上述三阕慷慨悲壮、昂扬奋发的《满江红》，亦可概见也。

总之，三年的铁窗生活，也是宁调元三年的读书生活，三年的精神炼狱，使他的反清革命思想和策略更趋成熟，也使他对人

① 宁调元：《满江红·戊申二五初度》，《宁调元集》，2008年，第159—160页。

生、对生死、对事业的认识实现了一次重大的升华。

第二节 痛悼战友

要奋斗就会有牺牲。但面对牺牲，有人被鲜血吓破胆而退缩，有人则踏着先烈的鲜血继续前行。宁调元属于后者。

萍浏醴起义爆发后，面对起义的蓬勃发展，清政府十分惊恐，急令湖广总督张之洞、两江总督端方、湖南巡抚岑春蓂调集湘、鄂、赣、苏四省军队及地方团练加急清剿，到处搜捕起义人员，致使一大批革命党人纷纷落入清军的魔掌之中，并先后遭到残酷的杀戮。

宁调元虽然身陷清政府监狱，但仍关心战友的安危，不断向前来探望的同志打听战斗在各地的战友们的消息。不久，传来了杨卓林被捕的消息。就在个多月前的1906年12月25日，宁调元与杨卓林在上海握别，为了一个共同的革命目标，一个奔赴长沙策应萍浏醴起义，一个赶往扬州谋刺新任两江总督端方。但不幸的是，杨卓林在途中因不慎误识端方密探肖亮、刘炎而于1907年1月下旬被捕。得知杨卓林被捕的消息，宁调元作七律《狱中闻杨卓林被捕感赋》二首曰：

> 容忍须臾更待谁，零丁狐兔有同悲。纵横海内皆侦骑，充斥狱中半故知。九死东门丧家狗，重镌北宋党人碑。冥蒙莫问苍天意，夜雨孤灯续楚词。
>
> 阴风瑟瑟逼人来，不合苍天降此材。故鬼漫疑新鬼大，前沤还续后沤来。八千子弟都星散，十万旌旗剩劫灰。失水蛟龙同一叹，驱胡何日重徘徊![①]

在前一首七律中，诗人控诉清政府四处逮捕革命党人的罪行；

① 宁调元：《狱中闻杨卓林被捕感赋》，《宁调元集》，2008年，第40页。

在后一首七律中，诗人对于杨卓林也与自己一样被捕痛为悲叹。但在诗末，宁调元还期待有朝一日与杨卓林再并肩奋斗在反清革命的战场。

然而，宁调元的期待不久就落空了。由于杨卓林在狱中宁死不屈，并努力保护自己的同志，遂于3月20日在南京被端方杀害，年仅31岁。宁调元在狱中得知杨卓林英勇就义的噩耗，长歌当哭，竟一气呵成《哭杨卓林武士》七绝二十首：

起陆龙蛇继者谁，英雄肝胆亦慈悲。剧怜大雪申江夜，一诀竟成永别离。①

锦带吴钩逝水东，空惊残日贯飞虹。几行碧化荆卿血，错拟阿房一炬红。

乱世休教姓字扬，少年豪气薄苏张。萌芽一夜风吹尽，又少他年几栋梁。

盖棺功罪许评量，王气消沉景色苍。凄绝石头城下死，若逢袁粲两心伤。

一天风雨二陵秋，摇落空林百卉柔。毅魄若教长不昧，定回弱水向东流。

啼血年年杜宇心，横江未许斩鲸鲟。故交变幻饥狼久，卖友空伤几佞壬。②

枪雨弹林几度经，海云如暮夜冥冥。天低鹘落悲何处？认取中原一发青。

衔石欲填大海冤，重重魔眷阻天阍。伤心关塞春千里，楚些难招武士魂。

夏少未闻提一旅，汉家先已丧三仁。中兴事业黄粱梦，蕉萃空怜马足尘。

海上安期未可求，少年仗剑独行游。将军久念为奴耻，不许严颜独断头。

① 自注：去岁十一月十日，与卓林分手，今亦成永诀矣。

② 自注：卓林为萧刘所卖。萧即十九夜与我会者。

三十功名付尘土，酒阑休唱满江红。平生多少沧桑感，回首陆浑尽是戎。

南风不竞天亡楚，灵剑终当夜去吴。只是豆萁然不尽，空教祸水怨东胡。

壮气横吞五大洲，报韩曾运子房筹。为王为虏寻常事，且掷微躯荡国仇。

流血欲红渭水河，崇山为网海为罗。骏骓不逝英雄死，天地无情独奈何！

一丛禾黍一丛榛，我亦王郊痛哭人。指日义师旗北指，好教铜铸自由神。

我愿无涯生有涯，百年奕乱不胜悲。蜗角未穷蛮触祸，从此何人射戟支？

绮罗台榭久成尘，存废兴亡未了因。方恨一锥施未中，岂知胡亥自亡秦！

瞆瞆苍天未可思，实行两字即良知。伤心国士桥边水，犹向东流似昔时。

凄风苦雨夜淋漓，逝者如斯知恨谁？记得中秋去年夜，夜深犹索送行诗。①

秋原磷火两三明，故国依稀梦寐萦。我尚驱胡心未死，祝君为厉返长城。②

在诗中，宁调元歌颂杨卓林像平定天下纷争的苏秦、张仪那样，具有澄清天下的雄才大略；像“报韩”的张良那样，胸怀推翻清王朝，“横吞五大洲”的“壮气”；像“壮士一去兮不复还”的荆轲那样，具有特立独行、仗剑行侠，“且掷微躯荡国仇”的侠武“豪气”，尽情抒发了对烈士的崇敬和悲悼之情，并以“指日义师旗北指，好教铜铸自由神”“我尚驱胡心未死，祝君为厉返长城”等诗句，表达了继续前行的决心和坚定革命的信念。

---

① 自注：卓林赴南京，纯根与汉元皆有诗送行，余以事不果。

② 宁调元：《哭杨卓林武士二十首用前韵》，《宁调元集》，2008 年，第 125—126 页。

《哭杨卓林武士》七绝二十首吟成后，宁调元抄录寄傅尃。傅尃收读后同声一哭，即次宁调元韵吟成《哭亡友杨卓林烈士二十首》：

大好头颅砍者谁，男儿到此不须悲。朔风吹彻南风死，谓我心忧叹黍离。

将星高陨亚之东，万丈光芒气吐虹。愁绝江南春二月，莺飞草长血花红。

云何遗恨到淮扬，尚冀狐鸣楚可伤。满地棘荆行不得，鼋鼍安用架为梁？

临歧犹记几商量，新月如钩夜色苍。好梦未圆成薄倖，扬州十日倍神伤。

天地荒凉秋复秋，金刚绕指柔复柔。南冠满狱囚复囚，人血成渠流复流。

一死终难遂寸心，不堪怀石饱江鲟。世衰直道成何用，肝胆谁教照巧壬。

醉卧沙场战几经，鬼声相答夜冥冥。江南哀绝魂归未，寒食无烟墓草青。

飞禽衔石可怜冤，欲就重华叩九阍。虎豹狰狞不可处，长沙应有未招魂。

暴虎冯河死无悔，生平耻学宋襄仁。区区绝墨何堪论，鹰隼由来自出尘。

恩仇了了复何求，匹马邯郸仗剑游。满目不堪尽聊寄，横刀谁斩佞人头。

匈奴未灭家何在，几度思亲泪欲红。地下相逢应慰母，有儿报国为驱戎。

楚虽三户卒亡暴，越乃廿年终沼吴。雄鬼若为疆场历，义旗北指看驱胡。

散沙偶聚不成洲，梦唱共和枉运筹。寥落晨星杳难数，东南今日几同仇。

恁谁砥柱障中河，鸿鹄生罹弋者罗。月色沉沉天未曙，披衣起问夜如何？

英雄寥落感苓榛，愧煞神州百兆人。油画豫描铜象稿，寄声阿堵与传神。

后顾茫茫愿靡涯，滔滔谁识此心悲。哭君泪尽难为我，苦雨凄风不自持。

如此江山付虏尘，偷生亦一大原因。孰夷孰夏寻常事，几见捐躯为帝秦？

仇可衔兮爱可思，鬼雄入梦告余知。断头埋首分明记，恩怨生还自有时。

西风一夜雨淋漓，归骨无期欲待谁。无定河边闺梦杳，秋坟唱彻断肠诗。

落花何处祭清明，王气金陵夜梦萦。寄语黄泉死无瞑，好教抉目石头城。[①]

悼念完杨卓林，就到了五月二十七日，这是去年宁调元与禹之谟在长沙分手的日子，那一天的情景又浮现在宁调元的眼前，禹之谟的音容笑貌又历历在目，令宁调元不禁悲怆动怀，难以自已，特作《五月二十七日记事》。痛苦记忆的闸门一打开，禹之谟牺牲前后的情况就从笔端流泻而出：

回忆去年今日，正与禹之谟、石韫三、邹价人等开湘学评议员会于邵阳中学堂。是日午后，余适再得被捕凶问，以其事商之胡子靖师。胡力劝余远遁为佳。余尚犹豫，胡立嘱平湖助余检行装，附沅江轮船出险。十一时上轮，胡师先在，谈论良久，持百金为旅费。余力辞不受，然甚感其谊也。自去湖南，以为海阔天空，鸟飞鱼跃，谁复阻难？岂意今日仍就湖南之囚乎？自此而后，禹以六月入狱，八月寄监于靖州，十二月二十一日就义于靖州。州牧金蓉镜本残酷吏，以香火薰骨，锻炼致死。嗟哉！二千里外，孤魂不归。谁复作楚些与招魂也？一别即成千古恨，此余于今日负特别之悲痛。即

① 傅熊湘：《傅熊湘集》，湖南人民出版社，2010年，第273—275页。

过此以后，年年今日，亦即余终身之纪念也。①

记事写完后，宁调元又长歌当哭，以《哭杨卓林武士》诗之原韵，挥泪写下组诗《悼禹烈士诗》七绝二十首：

前仆后继待阿谁？埋骨荒丘自古悲。遥忆去年今日事，不堪死别共生离。②

千古英雄巨浪东，壮心未展吐长虹。石榴五月红如火，谁识思君泪更红。

雄演光芒百丈扬，湖南民气一时张。昨朝凝望天心阁，觉有余音尚绕梁。③

降魔手段漫思量，愿力无边感上苍。今日群阴萃当道，一思往事益神伤。

丰城剑气夜横秋，寸折宁能绕指柔。如此狂澜如此急，竟将砥柱障中流。

辜负图南比翼心，竟教蝼蚁制鳣鱏。北山千载灵何似，胡不移文诮孔壬。④

望湘亭上莫重经，猿狖啾啾暮雨冥。遗恨百川流不尽，年年杜宇泣冬青。⑤

严霜六月欲飞冤，身被极刑阻帝阍。夜雨淋铃一尊酒，我来何处吊羁魂？

望门投止薄张俭，名士先收痛伯仁。修到梅花好时节，满天归路雪如尘。

踏天局地复何求？曾作卅年汗漫游。封豕长蛇几千里，魂兮何处哀江头。

五岭瘴深天日暗，三湘水阔浪花红。陈姚地下如相遇，相向中原泣犬戎。

---

① 宁调元：《五月二十七日记事》，《宁调元集》，2008年，第378—379页。

② 自注：丙午五月二十六日，与稽亭诀别，岂意不复见面乎？

③ 自注：天心阁，为稽亭教演说开会处。

④ 自注：章太炎曾嘱余作一《麓山移文》，以绝某某之徒。

⑤ 自注：谓葬陈、姚二烈事。

屈子怀沙终去楚，武侯遗恨未吞吴。荆南自古伤心地，多少头颅付与胡。

谁寻香药到瀛洲，壮志不曾展一筹。茫杳前途正多事，更无人与唱同仇。

如此风波公渡河，南山有鸟北山罗。一腔热血东流水，荆杞莫锄兰芷何！

中原男子更何人，淮水干枯洛苑榛。宿草离离何处觅？思君无日不伤神。

转绿回黄未有涯，素丝曾动昔人悲。知君可起应怜我，底死危巢一木支。

牺牲个体若微尘，跳脱奴圈总是因。剩我南冠歌正气，更无隙地可逃秦。

贫国荒凉有所思，振兴艺术许先知。伤心物是人何在？轧轧机声依旧时。

时风叔季久浇漓，稚子弱妻托与谁？门巷萧条鞍马寂，愁来感逝怕成诗。

明珠为暗石为明，谣诼横来百感萦。天道如何怕搔首，吞将幽恨唱芜城。[①]

在诗中，宁调元深情描写了禹之谟在长沙组织湘学会期间“雄演光芒百丈扬”的风采以及公葬陈、姚二烈士后“湖南民气一时张”的情景，高度赞扬了禹之谟“牺牲个体若微尘，跳脱奴圈总是因”的革命精神，深切表达了对禹之谟“壮志不曾展一筹”却头颅付胡的哀婉，尽情抒发了对禹之谟“无日不伤神”的思念和前仆后继、“南冠歌正气”的豪情壮志。

后来，宁调元致书高旭说：“《哭禹、杨诗》四十首，大半拉杂成章。然吾哀之切，亦不自觉其言之长也。凡我同人多有赐和者，弟拟他日汇刊一卷。”[②] 这说明，宁调元的悼念烈士诗在革命

① 宁调元：《哭禹之谟烈士二十首》，《宁调元集》，2008 年，第 123—124 页。

② 宁调元：《与高天梅书（六）》，《宁调元集》，2008 年，第 210 页。

同志间流传后立即得到了同志们的共鸣，产生了同仇敌忾的效果。

作完《悼禹烈士诗》，宁调元尚沉浸在对禹、杨两战友的悲痛之中，又传来秋瑾在古轩亭口壮烈牺牲的噩耗。

1907年1月2日，秋瑾送别宁调元赴湘后即离沪回浙。到达杭州后，她先在西湖南屏山下的白云庵，与徐锡麟等人会面，约定分头活动，筹划安徽、浙江两省同时起义，并决定由徐锡麟主持安徽的活动，由秋瑾负责浙江方面，原大通学堂学生陈伯平负责奔走浙、皖两地，担任秋、徐之间的通讯联络。但此时，萍浏醴起义已因缺乏统一领导等原因，很快就失败了。包括同盟会员刘道一在内的一万多人，或英勇战死，或惨遭清政府捕杀。秋瑾并没有因此感到畏惧，毅然于1907年3月，正式接任大通学堂督办（校长）之任，承担以大通学堂为中心，组织浙江革命力量准备起义的重任。经过努力，江浙一带的革命党人迅速发展到六七千人，秋瑾按照“光复汉族，大振国权”八个字的顺序，将他们编为八个军，总称为“光复军”，徐锡麟任首领，秋瑾任协领。起义的条件逐渐成熟后，徐锡麟和秋瑾决定于7月19日发动起义，计划先由秋瑾在金华发难，引诱清军调杭州的兵力救援，然后再以主力从绍兴出发进攻杭州。如果失败，再挥师北上安庆与徐锡麟会合。而徐锡麟则同时在安徽安庆起义，夺取杭州和安庆后，再合取南京。但由于事机不密，7月3日，金华起义失败，之后，永康、兰溪、汤溪、浦江等地光复军也受到严重摧残。而徐锡麟也被迫提前于7月6日在安庆仓促起事，刺杀安徽巡抚恩铭之后，陷入孤立无援的境地而被捕牺牲。由于叛徒的出卖，浙江巡抚张曾扬急令清军300余人，于7月13日包围了大通学堂。秋瑾临危不惧，手持六轮手枪，英勇搏斗，经过近一小时的激战后不幸被捕。秋瑾被捕后，清军用尽酷刑迫她供出同党，但是秋瑾大义凛然，宁死不屈，挥笔写下了“秋风秋雨愁煞人”七个大字，遂于7月15日在绍兴轩亭口英勇就义。

宁调元得悉秋瑾壮烈牺牲的噩耗后，悲痛不已，援笔和泪作《吊秋竞雄女侠十首》：

旧雨已无今雨谁，前人复令后人悲。同仇悔不同时死，孤剑年年怨别离。

巨浪三千东复东，眼中多少可怜虫。若论女界牺牲者，千古一人秋竞雄！

樽前感慨旧山河，我亦闻歌唤奈何。一首遗诗万般恨，秋风团扇忍重摩。[①]

共和主义唱卢梭，破碎山河涕泪多。旧事不堪回首问，洛阳门外卧铜驼。

一波未定又生波，朝露人生去日多。载汝鸱夷江上去，英雄儿女两如何？

竟欲先鞭着祖生，狙秦又见女荆卿。燕丹已死嬴皇在，遗恨茫茫未许平。

憔悴风尘各一天，相逢逆旅正残年。几行慷慨忧时泪，流到长川欲化烟。[②]

江流迢递阻湘流，遗我双鱼未许收。吹皱一池春水绿，干卿甚事苦搜留。

有生如此不如无，谶语从今若合符。我尚觍颜在人世，一年生气一年枯。

舍身革命苏菲亚，奇气吞胡花木兰。巾帼有君能雪耻，神州愧死百千男。[③]

在诗中，宁调元将秋瑾比作俄国女革命家苏菲亚、中国古代巾帼英雄花木兰和谋刺秦王的荆轲，形象描绘了一代女侠、女英雄、女革命家秋瑾的英豪气质和英雄形象，深情回忆了与秋瑾的革命交往和战斗友谊，高度赞扬了“千古一人”秋瑾“奇气吞胡”的革命精神，坚定表达了继承先烈遗志、誓死雪耻、献身革命的决心。

---

① 自注：女士尚有一扇在余处，自录《醉歌》五律二首。

② 自注：去岁十一月十八日与女士握别。

③ 宁调元：《吊秋竞雄女侠十首》，《宁调元集》，2008年，第127页。

写完《吊秋竞雄女侠十首》之后，宁调元悲犹未尽，又以秋瑾的《绝命词》“秋雨秋风愁煞人”，一气呵成《辘轳体四章悲秋作》云：

秋雨秋风愁煞人，菰蒲瑟瑟水鳞鳞。鼠肝虫臂惟余我，何处安排着一身？

中原如此竟沉沦，秋雨秋风愁煞人。休过当时旧游处，歌声犹绕画梁尘。

殷勤旧事时相念，解赠龙泉三尺剑。秋雨秋风愁煞人，分飞莫伴轩亭殓。

几月天涯结比邻，比丘尼现救时身。夜台一去休回首，秋雨秋风愁煞人。①

全诗借辘轳体形式，以“秋雨秋风愁煞人”在每首诗中所处的不同位置，表达不同的意义，哀转低回，悲愤交织，淋漓尽致地表达了诗人对秋瑾的沉痛哀悼。

无独有偶。1907年12月，上海陈志群主编的《神州女报》第1号上也有阙名以“秋雨秋风愁煞人”句的辘轳体四绝《挽秋女士》诗，与宁调元辘轳体悼秋瑾诗同样悲肠百转，感人肺腑：

秋雨秋风愁煞人，中原蓦地起烟尘。惨流一点腥红血，化出罗兰劫后身。

干戈扰扰浙江滨，秋雨秋风愁煞人。伍相沉冤今未雪，请重抉眼挂城闺。

折沉龙剑碎连璧，六月繁霜叫冤魄。秋雨秋风愁煞人，男儿惭愧裹尸革。

骇浪惊涛女界沦，神州回望泪沾巾。言愁我始愁无限，秋雨秋风愁煞人。②

1907年9月初，前来探望的同志们又传来唐震礎在湖北黄石港投水殉国的噩耗。唐震礎，字守梗，醴陵人，留学日本宏文学

---

① 宁调元：《辘轳体四章悲秋作》，《宁调元集》，2008年，第128页。

② 《神州女报》第1号，1907年，第136页。

院，愤慨国内政治腐败，民不聊生而投长江身亡。为了纪念这位革命志士，宁调元特记其死事并赋诗悼之云：

丁未年七月十八日，实我同乡唐震礎投江之期也。唐君者，醴陵人，从东瀛束装返国，历上海至南京，睹一切政治、实业之腐败如故也，学士、大夫之酣歌游嬉犹昔也，侦探、警察之骚扰不堪也，轮船、民舟之稽查备至也，喟然曰：不自由，毋宁死！黑雾屯天，荆榛塞地，可怜哉，亡国奴！水远山长，何处是托足地？英人之治印度，法国之待越南，岂若此其甚乎？吾其去此。买舟经黄石港，遂跃身出船舱投水死。越十有二日，噩耗达湖南，予闻而悼之：嗟乎！余比年来，一幅血涕向江流洒尽矣！兔死狐悲，常饮切肤之痛；卧薪尝胆，宁忘句践之仇？自失身陷□□罗网中，马角不生，乌头未白，匪特不能为人雪耻，而又穿之日暮途穷，人间何世，以此思哀哀可知矣。曹孟德之诗曰：绕树三匝，何枝可依？江文通之赋曰：郁青霞之奇意，入修夜之不旸。余何不辰，偏逢此酷。爰感慨而赋之：

一呼一吸一障碍，始信不如归去休。楚水楚山皆是恨，蛮烟蛮雨那堪愁。陆机感逝当年赋，宋玉悲来何处秋？国士无多沦落尽，青磷遥夜起山丘。[①]

稍后，宁调元以“太乙”为笔名，将这首诗及序发表在1907年11月5日的《广益丛报》上，使更多读者了解到唐震礎的事迹和气节。

对于悼念先烈的诗文，宁调元格外重视和珍惜，每每抄录给傅尃、高天梅等革命同志索和，相互砥砺革命气节。在致高旭信中，宁调元说：“《吊禹君》诗二十首、杨君诗二十首，钝子（傅尃——引者）有和作，均希俯和。”并表示：“弟拟他日汇刊一卷，尚望哀蝉诗伯大赐斧削，并乞玉和，存没两铭。”[②] 后来，宁调元

① 太乙：《感事》，《广益丛报》1907年11月5日。

② 宁调元：《与高天梅书》，《宁调元集》，2008年，第210页。

还将这方面的诗文编辑成册，名之曰《叹逝集》。刘谦记之曰："禹之谟既窜死靖州，同志徐锡麟、秋瑾、陈伯平、马子畦等先后就义，杨卓林亦以炸端方不得，殉焉。君痛逝自念，作诗哭之谟等，成《叹逝集》一卷。复为文以自祭。"[①]

以诗歌悼念革命烈士，是宁调元抒发革命情怀、寄托革命理想、表现革命气节、激起革命豪情的抒情表意方式之一。宁调元的这些诗歌沉痛悲愤，荡气回肠，情真意挚，感人肺腑，激越悲壮，催人奋进，具有强烈的感染力和鼓动性，在战友们中广为流传，引得战友们的唱和，产生了鼓励革命同志的深远影响。

第三节　碧血留痕

辛亥革命志士在反清革命宣传中高度重视继承明末清初志士们的反清传统。当时一些宣传反清革命的刊物，如《复报》《国粹学报》等，每期刊登明末清初抗清志士的遗像、遗著、遗物等，以激发读者对清王朝的仇恨，唤起读者的反清情绪。因此，在悼念革命烈士、抒发革命情怀、寄托革命理想、表现革命气节的同时，宁调元还注重从明末清初抗清志士身上汲取反清的精神力量，激励自己自强不息的意志，淬砺自己反清革命的斗志。宁调元在狱中完成的《碧血痕》就是这方面的重要成果。

1907年2月，宁调元在致傅専信中说："又著有《碧血痕》一卷，得一万余言，一百余人。"[②] 次年，在致章太炎信中，宁调元又特别告之："昨春之暇，曾编《碧血痕》一种，专采明末故事，足二万余言。"[③] 宁调元在狱中所作诗文甚多，而于友人信中多次

① 刘谦：《宁调元先生事略》，《宁调元集》，1988年，第651页。
② 宁调元：《致傅熊湘书（二）》，《宁调元集》，2008年，第193页。
③ 宁调元：《致章太炎书（一）》，《宁调元集》，2008年，第197页。

提及这部《碧血痕》，足见其对《碧血痕》之重视。所谓“碧血”，典出《庄子·外物篇》：“苌弘死于蜀，藏其血，三年而化为碧。”苌弘是周朝的大夫，忠于祖国，遭奸臣陷害，自杀于蜀，当时的人把他的血用石匣藏起来，三年后化为碧玉。故后世多以碧血指志士仁人所流的血，并借喻志士为国捐躯。由此可见，宁调元编《碧血痕》就是编写明末抗清志士仁人的故事，借以学习明末志士仁人抗清的精神，从而激发自己反清革命的斗志。

然而，在由傅尃、刘谦收集，经柳亚子编辑成《太一遗书》和《太一遗书续刊》中，我们均未见到《碧血痕》的踪影。但从傅尃为《太一丛话》所作的编后附记中，我们发现了《碧血痕》的踪迹：

> 仙霞此稿，庚戌岁刊于《帝国日报》，曰《太一丛话》。今所获本，即从报纸割出，都无次第。爰以鄙意裒为五卷。其杂采明遗民殉国、自靖及隐遁以终者，别名《碧血痕》，成于丁未长沙狱，原稿于清室多所指斥，及刊报，乃窜易之。今曰“大清”、曰“我朝”者，非其旧也。书中间有阙佚，惜墨本不存。今辑入第一、第二、第三卷。其论古近词及友朋唱和之作入第四卷，其记古近杂事者，入第五卷。始仙霞著《碧血痕》，尝嘱余为助。中违宿诺，降戾爰兹，墓剑之悲，曷云其已。[①]

据傅尃以上所言，我们得知，宁调元在长沙狱中“杂采明遗民殉国、自靖及隐遁以终者”而成的《碧血痕》，后托傅尃整理，但由于傅尃“中违宿诺”，以致后来“墨本不存”。不过，好在宁调元主编《帝国日报》期间，曾在《太一丛话》栏目中，陆续登载过《碧血痕》的内容，于是傅尃将这部分内容“从报纸割出”，“都无次第”地“辑入（《太一丛话》）第一、第二、第三卷”，并特别指出“原稿于清室多所指斥，及刊报，乃窜易之。今曰‘大清’、曰‘我朝’者，非其旧也”。这说明，我们今天虽然不

① 宁调元：《太一丛话》，《宁调元集》，2008 年，第 363 页。

能得观《碧血痕》的原貌，但从其所编之《太一丛话》的第一、第二、第三卷中仍可了解到《碧血痕》的主要内容，只是文章的排列顺序和部分文字，如“大清”“我朝”等，有所改变而已。

对于编写明末抗清志士仁人的故事，以为学习的榜样，宁调元先前已有实践。如前所述，1906 年 12 月中旬返国策应萍浏醴起义之前，为了号召人们奋起响应起义，就编写了《张同敞之骂贼》《朱舜水之绝笔》《王鲁道之遗诗》三篇札记，通过述其事，录其诗，介绍和宣传其反清抗清的精神。因此，在《碧血痕》中，宁调元也按《张同敞之骂贼》等札记的笔法，以“亡国之音，哀以思也”为标准，选取了近 200 位明末清初“或建义起兵，或投阁寻死，或服黄冠为道士，或削发入空山”[①] 的爱国志士，通过记述其事迹及绝命词、遗言、遗书等，反映他们不屈反清、不事清朝、不做清民的民族气节，借以激发人们抗清仇满的民族主义情绪。

一、奋勇抗清，以死报国者。清兵入关后，各地涌现出一批民族英雄坚持抗清，谱写了一曲曲可歌可泣的悲壮诗篇。对于这些英雄，宁调元记其抗清史实，录其绝命词、遗言、遗书，以激励人们反清革命斗志。

黄道周，字玄度、幼玄、幼平，一字细尊、螭若，号石斋，祖籍漳浦（今属福建）。年少时勤奋努力，非常自负，声名远播，天启二年（1622）中进士，授庶吉士，补编修，南明福王时任礼部尚书，唐王时擢升为武英殿大学士。1645 年 8 月，年逾花甲的黄道周奏请前往江西以图恢复，遂以“钦命招征直省便联络恢复南京江北等处地方少保兼太子太师吏兵二部尚书武英殿大学士”官衔，出师北上，溯闽江赴延平、建安、建阳等地招募兵士，组建抗清义师，北征婺源时遭清张天禄部四路合击，临危不惧，策马直前，兵溃之际，从容就俘，囚婺源期间，绝食凡七天。次年 4 月慷慨就义于南京。对于这样一位抗清义士，宁调元深为钦佩，记其死事及遗书云：

---

① 宁调元：《朱舜水之绝笔》，《宁调元集》，2008 年，第 391 页。

> 黄幼玄道周，漳州镇海卫人。唐王时，以大学士奉命督师。旬日间，号召忠义之士万有四千，与万元吉、杨廷麟江西之师相犄角。倘人心思汉，亦毋难一战而还故鼎也。毋何，至徽州。兵溃，为婺源令某所诱执，绝粒四十日，不死。夫人蔡氏闻之，遗以书云："忠臣有国，毋以内顾为念！"迨临难时，犹裂衿，啮指血，书数语，报家人曰："纲常万古，节义千秋。天地知我，家人无忧。"何其授命之从容也。[①]

金声，字正希，一字子骏，徽州休宁人，11岁时随父经商于湖北嘉鱼，遂寄籍。子骏好学有才名，崇祯元年（1628）进士，授庶吉士。清军入关后，福王朱由崧在南京称帝，起金声为左佥都御史，不赴。1645年南京失陷后，金声纠集团练保靖溪、黄山，扼守六岭，宁国之邱祖德、徽州之温黄、贵池之吴应冥等先后响应。唐王朱聿键在福州称帝，授金声为右都御史兼兵部右侍郎，赐银印为"天赐忠臣"。后来，金声在休宁被俘，受斩戳于南京。就义前，金声犹整衣冠，望孝陵拜。对于金声，宁调元誉之为"奇男子"，记其死事云：

> 休宁金子骏，崇祯戊辰进士也。在馆时读书，穷昼夜不休。同侪辄目笑之。告病归里，未几，复奉命补修撰。故事修撰专授进士第一人及第者。子骏以他官迁此，盖异数也。甲乙之交，遭国变，遂从故里竖义旗，分兵扼六岭，以拒我兵。贵池吴应箕、宣城麻三衡，时亦起兵应之。会迎降御史黄澍入城为内应，城破，遂死之。未死之前日，作书遗长兄云："生死祸福，皆有天命。我等惟顺受之而已，不能逃远。我家为国事勤劳死者，死得其所。即流离散亡，亦流离散亡得其所。弟日内静观之，殊亦不大惨凄，视死真如归，可见平日学道得力。今为郡事未定，不得不忍死在此。毋令内地有惨变，将来我误郡人，使郡人糜烂，是弟贻误郡人也。闻兄等前积薪于屋，俟有急，即举火自焚。此学道人弟所欣羡

① 宁调元：《太一丛话》，《宁调元集》，2008年，第271页。

也。”与长男书云：“尔在家中，不必惊惶。当此国家大变，人民惶乱不能自保之时，不得其所者多矣。如我三月为国勤劳，今一旦得正而毙，自不枉。我自闰六月来，一身久如浮云，今无一毫系念，但念郡事未定，此心实实不安。倘百姓安堵，则我瞑目矣。”又谓“大丈夫不欲自尽，自尽非大丈夫事。吾国之三公，不可辱于虏。此中自有道理，我丝毫不乱”云云。①

陈子壮、张家玉、陈邦彦三人曾组织义军在广州城郊、增城、清远、高明一带互为犄角，英勇狙击清军，被称为“岭南三忠”。宁调元分别记述了他们奋勇抗清的事迹：

陈子壮，少年聪颖，明万历四十七年（1619），殿试一甲第三名，官至吏、兵、礼三部尚书。1646年广州城陷后，陈子壮和弟弟陈子升毁家纾难，捐资募兵，在南海九江举旗誓师。南明永历帝授其为东阁大学士，封兵、礼二部尚书的官职，领尚方宝剑，总督广东、福建、江西、湖广军务。不幸在高明县三洲的保卫战中，因清兵掘地道偷袭城池，兵败被俘，临死前仍骂不绝口。宁调元记述陈子壮率义军数万抗清的事迹，并介绍其诗作数首，称之为“皆脍炙人口者也”②：

陈子壮，字集生，一字秋涛，南海人也。李成栋踞广州，集生号召舟师数万，复沿海诸郡县。贡士朱维士，率义旅自上流应之。遂悉兵登岸，围广州城数匝。适暴风雨骤至，舟飘摇不得附岸。成栋出铁骑蹙之于水次，一军尽溺，集生亦靖节。著《云淙集》。《春日侍诸父老泛舟桃花坞》云：“欲作郊居即瀼西，红芳十里胜金堤。不知南汉千年苑，更入东风几曲溪。负局客来鸡犬吠，和歌谁伴乳莺啼。清时群从多游好，岂是秦人世外迷。”③

---

① 宁调元：《太一丛话》，《宁调元集》，2008年，第272页。

② 宁调元：《太一丛话》，《宁调元集》，2008年，第275页。

③ 宁调元：《太一丛话》，《宁调元集》，2008年，第274—275页。

张家玉，广州东莞县人，19 岁考取秀才，22 岁乡试中举人，29 岁中进士，授翰林院庶吉士，弘光元年（1645）六月，被授为翰林院侍讲兼编帝王起居注，后受命到广东潮、惠二州筹饷招兵，被委为新军“监督总理”。清顺治四年（1647）正月，清军入莞，张家玉率五千余义军狙击，三月率义军攻入莞城，活捉清知县郑鋈，任命原明朝东莞儒学训导张殆为知县。后与西乡陈文豹联合抗清，二攻新安县城，六攻东莞县城，三守新安、西乡。十月，张家玉指挥义军在增城与清军大战 10 天，身负重伤，不愿被俘，投塘而死。宁调元记其事迹并录其诗多首：

> 东莞张家玉，字玄子。李成栋陷广州，玄子与陈子壮等后先起义。我兵（清兵）猝至，玄子督阵。过水次，马惊，坠水死。诗才亢爽，著有《遥夜怨》《军中遗稿》。录《别李定夫》云：“鸳鸯戏清池，两两常相倚。羽翼临当乖，风波中道起。相对尚难知，何况万余里。来亲去者疏，毋为贵君子。予怀抱区区，君谅执高谊。”《途中感旧》云：“灯下妖姬月下筵，风流曾泛太湖船。如今万里神京隔，回首西风忆往年。”《闺思》云：“竹林啼鸟遍春晖，何事行人尚未归。惆怅夜来窗月白，梦魂飞不到金微。”又有七言云“真同丧狗生无赖，纵比流萤死有光”，尤足瞻其身世。[①]

陈邦彦，字令斌，号岩野，广东顺德人，8 岁考取秀才，以后屡次参加乡试均落榜，遂在锦岩山下讲学，故人称“岩野先生”。南明隆武乙酉年（1645）乡试中举，拜兵部职方主事，后桂王授兵科给事中。清军入粤，邦彦与陈子壮、张家玉分别组织、领导义军抗击清兵，出奇计，屡破清兵，在坚守清远时城破被擒，宁死不屈，英勇就义。宁调元记其事迹并录其“君子诵其诗而悲之”《绝命诗》等三首诗：

> 顺德陈邦彦，字（会）[令] 斌。广州之围，我清知谋出于公，求其家，获其妾沈氏，子男二。厚遇之，为书招降。

① 宁调元：《太一丛话》，《宁调元集》，2008 年，第 275—276 页。

公判其尾云："妾辱之，子杀之。义不顾妻子。"兵溃，死于难。……《绝命诗》云："天造兮多艰，臣也江之浒。书生漫谈兵，时哉不我与。我后兮何之，我躬兮独苦。崖山多忠魂，后先炤千古。"①

夏允彝，字彝仲，号瑗公。明松江府华亭县人，幼好学，善文辞，万历四十六年（1618）举人，崇祯十年（1637）进士，任福建长乐县知县。清兵下江南，允彝与陈子龙、徐孚远、沈犹龙、李待问等在松江起义抗清，松江府城被清兵攻占，夏允彝从容投松塘而死。夏允彝之子夏完淳，明亡后，与其父、师起兵抗清，事败，其父、师先后死难，他继续从事抗清活动。后因人告发被捕，解送南京后，不屈而死，年仅 17 岁，临死前还怒斥汉奸洪承畴，被誉为"少年英雄"。宁调元对这一对抗清父子十分敬佩，特记其事迹并录其诗作云：

夏允彝，字彝仲，由进士除长乐知县，补考功主事。南都亡，投池水死。公在几社中以经义擅长，诗非其专尚也。然《吊黄淳耀进士》一作，一字一泪，诵之凄然。诗云："黄子不偶生，大雅寡谐俗。羽仪乍高翥，结绶匪所欲。黄云暗苍梧，北风号大陆。烽火满吴关，下邑势弥蹙。缅彼二三子，登陴自踯躅。城郢既已乖，号秦又谁告？处死良独难，苟生何能淑！吁嗟烈士心，伯仲互相勖。威风既在罗，耻与凡禽逐。未知没者悲，但见存者辱。存没两茫茫，思君不可赎。"著有《幸存录》一卷。

彝仲有子曰完淳，字存古。十五从军，十七授命，磨盾草檄，虽一时名宿，自愧弗如。《大哀》一赋，尤足步武兰成。昔终童未闻善赋，汪锜不号能文，求之古人，殆难其匹。著有《玉樊集》《南冠草》《续幸存录》。录其古近体诗于此。《精卫》云："惠风荡芳树，有鸟鸣中林。尾长羽翼短，衔石随浮沉。崇山日以高，沧海日以深。既无凌风姿，延颈振哀

① 宁调元：《太一丛话》，《宁调元集》，2008 年，第 276 页。

音。辛苦徒自力，慷慨谁为心？惜哉志不伸，道远固难任。滔滔东逝波，劳劳成古今。”……其就义时尚自赋绝命诗三章。《寄母》云：“孤儿哭无泪，山鬼日为邻。古道麻衣客，空堂白发亲。循陔犹有梦，负米竟谁人？忠孝家门事，何须问此身。”《寄内》云：“忆昔结褵日，正当擐甲时。门楣齐阀阅，花烛夹旌旗。问寝谈忠孝，同袍学唱随。九原应待汝，珍重腹中儿。”①

吴江进士吴日生是太湖地区著名的南明抗清将领，当他听到清兵南下的消息后，立即聚集了一千多人，屯兵在太湖边上的长白荡，克复吴江，进逼苏州，江南一带为之震动，但不幸被汉奸诱捕，从容就义于杭州。宁调元记其死事，并录其诗文三篇：

吴江吴日生，当留都失守，走太湖，与同邑举人孙兆奎，诸生沈自炳、自駉，武进吴福之谋举兵。旬日得千余人，屯于长白荡。唐王闻之，授为佥都御史，总督江南军务，进兵部尚书。同时，鲁王在浙亦遥授为兵部侍郎，封长兴伯。八月，大清兵至，失胜利，父承绪、妻沈及女皆赴水死。自駉、自炳、福之亦相继抗节死。兆奎被获，一军尽歼焉。明年，乡人周瑞复聚众长白荡，迎日生入其营。未几，众复溃，为逻者所执，被磔于市。有《东湖唱和集》。《东湖杂诗》云：“百代伤心地，风烟莽不收。江山一吊望，吴越几春秋。鸿雁青枫渚，芙蓉白露洲。霸才今寂寞，何处问扁舟。”“禹迹今何在？苍茫水国开。山趋天目下，日涌海门来。笠泽桥如带，淞江水似杯。东南输挽尽，鸿雁有余哀。”《从军行》云：“已分沙场报主恩，身经百战满疮痕。但教死去图麟阁，不愿生还入玉门。”此诗语意，一脱前人窠臼。唐人许浑四绝，陈子昂之《送魏大从军》亦自可人，以其皆不屑以朔云、边月摹塞外之惨状，亲戚哭送写暂时之离情，致堕入魔道，令汉族

① 宁调元：《太一丛话》，《宁调元集》，2008 年，第 278—279 页。

武士魂终古不能唤回也。[①]

路振飞，字见白，号皓月，天启五年（1625）进士，授泾阳知县；崇祯四年，征授御史。崇祯六年，巡按福建。崇祯十六年（1643）秋，擢右佥都御史，总督漕运，巡抚淮扬。弘光帝被俘后，唐王朱聿键自立于福州，先后封路振飞为左都御史、太子太保、文渊阁大学士兼吏部尚书等职，官爵累至左柱国、光禄大夫、太子太师、吏部尚书兼兵部尚书、武英殿大学士。三年，清兵进仙霞关，唐王走汀州，振飞追赴不能及。汀州破，走居海岛，次年赴永明王召，卒于途。对于这样一位为抗清而奔走求索、鞠躬尽瘁的著名抗清志士，宁调元非常敬佩，详记其事，并录其《除夕》诗一首：

> 曲周路见白振飞，由进士官泾阳知县，迁漕运总督，巡抚淮阳。当乙酉南京破，唐王正位于福州，以书召之，中有“朕守困，恩官路振飞”之语。先是，唐王以罪锢守陵，中官虐之备至。曲周抗疏，请宥宗室之得罪者，遂得释出。故书中云云。既至，晋太子太保，拜吏部尚书，兼文渊阁大学士。迨唐王败走汀州，曲周奔赴不及，而汀州破，遂窜身海岛。当顺治四年顷，初拟赴永明王召，旋自经于邵武山中。永明闻之，赐谥文贞。录其《除夕》诗一章云：“仗剑以从戎，自怜转自喟。黔驴欲噬虎，病马思追骥。匡济术渺然，进退两无致。漂泊海舟中，面目亦堪恚。天心或垂悯，俾全名与义。寸衷百虑婴，竟夕不成寐。鸡鸣又一年，岁月悲空弃。”从唐王时作也。[②]

朱继祚，字立望，号胤岗，莆田县人。明神宗万历四十七年（1619）进士，改庶吉士，授编修；崇祯朝历任礼部右侍郎、南京礼部尚书，后为南明隆武帝东阁大学士，兼礼部尚书，监国鲁王入闽后，举兵响应，与郑成功部将杨耿协力收复兴化城，清兵大

---

① 宁调元：《太一丛话》，《宁调元集》，2008 年，第 282 页。

② 宁调元：《太一丛话》，《宁调元集》，2008 年，第 288—289 页。

举反攻，陷兴化城时被俘，次年就义于福州。对于这样一位坚持抗清斗争，慷慨就义的抗清英雄，宁调元肃然起敬，重点录其《绝命词》云：

莆田朱立望继祚，唐王时与曲周相继入阁。兵败，临难书绝命词云："嗟予生兮不辰，逢惨祸兮撄身。乾坤崩陨兮陆海为尘，日星掩曜兮万家沉沦。人谁无死兮鸿毛泰岳，惟其所处兮殇延彭促。旦夕毕命兮去将安之，夫妻子母兮不得相依。上告苍天兮鉴此微词，虽为齑粉兮甘之如饴。千秋万岁兮谁其予知？与化俱徂兮于戏噫嘻！"①

林垐，福建福清人，崇祯十六年（1643）中进士，授海宁县知县，杭州失守后离职。唐王时，任御史，改文选员外郎。唐王被杀后，逃往山中。鲁王航海至长垣，林垐与林汝翥共同攻城战死。宁调元知其事、读其诗后，"益悲不自胜"②，遂记之曰：

林垐，字子野，侯官人。初任海宁县，唐王时授吏部郎。嗣唐王走江西，鲁王入闽，子野复往从之。别其父曰："儿当死久矣，海宁当死，扈跸驻镡州当死。儿今不死，失人臣之分，贻父母之羞。"后竟荷戈，先战士，死于阵。著有《耻斋集》。《为鄢德都画竹》云："所南之兰无土，耻斋之竹无根。想见百千年后，荧荧纸上血痕。"噫嘻！天有时而倾耶？地有时而覆耶？南驰苍梧涨海，北走紫塞雁门。祖宗沐雨栉风，经百战，历万苦，所遗留之天下，不为小也。一旦风云变态，强弱异时，冠加于履，莫知之愤，主反为奴，莫知之辱。于是王孙泣于路隅，志士穷于西山。求食不得，求衣不得，至求一栖身一葬身之所，亦不可得。此子野之画竹所由悲从中来也夫！③

同时，宁调元还记述了"赣州之难，与杨廷麟、万元吉、彭

---

① 宁调元：《太一丛话》，《宁调元集》，2008 年，第 289 页。

② 宁调元：《太一丛话》，《宁调元集》，2008 年，第 291 页。

③ 宁调元：《太一丛话》，《宁调元集》，2008 年，第 290—291 页。

期生、刘同升、姚奇胤同以身殉”的黎美周、“兵败死事之日，语行刑者曰：‘吾死，勿去吾冠，将以见先人于地下也’”的吴次尾、“事败，为我朝所执，以弃市论”的麻三衡、“城破，手刃其女及妻，遽自刎死”的温璜、“迨城陷，投池水，未死。大清兵钩之出，遂遇害”的侯峒曾、“以孤军没于阵，死事极烈”的卢忠烈等20余人的死事及愤世之诗作，并对其绝命词等诗作给予“大有伤生悼世之意”“亦多苍楚激越之音”“尤足瞻其身世”“君子诵其诗而悲之”“其音独哀怨焉”“一字一泪，诵之凄然”“悲愤之气不可遏抑焉”“尤一字一泪，令人不可卒读”等评价。[①]

二、舍生取义，不为清民者。明朝亡国后，有一批怀念故国的爱国者，以身殉国，宁死不为清臣，不事异族。对于这批人，宁调元也通过对其死事、绝命词、遗言、遗书等的记述，表现了他们宁死不屈的民族气节。

华允诚，天启二年（1622）进士，从高攀龙学，传其主静之学。崇祯时官司兵部员外郎，福王时起吏部员外郎，十余日即辞归。明亡后，屏居墓田，不肯剃发，与从孙尚濂均被斩于南京。

> 华允诚，字汝玄，无锡人也。崇祯间屡疏弹首辅温体仁，直声震一时。以亲老乞归。福王即真，就官十余日，即引疾归。及明亡，指头上发曰：“留此必贾祸，然吾食禄先朝，去之无以见祖宗于地下。”已而被执，我朝胁之降。曰：“二祖列宗在上，允诚发不可去，身不可降。”遂死于难。[②]

王士和，字万育，江西金溪人。崇祯三年（1630），举于乡。南京失陷、江西被兵后，避入闽，授吏部司务，上书陈时政阙失，凡数千言，唐王刊赐文武诸臣，且召其人对，嘉奖备至，擢兵部主事，未一月擢延平知府，抵抗清军，城破时，从容正衣冠，闭户投缳死。宁调元为王士和抗清失败而从容自尽的气节所感动，记其事，录其绝命诗：

---

① 宁调元：《太一丛话》，《宁调元集》，2008年，第269—271页。

② 宁调元：《太一丛话》，《宁调元集》，2008年，第285页。

金溪王万育士和，崇祯间举人也。见时事日非，辄愀然曰："九州虽大，正人有几？名士如匏，徒乱人国。他日不为汉之党锢，必为晋之幽沉。今既不救，异时更无可救。"言已，泣数行下。已而南都陷，万育避乱之闽。唐王立，擢授吏部司务，晋兵部主事，出守延平。亡何，大清兵猝至。急召父老曰："吾虽一月郡守，当与城共存亡。若辈可速出，来日方长，勿徒以数万生灵膏人斧锧也。"因书绝命词于屋壁，云："悲风烈烈捣虚城，正气从来履险贞。一月延平共死难，孤忠千载有谁明？"书毕，正衣冠投缳而死。①

陈函辉，崇祯七年（1634）进士，崇祯九年（1636）放任靖江县令，北都陷，誓众倡义。会福王立，授职方主事，监军江北。事败归，鲁王至绍兴称监国，擢为礼、兵二部尚书，后绍兴陷失，鲁王下落不明，乃哭入云峰山，作《自祭文》并绝命词十章，投水死。对于宁死不与清朝为伍的陈函辉，宁调元也记其事，录其诗，自励励人：

陈函辉，字木叔，临海县人，与张国维同时入阁。国维死，君遂投缳于云峰山中。死之前，尚作绝命诗、自祭文及埋骨记各一首，从容如平时。著有《寒山集》。集中赠僧之诗居多，浑金璞玉，不假修饰，自然名贵。录其《刘伶巷》诗一什云："有酒宜成颂，知君耻独醒。回车经巷口，荷锸信丘冥。死岂人埋得，言犹妇可听。闭关当日饮，想象只忘形。"其《小寒山》一集，多诋毁国朝之语。乾隆四十七年，奉旨销毁，列为禁书矣。②

黄端伯，字符公，江西新城（今黎川县）人，崇祯元年（1628）进士，福王时授礼部仪制司主事，南都破，礼部尚书钱谦益等百官皆迎降，唯黄端伯不降。清豫亲王多铎大怒，将其关押在江宁。在狱中，他谈笑如常，作《明夷录》曰"丹心倾汉室，

① 宁调元：《太一丛话》，《宁调元集》，2008 年，第 285—286 页。

② 宁调元：《太一丛话》，《宁调元集》，2008 年，第 286 页。

碧血吐秦廷”，以明志。清政府下令剃发后，他指颈表示：“我宁剃头不剃发。”多铎再劝降，黄端伯坚决不从，乃命杀之。黄端伯整肃冠履，昂首引颈受刃。对于宁死不降的黄端伯，宁调元称之“殉国流芳”，记其事，并录其诗多首：

方陪京之失守也，赵之忻、朱国弼辈争先作新朝顺民。惟新城黄端伯独大署九字于门曰“大明忠臣黄端伯之寓”。大清兵召之至，不拜，与之语，则大骂，遂及于难。其绝命词云：“对面绝思量，狗露金刚王。若问分身处，刀山是道场。”①

陈潜夫，字玄倩，钱塘人，崇祯丙子举人，授开封府推官，南京陷失，陈潜夫回到绍兴丈人家，募乡勇三百人抗清。鲁王监国，授其太仆寺少卿，监军浙西。后清军至，知事不可为，与妻、妾皆投水自尽殉国。宁调元钦佩其忠于君父，不愿苟且偷生的高风亮节，特记其事，录其绝命词云：

鲁王时，死事最烈者，太仆少卿陈潜夫亦其一也。《绍兴下书绝命词》一什云：“父兮生我，申以严诲。惟孝惟友，曰忠与义。丙子乡举，顾名自励。名曰孝廉，庶几无愧。致身之期，岁在癸未。司理开封，星言视事。以身许君，有死无二。是时两河，贼氛如猬。众人回车，予独揽辔。贼出河朔，群工奔避。予乃渡河，击楫而济。誓清河南，以报先帝。手披荆榛，身御魑魅。独张空拳，以当贼骑。知有封疆，九死何畏。三十州邑，终复旧地。维时先帝，鉴予忠瘁。授以巡方，绣衣北莅。惜也诸奸，互相牵制。中枢信谗，嫉予不媚。联络要图，置之罔遂。三日撤归，可为陨涕。哀哀先人，一时捐弃。甘旨莫承，遗书沦废。我哀方盈，奸露转炽。赫赫金吾，逮予邸第。圜情幽忧，虏氛猝至。匍匐归来，挈家奔避。航海飘零，请兵于会。召募丁男，三百而已。衣甲糗粻，皆予自备。血战江干，二十余次。粮寡兵微，于事何裨。疾痛呼号，徒然愤恚。丙戌五月，公侯师溃。区区孤军，其何

① 宁调元：《太一丛话》，《宁调元集》，2008 年，第 287 页。

能济。事不可为，偷生何贵。拜别吾母，以及诸弟。挈吾妻妾，从彭咸逝。成仁取义，千古如是。”书毕，遂挈妻妾孟氏等赴水死。时年三十七。[①]

张肯堂，字载宁，号鲵渊（一作鲲渊），天启五年（1625）进士，崇祯七年（1634）擢御史，后任右佥都御史，巡抚福建，唐王即位福州时，进太子少保、吏部尚书，寻改左都御史，掌都察院事。陈子龙吴淞起事败，请出募舟师由海道抵江南，招合义旅。唐王败，漂泊海外。鲁监国三年（1649）至舟山，鲁王拜其为东阁大学士。顺治八年（1651），清兵攻舟山，城破，阖门老小20余口自缢尽节。对于这位不事异族的气节之士，宁调元不仅详记其死事及《绝命诗》，并将其比拟于“出师未捷身先死，长使英雄泪满襟”的诸葛亮，足见其对张肯堂的景仰之情：

> 隆武二年八月，舟山破，大学士张肯堂知势不可支，遂整衣冠，焚香北谢，偕其妻并二寡媳及仆妇等将投缳。各用绫丈余，尚余数尺，适中书苏兆殷至，肯堂曰：“来得好，愿同做一完人。”兆殷慨诺，遂就缢于其次。肯堂有绝命诗云：“虚名廿载著人寰，晚岁空余学圃闲。难赋归来如靖节，聊歌正气续文山。君恩未报徒赍志，臣道无亏在克艰。寄语千秋青史笔，衣冠二字莫轻删。”书于院左之雪交亭。先是，肯堂请出募舟师，由海道径至江南，以为江南义师必大响应，然后大兵由闽出浙，首尾策应，则我朝可乘也。呜呼！“出师未捷身先死，长使英雄泪满襟！”何千古不幸事如出一辙也？[②]

傅作霖，崇祯十五年（1642）举人，授武冈教谕。崇祯死后，为抵抗清军，先后至南京、福建，仕唐王朱聿键为职方主事，监纪大学士苏观生统率之军。唐王死后，自福建辗转到长沙，依何腾蛟，改任督军御史。永明王朱由榔自立称桂王后，又由长沙到全州，被超拜为兵部左侍郎，寻进尚书，从桂王至武冈。桂王永

① 宁调元：《太一丛话》，《宁调元集》，2008年，第288页。

② 宁调元：《太一丛话》，《宁调元集》，2008年，第291页。

历元年（1647）清军兵逼武冈，桂王奔靖州，傅作霖受命守城，副总兵刘承胤议降，傅勃然责之。后刘承胤勾结清军破城，傅冠带肃然，端坐台上，从容赋诗，将自尽，不幸被俘。刘承胤力劝其降，不从，遂被杀。宁调元感其忠贞不贰、宁死不屈，记其事，并录其《决绝词》：

傅作霖，字润生，湖南武陵人。永明朝，官兵部尚书，从王至武冈。时刘承胤秉政，议降我清。润生大怒，责其无耻。承胤卒行。兵入，润生冠带坐堂上，劝降不从，遂死之。妾郑氏有殊色，被执，驱之过桥，亦跃入水死。《决绝词》云："戎马崎岖间道来，残花犹伴战场开。麻鞋两载奔天泪，白发孤臣抢地哀。莽莽故园何处问，滔滔逝水几时回。钟山风雨今依旧，夜夜铜驼泣草莱。"①

徐汧，字九一，号勿斋，长洲（今江苏苏州）人，崇祯元年（1628）进士，改庶吉士，授简讨，累迁右春坊右庶子。庚辰，分考礼闱。辛巳，奉差南归。南京建国，起詹事府少詹事、翰林院侍读学士。陈时政七事，被安远侯柳祚昌弹劾，知事不可为，不为官。乙酉闰六月，清兵至，南都、苏杭相继失陷。剃发令下，徐汧誓不屈辱，并作书戒子徐枋不事异族："若长为农夫以没世可也。"后自虎丘新塘桥下死，临终言："以此不屈膝、不剃发之身见先帝于地下！"对于这位宁死不事异族的殉节明朝官员，宁调元记其事，录其言及诗曰：

长洲徐九一，俟斋先生之父也。当福藩立，群情颙颙，咸谓中兴可望，九一独蹙然曰："相无王导、谢安，将非祖逖、陶侃，区区新造之江左，分门别户，燕雀处堂，其能旦夕安乎？吾惟一死，以报十七年故主耳！"每指园中池，谓人曰："此吾止水也。"及金陵陷，致书亲族云："前月六日之夕，弟即引决于左舍，为庄奴所觉，志不能遂。今绅士欲郊迎贝勒，乃弟临大节之时也。存此不屈膝不被发之身，以见

---

① 宁调元：《太一丛话》，《宁调元集》，2008年，第293页。

先人于地下。"迨薙发令行，复贻书友人云："先有数行呈诸兄，其时以为郊迎不可也。今贝勒不至而薙发之令已行，嗟乎！屈膝不可也，被发其可乎？"遂投虎丘新塘桥死。遗诗一首云："珍馔精镠赐讲筵，每逢令节主恩偏。十章书未陈金鉴，九逝魂犹恋细旃。社稷风云谁奏曲，园陵霜露已经年。龙髯回睇桥山远，玉匣珠襦不忍传。"①

吴伟业，字骏公，号梅村，江南太仓（今属江苏）人，明末清初著名诗人，《圆圆曲》为其代表作之一。早年，吴伟业受学于复社领袖张溥，崇祯辛未（1631）科会试第一，廷试第二，历任翰林院编修、东宫讲读官、南京国子监司业、左庶子等官。南明福王时，官少詹事。时马士英、阮大铖当政，拟兴党狱，遂请假归。入清，初不出仕，清世祖久闻其名，强征入都，授秘书院侍讲，充太祖、太宗《圣训》纂修官，后迁国子监祭酒，终以病乞归。尽管吴伟业曾被迫事清，"世訾议为贰臣"，但宁调元却以其"耿耿不忘君国"的病中诗词"何其悔之深也"，对之予以理解，并仍以其为有气节之人而记其事，录其诗曰：

太仓吴梅村，世訾议为贰臣者也。然其病中先后所赋诗词，耿耿不忘君国，与赵松雪钱塘江上诸作同一音节。何其悔之深也？《贺新郎》词云："万事催华发。论龚生，天年竟夭，高名难没。吾病难将医药治，耿耿胸中热血。待洒向西风残月。剖却心肝今置地，问华佗解我肠千结。追往恨，倍凄咽。故人慷慨多奇节。为当年，沉吟不断，草间偷活。艾炙眉头瓜喷鼻，今日须难决绝。早患苦重来千叠。脱屣妻孥非易事，竟一钱不值何须说。人世事，几完缺。"又《绝命词》云："忍死偷生廿载余，而今罪孽怎消除。受恩欠债须填补，纵比鸿毛也不如。"古云："鸟之将死，其鸣也哀；人之将死，其言也善。"殆其然欤?!②

① 宁调元：《太一丛话》，《宁调元集》，2008 年，第 297 页。

② 宁调元：《太一丛话》，《宁调元集》，2008 年，第 301 页。

关于这方面的明末抗清义士，宁调元还记有“就义于芦墟泗洲寺。当死之时，首已断，而声从项中出益厉”的杨廷枢、兵败后“具衣冠，南向再拜，投园池死”的张国维、“国变后，变姓名曰黄人，字略似，号半非”的黄周星、“留都陷，寻自经死”的祝开美、“广州城破，遂抱之（琴）而死”的邝露、“国变后家居，殉难死”的侯官曹能始、“薙发令下，自投于河。家人救之出，复绝粒六日死”的文震亨、“缒城入，自经死”的徐石麒等人。

三、逃世入山，不事清朝者。明亡后，还有一大批爱国志士和遗民在国变之后虽无力抗争、无意赴死，但为了躲避清朝的逼迫而选择隐名逃世或入山为道。对于这些不履清土、不为清民的爱国志士，宁调元也加以肯定，并记其事迹，以表现其不承认清朝统治的民族气节。

姜采，字如农，山东莱阳人，崇祯四年（1631）进士，授密云知县，旋改仪征县令，迁礼部主事。崇祯十五年（1642），擢礼科给事中，后因弹劾权贵，受廷杖入狱，谪戍宣城卫，南明弘光朝以原官用，鲁王又授以兵部右侍郎，皆不就，与弟姜垓流寓苏州以卒。宁调元特记其事曰：

> 莱阳姜如农采，崇祯间以直谏下狱，几死。久之，奉命戍宣州。未至戍所，而宣城陷。遂与其弟垓变姓名为僧，走浙东，闭门不出。自号敬亭山人，又号宣州老兵。嗣奉母归山东，巡抚某雅重其人，欲以官縻之。因佯坠马折股，傅故事得免，即夜驰还江南焉。……濒死，作歌曰：“丈夫生平不逢时，但遭坎壈当安之。一腔热血洒何地，万种伤心欲诉谁。我今病魔已如此，丈夫当此要自怡。然奈何不死于三十年之前，而荏苒岁月，空怀代马越鸟之悲。南村之梦诚矣，东望松楸血泪垂。吾亲吾亲，听儿致词：自今以往，孤魂相随。故乡不可到，死葬我于敬亭之崎。去家向山丘，永诀以此辞。一路啼猿共明月，看我徜徉自适之。彼山之下，青松几枝，

中有白马素车客，吾与风雨晦冥而话相思。”①

沈寿民，字眉生，号耕岩，宣城人，出身于一个诗书官宦世家，自幼受到良好的教育，善诗文，与张溥、张采、沈士柱齐名，称“吴中二张、江上二沈”。崇祯九年（1636）举贤良方正，三疏劾兵部尚书杨嗣昌，不报，拂衣归，讲学麻姑山麓，未几，党祸作，遂变姓名入金华山中。明亡，其好友溧阳人陈名夏投靠清廷得到重用，向朝廷推荐沈寿民，特派使者接他出山，他连信都没看，就当着使者的面将其烧毁，其后足不履城市，隐居而终。对于这位宁愿老死山中而不官异朝的名士，宁调元记之曰：

> 宣城沈眉生寿民，于姜如农为至交。国变后，匿故里，采藜藿自给，不入城市者三十年。地方官或邀入城，然至半道，辄望望然去。疾亟，命门生载笔曰：“以此心还天地，此身还父母，此学还孔孟。”语毕而瞑。②

夏汝弼，才气焕发，工诗文，尚气节，名重海内。目睹明代将亡，绝意仕进，自号雪明和尚、莲花道人，假释、道以隐身。清兵入关后，曾参与王夫之衡山起义，失败后避入九嶷山，采野菜度日，死于饥寒交迫之中。宁调元被夏汝弼的气节所感动，又记之曰：

> 夏汝弼，字叔直，号莲峰，一号莲冠道人，湖南衡阳人。国变后，佯狂玩世，居无定室，行无定踪。其后有谓其已挈家入九嶷山，不食死者。……汝弼有遗著曰《车架山诗》，与船山唱和最多。《寄怀船山》云：“岂非天下士，所重世间名。令我南原上，长吟忆耦耕。”船山亦有《夏日读史曳涂居，闻松声怀叔直》诗云：“高斋永昼送清喧，别巘微凉透柳轩。潮水孤琴传海岛，中峰长啸发苏门。连漪碧浪摇云气，环佩天风动月魂。自彻冰壶消暑色，不劳河朔动芳樽。”二人平日之

① 宁调元：《太一丛话》，《宁调元集》，2008 年，第 301—302 页。

② 宁调元：《太一丛话》，《宁调元集》，2008 年，第 303 页。

相得，可以想见。[①]

刘永锡，崇祯九年（1636）举人，官长洲儒学教谕。南京陷后，率妻子隐居相城（在苏州东北五十里），宁死不为清朝官，穷饿而终。宁调元钦佩其气节，记其事曰：

> 刘永锡，别字钦尔，魏县人。崇祯丙子举人，由长洲儒学教授升署崇明县，治声卓著。遭国变，退隐于相城。当道强之仕，钦尔袒裼疾视曰："我中州男子，年二十，渡漳河，登大伾，跃马鸣鞘。两河豪杰，谁不闻我？奈何欲见辱耶！"取所佩剑欲自刎，门下士抱持之，得免。殆信国所谓"时穷节乃见"者耶？寻移居阳城湖之滨，日食蔬粥，与沈钦圻为世外交。有老奴从故乡来，劝之归，曰："室庐如故也。"永锡曰："我岂不欲归？但前系奉君命而来，如何其可？"因命其子同老奴归，谓："祖宗丘墓责在汝，毋我顾也。"宁人赠诗，谓其"百口凋零余仆从，一身辛苦别妻儿"，盖纪实也。时遭岁荒，至穷饿以死。弟子徐晟、陈之岛，友人陆泓，经纪其丧，葬于虎丘之山塘。所著有《洹水遗诗》。[②]

戴笠，字耘野，江苏吴江县人，明诸生，清兵入关后入秀峰山为僧，与顾炎武参加由抗清义军领袖吴振远、吴宗潜创办的吴江惊隐诗社（又名"逃社"，意即作暂时的逃避，而潜谋再举），抒写明亡之痛，吐露爱国之情。后还俗隐居于吴江同里朱家港，教授生徒，熟悉明末史事，孜孜著述。宁调元感于"其诗多哀思之音，耿耿不忘故国"而记其事、录其诗曰：

> 戴耘野，名笠，一字曼公，家世吴江人，遭国变，入秀峰山为僧，旋反初服，隐居朱家港，茅屋数椽，炊烟时断。颇富于著述。其《流寇编年》《殉国汇编》二书尤有声于时。顾宁人所谓"惜道远，无从披读"者也。耘野与宁人交颇笃，《亭林集》载其《所陵》七律云："十年仰止玉山隅，闻道移

---

① 宁调元：《太一丛话》，《宁调元集》，2008 年，第 306 页。

② 宁调元：《太一丛话》，《宁调元集》，2008 年，第 307 页。

家近帝都。涕泪独陈天宝事，神灵长护孝灵图。著书岁月供迟暮，许国肝肠叹绝无。自晦不妨居庑下，海天相讯有吾徒。”耘野感受沦亡之苦，故其诗多哀思之音，耿耿不忘故国，然尤长于七律。《有感》云：“老大徒伤事事非，三年客里故山违。凉风动地迷衰草，白露侵人透葛衣。江汉数行鸿雁断，天涯几个友朋归。凭阑尽日思佳句，西北遥瞻是落晖。”又警句如“愁边细雨孤舟远，梦里青山故国春”“夜雨声中流水急，东风陌上野花开”“眠凫梦里谁家地，啼鴂声中故国秋”，皆跻登作者之堂。①

此外，对于这类明朝志士，宁调元还记有“隐居虎丘也，往往贫不能具隔宿炊，冬日衣绨，处之泰然。年七十余卒”的戴南枝，“甲申后，徙居文登海滨，荷筱入市易米，日以为常，然无有知其居处者”的董樵，“明亡后，避地姑苏，死于秣陵”的王湘客，“高蹈远引，终身不履城市”的徐俟斋，“乱离后，流寓江左”的吕潜，“甲申后，避兵松椒山，遂不归”的赵士喆，“国变后，隐居石狮岭下”的郭季林，“祝发为僧，易名性因，世称为澹归大师”的金堡，“乱后祝发为僧，易名瀞挺”的徐继恩，“国变后，以布衣终”的屠爌，“乱后隐于市廛，不故蹈湖海以鸣高”的金俊明等40余人。

对于宁调元《碧血痕》的价值和作用，刘谦曾指出：“君（宁调元——引者）遂以庚戌年春入京，针砭时政，不少假借，而于日报副张，则登载狱中所著之《碧血痕》一书。书凡数百则，盖搜集前明殉国诸烈绝命词，或录其一二愤时之作，而系之以小传，意在使读者于种族革命有深刻之印象，不至为当时立宪之说所潜移也。”②

近现代著名文史研究专家郑逸梅也对《碧血痕》的政治意义和文学价值给予高度评价。他指出：《太一丛话》“所纪大都为明

① 宁调元：《太一丛话》，《宁调元集》，2008年，第308页。

② 刘谦：《宁调元先生事略》，《宁调元集》，1988年，第652页。

末遗民之气节及艺文掌故，如黄道周绝粒四十日，小东林吴次尾临死不屈，陈子壮著《云淙集》，陈邦彦不受招降，人比‘枇杷晚翠’之陈子龙，几社的夏允彝和徐闇公，弟兄同缢之黄淳耀、黄渊耀，长兴伯吴日生，就义庐墟之杨维斗，自撰墓志之黄九烟，商蹈远引之徐俟斋。其他如文震亨、邝湛若、姜埰、金俊明、屈大均、傅青主、方密之、申涵光等，不下二百人，足补晚明史之不足。且多涉及诗篇，又可作诗话读”①。

第四节　坚持革命

入狱后，宁调元深感反清革命事业遭受挫折，自己也成了阶下囚，失去了人身自由，但面对山河破碎、民权丧尽、人种将亡的严峻现实，忧国忧民忧时之情仍然溢于言表：

> 民权剥丧种将无，四顾茫茫忧与惧。堪笑衣冠尽优孟，只今痛哭剩唐衢。山河犹是繁华尽，形影相依衾枕孤。两载拘挛归未得，一场归梦又今吾。②

尽管身陷囹圄，不能再与狱外的同志并肩驰骋在反清革命的战场，但他觉得自己还能为革命事业做些力所能及的工作。在一首《读史感书》诗中，宁调元表达了这种强烈的愿望：

> 投河未遂申徒狄，伏剑应期温次房。不管刁风与阴雨，头颅尚在任吾狂。③

诗中，宁调元借申徒狄因不满现实投河和温序宁死不屈，最后伏剑而死的两个故事，抒发了只要头颅仍在，就要坚持革命的顽强乐观、视死如归的革命豪情。

---

① 郑逸梅：《逸梅随笔》，黑龙江人民出版社，1988 年，第 2 页。

② 宁调元：《感事》，《宁调元集》，2008 年，第 78 页。

③ 宁调元：《读史感书》，《宁调元集》，2008 年，第 74 页。

在另一首七绝中，宁调元以浪漫主义的手法，化用柳宗元“若为化得身千亿，散上峰头望故乡”的诗句，强烈地表达了将自己化身为千百亿个革命志士，奔走于祖国的四面八方，开展反清革命活动的愿望：

世乱时衰事已非，狂澜待挽付阿谁？祝身化作千百亿，日日东西南北之！①

虽然自己身陷监狱，不能驰骋反清革命的疆场，但每当战友奔赴新的反清革命战场，前来告别之际，宁调元总是以诗送别，为其壮行：

去国辞家远行迈，为君高唱渭城歌。江山纵有音尘隔，肝胆不教忧患磨。

风云变幻嗟何及，天下齐桓仗一匡。莫遇悬崖便撒手，须将顽铁炼成钢！②

宁调元在诗中鼓励战友树立齐桓公澄清乱世、统一天下那样的雄心壮志，克服前进道路上遇到的任何困难，在反清革命斗争中百炼成钢，取得最后的胜利。

虽然身陷监狱，但宁调元仍然不忘处在危难之中的国家和人民，其《夜起书愤》诗中就表达了对国家和人民的前途命运担忧和坚定信心、坚持革命的决心：

冢中大哭夜如年，余命空凭浊酒延。第一鹃声啼不住，消愁无计共愁眠。

潇潇风雨怆羁魂，红惨绿愁天昼昏。只是封姨恶作剧，不关花海少朱幡。

凤栖何处托梧枝，黄鹄不生马角迟。太息天公真狡狯，不留余地为来时。

今后方针苦细思，花枝堪折惜劳时。项王不渡乌江水，

① 宁调元：《七绝》，《宁调元集》，2008年，第51页。

② 宁调元：《某君承见赠二诗，时将有远行也，因即次其韵以送之》，《宁调元集》，2008年，第53页。

此意从今始得知。

流莺初啭百花残，去日来年两大难。党祸尽时风景变，吾眸应挂国门看。[①]

因此，在狱中发愤看书学习、不断砥砺气节的同时，宁调元还积极与狱外的革命党人保持密切联系，并在狱外同志的帮助下，努力开展一些力所能及的革命活动。

一、宣传反清革命。在坚持学习的同时，宁调元仍不忘用自己的笔进行战斗，在《长沙日报》上先后发表《去私利篇》《论风俗之蠹》《论开国会之宜缓》等文章，抨击时弊，宣传革命思想。

在《去私利篇》一文中，宁调元呼吁“化私为公，以义为利”，并指出：“国家之衰弱也，其社会之凋敝始乎；社会之凋敝也，其人心之败坏始乎；人心之败坏也，其自私自利始乎。积微成著，由著而极。《大学》言：平天下，必先之以诚意正心。”而今社会，人们“但知有私，不知有公；但知以私为利，不知以公为利。无在而非私，即无在而非利；无在而非利，即无在而非私。私利二字范围寖广，而私利二字之用途亦日益扩张。……现近地方自治、实行立宪之声喧闻于海内外，愚非谓不宜自治，不宜立宪也，而自治与立宪之时机有未熟也。民德未裕，民智未开，一般程度万有不齐，非行强迫教育，稍待数年或十余年后，令人人知化私为公，以义为利，则以圆凿而入方枘，必有格格乎不相容之势”[②]。

在《论风俗之蠹》一文中，宁调元主张改变社会不良风俗，并指出：“一帝皇之起，即有一帝皇之政略。殷不因夏，周不因殷，改制度也，易服色也，殊徽号也，异器械也，所改、所易、所殊、所异不同，而其所以改、所以易、所以殊、所以异者无不同。盖不改、不易、不殊、不异则不足以昭一代之教令，一代之

① 宁调元：《夜起书愤》，《宁调元集》，2008年，第98页。

② 宁调元：《去私利篇》，《长沙日报》1907年12月12日。

教令不昭则不足以新天下之耳目，天下之耳目不新则前代之弊俗颓风毋以革，古与今盖一丘之貉耳。”为此，宁调元极力主张禁烟，大声疾呼严禁奢侈之风、淫乱之风、赌博之风、告讦之风。“吾国朝廷上下，朝夕谋改良国是而不首注意于风俗为正本清源之政策，毋乃急其所缓而缓其所急欤?!”[①]

在《论开国会之宜缓》一文中，宁调元坚决反对立宪派杨度等“煽惑湖南学界联名要求亟开国会”[②] 的行径，指出要求开国会之害有三，即其害在国、其害在留学界、其害在内地学界。并指出国会成立后之害也有三，即行政困难之害、立法困难之害、经济困难之害。最后，宁调元认为：“夫利不十者不变法。综此二大害，证之以人情，是以躐等之举而贻医疮之讥也。……孔子曰：譬如登高必自卑，譬如行远必自迩。《易》曰：渐之时义大矣哉。盖言事之贵乎渐也。”[③]

二、重建革命组织。同盟会湖南支部（分会）是由禹之谟、宁调元、周震鳞等人组建的。禹之谟和宁调元先后被捕、周震鳞避往安徽之后，湖南支部一时陷于瘫痪状态。宁调元认为“支部之设，益不可缓”。他利用李隆建、刘谦等革命同志经常到狱中探望的机会，与他们商议恢复同盟会湖南支部，并委托刘谦、李隆建执行重建湖南支部的任务。经过一番努力，刘谦、李隆建于1907年4月联络“黎尚雯、刘劲、刘钺、曾广琙、李振锷、彭一湖、李剑农等盟于长沙妙高峰之卷云亭，湘支部乃告成立”，并“推黎尚雯为支部长，隆建任文书，自是与海内外同志进行革命益力”[④]。同盟会湖南支部重建后，宁调元常又与李隆建等商量工作。在1907年12月—1908年2月的日记中，宁调元记载：1907年12月22日“仲（奘）［庄］（李隆建，字仲庄）来谈”，1908年1月

---

① 宁调元：《去私利篇》，《长沙日报》1907年12月23—24日。

② 宁调元：《南幽笔记》，《宁调元集》，2008年，第401页。

③ 宁调元：《论开国会之宜缓》，《长沙日报》1907年12月30、31日，1908年1月1日。

④ 《李隆建传》，陈鲲修《醴陵县志》，第418页。

3 日“仲庄来”。[①] 在宁调元的关心下，同盟会湖南支部积极发展会员，努力开展工作，“厥后海内外同志回湘工作者，如曾杰、焦达峰、文斐、龙毓峻等以次加入，规模日以扩充。辛亥革命，湖南最先响应，实权舆于此矣”[②]。

三、化解《民报》危机。1907 年冬，旷若谷从日本返国发行《民报》，到长沙时特于 12 月 17、23、24 日[③]多次前往探视宁调元。旷若谷，字铁冈，湖南醴陵人，华兴会会员，1904 年留学日本后，加入兴中会，次年加入同盟会，后与章太炎等人办《民报》。通过与旷若谷的交谈，宁调元得知同盟会本部第一次“倒孙风潮”的情况和章太炎及《民报》近况。

原来，宁调元离日回国策应萍浏醴起义后，同盟会本部发生了第一次“倒孙风潮”。事情的经过是这样的：1906 年底，清政府镇压萍浏醴起义之后，直隶总督袁世凯于 1907 年 2 月 8 日上密折给西太后，称“革命排满之说，以孙中山为罪魁”，要求“与日政府交涉，驱逐孙文，查禁革命党”。[④] 2 月 13 日，清庆亲王奕劻遵西太后旨致函日本韩国总监伊藤博文，要求日本政府逮捕并引渡孙中山。对此，日本西园寺内阁既不想得罪清政府，又不想恶化与在日革命党人的关系，便通过内田良平出面劝孙中山自动离开日本，并商定由日本政府向孙文提供五千元离日费用。东京证券商铃木久五郎闻讯后，愤于日本政府无理驱逐孙中山，也赠送一万元。内田良平将此情况告知孙中山，孙中山听后因当时开展革命活动经济拮据，同意接受了这两笔赠款。后来，孙中山交出其中两千元给章太炎办理《民报》外，余作随后西南边境起义之用。[⑤] 2 月 25 日，内田良平在赤坂三河屋设宴为孙中山送行，章太炎、宋教仁、刘师培、胡汉民、宫崎寅藏等人出席。3 月 4 日，孙

---

① 宁调元：《南幽笔记》，《宁调元集》，2008 年，第 400、403 页。

② 刘谦：《宁调元先生事略》，《宁调元集》，1988 年，第 651 页。

③ 宁调元：《南幽笔记》，《宁调元集》，2008 年，第 400—401 页。

④ 段云章编：《孙文与日本史事编年》，广东人民出版社，1996 年，第 115—116 页。

⑤ 段云章编：《孙文与日本史事编年》，第 154 页。

中山偕汪精卫、胡汉民、池亨吉、萱野长知乘德轮阿里斯王子号离横滨赴越南。孙一行离日后，内田良平、平山周、北一辉、和田三郎将孙离日前接受馈金情况悉告同盟会总部，结果引起了一场轩然大波，引发了第一次“倒孙风潮”。同盟会总部司法部判事张继认为，孙中山赴宴是“受贿”“被收买”，“有损同盟会的威信”，声言“革命之前，必先革革命党之命”。[①]《民报》主编章太炎则认为，留两千元给《民报》太少，应将全部资助留下，并说孙中山离日时赴宴“是一去不返之保证，颇不平”[②]，还把挂在《民报》社孙中山的相片扯下来，在背后批上“卖《民报》之孙文应即撤去”的字样，寄往香港以羞辱孙中山。6 月又传来孙中山主导的潮州黄冈起义和惠州七女湖起义相继失败的消息，章太炎、张继、陶成章等又以此及孙中山分配馈款之事，对孙中山发起攻击，催逼以庶务代行总理职权的刘揆一召开大会，罢免孙中山的总理职务，改选黄兴继任。刚刚到达东京的刘师培也乘机兴风作浪，进一步要求改组同盟会总部，妄图实现由他当同盟会领导人的目的。正在香港策划武装起义的黄兴闻讯后，立即致函刘揆一等表示：“革命为党众生死问题，而非个人名位问题，孙总理德高望重，诸君如求革命得有成功，乞勿误会，而倾心拥护，且免陷兴于不义。”[③] 由于黄兴维护孙中山的威信，坚决拒绝出任同盟会总理，东京“倒孙风潮”遂告平息。“倒孙风潮”虽告平息，但内部的分歧一时难以消除，加之经费缺乏，《民报》第 18 号出版后，章太炎即于 1908 年 1 月 2 日以脑病为由辞去《民报》主编之职。

宁调元得知章太炎辞职和“《民报》且不支”的消息，急得“顿足号啕，累日弗怿”[④]，“甚为伊惜之”[⑤]，连忙致书章太炎探问

① ［日］北一辉：《支那革命外史》，日本昭和十五年（1940），改订本六版，第 48 页。

② 谭人凤：《石叟牌词》，《谭人凤集》，第 324 页。

③ 黄兴：《复刘揆一书》，刘泱泱编《黄兴集》，第 16 页。

④ 刘谦：《宁调元先生事略》，《宁调元集》，1988 年，第 651 页。

⑤ 宁调元：《与高天梅书》，《宁调元集》，2008 年，第 214 页。

情况："客有自东京归者，道公甚康强，一慰。惟报社经济、著作，两俱困难，闻之令人于邑。"[①] 章太炎的复信中"述社中近况"，更使宁调元感到"令人烦闷欲绝"。他认为："时局多艰，戈矛起于萧墙，团结托之子虚，徒令渔翁坐分成利。"[②] 于是，又急忙致函章太炎做工作，以历史上的典故劝诫他以团结为重，努力撑持局面，办好《民报》："报社成立数年，每下愈况，匪直吾党之不幸也。譬彼扁舟航海，大风起于水上，卒然遇之，鲜不夺气。吾公把柁向前，力任其难。想天怜有心人，灿烂庄严之境界，必发见不远也。惟闻萋斐成锦，内讧用兴。昔者蔺、廉结好，赵家受福；平、勃交欢，汉祚用宁。谅吾公早见及之。海天万里，意愿何极。"[③]

在宁调元等人真诚的劝说之下，章太炎终于"幡然为改"，于1908年8月出而主编发行《民报》第23号，于是，《民报》"报务复振"。[④]

四、参与筹建"南社"。1907年7月15日秋瑾在绍兴被清政府杀害之后，陈去病、高旭、柳亚子等在沪同盟会会员闻噩耗更是无比痛心。陈去病于是倡议在沪为秋瑾举行追悼会，但又恐遭清政府的阻挠和搜捕，遂与高旭、柳亚子商量，决定仿效魏晋时期阮籍、嵇康等七贤竹林聚会，在上海组织一个联络反清文化人士的团体"神交社"。7月29日，陈去病即在《神州日报》发表《神交社雅集小启》和《神交社例言》，征求文友志士。8月15日，即秋瑾牺牲后的一个月纪念日，神交社在上海愚园正式举行雅集，陈去病、刘季平、吴梅、冯沼清、祝心渊等11人赴会，在一起赋诗填词，摄影留念，设宴终日而散。但由于没有得力人士具体组织，此后神交社既没有大规模发展社员，也没有创办机关

① 宁调元：《与章太炎书（一）》，《宁调元集》，2008年，第197页。
② 宁调元：《与高天梅书》，《宁调元集》，2008年，第214页。
③ 宁调元：《与章太炎书（二）》，《宁调元集》，2008年，第197页。
④ 刘谦：《宁调元先生事略》，《宁调元集》，1988年，第651页。

刊物和杂志，不久便逐渐趋于沉寂。1908 年初，陈去病邀刚从日本归来的刘师培、何震夫妇及高旭、柳亚子、沈道非一起相聚于上海酒楼。席间，陈去病又提议仿效明末云间（松江）几社，组织文社，得到高旭等人的积极赞同。1 月 12 日，陈去病再邀刘师培夫妇、高旭、柳亚子、沈道非、朱少屏、张聘斋以及《神州日报》总编辑杨毓麟、《国粹学报》的邓实、黄节等人在上海国光楼聚宴。席间，大家相约结社，并名之为“南社”。

早在 1907 年 7 月陈去病发起神交社后，高旭就将此事告知狱中的宁调元，宁调元闻讯十分高兴并积极响应，搜集不少今古体诗寄去，作为《神交集》的稿件。[①] 1908 年初，高旭与陈去病、柳亚子等人决定筹办南社后，又致书宁调元，将此事告之，征求其意见，请求其支持，并赠诗《寄怀太一湘中》，其中慨叹当年几社、复社之风的衰微，表达了愿与宁调元共同支撑东南文史局面的心愿：

雄词丽句美人蕉，千里怀人坐半宵。隔绝关山太迢递，诵君诗卷当离骚。

几复风微忆昔贤，空山时往听啼鹃。支撑文史东南局，堪与伊人共比肩。

春寒悄悄放花迟，浩荡灵修怨未知。何日相逢同一哭，折来红豆最相思。[②]

通过高旭的来函和赠诗得知沪上友人正在筹办“南社”的消息之后，宁调元喜出望外，表示支持，并立即作《南社序》于 5 月初寄高旭。该序曰：

诗者，志之所之也。《春秋说题辞》：“在事为诗，未发为谋。”故诗之为言志也。扬子亦言：“说志者莫辨乎诗。”李注：“在心为志，发言为诗。”人各有志，志之卑抗殊，而诗之升降亦于以判。故古有采诗之官，先王所以观民俗、知得

① 宁调元：《与高天梅书》，《宁调元集》，2008 年，第 207 页。

② 哀蝉：《寄怀太一湘中》，《神州日报》1908 年 5 月 7 日。

失、自考正也。延陵季子聘鲁，请观周乐，自《郐》以下无讥，诗之为义大矣哉。

吾友高子天梅、柳子亚卢等既以诗词名海内，复创南社以网罗当世骚人奇士之作，蔚为巨观。钟仪操南音，不忘本也。昔启、祯之际，太仓二张，首唱应社。贵池刘城和之，为广应社。嘉鱼熊开元宰吴江，进诸生讲艺，而复社乃兴。由是云间有几社，浙西有闻社，江北有南社，江西有则社，历亭有序社，昆阳有云簪社，而吴门有羽朋社、匡社，武陵有读书社，山左有大社。流派虽别，大都以诗、古文、词相砥砺，而统归于复社。山鸣谷应，风起水响，于斯为盛。春木之芚兮，援我手之鹑兮，去之三百载，其人若存兮。有踵接而起者，固可以观、可以群、可以怨也。

虽然，余选古近诗，至宋、明尝略而弗录。其持论曰：诗运降戾，爰兹历年几千，代有迁移。温厚以则，宋以前也，纤丽以淫，唐以后也。且五言际宋梁，犹七律之际晚唐，衰递以渐。学汉魏不能，或犹类唐；学宋明不能，将蔑所似也。然则，斯编何取乎？辑诗非选诗也。于先王之书，《乐记》道之曰："治世之音安以乐，乱世之音怨以怒，亡国之音哀以思。"故哀乐感夫心，而咏叹发于声。斯编何音？斯世何世？海内士夫庶几晓然喻之，而同声一慨也夫！嗟嗟！《小雅》尽废，四夷交侵。君子生斯时也，于是夫有惧心。[①]

宁调元此序，借春秋时楚人钟仪被俘于晋，仍戴楚帽，操楚音（南音），以示不忘本的典故，对南社的命名作了进一步的阐述，点明了南社反清革命的性质，并表达了希望南社继承明末几社、复社等士人结社的遗风，直面现实，贴近现实，创作出"怨、怒、哀、思"作品的强烈愿望。宁调元《南社序》中表达的关于南社的性质和宗旨以及文学主张，后来得到南社广大社友的认同，其《南社序》也就成为南社的纲领性文献之一。随同《南社序》，

① 宁调元：《南社序》，《宁调元集》，2008 年，第 190—191 页。

宁调元还附上和高旭的七绝四章，表示愿与高旭一道共同支撑东南文史局面。中间二首云：

逐鹿年年梦覆蕉，东风灵雨负良宵。一时范水模山句，惭愧推崇继楚骚。

巨艰当世几人肩，夜雨魂消蜀道鹃。几复风流已千古，后生莫漫拟前贤。[①]

在此后的5月16日，宁调元又致函高旭信，对社刊《南社》的栏目设计、出版、价格及发行等事宜提出具体意见："《南社序》寄呈之后一日，钝子（傅尃——引者）函来，称报分门，而拙序仅括其一二，如何，如何。因钝子前函称系诗报。但鄙意插画、文选可不必有，何以故？插画完美难，在海上制版难，价格多昂，甚至以此搁延发行之期。近世文字，当选者几何？激剧者有碍畅销，腐败者终少意趣。不如稍事变通，添论著一门，专述列代诗运之盛衰及其源流；添传记一门，专为列代诗人作小传。此外，则词话、诗话不可少也。凡平昔应酬，故交投赠，多有弃之不得，收之太滥，断章取句，略短录长，两全之地，斯为第一。且上可以保神州之国粹，下可以固杂志之藩篱。未审尊意以为何如也？虽然浅陋如弟，何足喻彼高深？并论著、传记亦不能担任。一得之愚，诚难自隐，恃在至好，当未必以为嫌。"[②] 此后，宁调元又就自己对于社刊的建议征求傅尃意见："该社体例有文选、插画，请其改为论著专述诗之盛衰源流，传记专为列代诗人作小传二门，及添设诗话、词话。"[③] 事隔不久，宁调元又致书高旭，询问《南社》出版情况："贵校放假何时？假后仍可在钦明通信否？《南社》出版，当又在暑假中也。弟并无催促之意。其中主持其事约有几人？得暇乞示一二。"[④] 过了十多天，他又去信高旭，叮嘱："《南

① 宁调元：《哀蝉见赠七绝四章索和，即次韵奉答》，《宁调元集》，2008年，第82页。

② 宁调元：《与高天梅书（四）》，《宁调元集》，2008年，第209页。

③ 宁调元：《与傅熊湘书（六）》，《宁调元集》，2008年，第195页。

④ 宁调元：《与高天梅书（八）》，《宁调元集》，2008年，第211页。

社》出版后，幸速寄我一阅为感。”[①] 学校放暑假后，他又去信询问：“稿已编定否？出版有期否？”[②] 可见，宁调元希望南社能早日正式成立，关心《南社》杂志的设计、编辑，并盼其早日出版的心情，溢于言表。

在盼望《南社》出版的日子里，宁调元还不忘积极推荐友人加入南社，鼎助南社的发展。他致书高旭：“有张君汉英、唐君群英能诗文，然又以唐君为最优。弟当均属其入社。”[③] 经宁调元推荐，后又经傅専等人介绍，唐群英、张汉英在东京填写“入社书”，同时加入“南社”。唐群英的“入社书”为 193 号，张汉英的“入社书”为 194 号，她们均成为“南社”早期社友。

在宁调元的带动下，其师友刘师陶、刘泽湘、刘谦、文湘芷、卜世藩等人也纷纷加入了南社，使南社一时声名鹊起。

1909 年 11 月 6 日，陈去病在上海《民吁报》发表《南社雅集小启》，正式宣布定于本年 11 月 13 日（阴历十月初一日）在苏州虎丘召集南社成立大会，接着，又刊登了高旭的《南社启》、宁调元的《南社诗序》、陈去病的《南社诗文词选叙》以及未署名的《南社例十八条》，宣布了南社的纲领、宗旨，以及文学理想与追求。

11 月 13 日，南社第一次雅集在苏州虎丘山张国维祠如期举行，标志着南社正式成立。陈去病、庞檗子、沈道非、朱梁任、陈陶遗、柳亚子、黄宾虹、朱少屏、蔡哲夫、景耀月等 17 位社友欣然赴会，其中同盟会员有 14 人。会上通过了《南社例十八条》，并规定每半年雅集时修改一次，接着选举陈去病为文选编辑员，高旭为诗选编辑员，庞檗子为词选编辑员，柳亚子为书记员，朱少屏为会计员。

南社在苏州虎丘山召开成立大会之际，时刻关注南社的宁调

---

① 宁调元：《与高天梅书（九）》，《宁调元集》，2008 年，第 212 页。
② 宁调元：《与高天梅书（十三）》，《宁调元集》，2008 年，第 213 页。
③ 宁调元：《与柳亚子书》，《宁调元集》，2008 年，第 213 页。

元刚出狱，但得知要开成立的消息后感到既兴奋又遗憾，即致书高旭云："南社有成立之望，慰甚。明春重聚时，祈早通知，必当来一会也。"[①] 虽然宁调元没有参加南社的成立大会，但他实际上是南社的主要发起人和重要筹划者之一。南社社友蔡守在《答高燮书》中指出："南社发起以来，更得宁太一、高天梅、傅钝根与弟辈，各于其地搜罗人才，煞费几许心力，以期成一东南文人渊薮。"[②] 其中，对于宁调元为南社的成立所做出的贡献给予了充分的肯定。孙之梅也在《南社研究》一书中指出："南社是在湘籍作家的声援、协助，特别是宁调元的关注和策划下诞生的宁馨儿。"[③]

五、支持革命报刊。1907 年 4 月，同盟会员于右任、杨毓麟主编的《神州日报》在上海创刊，狱中的宁调元闻讯非常高兴，赋诗为祝，希望该报发扬精卫填海的精神，宣传民主革命思想，并借助舆论的撼山之力来激发国魂：

莽莽神州竟陆沉，几年黑晻到于今。西山木石衔将尽，精卫绵绵沧海心。

沧海为桑桑又沧，百年百事可怜伤。卢骚未死民约在，看演黄人世界黄。

久闻西北忧天坠，可有男儿痛国亡。舆论难移山可撼，一枝笔胜万前膛！

慵倚东风日又昏，零丁无路叩天阍。法螺吹向昆仑顶，胡不归来痛国魂。

苦海无边东海东，众生浑是可怜虫。现身说尽如来法，不信人间耳尽聋。[④]

1908 年 4 月 21 日，《神州日报》创办一周年之际，宁调元又题诗庆祝，称赞《神州日报》是黑暗中发出的一线光明，照耀神

---

① 宁调元：《与高天梅书（二十六）》，《宁调元集》，2008 年，第 220 页。
② 杨天石、王学庄：《南社史长编》，中国人民大学出版社，1995 年，第 518 页。
③ 孙之梅：《南社研究》，人民文学出版社，2003 年，第 77 页。
④ 宁调元：《某报出版题词》，《宁调元集》，2008 年，第 50—51 页。

州大地：

几年同室互操矛，逢此百罹命不由。前无古人后来者，陆沉谁与起神州。

乾坤浩荡水东流，太息年华逝不留。笼鸟池鱼无意绪，空教负我负神州。

千钧一发系宗周，嫠妇空怀恤纬忧。从古红羊成浩劫，至今苍狗变神州。

共说瓶罄只罍羞，万劫疮痍起视不。寄语黄牛且休息，吾将舍尔救神州。

鹊巢盘踞任鸣鸠，困苦王孙孰与俦。文字有灵重祷祝，国魂苏复返神州。

久伤舆论谬阳秋，帝子淹留何处洲。风雨潇潇频眺望，光明一线漏神州。

嬴秦方运凿淮谋，碎铁奇书一律收。尚有尺椎在人世，休凭言论挽神州。

峨峨北岳足高游，路险难兮愁复愁。最后成功争一篑，共将热血染神州。①

1909年，革命党人又在北京创办报纸，宁调元闻讯后，又欣然题诗，以表祝贺：

一线光明漏旧京，九州生气走春霆。微言未绝阳秋在，毛瑟千枝撼可曾？②

诗中，宁调元希望该报成为黑暗中的京城的一线光明，并以当时流传的拿破仑“一张报纸胜于三千枝毛瑟枪”之语为比拟，希望该报在反清革命斗争中发挥其独特的社会舆论作用。

---

① 宁调元：《题〈神州日报〉周年纪念，次哀蝉韵》，《宁调元集》，2008年，第80页，据《神州日报》1908年4月21日校。

② 宁调元：《某报出版祝词》，《宁调元集》，2008年，第95页。

第五节 重获自由

宁调元虽然身陷囹圄，但监外的同志们并没有忘记宁调元，而是从各个方面给予关心、照顾和鼓励。

远在上海的柳亚子闻讯宁调元被捕，即作《虞美人·忆太一湘中》云：

大鹏未展摩天翼，底事遭缯弋？湘兰沅芷不芳芬，一夜西风，何处吊灵均！　　生离死别哪能晓，清泪知多少！笯鸾囚凤奈卿何，渺渺予怀，望断楚江波。①

柳亚子在此词中借“大鹏”赞扬宁调元的过人才干，以“湘兰沅芷”比喻宁调元的高尚品质，深切表达了对宁调元之寄怀。

在另一组思念革命同志诗中，柳亚子又作诗，思念狱中的宁调元：

自昔湘中产奇士，三闾而后又姜斋。龙飞破壁知何日，一集南冠手自排。②

诗中，柳亚子由宁调元联想到屈原和王夫之，对宁调元表示赞赏之情，相信他定能出狱，为反清革命事业做出贡献。

此时在上海的高旭，也时常借诗词表达对狱中宁调元的关切，其《浪淘沙·怀辟支湘中》云：

四面楚歌声，破网长征。不甘黄血啖长鲸。九死肯忘亡国痛，乐操南音。　　同是可怜生，端为多情。湘江淼淼溯伊人。可奈江南兰蕙瘁，鶗鴂争鸣。③

在词中，高旭高度赞扬了宁调元在狱中坚持革命，“乐操南

① 中国革命博物馆编：《磨剑室诗词集》下，上海人民出版社，1985年，第1754页。

② 中国革命博物馆编：《磨剑室诗词集》上，上海人民出版社，1985年，第109页。

③ 高旭：《浪淘沙·怀辟支湘中》，郭长海等编《高旭集》，第286页。

音”的反清革命精神，深切表达了对宁调元的关怀。同时，他还与宁调元通过诗词唱和，互相勉励，砥砺前行。

1908年5月，宁调元将其癸卯前之诗词编为《南音》《辟支庐诗稿》两册并托人寄给上海的高旭。高旭读后，赞赏不已，即赋《浪淘沙·题太一〈辟支庐诗词集〉》三阕，以示鼓励。其中一阕云：

> 君抱楚骚愁，湘水悠悠。高邱无女怨灵修。不怕蛟龙来攫取，吟向沧洲。　　一剑话从头，匹马燕幽。相期杀贼觅封侯。此手原来堪草檄，与子同仇。[①]

《诗经》曰：“修我戈矛，与子同仇。”宁调元接读高旭的题词后，深有同感，即和三阕其中一阕曰：

> 一腹贮千愁，长夜悠悠。自怜要妙美宜修。谣诼忽然来众女，泪洒芳洲。　　诗狱苦埋头，时俗昏幽。男儿不虏便为侯。铸得铁锥长尺五，愿子同仇。[②]

在此诗中，宁调元与高旭共勉，表示不做清朝奴隶，而要做国家主人的愿望，并以完成博浪锥的壮举，同仇敌忾，共同杀敌，推翻清王朝。高旭十分赞赏宁调元的豪情壮志，又和云：

> 江上白云秋，日暮悠悠。相思其奈路途修。摘取杜蘅何处寄？闲立汀洲。　　末路且低头，含笑重幽。黄金斗大鄙封侯。一卷船山心不死，了了恩仇。[③]

1908年5月，宁调元从《神州日报》上读到明代著名忠臣杨继盛因弹劾权奸严嵩而遭构陷后所写《谪所苦阴雨述怀》诗，为其凄风苦雨，英雄被困，回天无力，壮志难酬的境况而感动，即作《题杨椒山先生狱中〈苦阴雨〉诗后》曰：

> 闲愁万叠心如结，美人南望音尘绝。春风十日雨淋漓，猿声鬼声互悲咽。我昔艳闻地狱苦，至今地狱谁救主。众生

---

① 郭长海等编：《高旭集》，第298页。

② 宁调元：《浪淘沙·次韵答哀蝉》，《宁调元集》，2008年，第156页。

③ 高旭：《浪淘沙·次韵，和仙霞》，郭长海等编《高旭集》，第300页。

未度侬奈何，荆石为璞山为羽。杨公距我今百载，旦梦文琴差可语。古初天地浑沌谁剖分？物生物兮气絪缊。夸父无力追烈日，鲁阳何为返夕曛？今古茫茫感不平，天时无定阴与晴。噫嘻悲哉！地狱之中长夜漫漫终古何时平？[①]

诗成后，宁调元抄录傅専并“乞赐和一章”[②]。不久，傅専寄来和作《题杨椒山〈苦阴雨〉诗后，即用其韵，和太一狱中作》云：

辟支仙子百忧结，诗成抚弦弦为绝。天阴雨湿春沉沉，山前山后鹃声咽。贱子端居亦太苦，形倡影随互宾主。方期河鲤达尺书，何意宾鸿传片羽。故人自言身世，今与椒山似，千载微斯谁与语。天地否塞物莫分，何时破晦为壹愠。不言人世如朝露，且共挥戈挽夕曛。贱子感此意不平，寄言休再问，天苦较，阴与晴，艰贞用晦兮明夷明。[③]

宁调元接读傅専寄来和作，深切感到：“（傅専）《苦阴雨》诗，过原作远甚，无量欢喜。”[④] 6月又有二信致高旭，均言及其《苦阴雨》之诗及和作之事，并认为高旭的《苦阴雨》诗及他和章“一读一击节，抛砖引玉，于今见之”[⑤]。

1908年7月，宁调元感叹时政腐败，特作《如梦令·感事》云：

帝子花衰还种，寄语东皇珍重。风雨夜如何？叶叶枝枝断送。沉痛，沉痛，又了一场春梦。[⑥]

高旭阅后也深有同感，即和云：

空谷幽兰谁种？习习风吹香重。可惜着根难，当产应愁

① 宁调元：《题杨椒山先生狱中〈苦阴雨〉诗后》，《宁调元集》，2008年，第81页。
② 宁调元：《与傅熊湘书（四）》，《宁调元集》，2008年，第194页。
③ 傅熊湘：《傅熊湘集》，湖南人民出版社，2010年，第277页。
④ 宁调元：《与傅熊湘书（六）》，《宁调元集》，2008年，第195页。
⑤ 宁调元：《与高天梅书（十一）》，《宁调元集》，2008年，第212页。
⑥ 宁调元：《如梦令·感事》，《宁调元集》，2008年，第157页。

锄送。悲痛，悲痛，难醒红尘痴梦。[①]

1909年6月，宁调元在致高旭信中，抄示其《书愤》云：

流莺初啭百花残，去日来年两大难。党祸尽时风景变，吾眸应挂国门看。[②]

不久，高旭就寄来和作云：

数声啼鴂落花残，欲诉心期一字难。起视东南浑醉梦，湖山澹荡好谁看。[③]

宁调元将自己在狱中对狱外同志们的思念和祝愿的100多首诗编成《南幽百绝句》后，致信高旭索题词："取去冬《至日》诗七十章，并仿马君浮所作《愿诗》四十章合为一编，颜曰：《南幽百绝句》。望吾兄遥题数言。"[④]

高旭收读后，击节欣赏，即填词《南歌子》一阕相赠，以示鼓励：

幽径寻芳草，空山吊夕阳。江皋木落正严霜。弹到南音呜咽断人肠。　信美非吾土，消愁剩醉乡。吟魂飞去落潇湘。戏拍君肩，一笑尽千觞。连夕梦与君欢饮。[⑤]

宁调元收到高旭的题词后，深为感动，即复信云："承题《南幽》，谨奉答《大江东去》。"该词云：

邹阳旧恨，仗湖风，六月吹成霜雪。想是空华迷目孔，万事于今休说。醉也堪怜，睡难成梦，梦也肠堪绝。销凝如此，数声分付啼鴂。　未老便觉先衰，黄粱顷刻，惊过沧桑节。不惜人间交绝尽，留个江南词客。昨日吟笺，写来佳句，有暗香凝结。南幽借重，料难轻与磨灭。[⑥]

---

① 高旭：《如梦令·感事，和仙甫》，郭长海等编《高旭集》，第301页。

② 宁调元：《夜起书愤》，《宁调元集》，2008年，第98页。

③ 高旭：《和太一〈书愤〉》，郭长海等编《高旭集》，第102页。

④ 宁调元：《与高天梅书》，《宁调元集》，2008年，第218页。

⑤ 高旭：《南歌子·题辞》，《宁调元集》，2008年，第113页。

⑥ 宁调元：《大江东去酬哀蝉题〈南幽百绝句〉之作》，《宁调元集》，2008年，第173页。

除了高旭，刘泽湘也以宁调元三十岁生日所作《满江红》韵，为《南幽百绝句》题词云：

蚁磨天旋，亘万古，循环何极？笑夸父，奔驰汗喘，促今成昔。沧海桑田□□几，翻云覆雨事常十，愿幽崖花草长精神，恒春日。　血满腔，海难涤。新旧恨，横胸臆。怆南鸿缥缈，西风紧逼。庭院梧桐偏有信，山川锦绣浑无迹。剩泪珠盛满唾壶冰，长凝碧。[①]

宁调元读后十分感动，立即和作两阙《满江红》为答：

起视重围，也抵算，繁星拱极。尽诗句，乔生早咏，争传昔昔。杯底牢愁堪得石，眼中人望今难十。可奈何佳节又端阳，归无日。　将无乃，垢难涤。莫须有，断凭臆。为尘根未净，药叉环逼。牍背题词谁授我。水中捉月浑无迹。劳夜来花影，拂清空，窗纱碧。

雨打风吹，问桃梗，飘流何极。剩一缕，情魂不死，断肠今昔。别后书来常半寸，梢头月上刚初十。掷金钱应替远游人，伤今日。　挽慧海，将愁涤。凭纤手，剖胸臆。奈寒云千里，韶华暗逼。红豆可怜劳梦想，青衫莫更寻痕迹。总百无聊赖，对东风，蘼芜碧。[②]

对于战友之间的互相唱和赠答，互相叮咛鼓励，宁调元倍加珍惜，认为："良友千里，互相唱答，罔计工拙，亦一时韵事。"[③]后来，高旭回忆这段往事也感慨不已："往年君（宁调元——引者）系长沙狱，唱和情深两地痴。"[④]

如果说外省的同志们通过书信往还和诗作唱和的方式给宁调元以关注和关心，那么，省内的同志则通过不时前往探视和慰问的方式给宁调元以帮助和慰藉。宁调元身陷囹圄，傅専为之不平，

---

① 刘泽湘：《满江红·读〈南幽百绝句〉感赋，用太一生日词韵》，《宁调元集》，2008 年，第 114 页。

② 宁调元：《满江红·答今稀》，《宁调元集》，2008 年，第 170—171 页。

③ 宁调元：《与高天梅书》，《宁调元集》，2008 年，第 213 页。

④ 高旭：《得辟支狱中诗感赋》，郭长海等编《高旭集》，第 198 页。

作《奉酬太一怀人之作四章章四句》：

海水涸且枯，浮云聚复散。蛟龙蟠泥中，忽被群魔瞰。

天阴夜作罢，云薄难为雨。龙日吾苟生，岂无三尺水。

海水倏腾啸，一龙飞上天。龙子驱群魔，投魔大海填。

龙昨语群龙，潜之毋见首。匆为凤兮嗟，且作狮子吼。[①]

傅尃相信，蛟龙虽然暂时被困泥潭，但总有力驱群魔、飞腾升天之日。

1907 年 12 月，在被捕入狱一周年之际，宁调元作《自祭文》，抒发了看破生死、昂扬乐观的革命豪情。傅尃读后，为宁调元的放达怀抱而击掌，并赋一首七律诗以示鼓励：

生魂同与鬼为邻，一出胞胎便瘗身。息壤几存干净土，首丘应笑活埋人。青山涕泪随秋陨，故旧心期入梦亲。地老天荒此何极，愿身成屑屑为尘。[②]

读罢傅尃此诗，宁调元深为感动，即示之于前与宁调元同系牢狱，被释放后前来探望的友人，此人即和一首七律云：

幽居幸有德为邻，胜人洪炉鼓铸身。屈子忧从中国土，豫生愧煞二心人。巢倾幕燕悲同尽，影启杯蛇故未亲。松柏岁寒知节劲，共将热血染胡尘。[③]

该诗高度评价了宁调元的爱国精神和宁死不屈的气节，抒发了继续革命的激情和愿望。宁调元读后深感鼓舞，并欣然和了一首云：

以是因缘偶结邻，泰山鸿羽各安身。从知名节关千载，底事兴亡系个人。萁豆同根应共谅，豺狼异类总难亲。从今一事须珍重，宁化鹤猿不化尘。[④]

诗中，宁调元强调革命同志要讲团结，共同反清；要讲名节，

---

① 《南社丛刻》第一辑。

② 傅熊湘：《读太一〈生瘞自祭文〉赋此，即寄》，《傅熊湘集》，第 276 页。

③ 宁调元：《南幽笔记》，《宁调元集》，2008 年，第 406—407 页。

④ 宁调元：《某君次屯子韵见赠一律，即奉答一什》，《宁调元集》，2008 年，第 76 页。

做“重于泰山”为国家做贡献的人。同时，宁调元提醒友人并告诫自己，宁愿化作展翅高飞的仙鹤而不能为卑微的尘土。

在不断给予宁调元鼓励的同时，傅尃与文斐等人还积极为解救宁调元而奔走，虽然不能马上救宁调元出狱，但经过努力，宁调元在狱中受到特别优待，不仅可在狱中阅报读书，而且还可随时接受外面友人的探视。宁调元的醴陵老乡文斐、袁家普、潘昭等人就是前来探望的常客。对于同志们的真情厚意，宁调元十分感动，以词《虞美人》赠之：

相逢不久分离又，桂子香时候。更无长物作人情，分半秋愁秋闷送君行。　身世把浮萍看待，后约何当再。一天路远一天云，珍重夜眠添盖饭加餐！[①]

同志们前来探望的同时，还时常慷慨解囊，对宁调元给予接济，但宁调元总是辞而不受。他在给文斐的信中这样写道：“今午张君伟民贻洋如干元置我书间，送之出门，始以实告。意甚足感，烦代转璧为幸。前对唐君等亦复如是也。”[②]

狱外的同志们不仅可常来探望，逢年过节，还经常携酒菜到监狱与宁调元会饮。

1909年6月11日，时值端午节，文斐、潘昉、刘谦、傅尃等携酒肴聚饮于宁调元处，令宁调元非常感动。酒过三巡之后，宁调元即兴吟成《江城子》一阕，以志纪念：

瓠瓜留恋几星霜。渐颓唐，剧堪伤。岁月无情，空为少年忙。佳节良辰抛掷便，堪细数，又端阳。　不消回首故乡望。思茫茫，泪千行。故友还能，樽酒慰凄凉。便抵他年重会聚，提此景，定难忘。[③]

才华横溢的傅尃思忖片刻，借着酒劲，即兴步宁调元原韵和

---

① 宁调元：《虞美人·赠别雪安、子惠》，《宁调元集》，2008年，第152页。

② 宁调元：《与文穆晞书（一）》，《宁调元集》，2008年，第198页。

③ 宁调元：《江城子端阳日，牧稀、苊生、约真、钝子携酒肴聚饮于此，赋此志影》，《宁调元集》，2008年，第172页。

词一阕：

南幽沉怨夏飞霜。梦荒唐，最堪伤。偏是愁时，岁月逐人忙。细柳新蒲饶节物，听叠鼓，闹端阳。　且图欢聚慰相望。意茫茫，酒行行。漫写填胸，万恨唱伊凉。此会此时今世少，人五个，愿无忘。[①]

一桌好酒菜，两阕《江城子》，深切表达了战友的情意，五个好友尽兴而散。

1909 年 9 月 28 日，时值中秋佳节，刘师陶携文斐、傅専、潘昉、潘昭、阳绍城等宁调元好友提酒菜前来探望，师友共饮于宁调元狱室之中。宁调元感叹“年时师友不改旧观，此意已不克承仰，况复有加过。……曾几何时，各一日月。俯仰今昔，歔欷三数。对月倚声，未知明年更何似也”，即兴吟成一阕《人月圆 · 中秋感赋》：

月明又被云遮住，空老桂华枝。想应天上，今宵未忍，还照孤凄。　几回欢聚，几番离散，剩惹追思。旧人赢得，晨星数点，犹是年时。[②]

1909 年 10 月 22 日，重阳节又至，陈范、文斐、刘泽湘等人又携酒菜前来探望，与狱中的宁调元共度重阳佳节。陈范，原名彝范，字梦坡，号蜕盦，湖南衡山人，光绪举人，曾任江西某县知县，后因教案落职，遂移居上海。1900 年，陈范接办《苏报》，自任社长，1903 年因《苏报》介绍邹容的《革命军》，并登载章炳麟的《驳康有为论革命书》而被通缉，脱险后东逃日本，拜访孙中山，参加了一些革命活动。1905 年，陈范回上海时即被捕入狱，赖友人营救，于次年获释，随后前往湖南醴陵，投奔时任醴陵县令的妹夫汪文溥。经过朋友的介绍，性格豪爽且又善饮的陈范与宁调元一见如故，结成忘年之交，故经常前来狱中探望宁调元。佳节见好友，宁调元十分感动，赋七律二首记之曰：

① 傅熊湘：《傅熊湘集》，第 564 页。

② 宁调元：《人月圆 · 中秋感赋》，《宁调元集》，2008 年，第 181 页。

似此风波悔渡河，谁知肘腋有金戈。可怜燕子楼长在，从此迷香洞奈何？好梦留人能几日，玉颜不醉也微酡。漫凭往事思前境，总是追伤误入罗。

孤负陈思八斗才，甄妃但有梦能来。破除万事甘情死，潦倒一生未意灰。终古醉乡闲日月，几重云气罨楼台。一时新旧交都集，算是平生笑眼开。[1]

宁调元的诗中充满了对战友情谊的颂赞和对革命事业的向往。

经过狱外同志们的不懈努力，宁调元出狱之事终于有了转机。宁调元好友、时任湖南铁路学堂教务长文斐等人与陈文玮搭上了关系。陈文玮，字佩蘅（也作佩珩），长沙县人，生于1855年，逾冠，补博士弟子员，后赴京应试未举，遂绝意科举。后援例捐得湖北补用道，但未赴任，旋投身商界，曾在长沙开设颐庆和钱店及绸缎庄。1905年，陈文玮与煤炭商周声洋、淮盐公所总董郑先靖等，发起成立湖南总商会，以振兴商业、联络商情为宗旨，禀呈商部立案，并任协理。1906年，在收回粤汉铁路斗争中，陈文玮反对清政府出卖路权，以商会名义联络各界人士倡议粤汉铁路归商承包。1909年陈文玮联络李达璋等人创办湖南电灯股份有限公司，并当选为省谘议局议员。陈文玮也是读书出身，对宁调元的文才十分欣赏，对宁调元的遭遇非常同情，慨然允诺为宁调元之事出手相助。

得知出狱之事有了转机，宁调元精神为之一振，先后赋词《芳草天涯人未还》《貂裘换酒》呈送陈文玮。陈文玮阅读宁调元《芳草天涯人未还》《貂裘换酒》等诗作后，愈加觉宁调元才华不错，救宁调元之意益坚。这样，在湖南谘议局复选之日，陈文玮乘机将宁调元之事面禀长沙知府汪凤瀛。汪凤瀛曾任湖广总督张之洞的总文案，后又任洋务文案，还曾任张之洞创办的自强学堂（武汉大学前身）、湖北农务学堂提调，因而也重视有才华之士，对陈文玮所请之事表示首肯。对此，刘谦有较为详细的记载：

---

① 宁调元：《感怀四律》，《宁调元集》，2008年，第147页。

文斐等因日事奔走于搢绅先生之门，谋出君于狱。长沙陈文玮，豪侠士也。睹君著作，叹为不世才。陈故与按察司陆钟琦善，置酒名园，邀与赏菊，乘间以释君为言，陆颔之。以案在长沙府署，特授意知府汪凤（瀛）［池］。无何，凤（瀛）［池］病卒，继任者即其弟凤（池）［瀛］。凤（池）［瀛］通小学，见君所为《说文广义正》《楚词王注补》，击节叹服。陈于谘议局复选之日，向之侃侃谈君事，遽可其请。[①]

1909年9月8日，宁调元也曾将此事告诉高旭："另录《貂裘换酒》一阕，前《芳草天涯人未还》一诗，亦寄此人者。此人于弟无一面之识，亦但有文字感情。当前日开复选举时，将弟详情向当道侃侃而谈时，宦绅数十人在座，伊作一公事谈，实在旧前辈中不可多得之人。……望赐和为要。"[②] 宁调元《貂裘换酒·呈某先生》全词如下：

四壁秋虫叹。向孤灯，重门静掩，听残更箭。百辈时交休说起，略略山移物换。便各自，兽离禽散。十事九场都一样，悔年来，不著孤游论。差看破，世情半。　　漫漫长夜何当旦？待安排，一丘黄土，埋头盖面。水复山穷谁料得，直道而今还见。纵万死也都无怨。何况青蝇能作吊，只瞻韩未展平生愿。算此是，平生恨。[③]

高旭收读宁调元此信和词后，也为宁调元出狱有日而感到十分高兴，即和词一阕：

搔首西风叹。最惊心，故人牢狱，沉沉更箭。苦道人情如纸薄，交谊而今迁换。况转眼，风流云散。细数心期谁与说？又被人，量去家山半。个中味，尝来惯。　　迷茫大地何时旦？忽妖魔，横飞蚀月，蔽他真面。一别嫦娥三年久，

① 刘谦：《宁调元先生事略》，《宁调元集》，1988年，第652页。
② 宁调元：《与高天梅书》，《宁调元集》，2008年，第219页。
③ 宁调元：《貂裘换酒　呈某先生》，《宁调元集》，2008年，第177页。

悄倚楼头未见。便深闭休教哀怨。解得左骖能购汝，料终偿平仲怜才愿。消灭尽，人天恨。[①]

宁调元收读高旭和词后，很是兴奋，把玩不置，认为其“过原作甚远”[②]。

最后，经陈文玮转圜，汪凤瀛同意，并由湖南商务总会总理龙璋、湖南谘议局议长谭延闿等人联名具保，宁调元终于在1909年11月1日出狱，结束了两年零九个多月的监禁生活。

宁调元1913年9月被害于武汉之后，当时流亡上海的龙璋闻耗后曾作《哀仙霞》一诗，以志悼念：

石父当年困缧绁，晏婴曾为解骖腓。竟倾肝胆酬民国，终露刚棱触祸机。世乱有才宜召忌，悲深无泪可供挥。伤心鄂渚归元日，多少英魂招不归。[③]

龙璋在此诗的首联中即以春秋时期齐国晏婴以马赎出越石父的典故，证实了当年由其出手援救宁调元出狱之事。

走出监狱，恢复自由的宁调元百感交集，心潮澎湃，即赋《一剪梅·出狱日作》云：

一瞬年华过眼忙，魂断王昌，肠断秋娘。世情都向苦中尝，更了星霜，换了炎凉。　多谢和风与旭阳。出也寻常，入也寻常。不消前境细思量，梦是甜乡，醉是仙乡。[④]

需要指出的是，对于宁调元出狱的具体日期，学界有不同的说法。大致有以下五种：一是栾梅健认为在1909年9月，并说：“《南社集序》就是他在出狱不久，获悉南社即将成立时写的。”[⑤]二是曾景忠认为：“最后由湖南谘议局议长谭延闿等人联名具结，

---

① 高旭：《貂裘换酒，仙甫感某君营救事，寄示一阕，依韵和之》，郭长海等编《高旭集》，第308—309页。

② 宁调元：《与高天梅书（二十五）》，《宁调元集》，2008年，第220页。

③ 龙永宁：《从绅士到革命家：我的祖父龙璋》，荣宝斋出版社，2011年，第132页。

④ 宁调元：《一剪梅·出狱日作》，《宁调元集》，2008年，第183页。

⑤ 栾梅健：《民间的文人雅集：南社研究》，东方出版中心，2006年，第51页。

他于1909年10月19日（夏历九月初六）被保释出狱。”[①] 三是彭增信等人认为宁调元“1910年出狱，至北平任《帝国日报》总编辑”[②]。汪松涛的《辛亥革命前后诗坛名人谱》、李夫生的《敢为人先：辛亥长沙精神》[③] 以及长沙明德中学的《辛亥革命中的明德》[④] 等文章均持此说。四是傅业葵、熊罗生认为：“1911年7月，宁调元经多方营救出狱。”[⑤] 五是杨天石等编《宁调元集》（1988年版）所附《宁调元年谱》，根据《醴陵县志·大事记》等资料参订宁调元于11月1日（阴历九月十九日）出狱。[⑥] 据笔者查考，1909年11月6日（阴历九月廿四日），陈去病在《民吁报》上发表了《南社雅集小启》，向全社会公布了将于11月13日（阴历十月初一），在苏州虎丘召集南社第一次会议。之后，柳亚子致书高旭，通知其届时参加会议。高旭又致信宁调元，告知南社将正式成立之事，宁调元复信说：“南社有成立之望，慰甚。明春重聚时，祈早通知，必当来一会也。弟以前月十九卜解，刻作客于龙砚仙前任上元县者先生家中。”[⑦] 考虑到柳亚子通知高旭，高旭再致信宁调元期间耽搁的时间，宁调元的复信应在陈去病在《民吁报》上发布《南社雅集小启》之日至少一周之后，即阴历十月初，故宁调元复信中所述“前月十九卜解”应为阴历九月十九日出狱，换成公历即为1909年11月1日。由上可证，上述五种关于宁调元出狱具体日期的说法中，只有第五种即杨天石等编《宁调元集》所附《宁调元年谱》中的说法是正确的。

---

① 曾景忠：《铁窗难锁革命志，碧血涌浇自由花——辛亥时期烈士南社诗人宁调元的革命精神和气节》，中国南社与柳亚子研究会秘书处编《南学通讯》（第十期），2001年，第82页。

② 《醴陵文史》第8辑《纪念辛亥革命八十周年专辑》，1991年，第75页。

③ 李夫生、薛其林编：《敢为人先：辛亥长沙精神》，湖南教育出版社，2011年，第128页。

④ 长沙市明德中学百年校庆办编：《百年明德 磨血育人》，2003年，第17页。

⑤ 傅业葵、熊罗生：《傅熊湘传略》，《醴陵文史》（第8辑），1991年，第81页。

⑥ 《宁调元年谱》，《宁调元集》，1988年，第691页。

⑦ 宁调元：《与高天梅书（二十六）》，《宁调元集》，2008年，第220页。

第六章　办报京师（上）

宁调元出狱后，即经周震鳞推荐，赴北京《帝国日报》任总编辑。在长期的革命斗争实践中，宁调元历来重视报刊在宣传舆论及反清革命中的重要作用，认为“舆论难移山可撼，一枝笔胜万前膛”[①]，因此赴京上任后，在《帝国日报》设立社说、时评、短评、紧要新闻、中央新闻、地方新闻、文苑、调查录、新刊介绍等主要栏目的同时，另辟“大一丛话”“我之言”“时事小言”“滑稽新闻”“议场谈屑”“是是非非”“京都杂记”“燕尘琐录”等栏目，撰写和刊载大量时政报道、时事评论和杂文，辛辣地嘲讽清朝贵族及其封建专制统治，“言论一时风靡”[②]。

第一节　年轻总编

宁调元出狱后，经龙璋安排，在其家暂住。龙璋，字砚仙，号特甫，湖南攸县人，光绪年间举人，历任江苏沭阳、如皋、上元、泰兴、江宁等县知县，思想开明，曾支持并资助胡元倓创办

① 宁调元：《某报出版题词》，《宁调元集》，2008 年，第 50 页。

② 傅尃：《亡友宁太一事略》，《宁调元集》，1988 年，第 646 页。

明德学堂，后辞官回家乡湖南，致力于教育事业和实业。龙璋早就非常欣赏宁调元的才华与志向，这次又为宁调元出狱之事奔波操劳，宁调元出狱后还接到其家调养，与宁调元促膝长谈，谆谆教诲，令宁调元十分感动。

在龙家休养一段时间之后，宁调元回老家醴陵与祖母、母亲、妻儿团聚。1910 年春节过后，急于投入革命活动的宁调元就告别亲人，再次远赴自己熟悉的上海。但刚到上海，宁调元又应其明德学堂的老师陆鸿逵之召，马不停蹄地于 3 月 17 日赶到北京，担任《帝国日报》总编辑之职。抵京之后，宁调元方才知道，是明德学堂时的老师周震鳞推荐了他。

此时，周震鳞正在顺天高等学堂任教。他后来回忆当时的情况说："会袁树勋任顺天府尹，秉三（熊希龄——引者注）入其幕府，陆咏霓亦往开办《帝国日报》，主笔须人。时吴绶卿（禄贞）已有军权，汲引田梓琴（桐）、白楚香（逾桓）诸同志均入京办报。秉三、咏霓诸友，乃力主张余速赴北京，主编《帝国日报》。秉三又荐刘霨堂充顺天高等学堂监督，兼师范学堂总理。刘与余亦至交，因得任两校地理教习。自是同盟会员联袂入京活动者日多。余以功课过忙，乃荐宁调元（由湘出狱抵沪）充《帝国日报》编辑，余但于星期暇日作社论短评而已。"①

北京乃清朝统治者的辇毂之地，也是革命与反革命斗争十分复杂尖锐之区。在这样一个特殊的环境中工作，对于刚刚恢复自由、急于开展革命活动的宁调元来说，是一个难得的机会和挑战，必须要认真、严肃对待。宁调元《燕京感赋》一诗就流露出这种强烈的责任感：

材与不材将自处，折枝虚误少年时。谁怜万古皆尘土，雅欲一堂拥竹丝。感慨平生如梦寐，凄凉风物助归思。清娱

① 周震鳞：《周震鳞自序》，李学通等编《辛亥革命资料选编》（第一卷《反清革命》下册），第 779 页。

自古堪为伴，不许追随恨莫支。[1]

虽然战斗在清政府统治的心脏地区，宁调元仍踌躇满志，信心满怀，借《都中感咏》组诗表达了要在异域他乡大展身手的豪情壮志：

帝城风物亦寻常，南望中原涕几行。远草低迷连辇道，暮烟疏淡夹微阳。安排浊酒频频醉，多少清愁渐渐忘。只恐元规尘扑面，年来身世可怜伤。

凤凰铩羽误机缘，猿鹤虫沙两未安。不道凿空追博望，何当筑冢像祁连。雄心渐逐浮云尽，缺月还期后日圆。都是天公太无赖，等闲容我过中年。

北来风景异南方，二月春寒欲转霜。立功从古多殊域，埋骨云何定故乡！谁信廉颇思用赵，似闻虞帝欲垂裳。人生无限淹留感，凝望江山草尽芳。[2]

《帝国日报》于1909年12月由同盟会员陆鸿逵创办于北京前门外五道庙堂子胡同，是同盟会在华北地区的主要报纸之一，借“帝国”二字作掩护，以“扶持宪政、指导舆论、扩张国权、发表政见”为宗旨，利用客观报道的手法，揭露清政府稗政，隐蔽而曲折地宣传革命。

《帝国日报》日出一大张，当时虽然名气很大，但社中的采编人员却很精干，除了总编兼记者宁调元，主要还有二人。一为刘鼒和，字少珊，湖南善化（今长沙市）人，青年时代进岳麓书院学习，1905年赴日本学法政，在日期间，曾协助杨度创办《中国新报》，回国后，参加《帝国日报》编辑工作，笔名“少少”，取“少年中国之少年”之义。一为白逾桓，字楚香，湖北京山人，1904年留学日本宏文学院，曾与宋教仁创刊《二十世纪之支那》，1907年与宋教仁等从日本赴东北，设立同盟会辽东支部，并谋起义，事泄被捕，在解京途中逃脱，潜入天津，化名吴友石，《帝国

① 宁调元：《燕京感赋》，《宁调元集》，2008年，第132页。
② 宁调元：《都中感咏》，《宁调元集》，2008年，第132页。

日报》创刊后，其为主要撰稿人之一。此外，周震鳞也常为该报撰写社论和短评，笔名“炎炎”。[①]

1910年的中国社会正处于大变革的前夜，是各种社会矛盾集中期和突发期。思想敏锐的宁调元到北京后就深刻意识到，一场暴风雨即将来临，这在他的组诗《燕京杂作》中反映出来：

弦管燕京三月天，风沙扑面若为怜。鲲鹏溟北思千里，鸡犬淮南尽九天。傀儡渐凭樽酒尽，佯狂差较世人贤。万般迷误能排解，益信空华在眼前。

求田问舍亦徒然，来日无聊去日闲。为鬼为蜮将一世，不飞不鸣已三年。巴蛇渐长期吞象，蜀帝从今定化鹃。容易河阳丝两鬓，妇人醇酒未应怜。

岁既晏兮孰华予，窃国者侯窃钩诛。东方玩世成饥饿，南国仰天似槁枯。半解一知天下士，千歧百辙釜中鱼。当时汾水楼船意，风起云飞尽感吁。

河山元气入残秋，感慨时艰涕暗流。灾异江都曾作赋，功名李广不宜侯。凤凰可惜供鹰犬，骐骥偏令作马牛。意志新来摧折尽，人间何处可埋愁？

恍闻云雾蔽长安，羊胃羊头天昼寒。铜臭可怜兼乳臭，时艰益复信才艰。人情叶叶都如此，世路悠悠古所难。多少东风零落恨，百无聊赖强为欢。

阴雨淫淫鬼昼行，南风吹鬓悯余生。韩非发愤书徒著，毛遂历阶意未平。不净尘根多懊恼，转疑恩怨太分明。当年情意消难尽，凭仗青蝇身后名。[②]

在宁调元的笔下，当时的北京，有北溟的鲲鹏，有升天的鸡犬，有吞象的巴蛇，有化鹃的蜀帝，有人为傀儡，有人为佯狂，凤凰供鹰犬，骐骥作马牛，但这一切的一切都只不过是眼前空华。同时，宁调元还在诗中激励自己经历“不飞不鸣已三年”之后，

① 周用美、周用宜：《黄兴与周震鳞》，《辛亥革命研究动态》2010年第2期。

② 宁调元：《燕京杂作》，《宁调元集》，2008年，第133—134页。

既不愿“求田问舍”，逃避现实，更不能“妇人醇酒”，浪费光阴。

经过革命斗争和铁窗生活洗礼的宁调元革命意志益坚，到《帝国日报》工作后，如鱼得水，热情高涨，笔耕更勤。他曾告诉好友高旭：“弟担任总编辑之役，除编纂紧要新闻及中央、地方新闻外，尚有时评、丛话、文苑之责。上海各报编新闻原有成稿，而此间紧要事件，全仗自己打听，其撰成系临时事，盖访员全不可靠。”[①] 所以，勤奋的宁调元在帝国日报社，除了负总编之责，还身兼记者，采访报道紧要事件，并先后主持“大一丛话”“滑稽新闻”“议场谭屑”“是是非非”等栏目，亲自动手撰写新闻、社说、时评、杂文等。同时，对于《帝国日报》的办报方针，宁调元也十分明确，即指导国民、监督社会。正如他在致好友信中所说：“弟为一日新闻记者，则尽一日指导之责，不顾人之攻击与否。敝报出版一日，即为公论机关一日，不顾人之反对与否。”[②] 宁调元的文章，篇幅虽然都不太长，少的仅百字左右，却笔锋犀利，幽默辛辣，犹如匕首和投枪，具有强烈的战斗性、现实性和鼓动性。因此，宁调元担任主编之后，《帝国日报》的文章大受读者欢迎，不到半年其“销行已驾出（北京）各报之上”[③]，京师的《国民》《帝京》《中国》等报都以《帝国日报》为榜样。

对于宁调元在京师办报风生水起，柳亚子很是高兴，特作《寄宁太一燕市》寄宁调元云：

> 京洛缁尘浣未休，翩然鹰隼击高秋。似闻市上存屠狗，莫向车前问饭牛。金粉南朝新涕泪，胭脂北地旧风流。玉箫琼瑟湘娥怨，珍重芙蓉远道投。
>
> 穿针压线嫁衣忙，鸩鸟为媒亦自伤。掩袖有人工夺婿，牵萝绝代尚无郎。十年不字迟归妹，九死余情自信芳。梦里

① 宁调元：《与高天梅书（二十九）》，《宁调元集》，2008 年，第 221 页。

② 宁调元：《与文穆晞书（八）》，《宁调元集》，2008 年，第 201—202 页。

③ 宁调元：《与高天梅书（二十九）》，《宁调元集》，2008 年，第 221 页。

葡萄新酒熟，盈盈十五嫁王昌。[①]

上海的战友思念北京的宁调元，北京的宁调元也在思念上海的战友。来京几个月之后，迎来了又一个中秋节。每逢佳节倍思亲。去年中秋佳节，刘师陶携文斐、傅専、潘昉、潘昭、阳绍城等好友提酒菜前来监狱探望宁调元，师友畅怀共饮的情景又历历浮现在宁调元面前，勾起了此时独自战斗在北京的宁调元对南方战友们的深深思念之情。遥望空中一轮明月，宁调元不禁口占七律二首：

玉宇琼楼最高处，一天霾露拨难开。只怜玄兔千年冷，不见灵槎八月来。身世飘蓬眼中涕，山河破甑劫余灰。人生半世团圆梦，输与月明第几回。

月圆花好惜他乡，秋色平分入渺茫。岂有文章工鹙鹫，胡为羽翼假豺狼。去年今夜重回睇，冷杵疏砧响隔墙。遥念南楼诸伴侣，尔独何辜限河梁。[②]

然而，宁调元在北京的生活并不是一帆风顺，他也曾想一走了之。其原因一是来自经济方面。如前所述，宁调元父亲去世后，家道中落，卖田还债，加之宁调元又长期奔波在外，家中祖母、母亲及妻子和一双儿女等人的生活极为困难，而宁调元又“在京都拮据益甚”，所以只好常常向好友文斐借款，接济家用，“谁知愈用愈多，不可收拾”，所借之款，也只能表示“陆续付上，分期清偿”。在这种情况下，宁调元产生过“拟暑假前载言旋归，守住温柔乡，监督农林事业，不复出也”[③] 的想法。二是来自工作方面。如前所述，宁调元在《帝国日报》所“任门类极多，每日平

① 中国革命博物馆编：《磨剑室诗词集》上，第 135 页。

② 宁调元：《八月十五夜漫书二律》，《宁调元集》，2008 年，第 67 页。注：杨天石编《宁调元集》将其写作时间考订为 1907 年 9 月 22 日，应误。据笔者查考，此诗曾以《中秋感咏》为标题、“大一”为笔名，发表在 1910 年中秋节后的第二天，即 9 月 20 日（农历八月十七日）的《帝国日报》上故此诗应作于 1910 年 9 月 18 日。参见邓江祁：《〈宁调元集〉勘误》，《特立学刊》2018 年第 6 期。

③ 宁调元：《与文穆晞书（二、三）》，《宁调元集》，2008 年，第 199 页。

均仅三四时之暇晷，休息无多”[①]。由于长期超负荷的工作，加之1911年1月正值资政院第一届常会召开，宁调元每天既要赴会旁听，散会后又要赶回社里写稿、审稿、发稿，终于在1月5日病倒了，不得不住进医院。他在病中所作的《感事》中也流露出疲倦和低沉的情感：

百国潮流卷地来，天公沉鼾大如雷。神仙半出淮南犬，土木争营郭隗台。万事尘劳成痛哭，十年生死几轮回。天花过眼飘流尽，但觉寒炉有死灰。[②]

但是，一想到他若真的走了，“实无接手人可找”[③]，宁调元立即打消了逃避的念头，坚决克服困难，又忘我地投入到紧张的工作中去。生病住院期间，虽然不能像往常那样前往会场旁听，但宁调元仍坚持如往常一样写稿，1月6日至15日“我之言”中的五篇关于资政院第一届常会的评论文章和社说《论裁军费加实业、教育费事》就是他在医院的病榻上完成的。正是由于宁调元的革命意志和对革命工作的极端负责的精神，即使在他住院期间，《帝国日报》的工作也没有受到任何影响。

正是凭着这种勇于奋斗的革命精神，宁调元主编的《帝国日报》成为同盟会直刺清政府心腹的一把革命利剑。当时也在京师办《国风日报》的革命党人景梅九曾对此作出高度评价：宁调元“充《帝国日报》主笔，以冷峭笔锋，刺激时政，为论坛健将”[④]。

第二节　关注立宪

如前所述，为了消弭日益高涨的革命形势，挽救和巩固其封

---

① 宁调元：《与高天梅书（二十七）》，《宁调元集》，2008年，第220页。
② 宁调元：《感事一什病中作》，《宁调元集》，2008年，第134页。
③ 宁调元：《与高天梅书（二十九）》，《宁调元集》，2008年，第221页。
④ 景九梅：《罪案》，《山西民初散记》，山西人民出版社，2014年，第384页。

建专制统治，1905 年 7 月，清朝统治者不得不应端方等大臣的奏请，效仿日本明治维新时所行之事，派出载泽、端方等人出使西方各国考察宪政，迈出了预备立宪的第一步。1906 年考察政治大臣端方等归国后，上《请定国是以安大计折》，奏请仿照日本，下定国是诏，宣布预备立宪，设立责任内阁，当议会未开、宪法未定之时，先设一议政机关，以通民意，以便为将来宪法、议会之基础。同时奏请议政机关命名为“集议院”，议员以“公推”“荐举”“公举”等方式产生，议长由议员中互选。

9 月 2 日，清政府下诏改革官制，命载泽等负责编纂官制。随后，载泽等编制官制大臣采纳借鉴端方等人的一些建议，参仿君主立宪国官制，按照三权分立原则，奏请先订行政、司法官制，拟设责任内阁，行政事则专属之内阁各部大臣。立法当属议院，拟暂设资政院以为预备。

11 月 16 日，清政府颁布了裁定官制的上谕，否决了关系到其切身利益的责任内阁，但对其所要求增设的资政院则“均著依次成立”，“为博采群言”。尽管如此，清政府标榜“预备议院”的资政院以后也只是停留于字面。

1907 年，为了扭转清政府危急已极的局势，两广总督岑春煊、直隶总督袁世凯先后奏请迅速设立资政院，以为“预备立宪之方”。9 月 20 日，清政府颁发谕旨称：“立宪政体取决公论，上下议院实为行政之本。中国上下议院一时未能成立，亟宜设资政院以立议院基础。着派溥伦、孙家鼐充该馆总裁。所有详细院章，由该总裁会同军机大臣妥慎拟订，请旨施行。”[①]

1908 年，声势浩大的呼吁速开国会、确定立宪年限的请愿活动在全国各地兴起，清政府不得不顺从民意，于 8 月 27 日颁布《宪法大纲》《议院法要领》《选举法要领》及《逐年筹备事宜清单》等文件，决定九年立宪，并制定了九年预备立宪的总体方案

---

① 故宫博物院明清档案部编：《清末筹备立宪档案史料》下册，中华书局，1979 年，第 606 页。

和目标。

1909 年，按照《逐年筹备事宜清单》的规划步骤，各省谘议局相继成立，开局议事。8 月，《资政院院章》颁布，主要内容有：设总裁、副总裁各 2 人，由特旨简充；议员任期 3 年，分钦选议员和民选两种，名额各 100 人；会议分常年会和临时会两种，常年会每年一次，会期 3 个月，议事未完，可延长 1 个月，临时会不得超过 1 个月。资政院有权议决下列事件：国家财政决算、税法及公债、新定法典及其修改、奉特旨交议事件等。各项事件议决后请旨裁夺。10 月，《资政院选举章程》颁布，接着全国各地开始了议员的选举工作。11 月，各省谘议局经过互选，选出民选议员 98 名（新疆因谘议局未成立，未选送议员）。次年 5 月 9 日，宗室王公世爵、满汉世爵、外藩王公世爵、宗室觉罗、各部院衙门官、硕学通儒方面的钦选议员圈定选出。当日清政府下旨宣布：9 月 23 日议员召集，10 月 3 日开院。

1910 年 10 月 3 日上午 10 点 20 分钟，资政院如期在京师法律学堂举行开院典礼。议员到会 170 人，摄政王、军机大臣、大学士、各部尚书皆莅议场。开院典礼上，奕劻宣读宣统皇帝的谕旨，载沣宣示训词。次日，资政院开始议事，政府委员列席会议，嗣后各省也陆续选派委员列席会议。

资政院是西方代议制度在中国最早尝试的全国性议事机构，因而，资政院第一届常年会的召开，无疑是当时国家政治生活中的一件大事，立即成为社会各界和全国民众议论的热点和关注的焦点。资政院开院前夕，仿照西方议会，制订了《资政院旁听细则》，规定王公世爵、各国外交官、京外大员、普通旁听人、报馆主笔等可以参加旁听。

如前所述，早在 1906 年清政府下令“设资政院以立议院基础”之时，宁调元就曾在《洞庭波》上发表《无聊与无耻》一文，揭露和抨击清政府立宪的虚假性。但此时，作为京师大报的总编兼记者，宁调元不能像当年那样撰文，直接揭露和抨击清政府的假立宪，而要变换一种方式，即采用嘲讽的笔法，以达到揭露和抨击清政府的假立宪的目的。所以，宁调元当然不会错过这一千载难逢的旁听机会，即带领《帝国日报》编辑、记者团队对会议及其议题进行集中报道并发表相关评论。宁调元每天往返资政院会场和报社之间，既要旁听会议，又要赶写稿件，非常辛劳。正如他1910年10月11日给柳亚子的信中所说："弟在此间，无事不要过手。资政院开院，每日又必往旁听。自午前七时至午后六时，皆在劳动之中。"[①] 即便是累病了，住在医院里，宁调元仍坚持写稿、改稿、审稿，生怕错过会议的重要事件。

《帝国日报》对资政院这次为期3个多月常年会的报道是全方位的。除了组织编辑、记者团队在"紧要新闻""社说""时评"等栏目中对会议及其议题进行集中报道和评论之外，宁调元还开办并亲自主持"我之言""议场谭屑"等栏目，报道会议新闻，揭露会议乱象，抨击封建官吏，宣传民主主张，从而对京师及全国各地的社会舆论产生了重要而深远的影响。

（一）报道会议新闻。报道会议新闻是宁调元对资政院第一届常年会报道的重点。《帝国日报》"紧要新闻"是报道会议新闻的重点栏目，每日常常是一整版的会议现场报道。此外，"社说""时评""我之言""议场谭屑"等栏目则同时对会议新闻进行同步解读和评论，并大胆揭露资政院议员开会迟到、攀附权贵、议事无效率、争吵不休等乱象。

10月3日，资政院第一届常年会召开之日，宁调元就在《帝国日报》同时推出社说《祝资政院开院》和时评《中国之今日》。《中国之今日》一文揭示了对资政院第一次常年会的重要意义：

> 今日为中国创开资政院之日，即屈服数千年专制政府之下之国民最初取得议政权之一日，即全国国民希望脱苛政、享受福利之一日，即国家希望文明强盛之一日，又即世界列强对于中国革新最注目之一日。吾民对于今日应亦如十八、十九世纪间欧美、日本各国国民对于各该国宪政方新之一日；

① 宁调元：《致柳亚子信》，《宁调元集》，2008年，第226页。

特列国国民对于此等纪念日已为百年前、数十年前之纪念，吾人对于中国之今日尚如列国百年前、数十年前所遇之时日。今日后之中国国家之繁荣，今日后之中国国民之福利，其能如今日列强之景象乎？则中国之今日即我国希望最圆满之一日，纪念最深切之一日。[①]

《祝资政院开院》一文则表达了对资政院全体议员的希望：

吾全体国民有史以来得未曾有之参政权，诚心托付诸君以代表之，吾全体国民凭天所赋、至可宝贵之参政权，拱手交付诸君以行使之，此其为第一次也。议员诸君慎无袭取德国学派，徒认议院为政府内部之机关。诸君必遵从法国学派，确信议院为国民代表之团体。[②]

但在祝贺与希望的同时，宁调元则以《神圣不可侵犯》一文，以嘲讽的语气，对会议的官气十足提出了批评：

昨日为资政院开院之期，各旁听席一律撤除，外间颇有违言。兹悉某方士言：是日，不特寻常人等未能参列，即十方三界诸佛菩萨，与耶、孔、墨诸大圣人降祥云下降，拟一观中国从前之盛，均经门神阻止，不许入内，以表资政院非神圣可得而侵犯云。[③]

社会各界对资政院开院的反应也是宁调元关注和报道的重点，《资政院开幕之纪念》一文就揭露了对于资政院开议上层热、下层冷；外面热闹、里面沉寂的状况：

九月一日为资政院开幕之期，诚中国五千年来未有之盛典，都中各商民人等，由内外城警厅传知，届时一律悬挂龙旗以为庆祝。前月二十九日，八大胡同各娼家兔窟，亦早有预备龙旗之说。闻者皆掩袖而笑，以为系一二滑稽家怂恿所为。不料至初一日，果龙旗飘飘，同时插遍于保身堂、迟寓、

① 炎炎：《中国之今日》，《帝国日报》1910年10月3日。
② 少少：《祝资政院开院》，《帝国日报》1910年10月3日。
③ 宁调元：《滑稽新闻》，《宁调元集》，2008年，第463—464页。

清吟小班、二等茶室、三等下处之间。至午后十二时许，始行撤去。亦足征人民程度进步之一斑云。

记者曰：资政院开幕，八大胡同之出产尚知悬旗庆祝，则从前娼界组织请愿国会之说，焉知不真？是事出现之一日，然家家虽悬龙旗，询其所以悬龙旗之故，则无有能知之者。虽然警厅谕令商民悬旗，究为何事？亦不识能自知之否？政府筹设资政院究为何事，亦不识能自知之否？噫嘻！筹办宪政，何尝是宪政？盲从瞎闹数年于兹，殆所谓人知之亦嚣嚣，人不知亦嚣嚣者耶？①

《国旗》一文则辛辣地讽刺了清政府所谓的宪政改革：

悬旗祝贺一事，本为我国前此所无。近亦皆知门扬国徽以表爱国热忱，固属可喜。惟帝京为一国观瞻所系，遇有典礼，则所悬之旗，奇形怪状，种种出现：有方者，三角者，带火焰者，另外加花者，上加铺面广告者，甚有用围桌及用红纸画反龙、团龙者。按奏定国旗，系长方黄色，青龙白角，红日当龙之头，余则概非定制。不意日前当资政院开幕时，闻警厅所悬居然亦违定制。真令人大惑不解！

……

又曰：今日中国，不新不旧之宪政，若有若无之谘议局，非马非驴之学堂，不香不臭之新刑律。变法十年，几无一事不令人喷饭，又岂惟国旗而已哉！②

随后，宁调元逐日报道会议的进展情况，其中的重要内容就是揭露会议中的种种乱象。首先引起宁调元注意的是每天来开会的议员少了，开会随便了。他及时如实报道这一现象，并抓住这个问题不放，跟踪进行报道。10 月 7 日，宁调元如实记录前一日的会况：

昨日开第二次议事会，议员共到一百六十一人；政府委

---

① 大一：《资政院开幕之纪念》，《帝国日报》1910 年 10 月 5 日。

② 宁调元：《国旗》，《宁调元集》，2008 年，第 561 页。

员到二十六人，各部院行政大臣到者，惟肃邸及唐尚书二人。副议长不知因何事件亦未莅会。至二下钟时，某议员才蹒跚而至。其议桌第二排约在三十一号至李子爵之间，则有议员未穿马褂，仅着坎肩儿坐于稠人之中，斯为特别。东偏政府委员第上一排第三席，则有一人私吸食物，鸦片丸欤？糕果欤？不得而知已。议长发言时，秘书长自以为能，时时口讲指画，颇不雅观。其普通之恶习最可恶者，咳嗽之声不绝于耳。附耳私语者，亦不止一人。常见他议员发言未终，而陶镕辄从旁禁止，以为可无用再行讨论。蒋鸿斌操音纯系山东土语，听者皆梦梦然不能晓。论广西事件，彼一言，我一言。时桂抚张坚伯在特别旁听席，听之大难。然至终局时，踽踽而去。过视议场，翻用輾然。惟作壁上观者，若不胜其情意，故总其特异者志之于此。①

10 月 26 日，宁调元报道称：

昨日资政院开会，议员到者一百七十一人，政府委员到者三十三人，行政大臣泽尚书一人而已。②

10 月 29 日，宁调元又报道称：

昨日资政院二时三十五分钟始行开议。正副议长皆到，议员到者一百四十八人，行政大臣到者肃邸、廷尚书二人，政府委员到者二十七人。……议员额设二百名，开会将一周月，缺额数十人，而无故缺席者每次又数十人。此等现象，诚令人百思莫得其解。③

11 月 8 日，宁调元前去旁听时发现到会议员较前少了：

十二次议会者，到者一百三十四人，较初二者少一十一人，较二十六日少一十四人，较二十四日少三十一人。足见议员对于资政院之议事一日冷淡一日。恐至闭会时，人数更

① 宁调元：《议场谭屑》，《宁调元集》，2008 年，第 467—468 页。

② 宁调元：《议场谭屑》，《宁调元集》，2008 年，第 472 页。

③ 宁调元：《议场谭屑》，《宁调元集》，2008 年，第 473 页。

寥寥无几何矣。①

11 月 9 日，宁调元前去旁听时发现到会议员较前又少了：

> 前次议决，每日会议以一时开始，昨日即延至二时。议员到一百三十二人，较初六日又少二人，所谓每下愈况。②

宁调元还发现，不仅来开会的议员越来越少，开会的时间也很随意。资政院院章及议事细则规定，大会一般在下午 1 点钟开议，最迟不超过 1 点 30 分。但会议的实际情况却时常推迟。宁调元揭露此种怪象：

> 议事之时间，议事日表原规定：一点三十分钟开议。然前日开会延至一点四十五分钟，昨日开会更延至二点零五分钟。其不规则如此！③

宁调元又发现会议不仅常常推迟，会议纪律也十分散漫，并无秩序：

> 议场上左右悬钟二具，但长短针均向上指，寂然不动。又议场建筑不甚合法，声浪甚为混淆，经黎尚斐提议请议长言事须登议台。又前列各议员，未经散会，强半陆续离会，秩序甚不整齐。④

与此同时，宁调元还通过旁听会议，发现政府操纵会议，一些议员甘受政府之玩弄的现象。于是，在《帝国日报》上编发时评《政府对于资政院之玩弄》，予以揭露：

> 中国今日重大问题急须解决施行者甚多，资政院议期不过三月，此时开院已及半月，其所交出之议件则为《地方学务章程》《著作权律》《报律》等一部分无关大政方针之案。而《预算案》《税法案》《新刑律案》等业已准备提出者，至今亦不提出，其他之内政、外交绝大问题，久经国民舆论鼓

① 宁调元：《议场谭屑》，《宁调元集》，2008 年，第 474 页。
② 宁调元：《议场谭屑》，《宁调元集》，2008 年，第 475 页。
③ 宁调元：《议场谭屑》，《宁调元集》，2008 年，第 468 页。
④ 紧要新闻：《初二日之资政院》，《帝国日报》1910 年 10 月 5 日。

噪，必须行此即时解决以救危亡者，绝不措及也。推其意，盖欲借此故延宕，使议员虚掷时光，莫可捉摩则专制余威尚可生息岁月耳。然议员等亦不见如何之动静，是又甘心受政府之玩弄也。以如此冷静态度，则欲望其竭协赞之忠，尽代议之责，难矣！政府乎，议员乎，其亦设想亡国之痛苦乎?![1]

不仅一些议员甘受政府之玩弄，连资政院副议长沈家本也公开在会上为政府官员辩护。对此，宁调元感到十分气愤，特编发时评《议长听者》予以大胆地揭露和无情地嘲讽：

资政院为议院之基础，即监督政府机关之雏形。议长者，全院之领袖，地位必处于国民一方面，不如此即不得呼之曰议长。此名学、辩学之通则也。及观十七日资政院会议时，沈议长故意强词诘难雷议员，而为政府委员作辩护士，是将全院领袖之天职失尽。大误矣！沈议长以中国老刑名家，修定法律能主张用新刑律，比之一班冥顽不灵老朽，固有霄壤之判矣，独对于议长之界说、界限不明。至此，记者诚不能无遗恨也。……资政院为立法机关，影响甚大。敬告沈公以后万不可一误再误，闹出怪象，为国民代表进行之障碍物可也。[2]

面对如此纪律散漫、政府操纵的资政院年会，宁调元深感失望，在12月27日的“议场谭屑”中愤怒地写道：

吾民托命于此，无怪不有无恶不作之资政院，诚不知死所矣！[3]

此外，资政院第一届常年会议事效率低下的现象也引起了宁调元的注意，并加以及时报道和揭露：

议事之无声光，如第八次，议至地方学务议案第一条时，有四五议员好为无味之发言，争辩数十分钟，卒从原案表决。

---

① 炎炎：《政府对于资政院之玩弄》，《帝国日报》1910年10月19日。

② 炎炎：《议长听者》，《帝国日报》1910年10月22日。

③ 宁调元：《议场谭屑》，《宁调元集》，2008年，第483页。

第二条又如之。至表决第三条时，赞成者有之，反对者有之，不赞成不反对者又有之，即有始倡反对者后亦在赞成之列。竟至付表决者四次，始行定妥，一堂儿戏，听之生厌。

学务案议至三次，尚无着落。谈钺又请展会，不知资政院有几许时光也？[①]

……

议员中对于讨论不足轻重条文，恒好为支节之言，似非此不足见其为解条文文义者。此固村学究之气习，施之政治议场，则颇增寒酸。[②]

宁调元所揭露的会议纪律散漫加之议事效率低下，正是资政院第一届常年会最后不得不延期的重要原因。

（二）关注重点议题。资政院第一届常年会为议事而开，所议之事，即为社会各界关注的重点。开会议事得有议案，资政院第一届常年会的议案主要来自四条渠道：钦交议案，政府各部院提交议案，本院议员提议的议案，地方谘议局、团体组织提请核议的议案，等等。据粗略统计，议案总数在 90 宗以上，内容涉及政治、经济、外交、军事、法律、文化、教育、地方事务、社会习俗等各个方面。宁调元重点关注的议案主要在以下几个方面：

1. 速开国会案。速开国会案是资政院第一届常年会的议案中最引人注目、争论最为激烈的议案。此案由各省谘议局联合会、各省人民代表、海外华侨代表共同提出，反映出海内外华人对国家体制改革的强烈要求。如前所述，清政府于 1908 年 8 月，曾被迫公布国会召集办法，以九年为期限。1908 年 11 月 14 日光绪帝暴崩，12 月 2 日宣统皇帝溥仪继位后，仍坚持九年期限未变。但在革命形势迅速发展，各地起义迭起的情况下，立宪派一再发动国会请愿运动，一些督抚为本身利益着想，也一再催促早开国会。资政院第一届年会开幕后又有各省谘议局及各省人民代表孙洪伊

① 宁调元：《议场谭屑》，《宁调元集》，2008 年，第 473 页。

② 宁调元：《议场谭屑》，《宁调元集》，2008 年，第 473—474 页。

等和侨寓日本横滨、神户、大阪、长崎四埠中华会馆代表汤觉顿等，各持陈请速开国会的说帖到资政院呈递。资政院内立宪派议员方还、陶镕、罗杰、雷奋、易宗夔等人认为这是一个根本大问题，因而多次催迫议长暂先搁置其他议案，先行讨论速开国会案。在10月17日的第五次议事会上，易宗夔发言："现在我们资政院开院已有半月，政府交议之案及核议各省之案均是枝叶上之问题，不是根本上的问题。至于根本上的问题就是速开国会。当此存亡危急之秋，惟国会可以救亡。现在各省谘议局联合会陈请速开国会，这是本院根本问题，应当先解决的。请议长改定议事日表，议请速开国会事件。"[①] 10月22日第七次议事会上，速开国会案得以编入议事日表，会议决定以起立表决速开国会案，结果全体议员起立，一致通过了此案。为了体现资政院作为议决机关的立法性质，一些议员要求趁热打铁，将此案具奏案上奏，请旨明定速开国会年限。副议长沈家本遂指定6名议员起草速开国会具奏稿。

旁听会议并密切关注此案进展的宁调元对此大为感动："当万岁声、拍掌声震动天地时，不特中国人列旁听座者为之哄动，即某西洋人亦举帽欢呼，东洋人某君亦喊'好……好……好……'不止。开国以来，此种现象得未曾有。"[②] 第二天，宁调元即编发《帝国日报》时评《大快！大快！！大快！！！》，以示庆贺：

> 昨日资政院会议速开国会问题，合院议员一德一心起立三次坚示全体表决赞成。其时，议员及旁听人热潮奋发，一齐鼓掌之声、万岁之声、欢忭舞蹈之声，轰轰烈烈，如风如雷，震惊屋瓦，而国会即开之绝大动力，遂不得不归功此日之会议焉。则九月二十日者实我中国最大之纪念日也；实我国民自有史以来最愉快之一日也。[③]

10月25日，各省督抚联衔发出加急电报，奏请同时设立国会

---

① 《资政院第一次常年会议场速记录》，第七号。

② 宁调元：《议场谭屑》，《宁调元集》，2008年，第472页。

③ 炎炎：《大快！大快！！大快！！！》，《帝国日报》1910年10月23日。

和内阁。电文指出“外觇世变，内察国情，立宪既无反汗之理，则国会决无不成立之理。与其迟设而失事机，不如速设以维邦本”，要求清政府“立即组织内阁，特颁通诏，定以明年开设国会，敕宪政编查馆克期拟呈议院、选举各法，核定施行”。[①]

宁调元闻讯后，第一时间在《帝国日报》推出时评《中国立宪史第一宏文》指出：

各省督抚联衔奏请即开国会之急电，洋洋千言，融会世界立宪法理，体究中国今日专恃即开国会以救危亡事实，释疑辨难，字字有斤两，语语有价值。近年请求速开国会之文章，连篇屡牍，未有如是包举无遗、天衣无缝者。其擒词之纯雅，行气之雄厚，陆宣公、苏文忠奏议无以过之。盖各省人民内苦苛政、外逼强邻，激刺极深，抒为忠爱，呼吁督抚；督抚亦困于中央发布凌乱无章之新法令无法实行，于是以直接之经验，体察集合亿兆人民及各言论机关所积年发表之公共意思，建为谠议，自能言出于衷，曲当事理。而与中央政府模糊之影响，不悉民间疾苦者，自有别也。朝廷幸勿以寻常奏牍视之，而以兴元诏之精神，宣布即开国会，则得之矣。[②]

各省督抚联衔发出的加急电报引起了正在开会的资政院议员们的积极反响，在次日的第八次议事会上，全体议员又以起立的方式，一致通过了《资政院请速开国会奏折》。

然而，御史胡思敬却冒天下之大不韪，奏称国会万不可开，请收回筹备立宪成命。宁调元闻讯后气愤异常，立即为《帝国日报》“紧要新闻”撰文《胡思敬丧心病狂》，予以抨击：

胡思敬昨日之封奏，探其内容，系极言民气嚣张，国会万不可开，先朝立宪之谕旨及九年清单，皆当根本取消，仍请复科举、崇旧制，云云。但此等奏章，朝廷不加以严谴，

① 《国风报》1910年第26期。

② 炎炎：《中国立宪史第一宏文》，《帝国日报》1910年10月30日。

宗旨可知。[1]

此外，又在当日的“时评”栏目中刊登一篇《丧心病狂之胡思敬》：

> 御史胡思敬反对国会，并请朝廷取消先朝立宪预备案，回复数千年专制政体，立论狂悖，直是全无心肝。朝廷果能振厉乾纲，维持国是，则对于此等莠言乱政之言官，非明正典刑，以谢天下不可。盖国会开后，都察院衙门本有立予裁撤之势，该御史等恐科举出身之人，无所知识，无所短长，必见天然淘汰，故不惜出阻挠大计、戕贼民庶之说，以保全自身噉饭之所。呜呼！我朝廷、我政府其偏听一人狂瞽之谬论耶？其兼听亿万人民、多数明白督抚大员之呼吁，要求速开国会耶？如谓亿万人民、督抚大员之呼吁为不可拂也，则请以严惩胡思敬为无耻奸邪、故意尝试者戒！[2]

除了御史胡思敬反对开国会，清廷权贵、度支部尚书载泽等人也不赞成速开国会。对此，宁调元又在《帝国日报》编发时评《告泽尚》，大胆将抨击的矛头指向清廷权贵：

> 外界纷传，反对国会惟泽尚最力，昨日自请召见即为痛陈国会不可开之缘由。泽尚在行政大臣中最有势力者，然则二十日资政院开会之一场热闹，全为“泽尚召见”四字取消之。吾今有数言敢告泽尚，则此后资政院对于泽尚之恶感不可不预计及也。……[3]

两天之后，宁调元再编发时评《再告泽尚》，反诘载泽的谬论：

> 二十三日，代表晋谒泽尚，诘问其是否反对速开国会，泽尚不承认有反对之意，惟曰：国会由人民要求而开，似有关朝廷体制。噫！此说误矣！吾可以一言叩泽尚：公所谓朝

---

① 山：《胡思敬丧心病狂》，《帝国日报》1910年10月29日。

② 炎炎：《丧心病狂之胡思敬》，《帝国日报》1910年10月29日。

③ 炎炎：《告泽尚》，《帝国日报》1910年10月25日。

> 廷体制者，专制体制欤？立宪体制欤？若为专制体制，则诚如泽尚所言。然自德宗景皇帝下预备立宪之诏，明明有庶政公诸舆论之语，是此时决不能不以立宪体制为依归矣。既为立宪体制，则人民之要求国会，实属竭忠赞助，朝廷乌得云允开国会为有关体制耶？①

在社会各界的强烈要求和包括《帝国日报》在内的新闻舆论的强大压力下，11 月 3 日，摄政王载沣亲自主持召开政务处会议，专题研究国会问题，在权衡各方利弊之后，拟定 1913 年召开国会。次日，清政府颁布谕旨称："着缩改于宣统五年实行开设议院。"即是还要再过三年之久才开国会。虽然没有达到资政院议员和海内外华人的最初愿望，但比原来始终坚持不肯变更的计划提前了三年，反映出清政府对社会各界和广大民众作出了一定程度的让步。

对于这样的结果，一些省谘议局觉得较原来预定宣统八年召开国会提前三年，感到心满意足，欢欣鼓舞。但宁调元并不以为意，对此加以嘲讽：

> 宣统五年开国会，江苏谘议局等祝电，便感激涕零。倘明年即开，不知该谘议局等更如何感激耳？噫！②

2. 弹劾军机案。弹劾军机案是继资政院速开国会大风波之后又一桩备受关注、讨论最为激烈的案件。弹劾军机案肇因于清政府对湖南发行公债核议案的处理。湖南巡抚杨文鼎为弥补财政亏空，未交谘议局议决，发行公债 120 万两，引起谘议局不满，呈请资政院年会核办。资政院年会经第十、十一次议事会核议讨论后认为杨文鼎不交局议，显系"侵夺权限，违背法律"，应令其仍将原案交局议决，并"量予处分"，并于 11 月 8 日具奏，请旨裁夺。当日，朝廷下谕，仅以"疏漏"二字了之。次日，沈家本在第十三次议事会上宣读了这道上谕，当即引起轩然大波。议员们以军

① 炎炎：《再告泽尚》，《帝国日报》1910 年 10 月 27 日。

② 宁调元：《我之言》，《宁调元集》，2008 年，第 474 页。

机大臣副署谕旨，轻蔑资政院，侵夺资政院权限，违背法律，破坏立宪，争相发言，态度激昂，并纷纷要求军机大臣到院接受质问。一波未平，一波又起。紧接着又发生云贵总督实行盐斤加价，与谘议局发生冲突；广西谘议局因高等巡警学堂限制外省学生，与巡抚意见相左两案，分别呈请资政院年会核办。资政院核议后于11月20日拟稿上奏，认为广西限制外省学生案应照民政部奏定章程不收外省学生办理，云南盐斤加价案应交谘议局议决，未议决之前应停止施行。当日，上谕批示，将云南盐斤加价案、广西限制外省学生案分别交由盐政大臣和民政部议奏。11月22日，第十八次议事会上，议长宣读清政府的上谕后，当即在议员中引起了轩然大波。易宗夔在发言中说："资政院系立法机关，凡立宪政体之国皆系三权鼎立。……现在这两道阁抄……既是军机大臣拟旨，军机大臣副署，则军机大臣有应负之责任。军机大臣岂不知道这个立法机关是独立的么？既然知道为独立的机关，就不能将立法机关所议决的案子交行政衙门去察核，可见军机大臣是侵犯资政院的权，违资政院的法了。……本议员倡议对于此事应该照《院章》第二十一条上奏，弹劾军机大臣为是。"①易宗夔此言一出，得到多数议员的赞同。议员纷纷认为将资政院议决的事件交行政衙门议奏，破坏了院章，侵夺了资政院权限，蔑视资政院作为独立机关的地位，于是，纷纷要求弹劾拟旨的军机大臣。弹劾军机案经会议表决，到会者124人中，赞成者112人，获绝大多数赞成而通过。随后，众议员推举赵炳麟、沈林一、邵羲、籍忠寅、孟昭常、李文熙等六人起草弹劾军机折，而沈林一托故退出。

对于议员弹劾军机，宁调元在旁听席拍手叫好。但几天过去了，却没有动静。宁调元不甘寂寞，于11月28日在《帝国日报》的"短评"栏目上发表《弹劾军机》一文指出：

> "弹劾军机！弹劾军机"之声浪，腾播于人口者一礼拜矣，而军机未弹劾也。

---

① 《资政院第一次常年会议场速记录》，第二十号。

然军机又卒不可不弹劾也。如此次仍沿前文，略易头面，不将军机从来贻误内政、外交之罪，招权纳贿之迹痛切入告，则摄政王其果为汝动乎？军机大臣其果从此罢乎？责任内阁其果用是成乎？

咄！汝议员慎毋自负，恐江春霖在莆田，闻之笑汝弱也。①

至12月初，弹劾军机一事仍无消息，宁调元忍不住又在《帝国日报》的“时评”栏目上发表《弹劾军机之话柄》，以嘲讽资政院：

资政院弹劾军机之举，及今两旬，其折不上。

询之起草员，曰：“草案已呈之秘书厅，秘书厅已呈之议长矣。吾不负责也。”

询之其他一切议员，曰：“此起草员之事，吾未与闻，吾不负责也。”

军机不负责，议员起而弹劾之，曾几何时，议员又不负责矣，则又何颜以弹劾他人。宜资政院全体之踌躇，其折而不肯遽上也。

或曰：此中自有真秘存，世人哪得知其故。②

在宁调元等院内外人士的一再诘问下，弹劾军机大臣的奏文，终于在12月10日的资政院第二十二次议事会上提出，其中告发军机大臣“责任不明，难资辅弼”，“尸位旷官，上负天恩，下辜民望”，“受禄则惟恐其或后，受责则惟恐其独先”，“持禄保位，背公营私”，“平时以泄沓为风气，临时以脱却为法门”，“徒有参预国务之名，毫无辅弼行政之实”。“伏愿圣明独断，重申初三日上谕，迅即组织内阁，并于内阁未经成立以前明降谕旨，将军机大

---

① 宁调元：《弹劾军机》，《宁调元集》，2008年，第496页。

② 《弹劾军机之话柄》，《帝国日报》1910年12月8日。

臣必应担负责任之处宣示天下，俾无推诿。”[①]

清政府对资政院如此“肆无忌惮，得寸进尺”，自然颇为恼怒。12月18日，摄政王载沣亲自出面袒护军机大臣，压抑资政院，以“朱谕”形式，搬出钦定宪法大纲来压资政院，对资政院严加申斥：“朕维设官制禄及黜陟百司之权为朝廷大权，载在先朝钦定宪法大纲，是军机大臣负责任与不负责任，暨设立责任内阁事宜，朝廷自有权衡，非该院总裁所得擅预，所请着毋庸议。”同日，军机大臣全体提请辞职，摄政王载沣又下“朱谕”，对庆亲王、那桐等大加抚慰，盛情挽留，称“该大臣等尽力辅弼，朝廷自然洞鉴”。

12月19日下午，第二十五次议事会刚开始，议员李素就抢先发言：“昨日朱谕想俱已见过，请议长今日不必开议，请旨解散资政院就是了。现在内政、外交种种失败，都是军机大臣不负责任之故，而军机大臣中握权最久者，孰逾于庆亲王、那中堂。我们弹劾案只对于机关说话，并不弹劾其人，本员本不赞成。看昨天朱谕的意思，似乎以本院不知大体，擅行干预。我们何必自己取辱？况此谕一出，外洋各国愈知我国立宪是假的，反与国体有碍。还是请议长咨询本院，请旨解散，倒觉痛快。”[②] 由于此次会议的议题是讨论全国禁烟办法等议案，且有谕旨要宣读，议长曰：“此案重大，不可仓卒付议。”易宗夔也请求发言，却被议长以报告文件为由阻止。报告文件读完后，又有奏稿两件宣读，奏稿宣读完，易宗夔才被允许发言。易宗夔说：“昨天内阁奉了两道朱谕，一道关于军机大臣辞职；一道关于资政院弹劾军机大臣的事情。这个朱谕比不得从前的谕旨。从前的谕旨，我们有可以说话的地方，因为军机大臣拟旨，军机大臣署名。这回朱谕是摄政王自己用朱笔写的，而军机大臣没有署名，使我们没有说话的地方。……从

---

① 马鸿谟编：《民呼、民吁、民立报选辑》，河南人民出版社，1982年，第613—614页。

② 李启成校订：《资政院议场会议速记录》，上海三联书店，2011年，第382页。

此看来，无论以前所议的事情一概无效，就是以后议决的，或关于预算，或关于法律议决上奏，一概都归无效了。或者各省督抚、各部行政大臣只要具折上奏，一有朱谕出来说不行的，资政院就可以不用说话。然则资政院究竟有何用呢？不但现在资政院绝无用处，就是以后的国会，都可以不要了。……所以我们要想个法子，解决这个问题。据本员看来，本院应该还要上奏弹劾军机大臣。我们不能对朱谕说话，是应该还要拿出军机大臣出来，向他说话的。”①

易宗夔的一番话，引起了众多议员的共鸣。刘春霖说：“我们议员中要保守自己的身份，才可以自立，以后对于军机大臣，再不可有趋奉的意思。军机大臣既说是不负责任，这个关系很大。我们如果甘心承认，就是资政院不成为资政院了。我们的目的，非要将来资政院同政府立于对峙的地位不可，此次再行具奏，将该大臣等据实弹劾，就请监国摄政王收回成命，亦无不可；否则全体辞职，亦无不可。……若本院解散了，以后一定要召集的。如果再召集，资政院还可以有价值的。如果本院此次怕解散，就是勉强下去，以后之资政院并没有一点价值的。”② 邵羲、罗杰、吴赐龄、籍忠寅等相继发言，主张再行弹劾军机。最后会议经表决，决定再行弹劾军机，并指令汪龙光、邵羲、罗杰、陆宗舆、章宗元、陈树楷等六人起草奏稿。

先前担心弹劾军机案半途而废的宁调元通过旁听这次会议，似乎又看到了希望。次日，宁调元在“议场谭屑”上发表议论，表示对弹劾军机案充满信心：

> 资政院弹劾军机，毫无效果。全场议员方听秘书官枝枝叶叶报告文件，被李素当头一棒，不知打醒几许人，煞是可儿！……易宗夔于弹劾军机案登台演说，语语得力，无一闲笔。是不愧为立宪国议员者。刘春霖慷慨激昂，不愧为燕赵

① 李启成校订：《资政院议场会议速记录》，第386页。

② 李启成校订：《资政院议场会议速记录》，第391—392页。

之士。至其痛斥议员昏暮叩门之状，尤令闻者起敬起畏。……吴赐龄与籍忠寅用意相反而目的同。一驳一辩，极有价值。殆所谓柤、梨、桔、柚，其味不同，而皆可于口耶？[1]

接着，12 月 21、26 日，咨政院连续讨论弹劾军机案，但在 26 日的会上，由于一批权贵唆使部分议员在资政院内做分化工作，恫吓一些言词比较激烈的议员，议员之中出现分化，显分两派，一些主张仍要弹劾，一些主张不再弹劾，争吵了半天，到最后，超过到会议员人数一半以上同意取消再弹劾庆亲王等的奏稿，弹劾军机案终于作罢。

对于这样的结局，宁调元十分气愤，即于次日发表评论，对资政院内反对弹劾军机案的议员进行无情的抨击：

弹劾军机折议决矣，宣读矣。前日不具奏，迟之昨日。昨日不具奏，乃竟取消。噫！此为资政院永不可洗之耻辱。

表决尚不可更正，而议决案可以取消。诚古今中外未有之异闻。呜乎！此为资政院永不可洗之耻辱。

资政院者，全国人民之议事机关，非议长一人之衣饭地也。议长从中玩弄，延不上闻，致有此永不可洗之耻辱。呜乎！吾民其勿忘中国有此议长。

钦选议员不足责，方还非民选议员耶？首先发难，主张取消。尔岁俸六百元，非吾民之脂膏耶？路费二百元，非吾民之汗血耶？呜乎！方还禽兽之不若，狗彘之不食矣。凡中国好男儿，人人得而诛之。

当方还倡此狂议时，附和最力者民选中以许鼎霖、邵羲、汪龙光诸走狗为最。若籍忠寅，若黎尚雯，若吴赐龄，若于邦华皆拚死命反对。呜乎！资政院靡费无穷，仅见此真正议员数辈。吾安得不为中国前途放声一哭？

噫！吾墨有尽，而资政院之耻辱无穷。一高凌霄未去，

① 宁调元：《议场谭屑》，《宁调元集》，2008 年，第 481—482 页。

而一方还复出。军机处之庆亲王不退，而资政院之庆亲王复来。悲夫！吾民托命于此，无怪不有无恶不作之资政院，诚不知死所矣！[①]

12月28日的第二十九次议事会上，有议员为取消弹劾军机案而感到不解，认为难以面对全国人民。李素第一个发言说："我们资政院因情形不同将弹劾军机案取消，本员不解情形不同作何解释。现在中国依然，军机大臣依然，何得谓之情形不同？我们资政院敷敷衍衍、反反复复，何面目以谢天下？本员今日有个倡议，前日之表决是取消奏稿，并非取消问题，我们此次须指实弹劾，不要再如前次之调停，方足以对天下。请议长咨询本院决定之。"[②]邵羲、罗杰、黎尚雯、籍忠寅、易宗夔等人也强烈要求议长指定起草员，重新起草弹劾军机奏稿。此议经多数议员表决通过，议长只好指定陈善同、俨忠、陈宝琛、江谦、陈敬第、李文熙六人为起草员。于是，在12月29日的第三十次议事会上又一次议决尽快起草弹劾军机奏稿。但这次奏折上呈后，清廷采模棱两可之态度，以"留中"了事，既不准军机大臣辞职，又不解散资政院。对此，在1911年1月3日的第三十二次议事会上，得知资政院上次弹劾军机的折子被留中，一些议员非常气愤。李素发言指出"留中之意，本员甚是不解。如果朝廷以资政院弹劾为是，即须准军机大臣辞职；如果以资政院弹劾为非，即须着资政院解散。若模棱两可，坏议院之基础，恐中国不亡于军机大臣，而亡于资政院"，要求"请旨明白宣示，方足以谢天下"。易宗夔则指出："弹劾军机大臣的奏稿上去留中，可见弹劾军机大臣又是无效。若是本院再去弹劾，亦是无益的事情。本员看起来，有个办法，就请议长指定几个起草员作一个奏稿，说明资政院的性质及资政院的地位，至于资政院所上的折子，朝廷总要明白宣示，无论如何不

① 宁调元：《议场谭屑》，《宁调元集》，2008年，第483页。

② 李启成校订：《资政院议场会议速记录》，第468页。

能留中的，并且要声明，不能以个人资格弹劾资政院立法的机关。”[①]

对于李素、易宗夔在会议上的表现，宁调元在次日的“议场谭屑”中给予点赞：

> 李素对于重大案件最肯先发言，其言最简单，然甚有价值，足唤起全院之精神。昨日之弹劾军机案即其一也。易宗夔所主张办法，亦是议员中之有条理者，着记大功一次。[②]

结果资政院与军机处的矛盾，就这样哄闹了一场，不了了之。弹劾军机案的结局再次暴露了清政府假立宪的真面目。

3. 宣统三年预算案。照院章规定，资政院有“议决国家岁出入预算事件”之职权，因此，在资政院第一届年会的议案中，就有度支部提出的试办宣统三年岁入岁出总预算案。清政府的年度财政预算，交由作为中央咨议机关的资政院核议，这在中国历史上是破天荒之事件，必然引起社会和国民的普遍关心和重视。

10月22日，度支部试办宣统三年预算案交由资政院核议。26日，在第八次大会上，度支部尚书载泽就预算案大旨向议员进行了说明，指出宣统三年全国岁入岁出不敷者五千余万，再加各处报到度支部追加预算各数又两千多万，全是无着之款，现在“惟有就节流的办法，会商各省督抚，公同筹度”[③]。12月26日，在第二十八次议事会上，刘泽熙向大会报告了股员会审查预算案结果，确认不敷者五千四百余万。[④] 议员们闻之，纷纷提出精减驿站、裁撤防营、削减圆明园费用等要求，以减少预算岁出。28日第二十九次议事会上，章宗元报告了内外各衙门的公费标准及其确定理由。接着，在30日以后的几次议事会上，预算股各科报告了审查所掌管的预算情形，其中提及核减中央部门及各省预算的问题。

---

① 李启成校订：《资政院议场会议速记录》，第523—524页。

② 宁调元：《议场谭屑》，《宁调元集》，2008年，第484页。

③ 李启成校订：《资政院议场会议速记录》，第79—80页。

④ 李启成校订：《资政院议场会议速记录》，第456页。

对此，邮传部、外务部等一些参会衙门的特派员在会上公开表示反对。其他衙门和省份亦函电交加，对资政院削减预算纷纷表示反对和抵制。

宁调元对于资政院核议政府预算案这件破天荒事件十分重视，并结合自己的观察于1911年1月8、9日连续两天在《帝国日报》上发表社说《论裁军费加实业、教育费事》指出：

> 资政院审查预算，收支适合与否，非所应问。应问者，每项经费应否核减，每项经费应否扩张而已。今之持裁军费加实业费者，正不瞭瞭如此，举度支部堂官所旦暮筹划者而代筹之：因一收一支不适合也，于是夫主裁费；各费裁之无可裁，军费至巨，于是夫主裁军费；教育、实业费至少也，于是夫又主搬军费而办教育、实业。前者既有削趾适履之嫌，后者复有割臂养腿之病。

宁调元认为，政府预算一收一支适合，关键在开源与节流并举。在开源方面应改良税则。他说：

> 教育、实业之宜振兴为今日当务之亟，此言固也。然因收支之不适合，经费无所自出，论者为割臂养腿之说，曷不进而为全国谋，乘此机会，逼政府以改良税则？税则改良，全体活动，区区教育、实业之费，又何患无着乎？又曷不退而为度支谋，主张撤旗营以办实业，撤步军统领等衙门以办教育乎？①

同时，宁调元主张节流，尤其是大力削减政府人员经费。据他观察，农工商部办事多“谬点”，“如玻璃公司案可以媚外者，则摧残之惟恐不至；剪除辫发可以维新者，则阻挠之惟恐不先；矿章关系全国矿权之大，借口命令，抗不交议；商业邻于万劫不复之地，听其自然，不为预防”。且“合部之大，办事不用一留学出身之人；一年之长，章奏无非颁给关防之细。举其既往，可以知来”。而“学部近年以来，怪状亦且百出。调而入部中者，如缪

---

① 宁调元：《论裁军费加实业、教育费事》，《宁调元集》，2008年，第498页。

荃荪，皆食古不化之辈；散而之各省者，如吴庆坻，半昏庸骄蹇之徒。荒耄如乔树枬，悍然居行政最要之区；顽冥如刘廷琛，任其尸教育最高之席。海、陆二部，非学生出身不用；而学部偏可以不明教授者充教授，不进学堂者可以管学堂。盖其用心纯以办科举者办教育，以办考试者代教育。名目虽更，实际未变也。论者只为之呼贫，夫学部诚贫，则无谓之名词馆何以不早停？架空之督学局何以不早撤？不三不四之视学官何以必派？记名领薪之丞参上行走何以必设？论者不此之察，但主持加重吾民负担，美其名曰教育费，教育云乎哉？其结果不过为阘署之闲员谋无数优美之差，为部臣诸私人添一二安插之地而已。”

基于此，宁调元指出：“实业、教育二项经费，记者非绝对的不主增加，……但以为如此学部、如此农部，决不可增加者也。果增加之，学部必以其费办教育乎？农部必以其费办实业乎？此一疑问。学部教育如何办，农部实业如何兴，将来尚许旁人置喙乎？或资政院能实行监督之乎？此一疑问。资政院实行监督，果有效力之可言乎？此又一疑问。”①

他强调：“农工商部终年是请关防，派总理。学部终年是办考试，调丞参。论者但知要加增实业、教育经费，不知加费自加费，而实业自实业，教育自教育，仍划然不相干耳。”② 因此，政府的年度预算，“俟新内阁成立，大政方针有所注重，新官制颁定，部臣不敢不负责任，然后再行计及，以为未迟”③。

对于政府大兴土木，兴建上、下两议院大楼之举，宁调元则予以抨击：“资政院昨日追加预算银一百万两，曰：修筑上、下两议院。吾民有一资政院已莫之奈何，又近而修筑议院。诚不知金钱何辜，市此恶果！”④

---

① 宁调元：《论裁军费加实业、教育费事》，《宁调元集》，2008 年，第 499—500 页。

② 宁调元：《我之言》，《宁调元集》，2008 年，第 455 页。

③ 宁调元：《论裁军费加实业、教育费事》，《宁调元集》，2008 年，第 500 页。

④ 宁调元：《我之言》，《宁调元集》，2008 年，第 457 页。

在开源节流思想的指导下，资政院第一届年会对政府公费、教育费、民政费、司法费、交通费、实业费、军费、行政费、财政费以及礼部、学部、农工商部、邮传部等经费预算进行了细致的审议，最终在1911年1月7日的第三十六次议事会上，宣统三年预算案被表决通过。经资政院审查核后具奏上报的预算案，成功地将政府原预算总额37635万两核减掉了7790余万两，使出入两抵尚盈346万两，作为宣统三年预算预备费。

1月28日，清政府下旨称，资政院核定的预算总案“尚属核实”，“如确系浮滥之款，即应极力削减；若实有窒碍难行之处，准由京外各衙门将实有不敷之款，缮呈详细表册，叙明确当理由，径行具奏，候旨办理”。[①] 此谕旨态度模棱两可，一方面对资政院的预算核减予以首肯，另一方面又为各部各省不执行该预算案提供了借口。这样，资政院第一届年会核议的宣统三年预算案实际上也变成了一张废纸。

4. 新刑律案。修订法律是清政府“新政”及预备立宪期间一项重要工作。1902年5月，清政府着派沈家本、伍廷芳“将一切现行律例，按照交涉情形，参酌各国法律，悉心考订，妥为拟议，务期中外通行，有俾治理”[②]。1904年5月，经沈家本、伍廷芳等人积极筹划，修订法律馆正式成立。1905年4月，清政府根据沈家本、伍廷芳的奏请，宣布永远删除凌迟、枭首、戮尸等重刑。1906年，修订法律馆初步完成了对《大清律例》的删订工作，1907年10月，《大清新刑律草案》告成，但在分发部院督抚核议时，沈家本等人与部分顽固守旧官僚在“干犯名义”是否列入条文、“和奸无夫妇女”是否有罪等方面争论不休，结果使该草案一度搁置。鉴此，沈家本又奏准在新刑律制订之前，删订《大清律例》，以备急需。1910年5月15日，清政府颁布经删改《大清律

---

① 《现月档簿》，宣统二年（1910）十二月。

② 高汉成主编：《〈大清新刑律〉立法资料汇编》，社会科学文献出版社，2013年，第3页。

例》而成的《现行刑律》，作为过渡阶段的暂行法律。与此同时，《大清新刑律草案》也经沈家本根据清政府意图，多方变通，于1910年2月最终完成修订，总计43章405条并附加暂行章程5条。嗣后，沈家本会同法部尚书联衔奏呈清政府批交宪政编查馆核议。11月5日，宪政编查馆将《大清新刑律草案》核议完毕，更名为《大清新刑律》（以下简称《新刑律》），由奕劻署名上奏。12月2日，由宪政编查馆提出的新刑律议案在资政院第一届年会第二十一次议事会上开始审查。受宪政编查馆委托，杨度以政府特派员身份在会上从有利于国内推行宪政和与国际通行法律接轨的需要出发，说明《新刑律》主旨，强调“现在家族主义虽不能废止，然既有妨于国家制度，就不能不使他退后，所以现在《新刑律》乃采用国家主义，对于家族制度以减少为宗旨”[①]。并特别对1907年争论较大的女子犯奸之事做了解释：“国家对于国内女子犯奸之事，不外三个办法：有夫之妇，无论和奸、强奸，都在禁止之列，因为维持风化起见，此是第一种办法；然欲全国妇女都是坚贞节操，即国家亦有所不能，即如娼妓一途，各国都无禁止之法，非不知与风化有关，而事实上不能断绝，因此不仅不禁止而且为法律所允许，此是第二种办法；至于无夫妇女与人和奸，国家对此既不禁止也不允许，全采放任，此是第三种办法。如不如此，必不公平。”[②]

果不出杨度所料，他就上述问题作出说明后，劳乃宣在会上旧调重弹：“（外国）教育已经普及，无夫的妇女个个贞洁，无须用刑法禁。中国教育还没有普及，无夫的妇女不免还有淫行，不得不用刑法防禁。”[③] 对此，易宗夔进行了反驳：“无夫妇女犯奸定罪的，各国很少，俄国亦只指明师保及奴仆，足见普通人和奸尚无罪名。据本员看来，此事是以教育普及为范围。教育普及，此

① 李启成校订：《资政院议场会议速记录》，第306页。
② 李启成校订：《资政院议场会议速记录》，第307页。
③ 李启成校订：《资政院议场会议速记录》，第310页。

种事自然少了，不必规定于刑律之上。”[①] 其他议员也纷纷表示支持易宗夔的意见。

对于新刑律的问题，宁调元早就予以关注，并在1910年9月对新刑律的主要反对者劳乃宣进行无情的抨击：

劳乃宣反对新刑律，刻闻吴廷燮诸氏畏其冥顽不可以道理喻，现正派人至其原籍物色劳乃宣父兄，以重金啖其来京，代为开导。如劳乃宣再持异议，即按照劳乃宣所主张之违父兄教令律，治以应得之罪云。[②]

对于资政院第一届年会核议《新刑律》，宁调元持积极支持态度，并对会上一些封建守旧的议员给予抨击，对思想开明、支持新刑律的议员给予点赞（着重号为宁调元所加——引者）：

新刑律案，少数议员与特派员之相持，此是新旧的冲突，非官民的冲突，吾辈万不可不先看清题目。

万慎信口开河，一种不伦不类的话，全是原人时代的脑筋。呜乎！人民代表如是，可以放声一哭。

政府交议之新刑律，吾人尚以为大旧，议员竟反有以为大新者。然则人民程度果较政府低耶？则要求即开国会，宜政府之不允矣。

汪荣宝、陆宗舆、胡礽泰、陈懋鼎等，于杨度说明新刑律主旨时拍掌不置。谁谓政府中人无心肝耶？若是，则万慎辈可以愧死！可以愧死矣！[③]

接着，宁调元又于12月9日在《帝国日报》上编发时评《维持新律之必要》一文表明支持《新刑律》之态度：

中国四万万人民生命，悲惨冤抑于旧刑律，死于酷吏劣幕之手者，不知其几千万矣。苟具一线天良之人，未有不见此而伤心怒目者也。夫欲使酷吏劣幕失其窟宅、草菅人命之

---

① 李启成校订：《资政院议场会议速记录》，第313页。

② 宁调元：《滑稽新闻》，《宁调元集》，2008年，第461页。

③ 宁调元：《议场谭屑》，《宁调元集》，2008年，第477—478页。

伎俩无所复施，不外立时废去旧刑律，规仿世界刑法之公共原则，改用新刑律。然则，此次新刑律法案之会议通过与否，实吾民生死关头，即吾民四万万生命托于二百议员之手矣。试思吾民縻无数金钱，养此二百名之代表，其选出之初心，为欲其代表国民公意，救四万万人民之生命耶?！抑听其据个人私意而戕贼四万万人民之生命耶?！况刑律不改良，领事裁判权万不能收回。议员苟反对新刑律，是又以个人私意，实行断送国权也。吾民又乌可坐视旁观耶?！吾今大声疾呼，正告议员曰：新刑律苟尚含有旧性质处，必再求援据世界刑法大原则比较而改新之。至其与旧律反对，合于今世国家主义处，则万不可挟其乡曲陋见，使之加旧。否则，显非吾民选举议员之初意。吾民即当设法取消其代表资格。时机甚迫，不知吾民其何以对付之。[①]

对于年会核议《新刑律》时争议较大的“无夫奸”能否入律的问题，宁调元给予了重点关注，他认为，“无夫奸不应有罪，中外法学家著论发明，真理久出。一般瞎闹之议员横欲加入新律正条，不顾舆论，不顾国家前途、人民体面，坐使雷奋、籍忠寅、陈敬第、文和、汪荣宝、陆宗舆、胡礽泰诸人之论辩，如对牛鼓簧。吾民耗数十万元购得此恶结果，诚不知同胞前生造何罪孽也。”[②] 因而，他支持易宗夔等人“无夫奸不能入律”的观点：

新刑律自交议以来，杨度说明编订精神之所在，汪荣宝陈述审查主旨之大概，雷奋等演说无夫奸不能入律之理由，莫不精辟透明。乃于邦华、高凌霄辈非特不能解，并不肯听。昔者三苗梗化，可以德服；赵佗称帝，可以理喻。若此辈顽冥不灵，则终未如之何而已。《中庸》言：“国家将兴，必有祯祥；国家将亡，必有妖孽。”噫！吾观资政院而知国家之兴亡矣！

① 时评：《维持新律之必要》，《帝国日报》1910 年 12 月 9 日。

② 宁调元：《议场谭屑》，《宁调元集》，2008 年，第 487 页。

> 劳乃宣不能说明无夫奸有罪之理由，但谓一般社会心理如此。噫嘻！劳君：今日政烦赋重，民不堪其苦，人人有思乱之心。汝何不主张将谋反叛逆一条删去，以顺社会一般之心理乎？[①]

在1911年1月8日的第三十七次议事会上，无夫奸加入刑律的问题再次引发激烈争论，最后以投票方式表决，赞成无夫奸加入刑律者用白票，反对无夫奸加入刑律者用蓝票，结果，认为无夫妇女和奸无罪，不应列于《暂行章程》之内而投“蓝票”的议员仅有邵羲、孟昭常、汪荣宝、黎尚雯、雷奋、刘泽熙等42人；而认为无夫妇女和奸有罪，应移入于正条之中而投“白票”者则有陈宝琛、劳乃宣、陈树楷、高凌霄、张歧、万慎等77人，因少数服从多数，无夫妇女和奸最终入新刑律正文。[②]

对此，宁调元感到非常气愤，只能寄希望于将来的翻案：

> 无夫奸入律，不能说明理由。天下岂一政党之主张毫无理由者哉？新刑律总则，经多数议决，先行具奏。反对党复有欲破坏其事者。夫以多数议决之事可以取消，则无夫奸一条将来翻案的张本亦正在此。岂非绝好之一现象哉？[③]

他还认为，此次劳乃宣等守旧派取胜，并不是因为守旧派议员太多，而是因为一些不负责任的议员临时请假不到会，以致新旧力量对比悬殊的原因：

> 此次劳党之得占胜利，吾不责备一般无脑筋无学识盲从之糊涂虫。吾深恨平日号称明白议员，纷纷请假，以消极主义雪积愤。劳党乘之，故卒归失败。倘以未弹劾军机以前人数到会，胜败尚未可知也。[④]

与此同时，宁调元对于资政院，对于《新刑律》深感失望：

---

① 宁调元：《我之言》，《宁调元集》，2008年，第457页。

② 李启成校订：《资政院议场会议速记录》，第667—668页。

③ 宁调元：《我之言》，《宁调元集》，2008年，第459页。

④ 宁调元：《议场谭屑》，《宁调元集》，2008年，第488页。

道高一尺魔一丈，天地无情独奈何！一部新刑律，既归一二瞎闹者取消矣，吾复何所望于资政院？

各省代表之要求开国会也，曰："人民程度已足已够矣。"而畴知反对新刑律者，即有国会代表。呜乎！代表如是，何况人民？

政府曰："国会未可速开。"吾前日反对之。吾今日非特以为国会不可速开也，且以为资政院可以不要，即宪亦可不立。呜乎！人民程度！

政府所交议之新刑律，议员以为太宽，其程度不言而喻。他日修律馆果能成一部最轇轕、最支离而不适于论理之民法，吾知于邦华、高凌霄辈必三薰三沐而欢迎之。呜乎！人民程度！[①]

……

粤谘议局赞成禁赌者占少数，反对禁赌者占多数。资政院赞成新律者占少数，反对新律者占多数。小人道长，君子道消。殆其此之谓耶？

广东庇赌议员共组一报，名曰《顺天》。资政院反对新律者亦结合一气，妄称政党。人之不自量往往如此！[②]

到1月7日、8日的第三十六、三十七次议事会，议员们关于新刑律条文的争议仍很激烈，但此时离资政院闭会之期已近，而新刑律草案总则尚未议完，分则未来得及议，眼看就要流产了。但在10日资政院第三十九次，也是最后一次议事会上，籍忠寅、章宗元等抓住最后的机会提议，将新刑律总则省略三读，立予表决，若通过即可上奏。这个提议即被采纳，结果，新刑律总则获多数赞成而通过。

对于新刑律草案总则在会议最后几分钟内获通过，宁调元颇感喜出望外，次日即撰文表示庆贺：

① 宁调元：《我之言》，《宁调元集》，2008年，第457页。

② 宁调元：《我之言》，《宁调元集》，2008年，第457、459页。

> 改定议事日表不议新律后，劳乃宣固恨同党为人所卖。然以为失败之处，不过使其主义不能于今年通过而已。孰知蓝票党再有出奇制胜之法，使劳党坠其计中。三读刑律总则，先行具奏之倡议成，劳始丧气落魄，拂衣而走。战术学者曰：“胜负决于最后之五分钟。”资政院今年最后之三十分钟，蓝票党终奏凯而归，真可谓工于战术者。吾于此不禁手舞足蹈，浮一大白曰：今年之资政院，得此结果，觉也未可厚非。[①]

由于资政院会期时间已过，虽然新刑律总则经三读通过，但分则和暂行章程则未及交议。鉴于筹备宪政年限迫近，军机大臣奕劻、毓郎、那桐、徐世昌会同资政院总裁溥伦、副总裁沈家本协商，决定将新刑律总则缮单上奏。而宪政编查馆也为新刑律分则并暂行章程未经资政院议决应否遵限颁布缮具清单请旨办理。1911 年 1 月 25 日，清廷发布上谕称：“新刑律颁布年限，定自先朝筹备宪政清单，现在开设议院之期已经缩短，新刑律尤为宪政重要之端，是以续行修正清单亦定为本年颁布，事关筹备年限，实属不可缓行。着将新刑律总则、分则暨暂行章程先为颁布，以备实行，俟明年资政院开会仍可提议修正，具奏请旨，用符协赞之义。”[②]《大清新刑律》分总则 17 章，88 条，分则 36 章，323 条，另有《暂行章程》5 条，共计 416 条，它吸收了当时资产阶级国家刑法理论的最新成果并采用了其刑法体例和原则，但由于守旧势力的阻挠，它还保留了大量封建礼法的内容，特别是附加的《暂行章程》，规定了无夫妇女通奸罪、对尊亲属有犯不得适用正当防卫等，都与西方资产阶级刑法原则格格不入的。但这部新刑律不久就因清政府的倒台而未及施行。

5. 修正报律条文案。《大清报律》于 1908 年初颁布，共计四十五条，以日本报纸法为蓝本，颁行的目的在于压制舆论。例如规定：每日发行之报纸应于发行前一日晚十二时以前，送该管巡

---

① 宁调元：《议场谭屑》，《宁调元集》，2008 年，第 490 页。

② 高汉成主编：《〈大清新刑律〉立法资料汇编》，第 697 页。

警官署或地方官署，随时查核。月报、旬报、星期报，均应于发行前一日午十二时以前，送该管巡警官署或地方官署，随时查核。报纸不得揭载禁止旁听的诉讼案件、未公开审判前的预审案件，以及未经公开的外交海陆军事件、谕旨章奏以及诋毁宫廷、扰乱政体、扰害公安、败坏风俗之语，否则处以罚金或监禁，并禁止该报发行。并规定，凡违反本律者，不得适用自首减轻、再犯加重、数罪俱发从重之例等等。

在资政院第一届年会上，修正报律条文案，由宪政编查馆交大会核议。10 月 14 日下午，在第四次议事会上，宪政编查馆特派员、法律编纂局编修、内阁法制院副使章宗祥说明了修正案主旨：一方面修订新闻事先审查制度，事后一经检查不守规范，将依律严惩；第二方面，办理报界案件，以前均为报馆所在行政衙门，因国家立宪，今后归司法衙门办理。但议员们发现，宪政编查馆交议的报律修正案不过是以前“缔制报馆之规则，略为增删”[①]，对言论的管控却更加严厉了。例如，修正案第十一条规定：“损害他人名誉，不论有无事实，报纸不得登载。”第十二条规定：“谕旨章奏及一切公文电报，关系秘密未经公布者，报纸不得登载。”这些规定意味着报章不能刊登批评宫廷、政体的文章，对于批评各级官员的文章也不能刊登。对此，易宗夔质问道：“若谓关人名誉之事不宜登载，蔡乃煌侵蚀公款牵动全国经济界之恐慌，实在可恶，若禁报纸登载，其何以做奸慝而伸舆论？”罗杰则立即援引日本报律质问章宗祥：“日本《报律》第二十五条略云，新闻纸记载事项以诽谤控诉者，除涉于私行者外，被告人可免其诽谤之罪，只分别私行、公行，未尝一律禁止。修正案第十一条所指是否分别公行、私行，抑不论公私一律禁止？”汪龙光也认为，如果按照修正案第十一条管理，“办报之人日日存监禁之中，时时有罚金之事”，如此一来，报章的舆论监督功能丧失殆尽，“凡报馆言论原以主张公道、激浊扬清为天职，若加以如此钳制，则报馆无置喙

① 《大公报》1910 年 10 月 16 日。

之地矣”。文龢也质问道：“是否凡系未经公布者，皆认为关系秘密，不得登载？抑或凡系未经公布者，虽非认为关系秘密，亦不得登载？”议员们的质疑，使在场的章宗祥和宪政编查馆特派员顾鳌无法招架。[①]

对于宪政编查馆抛出的报律条文修正案，参加旁听的宁调元也感到难以接受，认为会上易宗夔对报律条文修正案的质疑“于报律第十一、十二等条，亦能曲尽天职”[②]，并立即于次日在《帝国日报》刊登社说《论修正报律条文根本之错谬》一文，认为日本新闻条例不适用于中国：

> 查该报律正条四十、附条五，大抵抄写日本。今日日本之新闻条例而第十一、第二十六等条，野蛮、背法理之规定，更为日本法典所无，诚不知操编定此条文者，是何居心，而必尽力摧残此国民言论自由权之萌芽，以助暴（攻）［政］之（匈）［汹］焰也。……日本新闻条例不能适用于中国，如此，今修正报律条文犹以为彼国条例尚嫌宽纵，乃于彼国条例未经规定制裁者而增入之，或其制裁甚轻者而加重之，则此四十余条之律文，无异为提倡京内外之行政、司法官封禁全国报馆，然则，此条文可名之曰：封禁报馆之报律！[③]

10月23日，《帝国日报》等7家京师报社联合上书资政院，除具体批驳报律修正案第十一条、第十二条、第二十六条等规定意在摧残舆论外，还强调指出：修正案依据的是几十年前日本的《新闻条例》，其依据有“四大谬点”：一、日本法律原非完全文明，故《新闻条例》限制人民言论自由，实为欧西各国所无，全抄原文已非允当。二、日本在今日为维新四十余年，政府开明，国势发达，舆论机关实力澎涨之时，条例虽严，民气自伸。中国则上下委靡，泄沓成为恶习，惟恃提倡报界，以为警惕黑暗之晨

① 索德林：《最初的国会、晚清精英救国之谋》，九州出版社，2015年，第29—33页。

② 宁调元：《议场谭屑》，《宁调元集》，2008年，第477页。

③ 社说：《论修正报律条文根本之错谬》，《帝国日报》1910年10月15日。

钟，尤不得执日本条例为说。三、日本国情、历史与中国全不相同，而社会之复杂、道德之堕落、官吏行为之横暴、国民生气之萎敝，虽在明治以前已不如今日中国之甚。故中国今日之定报律即疏节阔目，力求宽大，犹虑国民之畏避不肯尽言，安可故为苛条，使之沮丧不言耶？四、日本今日新闻纸出版之多，何止中国十倍，传播国内、国外每一新闻恒达数万纸、十数万纸，其内容如攻讦政府，批评各种社会或为严厉之危词，或驰笑慢之雄辩，或揭微密之阴私，或出丑讥之图画，大都溢出条例范围之外，裁判所警吏恒不能事事执法律以为制裁。盖人民程度日高，世界学理日出，政治经验日多，学者及议会久持《新闻条例》改良之讨论，此稍阅日本报者皆能知之。是日本《新闻条例》在该国已趋于末运，何我国尚奉为玉律金科耶？基于以上理由，《帝国日报》等7家报社认为，“新订报律条文议案制限太苛，非斟酌删除，碍难遵守”。要求资政院对于报律条文修正案强硬议驳，以“维持舆论”，保障新闻自由。[①]《帝国日报》等7家报社的上书获得各报的广泛支持，《申报》还作了补充说明。在报界的呼吁下，资政院议员与宪政编查馆特派员章宗祥、顾鳌之间，议员与议员之间就报律修正案各条特别是保押费规定、禁载内容规定、处罚规定进行了激烈地辩论。

经多次激烈辩论，在12月10日在第二十二次议事会上，删去了修正案第十一条中“无论有无事实之语”、第十三条中“凡谕旨章奏，未经阁抄、官报公布者，报纸不得揭载”和第十五条中“发行人或编辑人不得受人贿嘱，颠倒是非。发行人或编辑人，亦不得挟嫌诬蔑，损人名誉”等语，并对第十二条中“关系秘密”进行司法解释，限定各衙门关于秘密的范围，降低保押费起点额度，改报纸发行前送审检查为发行后呈送样报备案之后，修正报律条文案，终于三读通过。

正当资政院年会核议报律条文修正案之际，又发生了1911年

---

① 《北京报界公会上资政院陈清书》，《申报》1910年10月28日。

1月6日北京《公论实报》因刊《狗说》《群狗竞争图》等文，讽刺资政院议员为走狗禽兽不如，而被资政院咨行民政部转饬北京警厅对该报馆罚洋30元，勒令停刊7天的事件，引起北京新闻界及民众的不满，纷纷声援《公论实报》。北京警察当局恼羞成怒，加重对该报的处罚，即日发布公告，宣布该报“永远禁止发行，并附科罚金100元”。

宁调元闻之异常气愤，虽因劳累过度，不得不住院治疗，但在住院期间仍关注此事，于1月10日在《帝国日报》上刊登《公论实报》对北京警厅的抗议声明称：“同人等受创虽深，此心不死，决为卷土重来之举，以收再接再厉之功，现已整备旗枪，改换报名，续行出版，特此预闻。”[①] 并于医院撰写文章，旁征左引为《公论实报》辩护，对北京警厅及资政院予以抨击：

> 今有骂人为“畜生”、为“禽兽”者，其人必色然怒然。而谓之曰“猪”，亦怒。谓之曰“狗”，亦怒。谓之为“牛”、为“马”则或怒，或不怒。谓之为“虎”、为“豺”，则必不怒，或且大笑。曰：“汝其龙哉！凤哉！骐骥哉！”则未有不大喜者。岂猪、狗为畜生，龙、凤、骐骥独非畜生耶？虎、豹、牛、马有时为禽兽，有时又非禽兽耶？敢以质一般诸人之心理。
>
> 夫骂人为“畜生”、为“禽兽”，原非盛德。然而中国人固好骂人为“禽兽”、为“畜生”，或且以“畜生”“禽兽”自附也。昔者，“东门有丧家之狗”，孔子何尝受骂矣？“鸟兽不可与同群”，孔子何尝不是骂人？周公东征，至作《鸱鸮》之诗，毁其骨肉。屈原南放，厥有群犬之讪，拟其流俗。犁牛之子，不闻其父作色。牛马之呼，乃辄听人之便。况复纪官以鸟，命儿曰豚，走狗、功狗之号，时形简牍。“蚁命”“蚁民”之微，竟自况譬。则真出人情理之外，又安得有资政院议员一一起而诘问之耶？

---

① 马光仁：《中国近代新闻法制史》，上海社会科学院出版社，2007年，第89页。

“犬与华人，不许入园门。”贩卖华人，称为“猪仔”，英言辫发，譬之“豚尾”。事关国体，何等重大，又安得有资政院议员一一起而诘问之耶？

至若伯牛以牛名，檠瓠为犬种；近若张彪、梁燕生之流，远如坂田猪之助（日人）之类。如是名称，明目张胆，不更令人百思而莫得其解耶？

虽然，以中国今日之人心，今日之社会，恐请资政院议员诸君办报馆，亦不能不骂人。姑毋论其某某曾如何骂人，某某又如何自骂也。虽然余所云云者，以为报馆可骂人，非谓人皆可骂，或人皆可骂，而资政院议员辄不可骂。何也？骂资政院议员，即似夫骂全国国民之代表也。

虽然，以资政院议员至于受骂，原以其不能代表国民而骂之，必非以其为国民代表而骂之。此理至易明了。故有时可骂一二人，而辄不能因一二人而骂及全体。盖报馆本非专以骂人为事，不过有欲贯违其所主张时，至无可如何不得已而认骂人为一种之方法。故方法不可滥用，亦不可常用。滥用与常用，夫岂报馆之所有事哉？

虽然，资政院议员诸君对于此事，诘问理由可，面开谈判可，贻书驳难之可，函请更正之可，惟用全体名义移文取缔，则大不可。取缔则是监谤也，夫监谤又岂资政院之所有事哉？

虽然，某报之骂资政院，未能别择，报馆之失。资政院取缔报馆，滥用威力，资政院亦失。故余双方均不直之。[①]

几天后，宁调元再提此事，著文指责资政院曰：

某报之言群犬竞争也，非特骂资政院，抑且骂刘廷琛。资政院特出而取缔之，非特资政院之愤泄，抑且刘廷琛之仇报。吾料刘廷琛早知资政院如此见好，何必曰参？亦有恭维

① 宁调元：《我之言》，《宁调元集》，2008 年，第 455—456 页。

而已矣。[①]

1911年1月11日至12日，宁调元又在《帝国日报》上连载秋桐（章士钊）《言论自由与报律》一文为中国言论自由继续鼓与呼。秋桐在文章中指出："言论自由者，乃谓凡人可以自由发表其意见，不受国家之检阅也。故英伦全国未尝有一检稿官。出版自由者，谓无论何人可以任意出版，无需国家之特许也。故全英报社未尝先事呈请，亦未尝一需保押费。"基于此，该文具体对《大清报律》的第七条（每号报纸应于发行日递送该管官署、本省督抚及民政部各一份存案查）和第四条（发行人应于呈报时，分别附缴保押费）提出质疑，认为"检稿及索取保押费者，皆民刑诉讼中之手续也，故不能妄以加之拥有天赋人权之国民。检稿者，乃有违法之问题呈于法庭，法庭从而检之之谓也。检而不实，原告当负其责。今报社无控者而受检阅，检之而不实，则侵削人权之责果谁负之？如无人负此责者，则政府刻刻假定国民之违法，刻刻而检查之，是直狗马国民也！是直盗贼国民也！"最后，该文强调："凡议会所已通过之案，一旦与时势舆论不相应，当立废弃之。或并未废弃，而新法案之性质与旧法案相抵触，则旧者当立为废纸。今报律虽属通过，资政院如遇有第二次提议之机，幸为吾国民扫除此毒。"[②]

在宁调元主编的《帝国日报》及京、沪等地报纸舆论的声援下，《公论实报》于1911年1月26日仍用原名再行出版发行。

1911年1月29日，清政府颁布了《钦定报律》，与《大清报律》相比，尽管在一些条文上有了一些修改，但压制新闻舆论的基本立场没有根本性改变。

6. 剪发易服案。清代统治者入主中原后强迫汉族人民采用满族的服饰，并于顺治二年（1645）清政府颁布剃发令。自此，男子剃发蓄辫就成为满族贵族统治中国的重要象征，剪辫即被视为

---

① 宁调元：《我之言》，《宁调元集》，2008年，第457—458页。

② 秋桐：《言论自由与报律》，《帝国日报》1911年1月11、12日。

叛逆。鸦片战争后，经过中西风俗习惯的对比，人们重新认识到200余年来的蓄辫习惯已不适应近代社会生活的需要。戊戌变法时，康有为上《请断发易服改元折》，提出："皇上身先断发易服，诏天下同时断发，与民更始。"[①] 1903年3月出版的《湖北学生界》第3期刊登的《剪辫易服说》一文指出："不剪不易，种种窒碍若彼；剪之易之，利益之巨若此。……及今弗剪弗易，终必有剪且易之一日，所谓变亦变不变亦变也。与其变自人而徒受异族之侵凌，奚若变自己而先振自强之气象。"1903、1904、1906年的天津《大公报》先后三次发起以"剪辫易服"为中心大讨论，发表数篇关于"剪辫易服"的文章。1905年6月，新编陆军实行改服制，一些官兵为便于戴军帽，将发辫剪去一束。但清政府只允军队易服，不许剪辫，练兵处不得已下令禁止军队剪辫，命将发辫盘于帽内。1909年，光绪的两位弟弟，时任军咨大臣的载涛和时在外洋考察的载洵分别提出："非剪发易服，不足振起全国之精神，恳请明降谕旨。"[②] 载涛等人的提议，得到了陆军部尚书荫昌、民政部尚书肃亲王善耆、外务部尚书邹嘉来的支持。载涛于1910年秋开始允许京城禁卫军剪发。"1910年9月，陆军部、筹办海军处和外务部被告知，如果他们属下的官员要割辫子，不必劝阻。但这条规定不适用于中央其他机构。结果，陆军部官员和许多高级军官剪去了辫子，成千上万的士兵和军校生马上仿效"[③]。同年9月，伍廷芳也上奏《请剪发不易服折》，报告其在巡视南美所见到的众多华侨，因留辫发，"屡被外人讪笑，甚且加以种种不美之名，有时竟为妇孺所谑弄"，况且也不便办事，十有八九剪去辫发，改易满式服装，并转达华侨迫切地希望清政府"明降谕旨，任官商士庶得截去长发，改易西装，与各国人民一律，俾免歧

① 谢遐龄编选：《康有为文选》，上海远东出版社，1997年，第408页。

② 《剪发易服最近消息》，《中华新报》1909年12月27日。

③ ［澳］冯光基著，郭太风译：《军事近代化与中国革命》，上海人民出版社，1994年，第97页。

视”[①]的呼声。因此，资政院第一届常年会开幕前夕，社会舆论已积极展开宣传鼓动，希望借此时机促使政府和民众在剪发易服问题上有所作为，借以推动宪政改革。率先而起且鼓吹最力的报刊则非宁调元主编的《帝国日报》莫属。

从9月下旬，密切关注剪发事态发展的宁调元在《帝国日报》推出长篇社说《社会改良论》，呼吁政府借鉴西方治国经验，从禁烟、禁赌、禁止缠足、废止辫发、禁止买卖奴婢、禁妾等六个方面入手进行社会改良，以推动政治改良。该文强调，六大弊害中以发辫之害尤烈。辫发不仅为中国人民难以申雪的国耻，且于外交、宪政、军事等问题尤有诸多“彰明较著”之不便，还有害于卫生，有损于国体。文章最后以朝鲜、印度亡国后被迫断发改装为例告诫清廷，“覆辙相寻，前车可鉴”，与其被人勒迫断发而有亡国之痛，何若速早自行剪发，以立自强之基。[②]

1910年10月3日资政院第一届常年会开幕后，社会上要求剪发的呼声进一步高涨。此时湖南宁乡籍革命党人周震鳞等人在北京向资政院常年会递交了《请剪除辫发改良礼服说帖》，引起社会各界的关注。11月25日，宁调元在《帝国日报》上推出周震鳞等人的《请剪除辫发改良礼服说帖》。在此说帖中，周震鳞指出，发辫、服饰在日常习俗中最为普通，也最易成为人类文明、野蛮象征。欧美、日本等列强由野蛮进于文明，都由长发进于短发、由古衣冠进于现代服饰，原因就在于长发、古服既不文雅方便，又不利文明、不适生存。中国发辫又有不利培养尚武精神、建立军国民社会，不利操作机械、推广警政、维护卫生、振奋精神等弊端，进入20世纪诚应被天然淘汰。当今世界各国政教习俗均呈大同之势，中国实行新政，一切政治、学术都极力仿效外国，对辫发也应因势利导，远师日本、近鉴朝鲜，令全国人民立即剪辫，一新天下耳目。对于服制，周震鳞将其分为常服和礼服两类，指

---

① 伍廷芳：《奏请剪发不易服折》，《伍廷芳文集》，中华书局，1993年，第358页。

② 有澜：《社会改良论》，《帝国日报》1910年9月22—25日。

出中国原有常服寒暑皆宜，结束甚易，并无不便。但礼服既不美观又不适体，置办、运输费用高昂，易滋生奢侈腐败，亟宜在现有服制基础上酌量更改。[①]

周震鳞等人的《请剪除辫发改良礼服说帖》立即在资政院第一届常年会上得到响应。湖南籍议员罗杰向资政院秘书厅递交了《拟请明谕剪辫易服与世大同具奏案》，详细列举了发辫、满服的种种害处，并指出“政治根本既已改变，再保留区区发辫毫无意义”[②]。但在11月24日的资政院陈请股召开的审查会上，由于守旧派的阻力，周震鳞等人的《请剪除辫发改良礼服说帖》终以多数表决作废，未被作为议案提出。

宁调元闻讯非常气愤，于次日即在《帝国日报》上以《陈请股之怪物》为题，报道了24日陈请股审查会上因陈宝琛、汤鲁瑶坚持反对，而导致周震鳞等人的说帖作废的情况，痛骂陈宝琛为“本一食古腐儒”，汤鲁瑶为“一事不知，卑鄙龌龊之贱夫”，并指出剪发易服为今日中国万不可缓之事，此辈仍敢反对，“是诚狗彘之不若”！该文还称湖南同乡会已决定驱逐汤鲁瑶，不准其滥充议员以羞天下。同时，该文称，此会议由副股员长陈宝琛代理主持，到会者仅有9人，陈请股股员并未全部到会，所以，此审查报告不能作为正式结果。[③]

不仅宁调元为周震鳞等人的说帖作废而气愤，年会上的议员中也有不乏为之气愤者。在25日的第十九次议事会上，易宗夔提出：“本员有个倡议，湖南宁乡县有个周震鳞，具一个陈请剪去辫发改变礼服的说帖到院，昨天已交陈请股审查，据审查股意见，以为无庸会议。然本员的意见，还是应交会议为是。因为这件事很要紧的，在我们中国要讲世界主义、国家主义、社会主义、个人主义，皆以剪去发辫为便利的。何以故？以世界主义论，因为

① 周震鳞：《请剪除辫发改良礼服说帖》，《帝国日报》1910年11月25—26日。
② 《罗杰拟请明谕剪辫易服与世大同具奏案》，《申报》1910年12月10、11日。
③ 《陈请股之怪物》，《帝国日报》1910年11月25日。

世界各国没有带辫发者，独中国留此野蛮制度，甚不雅观；以国家主义论，因为一国的国民必有军国民的资格，如果要人人当兵而辫发不去，实在不便；以社会主义论，社会之进步，非振兴实业不行，而实业里头有种种之机器，一发之牵，异常危险，如果辫发不去，实业上更多滞碍的；以个人主义论，不独损坏衣服，无论作何事，有辫发的均不便利。所以应作提议案，由本院议决，请明降上谕剪去辫发，以新天下之耳目。至于易服色一个问题，周君震鳞说帖甚为明晰，就可于平常衣服上定一个徽章为是，不但于经济无损害，且于人行动上是很便利的。就请议长咨询本院作为议题。"[①] 易宗夔的提议，立即得到罗杰、于邦华等人赞同，剪发易服案最终被编入会议议事日表。[②]

在旁听席上的宁调元为易宗夔的仗义执言而拍手叫好。次日，宁调元在《帝国日报》的"紧要新闻"中报道了经易宗夔提议的剪发易服案被编入会议议事日表的情况，并从是日起，连载系列漫画《辫子与豚尾》《辫子与鼠尾》《辫子与狐尾》《辫子与羊尾》《辫子与牛尾》，将发辫比之猪尾、鼠尾、狐尾、羊尾、牛尾，对于满族贵族统治中国的重要象征发辫极尽笑骂与嘲讽，为剪发易服造势。

12 月 2 日，第二十一次议事会的议事日表共十四项，主要有杨度说明《新刑律》案主旨和禁烟案、《著作权》案等，其中拟请明谕剪辫易服具奏案列第七项，议设审查拟请明谕剪辫易服具奏案特任股员列第八项。此日议事不仅项目众多，且多为重要议案，因而《新刑律》案、禁烟案、《著作权》案占用了大量时间，轮到剪辫易服案时，已近下午七时，因而剪辫易服案仅确定庄亲王载功、陈懋鼎、崇芳、汪荣宝、长福、沈林一、邵羲、易宗夔等 18 人为此案特任股员，具体议案并未开议。

次日，宁调元发表在《帝国日报》的"议场谭屑"中评论道：

---

① 李启成校订：《资政院议场会议速记录》，第 260 页。

② 《紧要新闻》，《帝国日报》1910 年 11 月 26 日。

刘道仁请将剪辫易服具奏案提前会议，可谓知所先务。他日此案贯达目的时，吾人脑海中此君必占一席。

周震鳞、罗杰主张剪辫易服于前，昨日又有广东某君继续请愿于后。殆所谓莫为之前，虽美弗彰；莫为之后，虽盛弗传耶？呜乎！吾民奈何其弗兴？

昨日，旁听列席者较往常加增数倍。至四钟后，皆谓剪辫问题如何尚不会议？如何尚不会议？足见人心向往之一斑。然则，此不良之辫发，其去予不远乎？[①]

不仅以文字鼓吹剪发，宁调元还在《帝国日报》上连载一组名为《留辫子之妙用》漫画，借以讽刺辫子已成为清政府统治人民的帮凶。其中一幅画的是一个警察手里抓住三四个老百姓的辫子，寓意辫子成了清朝统治者抓捕老百姓的工具。[②] 一幅画的是警察将一个老百姓的辫子捆在柱子上，寓意辫子成为清朝统治者迫害老百姓的工具。[③]

12 月 15 日，第二十四次议事会上，议员之间就剪发易服案展开了激烈的争论。此案的提出者罗杰在会上说明此案主旨："现在全国军界、警界、学界都剪了，外而出使大臣，内而陆军部尚书、外务部侍郎，都已经剪过，这就算朝廷已经默认了。然朝廷既经默认，何如明许，使一国之内整齐划一？所以并要请皇上躬行剪发为天下先，使天下人耳目一新，立宪精神亦从此大振，这是成立议题的本意。"他强调指出："至于祖制一层，可以不虑。从前我们大清入关的时候，只下令剃发，并没有下令垂辫。若谓不能变更祖制，这个立宪政体岂不是显然变更祖制吗？既然政体可以变更，何有区区发辫呢？"[④]

罗杰刚讲完，杨锡田却提出质问："试问剪了发、易了服，就

① 宁调元：《议场谭屑》，《宁调元集》，2008 年，第 478 页。

② 《帝国日报》1910 年 12 月 8 日。

③ 《帝国日报》1910 年 12 月 9 日。

④ 李启成校订：《资政院议场会议速记录》，第 368—369 页。

能强兵富国吗？我想这个剪发易服，无益于已，又无益于人。”

对此，易宗夔发言：“本员对于剪发易服具奏案非常赞成。按世界各国习惯日趋于大同，若不实行剪发，不能同趋于一轨，这是公理上所不容的。因为发辫留存，实有百害而无一利。”[①] 接着，他详尽阐述了自己的观点：“凡人的聪明才力全在上部脑筋，而脑部必须头发以为之保护。世界各国没有不用头发以保护脑筋的，但各国对于头发的处置大抵可分四种：一种剃得留光的。如印度的佛教、中国的和尚、蒙藏的喇嘛，这是很不好的。因为全行剃去，不能保护脑筋，这一种实居少数。一种是全部留下的，世界各国的女人皆是如此装饰以为美观。一种是半留着的，世界文明各国都是半留的，因为人的大脑在前小脑在后，所以前头不剃就是为保护脑筋的意思，而对于后边尽行剃去，因为大脑主知识，小脑主运动，前边不剃而后边尽行剃去，每日洗得干干净净，以免污垢龌龊，有碍卫生，这个法子非常之好。第四种就是半剃的，半剃的样子就是中国这个办法，然而前边有用的反行剃去，后边无用的反行全留，并且还有很长的辫子，累累赘赘，实在不甚雅观，很不方便，举止动作无一相宜，所以非要把它剪去不可的。即以世界主义而论，世界各国无此装饰，与各国交际甚不相宜；以社会主义而论，欲求社会发达，必实业、工厂非常发达，机器非常之多，或因辫发而伤性命，所以东西各国全把长发剪去。我们在内地见惯不以为奇，一到外国，独我们中国人带着个长辫，形状非常难看。如是说来，我国的人实在羞愤不过，所以要请明发上谕，剪除此发，以新天下之耳目。”[②]

易宗夔发言完毕，闵荷生则狂叫：“本员决不肯剪发，如定要剪时，也不做官了，也不当议员了。”[③] 汪荣宝也嚷道：“我等上谕下来才剪。”此时会场“声浪大作，议场骚然”。众议员请议长用

---

① 李启成校订：《资政院议场会议速记录》，第 370 页。

② 李启成校订：《资政院议场会议速记录》，第 371 页。

③ 李启成校订：《资政院议场会议速记录》，第 373 页。

记名投票法表决，赞成的用白票，反对的用蓝票。结果，反对剪发易服者只有庆亲王奕劻、劳乃宣、陈宝琛等人的27票，而赞成剪发易服者有102票，但念赞成者名字时，有汤鲁璠的名字，郭策勋提出："汤议员鲁璠坐位就在本议员坐前，今日汤议员未见到议场，议员之票究从何来？众呼"应该作废"。赞成票中已将汤议员鲁璠作废，还有101票，还是多数。于是剪发易服案获通过。[①]

次日，旁听会议的宁调元在"议场谭屑"中记述了当日资政院议事会上的情形：

> 礼部前此有一主事作贼，现又出一主事反对剪辫。可谓莫为之前，虽美弗彰；莫为之后，虽盛弗传。某主事欲以易服问题间执剪辫者之口，其用心至诡，而其立辞至拙。尸居余气之礼部，尚有人要向资政院摇唇鼓舌。他日有建立祠堂，崇祀辫发祖师闵荷生、陈宝琛等者，此君与胡思敬均配食两庑，分一脔冷豚肉。
>
> 甘肃议员杨锡田，其状如非洲黑奴，长衫博袖，摇曳上演台时，余曰："此必反对剪辫者。"已而果然。
>
> 罗杰欲登台驳诘杨锡田，江辛止之，谓杨所持，是三十年以前之议论，无驳诘之价值。经众赞成作废，也算是一桩赏心乐事。
>
> 闵荷生咆哮无状，已非一次，非付惩戒股，其气焰不挫也。
>
> 林炳章（陈宝琛之婿）、陈懋鼎（陈宝琛之侄）均极力主张剪辫。陈宝琛处此众叛亲离的境界，面子实在难过。
>
> 罗杰谈剪辫之必要，娓娓动听，至谓易服可以促工业之发达，此言尤为精确。
>
> 易宗夔庄谐并陈，神情活动，演说至十余分钟之久，有弦外之音焉。汤鲁璠一票，此必反对党所为。不然，谁肯牺牲一白票者？

---

① 李启成校订：《资政院议场会议速记录》，第379页。

此次反对剪辫者，非从前反对废科举之人，即现在反对新刑律之人。足见全是人民程度的作用。[1]

虽然资政院通过了剪发易服案，但奕劻、那桐皆极力反对，称宁不做官，死不剪发。[2] 对于在议事会上投了剪发易服案反对票的庆亲王奕劻，宁调元也毫不留情，于12月21日在《帝国日报》上发表时评《告庆邸》，将攻击的矛头直指奕劻：

剪辫之利益，人人知之，独庆邸不谓然。

噫嘻！庆邸专国柄政一十有余纪。土地失，国权丧，而莫之惜。官吏贪，民财尽，而莫之问。一至吾民有所请求开国会，不即许；赦党人，不即许。令四万万人日咨嗟叹息于专制苛虐之下，四顾茫茫，无所适从。乃至现近以最容易解决之剪辫事件，亦不肯主持，以少慰吾民之渴望。

噫嘻！公诚苦心，公欲保存辫发。公不见东有高丽，南有台湾乎？时机日迫，如此种种者，公诚能保存到底，则吾民亦有何言？否则，吾固愿停报以待封，而不愿见公之有如此之主持也。[3]

对于奕劻的抨击，宁调元意犹未尽，又于次日再撰时评《再告庆邸》：

庆邸当世重臣，处兹主少国危，宜如何开诚布公，以收天下之望。乃至上无以宣主德，下无以定民志，御史弹劾于前，资政院弹劾于后。举国之大，集矢一身，千百年后有操笔而叙国史者，吾不知将谓公何？

古人七十而致仕，公今行年八十矣，尚恋恋而不忍去者。殆生儿如振将军，年富识强，尚不足以丕振家声乎？有皇族如朗贝勒，明白晓畅，尚不足以领袖军机乎？语云："功成者身退。"子舆氏云："危而不持，颠而不扶，将焉用彼相？"敢

① 宁调元：《议场谭屑》，《宁调元集》，2008年，第480页。
② 《专电》，《民立报》1910年12月17日。
③ 宁调元：《告庆邸》，《宁调元集》，2008年，第491页。

敬举斯言为公诵之。[①]

与此同时，宁调元又在《帝国日报》上以《辫发其纷纷欲逝》《辫发无保存之希望》为题分别报道了北京学界、书肆业、报界剪发及上海剪发之风日盛的情况，为各地剪发易服热潮鼓劲助威。[②]

剪发易服案虽于12月15日以多数赞成通过，但资政院却迟迟不将此案上奏。在12月24日召开的第二十七次议事会上，易宗夔催问议长溥伦剪发易服奏稿是否拟定，溥伦答曰："这个奏稿现在还未修正好，修正好了就可以上奏。"罗杰又提出，这个奏案大体已经表决，不过修正几个字，请求从速再行表决。但溥伦未置可否，仍旧按议事日表主持会议，将二人要求搁置。[③]对此，宁调元十分不满，即于次日以资政院议长溥伦对"剪辫案延不入告"，在《帝国日报》上对其放了一炮：

> 议员质问剪发案，伦议长默不一言。此其反对之见端耶？资政院仅一礼拜矣，而重要案件毫未解决。议事之不能进行，虽议员未有练习，而伦议长如前此之弹劾军机案，及现在之剪辫案，有意延宕，实无以对我国民。[④]

26日，在第二十八次议事会上，罗杰、易宗夔再次催促将剪发议案尽快上奏，溥伦只答以正在拟稿。[⑤]在宁调元的焦急等待之中，剪发易服案奏稿终于在28日的第二十九次议事会上宣读，宣读毕，罗其光提出两个意见书，要求议长分给议员们，但被易宗夔等人以"奏稿已经表决过了，不能再有异议"为由否决。会议最终以起立的方式，并以98票多数，表决通过了奏稿。[⑥]

30日，资政院请剪发易服折奏上，当日颁下谕旨："资政院奏

① 宁调元：《告庆邸》，《宁调元集》，2008年，第491—492页。

② 《辫发纷纷其欲逝》，《帝国日报》1910年12月22日。《辫发无保存之希望矣》，《帝国日报》1910年12月23日。

③ 李启成校订：《资政院议场会议速记录》，第423页。

④ 宁调元：《议场谭屑》，《宁调元集》，2008年，第482—483页。

⑤ 李启成校订：《资政院议场会议速记录》，第448页。

⑥ 李启成校订：《资政院议场会议速记录》，第469—470页。

拟请明谕剪发易服一折，前经农工商部具奏，已降旨明白宣示京外矣。着仍遵前旨办理，此奏应即毋庸议。”① 对于载沣决定驳回资政院奏案的原因，《帝国日报》称，当日载沣已亲自拟旨，允从军学两界先行剪发。忽有某公爷某贝子合具极长说帖反对，载沣遂为所动。②《大公报》透露，载泽作用颇为关键。资政院折奏上后，载沣意见尚属游移，召见军机后又召见载泽询问。载泽意颇反对，称此案无关紧要，且对商业大有妨碍，朝廷务加慎重，载沣遂决定将资政院奏案驳回。③

虽然清政府顽固坚持封建专制统治，坚决反对剪发易服，但事隔几个月的武昌起义，敲响了清政府的丧钟，随后辫发也随着清政府一道被扫进历史的垃圾堆。

7. 开党禁案。资政院第一届常年会所讨论的赦免戊戌党人和提出的赦免革命党人，主要指赦免戊戌政变后逃亡海外的康有为和梁启超。事实上，戊戌变法中的维新派人士，清政府已于 1904 年 6 月 21 日下旨特赦了“戊戌政变”的一般人员，但将康有为和梁启超排除在外，致使康、梁二人不得不长期逃亡海外。1908 年 11 月慈禧、光绪相继去世之后，溥仪继位，由载沣摄政。康、梁认为此时其死敌已退出历史舞台，便立即大力开展开党禁活动，力图通过各种渠道，促使清政府明令赦免，以便及早回国参政。资政院第一届常年会召开前夕，康、梁二人加紧与亲友、门生和故旧官员联系，四出活动，以图达到特赦之目的。他们的活动的确起到了一些作用，山东巡抚孙宝琦就曾在条陈新政折中言及赦免戊戌党人，杨度也在资政院开会期间上折为康、梁请赦。经多方的促进和影响，12 月 15 日在第二十四次会议上，陈宝琛、陈懋鼎、林炳章等议员提议赦免戊戌涉案人员，并获得全体议员的赞

① 中国第一历史档案馆编：《光绪宣统两朝上谕档》（第 36 册），广西师范大学出版社，1996 年，第 497 页。

② 《阻挠剪辫之中坚》，《帝国日报》1911 年 1 月 2 日。

③ 《泽公亦不赞成剪发易服》，《大公报》1911 年 1 月 3 日。

成。议长说："今天报告文件内尚有陈议员宝琛等提议奏请宣布杨庆昶所缴景庙手诏并昭雪戊戌冤狱一案。此案与请赦国事犯罪人具奏案性质相同，可否归并审查？"众呼"赞成"。[1] 但当天主要讨论剪发易服案，对于昭雪戊戌冤狱一案并未涉及。

尽管如此，宁调元对于赦免国事犯案是关注和支持的。他在《帝国日报》上发表评论云：

> 请赦国事犯一案，不必说明主旨，即付审查。于此足见人人心目中皆有此一事，但惜出题太迟耳。[2]

1911 年 1 月 3 日，在第三十二次会议上，汪荣宝报告特任股员对此案的审查之结果云："（德宗景皇帝）手诏的内容是对于杨锐所说的因为变法一时有许多困难的事体，叫杨锐能够想法子，去了窒碍，做个条陈。当时杨锐条陈说变法要有次序。这样看起来，德宗景皇帝的手诏确是因为变法不可太急，……可见戊戌党员不能不算冤抑，现在如果宣布杨锐所奉的手诏，使天下咸晓然于当日的情形，并知道当时六君子所作的事情、所条陈的意见，也可以同时昭雪。况在今日立宪政体既定，一切新政次第举行，皆德宗景皇帝当时的庙谟，我们总不要忘记德宗景皇帝的遗泽。本员以为这件事情是很重大的，若能由本院上奏，得将一切党员恩赦，不独对于立宪前途大有关系，而德宗景皇帝之一片苦心亦可以大白于天下。"汪荣宝报告完后，易宗夔说："这个报告没有什么讨论，请议长付表决。"[3] 结果多数同意通过。

接着，长福说明请赦国事犯罪人员理由：戊戌党人虽经得罪朝廷，但是立宪时代，照各国体例，都有赦国事犯的事情，如日本明治二十三年特允议员菊池侃二之请大赦党人可为先例，中国可以照这个法子请求恩赦。同时又有直隶人民王法勤等五十余人、河南举人王敬芳等五百余人都有陈请具奏大赦党人的说帖，与此

---

① 李启成校订：《资政院议场会议速记录》，第 366 页。

② 宁调元：《议场谭屑》，《宁调元集》，2008 年，第 479 页。

③ 李启成校订：《资政院议场会议速记录》，第 526 页。

件宗旨大略相同。经股员会大家讨论，须分两层办理：第一是戊戌党人从前虽为有罪的人，到立宪时代，宗旨与政策相同，便是无罪之人，应请恩赦，此为第一层。第二则是戊戌以外所谓革命党一般人，这般人虽与戊戌党人的宗旨不同，不能与戊戌党人相提并论，但这般人亦因政治腐败，立宪无期，铤而走险，其行为虽可诛，其用心亦可悯的。如果单赦戊戌党人，而使革命党的人于恩赦之途无一点希望，或激起激烈手段，要亦非中国之福，故可否一并恩赦出自圣裁等语，分出先后轻重来，这是请赦的第二层。这两件事情最为重要，于立宪前途很有关系，这件报告总要请诸位议员赞成。

议员讨论后，此案即付表决，结果以多数赞成也通过了。易宗夔说："这两件事既已表决，就请议长从速具奏。至于有效无效，我们不管。"①

对于开党禁案的通过，宁调元感到高兴，甚至对平常不太满意的严复、汪荣宝也给予了点赞：

> 昭雪戊戌六君子案，为死者呼冤也。党禁案，为生者免罪也。死生不同，而为国事获咎则同。陈宝琛倡议昭雪六君子，对于开党禁案，宣付表决时，竟不起立。同座章宗元数促之，不听。是诚何心？令人不解。六君子有灵，当亦（诈）[咋]叹陈宝琛之自相矛盾也。严复平日对于议件非反对，则无所可否。此次对于开党禁案、昭雪六君子案均起立赞成，识解究出陈宝琛之上。汪荣宝报告审查昭雪六君子案，根据先帝交杨锐手诏，表扬当日维新苦衷，立言沉痛，而又得体。吾不能不叹此人头脑之清明。此案得圆满之通过，汪之功固不可没也。②

开党禁案虽然资政院年会通过并上奏，但清政府并没有立即下谕解禁。隆裕太后听说要赦免康、梁，尤其深恶痛绝，"非此二

---

① 李启成校订：《资政院议场会议速记录》，第527—528页。

② 宁调元：《议场谭屑》，《宁调元集》，2008年，第484页。

人，先帝何至十年受苦?”军机王大臣讨论过几次也没有取得一致意见，结果，朝廷不仅不赦革命党人，连康、梁等也未准许。这样，开放党禁案最终也无下文。

（三）臧否各类议员。资政院第一届年会的议员，分民选议员和钦选议员两部分，名额初定各100人，但因新疆2人未选，为对等起见，实际是民选、钦选各98人。民选议员由各省谘议局议员互选产生，并经督抚确定。民选议员中30人有留学日本或赴日考察的背景，其中24人为研习政法者[①]，接受过西方宪政思想熏陶和教育，加之他们大都为各省谘议局的佼佼者，具有基层谘议局的工作经历，具备较为丰富的理论素养和实践能力，因而在会议期间，表现非常活跃，尤其是易宗夔、雷奋、邵羲、籍忠寅、罗杰、陈树楷、刘景烈、孟昭常、黎尚雯、陶峻、牟琳等，思维敏捷，长于辩论，发言积极，发言的质量和水平也较高，而且还积极提出议案，会上议员所提议案共计40多宗，民选议员所提就达30多宗，其中一些重要议案，如速开国会案、弹劾军机大臣案、剪发易服案等就由民选议员提出，因而在资政院第一届年会中起着主导作用。

具有丰富的民主革命思想的宁调元，在旁听资政院第一届年会期间，对于民选议员的发言格外注意，对于他们坚持民主理论的精神和精彩的发言拍手称快，而对于一些封建守旧、思想腐朽的议员发言则义愤填膺，并将对他们褒贬分明的评价及时与会外的广大读者分享。

民选议员易宗夔，湖南湘潭人，长沙校经书院肄业，曾参加戊戌维新活动，戊戌变法失败后赴日留学，入东京法政学堂，与宋教仁等革命党人有交往，又曾参加政闻社。回国后任湖南谘议局议员、资政院议员，是年会上最为活跃、发言最积极、发言次数最多的议员之一。

湖南老乡易宗夔在年会上的发言引起了宁调元的特别关注和

---

① 张朋园：《立宪派与辛亥革命》，第284—289页。

喜欢，他曾多次指出："易宗夔平日最喜倡议，其倡议亦多重要问题。"[①]"易宗夔议事，能持大体，于国会问题尤有所尽力，得唐人'挽弓当挽强，用箭当用长'之妙。"[②]在12月19日下午第二十五次议事会上，易宗夔就弹劾军机案遇到朱谕的难题时主张资政院"还要上奏弹劾军机大臣。我们不能对朱谕说话，是应该还要拿出军机大臣出来，向他说话的"[③]，结果使弹劾军机案得以继续。对此，宁调元拍手叫好，认为"易宗夔所主张办法，亦是议员中之有条理者，着记大功一次"[④]。同时，对于易宗夔支持剪发易服案立案所发挥的重要作用，宁调元也给予充分的肯定和赞扬："易宗夔于剪发易服问题，能发明周震鳞说帖所未尽之理由，于报律第十一、十二等条，亦能曲尽天职。"[⑤]总之，对于易宗夔在年会的表现，宁调元感到满意，并借炎炎之文表达自己由衷称赞："易宗夔不为物挠，不为俗挫，每当失意时，其气益壮。古云：大浸稽天而不溺，大旱金石流、土山焦而不热。殆其人耶！"[⑥]

民选议员李素，山西平定人，清末举人，后入北洋法政学堂学习。在会上，李素善于抓住重要问题，紧追不放。12月28日的第二十九次议事会伊始，李素就抢先再度提起弹劾军机一案，得到众多议员支持，迫使议长溥伦不得不另行指定起草员起草奏稿。对此，宁调元非常佩服，在次日的"议场谭屑"上给予表扬："李素首先倡议，寥寥数言，具有雷霆万钧之力。此君真是健儿。"[⑦]对于李素在1911年1月3日的第三十二次议事会上再次首先就朝廷对资政院弹劾军机案"留中"一事发表意见，最后导致资政院决定再上一折抗争，宁调元再次给予赞扬："李素对于重大案件最

① 宁调元：《议场谭屑》，《宁调元集》，2008年，第485页。

② 宁调元：《我之言》，《宁调元集》，2008年，第454页。

③ 李启成校订：《资政院议场会议速记录》，第386页。

④ 宁调元：《议场谭屑》，《宁调元集》，2008年，第484页。

⑤ 宁调元：《议场谭屑》，《宁调元集》，2008年，第477页。

⑥ 炎炎：《议场谭屑》，《帝国日报》1910年12月30日。

⑦ 宁调元：《议场谭屑》，《宁调元集》，2008年，第483页。

肯先发言，其言最简单，然甚有价值，足唤起全院之精神。昨日之弹劾军机案即其一也。”[①]

雷奋，江苏松江人，早年留学日本早稻田大学，研习政法，并在日本与杨廷栋等创办《译书汇编》，任编辑兼发行人，旋任《国民报》《大陆报》编撰，因此知识面广，每次发言，“态度极其从容，言论极其透彻，措辞极其清新而宛转”[②]，被称誉为“今日议场之健将”[③]。宁调元对雷奋的发言给予高度关注：“雷奋熟悉院章，尊重秩序，所以每次议会牵及议事细则时，辄有‘议长，一百一十七号请发言’之声浪触我耳鼓”[④]。并对雷奋的发言质量给予充分肯定和高度评价：“雷奋质问劳乃宣，直是一棒一条痕，一掴一掌血，驳得他身无完肤。主张人道主义者即新刑律，至此神气一振。”[⑤]“雷奋等演说无夫奸不能入律之理由，莫不精辟透明。”[⑥]“沈敦老失败，章宗元起，沈林一起，王璟芳起，刘泽熙起。彼一言，他一嘴。雷议员一人从容答辩，滔滔不竭，大有诸葛孔明在东吴时舌战群儒之状。”[⑦]

黎尚雯也是宁调元重点关注的议员之一。黎尚雯，湖南浏阳人，曾参与湖南戊戌维新活动和唐才常自立军起义，1905 年加入同盟会，曾与禹之谟、宁调元等人公葬陈天华、姚宏业于岳麓山，后在长沙明德学堂、湖南高等实业学堂、湖南中路师范学堂任职，掩护革命活动，并当选资政院议员。因此，黎尚雯在会场上善于讲究策略，克敌制胜。对此，宁调元及时加以肯定和褒扬：“黎尚雯每到议场对于重大问题，勇往直前，丝毫不肯放松，昨日于剪

---

① 宁调元:《议场谭屑》,《宁调元集》，2008 年，第 484 页。

② 刘厚生:《张謇传记》，龙门联合书局，1958 年，第 179 页。

③《时报》1910 年 10 月 31 日。

④ 宁调元:《我之言》,《宁调元集》，2008 年，第 454 页。

⑤ 宁调元:《议场谭屑》,《宁调元集》，2008 年，第 478 页。

⑥ 宁调元:《议场谭屑》,《宁调元集》，2008 年，第 457 页。

⑦ 宁调元:《议场谭屑》,《宁调元集》，2008 年，第 471 页。

辫案亦然。此君洵能到底不懈。”[①]“黎尚雯以为不可者，辄不肯稍事通假，乘亦不知也，坠亦不知也。一望而知，为有心肝之人。”[②]在对待《公论实报》事件中，黎尚雯不主张查封该报馆，反对议员指责报馆，宁调元非常支持黎尚雯的观点，对黎给予高度评价：“黎尚雯不肯以议员责难报馆之议，存心甚苦，主张亦能见大体。”[③]

对于罗杰、籍忠寅、吴赐龄等民选议员，宁调元也有较好的印象。罗杰，湖南长沙人，留学日本法政大学，1904 年与湘籍留日学生仇鳌等在东京发起成立“新华会”，以响应华兴会谋在长沙起义。回国后，历任长沙立达师范学堂监督、群治法政专门学校校长、长沙自治研究所所长，1909 年任湖南谘议局议员、常驻议员、审议长及资政院议员。他在会上发言，条理清晰，话语明快，词锋锐利。宁调元对罗杰主张剪发易服的发言感觉甚佳：“罗杰谈剪辫之必要，娓娓动听，至谓易服可以促工业之发达，此言尤为精确。”[④] 籍忠寅，直隶任丘（今属河北）人。早年留学日本早稻田大学政治经济科。1908 年回国后任北洋法政专门学堂教务长，后当选顺直谘议局议员、资政院议员。在资政院会议上发言积极，言之有物，宁调元听他多次发言后对其印象甚佳：“朔方健儿好身手。吾见籍忠寅，方信斯言非谬。”[⑤] 而吴赐龄虽然是来自广西融县的副贡，但思想开明，宁调元对其发言也有较高的评价：“吴赐龄遇重大问题，均能立定脚跟，不为妄议邪说所摇动，大有昔人作文，目无周秦，何论汉唐之概。”[⑥]

此外，宁调元对年会上民选议员之间联合对敌、团结协作，从而促成重要议案立案和通过之举，也非常赞赏。例如，对于民

---

① 炎炎：《议场谭屑》，《帝国日报》1910 年 12 月 31 日。
② 宁调元：《我之言》，《宁调元集》，2008 年，第 477 页。
③ 宁调元：《议场谭屑》，《宁调元集》，2008 年，第 485 页。
④ 宁调元：《议场谭屑》，《宁调元集》，2008 年，第 480 页。
⑤ 宁调元：《我之言》，《宁调元集》，2008 年，第 477 页。
⑥ 宁调元：《我之言》，《宁调元集》，2008 年，第 477 页。

选议员在弹劾军机案中的表现，宁调元给予高度评价："易宗夔于弹劾军机案登台演说，语语得力，无一闲笔。是不愧为立宪国议员者。刘春霖慷慨激昂，不愧为燕赵之士。至其痛斥议员昏暮叩门之状，尤令闻者起敬起畏。……吴赐龄与籍忠寅用意相反而目的同。一驳一辩，极有价值。殆所谓柤、梨、橘、柚，其味不同，而皆可于口耶？"[1]"于邦华气足神完，吴赐龄心直口快，籍忠寅能从大处着墨，吾敬之爱之。"[2]"籍忠寅、雷奋、陆宗舆辨释劳乃宣之谬误，每下一语，厘然有当于人心。东西刑法大讲师解释《法意》，亦不过如此。"[3]

当然，对于民选议员，宁调元也并不是一律欣赏，一概肯定，对其中那些思想陈腐的，也毫不客气地进行抨击和嘲讽。直隶议员齐树楷、江苏教育会会长方还就是宁调元憎恨和抨击的对象："齐树楷报告农工商部预算时，支离紊杂，闻者莫能得其要领，使议场疑难群起，头脑不明，于议员能力欠缺多矣。"[4]"方还禽兽之不若，狗彘之不食矣。"[5]

钦选议员98人，其中宗室王公世爵14人、满汉世爵12人、外藩王公世爵14人、宗室觉罗6人、各部院衙门官32人、硕学通儒10人、纳税多额10人，由相关部门初选后奏请钦定。此外，还有总裁、副总裁、秘书长各一人。

由于钦选议员则来自7种不同类型的人选，成分较为复杂，"多由贵胄出生，素乏政治经验，又无宪政知识"[6]，因此那些世爵和宗室觉罗们很少参与讨论或发言，只有部分来自各部院衙门和硕学通儒的议员，如汪荣宝、刘泽熙、陆宗舆、周廷弼、王璟芳、

---

① 宁调元：《议场谭屑》，《宁调元集》，2008年，第481—482页。
② 宁调元：《我之言》，《宁调元集》，2008年，第452页。
③ 宁调元：《议场谭屑》，《宁调元集》，2008年，第486页。
④ 宁调元：《议场谭屑》，《宁调元集》，2008年，第485页。
⑤ 宁调元：《议场谭屑》，《宁调元集》，2008年，第483页。
⑥ 中国史学会主编：《中国近代史资料丛刊·辛亥革命》（第四册），上海人民出版社，1957年，第72页。

刘道仁、胡礽泰、长福等人表现相对活跃，而部分钦选议员冥顽不化、思想腐朽，如江宁提学使兼宪政编查馆参议劳乃宣、内阁候补学士陈宝琛、翰林院侍讲李经畬、大名府知府闵荷生、安徽候补道许鼎霖、江西桂平梧道沈林一、度支部主事王璟芳、翰林院编修王昭勋、内阁中书高凌霄、甘肃举人罗其光、杨锡田等人则往往是会议讨论中的阻碍力量。所以，钦选议员在年会上的作用不可与民选议员同日而语。

对于那些冥顽不化、思想腐朽的钦选议员，宁调元恨之入骨，给予无情地嘲讽和抨击。需要指出的是，宁调元对于这些钦选议员的嘲讽和抨击，颇讲究策略，做到有点有面，点面结合。内阁候补学士陈宝琛最先反对剪辫易服案立案，宁调元因而对之进行“点射”，不仅抨击其反对剪辫易服，而且还深入揭露其任福建铁路公司总理时的罪恶：“闽路开工四年，成路不过三十里。此事闽人言之痛心，推厥祸首，惟陈宝琛尸之。当陈宝琛之发起此路也，阳冒热心桑梓之美名，阴实为开复职位之地步。闽人始终为其所欺，伊遂得独掌大权，滥引私人。文案其侄也，机器总管其侄孙也，工程师其戚也，承仰鼻息，横行万状，有举发其劣迹者，陈不为不查究，反庇护之，致怨声载于道路，巨款耗于无形，与湘路之余肇康、川路之乔树枬遥遥对映。”并指出，1910 年 4 月，陈宝琛开复内阁学士兼礼部侍郎衔原官，6 月以硕学通儒充资政院钦选议员后，“益置路事于不足轻重。北京距漳厦千里，在此供职，凡有事件，均须请命而行。指示既不合宜，弊窦因之百生，路股血本之受损害，在闽人皆知之。……闻陈在省日，遇事干预，惟利是图，凡骂人为贪婪者，必曰：汝岂陈宝琛耶？今陈宝琛在资政院则以害闽路者害中国，盖亦意中事也”。文末还附《陈宝琛支配闽路之势力图》，其中涉及陈宝琛的亲戚及族谊、戚谊、盟谊人员多达 20 余人。[①]

对于其他思想守旧落后的钦选议员，宁调元则常常运用手中

① 《反对剪辫之陈宝琛原来如此》，《帝国日报》1910 年 11 月 29 日。

的笔，对他们进行集体“扫射”：

昨日方开议时，各议员皆整肃以待。议长之发言时，李经畬手持一印相之白绫手巾，付章宗元、劳乃宣、吴士鉴三人阅看，口讲指画，若忘其身在何地者。[①]

劳乃宣不通旧律，不谙新律，公然呈修正刑律草案说帖，可谓一身都是胆。[②]

许鼎霖如丑脚，妙语解颐，能令公喜，能令公怒。又如北班跟妈，客边讨好，姑娘边也讨好；客与姑娘闹气，又暗中怂恿，又出头调和。

沈林一如窑皮，出言无状，胆大妄为。[③]

沈林一面目令人厌见，发言令人厌闻。[④]

反对广西禁闭土膏店最先者，严复也。反对即开国会者，喻长霖也。反对弹劾军机最力者，沈林一也。反对剪辫易服最先者，陈宝琛也。反对新刑律最先而又最力者，劳乃宣也。朝廷慎选硕学通儒，其作用如此，足令主持者灰心。废科举有反对者，改政体有反对者，开国会有反对者。以最容易解决之剪辫问题，闵荷生等亦持异议，只算是照例反对。胡思敬、闵荷生皆江西人也。岂江西人独好反对剪辫耶？[⑤]

杨锡田反对剪辫说帖，久已表决取消。罗其光复来求议长交付印刷，是之谓不知时务。王绍勋对于剪辫问题屡欲发言，而开口便讨人厌。所谓既不能令，又不受命者矣。[⑥]

顾鳌之全无心肝，王璟芳之不要面孔，沈林一之能忍辱，章宗元之敢出头，吾耻之痛之。[⑦]

---

① 宁调元：《议场谭屑》，《宁调元集》，2008 年，第 474 页。
② 宁调元：《我之言》，《宁调元集》，2008 年，第 449 页。
③ 宁调元：《我之言》，《宁调元集》，2008 年，第 453 页。
④ 宁调元：《我之言》，《宁调元集》，2008 年，第 454 页。
⑤ 宁调元：《议场谭屑》，《宁调元集》，2008 年，第 481 页。
⑥ 宁调元：《议场谭屑》，《宁调元集》，2008 年，第 483—484 页。
⑦ 宁调元：《我之言》，《宁调元集》，2008 年，第 452 页。

资政院第一届年会的实际主持者是正副议长溥伦、沈家本，虽然他们不是议员，但为钦派，因此不敢过于得罪清政府，在一些重大问题的处理上不免态度暧昧。对此，宁调元也不满意，并给予抨击：

> 议员质问剪发案，伦议长默不一言。此其反对之见端耶？资政院仅一礼拜矣，而重要案件毫未解决。议事之不能进行，虽议员未有练习，而伦议长如前此之弹劾军机案，及现在之剪辫案，有意延宕，实无以对我国民。①

> 资政院者，全国人民之议事机关，非议长一人之衣饭地也。议长从中玩弄，延不上闻，致有此永不可洗之耻辱。呜乎！吾民其勿忘中国有此议长。②

对于钦选议员中的守旧派代表人物，如庆亲王奕劻和度支部尚书载泽，宁调元也不放过，勇敢地把抨击的矛头指向他们：

> 庆邸，不赞成速开国会者也；泽公，亦不赞成速开国会者也。庆邸，反对剪辫者也；泽公，亦反对剪辫者也。然则，朝廷果以泽公组织责任内阁，又何异于庆邸之领袖军机乎？噫！③

当然，对于钦选议员，宁调元也并不是一概否定，对于其中明事理、识大体的钦选议员也曾给予褒奖。例如，民政部左参议汪荣宝，毕业于日本法政大学，在资政院担任第6股员会理事、法典股副股员长等职，是钦选议员中最为活跃者之一。他发言积极，能言善辩，对西方宪政理论比较熟悉，主张用资产阶级立法精神和原理编纂新刑律。因此获得宁调元一再好评：

> 汪荣宝报告新刑律，历三时之久，有条不紊，隐隐消除反对派之疑窦。此人真是劳乃宣之劲敌。④

---

① 宁调元：《议场谭屑》，《宁调元集》，2008年，第482页。
② 宁调元：《议场谭屑》，《宁调元集》，2008年，第483页。
③ 宁调元：《是是非非》，《宁调元集》，2008年，第504页。
④ 宁调元：《议场谭屑》，《宁调元集》，2008年，第486页。

汪荣宝报告审查昭雪六君子案，根据先帝交杨锐手诏，表扬当日维新苦衷，立言沉痛，而又得体。吾不能不叹此人头脑之清明。此案得圆满之通过，汪之功固不可没也。[①]

大理院权限不清，为司法独立之障碍。吏部形同赘设，为用人行政之障碍。汪荣宝、章宗元皆能从此等地方发言辩难，议员贵有常识者此也。[②]

资政院第一届常年会因议事未竣延长 10 天后，于 1911 年 1 月 11 日闭会。在其 100 天的会议中，议员们高谈阔论，激烈辩论，弹劾军机大臣，并先后通过了速开国会案、弹劾军机大臣及设立责任内阁案、剪发易服案、开放党禁案等重要事项，在清政府的封建专制体制的一潭死水中掀起民主微澜，使人民群众多少闻到一点民主宪政的气息，对于中国民主宪政运动的发展，客观上多少有了一点促进作用。但是由于清政府的昏庸腐败，资政院第一届常年会通过的各项重要事项均无法得到落实，中国半封建半殖民的社会性质并未改变。

对于资政院第一届常年会的作用和意义，宁调元的评价并不高，特著文予以嘲讽：

总裁岁费一万元，副总裁岁俸五千元，秘书长以下一年各数千元、数百元，议员每名各数百元。是为资政院一般之良绩。

请关防达目的，延长会期达目的，著作权等能会同各主管衙门具奏，亦达目的。乃至随意请假、取缔报馆，莫不达目的。是为资政院全体之良绩。

许鼎霖以盐运使□单预保，周廷弼以四品京堂候补，章宗元调部当差，王鸿图、罗乃馨均得农部三品顾问官，乃至肃王、那王请吃饭，徐相、朗贝勒备协商，是为资政院议员□个之良绩。

---

① 宁调元：《议场谭屑》，《宁调元集》，2008 年，第 484 页。

② 宁调元：《议场谭屑》，《宁调元集》，2008 年，第 485 页。

刘廷琛之弹劾，邵福瀛之攻击，一波未平，一波又起。资政院犯而不校，是其气度。

弹劾军机，不见明文。请赦国事犯，不知下落。盐法改征，暗中搓消。时行则行，时止则止。资政院自有权衡，是其聪明。①

对于资政院第一届常年会的作用和意义不大的原因，宁调元曾一针见血地指出："外国之议会监督政府，中国之议会反受政府的监督。呜呼，资政院之前途！外国之议长以政党之领袖充之，中国之议长不过政府特派员之护符而已。"②

这就点明了资政院及其年会的性质与特点：不过是清政府的附庸。

第三节　关心教育

为了研究解决制约教育发展重大问题，以加快宪政进程，1911 年 7 月 15 日（阴历六月二十日）至 8 月 14 日（阴历闰六月二十日），清政府学部在北京组织召开中央教育会议。此会为近代中国第一次全国性的教育会议，会议规模之大，代表来源之广，讨论问题之重要，在中国均可谓开天辟地第一回，无疑是当时媒体报道的焦点，社会关注的热点。为此，作为京城当时五大报纸之一的《帝国日报》及其主编兼记者宁调元当然不会错过这一千载难逢的机会。

中央教育会召开之后，宁调元及其《帝国日报》采编团队，密切关注会议的进展，及时报道会议的动态，无情抨击政府的腐朽政策，大胆揭露会议的怪事乱象，大力宣传教育发展与改革主

---

① 宁调元：《我之言》，《宁调元集》，2008 年，第 458 页。

② 宁调元：《议场谭屑》，《宁调元集》，2008 年，第 471 页。

张，为推进中国近代教育改革，发挥了重要的新闻舆论作用。

一、报道会议动态。中央教育会开会期间，宁调元组织《帝国日报》的“紧要新闻”“时评”“社说”等栏目，对会议进行了密集的报道和评论。宁调元本人更是坚持每天旁听会议，除了每日撰写和编辑报道、评论文章之外，还亲自主持“是是非非”栏目，对会议上的人和事进行点评。

但会议召开之日，宁调元前去旁听，却吃了闭门羹，被拒之门外。原因是会议的实际主持者学部禁止记者进会旁听。宁调元于是就此事在《帝国日报》上向中央教育会放了一炮：“中央教育会不设新闻记者席，莫有以为是者，予独曰不然。”[①] 京师报界对此亦气愤不已，纷纷发文指责。在舆论的压力下，清政府学部不得不在会场增添旁听席，准许各报记者旁听。于是，宁调元与其他京报记者得以进入会场旁听，随后在《帝国日报》上对会议做了全面的报道和评论。其中对会议的重要评论有《中央教育会应急解决之问题》（7 月 27 日）、《中央教育会之官话》（7 月 29 日）、《中央教育会之紊乱》（8 月 1 日）、《中央教育会一线之光明》（8 月 2 日）、《中央教育会之怪现象》（8 月 4 日）、《中央教育会之不平之鸣》（8 月 5 日）等等。

《中央教育会应急解决之问题》一文提出了会议应急需解决之 10 个问题，表达了宁调元及《帝国日报》对于会议的期望：

> 中央教育会此次开会，以解决普及教育计划为主，固当务之急也。然会期已逾三分之一，所议成绩毫无。长此无意识瞎闹，教育前途何堪设想。今为标出应解决问题如下，以便会员等之注意：
>
> （一）筹办义务教育案（就学部原案改试办二字，修正其内容）。
>
> （二）决定军国民教育方针（改定学生冠服，学生一律剪辫）。

---

① 宁调元：《是是非非》，《宁调元集》，2008 年，第 535 页。

（三）改良初级师范学堂章程，各州县设临时教员养成所。

（四）决定义务教育就学年限，暂定两年为期，俟社会经济能力渐充实，分年渐增至三年或四年。

（五）规定临时教员养成所功课，除教育学、管理法、教授法、教育史、儿童心理、游戏、唱歌外，专注意实习（即以初等小学通行教科书为实习材料）。

（六）规定两年儿童就学年限，教科以不读经为主，各种教材必取简要切用，不得虚廓滥抄，如学部所编教科书。

（七）采西洋学制。凡富实子弟可自为私塾教法，亦可放任，但明定将来升学考试科目，以便私塾遵照预备。

（八）现时所办初级完全师范仍保存，以为高等小学教员之预备。

（九）贫民皆入公立小学（私立小学非国法所能强制发达），私塾改良惟富室有此能力，声明学部定章之误。

（十）裁撤提学使，以去教育之障害。确定各省教育总会为辅助中央教育行政机关，以举普及教育之实。①

对于裁撤提学使，宁调元觉得尤其重要，还作了特别强调：

师道立则善人多，此言教育最精之语也。教育之要义，在为人师者能运用感化力，养成儿童第二种天性，故其功用曰教化，形容师道之尽善尽美者曰春风化雨。人类社会由野蛮转移为文明，无有重于师道者。是以言教育者，必先言尊师重道，天下之通义也。吾国自设提学使以来，官府待教员如属员，如奴隶，而师道荡然矣。师道既失，而学风士气乃因而败坏。以至今日，师生之人格并昔时书院之不若。此国本之所以拔尽，人心之所以死尽，皆提学使为之也。故吾国不言教育则已，言教育必先重师道，重师道必自裁提学

① 炎炎：《中央教育会应急解决之问题》，《帝国日报》1911年7月27日。

使始。[①]

中央教育会的章程和此次会议的规则，均由学部制定，并非全国教育界的公意。会议期间，学部各级官员又大都为代表，凭借其优势地位，加强对会议的控制，而部分代表也因各种原因主动附和学部，迎合其意旨，从而给会议带来了不良影响。《中央教育会之官话》《中央教育会之怪现象》二文就揭露了清政府学部力图控制会议而正副会长曲意巴结学部的黑幕。其中，《中央教育会之官话》指出：

任免小学教员议案，学部率行提出，无一语之可通。与国库补助小学教员薪俸案同一价值。补助案之所以能通过，则以正副会长见好学部，在预备会开议时，该会长曾披露其苦心谓：学部开宗明义第一案，便被本会取消，面子上太下不去，会员诸君当通融见谅，云云。会员等秉承此旨，故初二日会议此案，极形潦草，竟无发言之余地。……国家之开中央教育会，所以征集该会之公共意思，以便执行也，故学部之滥提议案，拘束会员之议事权限，本当根本反对，今乃不仅不能反对，反欲如属员之献媚上司，无论议案如何不合，亦必勉强赞成，然则何必有会？何必以团体机关名义羞辱当世乎？人谓开中央教育会为学部请客，吾则谓会员来此学习做官。[②]

《中央教育会之怪现象》一文，则进一步揭露学部与副会长暗中勾结的现象：

军国民教育方针之颁定乃全国学界所注盼。会员本为最大多数之赞成，故虽有学部人员之鬼祟运动，昨日表决第二三四条时，均能保存审查。原案第五条表决时，记名投票一次，起立表决二三次。虽副会长张元济故意迎合学部，从中弄巧，既不许审查员发言，复错乱其表决手续。然赞成军国

① 宁调元：《是是非非》，《宁调元集》，2008年，第541页。

② 炎炎：《中央教育会之官话》，《帝国日报》1911年7月29日。

民教育者仍得胜利。至表决打靶时，赞成虽止七十一人，而时已一钟，暗中出场者甚多。会员在场明明不及前数次表决之数，各会员要求细为查点，副会长则坚持不允。学部人员乃拍案大哗，四门散去。然则副会长宣告，赞成打靶者之为少数，其中固有不可告人者在矣。

该文还揭露了产生这种相互勾结的原因是双方的利益关系：

昨日如会长到会，必不至荒谬至此。盖因张謇不必求学部代为消［销］教科书及审定教科书也。由此观之，是昨日之会，其学部、副会长少数人之私会欤！①

中央教育会的代表有来自中央，有来自地方；有来自官府，亦有来自民间。他们看待问题的角度，处理问题的方法，解决问题的诉求，千差万别，因此会议上分歧与冲突在所难免。《中央教育会之紊乱》一文就揭露了会议上的这一现象：

昨日中央教育会会议地方学务经费案，支支节节，争执不休，彼提一修正案，此提一修正案；彼发一言，此发一言；或彼此同时三四人发言，无宗旨，无条理，以致秩序混乱不堪。四条办法自八时议至十二时方决，而可行不可行尚系一疑问也。②

《中央教育会一线之光明》一文，则祝贺军国民教育案最终获得大会通过，并点评了反对派失败的原因：

中央教育会议，会议多次，以昨日为最有精神，亦以军国民教育案为最关重要。此案不能通过，则一切议案皆属支节问题。会员能注意于此，并能使反对军国民教育者全军败绩，不可谓非该会之一线光明也。……反对派失败之原因在不知列强所以成为军国社会者，无在不提倡军国民教育，以为军事教育、对外竞争之预备。凡家庭教育、社会教育、国家教育莫不竞竞于此。当二十世纪竞扩军备时代，而欲舍此

---

① 炎炎：《中央教育会之怪现象》，《帝国日报》1911年8月4日。

② 炎炎：《中央教育会之紊乱》，《帝国日报》1911年8月1日。

方针以言教育，不待知者而知其谬妄。此反对者之所以取败也。[①]

二、关注重要议案。在及时报道会议动态，点评会议内容的同时，宁调元还高度关注会议中重要议案。宣传新的教育发展与改革主张，引导社会和民众对于中国教育发展改革方向的正确认识。

一是试办义务教育章程案。义务教育章程案是此次会议要审议的重点提案，也是争论的焦点之一。学部所拟草案规定：6—14岁儿童在学龄期内均应受初等小学教育，儿童家长、地方学务员及地方官吏均有督促学童就学的责任与义务。地方代表就实施的基本条件、督促的方法和手段进行热烈讨论，提出在人（教师）、钱（经费）未得根本解决又无法律保障的情况下，义务教育实难急于实行。[②] 对此，宁调元深有同感，编发时评《义务教育就学之年限》一文指出：

> 强迫教育施行，当准社会经济能力而定就学年限。列强人民程度最高，强迫年限亦最长，大率自三年至八年，乃今世各国情状也。然欧洲自十七世纪初行强迫制度以来，年限皆由一二年递进至七八年。日本近年屡议增多强迫年限，卒难实行。何也？衣食足而礼义兴。生活程度与教育程度常存正比例也。中国今日人民生计穷困极矣，东南文化稍盛，农工商民入蒙馆读书者以两年为普通习惯。北方虽略与此同，而普及程度则远不及东南。……两年之限度在南方固强迫甚易，在北方已忧忧乎其难矣。……国家一方面注意发达社会经济能力，十年之后再议将强迫年限增多固无不可也。若取文明富强国强迫年限，强施之今日中国，由阻碍多端，不仅不能实行，或竟因而召乱。此奏定初等章程所当急为更正

① 炎炎：《中央教育会一线之光明》，《帝国日报》1911年8月2日。

② 《中央教育会第二次大会记》，《申报》1911年7月26日。

者也。[1]

与此同时，宁调元还从教育体制的层面来审视这个问题，指出普及义务教育不单单是个教育发展的问题，更重要的是培养什么人的问题，因此必须先定好教育方针：

> 施行强迫教育而不先定方针，虽能办到普及，也不过赚到一个清静亡国的效果。中国从前人人都念一本《三字经》《百家姓》《包举杂字》《上下论》，又何尝不普及？下流社会赤贫子弟皆必在蒙馆混一、二、三年，父兄又何尝不尽教育义务？特无国家教育为之确定方针，故人人无爱国心，无国民军国民之资格耳。今学部颁布之教科书，试问与《三字经》等书何异？养成之奴隶，师范生又与村蒙师何以异？然则将来教育所收之效果，与昔时中国学生何以异？
>
> 今日教育行政官专以制造亡国奴为方针，今日学界中人专以献媚上官养成亡国奴为宗旨，一闻爱国之言，不以为狂夫，即以为乱党，不谓为宗旨不正，即谓为议论浮嚣。由今之道无变今之俗，以为义务之强迫，不啻强迫人人为外国顺民耳。中央教育会员但知支节以争章程，抑何舍本求末之甚耶！[2]

8 月 4 日，试办义务教育章程案虽然获得通过，明确以四年为义务教育期，但当时清政府仍然根本无力解决实施义务教育所需的师资、校舍、经费等问题。实践证明，《试办义务教育章程》不过是一纸空文。

二是国库补助小学经费案。此案由学部提出，其方案是，为了解决教育经费严重不足，应当从国家行政费中划分一部分用以补助初等小学教师的薪俸，以俾多开小学堂，推动初等教育的普及。此案于 7 月 17 日在会提出之后，引起了代表们的疑虑。一些代表担心拿出这么多钱用于教育，度支部、资政院不会同意；一

---

① 炎炎：《义务教育就学之年限》，《帝国日报》1911 年 7 月 28 日。

② 宁调元：《是是非非》，《宁调元集》，2008 年，第 536 页。

些代表则质疑“补助之数如何而确定”，“假如有十万、百万之学堂兴起，则补助之需是否能应之无缺”[①]，因此，虽经7月19、21、25、26、31日等连续数日进行了讨论，但争论激烈，却无头绪。与会代表黄炎培在7月25日的日记中记载：“国库补助案审查报告，未决。是案讨论半日，仅定三条，秩序颇乱。”[②]

一直在会场旁听的宁调元也认为学部的方案难以实行有效，特撰文指出：

> 学部提出国库补助案，标明以促进小学发达、普及教育为宗旨，而不知补助限于教员薪俸，事实上适与此宗旨相矛盾，此无学务经验之人而言学务开口便错之明证也。学部某司员谓，中国今日教育不宜从教员着想，宜从国家、儿童着想，此语固持之有故。有儿童即当有教育，一定之理也。然教育儿童之人为教员，教员未能养成，儿童谁与教育？

宁调元对各地的情形作出分析后，接着指出学部关于用国库钱补助初等小学教师的薪俸的方案不切实际，根本达不到推动初等教育普及的目的。他说：

> 全国学龄儿童约计当有二万万，以一教员教三十人计算，当预备教员六十余万。分配全国，每省当有教员三四万。以每省六十州县分配，每州县当有教员二三千。今日情形，开通州县，师范生不过一二百，山僻州县，或仅数人，或并无一人。言教育普及者，不能据京、津一隅为言也。况以教育普及眼光视之，京、津失教之儿童已在百分之九十九之数，亦不能谓教员供过于求也。然则中国今日所有者儿童，所无者教员。从儿童着想，即不能不从养成教员着想；从师范着想，即从儿童着想。儿童教育在于普及，师范养成亦当普遍。不能谓甲州县儿童教育当普及，乙州县可以不普及，此处当受国家补助，彼处当不受国家补助也。若从补助教员下手，

---

① 《中央教育会第四次大会详记》，《申报》1911年7月30日。

② 黄炎培：《黄炎培日记》第1卷，华文出版社，2008年，第6页。

则开通州县兴学甚多，得补助必厚，偏僻州县不知兴学，则得补助乃独薄。此即与普及计划大相矛盾，所以不可行也。

最后，宁调元从实际出发，提出了以国库补助小学经费兴办师范教育，培养更多教师，以推动各地教育普及的方案：

惟从养成教员办起，一面责成自治团体分区筹设办学，有教员而后有学堂，有学堂而后教员之成绩可稽。办理既久，教员养成既多，乃移补助师范养成费以作养老、抚恤等费，以示鼓励。鼓励之费，乃特殊优异之教员得之，非人人可得也。

若普通补助薪俸，则□在而不滞碍，此中央教育会员之贤者所以纷纷疑难，愈研究而瑕隙愈多，扞格愈甚，终究无正当之解决耳。如从养成教育着手，则大县人口多，教员亦宜多，补助养成费亦必多。假如大县应有教员四千，中县三千，小县二千，则大县补助费一万，中县八千，小县六千。师范学堂设于县城，视学员稽核督促甚易，补助之分配亦易平均，则一切纷议可省，普及之计划切实可行。资政院注意人民程度，固无裁节地方教育会之理。度支部但当照案拨款，更不必虑其为难也。原案根本错误，故不必支节驳诘，但再三申说养成师范之必要。会员试细案之，必知此理由之不可易也。[①]

宁调元的上述主张见报后，立即得到了社会各界和会议代表的普遍赞同。会长张謇后来在会上也表示："国库补助案，已逾十日，尚无头绪。以鄙人观之，小学必求教员，教员必出师范，欲兴小学，莫如多办师范，国库资助何妨即补助师范？即有教员，然后推广小学，方有根本，否则枝枝节节为之，能获效乎？"他还以自己办通州师范为事实，以明其利弊，得到与会人士的赞赏。[②]于是，国库补助案几经修改之后于8月4日获得通过。

---

① 宁调元：《是是非非》，《宁调元集》，2008年，第539—540页。

② 张兰馨：《张謇教育思想研究》，辽宁教育出版社，1995年，第283页。

三是停止学堂毕业奖实官出身案。科举制度废除前夕，为了收揽新式学堂毕业的人才，1904 年 1 月，清政府颁布《各学堂奖励章程》，规定对中学堂以上的各级毕业生分别奖予相应的科名，如通儒院毕业奖予翰林出身，大学堂毕业奖予进士出身，高等学堂毕业奖予举人出身，中学堂毕业奖予优拔等贡生，等等。1906 年 10 月，清政府又颁布《考验游学毕业生章程》五条，规定：凡在东西各国正式高等以上学堂毕业，回国后须接受政府按照留学生所习学科，分门考试，通过者分别奖予相应的科名，“考列最优等者，给予进士出身，考列优等及中等者，给予举人出身”。同时，为了安排科举制度废除后原有的贡员、举人和生员，稳定那些上了年龄又难以接受新式学堂的那部分士人，清政府又颁布《举贡生员出路章程》六条，通过举行生员补考优、拔贡的考试和举、贡的考职考试等形式来弥补他们在功名上的损失。这就说明，虽然科举制度名义上废除了，但科举弊端和余毒依然未绝。正如梁启超 1922 年 3 月在北大欢迎会上所说：“前清学制之弊，至今犹令人痛恨不已，其误国最甚者，莫如奖励出身之制，以官制为学生受学之报酬，遂使学生以得官为求学之目的，以求学为得官之手段。其在学校之日，希望者，为毕业之分数与得官之等差，及毕业以后，即抛弃学业而勉力作官矣。即海外之留学生……毕业以后，足迹甫履中国，亦即染此学风，抛弃其数年克苦所得之学问，而努力作官矣。故中国兴学十余年，不仅学问不发达，而通国学生，且不知学问为何物，前清学制之害，庸可胜言也。”①

因此，在资政院第一届常年会上，各省谘议局提出停止学堂毕业奖实官出身案。对此，宁调元曾评论道：“严复、顾栋臣以学部人员审查停止学堂奖励案，仰承上官意旨，仍留贡生、生员等名，与各省谘议局陈请书宗旨尽背。李文熙、黎尚雯、江辛等反

---

① 朱有瓛主编：《中国近代学制史料》第二辑上册，华东师范大学出版社，1987 年，第 138 页。

对而取消之，真是快人快事。”[1] 但此议案却被议决作废而未议。尽管如此，在此次中央教育会议上，又有部分代表呼吁停止学堂毕业奖实官出身制度，提出停止学堂毕业奖实官出身案。

对于科举制度，宁调元恨之入骨，早就认为“科举为当世诟病久矣”[2]。他还曾对于清政府推行的所谓奖励学堂及留学毕业生政策提出批评：“政府方日以兴学务勉国人，然而平民子弟一日入学堂，则又必多方以摧残之。此内地教育无普及之望也。海外之留学生，一二熏心利禄者，方欲挟其卒业文凭入词林，考博士，以冀侥幸于一日。”[3] 因此，对于中央教育会提出的肃清科举制度余毒的此案，宁调元非常关注，及时以文字向公众介绍会议讨论停止学堂毕业奖实官出身案的情况：

> 陈敬第、汪荣宝先后登台发言，语语精要，使一知半解，似是而非之说，不攻自破。政团中健全分子之可贵如此。所虑者无常识之分子尚多，每遇能解决之问题，必系屡经失败，共见共闻之事，否则不能发生判断力、明辨力。此又健全分子之可危者。各会员苟痛国势之衰亡，切宜虚心讲求，毋以官禄优薪薰乃心，故意颠倒是非可也。[4]

经过具有进步思想的代表们的努力，7 月 27 日，中央教育会议通过停止学堂毕业奖实官出身一案，8 月 5 日，会议又议决停止复试及毕业考试。

对于上述两案的通过，宁调元非常高兴，大加赞赏：

> 停止学堂毕业奖实官出身案，中央教育会员能提出会议，复得多数赞成通过，吾于此不能不为会员记一大功。
>
> 回忆张文襄等奏定学堂毕业奖励出身章程，至今已近十年。此十年中，全国青年堕落，尽为流氓，教育精神，愈趋

① 宁调元：《议场谭屑》，《宁调元集》，2008 年，第 490 页。
② 宁调元：《陈丞相寄子诗（1907 年）》，《宁调元集》，2008 年，第 394 页。
③ 宁调元：《三月初十笔记》，《宁调元集》，2008 年，第 375 页。
④ 宁调元：《是是非非》，《宁调元集》，2008 年，第 542 页。

> 愈下，皆此奖励出身为之。吾人唇焦舌敝，搅脑刿心，与之下宣战书者，不知费几千万言。全国舆论界之反对此项奴隶章程者，更不知几千万言也。至去年资政院开院，始有此案之提出，今春上海各省教育联合会开会，复有此案之决定，中央教育会乃得收此结果矣。于此可见健全成熟之舆论，无论何种莫大之势力，皆不能抗者也。
>
> 然吾人于此实有无穷之感慨焉。假如此十年中无此奖励出身之流毒，则可爱之青年业已养成为有用之才，出现社会，必能发挥事业。何至举国无人，坐以待亡，一至于此！故吾对于中央教育会各项问题，不惜详细研究，出以正确之主张。盖中国教育一误不可再误，该会员等倘事事皆以解决停止奖励出身眼光解决以后各问题，未始非吾人悲观中之乐观也。①

四是实行军国民教育案。早在1911年4月29日至5月12日的全国教育会联合会第一届年会上，军国民主义教育案就已议决并奏请学部实施，具体实施办法为：奏请特颁谕旨，宣布军国民教育主义；通饬高等小学一律注重兵式体操；通饬中学及与之同等以上之学堂，一律实行打靶并讲授武学；通饬私立学堂，凡呈报督学局或提学使有案者，照准前二项办理；通饬各种学堂体操科一律列为主课。地方应自行举办的事项有：各地方应设体育会；初等师范学堂应注重各种体操方法，并厉行关于军国民教育主义之训练；初等小学应注重游戏运动；高等小学以上应兼习拳术；等等。但在此次中央教育会上，学部可能考虑到此案比较棘手，因而未将其提交中央教育会讨论。而一些与会代表对学部此举不满，特提出作为会议提案。

宁调元从中国抵御列强入侵的大局出发，坚决主张实行军国民教育。闻知中央教育会将审议军国民教育案，宁调元特编发社说《论教育方针》一文，为实行军国民教育造舆论。该文详尽分析了中国所面临的国际国内形势，大声疾呼："苟至此而犹不急起

---

① 宁调元：《是是非非》，《宁调元集》，2008年，第541—542页。

直追，实施军国民教育，振起国民元气，整顿社会秩序，则我国五千余年之历史，恐不久而将告结局。”①

事实证明，学部先前的担心并非多余。军国民教育案提交会议审议时果然引起了轩然大波，成为整个会议中争论最激烈、耗时最长的议案。例如，在第十次辩论军国民教育案时，陆光熙指责学部司员把持会议，而学部之王季业、顾栋臣等人则反唇相讥，会场顿时一片混乱。② 因此，中央教育会讨论军国民教育案时，宁调元听得非常认真和仔细，并及时向广大读者报道了讨论的情况。除了在《帝国日报》的“紧要新闻”中及时报道会议对于军国民教育案讨论的总体情况外，宁调元还在“是是非非”栏目中对代表的发言进行大量点评。如宁调元对7月21日的会议上陆军部和学部对军国民教育案的态度进行了点评，赞扬前者，批评后者：

> 二十六日，中央教育会会议军国民教育。陆军部提出意见书五千余言，陈义完美。内有小学不读经一条，尤得改良教育之要义。较之学部提出之咨询案，摭拾浮词，毫无真际者，胜之远矣。然各会员竟不敢极力主张，可怪！打靶之法，东三省行之已久，未闻有弊，何以各省学生独不可行？陈宝泉但知逢迎上官，不顾天下后世唾骂，可怪！罗振玉谓军国民教育字样易惹外交注意，不如改用尊君、尚武等字样。此乃学部参事熟读《奏定学堂章程》之心得。一言军国民教育，便怕惹起外交注意。则吾国海陆军部及一切军备，更应立时裁撤。不仅此也，学部义务教育案亦万不可公然提出于中央教育会。何也？今日列强竞争能力，根本于义务教育，其教育方针皆偏重国家主义、军国社会主义。以列强眼光视之，凡言义务教育，即必以国家竞争为目的，即系国民教育。是该部原案，已足惹起外交注目矣。若如罗振玉所言，何若显然宣布曰实行顺民奴隶教育，则日、英续约十年同盟，其可

① 社说：《论教育方针》，《帝国日报》1911年8月1日。

② 《中央教育会第十次大会纪》，《申报》1911年8月9日。

以此而取消乎？东三省及全国所失之土地利权种种失败之外交，其可从此挽回乎？具此外交伟识，乃委屈于学部参事之位，不能立跻于曹汝霖辈之林，诚可为外务部用人惜，更可为罗振玉惜也。[①]

对8月1日罗振玉、王季烈、王祖训及陆光熙、廖铭缙、范源廉等人的发言，宁调元批评前者，赞扬后者：

罗振玉首先反对军国民教育审查报告案，当再读时，而欲将中央教育会惟一重要之议案取消。王季烈、王祖训二人极力附和之。观其指斥会长不公时，出言无状情形，全是挟学部势力，轻侮会长，蔑视会员，蹂躏会章，以致素号和平之张謇，当此亦不能不反言相诘。小人之无忌惮至于此而极矣。然此二丑之反对军国民教育，均以畏外人之注目为词，则其无忌惮行为，固专发生于对内也。媚外贱奴之无耻，诚狗彘不食其余矣！

陆光熙驳斥罗振玉、王季烈、王祖训，语语悲壮。廖铭缙驳斥将审查报告全案先付表决，再逐条讨论，语语雄直。范源廉解释军事大意，会同陆海军部编定教科书，语语诚恳通达，娓娓动人。有此三贤，于是罗振玉等三丑一切鬼祟伎俩，皆望风披靡，而军国民教育案之确定通过，固由多数会员代表国民心理而尽力赞成，陆、廖、范三人之功尤不可磨灭矣。[②]

对8月2日代表的发言情况，宁调元的点评是：

范源廉谓：教授军事大意，所以养成国民对于军政上有系统之普通知识。如为议员及新闻记者等，对于国内外军事问题皆当批评解决。又如军用品之日新月异，均当引起国民于科学上之注意。故军事大意之讲授，不仅于军政有关系，即于科学进步上亦有关系。立言之极有价值，固已颠扑不破

① 宁调元：《是是非非》，《宁调元集》，2008年，第538—539页。

② 宁调元：《是是非非》，《宁调元集》，2008年，第543—544页。

矣。而王季烈偏欲东扯西拉，谓军学、军制、军器，非专门不知？满口的抛物线，满口的理工学名字，满口的编教科书体例，无非文不对题之瞎说。而高步瀛、陈宝泉辈反附和之，诚如谐语所谓瞎子牵瞎子。

陆尔奎误认军国民教育为特殊军事教育，硬谓以军国民教育作为普通教育，恐百年后世界仍目我为无教育之国。此等议论，倘有外人居旁听席，则必窥破我国国人之程度，奇耻将无地可雪也。

汪康年登台发言，良久不闻其声，无非反对军国民教育条款。会员或纷纷止其发言，或纷纷偃几嗤笑，犹呶呶不已。会长不得已，代为表白意旨所在，并告其无须多言。撞过多少难受软钉子，方肯下台，可谓徒讨没趣。[①]

经过激烈的争论，尽管学部左臣乔树枬和学部代表罗振玉等人的强烈反对，但多数代表赞成实行军国民教育。所以，军国民教育案经过一些修改，删去了有关中学生打靶等内容之后，于8月4日最终获得通过。[②]

五是废止初等小学读经案。此案为变通初等小学案的主要内容之一，也是会议争论的焦点之一。1911年5月，各省教育总会联合会议决《请变更初等教育方法案》，呈请学部施行，其中提出不设读经讲经科，理由是经书文义高深，大都为性理名言，伦常宏旨，政治大纲，不便于直观教授，于初等小学学生所不适宜。[③]但由于此案关涉封建主义教育体制，学部也没有将其列入中央教育会审议的提案。但在中央教育会上，此案经代表提出而列入会议议案之一，从而引发激烈的新旧之争，以致“林传甲痛哭流涕，以为是亡国举动；孙雄袖上谕读之，以为钳制人口之计”[④]。

---

① 宁调元：《是是非非》，《宁调元集》，2008年，第544页。

② 朱有瓛等编：《中国近代教育史资料汇编·教育行政机构及教育团体》，上海教育出版社，1993年，第180页。

③ 朱有瓛主编：《中国近代学制史料》第二辑上册，第232页。

④ 陆费逵：《陆费逵自述》，安徽文艺出版社，2013年，第212页。

对于学生读经，宁调元历来反对，认为小学不读经，是改良教育之要义。[①] 因此，在《帝国日报》时评《中央教育会应急解决之问题》一文中就强烈要求中央教育会明确“两年儿童就学年限教科以不读经为主”。对于会议上阻挠废止初等小学读经案的守旧派，宁调元运用手中的笔，给予其无情的嘲讽和抨击：

壬寅年，朝议废科举，孔宪教于湘中汇集时文，设坛而祭之，至于大哭。此次中央教育会会员提议废止初等小学读经，林传甲登台力争，亦流几点眼泪。妙人妙事，后先辉映。但不知后之视林传甲，与今日之视孔宪教为何如耳！

孔宪教于时文非能手，偏要哭时文。林传甲一经不通，偏要哭经。一个是乞怜湖南巡抚赏一碗饭吃，一个是见好于学部堂官多给薪水。只此一副眼泪，一生便吃着不尽，穿着不尽。怪不得大家都要放声起来。徐炯谓，初等小学删去读经，恐与社会心理不合。不知壬、癸以还，举凡兴学变法，就件件与社会心理不合。其用心之险，立言之巧，容易淆乱听闻。较林传甲、孙雄等之咆哮，大为可恶。

不通小学，未有能读经者也。乃今日之争读经者，皆不知小学为何物。以此责小学生，何不先从自己责起？

胡家祺等仅主张初等小学废止读经，予谓高等小学皆可废止，移其钟点教以《说文》，俾通六书之旨，明双声、叠韵之学，则一生便享受不尽。[②]

废止初等小学读经案，尽管争议甚烈，但在8月9日的会议上，最终以投票方式议决：初等小学不设读经讲经科。

三、臧否各类人物。参加此次会议的代表共150多人，分为以下十类：一、学部丞参及各司长、参事官、各局局长；二、学部视学人员；三、学部直辖各学堂监督；四、民政部内外厅丞及民治司司长；五、陆海军部军学司（处）司（处）长；六、京师督

① 宁调元：《是是非非》，《宁调元集》，2008年，第538页。

② 宁调元：《是是非非》，《宁调元集》，2008年，第549页。

学局2人；七、各省学务公所议长或议绅、教育总会会长、副会长，由提学使推举1—2人；八、各省学务公所科长及省视学，由提学使遴派1人；九、各省两级师范及中学堂之监督教员、两等小学堂长，由提学使遴派2人；十、著有学识或富于教育经验者，由学部酌派30人。其中第一、二、四、五、六、八等六类纯属政府官僚，第三、九两类中的学部直辖学堂监督和各省两级师范及中学堂之监督教员，大都也是职官，只有第七、十两类人员及第九类中的部分成员才是比较懂教育的人员。因此，从会议代表来源看，真正来自教育界、懂教育的代表占比较少。

对于这些代表，天天在旁听席听他们发言、争辩的宁调元当然有较为深刻的认识，认为他们大多没有从事教育的经历和经验，对世界教育大势也知之甚少，要他们来议教育改革大事，定教育发展大计，无异于缘木求鱼：

> 中央教育会对于学部提出各案，会议审查所发之言皆是支支节节，搔不着痛痒，想不出切实办法，与学部草章程人员同一病症。此种门外汉，吾本不愿与之言教育。然任彼辈议行光怪陆离章程，将骚乱全国，重贻吾民之累，则吾终不能默尔而息也。今为提其病根于次：
>
> （一）此辈全不解外国普及教育施行之历史，但就目前文明富强之现象妄为效颦。
>
> （二）此辈全不解中国财政经济实况及人民固有之读书识字程度，故但知要办而不知如何则可办到，如何则万办不到。
>
> （三）此辈全不解普及教育之行政，专注重在下等社会之普及，士绅富户并不必虑其不普及，故但挟绅富读书之概念言，今日中国义务教育宜其愈去愈远。
>
> 以上三病，中之既深，于是游移惝恍，莫得解决之要领。①

《盛京时报》也就此发表《追论中央教育会派员与会之弊》一

① 宁调元：《是是非非》，《宁调元集》，2008年，第537页。

文指出，学部所派与会代表“除该部顽固司员外，复滥派至数十人。此数十人者，或为政客，或为旧学家，或为实业家，或为古董之鉴赏收藏家，言乎学识，则诚哉有学识也，然而所议非其所学，无怪人且以大请客讥之”[①]。

随后，宁调元在《帝国日报》的“是是非非”栏目中陆续对会长张謇及部分代表作出具体评价或描述：

> 客亦知夫张季直乎？比年以来，其名字映于旧人之脑中，则为名士；映于新人之脑中，则为志士。出诸实业家之口，则居然实业家也；入于教育家之耳，则居然教育家也。然自顶至踵，至于通身骨结、五脏七窍，一一考察之，究竟何处具有与闻一切事业之资格？举以问之，莫有能答者也。我将一言以蔽之曰：“会长是呀呀呜。”
>
> 会长以下，置会员百数十人。若者为何等师范学校毕业？若者曾受过普通教育？若者能知教育二字作何解释？举而问之，莫有能答者也。我将一言以蔽之曰：“会员亦是呀呀呜。”[②]

对于汪龙光、牟琳、姚汉章、谷钟秀、孙雄、林传甲、姚永朴等人在会上的表演，宁调元都曾给予精简的点评：

> 中央教育会员中，有以资政院民选议员资格充选者。其中绝无知识、绝无心肝之人，莫如汪龙光、牟琳。汪龙光在会场每一发言，便为笑柄，如不解儿童学龄、义务教育、就学年限之类是。而其时常回首与孙雄私语，以示平日与经科监督臭味相投。……牟琳则专伺学部人员之鼻息，官话满口，与王祖训、林传甲辈对于大众，几不知人间有羞耻事。吾为二人羞，吾尤为人民代表羞！
>
> 中央教育会有最可耻之两人，姚汉章、谷钟秀是也。此两人在会场，无在不为学部人员做走狗。每遇王季烈、顾栋臣辈发言，必遥相应和。每见陆光熙、廖铭缙辈发言，必肆

---

① 《盛京时报》1911年9月1日。

② 宁调元：《是是非非》，《宁调元集》，2008年，第535—536页。

口反对。此中是何心理，非在会场久观其态度不能知也。谓今日学堂之监督教员，全与做官无异，吾于此益信。[①]

孙雄对于体操列入主课及学生一律常穿操服，极力反对，发言之际，张牙舞爪，确系经科监督口吻。安维峻诸老头儿莫不赞成之。中国可亡，而文弱腐朽之科举滥派必不可亡。吾为教育前途一哭。

林传甲，绝无知识之大学堂出身学生也。对于小学不必读经者则反对之，对于学生常穿操服亦反对之，对于运动会则欲改为游艺会。其程度适与孙雄、安维峻等，其见解尤与林炳章反对打靶酷肖。吾为受奴隶教育之青年一哭。

姚永朴在安徽蝇营狗苟，盘踞高等学堂，种种丑态，皖人莫不切齿。见攻于本省之后，乃依附乔树枏，谋得法政学堂礼习馆差事。昨日在演台附和孙雄之言，手舞足蹈，信口狂吠。可耻！

在会场说明军国民教育咨询案者，王季烈也；在预备会主张军国民教育者，王季烈也；而初七、八、九三日根本反对军国民教育者，亦为王季烈。□取知府之足以动人如是。可耻！[②]

在评价会议上的各色人物时，宁调元爱憎分明，常常运用对比法，对好人好事予以真诚的赞扬，对于坏人坏事予以无情的抨击，使之形成鲜明的对比，给读者留下了深刻的印象：

陆光熙提议裁撤提学使，说明理由极为圆到，所言利害，语语切当，非深明教育者不能道其一字矣。然议案虽美，吾虑其在此次中央教育会中必提不出，纵能提出，亦必通不过。何也？会员分子非学部丞参司员，即提学使走狗，或资格可运动为提学使者。其处心积虑者，皆非以教育为事，则虽明知其弊，亦必不肯赞成此案，况此辈多不解教育为何物耶！

① 宁调元：《是是非非》，《宁调元集》，2008 年，第 546—547 页。

② 宁调元：《是是非非》，《宁调元集》，2008 年，第 545 页。

不可与言而与之言，陆光熙毋乃空用苦心矣。中央教育会能有此人，已属难得。[①]

陆光熙、曹汝英对于军国民教育演说之际，条理分明，忠义愤发，而会员中多恣口禁止曰："请简单！请简单！"呜呼！与聋者言聪，与盲者言明，又何怪其然耶！[②]

罗振玉谓习拳棍即是拳匪，学刀法即是大刀会、小刀会。文斌拍案怒斥之，骂其胡说，骂其不通，使鬼蜮丧胆落魄，不敢毕其词。难得！

沈恩孚反对孙雄、王季烈种种谬说，无一言不切要。廖铭缙反对会长不应将打靶问题重付表决，无一语不痛快。陆光熙反对学部人员专制，引起王季烈、顾栋高野蛮咆哮，直如村童泼妇，而陆光熙仍以和平温雅之正言责之。难得！[③]

宁调元还以《红楼梦》中的人物来比喻中央教育会部分代表，惟妙惟肖，流传一时：

许鼎霖似刘姥姥深观世务，历练人情，一切揣摩求合，思之至深。出其余技，作游戏法，如登傀儡场，忽而星娥月姐，忽而牛鬼蛇神，忽而痴人说梦，忽而老吏断狱，嬉笑怒骂，无不动中窾要，恰如人意，因发诸金帛以归。视凤姐辈，真儿戏也。

郑孝胥似尤二姐，两无所恶，置身大观园中，正足为花柳生色，而顾不齿于群芳者，徒以为路柳墙花耳。呜乎！一失足成千古恨，再回头已百年身。若是乎解之无可解也。

张謇似莺儿，其憨态直欲登香菱之堂而嚅其胾，亦卧榻之侧所不容并足者也。

熊秉三似史湘云，处林、薛之间，而能以才品见长，可不谓难哉！

① 宁调元：《是是非非》，《宁调元集》，2008 年，第 541 页。
② 宁调元：《是是非非》，《宁调元集》，2008 年，第 539 页。
③ 宁调元：《是是非非》，《宁调元集》，2008 年，第 545 页。

金仍珠似绣桔，论其才智，辅探春则不足，相迎春则有余。莫谓秦无人也。

叶葵初似薛宝琴，穿着凫靥裘，站在山坡边，身后转出人来，相偎相倚，妙在不即不离之间。

张元济似贾蔷，市侩小人耳，乌足以言风雅。[①]

在嘲讽和抨击会上一些不懂教育乱发言的政府官僚时，宁调元还对清政府主管教育的行政机关学部进行了辛辣的讽刺：

孙雄假上谕以钳制会员之口。然则为科举时代之人，尚可以言兴学，处专制政体之下，尚可以言立宪哉！此等怪物，光天化日之下，敢于横行如此，果谁使之然耶？阅者试闭目一思。

中央教育会会员内中明悉教育者，十人中不得一人，此举国所公认也。然不明教育者偏纷纷要谈教育。前日之争读经者，无一以通经著闻之人，然偏偏有孙雄等出现，闹得屁滚尿流。吾诚服其胆大！吾诚敬其颜厚！……此次教育会反对军国民教育最力者二人，为王季烈、罗振玉，反对初等小学废经最力者二人，为林传甲、孙雄。往年学部将此辈罗致而供奉之，与以厚薪，赏以阔差，群不解其作用所在。不料犬马酬知，今竟一一食其效果。谁谓学部无深远之计划哉？[②]

还值得一提的是，在中央教育会议期间，张元济、张謇等人发起中国教育会，并于 8 月 11 日在京师法政学堂召开成立大会，推举张元济为会长，张謇、伍光建为副会长，其会员大多为中央教育会的成员。此事引起了新闻舆论界的关注和批评。宁调元在《帝国日报》上率先发布时评《不可思议之中国教育会》曰：

前上海书商张元济发起中国教育会，旅京人士群不审其用意之所在，颇有盲从缴金入会者。及至到会，则种种不可思议之怪象始同时发现。

---

① 宁调元：《是是非非》，《宁调元集》，2008 年，第 545—546 页。

② 宁调元：《是是非非》，《宁调元集》，2008 年，第 549—550 页。

（一）张元济系日本金港堂主人所雇之商务印书馆经理人，中国教育会既归其主持，则表面上操全国之教育权，虽为一书商，而里面操全国之教育权者实为一日本人，于中国教育前途生莫大之危险。

（二）张元济发起中国教育会所组织之分子内中，已部分无数党人，早以会长为囊中物，及至开会之时，忽推出一无名小卒伍光建为临时议长。伍光建亦商务印书馆之一分子，其意不过使人注目，俾举会长时可以得多数之投票也，然会员竟不免堕其术中。

（三）撰拟会章者，闻即出自商务印书馆馆员某之手，故内中舞文之处不一，如第二章第三节，本会会所设于京师并设事务所于上海，虽经会员反对，立见取消，然其心已不可问也。

（四）副会长张謇为中国图书公司总经理，其暗中有人为之运动一切，姑不必问。而我全国之教育权从此操纵于一二书商之手，固无容讳也。

（五）干事部之组织分编辑、调查、文牍、会计、庶务，各股其股员除范熙壬、于邦华、汪槃三人外，各股长、股员均以一人兼任二三股以上之事。此种怪象为向来所未有，且内中分子大概可以商务印书馆馆员、学部司员及预备立宪公会三种人尽之。

（六）干事为执行一切事务之人，既如上所述矣。所赖评议一切事务者，惟评议会。然评议员开会非会长到场不得开会，是此机关可任由张元济辈之把持，如同虚设也。

（七）该会既为张元济所主持，一方面图营业上之扩充，此人人所能知也；一方面仍可以骗政府之金钱，即其章程所谓拟援外国成例，呈请国家补助也。而常捐、特捐尚不与焉。有此数端，会员中因有反对者已分两派：（一）消极的，如陆君光熙，当场即宣告出会，不愿为此鬼鬼祟祟之会徒。大约步其后尘者当占多数。（一）积极的，主张发布传单，宣布该会黑暗之内幕，再开大会，逼张元济诸书商辞职，另行票选，试拭目以观其风云。[①]

对于中央教育会的领导层，宁调元也不恭维，将批评矛头直指该会副会长张元济：

> 陆光熙因林传甲等反对师范生入伍练习一层，痛言强邻虎视、中国危亡情形。副会长张元济乃谓教育会事不可牵及外交，其口吻与罗振玉、汪康年毕肖。盖张所办之商务印书馆与外人合资，外交眼光固自与众不同。但教育会发言尚不可牵及外交，将来若以军国民主义施之教科书中，凡关于国耻问题、爱国保种问题，无一不应在不言之列，则合全国各项教科书，非商务印书馆包编专卖不可矣。张元济诚学部之功臣哉！[②]

《帝国日报》此举立即得到同行的响应。8 月 22 日，《申报》全文转载《帝国日报》之《不可思议之中国教育会》一文，“以供学界之研究”。[③] 由此可见，宁调元及舆论界之所以对张元济等成立的中国教育会并不看好，主要原因无疑来自对中央教育会的失望。在他们看来，封建专制体制不改变，什么样的教育“会”都是无济于事的。

宁调元对于中央教育会的失望不久就得到了验证。中央教育会刚刚结束，便有御史奏参中央教育会议案奇衺，妨碍学务，废弃读经讲经及男女同学尤为荒谬。摄政王载沣阅奏后即面谕协理徐世昌传谕学部，对于中央教育会所有议决备案，要“妥核办理”。据此，学部尚书唐景崇不敢怠慢，对于中央教育会议议决的各案，不得不重新权衡取舍。1911 年 9 月底，学部咨送内阁 16 件议案，其中中央教育会议决案 9 件，本部提议之案 7 件。而中央教育会议决案军国民教育案、变通初等小学章程中的男女同学案和

---

① 《不可思议之中国教育会》，《帝国日报》1911 年 8 月 15 日。

② 宁调元：《是是非非》，《宁调元集》，2008 年，第 546 页。

③ 《中国教育会之内幕》，《申报》1911 年 8 月 22 日。

初等小学读经案未被列入其中。[①] 这就说明，全国教育改革与发展还是取决于清政府的行政决断，从而进一步暴露出清末中央教育会的虚伪性。

对于中央教育会这样的结局，宁调元早就明确指出：这些会议代表既不了解外国教育发展历史，又不了解国内教育和经济情况，“于是对于学部原案赞成也不好，反对也不好，而学部人员占会员之多数，无论原案之是不是，必皆极力回护，不肯在会场详审，讨论研究。于是国库补助教育薪俸案、试办义务教育案，终（久）[究] 不过是照原案通过。四十二小时之集会如是如是，人谓其时间太少，吾则犹谓时间太多，不仅不必有许多时间，并不必有此开会。何也？开会也是如是，不开会也是如是。何不经由学部札行京外各主管衙门，通饬各属遵照办理云云之直捷了当耶！然而不可实行之章程愈多，朝令夕更，民信益失，此后即有最良之普及教育行政计划，施行之际，亦必阻碍多端。中央教育会诸公如不能议出切实可行之办法，则请将此等重要案件暂行搁置可也”[②]。

第四节　讥评时政

1910、1911 年正值清政府风雨飘摇，社会矛盾尖锐，人民觉醒抗争的重要时期。鉴此，宁调元着力利用主编《帝国日报》的

---

① 关晓红：《晚清学部研究》，广东教育出版社，2000 年，第 464—465 页。

② 宁调元：《是是非非》，《宁调元集》，2008 年，第 537 页。

机会，以大一、大、仙、人、山等笔名[1]，发表文章，“大言高论，弹射朝政无所避”[2]，以纤笔一支，胜过毛瑟枪三千。

一、抨击皇族内阁。如前所述，经过全国各地立宪派的不懈努力和资政院第一届常年会上速开国会案的通过，摄政王载沣迫于社会各界的强烈要求和新闻舆论的强大压力，不得不于1910年11月3日召集王公大臣开御前会议，讨论对策，拟定于1913年召开国会。次日，清廷颁布谕旨称：“着缩改于宣统五年实行开设议院。先将官制厘订，提前颁布试办，预即组织内阁。”[3]

对于清政府的所谓立宪，早在四年前，宁调元就看穿其谎言，在《洞庭波》上发表《无聊与无耻》一文，指出“预备立宪者为无聊；欢迎立宪者为无耻”[4]。时隔四年之后，虽然清政府宣布1913年召开国会，但宁调元仍致力于揭露清政府假立宪的骗局：

> 政府不愿真实立宪，我国民偏偏依赖他。人之劣根性尚有过于此者耶？
>
> 国民开一会，打一电报，政府便相惊以伯有，曰：“民气嚣张。”外人今日示威运动，明日自由进行。政府则熟视若无睹也。呜乎！政府对国民何其凶猛！对外人又何其怯弱耶？
>
> 国民无仇视政府之心，而政府怀厌弃国民之意。上下不相融化，以此立国，何国不亡？[5]
>
> 国民希望政府真实立宪，政府偏偏要假立宪。国民希望

---

① 据笔者查考，宁调元生前曾先后使用过14个笔名。其中，屈魂和仙霞见之于《洞庭波》《汉帜》，辟支见之于《洞庭波》《汉帜》《复报》，民遗见之于《汉帜》，大一见之于《竞业旬报》《民声》《帝国日报》《大公报（天津）》《民声日报》《民谊》，大、仙、人、山见之于《帝国日报》，仙侠、太一见之于《民声日报》，太一、仙甫见之于《南社》，太乙见之于《广益丛报》，齐王门下鼓瑟人见之《朗吟诗草》。详见邓江祁：《宁调元的名、字、号及笔名考论》，《湖南工业大学学报》（社科版）2019年第1期。

② 易宗夔：《新世说》，山西古籍出版社，1997年，第113页。

③ 《宣统政纪》卷二十八，第1页。

④ 宁调元：《无聊与无耻》，《宁调元集》，2008年，第435页。

⑤ 宁调元：《是是非非》，《宁调元集》，2008年，第513页。

保全国权，政府偏偏不爱惜国权。或曰：政府与国民素来背道而驰。今后吾民果希望政府真实立宪，则当日以假立宪聒其耳，于是政府乃认真。吾民果真要政府保全国权，则不如劝其实行断送，于是政府乃肯保全。孙子云："虚者实之，实者虚之。"吾民对待政府之法，是或其一道欤？鸣乎！其言痛矣。①

清政府被迫宣布召开国会的具体时间之后，设内阁的问题就成为社会各界和国人关注与期待的焦点。对此，宁调元却在1911年2月23日的《帝国日报》上发表"短评"《于吾民何与》，给社会各界和国人泼了一盆凉水：

撤军机，设内阁，人人心目中若有无穷之希望。其实，不过庆邸退而泽公来耳。庆邸固未见其可，然泽公又岂足以胜任乎？呜呼！甚么军机、内阁，一新贵之得丧问题耳，于吾民何与？于国家何与？②

5月2日，宁调元得知，清廷曾于两天前，即4月30日（阴历四月初二），召开御前会议，决定了新内阁事宜，但却秘而未宣，于是撰文对此加以嘲讽：

初二，为新内阁事开御前会议。既得全体之同意，自应即时发表。然两日之间，消息杳然。或又谓今日可以发表者，其然耶？其不然耶？以此儿戏之政府，凡百无准，予又乌从而知之？

《后汉书·王莽传赞》云："四海之内，嚣然丧其乐生之心。"夫一国之大，人民不能恃法律以为保障，实无时不可危，无地不可危。则有死之悲，无生之乐者，又何必以王莽时为然，又岂独王莽时为然耶？噫！③

两天之后，仍不见新内阁的动静，宁调元又撰文点评此事：

---

① 宁调元：《是是非非》，《宁调元集》，2008年，第515页。

② 宁调元：《短评》，《宁调元集》，2008年，第497页。

③ 宁调元：《是是非非》，《宁调元集》，2008年，第520—521页。

吾民盼新内阁出现，比老年人望子还要情切。其所产之子，将来或未必贤，然不得因是而稍减其望子之心。今日非四月初六日乎？又且拭目以观此内阁之出现。[①]

然而，盼来的结果，果然不出宁调元的预料。

5月8日，清政府批准并颁布《内阁官制》和《内阁办事暂行章程》，其中规定，内阁由国务大臣组成，国务大臣有总理大臣一员，协理大臣一至二员，以及外务、民政、度支、学务、陆军、海军、司法、农工商、邮传、理藩等十部大臣；总理大臣为国务大臣的领袖，决定政治方针，统一行政权力；国务大臣具体负责各部门的行政事务；国务大臣均候特旨简任，辅弼皇帝，担负责任。同一日，清廷又任命新内阁总、协理大臣及各部大臣，并裁撤旧内阁、军机处和会议政务处。内阁成员为：

总理大臣奕劻（宗室），协理大臣那桐（满族）、徐世昌（汉族），外务大臣梁敦彦（汉族），民政大臣善耆（宗室），度支大臣载泽（宗室），学务大臣唐景崇（汉族），陆军大臣荫昌（满族），海军大臣载洵（宗室），司法大臣绍昌（觉罗），农工商大臣溥伦（宗室），邮传大臣盛宣怀（汉族），理藩大臣寿耆（宗室）。同时，还改设军咨府，以载涛（宗室）、毓朗（宗室）为军咨大臣；又设立弼德院，以陆润庠（汉族）、荣庆（蒙古族）为正、副院长。

在这个新内阁的13名国务大臣（即总理大臣、协理大臣、各部大臣）中，满族多达9人，其中宗室与觉罗之皇族7人，而汉族仅为4人，可谓名副其实的“皇族内阁”。从新内阁成员的名单也不难看出，新内阁成员全是由原军机大臣与各部尚书（大臣）摇身一变而来，完全是新瓶装旧酒：奕劻原为首席军机大臣、那桐与徐世昌原为军机大臣、梁敦彦为前外务部尚书、善耆原为民政部尚书、载泽原为度支部尚书、唐景崇原为学部尚书、荫昌原为陆军部大臣、载洵原为海军部大臣、绍昌原为法部尚书、溥伦

① 宁调元：《是是非非》，《宁调元集》，2008年，第521页。

原为农工商部尚书、盛宣怀原为邮传部尚书、寿耆原为理藩部尚书。因此，所谓新内阁，实际上就是旧政府的翻版。

清政府的这个“皇族内阁”违背了1908年的《钦定宪法大纲》关于皇族亲贵不得出任政府要职、不得担任任何拥有政治权力的行政职务的规定。对此，宁调元即在《帝国日报》上刊发《申论皇族不可组织内阁之理由》一文，明确表示反对“皇族内阁”，并亲自撰文对“皇族内阁”进行无情的嘲讽：

> 设什么内阁？不过庆王、那桐、徐世昌合该添一薪新之头衔耳！裁什么军机处？不过搬动一朗贝勒耳！
>
> 我不知怎样叫做尚书，我不知怎样叫做大臣。做尚书的未必不如大臣，做大臣的也就是做尚书的。
>
> 裁一军机处，有一新内阁。撤一旧内阁，添一弼德院。旧人物既要分别安顿，新人物又要一天天发生。怪不得大家都要希望他，何也？曰：“你也有饭吃，我也有钱用。”
>
> 新内阁仿佛是军机处，弼德院仿佛是旧内阁。怪不得顽固党都不反对了，何也？曰：“维新就是守旧，守旧就是维新。”[①]

对于“皇族内阁”，全国舆论也是一片哗然，充满反对之声。时论认为“政府绝不以舆论从违为意，而实行宪政之神髓先亡”，“窃恐内阁甫成立，而推翻之动机已伏矣”，[②]“一般稍有智识者，无不绝望灰心于政府”[③]。6月10日，各省谘议局议员联合会向都察院呈递一份反对皇族内阁的公呈，明确指出：“立宪国家，重内阁之组织，尤重总理大臣之任命，其最要之公例，在不令组织内阁之总理归于亲贵尊严之皇族。此非薄待皇族，谓其无组织内阁之能力，实皇族内阁与君主立宪政体有不能相容之性质，势不得不然也。”[④] 并要求清廷在皇族外另简大臣组织责任内阁。7月4

① 宁调元：《是是非非》，《宁调元集》，2008年，第523页。

② 《申报》1911年5月10日。

③ 《时报》1911年5月18日。

④ 《亲贵不宜充内阁总理，请实行内阁官制章程，另简大员组织》，《南风报》1911年5月28日。

日，各省谘议局议员联合会再次上书都察院，重申“君主不担负责任，皇族不组织内阁，为君主立宪国唯一之原则”，指出现在以皇族组织内阁，“适与立宪国之原则相违反”，“仍请皇上明发上谕，于皇族外另简大臣组织责任内阁，以符君主立宪之公例，以餍臣民立宪之希望”。[①] 对此，宁调元深表赞同，认为“各省谘议局联合会非难皇族内阁，为国家谋至深远也”[②]。

但是，立宪派的这一要求，竟被清政府以“黜陟百司，系君上大权，载在先朝钦定宪法大纲，并注明议员不得干预”为由予以驳回。至此，立宪派终于看清了清政府所谓立宪的真正目的在于强化满洲贵族集团权力，决定与清政府分道扬镳。宁调元则继续撰文预言“皇族内阁”无法挽回清政府灭亡的命运：

> 继庆内阁之后者，必为泽内阁，此人之所预期也。泽内阁之设施如何，我今有预言数则于此：
>
> 一、泽内阁成立，必尽反庆内阁之所为；
>
> 一、泽内阁中如盛宣怀辈必大得志；
>
> 一、泽内阁成立，李经羲或一切依附庆邸之人皆将开缺；
>
> 一、泽内阁中无论何人为度支大臣，不过为总理大臣之傀儡；
>
> 一、泽内阁将与宣统五年之国会及各省之谘议局宣战；
>
> 一、泽内阁之下必有党派以拥戴之，且将有数家报馆为之鼓吹一切政策；
>
> 一、泽内阁将因军备问题与陆海军当局宣战；
>
> 一、泽内阁之势力非常伟大，其能动摇之者，或因军备问题耳，此外均无所忌惮。
>
> 吾言其中耶？其不中耶？非所敢知。要之，足为近日政界研究之一问题而已。[③]

---

① 《联合会呈请代奏明降諭旨另简大臣组织内阁稿》，《申报》1911年6月28日。

② 宁调元：《太一丛话补遗》，《宁调元集》，2008年，第581页。

③ 宁调元：《是是非非》，《宁调元集》，2008年，第539页。

宁调元对于清政府所谓“设内阁”骗局的揭露和抨击，有助于世人看清清政府“立宪”的真实目的。

二、揭露腐败政府。在揭露清政府假立宪的同时，宁调元还从多方面揭露清政府的腐败与无能。

一是抨击清政府官制改革。改革官制是清政府举办“新政”的一项重要内容，也是推行预备立宪的重要环节。然而政府各部门却又各图自保，抵制改革。对此，宁调元及时予以揭露：

宪政编查馆馆员，率以明于官制上之沿革自命者也。欲保全本馆之势力，遂不惜破各立宪国之先例，挟私意以相争。然则，都察院、翰林院与吏、礼各部之竞图保全，又何足怪哉？噫嘻！官制改革之难，即此可例其余。[①]

1910年9月，宁调元又编发时评《无法无天》，揭露和抨击度支部滥设机构的情况：

度支部曩有户部银行之设，又有大清银行之设，现又将有国家银行之设，叠床架屋。此是吾国政府建设政府机关之惯习。……吾观日本创设银行，有《银行法》；创设铁道院，有《铁道院制》；创设拓殖局，有《拓殖局制》。法治国理固然也。吾国惟无法，是以可无天，无天良也。[②]

二是揭露清政府卖官鬻爵。宁调元指出：“政府以卖官鬻爵为事。”而且还指出近年来，清政府卖官鬻爵的方式不断翻新：

昔之买缺者以金钱为贿赂，今之买缺者以美人为贿赂。金钱与美人异，而贿赂则一。

现在有收受金钱之人，外间舆论以为不可以充军机大臣。假设有收受美人之人（如纳天香深处及红宝者是），外间舆论不知亦以为可以充内阁总理否？敢问。[③]

为了加强吏治，清政府曾制定种种规定，但上有政策，下有

---

① 宁调元：《是是非非》，《宁调元集》，2008年，第502页。

② 少少：《无法无天》，《帝国日报》1910年9月29日。

③ 宁调元：《是是非非》，《宁调元集》，2008年，第503页。

对策，牛栏关不住猫，对此，宁调元以李鸿章之侄、李瀚章之子李经楚弟兄同衙之事，对清政府的吏治进行嘲讽：

弟兄同衙门，例所不许。然李经楚以运动得力，卒免回避，开国朝二百年来汉人未有之创遇。吾为李经楚计，则不得不贺；为交通银行计，则不得不哭。[①]

宁调元还抨击清政府任人唯亲、一味任用满蒙旗人，所习非所用、所用非所长，导致政事不举、国势衰微的用人制度：

陈邦瑞充协纂宪法员，世续任资政院总裁，溥伦补农工商部尚书。吾于以知泽公势力之日趋膨胀。虽然，泽公势力则膨胀矣，如宪政前途何？[②]

朝廷之行政用人，第一当除猜忌，开诚心，布公道，任法不任情。一国之内，无不可用之人也。若以种族之界、阶级之见，横梗于中，随在皆以猜忌出之，则举目无可用之人。驯至立国无贤，致国家空虚，国家危亡，乃不可拯矣。所望当局者有以反省！[③]

国势危迫至此，举朝之大，无一负责任之人。或有略肯负责任者，又群望之所不属。君子听鼓鼙之声，则思将帅之臣。[④]

三是揭露清政府无所作为。宁调元指出，清政府不仅乱设机构、卖官鬻爵，造成机构臃肿、人浮于事，而且还无所事事，无所作为，并对这一现象进行无情嘲讽：

农工商部除奏请颁发关防外，别无所事事。外务部除奏请颁赏宝星外，别无所事事。学部除举行考试外，别无所事事。[⑤]

宁调元还嘲讽清政府的这些部门既无所作为，却又乱作为，

---

① 宁调元：《是是非非》，《宁调元集》，2008 年，第 503 页。

② 宁调元：《是是非非》，《宁调元集》，2008 年，第 509 页。

③ 宁调元：《是是非非》，《宁调元集》，2008 年，第 510 页。

④ 宁调元：《是是非非》，《宁调元集》，2008 年，第 503 页。

⑤ 宁调元：《是是非非》，《宁调元集》，2008 年，第 507 页。

学部指派各校监督就是其中一例：

> 苏格兰四大学校总长，必由学生选举。其进步之速，一日千里。事无不合于宪法，程度之高，已达极点。我国各校监督，非由部派，则由提学使札委，类皆为蝇营狗苟，钻求而得之者。宜乎学生之藐视，而叠起风潮也。呜呼！兴学为救亡强国之基本，监督为全校观感之模范，而一以卑鄙无人格之人充之，安能造就人才，与欧美各国竞争角逐哉？[①]

在宁调元看来，清政府各部门乱作为的典型表现将在热衷于巧立名目、大借外债上：

> 北京政府现在未有，而将来必有之事：
>
> 农工商部借振兴实业为名，大借外债，以建设各种公司。
>
> 军咨府借整顿国防为名，大借外债，以扩张海、陆军备。
>
> 学部借普及教育为名，大借外债，以创办各项学堂。
>
> 民政部借保卫安宁、讲求卫生为名，大借外债，以推广警察，整顿市政。[②]

四是揭露清政府愚弄民众。为了推行新政，1907 年 10 月由中央考察政治馆于北京创办《政治官报》，其宗旨为："使绅民明悉国政预备立宪之意"，"期使通国人民开通政治之智识，发达国家之思想，以成就立宪国民之资格"。宁调元则认为清政府的所谓"立宪"完全是一个骗局，因此，《政治官报》也是一派谎言：

> 世界上最可怕者惟鬼魅。若人不要脸，则比鬼魅尤可怕。
>
> 无政策之政府而有机关报，"机关报"云乎哉，走狗之代名词耳！
>
> 或问：假使鬼魅办报，瘟神主笔，此项新闻纸亦有人看否？曰：既是鬼办，自有鬼看。[③]

五是揭露政府外交失败。宁调元对清政府批评最多的，还是

---

① 宁调元：《是是非非》，《宁调元集》，2008 年，第 507—508 页。

② 宁调元：《是是非非》，《宁调元集》，2008 年，第 525 页。

③ 宁调元：《是是非非》，《宁调元集》，2008 年，第 512—513 页。

其在外交上的种种失败。对此，宁调元愤怒指出：

外务部管理交涉事务，无案不延宕，无事不退让。[①]

政府办交涉，总以退让为主。试问：今日让一步，异日能不再让步否？让步亡也，不让步亦亡。然则，何不不让？何必不战！

为杜兰斯哇[②]亡，为朝鲜亦亡，等亡也。然则，何必为朝鲜？何必不为杜兰斯哇？[③]

1911年3月5日，宁调元在《帝国日报》刊登《日人经营东三省之实况》一文，揭露了日本处心积虑，欲大举侵略中国东三省的图谋，并发表《时评》指出：

日人之言曰："无论何国欲掠夺我大日本帝国尺寸之土，非杀尽我日本老幼男女五千万同胞一人不留而后可。"而吾国人尚平和，忍辱含垢，夕受日人之恫吓，朝听俄人之要求。及其结果，土地失，生命亦随之而丧。夫土地等失，生命等丧也，与其沉沉梦梦，断送于条约照会之中，曷若轰轰烈烈，抛掷于弹烟炮雨之下乎？况政府之求不断送者，率不免于断送；而吾之所谓抛掷者，又未必终归于抛掷。然则，中原好男子有闻吾言而兴者，即此一念，中国存矣，而何必听其自亡？[④]

接着，宁调元又发表《是可忍也孰不可忍》一文，批评清政府面对列强的大举入侵，忍气吞声，熟视无睹：

从兹以往，海参崴军港告成，俄人在东亚之势力当为之一变。满、韩设施完备，日人在东亚之势力当为之一变。波印、藏印两铁道成功，英人在东亚之势力当为之一变。滇蜀、滇桂两铁路成功，法人在东亚之势力当为之一变。巴拿马运

---

① 宁调元：《是是非非》，《宁调元集》，2008年，第504页。

② 杜兰斯哇，今译德兰士瓦，即今南非共和国，1877年曾被英国占领，1881年恢复独立，1902年复被英国兼并，1910年并入南非联邦，成为一个省。

③ 宁调元：《是是非非》，《宁调元集》，2008年，第505页。

④ 宁调元：《时评》，《宁调元集》，2008年，第492页。

河开通，世界之大势当为之一变。空中飞行机发达，战争之形式当为之一变。及彼其时也，风云自天来，潮流从地起。千孔百疮，同时溃裂。我国民虽人有千手，手有十指，亦抵御之法穷、弥补之方尽。而谓中国可以急起直追乎？嗟乎！未雨之鸟，戚于飘摇。将萎之华，惨于槁木。我神圣之苗裔乎，胡可当我手足尚活动时，视听尚完具时，而忍受人之笞我、挞我、玩我、杀我，而不一反抗也？嗟乎！[①]

同时，宁调元还在“是是非非”栏目中嘲笑清政府昏庸无能和腐朽堕落：

去年割松花江，今年失尼泊尔。风景不殊，举目有江山之异。何昏聩之外交当局漠然无所动于中也？岂非别有心肠乎？[②]

或问：政府怕兵乎？曰：政府闻国民军，则仓皇失措；闻义勇队则恐惧不安。政府不怕兵，何张皇乃尔？

或问：政府不怕兵乎？曰：英兵之据片马也，政府则酣歌如故；俄人之入蒙古也，政府则恒舞如故。政府若怕兵，何镇静乃耳？[③]

对于外交的接连失败，清政府不仅不认真反思，痛下决心，反而编造种种理由推卸责任。对此，宁调元又及时撰文，无情嘲讽清政府及外务部昏庸无能：

英人进兵据片马，外务部诘之，借口于匪乱。然尼泊尔固无匪乱也，不知我外务部又将何辞以辟之？虽然，我微怯之国民，托庇于此无作用、无道德之政府，不出数年，行见各边服皆尼泊尔，内地各省皆片马耳。夫何诘问之足云？[④]

令宁调元更为怒不可遏的是，清政府外务部不仅“无案不延

① 宁调元：《是可忍也孰不可忍》，《宁调元集》，2008年，第493—494页。

② 宁调元：《是是非非》，《宁调元集》，2008年，第502页。

③ 宁调元：《是是非非》，《宁调元集》，2008年，第515页。

④ 宁调元：《短评》，《宁调元集》，2008年，第497页。

宕，无事不退让”，反而压制民意，封锁消息。对此，宁调元在《帝国日报》刊发时评《请外务部自省》一文，予以揭露和抨击：

近日，中英、中俄交涉案起，天津、湖北各交涉使均擅行禁止主管地方报纸不得登载，闻系出自外务部之意。夫吾国官吏对于外人无一举不退让，对于国民无一事不强硬。故外人所以之以对外者，吾国乃用之以对内；外人或有应秘密对敌国者，吾国乃独秘密于其国民。……交涉事件，我国民所欲日日登载，所日日希望政府宣布而不得者，而外人反有时容易见之于我外交当局之手。岂中国外务部而兼充他国之内务大臣乎？愿外务部诸君其自省焉！[①]

为什么清政府在外交方面如此懦弱，宁调元揭露其原因，原来它早已成了“洋人的朝廷”，成为西方帝国主义侵略中国的工具：

安排把东三省不要，何必曰战？
安排把蒙古边疆不要，何必曰战？
安排把西南大局不问，何必曰战？
安排作准朝鲜人，何必曰战？[②]

在宁调元看来，清政府中央各部门和各地方政府均为成事不足、败事有余：

内而十一部，实无一部不足以致亡。外而二十一行省，实省省坐以待毙。我国民其尚迷信此假立宪，以为能长保无事耶？[③]

面对如此昏庸无能的清政府，宁调元暗示国人起来推翻这个“洋人的朝廷”：

澳门、胶州、渤海之交涉未了，而滇缅界务又破裂矣。鼠疫之干涉方终，而蒙藏边防又处处吃紧矣。江山如此好，

① 《请外务部自省》，《帝国日报》1911年3月14日。
② 宁调元：《是是非非》，《宁调元集》，2008年，第507页。
③ 宁调元：《是是非非》，《宁调元集》，2008年，第513页。

外祸如此亟。我国民其亦有振臂而起者乎？[①]

三、嘲讽昏庸官员。无情抨击和嘲讽政府官吏刻画其不学无术、投机钻营、寡廉鲜耻、昏庸无道、颟顸愚昧、尸位素餐之种种丑态，也是宁调元讥评时政的重要方面。

1910年秋，湖南巡抚杨文鼎与湖南布政使谭启瑞为解决财政危机，谋借外债，与英商亨达利等3家洋行进行交涉，以常宁水口山铅锌矿矿砂作抵，引起当时部分绅商反对，并向谘议局提出弹劾，杨文鼎只得将原议取消。不久又传来清政府要调杨文鼎任职外务部的消息，宁调元闻之，即在《帝国日报》的“滑稽新闻”栏目中，发表《杨、谭将大用矣》一文，对其进行辛辣的讽刺：

> 杨文鼎与谭启瑞，此次用水口山矿抵押洋款，损失权利甚巨。闻外务部诸公深服其能，即拟密陈监国，请将该抚道改授外务要职，以便将来与外人订约时又多一断送权利之帮手云。[②]

梁士诒曾因办外交得力，于1906年奉旨以五品京堂候补，在外务部丞参上行走，并记名丞参，后又被派接管铁路。翌年4月，邮传部设置五路提调处，梁士诒先后被任为提调、邮传部左参议、铁路总局局长兼交通银行帮理。时铁路总局辖京奉、京汉、京绥、津浦、沪宁诸路，梁士诒被称之为五路财神。盛宣怀1911年初为邮传部大臣后即奏参梁士诒，称梁士诒“平时任事勇往，款项悉归其动拨，路员听命于一人，遂不免有把持之名，致烦圣廑。应请撤销铁路总局局长差使及交通银行兼差。其经手路局，银行款项……通盘彻查……”[③]。虽然梁士诒被撤销铁路总局局长及交通银行帮理职务，但仍为邮传部左参议。对此，宁调元认为除恶不尽，特作《除恶而不务尽》一文予以嘲讽：

> 梁士诒刻下各铁路兼差虽撤，而任左参议尚自若也。岂

---

① 宁调元：《是是非非》，《宁调元集》，2008年，第503页。

② 宁调元：《滑稽新闻》，《宁调元集》，2008年，第461—462页。

③ 凤冈及门弟子编：《梁士诒年谱》（上），广东人民出版社，2014年，第91页。

在铁路局不胜任，而做参议则为所优为乎？夫今日之参议，即将来之尚、侍也。做参议时尚如此，做尚、侍时不问可知。怪哉！盛杏荪奈之何，其除恶而不尽也？[①]

对于那些凭借后台靠山而尸位素餐的官员，宁调元十分憎恨，予以无情嘲讽：

学部之乔树枬、度支部之张允言、盐政处之晏安澜，即邮传部之梁士诒也。彼辈之在部中，无论报纸如何攻击，言官如何指摘，同乡如何唾骂，总总如蛆附骨，拔之不去。不知其所挟持者大，抑罪恶之尚未满盈也？然而，政府危矣！[②]

借许鼎霖，宁调元讽刺那些在官场上凭着钻营有术、左右逢源、遇难成祥的庸官：

许鼎霖在籍时，有“江北大王”之称。及其入京，以议员为运动之媒介料，时而由盐政处奏保，时而经赵次珊奏调，时而钻充铁路局长，时而改委京奉稽查。如水银泻地，无孔不入。又如云里金光，四面八方同时出现。其实，探其旧学问，则词章考据皆无所能，究其新知识，则挨、皮、西、的(即英文字母 ABCD) 曾不能道。然则，在现今政治界之活动者，固不必要真人材。或曰：许鼎霖固居然人材也。吾又安得不为中国之人材哭?![③]

借乔树枬、盛宣怀，宁调元抨击官场上官官相护的陋习：

乔树枬总理川路，任用非人，致倒款数百万。乃邮传部查复折，有“似乔树枬尚不至扶同串弊”之句。此何等重大事！可以一“似”字了之耶？……

盛宣怀之罪恶，谁成之？谁纵之？度支大臣成之、纵之也。所以我恨盛宣怀，尤恨泽公！[④]

---

① 宁调元：《短评》，《宁调元集》，2008 年，第 497 页。

② 宁调元：《是是非非》，《宁调元集》，2008 年，第 504 页。

③ 宁调元：《是是非非》，《宁调元集》，2008 年，第 527 页。

④ 宁调元：《是是非非》，《宁调元集》，2008 年，第 527—528 页。

借增祺、赵尔巽，宁调元讽刺那些昏庸无能清政府官员：

从前俄军到东三省时，增祺得信便跑。日军到东三省时，增祺得信又跑。此次赵次珊到东三省，自吉、黑两抚以下，又莫不纷纷图跑。中国官之不可靠如此。

赵次珊到东，伊辈便要他跑。想他日日军、俄军入境时，伊辈靠得住的，也只此一个“跑”字。东三省支持不住，内地岂能独存？我瞻四方，无一寸干净地。究不知伊辈要跑到哪里去！①

借批《三国演义》和《水浒传》之语，宁调元嘲讽清政府各部大臣：

批《三国演义》者云：曹操一生无所不用其借，借之谋愈奇，借之术愈幻，是千古第一奸雄。阅报诸君，抑知各部大臣中，亦有一生无所不用其借者之一人在乎？但曹操是借天子以令诸侯，借诸侯以攻诸侯。安军心，则借他人之头。申军令，则借自己之发。若此人，则是借外国以令中国，借中国政府以制中国国民。图挥霍，则借他人之钱。纵淫欲，则借他人之妻。自其一面观之也，似千古第一奸雄。自其各面观之，便是千古第一罪人。罪人哉！吾民曷不起而攻之？

批《水浒传》者云：古之所谓民贼，今之所谓爷爷也。阅报诸君，抑知各部大臣中，亦有所谓爷爷者在乎？抑知所谓爷爷者，实际上即民贼乎？如何而知之？于其引用康少巳知之，于其扶同康少巳知之，于其养成康少巳种种罪恶知之。民贼哉！吾民曷不攻而去之？②

同时，宁调元借《红楼梦》中的人物，将一批清政府要臣的丑恶嘴脸刻画得活灵活现：

铁良似王夫人，性偏情执，听谗任奸，所谓无才而妄用其才，足以杀人者也。

---

① 宁调元：《是是非非》，《宁调元集》，2008 年，第 517 页。

② 宁调元：《是是非非》，《宁调元集》，2008 年，第 520 页。

盛宣怀似王熙凤，治世之能臣，乱世之奸雄也。向使贾母不老，或能驾驭其才。

端方似麝月，有为善之资，不自振拔。

张鸣岐似贾环，蜂目而豺声，忍人也。独赦老赏鉴之，气味有在矣。

赵尔巽似柳五儿，继晴雯而起，已在平王东迁、康王南渡之后矣。惜夫！

瑞澂似贾赦，似刚非刚，乃刚愎之刚。

陈夔龙似邢夫人，似柔非柔，乃柔邪之柔。

岑春蓂似焦大，一味谩骂。

张人骏似傻大姐，无知无识。①

四、批评铁路政策。粤汉铁路是我国兴建较早的铁路之一，跨越鄂、湘、粤三省，线路全长1096公里。1897年，芦汉铁路比债草合同签订后不久，鄂、湘、粤三省绅商即上书清政府，建议建造粤汉铁路。同时，为杜绝列强觊觎利权，三省绅商表示愿集资招股，以期迅速开办。鄂、湘、粤三省绅商集资兴修粤汉铁路的建议，立即得到清政府中有识之士的赞同。1898年1月28日，直隶总督王文韶、湖广总督张之洞、督办铁路大臣盛宣怀联衔奏请速办粤汉铁路："该三省绅商，立意既同，舆情已洽，自必众志成城，无所摇惑。如蒙谕允，应请饬下两广总督，广东、湖南、湖北抚臣，与臣等随时会商妥议，招集华股，酌借洋债，并选举各省绅商，设立分局，购地鸠工，认真办理。"②

由于有绅商的修路热情，又有地方官员的支持，1898年2月6日，清政府发布"上谕"，正式批准了自主兴修粤汉铁路的奏请："着王文韶、张之洞、谭锺麟、谭继洵、陈宝箴、许振祎随时会商盛宣怀，妥议招股借款各节，并选举各省绅商，设立分局，购地鸠工，认真办理。各国如有以承办此路为请者，即由总署王大臣

① 宁调元：《是是非非》，《宁调元集》，2008年，第547—548页。

② 宓汝成：《中国近代铁路史资料》（第2册），中华书局，1963年，第497页。

告以三省绅商，自行承办，已有成议，或可杜其要求。”[①] 但由于三省招募商股，屡次不敷，而美国合兴公司又乘机运动为铁路借款，清政府便与之于 1898 年 4 月签订了《粤汉铁路借款合同》，继于 1900 年 7 月又订立《粤汉铁路借款续约》，其主要内容是：借款 4000 万美元，九折实付，年息五厘，偿还期五十年，铁路由合兴公司包筑，以铁路财产担保；借款本利未还清以前，铁路由合兴公司代为经理；美方不能将此合同转与他国及他国之人；若无意外延阻之事，自开工之日起，三年之内，合兴公司允将全路建成；等等。[②] 但合同签订后不久，美国对西班牙战争爆发，1900 年中国又爆发义和团反帝爱国运动，1901 年合兴公司的第一任经理巴时去世。受以上诸因素影响，粤汉铁路主体工程直到 1902 年仍未动工，因此，清政府先前“三年之内建成粤汉铁路”的愿望落空。更令人遗憾的是，巴时去世之后，合兴公司由于资金短缺而将三分之二股票转售给比利时。此举严重违反了《粤汉铁路借款续约》中关于“不能将此合同转与他国及他国之人”的规定。面对合兴公司背信弃义、无视中国主权的行径，中国朝野人士尤其是鄂湘粤绅商民众无法接受，于是发起了一场“拒美”运动。为了阻止中方废约，合兴公司开出了高达 675 万美元的赎路费，然而中国朝野仍决心废约。1905 年 8 月 29 日，驻美公使梁诚与合兴公司在华盛顿订立《收回粤汉铁路美国合兴公司售让合同》，规定废除以前关于粤汉路的两个借款合同，中方支付合兴公司 675 万美元，用于支付已成线路的投资以及弥补合兴公司因合同作废所造成的各项损失。废约合同签订后，马上就要付款，而这时无论是清政府还是三省商民都无法筹得巨额现款。在这种情况之下，清政府只得于 9 月 9 日与英国订立《香港政府粤汉铁路借款合同》，借英款 110 万镑用于交付合兴公司的赎金，赎回了粤汉路权，所借英款则由粤、湘、鄂三省分 10 年摊还。同时，清政府允许三省绅

---

① 宓汝成：《中国近代铁路史资料》（第 2 册），第 498—499 页。

② 宓汝成：《中国近代铁路史资料》（第 2 册），第 501—503、509—515 页。

商分别集资，设立铁路公司，分三段修造粤汉铁路。

粤汉干线路权赎回后，三省筹款建路的热情很高，湘、粤两省还选出代表到湖北开会，订立了14条公共条款和铁路建成后的4条行车条款。1906年2月，鄂省成立湖北商办粤汉、川汉铁路股份有限公司；3月，粤省成立广东全省粤汉铁路总公司；6月，湘省成立湖南全省铁路有限公司。虽然三省筹款建路的热情很高，但由于当时民族资本并无雄厚实力，而地方封建势力都要插手进来，导致相互争权夺利，加之三省分建，到1908年筑路成效甚微。鉴此，清政府认为商办不如官办，即于1908年7月下谕旨，决定政府统筹铁路干线建设，并派军机大臣、大学士张之洞兼充督办粤汉铁路大臣；12月，又以商办川汉铁路的筹款尚无头绪，令张之洞再兼督办川汉铁路大臣。

张之洞兼任督办粤汉、川汉铁路大臣后，考虑到粤省侨资多、风气开，招股较易，而鄂、湘、川三省风气闭塞、商资有限、财力不足、招股困难，因而奏请两湖境内粤汉、川汉铁路款项由政府借款兴修。但张之洞先前向英国借款交付合兴公司赎金时，曾与之有过“如须向外洋借款，当先向英国询商开价”的约定，因此这次粤汉再议借款，就得与英国磋商，而德、法、美等国闻讯后，互相勾搭，在所谓“利益均沾”的口号下要求参与借款。1909年9月张之洞去世，借款谈判一度搁浅。

1911年春，皇族内阁成立之后，清政府根据邮传大臣盛宣怀的奏请，宣布铁路干线收归国有，起用端方为粤汉、川汉铁路大臣，重启两湖境内粤汉、川汉铁路借款谈判。5月20日，盛宣怀在北京与英、德、法、美四国银行团商订《湖北、湖南两省境内粤汉铁路，湖北境内川汉铁路借款合同》，合同规定，借款英镑600万，利息五厘，九五扣（按虚数九五折交付清政府），期限为40年，为赎回美国合兴公司、清政府所发售而未赎回之金圆债票及建造国有“湖北、湖南省境内粤汉铁路”和“湖北省境内川汉铁路”之用，以两湖百货厘金、盐斤加价、赈粜捐、江防经费作为头次之抵押；粤汉路用一名英人为总工程师，川汉路用德人、美人各一名为总工程师；建造期内，中英公司及德华银行分别作为购买外洋各材料、机器、杂物之经理人，并按材料实价5%作为给经理人的佣金，四国银行团享有两湖境内粤汉、川汉路的修筑权，以及该路在延长时继续投资的优先权。同时还规定，该借款不用于粤路。此借款合同的签订后，立刻引发了川、鄂、湘、粤四省绅商民众的保路风潮。

清政府宣布铁路干线收归国有政策后，密切关注此事的宁调元当即赋《三台令·悲湘路之亡也》一阕，表达自己的愤怒情绪：

> 休矣！休矣！时事不消说起。醉生梦死风光，谁省湘亡路亡？亡路，亡路，丘墓安排何处？[①]

随后，宁调元在第一时间，于《帝国日报》上刊发《邮传部决心断送川粤汉路之原折》[②]，向公众披露清政府实行铁路干线国有政策的真相，并刊发社说《论铁道国有政策万不可行于中国》，旗帜鲜明地反对清政府铁路国有政策。[③] 与此同时，宁调元每天还在《帝国日报》的“紧要新闻”栏目中编发有关川、鄂、湘、粤四省民众反对清政府铁路国有政策的报道，如《湘人保路之宣言》[④]《鄂人罢业之准备》《湘人保路之进行》[⑤]《广东之路潮》《湘人反对干路国有之苦状》[⑥]《粤人反对干路国有之激昂》[⑦]《鄂人反对干路国有之武器》[⑧]《粤汉收归国有之怒云》[⑨]《湘路公司之悲

---

① 《民声丛报》1910年第1期，1910年6月7日。

② 《邮传部决心断送川粤汉路之原折》，《帝国日报》1911年5月22日。

③ 《论铁道国有政策万不可行于中国》，《帝国日报》1911年6月17日。

④ 《湘人保路之宣言》，《帝国日报》1911年5月22日。

⑤ 《帝国日报》1911年5月29日。

⑥ 《湘人反对干路国有之苦状》，《帝国日报》1911年6月17日。

⑦ 《粤人反对干路国有之激昂》，《帝国日报》1911年6月16日。

⑧ 《鄂人反对干路国有之武器》，《帝国日报》1911年6月16日。

⑨ 《粤汉收归国有之怒云》，《帝国日报》1911年5月28日。

愤》[1]《湘中路潮之近状》《四川路潮之剧烈》[2]《四川路潮之激烈》[3] 等等，为保路风潮造势助威。

对于清政府起用为督办川汉、粤汉铁路大臣的端方，宁调元尤为憎恨。他曾指出："端方者，满酋中之以桀黠著者。"[4] 他认为，现在由端方督办收路事宜，川、鄂、湘、粤四省商民众又要遭殃，特著文予以抨击：

端方废弃久矣，一旦起用为督办川粤汉铁路大臣，政府果以其才具为可重用耶？抑将以之为傀儡抵搪风潮耶？咄咄！智人也，而有时不智，滑人也，而有时不滑。惜乎！反对国有铁道，湘民以奉允商办在前，确非瞎闹。逢迎国有铁道，瑞澂本代奏拒款之人，确是盲从。[5]

对于清政府铁路国有政策的策划者盛宣怀，宁调元更是给予无情的抨击，亲自撰写社说《诘问盛宣怀》：

一国之内所建筑之铁道，无论纵横，能蜿蜒千数百里，自成一家，不附属于他路者，皆干路也。粤汉之于沪杭甬，求其比例，适京汉之与津浦。路线略有短长，东西殊其位置，此其异点。然不能谓此为干路，彼非干路也。今盛宣怀任以己意分为二种，天下之大，可以一手掩尽则已，否则其所挟持之国有铁道干路政策，已自行破击无遗，不必以此大题目塞国人之口矣。

且国有干路既须借款修筑，湘粤鄂同一路线，办理应该一律。三尺童子知之，不待言矣。乃披阅合同，标题即是湖南、湖北境内粤汉铁路，则广东不在内，又不待言矣。或援张之洞原稿相解释，不知彼时各省自为风气，官督商办之局可以任意，今则定有划一办法矣。且定划一办法未及半月，

① 《湘路公司之悲愤》，《帝国日报》1911 年 5 月 23 日。

② 《帝国日报》1911 年 6 月 21 日。

③ 《四川路潮之激烈》，《帝国日报》1911 年 8 月 18 日。

④ 宁调元：《电灯欤？炸弹欤?》，《宁调元集》，2008 年，第 435 页。

⑤ 宁调元：《是是非非》，《宁调元集》，2008 年，第 526—527 页。

忽然将湖南、湖北厘金盐款抵押净尽，广东一字未及。两湖之人民易与欤？两湖之权利为毋足轻重欤？是何心理，□毋研究，然其所挟持之借款修路政策，以矛陷盾，则又司马昭之心，路人皆知矣。

川湘两省租股既奉谕停止，朝廷有此体恤民艰之至意，不可谓非好消息。然各项苛捐，下及鸡豚，曾无一项之裁撤，姑不具论，而云南修路按粮抽捐，同一事体，独作别论。此其体恤民艰之门面语，又可揭破无遗矣！

虽然，吾知之矣。十一日不经阁议发表之明文，非定国有铁道干路政策，实定国有湖北、湖南铁路政策耳。二十二日邮部所奏明之粤汉、川汉借款合同，非粤汉、川汉借款合同，实湖北、湖南之借款合同耳。二十四日停止川湘租股之禁令，非真不准抽捐办路，不过不准湖北、湖南抽捐办路耳。噫嘻！余复何言！①

与此同时，宁调元还在其所主持的“是是非非”栏目中继续揭露盛宣怀的罪状：

盛宣怀主张铁道国有如此之烈，自不愧伟大人物。但我想现在最生产的事业，莫过于汉阳铁厂、萍县煤矿。何不将此二种事业并归国有？

盛宣怀竭力赞成电报官办，首先将所认股本交出，可谓急公好义之人。但仔细查考，原来却是虚股。此次铁道国有，盛宣怀却不肯备价赎路，想出什么种种出债票、估实价的法子。想因铁路上自己没有股份么！

盛宣怀办理通商银行，始终不曾出一破绽，可谓理财好手。现在几有将大清、交通、通商合并之势，名义上即不合并，事实上必归合并。此倒是中国国立银行的庆事！

铁厂、煤矿、银行几万万之外债，并归一手经理，盛氏自将为中国实业家大王。但后顾茫茫，俗语说道：“我劝你看

① 宁调元：《诘问盛宣怀》，《宁调元集》，2008 年，第 500—501 页。

穿点子罢!”[①]

对于盛宣怀以厘税抵押的借款方式，宁调元认为是“款项愈借愈多，利权愈失愈大”[②]，因而表示坚决反对，并对之进行了辛辣的嘲讽：

> 政府滥借外债，一切税款抵押殆尽。自盛宣怀到部，始发明一宗漕折可以作抵。将来借债无穷，抵押亦不了。漕折尽后，尚有地丁。地丁尽后，尚有土地。土地尽后，尚有人口。怪不得盛宣怀是一不做，二不休。[③]

除了猛烈抨击端方和盛宣怀，宁调元还将抨击的矛头直指清政府无法无天，出尔反尔，失信于民，并进一步揭穿其立宪的假面目：

> 停止川、湘租股，减轻小民负担，无疑义已。然盛宣怀之滥借外债，将来筹还，如非出其私财，是否加重吾民负担?
>
> 国民有反对国有铁道者，以违制论。然川湘等省商办之局奉旨在前，盛宣怀明知而明昧之，是否亦宜以违制论?!
>
> 一部国律，政府与人民必须共守之也。乃十一日之明文，未经阁议，遽行发表，是政府已不知法律为何物矣。然偏偏要责人民遵守法律，岂法律者专为范辖人民之具耶?岂吾民果真有何种之违法耶?只许官家放火，不许百姓点灯。政府果依此为前例，悍然做去，不要说什么立宪，设什么内阁，开什么国会，真正专制起来，一切假面具皆揭去之，吾民复谁敢曰不然?吾民复谁敢据法律以与政府抗?[④]

同时，宁调元还无情嘲讽清政府的铁道国有政策是饮鸩止渴、丧权辱国：

> 不管实务上行得去行不去，但挂一铁道国有政策招牌，

---

① 宁调元:《是是非非》,《宁调元集》，2008年，第532—533页。

② 宁调元:《是是非非》,《宁调元集》，2008年，第532页。

③ 宁调元:《是是非非》,《宁调元集》，2008年，第532页。

④ 宁调元:《是是非非》,《宁调元集》，2008年，第526页。

大家骗几文钱。不管民人股本四五千万退得去退不去，没收得干净没收不干净，既骗了几文钱到手，也就不问铁道国有政策是否一个空招牌。

不管洋人包工日后生何种交涉，何种危害，我既挂出这个借债修路的招牌，得了好处，便不能不再挂一洋人包工的空招牌。不管全国铁路皆用外资经营，是否中国为埃及不为埃及，我只管一时挂此空招牌，落了一时的富贵。

我挂一个世界三大变局的招牌，舆论纷纷，皆如沽客向本店买货，本店资本不足，应付立穷。我谢恩召对时还要说个什么大政策，再挂一个空招牌，看他们又向本店买什么货。[①]

对于宣布铁路干线收归国有的皇族"新内阁"，宁调元自然也不会放过，一连三日向其发出质问43条：

问：民有是否即国有？此何时也，尚驱吾民于国之外乎？

问：民之得有铁路，其从前所奉之奏案，得无伪托乎？

问：民有铁路之内容，疑其有外款在内乎？

问：民有铁路，苏路每里约三万元，浙路且不及二万元。以较国有之沪宁，每里五万余两，津浦将不止此，京汉、京奉亦每里可三万两。孰为费，孰为省乎？

问：国有为军用计也，意者，商办之路曾规定有不为军用之章程乎？

问：借款以造之路，能算得纯粹国有否乎？抑中国有之，与四国有之，同此国有乎？

问：借四国款，隐以抵制二国，为救东三省计。然则同时并借日本之款，更足以抵制四国乎？

问：借款足以抵制，是否借约附有攻守同盟之条件乎？

问：借款果足制人？环球各国大家研究借款足矣，奚必坚船利炮之纷纷为？

---

① 宁调元：《是是非非》，《宁调元集》，2008年，第534页。

问：谕旨可任盛宣怀蒙蔽，自取消部案，更失信用。新内阁将何所挟持以号令吾民乎？

问：国朝将三百年，惟同治初元、光绪二十七年，曾有取消前旨之案，盖有大不幸之故。今有何大不幸，而三出此举乎？

问：旧股准筑枝路，论利出一孔，何不竟举枝路而国有之乎？

问：议给债票，岂谓昭信失信之事，人民竟忘之乎？

问：价须邮部工程司估给。单面之词，人何能服？何勿痛诋商办一钱不值，竟没收之，而省此一估为更简单乎？[①]

问：国有之策，仿于德乎？欲谋邦域之统一，先谋交通之统一。中央未必知此，而区区为揭明之：铁腕如俾斯麦，尚与协商，尚出高价，尚鼓吹国有舆论，经八年之久，而始着手于买收。今新内阁其驾俾斯麦而上之乎？

问：国有之策，仿于意乎？意大铁道有四，买收其铁路而仍以营业由公司包办，以为报酬。今新内阁亦许公司包办营业乎？

问：国有之策，仿于奥乎？奥初则奖励私设，继且补助其子金，后且以国有之铁道取半费以卖与人民。新内阁岂一不闻而漫欲买收之乎？抑待破产而后以半费下卖而不惜乎？

问：国有之策，仿于比乎？比于一八三三年先画定官设干线，至一八五零年经十七年而始定。新内阁据何理由，而以一谕了之乎？

问：国有之策，仿于日本乎？日为殖民我满洲计，买收国内之铁路，隐令商民以收回之股金，膨胀其殖民之野心。盛宣怀岂亦将殖民于国外乎？

问：东西各国，凡民设之路无不有奖励，有补助。新内阁岂特以勒收为奖励，为补助乎？

---

① 宁调元：《是是非非》，《宁调元集》，2008 年，第 528—529 页。

问：中国土地之广袤，仅恃国有之路，易进步乎？抑公私兼营，易于进步乎？

问：东西各国，凡买收铁路，从未闻指借外款者。新内阁欣其利，亦一思其害乎？

问：盛宣怀所运用之督办、帮办，除私人私弊以外，有一略谙工程、粗知廉耻者乎？

问：中国官吏之无能，而又秉贪黩之特性，习贿赂为惯事，其能适于全国铁道之策遣乎？

问：以前所任之督办、帮办，借款以外亦稍稍有成绩之可言乎？

问：现有之官路，其运转之器械有进步乎？

问：现有之官路，其待遇乘客，能有善良之规则乎？

问：现有之官路，无论其赁金较各国为奢，即较之国内商办之路，能与平等乎？

问：现有之官路，京汉于三月、四月一再出险，新内阁尚有词以责商办乎？

问：三月间墨使在京汉花车遇险，倘竟因伤而殒，新内阁将何词以谢外人乎？

问：现有之官路，其种种腐败，去冬已为浙路所指控，御史所揭参，业已奉旨查办。其事出有因乎？抑查无实据乎？何以四五个月迄未闻该部奏复乎？[①]

问：专恃所借之六百万镑一千万元，能敷全国铁道之买价乎？

问：以借款付买价，不足，则续建之价何出？遂将干路停不续筑乎？

问：路为民有，遇变尚可以公法保护之。今为国有，万□邻变，各据所造。岂借外款以筑之，更将借外兵以守之？抑借款后能保永永无变乎？

---

① 宁调元：《是是非非》，《宁调元集》，2008年，第529—531页。

问：今日路属何国？即他日地属何国？非邮尚盛宣怀二十年前复陈芦汉路之言乎？师丹善忘，乃至此乎？

问：钢轨为汉阳铁厂专利，有以异于邮尚之专利乎？

问：邮尚专利，商民不敢不购，亦能折中于西国厂钢轨之时价乎？倘该厂供不应求，亦惟有停工以待乎？

问：官制统一，邮传部而外，又设一督办。津浦先有督办、帮办，此为统一乎？歧出乎？

问：诏停租股，是否釜底抽薪之计乎？

问：买收时，应与公司协商乎？抑以收回之上谕而专断以了之乎？

问：买收后，所有营业将官自营之乎？抑仿他国成法，择一公司以包办之乎？

问：官自营业，再如铁路局之亏挪种种，将何法以善后乎？

问：以公司包办营业，公家应分红利不待言。倘无红利可分，且耗折焉，公家听之乎？抑共利亦与共害乎？

问：十九日，谢绝临时会尚云：预算借款非紧要。何以十二日借款之布告，竟若至大至急，万不能待至开会之协议者，其矛盾乃至于此乎？①

以上43个问题，从铁路的性质、修筑、借款、与东西各国的比较到铁路的管理等方方面面，使民众看清了清政府所谓铁道干线国有政策违背世界铁路发展规律，劳民伤财，损害了国家主权和人民利益。

还值得一提的是，宁调元利用《帝国日报》及时揭穿了甘大璋假借民意，阻挠保路运动的事件。1911年6月17日，四川保路同志会成立。但就在当天，川籍京官宋育仁、甘大璋以“甘大璋等46人”（实际署名者为38人）的名义，上奏度支部与邮传部，再由度支部与邮传部会奏朝廷，提出将“以前川路已收、已支及

① 宁调元：《是是非非》，《宁调元集》，2008年，第531—532页。

现存之款、未解之款，分别查明册报，一律归为路款，换给国家铁路股票”，并继续“正式募股，招集商民认购股票，以示朝廷与民共利，至公无私之意”。[①] 此议与保路同志会的宗旨背道而驰，却正合清政府之意。于是，清政府立即下令照办，激起了川汉铁路公司、四川保同志会、在京其他官员、众多知名绅士、广大川路股东的群起反对，其结果无异于给正在兴起的四川保路风潮火上浇油。

6月25日，宁调元在《帝国日报》的“紧要新闻”栏目上刊登《四川之路潮》，内载四川省谘议局、川汉铁路董事局等致北京电，以正视听，其中不仅声明“未委托谁，何以股附呈部”，并且严正指出“甘等窃名送款，除由公司径电邮部取消外，请除籍并严究”[②]。几天之后，真相终于大白，甘大璋联名上奏所署名的38人中，真正参与并署名的只有甘大璋与宋育仁两人，其他被署名的贺维翰、施愚等人知情后愤而联名上奏邮传部“据情声雪”，揭穿了甘大璋的联名上奏是“窃名朦禀”“越俎代庖”，请求“取消职等衔名，以弭后患”。至此，甘大璋与宋育仁所谓附股闹剧只得草草收场，四川保路风潮不仅未受影响，反而更加蓬勃向纵深发展。

五、揭露社会危机。宁调元以辛辣的笔调揭露晚清社会的深重危机，为人们展现一幅晚清末世图，预言清朝贵族的灭亡。

鬻爵卖官是清朝吏治腐败的集中表现，也是清政府的一大毒瘤。宁调元以京城街头所见，揭露了清政府卖官鬻爵这一大毒瘤：

> 近来，京师车来马去，翎顶辉煌，所见者皆官。大街小巷，随身叫喊，所遇者皆丐。倘将唐人诗“冠盖满京华”改作“官丐满京华”，岂非大妙？更为之进一解曰：倡优隶卒，皆有事而食。我中国官多如鲫，大半数皆无事之游民。呼尔蹴尔，皆受之矣。近日官制改革，京师输入之无事官吏尤多。官

---

① 四川博物院编：《共和之光 辛亥秋四川保路死事百年祭》，四川教育出版社，2011年，第191页。

② 《四川之路潮》，《帝国日报》1911年6月25日。

耶？丐耶？吾恶从而分之。噫！“官丐满京华，吾民独憔悴！”①

为了苟延残喘，清政府推行“新政”，但在宁调元的笔下，这些“新政”只不过是回光返照，无法挽救清朝贵族灭亡的命运：

> 《水浒传》写梁山泊一百单八个英雄，铺张得何等热闹。到了七十回，以卢俊义归卧帐中一梦结局。我要把看《水浒》的眼光，来看中国政府办新政、改官制、设内阁、开国会，方知无一不是梦，无一不是假！
>
> 《石头记》卷九十七回，写林黛玉濒死时极凄惨曲折之至，读者至此，不知涕之何从？今日中国已到了林妹妹把眼一闭，往后一仰的时候。我欲把哭林妹妹一副眼泪来哭中国，来哭中国政府，来哭中国国民。
>
> 《西厢记》哭宴一出，写郑夫人把张生、莺莺折开，一个车儿向东，一个马儿向西，何等可恶！中国政府似郑夫人，国家似莺莺，人民似张生，彼此画为两橛，不许接近。须知，就是有了这个郑夫人的缘故。你看何等可恶！②
>
> 黛玉吐血晕倒，到醒转来后，还大笑道：“我哪里就能够死呢?”中国政府到了极危亡的时候，还要扮作极太平的态度。你看何等伤心！③

在宁调元笔下，清政府众叛亲离，无人可依：

> 暗杀党中有徐锡麟，做官的靠不住了。革命党有林时爽(闻系为林文忠之孙)，世家子弟靠不住了。锡良要主张开国会，旗人靠不住了。联合团反对皇族政治，谘议局靠不住了。以及一切学生、军人，在政府视之，无一个能靠得住。夫以情形孤危如此，政府尚不及时开诚布公，与吾民以肝胆相见，则疑心生暗鬼，恐有时自己亦靠不住自己了。④

---

① 宁调元：《是是非非》，《宁调元集》，2008 年，第 506—507 页。

② 宁调元：《是是非非》，《宁调元集》，2008 年，第 519 页。

③ 宁调元：《是是非非》，《宁调元集》，2008 年，第 519 页。

④ 宁调元：《是是非非》，《宁调元集》，2008 年，第 527 页。

在宁调元笔下，清政府高官，人人自危，惶惶不可终日：

吴樾炸五大臣之地在车站，徐锡麟毙恩铭之地在警察学堂，温生财刺孚琦之地在谘议局门口。可见，中国无一处不是危险之地，满大臣无一个不有性命之忧。

温世霖闹国会在去年冬季，温生才刺孚琦在今年春季。一个冬瘟，一个春瘟。怪不得政府中人都要恐慌起来。

温世霖曾当过长随，温生才亦出身微贱。闻吴樾炸五大臣时，亦扮作官仆模样。中国底下人不好惹，往往如此。[①]

宁调元还用“三畏”道出了社会不同阶层之人的烦恼与忧愁：

官有三畏：畏洋人，畏革命党，畏姨太太。

民有三畏：畏民贼，畏蠹国虫，畏卖国奴。

顽固党有三畏：畏拆城，畏剪发，畏易服。

人力车夫有三畏：畏巡捕，畏纳捐，畏载外人。

学生有三畏：畏作文，畏考试，畏读国文。[②]

同时，宁调元用“敢”与“不敢”的句式，勾画了晚清整个社会的严重危机：

今日之时局，敢怒而不敢言。

今日之兵士，敢逃而不敢死。

今日之官场，敢贪而不敢露。

今日之报纸，敢讽而不敢骂。

今日之政府，敢议而不敢决。

今日之外交，敢退而不敢进。

今日之民气，敢勇而不敢久。

今日之烟鬼，敢愁而不敢哭。

今日之钱庄，敢收而不敢开。[③]

---

① 宁调元：《是是非非》，《宁调元集》，2008年，第517页。

② 宁调元：《是是非非》，《宁调元集》，2008年，第525页。

③ 宁调元：《是是非非》，《宁调元集》，2008年，第525页。

第七章　办报京师（下）

主编《帝国日报》期间，宁调元不仅撰写和刊载大量时政报道、时事评论和杂文，辛辣地嘲讽清朝贵族及其封建专制统治，而且还以多种形式巧妙地宣传反清革命思想和西方资产阶级民主革命理论，激发广大读者的爱国情感和推翻清政府的革命热情，对于唤起国人觉醒、同仇敌忾、奋起革命，促成辛亥革命的爆发起到了积极作用。

第一节　鼓吹革命

宁调元主编的《帝国日报》利用“客观”报道的手法，在大胆揭露清政府对外昏庸卖国、对内卖官鬻爵，残害百姓，以激发广大读者爱国情感的同时，还以各种形式隐蔽而曲折地宣传反清革命、激发民众推翻清政府统治的革命热情。

一、宣传抗清志士事迹。如前所述，1907—1909 年，宁调元在湖南狱中期间，为了砥砺自己的民族气节，曾著《碧血痕》。在《碧血痕》中，宁调元以“亡国之音，哀以思也”为标准，选取了近 200 位明末清初“或建义起兵，或投阁寻死，或服黄冠为道士，或削发入空山"[①] 的爱国志士，通过记述其事迹及绝命词、遗言、遗书等，反映他们不屈反清、不事清朝、不为清民的民族气节。1910 年宁调元主编《帝国日报》后，特辟"大一丛话"栏目，将《碧血痕》中这些明末抗清志士的事迹及其绝命词、遗言、遗书等陆续刊登，借以激发民众抗清反满的民族主义情绪，呼唤民众奋起反清革命。

除了连载《碧血痕》，宁调元还与时俱进，结合当时的重要时事，利用"大一丛话"这一栏目，宣传反清革命思想。其中一个重要方面就是介绍南社及其重要人物的事迹和诗作。

作为革命文学团体，南社创建之初，便打上了鲜明的政治烙印。宁调元在其《南社序》中指明其反清的性质："钟仪操南音，不忘本也。"[②] 对于宁调元此说，南社其他创始人也一致赞同。陈去病说："南者，对北而言，寓不向满清之意。"[③] 高旭也说："于同盟会后倡设南社，固以文字革命为职志，而意实不在文字间也。"[④] 柳亚子则说得更加明白："它的宗旨是反抗满清，它的名字叫南社，就是反对北庭的标志了。"[⑤] 南社成立后，编辑出版社刊《南社》，发表社友的文学作品，"多愤世嫉时，慷慨悲歌之作"[⑥]，一时之间，名声大振，行销海内外。南社成立之时，宁调元尚在狱中。宁调元出狱到京城担任《帝国日报》总编辑后，即在《帝国日报》社设立《南社》发行所，负责该刊在北京地区的推介和发行工作。1910 年 8 月 16 日，南社在上海张家花园第三次雅集，改选领导成员。事前柳亚子曾致函宁调元，希望他出任社长，但宁调元以"学力毋以肩此"[⑦] 为由力辞。尽管如此，在这次雅集

---

① 宁调元：《朱舜水之绝笔》，《宁调元集》，2008 年，第 391 页。

② 宁调元：《南社序》，《宁调元集》，2008 年，第 191 页。

③ 《南社长沙雅集纪事》，《太平洋报》1912 年 10 月 10 日。

④ 郭长海等编：《高旭集》，第 512 页。

⑤ 王学庄、孙彩霞编：《柳亚子选集》（上），人民出版社，1989 年，第 202 页。

⑥ 易宗夔：《新世说》，山西古籍出版社，1997 年，第 113 页。

⑦ 宁调元：《与柳亚子书（一）》，《宁调元集》，2008 年，第 225 页。

上，宁调元最终还是被推为文选编辑员，成为南社领导成员之一。对此，宁调元虽力辞而不获，只好勉为其难，不仅积极选文，还答应为《南社》的出版提供人力、物力、和财力。[①] 与此同时，宁调元还致信高旭，表示要多宣传南社社友的作品："南社同人诗，弟拟择尤登载报端。"[②] 并在《帝国日报》上介绍南社重要人物柳亚子、高旭、蔡哲夫、景耀月和反清志士陈范、刘师陶（此二人后来也加入南社）等人的革命活动和诗作，扩大南社在北方的影响力。

高旭是同盟会江苏分会会长，又是南社的发起人之一，长于诗词，多愤世嫉时之作，宁调元介绍其人其诗云：

> 松江高子哀蝉，又字慧云，为人伉爽有气，识于海上，文字笃交，今且五年。苦雨凄风，唱酬未废。当戊申春，余遘大难，鱼雁屡通，悉付乌托邦，最后始得一长函，并附四绝句云："东风无赖长蘼芜，萍梗生涯涕泪多。一月数书常不达，鱼沉雁断恨如何?""雄词丽句美人蕉，千里怀人坐半宵。隔绝关山太迢递，诵君诗卷当离骚。""几复风流忆昔贤，空山时往听啼鹃。支撑文史东南局，堪与伊人共比肩。""春寒悄悄放花迟，浩荡灵修怨未知。何日相逢同一哭，折来红豆最相思。"末章尤字字沉挚，饮泉阴松，幽篁独处，读之辄感叹横生。
>
> ……
>
> 慧云又曾著《感秋》两章，见简云："南风不竞嗟如此，遥望潇湘一怅神。识字早知忧患始，交情倍觉乱离真。爱君夙世为词客，与我天涯作比邻。手拨冰弦弹古调，重华不见泪沾巾。""河山萧瑟入悲歌，嫋嫋秋风有逝波。沧海横流挥手别，楚声从古断肠多。适逢马角群生日，其奈蛾眉被妒何。劫后此身无著处，不堪掩袖问铜驼。"词意沉痛，身世之感、

---

① 宁调元:《与柳亚子书（三）》,《宁调元集》, 2008 年, 第 226 页。

② 宁调元:《与高天梅书（二十九）》,《宁调元集》, 2008 年, 第 221 页。

家国之恨，皆寄托焉。然局外人固以为吾辈仅文字交也。[①]

同盟会员柳亚子当时是南社社长，也是南社中最活跃的诗人。他富有民族思想，推崇明末清初的顾炎武、陈子龙、夏完淳和清代诗人龚自珍，诗作多为政治抒情诗，诗风豪放，凌厉雄迈，又慷慨悲壮。宁调元特介绍其人其诗云：

> 友人松陵柳亚庐，早岁有神童之目，其为文哀感顽艳，方之夏存古殆其伦欤？丙午歇浦一别，于今五年。南雁北鸿，中多梗阻。近奉手书，如空谷中闻足音跫然也。并录寄七律二什。《七月七日偕天梅、恕一游烟雨楼，归饮酒家，复遥望南湖灯火有作》云："天上人间两不知，金风玉露又纷披。一泓秋水明于镜，终古灵辰属此时。过眼繁华成转毂，泥人哀怨托参差。酒酣莫唱南湖曲，肠断梅村绝妙词。""高楼灯火认依稀，打桨吴娃夜未归。月下笙歌传水调，天边风露湿罗衣。鸳鸯湖畔新游迹，乌鹊桥头旧锦机。独有天涯狂醉客，凭阑无语故依依。"其他如《岳王坟》"无愁天子朝廷小，痛哭遗民涕泪多"，《将归留别海上诸子》"梦里荒唐新甲子，樽前憔悴旧琵琶"，《秋夜有怀佩宜内子红梨》"人琴生死闺中怨，风雨萧条梦里催"等句皆绝佳无儒响。[②]

如前所述，因名动中外的"苏报案"入狱、获释后投奔醴陵县令汪文溥的陈范，与宁调元一见如故，并常去监狱探望宁调元。对于陈范的为人、志向和诗作，宁调元自然不忘介绍一番：

> 陈君蜕盦，余忘年交也。论诗词，意见极相投合。尝见其《题自画梅花便面·调寄西江月》云："开在花都落后，落从花欲开时。风风雪雪一身支，谁遣可怜如此？　画我化身伴汝，化身便是花枝。莫教一刻两相离，花落须教枝死。"
>
> 蜕盦未定交时，在某君处见余二五初度所填《满江红》词，至书诸扇端，赞为绝唱。其词甚长，不尽记忆。尝倚声

---

① 宁调元：《太一丛话》，《宁调元集》，2008 年，第 339 页。

② 宁调元：《太一丛话》，《宁调元集》，2008 年，第 340 页。

为我一和云："生也何欢？偏情海茫无终极。二十五年如待我，不堪今昔。解识东坡身化百，漫嗟庾信死濒十。待红心寸寸接相思，终无日。　回肠事，海难涤。尘生面，泪填臆。又新愁旧恨，都来相逼。笑盾吴钩无挂处，梦行楚云迷前迹。只月华长照两边愁，晴天碧。"自时厥后，和者踵起，前后早次，得三十余阕。……

蜕龛去官以后，家无立锥，琐尾流离，旅食四方，故其身世之感常发露焉。己酉游醴西山之阳，有红拂墓在焉，固请于醴人，愿身后埋骨其傍。因题《金缕曲》一阕云："记否当垆处，又无端，红尘同谪，华堂一顾。旧约三生都不省，万古精魂一缕。更莫怨当朝杨素，堂上将军原负腹。是名花便合遭风雨。相逢晚，亦天数。　天涯何处埋香土，想如今，渌桥无恙。但为卿故。华年锦瑟愁中过。那更冲冠起舞。问今日，夫余谁主？红袖青衫飘泊久，便相逢只劝公毋渡。誓同穴，愿逢怒。"①

景耀月，字太昭、太招，号秋陆，光绪二十九年（1903）举人，1906年赴日留学，加入同盟会，1907年在东京创办《晋乘》杂志，1909年回上海后，与范鸿仙创办《民吁日报》，任总编辑。《民吁日报》因抨击清廷立宪骗局，揭露日本亡华野心而被当局查封，他又和于右任等创办《民立报》。对于景耀月，宁调元特介绍其诗作二：

河东景秋陆耀月，为南社诸子之一。其律句最佳，能独辟蹊径，不落凡近。余爱其《怀人》二什云："天人物我与同归，笑作诸声花满围。默对下民只悲悯，独寻大道入危微。即仙即佛无来去，一传一经有是非。行罢诸天还独笑，漫空龙鸟自飞飞。""大宙何人谛此公，庄严无语万龙从。行天芒角文星大，匝地金光宝焰浓。邃古圣神辄自见，九阍虎豹独

① 宁调元：《太一丛话》，《宁调元集》，2008年，第340—341页。

能通。混茫一气说吞道，潜起罡风运太空。”①

此外，宁调元还借“大一丛话”介绍其师刘师陶曰：

余学诗自刘歉樵先生始。乙巳冬，倭奴布取缔令，匆匆返国，遗像一枚在友人处。先生见之，为题二律云：“当代噶苏士，天涯幸借观。向人悬水镜，嫉俗弃儒冠。宁静师诸葛，糊涂戒吕端。高堂方白发，对此有余欢。”“世事已如此，吾徒敢畏难？艰危觇识度，患难见心肝。海峤寒云塞，乡关夕照残。好留真面目，付与大家看。”隔岁始以示余。又，宣统元年成《元日书怀》四什，有“浮云苍狗旧时局，甘露黄龙新纪年”之句。一时和者皆未之及。②

二、揭露日本吞并朝鲜。1910 年 8 月 28 日，朝鲜首相李完用与日本驻朝统监寺内正毅签署了《韩日合并条约》，次日，朝鲜王朝纯宗皇帝宣布退位。10 月 1 日，朝鲜总督府成立，第一任总督寺内正毅，直属天皇，日本正式吞并朝鲜。

朝鲜亡国之后，一批爱国志士不甘于做亡国奴，奋起抗争，谱写了可歌可泣的悲壮篇章，引起宁调元的密切关注和深切同情。自 1910 年 9 月中旬起，宁调元连日在其主持的“大一丛话”里发表文章，全面记载朝鲜亡国始末，揭露日本一步步侵吞朝鲜半岛的罪恶，并感叹“今日社稷宗庙之外，更有种族之大痛，人道之堪哀者哉！”③

日本吞并朝鲜后，有留学日本的朝鲜学生给光绪帝的胞弟、宣统帝的叔父、时任清政府军咨处管理大臣的载涛写了一封信，其中总结朝鲜亡国之三大原因，一在于民智之不开，一在于外交之失败，一在于官吏之腐败，并向载涛表达了对中国的三大隐忧：“一在于地利上之关系。……对于南满洲方面，（日本）已有自由行动权，而其进行也，有雷厉风行之势。前则尚恐涉江航海，不

① 宁调元：《太一丛话》，《宁调元集》，2008 年，第 343 页。

② 宁调元：《太一丛话》，《宁调元集》，2008 年，第 338—339 页。

③ 宁调元：《太一丛话》，《宁调元集》，2008 年，第 361 页。

无困难，今则取其铁道之便。前则势力半为俄人所阻，今则协约已成，无所顾忌。”“一在于势力上之关系。夫日以蕞尔微区，地少人稠，生计将绝。自庚子侥幸成功，而台湾、桦太（即库页岛）添入版图，巨款赔偿，助其振作。亡韩而占满洲，联俄而保东亚。从此养精蓄锐，一旦将满韩之人民财政，扩张军事，向祖国以侵驱，其势必如水之倾堤而不可止，火之燎原而不可扑。就目前之势力论之，已由吾韩而及满洲矣。所可惧者，贪得无厌，由满洲而染指于贵国内地耳。”“一在于列强之关系。贵国地大物博，黄金盈箧。大盗垂涎，几悉数为他人范围之地。而日本之窥伺贵国，如鹰鸷之逐鸟雀，上下游弋。然尚未得试其技者，因列强之眼线所注也。盗人之物，无使龙吠。盖善于窥窃者，不得不蓄其势，以待时机之来。吾恐日人一旦长驱直入，未必不引动列强，援利益均沾之说，蜂拥而至。而始作俑者，其人必为日本无疑。”最后，该生提醒载涛：“韩既亡矣，无能为也。惟愿贵国当此万祸成林之日，多设炮厂，多备武器。一旦事变，锻我戈矛，砺乃锋刃，率四万万人民决死战于疆场。”①

宁调元对于此信十分重视，从1910年9月15至20日在《帝国日报》的“大一丛话”栏目中连续6天连载此信，并指出其“词旨惨恻，……诵之大有‘既痛逝者，行自念也’之悲”②，借以警醒国人。

在揭露日本侵吞朝鲜的同时，宁调元还重点介绍了朝鲜国内外爱国志士奋起抗争的事迹，以为国人的榜样：

> 现韩国人之留学日京，稍负血性，不愿作亡国奴者，自杀已有七八人之多。而韩土人情，犹势同鼎沸。山穷水尽，鸟啼花落。以此思哀，哀可知矣。
>
> ……
>
> 日并高丽以来，全国人士屡倡反抗，虽螳臂当车，于事

① 宁调元：《太一丛话补遗》，《宁调元集》，2008年，第569—571页。

② 宁调元：《太一丛话补遗》，《宁调元集》，2008年，第569页。

> 无济，而人心之未尽死，亦可概见。近日全罗道南部，又有某志士密携该国国王所下密诏，运动勤王，为统监府检事查出。[①]

安重根是朝鲜著名的爱国志士，他于1909年10月26日在哈尔滨成功刺杀日本驻朝第一任统监伊藤博文，当场被捕，后被处以绞刑。安重根英勇就义后，他的英勇事迹鼓舞更多的朝鲜爱国志士奋起抗争，明竹坡就是其中之一。因此，宁调元在“大一丛话”中向中国读者介绍了明竹坡抗日的英勇事迹：

> 日人自设统监府，驭治韩国以来，朝野志士切齿腐心，痛自由之剥落，悼名义之空存，倡言反抗者，如潮流之往复于大海，旦暮而未或休，亦足见我箕子之余烈犹有存焉者。安重根案结以后，近又有明竹坡者，流寓延吉，谋刺日本军官未果，为华吏所捕，题壁于长春驿云：“宏大宇宙，斯生弗留。朝鲜祖宗社稷，大污点于亡国史上，非破坏于唇齿相依之日本耶？嗟乎！茫茫前途，沉沉大陆，瞭望辽云，凄然欲绝。”词意凄怆，我国民距此境域当不远也。诵之能勿洒一掬同情之泪耶？[②]

宁调元不仅记录了朝鲜爱国志士的不屈反抗，还记载了有良知的朝鲜官员因不愿当亡国奴，而毅然选择以身殉国之事迹：

> 前驻俄国之高丽公使李范晋氏，于庚戌十二月二十七日自刎毕命。临死时，电奏其皇帝云：“国亡君失，未能报仇兴复，苟生不如义死，故今日自刎以死。臣李范晋。”又有临绝时口号二绝云：“国亡君失我何归？支厦擎天事事非。万里孤臣忠胆裂，悲风淅沥雪霏霏。”“欧美栖迟十六年，忍看宗社破无全。国仇未报生何益？一剑横腔亦快然。”其辞特苦，其志可哀矣。[③]

---

① 宁调元：《太一丛话》，《宁调元集》，2008年，第361页。

② 宁调元：《太一丛话》，《宁调元集》，2008年，第362页。

③ 宁调元：《太一丛话》，《宁调元集》，2008年，第362页。

朝鲜亡国对于中国来说是一记警钟。宁调元对朝鲜爱国志士不屈精神的张扬，就是为了唤起国内同胞的反清激情——中国现在的处境与朝鲜一样险恶，我们应该拥有比朝鲜更多的爱国志士起来抗争。故而宁调元大声疾呼："朝鲜素为中国藩服，有明一代进贡不绝。……胡至于今，三韩不腊，中国告危！上下二百数十年，不胜今昔之感矣！"[①]

由朝鲜亡国，宁调元的笔触还延伸到安南亡国：

> 中法战争失胜利，安南社稷墟于法人。男用仆，女用妾，意欲所趋，极苛虐之状。夏秋交，法人好旅行，携安南人一夫一妇偕山行。乘马，喝令伏地，屈其背，类弯弓形，用以踏足，上下如之。入大餐楼，辄搂妇于怀，使歌新曲侑酒，备极狎亵。其夫侍立于侧，莫能平视。有自滇归者，为予述之。噫嘻！人生至悲之境，莫如无国；至惨之遇，宁过为奴？闻者为之怃然，况丁其厄哉！[②]

由朝鲜、安南亡国，宁调元的笔墨更进一步扩展到八国联军的残暴。1900 年 7 月 14 日（光绪二十六年六月十八日），八国联军攻陷天津，烧杀抢掠，无所不为。1910 年 7 月 24 日（农历六月十八日），天津数万民众聚会，纪念天津失城十周年，以不忘国耻。为此，宁调元在"大一丛话"栏目中发表文章指出：

> 天津失城已十周年。前各界组设纪念国耻会，到者约数万人。其陈列之纪念品，如东门内耿宅顶箱柜、杨宅之帽盒、河东曹宅之被格门内，均被枪炮打毁。又有城砖、枪刀及大日本顺民旗等物。最惨者，场内高悬一被炮炸碎之人体模型，抱于柱上。又悬一联曰："忍辱瞬十年，痛吾侪兵燹余生，都成幻梦；图强争一日，愿今后民心不死，共奠邦基。"见者莫不泣下。[③]

---

① 宁调元:《太一丛话》,《宁调元集》, 2008 年，第 362—363 页。

② 宁调元:《太一丛话》,《宁调元集》, 2008 年，第 358—359 页。

③ 宁调元:《太一丛话》,《宁调元集》, 2008 年，第 363 页。

同时，宁调元还在“大一丛话”中刊登军机大臣王文韶于八国联军攻陷北京，随慈禧太后西逃途中所写的家书。在此家书中，王文韶诉说了随同慈禧太后逃出北京时的种种混乱和屈辱的境况。宁调元指出，王文韶的家书，“述其事颇详，读者亦可想其惨状之一斑矣”①。

总之，通过朝鲜、安南亡国以及八国联军侵华这些旧仇新恨，宁调元意在激发广大民众对坐视属国被异国吞并、己国被列强蹂躏、昏庸腐败的清政府的不满情绪和奋起反清革命的热情。

三、报道黄花岗起义。1911 年 4 月 27 日（阴历三月二十九日），黄兴亲自发动和指挥的广州起义爆发并很快失败。起义失败后，广州革命志士潘达微多方设法，收殓此役牺牲的 72 位烈士遗骸，葬于广州城郊红花岗，并改红花岗为黄花岗。因此后来又称此役为黄花岗起义。此次起义是中国同盟会集中全党人力、物力、财力而发动的一次大规模起义，也是同盟会成立后革命党人进行的一次最为悲壮惨烈、同盟会精英牺牲最多的战斗。对于这次起义，孙中山曾给予了极高的评价：“是役也，碧血横飞，浩气四塞，草木为之含悲，风云因而变色。全国久蛰之人心，乃大兴奋。怨愤所积，如怒涛排壑，不可遏抑。”②

黄花岗起义爆发后，宁调元闻讯即在《帝国日报》上密集报道起义的情况。4 月 30 日，《帝国日报》以《广州督署之大变》为题，报道了“身着洋服”的革命党人“蜂拥而入督署放枪、纵火，督署焚毁过半”和“粤中官场得此消息异常恐慌，目下，轮舟、火车皆一律停止，正在设法缉捕余党”等情况。③ 5 月 1 日，《帝国日报》以《粤督火光中之电奏》为题，全文刊登了粤督张鸣岐关于广州起义致清政府内阁电。5 月 3 日，以《火烧广东督署后之余焰》为题，报道革命党人“三四百人扑攻佛山”的情况。5

① 宁调元：《太一丛话补遗》，《宁调元集》，2008 年，第 575 页。

② 孙中山：《孙中山全集》第六卷，第 50 页。

③ 《广州督署之大变》，《帝国日报》1911 年 4 月 30 日。

月7日，以《风声鹤唳之广东》为题，报道惊魂未定的张鸣岐下令停开火车、轮船，检查往来信件、电报，闭城搜捕革命党人，昼夜如临大敌的情况。5月8日，以大半个篇幅刊发《广州乱事之详讯》一文，较为全面、详细地报道了革命党人在广州、佛山举义的情况。5月10日，宁调元又在《帝国日报》用一个版面的篇幅，刊登《革命党大闹广州城》一文，报道革命党人兵分五路发动起义的情况："广州当二十九晚六点钟，革党事起，以三十余人扑攻督署，复以数十人直趋小北门、飞来庙，围攻军械库，又分一队捣旗街，另以十余人出归德门，十余人出大南门，迎堵外来救援官军，计分五路。督署是日方开审查会毕，藩司、学司均未散，而革党抛掷炸弹、火药包甚多，司道官厅阶石为之炸裂，惟多未炸响。督署西偏箭道火起，延及二堂，署内火势既盛，张督乃携印信而遁。……"[①] 5月11日，宁调元再次在《帝国日报》用一个版面的篇幅，仍以《革命党大闹广州城》为题，详细报道革命党人进攻督署的情况："广东革命党起事时，党首五人，洋服乘坐洋肩舆，至督署头门外下肩舆，即响号放枪。署门卫兵随关左侧门，为炸弹轰开，卫兵退入大堂，当先一人，身躯雄伟，面貌粗怪，手持两手枪，向大堂直轰，随轰随掷炸弹。一面目瘦削者，一手放枪，一手吹号筒，即脚踏车响号。数十人随其后，大噪而进。当先者枪毙茶房一人，各卫兵伏于大堂砖门后放枪，当先者中弹倒地毙，吹号者仅开七枪也，中弹毙。余党纷纷倒地。攻入二堂者十余人，管带金振邦上前抵御，中弹阵亡。革党直入上房，不见一人，乃纵火出，呼噪轰杀张督已经得手。至二堂外甬道为西边卫兵狙击，多毙。枪下逃出者仅两人，一为陈少若，福建人，年二十岁；一为李海，追至长堤二马路，为水师公所兵生擒，供称随黄兴入袭督署，出时已不见黄兴，同党原拟念六、念八日起事，均因准备不及，拟初一方起事。因今日三点钟，政界拿获同志九人，故各部会议欲解散。黄兴谓，解散不成功，不

---

① 《帝国日报》1911年5月10日。

解散亦不成功，倡议即时进攻督署，以尽义务，想必已死。初一早在大码头正法者，陈、李二人也。”该文还报道了革命党人迎堵外来救援清军情况：“二十九日下午，官兵由南大门入城时，闻督院被火，即走往弹压，并欲防卫军械局，及至双门底上街文明书局，左右忽有炸弹迎面而来，继又有无烟枪弹如雨而至，斯时哨官即殒命。党人身上俱怀新式七响无烟枪甚多，遇官军至藩署前，即有六七人喝问往何处，兵以为路人，据实以答，党人故诡其言词，令兵各走一路，即两手持枪，从两路兵后轰之。时官军不及防备，死伤不少。党人所有军器甚为利害，既挟新式枪，又怀多数炸弹，或如橙大，或两指大，……”[①] 同时，该文还反映了革命党人宁死不屈、视死如归的革命精神：“三十日获一党人，年十八岁，自认李生，问其另有何名，曰：不是李生必是李死。见李水提，望之而笑曰：汝识我否？李提问：汝究为何人？曰：我河南李庆孙也。盖即李庆春之孙，向留学西贡，去年新军事起，在宜安里口某屋放火者！李提云：汝等少年，何故为此？另有一少年曰：尚有某贵公子在内，昨日已在督署拼命矣。我辈何足云耶?!”[②]

黄花岗起义失败后，外间纷传黄兴战死，海内外革命党人因此对黄兴的生死十分关心。宁调元得知黄兴安全脱险到港的消息后，立即在《帝国日报》上刊登消息辟谣，并巧妙地宣传黄兴的革命经历：

> 黄兴，原名黄轸，湖南华兴票之谋、钦廉之乱、镇南关之役，无役不在，无役非其主谋，无役不谓其已经拿获或死乱军中。此次粤乱闻又以黄兴为首领，多谓在战死于督署中。近据香港传说，黄实于初一日出省逃回香港，仅被炸轰伤一手。又闻军咨府接有二电，皆称黄实未死。[③]

---

① 《革命党大闹广州城》，《帝国日报》1911 年 5 月 11 日。

② 《革命党大闹广州城》，《帝国日报》1911 年 5 月 11 日。

③ 《广东革命之追述》，《帝国日报》1911 年 5 月 15 日。

黄花岗起义爆发后，清政府草木皆兵，风声鹤唳，疯狂捉拿革命党人，粤督张鸣岐还致电邻近各省设卡围剿，妄图将革命党人一网打尽。对此，宁调元十分愤恨，又在《帝国日报》上刊登《张鸣岐亦造谣惑众耶》一文，揭穿张鸣岐的阴谋：

> 粤督张鸣岐当此次督乱发现后，即电致豫、鄂、滇三督抚，称匪首已拿获正法，其匪党三百余人窜入豫、鄂、滇三省境内，鄂居十分之六，滇、豫居十分之四，请饬军警各界赴各关卡，严密查拿。以故现在凡至该三省旅行之人，莫不受其骚扰。刻又电致军咨府等衙门云，现在革命党大半系从外洋而来，闻京师各衙门托身其间者亦不乏人，亟望预为防范。军咨府接电后颇为恐慌，因饬衙门内外出入人员查非穿用制服者，一律拘留，听候查办。于是，凡留学出身之官于京师者，又添一层怀疑矣。或谓张鸣岐督粤一月之内迭酿大变，实无以解于政府，此次查报革党案，亦不过从前侦探家之手腕而已。①

在报道黄花岗起义的同时，宁调元还在“是是非非”栏目上撰文，赞扬革命党人，引导人们思考和揭示起义的缘由：

> 广州暴动，坐轿子者是匪，抬轿子者亦是匪。老者有七十余岁之美髯公，少者有一十七岁之母大虫。制枪造弹者为西洋生，冲锋陷阵者为东洋生。党员中无物不备，可谓盛矣。虽然，谁驱使之？谁铸造之？何政府至今而不反悟也？惜矣！②

宁调元甚至还大声疾呼革命的暴风骤雨：

> 我安得十万横磨剑，吐尽天下古今一切不平之气？
>
> 我深愿肺百斯笃、腺百斯笃③同时流行，将世界一切最恶劣的人种驱扫一空。

---

① 《张鸣岐亦造谣惑众耶》，《帝国日报》1911 年 5 月 17 日。

② 宁调元：《是是非非》，《宁调元集》，2008 年，第 524 页。

③ 肺百斯笃、腺百斯笃，即肺鼠疫、腺鼠疫。

我又愿我佛如来，将世界一切众生渡灭净尽。

我更愿最大彗星出现，将太空中一切大小星球悉行撞没。

呜呼！我愿无穷，我恨亦无穷。天地不仁，胡为使我至于此极也？[①]

除以大量篇幅密集报道黄花岗起义外，宁调元还陆续报道了革命党人在佛山、惠州、潮州等地起事的消息，并以黄花岗起义与1910年湖南发生的抢米风潮对比，扩大革命的声势和影响。

宁调元先是比较黄花岗起义与湖南抢米风潮的相同之处，借以说明革命的必然性：

叶名琛做粤督，是三十七岁。张鸣岐做粤督，也是三十七岁。

湖南的巡抚衙门，烧去前一半，救得后一半。广东的总督衙门，也是烧去前一半，救得后一半。

湖南巡抚衙门被焚时，岑春蓂从后门逃出。广东总督衙门被焚时，张鸣岐也是从后门逃出。

湖南之乱，在去年三月。广东之乱，也是一个三月。

湖南之乱，岑春蓂倚重一声名极恶劣之杨明远。广东之乱，张鸣岐也倚重一声名极恶劣之李准。

湘乱起，岑春蓂不肯用新军。粤乱起，张鸣岐也是不肯用新军。

湘乱起于饥民，都说内中杂有匪徒。粤乱起于匪徒，都说是内中杂有赌棍。

湖南抚署之焚，基于杀一饥民。广东督署之焚，基于拿一革命党。此因小事而酿成大事同。

湘垣民变之后，有宁乡、益阳之变以为余波。粤垣匪乱之后，有佛山、顺德之乱为之结束。此大乱之后而有小乱同。

湘垣民变，前后计三日而平。粤垣匪乱，前后亦仅三日而平。此闹事之期间同。

---

① 宁调元：《是是非非》，《宁调元集》，2008年，第524—525页。

湖南抚署焚毁之后，而太平街一带被烧。广东督署焚毁之后，而巡警局附近被烧。此闹事之武器同。

湖南民变之前，人人心目中悬一禁米问题。广东匪乱之前，人人心目悬一禁赌问题。此其事前之点缀同。

湖南民变之后，大开保案。广东民变之后，亦大开保案。此其事后同。[①]

然后，又以黄花岗起义与湖南抢米风潮的五点不相同之处，来说明反清革命的发展性和持续性：

然湖南民变，贤如汪凤瀛太守，劣如岑春蓂、庄赓良，或降或革，皆挂吏议。广东匪乱，则自张鸣岐以下，无一人不宽免处分，并无一人不受殊恩。此其不同之点一。

湖南民变时，汪凤瀛太守等极力开导，卒挂吏议。广东匪乱之起，巡警道、巡防营毫无设备，反列保案。此其不同之点二。

湖南之变，所有各国教堂、领事馆皆被拆毁。广东之变，外人无丝毫之损失。此其不同之点三。

湖南民变，目的仅在求食。广东匪乱，目的实在革命。此其不同之点四。

湖南民变，除放火之外，无他武器。广东匪乱，除放火之外，尚有手枪。此其不同之点五。[②]

除了广东和湖南，宁调元还放眼全国，揭示革命必将在各地风起云涌，清政府倒台的命运即将来临：

东三省之鼠疫，京津各处之钱荒，江淮各处之米荒，广东乱党之革命，浙江饥民之抢米，兰州土匪之揭竿，蒙古叛徒之抗官，吉林二十点钟之火灾，八年以来，民不聊生的现象，无种弗备。固不必以片马，不必以俄祸，不必以盛宣怀，不必以曹汝霖，而中国已岌岌不可终朝。何天心至此而不悔

---

① 宁调元：《是是非非》，《宁调元集》，2008 年，第 522 页。

② 宁调元：《是是非非》，《宁调元集》，2008 年，第 523 页。

祸也？呜乎！[①]

四、介绍西方政党政治。革命运动离不开革命理论的指导。在报道革命党发动的起义的同时，宁调元还与远在英国留学的老朋友章士钊取得联系，请其撰写有关近代西方民主政治、政党政治理论的文章。

章士钊，字行严，笔名孤桐、青桐、秋桐等，1881年出生于湖南善化（今长沙市），1901年赴武昌，寄读于武昌两湖书院，结识黄兴。1902年3月，入南京陆师学堂学军事，次年进上海爱国学社，5月，被聘为上海《苏报》主笔，连续登载章太炎等人的反清文章，并将日人宫崎寅藏所作《三十三年落花梦》编译成《大革命家孙逸仙》一书，国内由此书而知重孙中山。7月初，《苏报》被清政府查封，章太炎、邹容等七人遭逮捕，章士钊侥幸得脱，又与陈独秀、张继等人创办了《国民日报》，继续激烈地鼓吹革命。11月，与黄兴由上海赴长沙，酝酿华兴会的筹建工作。1904年2月，与杨毓麟等在上海建立爱国协会，任副会长，并在上海余庆里密设机关，配合华兴会组织的长沙起义。因事机不密，长沙起义未经发动即遭失败，遂于1905年东渡日本，入东京正则学校习英语。宁调元留学日本期间，与章士钊、宋教仁等人交往甚密。1905年底，宁调元因反对“取缔规则”而回国，章士钊则留在日本继续学习并于1907年用其编纂出版的《中等国文典》一书的稿酬作川资赴英国留学，入阿伯丁大学，专攻法律、政治，兼攻逻辑学。

对于宁调元所请，章士钊极为高兴，陆续撰写了大量介绍西方政治学说兼评国内政治的文章寄交宁调元在《帝国日报》发表，这些文章有《国文果难治乎》《欧纸之〈日俄协议〉谈》《何谓不出代议士不纳租税》《告代表团》《论葡萄牙革命事》《中国果有收回治外法权之望乎》《中国之本拨矣》《老大帝国之少年新闻》《欲利用吾国昏愦政府果外人之心理乎》《言论自由与报律》《国

---

① 宁调元：《是是非非》，《宁调元集》，2008年，第524页。

会万能说》《瓜分支那之风说》《论中国政党内阁当应时发生》《帝国统一党党名质疑》《中国应即组织之政党其性质当如何》《论政党之作用及其进行之法》《论资政院议员当采政党部勒之法》《论中俄交涉》《论吾国当急组织新闻托拉斯》《中俄交涉后之方针》《驳刘君冕执所上度支部整理大清银行条陈》《问何种政府始能操纵议会》《论盛宣怀之借电款》《再论盛宣怀之借电款》《又一千万元之无名借款》《论四国借款》《论吾国新闻当共同组织欧洲通电社》《论畸形内阁》《政党内阁者政治自然之趋势而亦将为中国政治自然之趋势者也》《政党政治果适于今日之中国乎》《何谓政党》《评瓜分说》《何谓内阁》《何谓政党内阁》《政党内阁与非政党内阁之别》《政党内阁果优于非政党内阁乎》《略记英国之政争》等30余篇文章，对当时国内热心西方政治的人们都具有重要的启迪作用。其中，最为重要的是关于政党和政党政治方面的文章。在这些文章中，章士钊详细地介绍了近代西方政党和政党政治的理论与实践，并对中国建立政党、开展政党政治方面的实践提出了建议。

一、何谓政党。章士钊充分运用其在英国所学到的政治学说，针对中国的政党状况，提出了自己独到的见解。英国政治理论家柏克（Burke）对政党作了如下定义："政党者，乃本特异之政纲，为全体所共认者，以一致之运动，图国家之幸福，因而相与联合之一团体也。""无党之政治家，无从实行其政纲。"章士钊对柏克这段表述又做了进一步的解释："政党者，乃一实行政纲之团体，而政纲又必与人不同者也。"其中，"本特异之政纲而实行之，乃政党之精髓"。

为什么一党之政纲必不同于他党之政纲呢？章士钊列举出四点主要理由：

1."党争者乃为政策而争，非为人而争也。"如果两个政党所持之政策相同，则无所谓党争。

2. 凡一政策，必有正负两面，……国民赞同者有之，反对者亦必有之。政党者即应于此现象而生，一党守其正，一党守其负，谁得国民多数之拥护，即谁胜利。倘两党党纲不异，则又何自代表国民之意见，又宁得谓之政党。

3. 梅依（英国政治理论家）尝曰："政党如属健全，终占胜著。此政党之德也。"梅依之意，乃谓凡立一党，即当任他党意见之流行。故唯在政党政治之下，国民始有机会得全出其意见，尽情讨论，以求最后之胜利，此代表政治之精神也。倘政纲不异，则政党失其德。此直贼民之党耳。

4. 政党之作用在保持其党真正之多少数。其要点在使旗帜鲜明，使人一见而知所走集。使两党党纲无异，或异而无多出入，则党员今日属于甲党，明日无妨迁于乙党，且或竟同时足跨两党。而多少数之标准最易动摇，其在政党内阁，则内阁必不稳。法兰西内阁不能久长，有时竟求一年之内阁而亦不可得者，议会之党派过多，而党纲又不必有绝异之点，乃其绝大之原因也。[①]

二、政党之作用。章士钊指出，政党作用主要有二，一是建造政策，二是运动选举。所谓建造政策，就是要提出"必与他党有特异之点"的政策，"或在原则"，"或在实际"。所谓运动选举，就是通过选举实现执政，从而实施本政党政策。章士钊认为："欲政策之实行，既舍国会莫由，则必运动党员之得选又奚待问。"[②] 至于运动选举，即将本党之政纲宣之于民，以求信之于民。为了这个目标，政党首先要拥有自己强有力的机关报，作为宣传自己政纲的重要工具。同时，本党党魁出而游说，说服民众。最后在"在选举区中，凡举定候补者，查核选民登记簿及防有漏票"[③]。总之，"政党非图实行其政纲则不副其名，欲实行其政纲而不立足于国会因以组织政党内阁则无由达其实行之志"[④]。

既然有政党，而且某政党的"政纲又必与人不同者"，政党之

① 秋桐：《何谓政党》，《帝国日报》1911年5月30—31日。
② 秋桐：《论政党之作用及其进行之法》，《帝国日报》1911年3月17日。
③ 秋桐：《论政党之作用及其进行之法（续）》，《帝国日报》1911年3月18日。
④ 秋桐：《何谓政党（续）》，《帝国日报》1911年5月31日。

争就不可避免。章士钊认为，党争是政党运作中的正常现象，但并不意味着盲目的争斗。一国之中各党本自己的政纲，为得国民多数之拥护，应该展开公平竞争。而且“党争者为国利民福而争，非为个人私利而争也，以政治上之用语言之，则党争者乃为政策而争，非为人而争也”[①]。

三、政党与政团的区别。章士钊指出：“政治团体之组织有二，一立于国会之内者，一立于国会之外者，前者政党，后者普通政治结社也。政党者有一定之党纲，党员占议席于国会，日伺现政府之隙而攻之，且谋倒之，取而代之，以实行其党纲者也。普通政治结社则无组织内阁之野心，不过对于一定之政治问题发表其意见，且期其意见之发生效力者也。”[②]

四、内阁与政党内阁。何谓内阁？章士钊认为，内阁是沟通国家的立法与行政两部之物。在他看来，解决立法与行政两部之间的权力冲突，力求有一种沟通二者的政治机构，从而导致了内阁的出现。英国政治理论家白芝浩（Bagehot）的内阁政治论曰：“夫（行政、立法）两部之所以密接，其连环则为内阁。内阁者，乃立法部中一股员会，被选为行政部者也。”“内阁者，乃由立法部选出之一团体，使之管理国家，而其人又皆立法部知之最深，信之最笃者也。”“内阁必成于下院声望最著之人是也。”“内阁者富于钩连性之一集合体也，有如衣钮，钮立法部于行政部；有如连字符，连立法部于行政部。语其本原，则在立法部，语其作用，则在行政部。”[③] 在此基础上，章士钊认为：“内阁者，所以置行政立法两部之邮者也。”[④]

建造政策并推动此政策的实施是政党的重要作用。作为执政党，为推动自己政策的实施，需要组织政党内阁。章士钊根据白

---

① 秋桐：《何谓政党》，《帝国日报》1911 年 5 月 30 日。
② 秋桐：《何谓政党》，《帝国日报》1911 年 5 月 30 日。
③ 秋桐：《何谓政党内阁》，《帝国日报》1911 年 6 月 12 日。
④ 秋桐：《何谓内阁》，《帝国日报》1911 年 6 月 11 日。

芝浩的论述，列举政党内阁六个方面的特点：一、政党内阁必成于议会议员。二、政党内阁必控制多数党于议会者。三、政党内阁之政策必一致。四、政党内阁必成于一党。五、政党内阁当负连带责任。六、政党内阁当在一首领指挥之下，而亦仅在一首领指挥之下。他还指出，此六条中，“第一条，乃原则也，以下五条，皆所谓□性耳”。①

章士钊还阐明政党内阁与非政党内阁之间的区别：“纯在立法、行政两部之关系也，凡以议员出建行政部，谓之政党内阁。非以议员出建行政部者，谓之非政党内阁。前者英伦政家戴雪谓之议会行政部，后者谓之非议会行政部。”这里，章士钊将政党内阁与非政党内阁对应戴雪所谓议会行政部与非议会行政部，但同时指出：“记者言政党内阁与非政党内阁，而戴雪言议会行政部与非议会行政部，用名既异，范围之广狭亦微不同。盖政党内阁诚为议会行政部，而议会行政部则不必即为政党内阁。”② 与此同时，章士钊认为：“政党内阁利在立法、行政两部无冲突，而非政党内阁则此种冲突无幸免理。”

在章士钊看来，政党内阁优于非政党内阁。因为政党内阁制既能充分体现民意，又能有效防止国家政治权力运作中的弊端，所以“欲得绝强之政府，与群雄相角逐，非采政党内阁制万万不可”③。

五、中国应当建立什么样的政党和政党政治。章士钊认为，清政府是一个弱政府，“素以孱弱闻于天下，百事之坏，无不源于政府之弱”④。同时他还认为清政府又是一个恶政府，由于“弱”“恶”相加，导致“内政不修，军备不完，虽有苏、张之舌，俾士麦之才，使与英人交涉，无所于用”。而要改变这种局面，“在先

① 秋桐：《何谓政党内阁》，《帝国日报》1911 年 6 月 13 日。

② 秋桐：《政党内阁与非政党内阁之别（续）》，《帝国日报》1911 年 8 月 16 日。

③ 秋桐：《政党内阁果优于非政党内阁乎（续）》，《帝国日报》1911 年 8 月 20 日。

④ 秋桐：《问何种政府始能操纵议会》，《帝国日报》1911 年 5 月 1 日。

攻倒恶政府，以国民之全力，组织一良政府代之，谋于最短期之间，以修明其刑政，使其国度进于文明之域”[①]。如何才能“组织一良政府代之”呢？章士钊认为，应当在中国实行政党政治：“政党政治即所以对现政府之弱病而针之者也。”“政党政治所以易弱政府为强政府者也，即所以对于国民绝对负其责任，而立拯中国之危亡，且谋最大多数之幸福者也。”[②]“唯在政党政治之下，国民始有机会得全出其意见，尽情讨论，以求最后之胜利，此代表政治之精神也。”[③] 因此，在介绍西方政党和政党政治的理论与实践的同时，章士钊对中国未来的政党和政党政治实践也提出了一些建议或估计。

中国应该组织怎样的政党呢？章士钊认为，“今之政党，当以今之政府为对立党，对于彼等之失策，尽力以攻之，不为要求之谈，不作悻悻之语，攻而或蹶，蹶乃复进，必使政治上之机会移而向我，于是彼而倾跌，我乃代之”[④]。他指出：“吾国之政党，断不至以君党、民党立名，亦复不至以保守、自由对峙。何也，在二十世纪中君民之争太不适时。而以政治之潮流卜之，将复无人自居为保守党，即有之亦复不能号召徒党也。其最似者，中国将以缓进、急进两派分掌政衡。”[⑤]

中国的政党政治应如何开展呢？章士钊主张中国仿照西方实行两党制政治，他说：“凡国家之能获政党之福者，必其国内有两大党，而亦仅有两大党，政纲截然不同，相代用事者也。”“此两大党者，又一在朝，一在野也。今吾自立于野乃组织在野党，则以在朝党为对立党，而因以自制其党无可疑也。”[⑥] 他认为：“凡一

---

① 秋桐：《论尼泊尔》，《帝国日报》1911 年 8 月 6 日。

② 秋桐：《政党政治果适于今日之中国乎》，《帝国日报》1911 年 5 月 29 日。

③ 秋桐：《何谓政党》，《帝国日报》1911 年 5 月 30 日。

④ 秋桐：《中国应即组织之政党其性质当如何（续）》，《帝国日报》1911 年 3 月 13 日。

⑤ 秋桐：《帝国统一党党名质疑（续）》，《帝国日报》1911 年 3 月 3 日。

⑥ 秋桐：《中国应即组织之政党其性质当如何》，《帝国日报》1911 年 3 月 13 日。

政策必有正负两面，政策一经介绍于国中，国民之赞同者有之，反对者亦必有之。政党者即应于此现象而生，一党守其正，一党守其负。谁得国民多数之拥护，即谁胜利。”[①]

中国应采用非政党内阁还是政党内阁呢？章士钊认为：“政党内阁者，政治自然之趋势，而亦将为中国政治自然之趋势者也。”他以历史上英国统治殖民地的方法为例，说明政党内阁较优。他认为英国殖民地起初并无直辖与自治之分，然而由于殖民地议会与行政部之间的冲突而逐渐采取了两种政制，“一则行政部让步，总督委行政权于民选议员，使在议会控制多数之政党出而组织内阁。一则行政部专横，削除民选议员之一部，或竟撤销民选议会，使居民无法与政府为难”。前者在国民程度高的地区实行，是自治殖民地；后者在国民程度低的地区实行，是直辖殖民地。于是章士钊得出以下原则，即立法部与行政部冲突的结果不是予立法部以行政权，组织责任政府，就是剥夺其权力。较之于中国政治现状，他认为中国虽无国会，但作为国会雏形的资政院与政府之间的矛盾，必将类似于上述立法部与行政部之间的冲突。因此“于此谋有以救治之，舍联行政、立法为一气，其道莫由，而政党内阁以成”[②]。

1911年5月，清政府颁布内阁官制，成立“皇族内阁”。章士钊将中国的“皇族内阁”和西方政党内阁加以比较后指出：中国的“皇族内阁”，可谓畸形内阁。其理由有三：

第一，“内阁者，乃国务大臣之议政团体，阁员非独立之实职官衔，内阁非一衙门，实无官制之可言也。是故内阁者非于各部之外另设一部制，为若干级之官阶，因以吸收各部大臣于其内而号曰内阁也。今北京组织中之内阁，即谋于各部之上建设一部，颜曰内阁，他部有部丞也，内阁亦有阁丞，他部有主事、有录事

---

① 秋桐：《何谓政党》，《帝国日报》1911年5月30日。

② 秋桐：《政党内阁者政治自然之趋势而亦将为中国政治自然之趋势者也》，《帝国日报》1911年5月26—27日。

也，内阁亦有主事、有录事，余类推，是之谓畸形”。

第二，“北京内阁之畸形，复可于阁员之职务上想见之。阁员者，国务大臣也。今设有阁丞等，则阁丞以下是否称为阁员，不称为阁员，又胡以居职于内阁？是之谓畸形。内阁者，阁员会议政务之处也。阁丞以下是否出席于阁会，不出席，则又奚赖有此职？是之谓畸形。内阁会议尚秘密者也，在先进之国，部臣且不得有手录本，设书记何为？设录事何为？是之谓畸形。内阁乃纯粹一建设政纲之地也，政纲所在，动为原则数十字而可达，至语其详，则刑名有专部，钱谷有专部，非内阁之所及，问设司员何为？是之谓畸形”。

第三，“内阁者，国务大臣之集合体也；总理大臣者，即总国务大臣也。其所以须总理大臣者，以欲保持政策之一贯，其政策必调和于一手也。三妇不能治一羹，三总理又何能治一内阁？”且阁员多达二十人，制定政策更难调和。“今北京内阁有所谓总理大臣者，有所谓协理大臣者数人，同超然于部臣之上，一缰而三御，是之谓畸形。”①

因此，在章士钊看来，“皇族内阁”并非依据政党政治原理所成，因而是一种畸形内阁。同时，章士钊还追根溯源，进一步指出：中国畸形的“皇族内阁”是中国官僚政治下的必然产物，在这种争权夺利的官僚体系中，不以国策为务，而且又无主义之信仰，易生内讧。因此，他再次强调：“中国不需内阁则已，苟须之，则必政党内阁，而非官僚内阁，或为一时之官僚内阁，而断非永久之官僚内阁。”②

宁调元在《帝国日报》上持续刊登章士钊有关西方政党和政党政治的文章，对国内的仁人志士寻求救国救民道路，产生了重要而深远的影响。梁漱溟晚年回忆了这些曾对青年时代的他在精神上产生影响的这些文章：“当时北京有一家《帝国日报》常见有

---

① 秋桐：《论畸形内阁（续）》，《帝国日报》1911 年 5 月 22 日。

② 秋桐：《论中国政党内阁当应时发生》，《帝国日报》1911 年 2 月 26 日。

署名‘秋桐’的文章，讨论宪政制度，例如国会宜用一院制抑二院制的问题等等。笔者似在欧洲，有时兼写有《欧游通讯》刊出，均为我所爱读。”[①] 宋教仁曾将这些论文按期剪裁，汇集成册，当章士钊携眷回国访宋时，宋教仁“持剪报巨册见示”，章士钊深为感动：“数年间，吾所寄京、沪诸报论政文字咸在，质不可晓，而量殊可观。”[②] 饶怀民教授曾指出：民国初成，“及中国立国异同本义殆无一人能言，南京参议员某君曾得半部美国宪法于旧书摊上，执为大训”。而章士钊在《帝国日报》上刊登的这些文章对于南京临时政府制定《临时约法》是颇具参考价值的。[③] 由此可见，当年宁调元主编的《帝国日报》上发表章士钊这些文章，对于近代中国政党政治思想的启蒙和影响之深远。

还值得一提的是，宁调元在《帝国日报》上不仅刊登章士钊有关西方政党和政党政治的文章，而且还首发章士钊一生中创作的唯一一篇爱情小说《双枰记》（当时作者署名烂柯山人）。小说主人公以与章士钊、陈独秀 1903 年于上海共办《国民日报》的好友何靡施（梅士）为原型，情节则以其真实爱情经历为基础，描写了何靡施偶尔救出被洋人调戏侮辱之少女棋卿，棋卿先是感激，继而产生爱慕，后因父母所阻，靡施在棋卿生死不明之际蹈海殉情的故事。章士钊将这故事置于辛亥革命前各路志士仁人为革命奔走呼号之背景下，通过主人公的遭遇和结局，控诉了封建婚姻制度，表现了作者的反封建的民主革命思想。《双枰记》在《帝国日报》上连载后即大受欢迎。1914 年 11 月《双枰记》在《甲寅杂志》重刊之时，陈独秀曾为之作序曰：“烂柯山人素恶专横政治与习惯，对国家主张人民之自由权利，对社会主张个人之自由权利，此亦予所极表同情者也。团体之成立，乃以维持及发达个体

---

① 佟自光：《孤鸿卓立——梁漱溟》，湖南师范大学出版社，2011 年，第 210 页。

② 章士钊：《与黄克强相交始末》，田伏隆主编《忆黄兴》，第 129 页。

③ 饶怀民：《民主革命的宣传家——评辛亥革命时期的章士钊》，《求索》1986 年第 1 期。

之权利已耳，个体之权利不存在，则团体遂无存在之必要。必欲存之，是曰盲动。烂柯山人之作此书，非标榜此义者也，而于此义有关系存焉。”① 苏曼殊对之也有过较高评价。1936 年，此小说被收入亚东图书馆印行的《名家小说》，多年之后还有不少读者到处寻购《双枰记》，足见其影响之大。

第二节　改良社会

在鼓吹革命的同时，宁调元又强调改良社会。走上革命道路之后，宁调元不仅呼吁反清排满，而且还十分重视社会风俗的改良。1907 年 12 月，宁调元在狱中完成《论风俗之蠹》一文，并于 12 月 23—24 日两天在《长沙日报》上连载。在此文中，宁调元指出：“一帝皇之起，即有一帝皇之政略。殷不因夏，周不因殷，改制度也，易服色也，殊徽号也，异器械也，所改、所易、所殊、所异不同，而其所以改、所以易、所以殊、所以异者无不同。盖不改、不易、不殊、不异则不足以昭一代之教令，一代之教令不昭则不足以新天下之耳目，天下之耳目不新则前代之弊俗颓风毋以革，古与今盖一丘之貉耳。”宁调元强调：“‘法出而奸生，令下而诈起。一岁之狱以万千数，如以汤止沸，沸愈甚而无益。譬之琴瑟不调甚者，必改弦而更张之，乃可鼓也。为政而不行甚者，必变而更化之，乃可理也。’《汉书·礼乐志》所云，不啻为今日发也。”宁调元疾呼，严禁奢侈之风、淫乱之风、赌博之风。“一人倡之则为学问，十人倡之则为教化。吾国朝野上下，朝夕谋改良国是而不首注意于风俗为正本清源之政策，毋乃急其所缓而缓其所急欤?!”②

---

① 陈独秀：《我之爱国主义》，中国戏剧出版社，2001 年，第 193 页。

② 宁调元：《论风俗之蠹》，《长沙日报》1907 年 12 月 23—24 日。

到北京主编《帝国日报》后，宁调元继续关注改良社会风俗之事，自觉担负起宣传改良社会之职责，于1910年9月下旬推出社说《社会改良论》，阐述改良社会的重要性和紧迫性。文章指出："国家之盛衰由于政治之良窳，政治之良窳系于风俗之善恶。夫政俗之优劣，国命之兴替所攸关者也。"文章认为，近年来新政措施纷纷实行，国家"不特无进化之途，而且有趋下之势。愈更张而愈丛脞，愈改革而愈支离"。究其原因，"诚以欲兴其利而不去其弊，欲改为良而不去其莠也"。所以不维新则已，"如欲维新则当先革其恶劣之习惯，否则虽百变其法制终无以与人民之乐利而厝国家于安荣"。文章强调，中国社会必须解决的"弊害之最大，为欧美文明各国所鄙夷而反于大同之风"的烟、赌、缠足、辫发、买卖奴婢、纳妾等六大社会问题。"所谓食鸦片者，即不啻黑奴面目之代表。所谓缠足者，即不啻野蛮刑法之代表。辫发者，即不啻生番裸体之代表。所谓赌博者，即不啻乞丐窃盗之代表。至买卖奴婢与蓄妾二者亦显然为禽兽自相残杀、自相嬉弄之代表。"以上六大社会问题，"实为中国社会腐败之怪现象，历历在目，而且不可掩者。其障碍不特直接影响于政治上，且间接影响于国体上"。文章提出了禁烟、禁赌、禁缠足、剪辫、禁止买卖奴婢、禁妾等六条主张，以消除"中国社会腐败现象"。文章最后强调指出："西儒有言：改良社会比改良政治尤难，故古今之大政治家当改革政治之初必先着力改良社会。欧美各国之自治制度具在可考而知也。国家制定法律，非无从习惯上而因势利导者，然此亦当视其习惯之良否，以定取舍。使其为良习惯也，则不妨沿袭之，以从众意。至一切之恶习惯，要不可不严禁而扫除之。"① 随后，宁调元又不断对这些"中国社会腐败之怪现象"进行了揭露、嘲讽和抨击。

一、呼吁剪发。辫发是《社会改良论》中所列六大社会问题之一，而且六大弊害中以辫发之害尤烈。文章指出，辫发不独

---

① 有澜：《社会改良论》，《帝国日报》1910年9月22—25日。

“老大病国独有”，“即求之野蛮人中亦不可得”。此种所谓中国特色适足以“使他族见之呼为下等动物而羞与为伍”，“可耻孰甚”。中国变法至今仍极力保留此腐败形式不以为耻，“虽□社会之罪，抑亦政府之罪也”。文章还强调，辫发不仅为中国人民难以申雪之国耻，而且对于外交、宪政、军事等重大问题尤有诸多“彰明较著”之不便。在外交上，日本明治维新后外交之发达，皆因外交官断发西装，形象上、形式上不被欧美各国所鄙弃。而中国使臣仍旧辫发袍褂，外交失败是咎由自取。庚子后载沣赴德谢罪，遭德皇侮辱，要求行跪拜礼，即是中国自取其辱的明证。在宪政上，剪发已成世界大势，不仅俄、日等国变法必先断发易服，连区区暹罗也知以断发自立。反观中国，预备立宪后三令五申，却始终不能唤起民心，“诚以非改革其形式决不足以振刷其精神”。在军事上，中国竭力模仿欧美军制，服色虽易，但辫发仍留，不仅使自己在精神气势上相形见绌，还招致各国之耻笑。

该文发表之后，适值资政会第一届常会召开，周震鳞等人向此会递交了《请剪除辫发改良礼服说帖》，宁调元闻讯立即将之在《帝国日报》上全文推出，引起社会各界的广泛关注。随后，湖南籍议员罗杰向资政院秘书厅递交《拟请明谕剪辫易服与世大同具奏案》。为了推动剪发易服案列入会议议事日表并顺利通过，宁调元不仅亲自撰文为之呐喊助威，而且以《帝国日报》为阵地，为剪发易服大造声势。

11 月下旬，宁调元在《帝国日报》上对北京、天津、东三省以及广东等地社会各界剪发情况进行连续报道，并对其冠以“辫发之末运”“辫发之死刑宣告”“吁嗟，辫发兮命之衰矣”“豚尾奴之忏悔史”“辫发与吾人之永诀”等标题，极力强化对辫发的厌恶和否定。30 日，《帝国日报》又刊登《中国人富于惰性之特征》一文指出：“辫发者，无用而有害之物，立时应去之物也。朝廷以消极方法听人自由而剪之，吾辈即当以积极方法联合大众而剪之。”并特别强调“资政院议员能决议奏请剪辫欤，我辈固可应时剪之；不能决议奏请剪辫，我辈亦必即速剪之”。[①]

为推动剪发易服议案，罗杰自行剪发，并作《饯辫发》诗一首云：“提剑睆天地，浮生耻赘疣。壮心宰宙合，奚必与发谋。历髻化为辫，一丝一烦忧。兵士商学宦，睇汝为之愁。匿帽态不武，冒机命则休。远征苦梳沐，运体妨掉头。冠服以之笨，不犯而躬囚。外交畏脱帽，豚尾东西羞。授捉者以柄，奸盗汝与愁。弹之我何益，汝落乃自由。推巾怒斩汝，魂兮有北投。从兹靡挂碍，昂首神悠悠。念受吾父母，不忍恝然徂。雪夜一为饯，伊余独千秋。”[②] 宁调元获悉后，立即将罗杰该诗全文在《帝国日报》上刊出，广为宣传。

剪发易服案列入会议议事日表之后，各地民众欢欣鼓舞，学界剪发行动势头也更加猛烈。《帝国日报》不仅重点报道了北京京师法政、财政学堂、闽学堂、湘学堂、第一初级师范等学堂学生纷纷剪发；京师各学堂学生联合开会，准备年内剪尽[③]；殖边、税务、实业、巡警、交通等官立学堂学生同时剪发[④]；周震鳞所执教的顺天高等学堂已有半多学生剪去发辫，第一初级师范陆续剪去者又有100余人，法政学堂学生还准备成立剪辫同志会[⑤]等情况，还陆续报道了营口商业学堂学生剪发已达230余人；哈尔滨商务中学和小学堂教员相继剪发[⑥]；吉林自省师范学堂学生剪辫后各学堂学生相继剪去大半[⑦]；广东两广优级师范学生掀起剪辫行动，监督牌示禁止，学生拒不服从，反而越剪越多[⑧]；军事学堂学生剪发也在继续发展；北京陆军测绘学堂学生各班剪发者有50余人，监督

---

① 炎炎：《中国人富于惰性之特征》，《帝国日报》1910年11月30日。
② 罗杰：《饯辫发》，《帝国日报》1910年12月5日。
③ 《辫发之末运》，《帝国日报》1910年11月27日。
④ 《剪除辫发之潮流》，《帝国日报》1910年12月3日。
⑤ 《稍纵即逝之发辫》，《帝国日报》1910年12月9日。
⑥ 《辫发之死刑宣告》，《帝国日报》1910年11月28日。
⑦ 《剪辫之日益吃紧》，《帝国日报》1910年12月6日。
⑧ 《吁嗟辫发兮命之衰矣》，《帝国日报》1910年11月29日。

提调也自行剪辫[①]，烟台海军学堂全体师生一律剪除发辫等情况。[②]

面对各地兴起的剪发热潮，清政府学部通饬各学堂严行禁止剪发，但《帝国日报》则发表文章，完全肯定和支持学生的剪发行动，“虽野蛮如学部，亦卒莫如之何而已”[③]。随后，宁调元又结合几天前所揭露的两名日本人持保存辫发说帖运动某议员署名[④]的情况，在《帝国日报》上编发《谄上媚外之学部》一文指出，学部以未奉明谕和有违祖制之罪禁止学生剪发，却不敢弹劾已经剪发的海陆军大臣，可谓谄上；学部勾结日本压制国民生气，可谓媚外。[⑤]《帝国日报》还发表社论《问学部》，指出学部严禁学生剪发之通饬有“六罪”：学部既非奉谕又非奏奉依议，却以官厅命令称以违制，是侵夺朝廷大权；学部以行政衙门擅定刑律，是侵夺立法权；学部自定学生有罪，使审判厅按学部命令行事，是侵犯司法权；学部命令称嗣后私剃者违制，即是默认以前剃发不属违制，这是以学部命令为是否违制标准，实是藐视祖制；学部明知剪发时间前后难以确定，却仍轻率颁命，是以政令为儿戏；宪法大纲规定皇上为海陆军大元帅，皇上必当剪辫。皇上剪辫，臣民必须服从。且立宪国人民都有当兵义务，人人有剪辫之权利。学生为军国民教育最重要之一部分，学部严禁学生剪发又是暗中阻挠宪政。[⑥]宁调元认为，民众的剪发热情不仅不能禁，还要大力鼓励。接着，《帝国日报》又发表《敬告军警学界宜从速剪发以救亡书》，告诫全国军、警、学界不要拘泥身体发肤受之父母的陈腐观念而不肯剪发，也不要因贪恋官禄而不肯剪发，更不要期望政府主动颁定服制以待人民剪发。只有下定决心不论有无明谕都从

---

① 《以不剪辫为耻》，《帝国日报》1910年12月7日。

② 《剪辫者之争先恐后》，《帝国日报》1910年12月8日。

③ 《剪辫者之纷纷》，《帝国日报》1910年12月11日。

④ 《日人运动议员反对剪辫之骇闻》，《帝国日报》1910年12月6日。

⑤ 《谄上媚外之学部》，《帝国日报》1910年12月13、16日。

⑥ 冬青：《问学部》，《帝国日报》1910年12月15日。

速剪发，才能新天下耳目，振爱国精神。[①] 在《帝国日报》的鼓动下，不仅各地的剪发行动又掀新的高潮，剪发易服案也于 12 月 15 日在资政院第一届常会上最终以多数赞成而获得通过。

二、揭露赌博。对于赌博，宁调元十分痛恨，曾斥之曰：“十百成群，靡夕靡旦，废事弃业，忘寝与食；朝廷之法律可违也，父母之命令可背也，妻子之恋爱可割也；求之于趋向则非仁义之域，考之于世情则非忠厚之道；几九流而为十，与六艺而俱七；锱铢计较而忿戾形于色，衣物轮尽而廉耻丧于衷。”[②] 因此，在关注和呼吁剪发的同时，宁调元还在《帝国日报》上新辟“燕尘琐录”栏目，并亲自操刀，发表揭露北京社会风俗的阴暗面、抨击社会腐败之怪现象的文章。其中，对于东单牌楼二条胡同赌博现象的曝光和关于抓赌的 6 天追踪连续报道，反映宁调元对于赌博陋习的痛恨。

1910 年 9 月初，宁调元发现北京东单牌楼二条胡同三号、四号、十五号外国人所开酒馆，“均有开场聚赌情事。每日以下午八时起，至一二钟或天明方散，上至官场，下至娼寮，莫不趋之若鹜，胜负之数均在数千元以上”[③]，于是在《帝国日报》上对此进行曝光。但过了几天之后，京城有关部门没有动静，宁调元愤而于 9 月 12 日在《帝国日报》的“燕尘琐录”栏目发表《为外人开赌问民政部》一文，向民政部提出质问：

以西人处中国内地，竟敢明目张胆招集妓女，大设赌摊。此其目无法纪，有伤风化，可谓极矣！本报言之再矣。乃民政部竟置之不闻，岂终不之问耶？抑有所窒碍而不敢问耶？终不问，则外人可赌，本国人又何人不可以赌？不敢问，则外人今日可以聚赌，焉知异日不可以杀人？聚赌不问，杀人

① 蔡大愚：《敬告军警学界宜从速剪发以救亡书》，《帝国日报》1910 年 12 月 25 日。
② 宁调元：《论风俗之蠹》，《长沙日报》1907 年 12 月 24 日。
③ 宁调元：《燕尘琐录》，《宁调元集》，2008 年，第 555 页。

亦不问耶？敢请教于民政部。[1]

在宁调元的一再曝光和质问下，当天晚上，民政部乃会同步军统领衙门、顺天府陆军卫队前往三号酒馆（是晚四号、十五号酒店未开局）抓赌，拿获六十余人，其中中西男女不一，凡系外籍者，均解交外务部转各国公使惩治，每人处罚金五百元，尚有一人递解回籍；中国人则解交内城警察总厅听候审办，以度支部人员为最多，著名浑浑流氓王双喜、张瞎子等四人亦在其内，还有绿香仙馆女子一人。

后来，抓获的中国籍赌徒由内城佥事顾鳌审讯，处理结果，度支部的赌徒中，“仅有一人供认该部司员不讳，余均改名换姓，捏称情节，哀怜万状，概处二十元之罚金了事，以示警诫。另有四人上有手铐，大约系著名四浑浑”[2]。

对于此次有关部门的抓赌，宁调元也有正面的评论：

该赌局开设数月，贻患匪轻。此次经民政部堂官发大誓愿，毅然除此巨毒，足见事在人为。天下本无不可办到之事。惟真正开此赌局者，尚望民政部有以痛惩之。[3]

然而不久，宁调元获知，三号酒店初为美国人开机器赌，生意颇为黯淡。后由天乐茶园园主、中国人田际云以每月租金五百元租下，从事推牌九赌博，“于是，风声所播，游人如蚁”[4]。但9月12日晚，有关部门入三号酒店抓赌时，田际云已闻风而逃，三号、四号、十五号酒店之洋人撒威德、哈巴、巴必、折福林等人也不见踪影，均未归案。此后二条胡同的赌博案就不了了之。对此，宁调元感到不满，又撰文对民政部予以嘲讽：

赌，异事也，而中国之赌则寻常事。拿赌，寻常事也，而中国拿赌则异事。既拿赌矣，三号就获，而四号、十五号

---

① 宁调元：《燕尘琐录》，《宁调元集》，2008年，第550页。
② 宁调元：《燕尘琐录》，《宁调元集》，2008年，第554页。
③ 宁调元：《燕尘琐录》，《宁调元集》，2008年，第555页。
④ 宁调元：《燕尘琐录》，《宁调元集》，2008年，第553页。

得逍遥法外。三号之赌徒就获，而三号之真正开赌者又逍遥法外。此尤异中之异者。[①]

三、抨击纳妾。在宁调元看来，纳妾也是封建社会的陋习之一，“买卖奴婢与蓄妾二者亦显然为禽兽自相残杀、自相嬉弄之代表”。因此要改良社会，必须对纳妾的丑恶现象进行揭露和批判，废止纳妾。当时在京城，清廷的达官贵人纳妾现象十分普遍，宁调元痛恨之余，毅然拿清皇族庆亲王及其两个儿子开刀。

庆亲王奕劻长子，载振，清满洲镶蓝旗人，爱新觉罗氏，字育周，1894 年封二等镇国将军，1902 年奉派为头等专使赴英参加英皇加冕典礼，并封贝子，次年赴英呈递国书，顺道访问法、比、美、日四国，1904 年赴日本参观博览会，并考察商政，返国后奏请成立商部，任尚书。1906 年 12 月底，时任农工商部尚书的载振赴吉林、黑龙江出差回京，路过天津时，时任直隶总督的袁世凯命时任天津南段巡警总局总办段芝贵为载振的贴身伺候，并设剧招饮。载振因而迷恋上天津歌妓杨翠喜。段芝贵遂以巨资购翠喜，并于次年 3 月借为庆亲王祝寿之机，将其送到载振在北京的王府。载振大喜，自然投桃报李，运动其父奏请慈禧颁发上谕，任命段芝贵署理黑龙江巡抚。是年 5 月，御史赵启霖参劾此事，慈禧太后派醇亲王载沣、大学士孙家鼐查报。载振闻讯将杨翠喜匿退，载沣、孙家鼐为顾全皇室体面，以查无实据复命。结果，赵启霖反以“奏劾不实”被革职，段芝贵也被撤免署黑龙江巡抚之职，载振被迫辞去御前大臣、领侍卫内大臣、农工商部尚书等差使。轰动一时的“杨翠喜案”就此结束。

无独有偶。奕劻的次子镇国将军载搏人称搏二爷，也是个好色之徒，纳妾成瘾，不仅纳红宝宝，还传出又张罗纳苏妓苏宝宝之事。宁调元闻之，不惧权贵，愤然作《金台馆摘艳记》予以揭露：

庆邸世子搏二爷，去年纳红宝宝一事，为各报揭载，经

---

① 宁调元：《燕尘琐录》，《宁调元集》，2008 年，第 556 页。

著名洋奴黄某为之出头代为掩饰。不料近有苏妓苏宝宝，到京寓居金台旅馆，已应韵花之聘，为黄某得知，又为搏二爷做撮合山，攫取以去。搏二爷初非有意，不过以黄某之怂恿，遂得成此美满姻缘。初尚寄居苏州胡同黄家，现庆邸微有风闻。搏二爷颇恐，又将苏宝宝从黄家移住于北京饭馆。此事早经某报微露端倪，几酿成封报之举。嗣某报自行更正，证明为黄之个人之事，与搏二爷无干始了。并闻韵花别墅亦几被惩罚，因黄某以人言载道，疑泄漏其事者为韵花班主，故迁怒及之云。

在揭露载搏拈花惹草的同时，宁调元将矛头直指庆亲王奕劻，并抨击腐朽堕落的清朝贵族：

庆邸以亲王领袖军机，中外观瞻所系。其子弟宜如何安分守法，方足以上答国恩，下摄群望。乃自杨翠喜案发露而后，未几，而搏二爷纳洪兰芳、洪宝宝之艳史出。未几，而抡五爷盗老福晋宝石赠谢卿卿之怪闻出（见《燕报》）。益之以天香深处洪、宝两大疑案并时而起。天下方谓一般贵族于政治上种种权利，业已攫夺净尽，又转用其故技以施之于八大胡同。言虽近谑，足见物腐虫生，舆论沸然，有自来也。况黄某以一洋奴，日奔走于东西各国使馆之门，谁不知之？而搏二爷敢于与之结交，外间谓其侦探国事，偷漏秘密，无所不至。虽不敢遽信为实，而两次纳妾已享其实，黄负其名，此中非有甚深微妙谛，又谁肯为之出力若此哉？[①]

在重点揭露和抨击中国社会的辫发、赌博、纳妾等恶习的同时，宁调元还在《帝国日报》上的“燕尘琐录”“京都杂记”等栏目中先后发表《杨小楼之丑态》《云乐之苛虐》《朱小宝与金秀卿之比较》《北京花界之大势》《苏映雪洗澡之神速》《朱文玉赎身志》《朱文玉赎身详志》等杂文，或揭露八大胡同之丑恶现象，或揭露妓女生活的悲惨，或揭露狎妓官员的丑陋。

① 宁调元：《京都杂记》，《宁调元集》，2008 年，第 566—567 页。

例如，宁调元在《苏映雪洗澡之神速》一文中就曝光了时任邮传部铁路总局局长梁士诒和时任邮传部候补参议、京张铁路局局长关冕钧等人欠条子钱之事：“梁士诒去年秋节欠伊条子钱一百零十元，屡经索取，卒漂十元。关冕钧叫条甚多，分文不与。左袭侯前后所欠局帐至二千余元之多，未给一钱。”① 此外，对于禁烟，宁调元十分赞同。在旁听资政院第一届常会，听到邵羲、易宗夔、黎尚雯等提出惩戒吸食鸦片者之倡议时，宁调元深以为然，认为：“鸦片禁绝案议未决，而鸦片鬼先惩，此亦足证中国鸦片之末运。”②

总之，关注社会、提倡社会改良，反映了宁调元彻底与中国几千年的封建专制决裂，欲从根本上改造中国封建的旧思想、旧道德、旧风俗、旧文化，推动中国社会进步的远大理想。

第三节　热心组党

“党”在我国出现较早。《周礼·地官闾胥疏》中载“五家为比，五比为闾，五闾为族，五族为党”。但在这里，“党”指的是古代地方政权组织形式，即五百家为一党。北魏孝文帝也曾以“党”名组建一级封建基层政权组织，“五里为党，设一党长”。以后，“党”被引申出以类相从，所谓“党，党类”（《论语正义·里仁》），并进而被衍化为指具有共同或相近志趣、利益、目标的一群人。中国古代的“党”字又常与“朋”字相搭配。朋，原是货币单位。上古以贝壳为货币，大体上是五贝为一串，两串为一朋。大概因为“朋”含有聚集、串连之意，后来便引申出“群”“类”的意思来。如《山海经·北山经》中有“群居而朋飞”之

---

① 宁调元：《京都杂记》，《宁调元集》，2008 年，第 566 页。

② 宁调元：《议场谭屑》，《宁调元集》，2008 年，第 476 页。

语，将“朋”与“群”对举；而《周易·系辞上》中又有“方以类聚，物以群分”之句，则将“类”与“群”对举。这说明朋与群、类都成了近义词。后来，朋又演绎出同门、志同道合的意思。由于“朋”与“党”字义相近，战国时，“朋党”一词已广泛使用。这里的“朋党”其实是指封建朝臣和士大夫内部的少数人，为了个人进退而党同伐异的秘密宗派组织，或者是一些对朝政不满的志士仁人结成的派别。史书上讲，“自三代而下，代有朋党”。有朋党就有党争。封建社会的朋党之争，虽然大多在血雨腥风中进行，表现为同室操戈、宫闱喋血、党同伐异，但也有一些表现为进步与保守、新与旧、改革与反改革的斗争，在一定程度上起到了打击贪官污吏、反对腐败集团、革新朝政，为某个王朝带来新的活力，从而推动历史前进的进步作用。其中一些改革派的代表人物因而也就成为后世崇敬的对象。

在君权至上的封建专制社会，朋党及其纷争，不仅造成官场的极端腐朽、吏治的极端败坏，而且由于官僚们的彼此倾轧，党同伐异，从而使中国封建统治阶级内部的权、利之争，在更为广阔的空间和时间范围内展开，加剧了统治阶级内部矛盾，使君臣上下钩心斗角，朝廷内外纷争不止，进而导致社会动荡不安，因此，历来就受到政治家、思想家的谴责和封建统治者的禁绝。孔子在宣传他的政治主张时，就竖起了反对“朋党比周”的大旗，声称“君子矜而不争，群而不党”（《论语·卫灵公》），“君子周而不比，小人比而不周”（《论语·为政》）。荀子从不同角度揭露了朋党的罪恶，他说，朋党“是非反易，比周欺上”，“比周环主党与施，远贤近谗，忠臣蔽塞，主执（势）移”（《荀子·成相》）。韩非把朋党之害提到了关系国家存亡、君主安危的高度，他说：“朋党比周，相与一口，惑主败法，以乱士民，使国家危削，主上劳辱，此大罪也。”（《韩非子·孤愤》）王船山认为：“朋党兴，而人心国是如乱丝之不可理”，“国家之大患，人臣之巨慝，莫甚于自相朋比”，“朋党立，国不能一日靖矣”，“朋党之争，则上失纲而下生乱，其必然也”[①]。顾炎武也曾指出：“天下之患，莫大乎聚五方不相识之人，而教之使为朋党，……朋比胶固，牢不可解。……其小者，足以蠹政害民，而其大者，至于立党倾轧，取人主太阿之柄而颠倒之，皆此之由也。”[②]

作为封建国家最高利益的代表者，历代帝王对朋党更是深恶痛绝，视之为不祥之物，必欲置之死地而快。周武王灭商之后，向商朝遗老箕子请教治道。箕子痛定思痛，向武王提出：“凡厥庶民，无有淫朋，人无有比德，惟皇作极。”并进一步指出：“无偏无党，王道荡荡；无党无偏，王道平平。”（《尚书·洪范》）从此，“无偏无党，王道荡荡”就成了统治阶级政治道德的一条重要准则，如果发现大臣相互朋比，援引私党，就会被认为是心怀叵测，背叛朝廷，对皇帝不忠，只要皇帝能够有效地行使皇权，控制国家机器，必然使用最严厉的手段予以制裁。汉武帝曾制定“阿党附益之法”，对结党“阿曲附益王侯者”皆治以重法。北宋丞相蔡京曾“令州县立党人碑”示禁。明代《大明律》规定：“若在朝官员，交结朋党紊乱朝政者皆斩，妻子为奴，财产入官。”清康熙帝说：“明末朋党纷争，在廷诸臣置封疆社稷于度外，惟以门户胜负为念，不待智者知其必亡。”（《清圣祖实录》卷一五四）并将防止大臣结朋为党作为整顿政治的首要问题之一，对同年门生，相为援引，三五成群，互有交结之类的现象，一经发觉，即予以取缔，禁绝朋党于萌芽之中。雍正帝则撰成《御制朋党论》一篇，颁示于宗室贵族及满汉文武大臣。乾隆帝甚至认为私家讲学是朋党相攻的祸根，因而连私学也欲行取缔。因此，在封建社会，“党”历来被视为不祥之物，“自古及今，帝王最恶者是朋党”[③]，社会上也谈党色变，乃至于“贤士大夫，语及党之一字，

---

① 王船山：《读通鉴论》卷 26、21、25，中华书局，1975 年，第 2094、2091、1654、2031 页。

② 顾炎武：《顾亭林诗文集》，中华书局，2010 年，第 24 页。

③ 李绛：《对宪宗论朋党》，《全唐文》卷六四五，中华书局，1990 年，第 289 页。

则蹙额掩耳，如不欲闻”[①]。

与上层社会的朋党相对应，下层社会也有为了某种利益和目的而结成的民间秘密组织——教门和会党。教门有白莲教、八卦教、罗教、混元教等，是以宗教信仰为纽带自发结成的民间秘密结社；会党有天地会、三合会、哥老会、大刀会、青帮、红帮等，是从异姓结拜弟兄的组织发展而来，以歃血结盟、焚表结拜弟兄的方式构成，以封建伦理道德与江湖义气作为维系内部团结之纽带的民间秘密结社。它们的成员大多来自下层社会中身无恒业、生活不稳定，又不肯向命运屈服的人们。其秘密结社的目的是借助宗教信仰和结拜弟兄的形式组织群众，形成一股社会势力，借以达到某种政治或经济方面的要求，使自己的现实地位与处境有所改变。虽然它们拉帮结伙，利用宗教信仰或江湖义气，干了许多危害人民利益的事，但当阶级矛盾激化时，它们又往往成为农民和其他下层群众举行武装起义的工具，有时在历史上掀起了轩然大波，动摇封建统治的基础。由于它们具有这种反正统、反现实的倾向，因而被历代封建统治者指为“教匪”或“会匪”，受到严厉的取缔、镇压和围剿。《大清律》规定：凡异姓歃血订盟、结拜兄弟者，照谋叛未行罪，为首交监候，为从减一等。

鸦片战争后，中国一步一步地沦为半殖民地半封建社会，深感有亡国灭种危险的有识之士在“以夷制夷”思想引导下，积极探索西方列强之所以富强之真谛。洋务运动时期，早期维新思想家通过与西方的接触，增进了对西方的了解，看到中国不仅在物质技术方面，而且在政治制度方面都远远落后于西方。郭嵩焘、马建忠、黎庶昌、黄遵宪等清政府外交官吏在步出国门，走向世界之后，目睹了西方资本主义国家的社会政治和政党政治，并通过书信、日记等形式，从不同角度披露了西方议会，议会中有各色政党，政党轮流执政等信息。他们对西方资产阶级政党政治的

① 梁启超：《敬告政党及政党员》，《梁启超全集》（5），北京出版社，1999年，第2635页。

介绍，虽不无溢美之词和很大的局限性，但这些介绍表达了中国资产阶级对参政的渴望，客观上向中国社会传播了有关西方政党政治方面的情况，为中国近代政党和政党政治的出现，做了思想上、舆论上的准备。

甲午战后，中华民族危机空前严重，阶级矛盾日趋尖锐。为了挽救民族危亡，资产阶级革命派根据西方资产阶级组织政党的原理，参照中国会党的秘密组织形式，率先于1894年11月在美国檀香山创立中国最早带政党性质的政治组织——兴中会。孙中山被选为会长。1895年11月，孙中山联络陆皓东、陈少白等，在香港成立了兴中会总部，并相继在日本的横滨、长崎、神户和南非、越南西贡、新加坡及国内的广州、台湾设立了分会。该会以“驱逐鞑虏，恢复中华，创立合众政府”为政纲，明显地反映了它反清革命、建立共和的资产阶级革命性质。其内部组织机构设会长、正副文案、管库、值理、协理，会员入会须填写盟书，又基本上保留了会党的一套做法。但其民主选举方式和少数服从多数的组织原则，又扫除了会党那种层层加封、唯首领之命是从的陋习和宗法制度的遗毒。其中既反映了它与会党的联系，同时也显示了与会党的区别。这说明，兴中会已不再是一个中国旧式会党，而是一个具有近代政党某些性质的革命团体。兴中会成立后，虽力图在国内发展，但由于受国内资产阶级下层经济力量和政治觉悟的制约，1900年以前，兴中会并未得到长足的发展，其影响也为声势浩大的维新变法运动所淹没。

如果说资产阶级革命派沿用了会党的秘密组织形式建立了自己的政治团体，维新派则是用一种公开的、合法的、带学术团体性质的途径建立自己的政治组织的。19世纪90年代，为了救国图存，康有为、梁启超、谭嗣同等资产阶级维新派组织开展了变法维新运动，主张学习西方，变革政制，设立议院。但是，由于当时维新派对西方的政党认识还比较模糊，加之清政府实行严厉的党禁政策以及维新派的软弱，维新派还不可能，也不敢提出建立政党的问题，而是沿袭中国传统学社的方式并借鉴西方学会的做法，提倡组织学会。1895年，即兴中会建立的第二年，维新派在北京成立了强学会，陈炽为会长，梁启超为书记员。列名会籍的会员43人，大部分在翰林院、都察院及各部衙门任职。其中，除了康、梁等维新派占多数外，还有翁同龢、孙家鼐为首的帝党派大官僚，张之洞、刘坤一、王文韶等洋务派大官僚，英美传教士李提摩太、李桂白、林乐知以及英国驻华公使欧格讷等人。强学会成立后，康有为将《万国公报》改名为《中外纪闻》，作为学会的机关报，介绍西学，宣传维新变法，并每隔十天举行集会，讨论时势，宣传变法，研究强国之道。北京强学会初具规模后，康有为又在张之洞的支持下在上海成立了上海强学会，成员有康有为、张之洞、龙泽厚、黄遵宪、陈宝琛、岑春煊等24人，并出版《强学报》，为宣传机关报。强学会的活动，却遭到了顽固守旧势力的破坏。1896年1月，在李鸿章的授意下，广西道监察御史杨崇伊上书，弹劾北京强学会"植党营私"，攻击《中外纪闻》"贩卖西学"，请旨查禁。北京强学会随即被查封，《中外纪闻》也被禁止发行。接着，张之洞下令查禁了上海强学会与《强学报》。至此，北京、上海两地强学会被顽固派扼杀。尽管北京、上海两地的强学会最终均遭查封，但由于康有为及其同志的提倡呼吁，从此，学会在全国各地蓬勃发展起来，形成"学会如林，万众沸腾"① 的局面。但随着戊戌变法的失败，这些学会也就烟消云散。

戊戌变法失败后，随着西方民主革命思想和政党观念的深入传播、资产阶级知识分子对西方政党的认识加深，越来越多的资产阶级知识分子趋向革命化，并仿效孙中山的兴中会开始组织起革命团体，直接投身于各项反对帝国主义和封建主义的政治斗争。在这些革命团体中，影响较大的有1904年2月成立于长沙的华兴会，1904年7月成立于武昌的科学补习所，1904年10月成立于上海的光复会等。1905年7月30日，孙中山、黄兴、宋教仁等70余革命人聚会于日本东京，讨论建立统一组织问题，决定成立中

① 唐才常：《唐才常集》，中华书局，2010年，第182页。

国同盟会，并于8月20日召开成立大会，选举以孙中山为总理的领导机构，明确规定以“驱除鞑虏，恢复中华，创立民国，平均地权”为自己的革命纲领。中国同盟会的成立标志着中国第一个近代意义政党的产生。

在资产阶级革命派成立政党之时，由19世纪末的维新派发展而来的立宪派也在谋划组建自己的政党。1906年，为了欺骗人民，扑灭革命，延长封建专制统治，清政府宣布“预备立宪”，次年3月，康有为在美国纽约组建了具有近代政党意义的改良政党——帝国宪政会，宣布其纲领为尊重皇室，奖励民生，制定宪法，建设有责任之政府。帝国宪政会还制定了一套完整的组织系统和组织原则，设本部于上海，在亚、美、欧、非、澳五洲遍设分会，同时修改了保皇会时期那种旧式会党式的家长制统治方式，领导机构建制形式仿君主立宪国政体模式，虚设总裁、副总裁（推载沣为总裁，载泽为副总裁），下设干事长和会议长，负责具体党务。同年10月，梁启超等在日本东京也组织了具有近代政党性质的政闻社。与国外的立宪派组党活动相呼应，国内的资产阶级立宪派也积极开展了组党结社的工作，他们在各省谘议局建立起活动舞台和在资政院内赢得了许多合法席位的同时，还建立了宪政预备会、宪政筹备会、请愿国会代表团谈话会、国会速开期成同志会、速开国会同志会等30多个全国性或地区性的立宪团体。随后，在接二连三的国会请愿活动中，国内立宪派获得了实际斗争的锻炼，涌现出了一批领袖人物和活动分子，并且加强了与社会的联系，形成了全国性的联合。这就为在国内组织全国性的立宪政党创造了必要的政治条件、思想条件、干部条件和社会条件。

1911年1月8日，在资政院的第三十七次议事会上，议员曾就无夫女子与人通奸是否应定罪而争执不下，最后记名表决：认为无夫奸有罪应入律者用白票，反之用蓝票，结果白票多于蓝票，无夫奸入律。10日，憋了一肚子气的汪荣宝、章宗元、陆宗舆等人邀集投蓝票的议员开会，研究新刑律善后办法，商量应变措施。在次日资政院第一届年会闭幕前夕，蓝票议员经过努力，使新刑律总则获得通过。

资政院第一届年会闭幕后，蓝票议员汪荣宝等召开会议，研究今后的重要议案，决定“以此次赞成新刑律之人组织一政党”，即政学会（又称政学公会），成员主要有曹汝霖、章宗祥、陆宗舆等，计20余人。与之相对应，白票党议员劳乃宣、宋育仁、喻长霖、马士杰、于邦华、陈树楷、陶葆廉7人发起帝国宪政实进会，于3月10日在全蜀会馆开成立大会，以陈宝琛为会长，于邦华、姚锡光为副会长，并宣布政纲十条：一、尊重君主立宪政体；二、发展地方自治能力；三、改良政治社界；四、完备法律机关；五、注重普通学，以定教育方针；六、提倡移民实边；七、整顿财政；八、振兴实业；九、研究外交政策；十、预备扩充军备。[①] 与此同时，在谘议局联合会和国会请愿同志会的基础上建立的帝国统一党（后更名为宪友会）也应运而生，以雷奋、徐佛苏、孙洪伊为常务干事，党员中多为各省谘议局要角，如汤化龙、梁善济、袁金铠、蒲殿俊、罗纶、张謇、马叙伦、谭延闿、刘春霖、马相伯、黄炎培等。其政治纲领有尊重君主立宪政体、督促联责内阁、整厘行省政务、开发社会经济、讲求国民外交、提倡尚武教育等六条。3月上旬，民政部批准帝国统一党立案。康有为闻讯欣喜万分，当即表示：“今统一党之注册于民政部也，乃中国政党发启明之初焰。民政部之许统一党注册也，为中国官认立党之雷震第一声。于是数千年专制禁党之旧俗，遂为埃及之僵尸、印度之灰塔，皆为古旧之前尘影事矣。”[②]

随着清政府《国会召集办法》的公布，各省谘议局的相继成立以及声势浩大的国会大请愿活动的开展，时在京师任《帝国日报》总编辑的宁调元感到组织政党，在国内开展合法斗争的迫切性，于是积极投身筹备建党的相关活动。资政院第一届年会期间，

---

① 《日报评论中国政党》，《申报》1911年6月25日。

② 康有为：《民政部准帝国统一党注册论》，《康有为全集》（第9集），中国人民大学出版社，2007年，第192页。

宁调元为《帝国日报》编发时事小言《新独断》一文，介绍政党知识，积极鼓吹组建政党：

凡居元首或相位而对于国家全盘之计划以公式发表者，曰政纲。或以一党派团体为公式发表者，亦曰政纲。在一私人对众陈述者，曰政见或曰意见书。

凡组织国民公党，运动秉握政权以行己意者，曰政党。但奔走号呼，提倡改革而未接政权者，曰民党。

凡为政治运动之团体，总称之曰政党。称其团体中之个人，曰政客。以个人抱持政见得位实行，能增益国家全盘或国家根本利益者，曰政治家。依他人之政见指挥，能增益一部事业之利益者，曰政事家。古昔，若颜渊为邦政治家也，冉有、季路政事家也。

为公人生活者，有三重资格。有机关之资格，有机关中所居地位之资格，有居此机关中地位之个人之资格。如行政部有某部之资格，有某部大臣之资格，有为大臣某人之资格。如议会有议院之资格，有议院中议员之资格，有充议员某人之资格。①

鉴于资政院第一届年会闭幕后，蓝票党、白票党竞起，宁调元亲自著文嘲讽以封建守旧出名的劳乃宣、杨锡田为首的白党云：

因一群无知无识之人相与一俯一仰，以自号于人曰：政党，政党！天下岂有如此之党哉？

无知无识之人聚合一堂，可以称政党。则湘黔间之苗民、四川之猓夷、西藏之喇嘛、上海之流氓、长江之盐枭、东三省之胡匪，乃至八大胡同之跑厅，何一不可以成政党？政党如此其易哉？蓝票党既成一组织矣，闻白票党欲继起。其成立也，果以劳乃宣充首领，杨锡田、王绍勋为爪牙，高凌霄、于邦华作羽翼，闵荷生、万慎、罗其光备顾问，则其异彩呈现于中国，亦足以绝千古而驾五洲矣。虽然，白党成，而中

① 少少：《新独断》，《帝国日报》1910年10月27日。

国亡矣！[①]

如前所述，为了增进国人的政党及政党政治方面的知识，宁调元曾约请远在英国留学的章士钊撰写了大量有关西方政党及政党政治学说的文章，并陆续将其编发在《帝国日报》上，对当时国内热心西方政党政治的人们具有启蒙作用，对于当时乃至民初政党政治的产生和发展具有重要的推动作用。与此同时，宁调元积极尝试政党政治，投身组党实践，反复与高旭及柳亚子等商讨组织政党，准备参加 1911 年的国会竞选。1910 年 12 月，宁调元致信高旭，表达组党的愿望："国会之开在即，而政党之预备毫无，此实可大为隐忧者也。同好其有意乎？"[②] 1911 年 1 月，宁调元致信柳亚子说："开国会之期已近，吾人当急组织政党，预备竞争选举。拟另拟一党名，分部办事，如教育、实业等是。草定章程后，即当寄上。江、浙、皖等处当惟吾兄与钝子是赖。蔡君哲夫，不知可任广东一部分否？拟不发表，惟暗中运动使人不注意为是。京中诸友已承认弟说，尚祈斟酌是要。"[③] 由此信可见，宁调元计划组织一个以发展教育和实业为宗旨的全国性的大党。1911 年春，绍兴一批文学青年要成立一个具有反清革命倾向的社团，鲁迅认为南社"便是鼓吹革命的文学团体，他们叹汉族的被压制，愤满人的凶横，渴望着光复旧物"[④]，于是就指导他们成立越社（春秋时期，绍兴一带称越国）作为南社在绍兴的分社。对此，宁调元给予积极支持，特于 1911 年 5 月 26 日，在《帝国日报》刊发《越社成立序》及《越社简章》，以扩大其影响。[⑤]

1911 年 3 月，宁调元抓住各省谘议局派代表进京开会的机会，

---

① 宁调元：《我之言》，《宁调元集》，2008 年，第 458—459 页。

② 宁调元：《致高天梅书》，《宁调元集》，2008 年，第 223 页。

③ 宁调元：《致柳亚子书》，《宁调元集》，2008 年，第 226—227 页。

④ 鲁迅：《现今的新文学的概观》，《鲁迅杂文集》，天津人民出版社，2016 年，第 236 页。

⑤ 殷安如、刘颖白编：《陈去病诗文集》（下），社会科学文献出版社，2009 年，第 1085 页。

频繁与杨度、周震鳞、罗杰、向瑞琨及前来开会的谭延闿等人接触，商议组建辛亥俱乐部事宜。经过宁调元等人的积极努力，辛亥俱乐部于6月14日在香炉营五条事务所开全体会议，决定以“促政治改良，谋国利民福”为宗旨，拟政纲八条：一、阐扬立宪帝国之精神；二、提倡军国民教育；三、发展地方自治能力；四、主张保护政策，以振兴实业；五、整理财政，以增进富力；六、审度公私经济能力，以谋交通之发达；七、整饬军备，以充实国力；八、体察内外情势，确定外交方针。并选举长福、郑际平、刘道仁、陈明超、赵椿年、陈命官、王璟芳、顾视高、刘颂虞、魏思具、陈黻宸、何藻翔等12人为常议员，罗杰、胡骏、杨悌、漆运钧、顾澄、张竞仁、刘冕执、汪龙光、牟琳、易宗夔、席绶、陈懋鼎等12人为评议员，庶务员为刘诚、张友栋、褚家猷、田桐等4人，书记员为张东荪、袁本贵、刘颂虞等3人，交际员为宁调元、左宗澍、刘诚等3人，罗杰、黎尚雯、张竞勇等3人为会计员。[①] 辛亥俱乐部本部设于北京，宁调元任总编的《帝国日报》成为辛亥俱乐部的宣传部，不仅发布《辛亥俱乐部规约》[②] 等重要文件，而且及时报道辛亥俱乐部的部务和各地分支部的组建发展情况。左宗澍曾说：“一九一一年，在北京组成辛亥俱乐部，罗杰、张东荪、张友栋同我四人，被推为干事，罗杰管会计，东荪主文书，友栋理庶务，我任交际。会员陆续加入，共有三百余人。推举五十人为常务，月一开会。其中陈懋鼎、吴禄贞、程明超、宁调元、兰公武、周震鳞等多为知名之士。……（辛亥俱乐部）立宪派会员颇众，幕后更有载泽操纵，欲借重民意，拥隆裕太后垂帘听政。我等则以革命为目的，认定欲推翻满清，必以满族打击满族，使其自相残害，可收事半功倍之效。秘密策略，惟负责人

① 《辛亥俱乐部组织之初步》，《帝国日报》1911年6月15日；又见：《辛亥俱乐部组织之内容》，天津《大公报》1911年6月18日。

② 《辛亥俱乐部规约》，《帝国日报》1911年7月23—24日。

知之。”[①] 王一公也说：“该部宣传机关设有报馆（记得报纸名字是《帝国日报》），负宣传及调查工作。内部活动主要是向各方面宣传革命，推倒清廷，建立民国，秘密进行革命活动。”[②]，可见，宁调元、周震鳞、田桐、魏宸组等革命党人先后加入辛亥俱乐部，是有意识地要推动其由官党向民党转化，以成为掩护革命党人在国内开展革命活动的合法机关。

辛亥俱乐部总部成立后，亦派员赴各地组织支部，发展会员，湖南、湖北、四川、贵州、山东等省均设有支部，其中以湖南最为突出。派归湖南组织支部者，便是罗杰。罗杰回到长沙后，即邀同粟戡时、李达璋、周广询、常治、杨宗实等6人为发起人，发起组织辛亥俱乐部湖南支部，获得了绅、商、学界一部分人士的响应。7月5日，宁调元在《帝国日报》上编发通信稿，报道了黄忠浩、左学谦、易宗羲、粟戡时、陈文玮等150多人在曾文正祠开会，决定成立湖南支部的情况。[③] 7月8日，民政部批准辛亥俱乐部立案。[④] 在此消息的刺激下，7月9日至10日，辛亥俱乐部湖南支部连续举行职员选举大会，选举黄忠浩为支部长，李达璋、俞峻为副支部长，左学谦为评议员长，黄忠浩、张人镜、李达璋、陈文玮、谭传恺、杨树谷、曹履贞、俞峻、雷光宇、任绍选、彭契圣、王汝楫等20人为常议员，罗杰、粟戡时、左学谦、龙璋、易宗鹄、马续常、易经、黄瑛、常治、易宗羲、黄翼球等11人为候补常议员，左学谦、殷泽龙、粟戡时、曹惠、曹完、周广询、马续常、姜济寰、文经纬、文斐等11人为评议员，罗杰、杨道南、黄翼球、杨宗实、易经、万鹏、唐光晋、李恒泽、易宗鹄、常治、唐济树、王燮文、廖名缙、易宗羲、谢光焯、周家纯等16人为候

① 左霖苍：《记辛亥俱乐部之成立与解散》，常熟市政协文史资料研究委员会编《文史资料辑存》第1辑，1961年，第131页。

② 王一公：《关于“辛亥俱乐”的一点说明》，《河南文史资料》第6辑，1981年，第221页。

③ 《辛亥俱乐部湖南支部成立》，《帝国日报》1911年7月10日。

④ 《专电》，《申报》1911年7月8日。

补评议员。[1] 辛亥俱乐部湖南支部成立后，又派员分赴各州县发起支部，各地进行颇为积极，并陆续将各地进展情况报告北京总部。[2]

然而，包括辛亥俱乐部在内的这些中国国内近代历史上的第一批政党并没有在中国政治舞台上演出多久，就随着武昌起义的一声枪响，永远地消逝在历史的长河之中。

第四节 克敌制胜

由于宁调元主编的《帝国日报》敢于直面现实、讥评朝政、呼吁改革，因而其创办不到一年就在京城声名鹊起，在京师五报中"销行已驾出各报之上"[3]。对此，宁调元的战友们在《帝国日报》创办周年前夕纷纷来函赋诗祝贺。

柳亚子喜赋《大一书来述〈帝国日报〉周年祝典为题两律奉寄》诗：

京洛缁尘浣未休，翩然鹰隼击高秋。似闻市上存屠狗，算向车前问饭牛。金粉南朝新涕泪，胭脂北地旧风流。玉箫瑶瑟湘娥怨，珍重芙蓉远道投。

穿针压线嫁衣忙，鸩鸟为媒亦自伤。掩袖有人工惑主，牵萝绝代尚无郎。十年不字迟归妹，九死余情自信芳。梦里葡萄新酒熟，盈盈十五嫁王昌。[4]

高旭欣然作《〈帝国日报〉祝词，为太一作》诗：

消息频传鸾凤边，玉箫声下大罗天。桃花流水人间世，

---

① 《长沙日报》1911 年 7 月 12 日。

② 《辛亥俱乐部进行》，《申报》1911 年 7 月 27 日。

③ 宁调元：《致高旭书》，《宁调元集》，2008 年，第 221 页。

④ 《帝国日报》1910 年 12 月 6 日。

参透楞严十种仙。

鹦鹉前头悄所思，画眉深浅卷帘迟。妖红媚紫争颜色，能得人怜有几枝？

底事狂风怨绮罗，沉沉翠幕奈愁何？昨宵花落知无数，赚得佳人红泪多。

珠光剑气此英姿，邂逅倾城一顾时。艳种天生真绝世，可应醉煞是梅痴。①

傅専则别出心裁，寄上漫画一幅，题曰《〈帝国日报〉之现状》，画中四周漆黑，中间一个电灯泡，在漆黑中放射出灿烂的光芒，寓意宁调元主编的《帝国日报》在黑暗的京城中显露一线光明。②

就连远在英国的章士钊也寄来热情洋溢的贺文，名曰《老大帝国之少年新闻》，对《帝国日报》的成绩给予充分肯定，并寄予无限希望：

近得京师友人书，知大报立行且一年，甚盛，甚盛。仆嗜读大报者也，则怦然有感，思为文颂之，顾仆不善颂，而大报起于艰难之中，方且与群魔战，亦无取乎颂。……《帝国日报》者，老大帝国之少年新闻也，其价值如何，颇难片言决之，要谓为即足与于世界新闻之列，自非祝鮀，不为此言。然仆于两月前曾读大报之社说有曰："……不偏不倚，引导社会之进步……以希与英之《泰晤士》、法之《帖黎》、美之《赫阑德》等为世界之传呼，此即吾人所当日用乾乾而不敢轻心掉之者也。"大报之自负既如此，似仆所见，亦诚有与世界新闻齐辙之望。盖大报出版以来，劣官稗政时见表禄，民间疾苦勤为宣洩，要闻之确捷又恒为他报先，社说栏中有领导社会政治之论，而翻译各件确要亦逾寻常。其尤足以尽新闻之职务而为他报所忽者，则为唱导投函一事。英人之言

---

① 《帝国日报》1910年12月15日。

② 《帝国日报》1910年11月13日。

曰："英伦社会有一不安之象，《泰晤士报》投函栏中必有一相应之函。"斯言当也。英人之好投书与英纸之乐受投书，实为英纸发达史中之一要键。吾人未审利用新闻纸以抒吾见、陈吾苦，而新闻纸复未能于此加之意，是乃割弃新闻天职之一部分，且为社会不活动之一表征也。今活动此不活动之社会者，惟望大报，大报综此数长，倘更竭其才力之所至，如前所言，并数十年之程途行之于一日，"扩其势力，增其声价，完其组织"，必且使北京有一真新闻出现，虽不知视《泰晤士》《帖黎》《赫阑德》如何，而支那无真新闻之耻则断断可洗也。仆谨为国民谢记者终岁之劳。[①]

宁调元与战友们的高兴之日，正是敌人的难受之时。对于《帝国日报》的快速崛起，一些守旧报纸和封建官僚看在眼里，恨在心里，必欲置之死地而后快。如前所述，在资政院第一届年会期间，为了支持通过剪辫易服案，宁调元曾在《帝国日报》上刊登了讽刺辫发的系列漫画，从而引来守旧报纸的强烈不满。《刍言报》认为《帝国日报》将发辫与豚尾相比拟的行为"尤为悖谬狂肆"，并指称，蓄发留辫既为国家体制，丑诋辫发就是丑诋国家。[②]

如果说《刍言报》对《帝国日报》的攻击还只是一般的舆论攻击，那么，来自清政府官方的打压则是不得不应当认真对付了。

在宁调元主编《帝国日报》期间，《帝国日报》先后经历了三次较大的风波。

第一次风波是御史胡思敬欲置《帝国日报》于死地。胡思敬，字漱唐，晚年号退庐居士，江西新昌人。清光绪年间考取进士，1898年出任吏部考功司主事，6月11日，光绪帝发布"定国是诏"开始变法，他就竭力反对。1908年补辽沈道监察御史，转掌广东道监察御史。1910年10月25日，各省督抚联衔发出的加紧电报要求清政府速开国会，引起了正在开会的资政院议员们的积

---

① 秋桐：《老大帝国之少年新闻》，《帝国日报》1910年11月15日。

② 《敬问》，《刍言报》第7号，1910年12月2日。

极反响，迅速通过了《资政院请速开国会奏折》。然而，御史胡思敬却冒天下之大不韪，奏称国会万不可开，请求收回筹备立宪成命。宁调元闻讯后气愤异常，先后在《帝国日报》连发《胡思敬丧心病狂》《丧心病狂之胡思敬》两文予以猛烈抨击，并指出："御史胡思敬反对国会，并请朝廷取消先朝立宪预备案，回复数千年专制政体，立论狂悖，直是全无心肝。朝廷果能振厉乾纲，维持国是，则对于此等莠言乱政之言官，非明正典刑，以谢天下不可。"[①] 对此，胡思敬恼羞成怒，1910 年 12 月初呈文朝廷，参劾《帝国日报》，罗织其罪名五条。罪名之一，该报馆系当年被查封之《中央大同报》，后运动一洋东附名而改名而来，因而"平日信口雌黄，挟嫌毁谤，数见不鲜"。罪名之二，"因温肃奏请严定《报律》之后，即登其从前冒名应试之事，是为挟嫌污蔑，言官职重不容若辈蹂躏"。罪名之三，"以陈宝琛反对剪发，亦肆意讥讽。此为蔑侮大臣"。罪名之四，"又其连日插图，以辫子比之豚尾、鼠尾等，是为对于朝廷体制有大不敬之行为"。罪名之五，"篇中时登妓院琐事，淫词谰语，无非引人入胜，致使少年子弟趋之若鹜"。并请求清政府"饬下民政部径行封闭，以示惩罚而儆效尤"。[②] 温肃也趁机"移书警政厅，勒令帝国报更正"[③]。

对于胡思敬和温肃的进攻，宁调元立即给予回击：

> 温肃冒名中式一事，出诸《北京日报》总理之口，朝三暮四，运动各报同时登载。然温肃不敢恨《北京日报》而恨本报。胡思敬为温肃作辩护士，亦仅专参本报，而不敢参《北京日报》。报纸之记载同，而胡思敬、温肃之对付有同有不同。或曰：御史之本领就在茹柔吐刚。[④]

上海的《民立报》《申报》等报也纷纷支持《帝国日报》。12

① 炎炎：《丧心病狂之胡思敬》，《帝国日报》1910 年 10 月 29 日。

② 《胡思敬固仇视报馆者》，《申报》1910 年 12 月 8 日；《胡思敬与帝国报》，《民立报》1910 年 12 月 10 日。

③ 《专电》，《民立报》1910 年 12 月 5 日。

④ 宁调元：《是是非非》，《宁调元集》，2008 年，第 501—502 页。

月 3 日，《申报》即发表时评曰：

人人詈温肃，吾谓胡思敬尚不如温肃。温肃犹知有报律，若胡思敬则并报律而不知矣。

温肃冒名乡试，陈宝琛反对剪发，姑勿论有胡检察官之宣言，资政院审查会之记录事迹彰彰不可掩也。即使事属子虚，某报所载或意图诬蔑即亦有温肃、陈宝琛在声请更正可也，控之于理可也，与胡思敬何与？且报馆侵人名誉只有控诉之条断，无奏请封禁之理。报律具在，胡思敬果何所依据而出此。

虽然，《传》不云乎，国狗之瘈无不噬也。御史向有疯犬之名，或者彼竟践疯犬之实。然则某报特不幸而已。[①]

12 月 9 日，《申报》再次发表时评，讽刺胡思敬曰：

胡思敬亦知有报律，亦知言违背报律。记者因欲据报律以质胡思敬。温肃冒名与否，陈宝琛果有劣迹与否，记者且勿问。第即如胡思敬言，坐《帝国日报》以毁谤御史、诬蔑二品大员之罪。试问犯此两罪，是否即应封禁？是否即不待审判厅之审判、证据之确凿而即封禁。胡思敬果见报律第几条有此规定？

又不宁唯是。封禁报馆必须该报馆实系违犯报律，经司法、衙门之判决，而后施行。今《帝国日报》既无原告之起诉，又未经法庭之审断，而胡思敬贸然奏请饬部封禁，试问报律果有奏封之明定乎？御史果有奏封报馆之权力乎？胡思敬斥《帝国日报》为违背报律，自记者断之，胡思敬真违背报律耳。[②]

《民立报》也刊登社论《论御史台上鬼气》和新闻《温肃的丑历史》《胡思敬与帝国报》等大块文章，抨击胡思敬和温肃。

在京、沪两地报界的舆论压力下，摄政王载沣只对胡思敬的

---

① 《时评其二》，《申报》1910 年 12 月 3 日。

② 《时评其一》，《申报》1910 年 12 月 9 日。

奏折批曰："民政部应有稽查报馆之责，着即查明办理。"民政尚书肃亲王善耆接到载沣批示后，也以为胡思敬"小题大做"，即嘱报界公会出为调停，认为此等案件民政部可以不复，因朱批并无"具奏"字样。后由宪政馆中人出与各报商酌，以《帝国日报》曾登有花丛新闻，谓为有伤风化，罚洋五十元，从轻销案。对此，胡思敬不服，又致函善耆，谓非封报馆、拿主笔不可。而善耆却复之曰："请将此案始末具议法案交资政院议决办理。一可保障《报律》，一可取缔报馆，即请发挥谠论，勿吝赐教。"胡得函气愤欲绝，但又莫可奈何。[①] 于是，胡思敬和温肃状告《帝国日报》一事也就不了了之。

第二次风波来自北京地方审判厅及检查厅。胡思敬和温肃状告《帝国日报》之事刚刚消停下来，《帝国日报》又被乔树枏一纸诉状告上北京地方审判厅。

原来，1911 年 5 月，京师著名的烟鬼之一、学部左丞乔树枏被禁烟公所调验搜身，连隐私之处亦无例外，恐其藏匿烟泡。此事一经传开，京师立时舆论哗然。《帝国日报》《中国报》《通俗报》等纷纷报道了乔树枏被查验时种种不堪入目的情节，而《帝国日报》"载之颇详"，乔树枏见后恼羞成怒，以有碍其名誉，一纸诉状将《帝国日报》等报纸告上北京地方审判厅。于是，北京地方审判厅票传《帝国日报》《中国报》《通俗报》声称，准巡警总厅移知民政部札准转奉禁烟大臣咨开：《帝国日报》《中国报》《通俗报》载有禁烟公所之被验人员乔树枏及禁烟公所科员傅某等项新闻，认为损害禁烟大臣名誉。

三报接到传票后，立即联合向地方审判厅发布《声明》称：

第一，各报就此事记载各殊，既有不合事实，应分别起诉，而禁烟大臣却一律越俎代庖，此为原告人之不正确。

第二，法部奏订《状纸通行格式章程》规定了民事刑事诉讼

---

① 《胡思敬与帝国报》，《民立报》1910 年 12 月 10 日；《胡思敬固仇视报馆者》，《申报》1910 年 12 月 8 日。

状纸通行格式，与之不符者，各级审判厅不得收受。而禁烟大臣用以指控三报馆者却为一纸公文，此为起诉状式之不合定章。

第三，《各级审判厅试办章程》中规定，凡刑事案件，因被害者之告诉者、他人告发、司法警察官之移送或自行发觉者，皆由检察官提起公诉。但必须亲告之事件，如胁迫、诽谤、通奸等罪，不在此限。今报馆损害其名誉一案系禁烟大臣所指，而非由检察官提起公诉，此系原告人诉讼式之不合定章。

《声明》强调指出，地方审判厅既执司法独立之权，自应严守司法独立之义，而禁烟大臣亦为国民之一分子，亦应恪守法律，不得任意违法。

《声明》最后指出：此次纠葛想系出于误会，地方审判厅自可遵章驳回，不予收受，将案取消。禁烟大臣既未用诉讼状，其诉讼自未成立，报馆亦毋庸用辩诉状。[①]

但地方检查厅并未善罢甘休，分别于9月5日、6日等日忽又禀传《帝国日报》发行人到案，据案威吓，并诈称此项事件已经公判判决，罚洋五十元。《帝国日报》以未见判词，不能缴金为词，且即须缴金尚有保押费可以抵充为由拒绝缴纳，而检查厅却声称，不能立缴现金，即须押人。在此种情况之下，《帝国日报》不得已遵限缴金。

对于地方检查厅的胡作非为，宁调元等《帝国日报》负责人坚决表示不服，即利用清政府新近颁布的报律、刑律，反控地方审判厅及检查厅“紊乱律章”，在其《控地方审判厅及检查厅》一文中提出的具体理由是：

第一，依据报律第二十一、第二十四等条，须被害人告诉乃论其罪之规定，以及《审判章程》第二章第一节第四十六条暨第四章第一百七条各级检查厅通则所载关于诽谤等项，例须亲告证明，而地方检查厅对于此项不合法律手续本不应提起公诉而公诉

① 《帝国日报、中国报、通俗报等致地方审判厅书》，天津《大公报》1911年9月19日。

之，实属越俎违法。

第二，报律第三十三条规定，犯本律各条之罪所有讼费、罚金及应行没收之款，自判决确定之日起逾十日不缴者，将保押费抵充。

第三，《审判通则》第二章第六节、第二十六条、第二十四条及三十六条所载审判精神，凡诉讼案件须经审判官公判，当公判之审讯时，亦须于录供后对诉讼人等照原供朗诵详问有无差异之后，然后行宣布公判之词之手续，而于法庭宣示刑事判词，方足以昭信谳。但检查厅既未见于何地何日行正式之公判，又未见宣示若何之判词，而且《帝国日报》发行人自两月前受过预审以后，亦无奉传听审之事，自非无故不到案者可比，不识该厅遽然诈称公判判决，究何所据？

最后，《帝国日报》强调指出："检察厅于审判厅未经公判、未送判词之前，率易执行，勒限缴金，尤不足以服人心，且《钦定宪法大纲》臣民权利义务原不容行政官无端加害，所以保民命财产者至周且密，而行政、司法分立亦所以矫从前混合之弊，是以于法律上规定详明，非审判官、检查官所得而私，见好于行政衙门也。本报为舆论机关，在法律上有应享保护权利，今既滥膺苛罚，为此谨将不服情由缕晰具呈厅宪台前，谨请转送高等审判厅起诉，以伸公理，实为公便。"①

在《帝国日报》强硬的反控下，北京地方审判厅及检查厅不得不偃旗息鼓。

第三次风波则来自北京警察总厅。1911 年 9 月 20 日，《内阁官报》发表赵尔丰关于围城同志军已被击退及部署防剿情形电奏一道，次日京师各报均将此电录于新闻栏，而宁调元在编此电时在其前加上《赵尔丰一面之词》的标题，这就隐喻赵尔丰所奏并非事实。然而，此事即被清政府有关检查部门发现。22 日，北京警察总厅传唤《帝国日报》发行人，诘问用此标题是何用意。《帝

① 《帝国日报控地方审判厅及检查厅文》，《申报》1911 年 9 月 18 日。

国日报》发行人回答曰：此件系录自《内阁官报》，非杜撰，更非捏造，亦非褒贬。该电系赵尔丰所奏，自系彼一人一面之词。本报记载并未犯法。警厅无言以对，却以《帝国日报》发行人言辞激烈而交拘留司暂行看押，听候办理。次日，各报会议将《帝国日报》发行人先行保出，北京警方遂将此案移交地方审判厅。[①] 此案后来也因不久武昌起义爆发，清政府倒台而不了了之。

还值得一提的是，宁调元不仅带领《帝国日报》的同仁先后三次挫败来自各方面的攻击，还曾帮助戴季陶及《天铎报》渡过难关。1910 年 3 月，同盟会员戴季陶任上海《天铎报》总编辑，因发表攻击康有为、梁启超的保皇言论而名重一时，却为立宪党人所根，指称戴季陶为革命党，欲除之而后快。宁调元闻讯后则诡称："《天铎》与《帝国》有夙隙，敝报诚赞成攻击之。但只可明白宣战，不可诬人以革命党，近于倾陷。""又通知各报不可冒昧。伊辈无以为辞，其事始已。"并致函高旭，请其"暗中托人告《天铎报》，措辞宜稳，勿为彼辈所陷，恐更出他种手段也"[②]。在宁调元的巧妙周旋下，戴季陶及《天铎报》终于得以化险为夷。[③]

宁调元智斗群魔，屡屡克敌制胜的壮举，赢得了同行的赞扬和拥戴。此时适逢报界俱进会组织实业团赴日考察，各地团员定于 10 月 11 日（阴历八月二十日）在上海集合。北京报界公会闻讯后即推荐宁调元随团赴日考察，并于致电报界俱进会曰："报界俱进会鉴：北京报界举定宁调元君附实业团赴日，祈代达实业团。北京报界公会。"[④] 因此，宁调元即于 10 月上旬离京赴沪，准备随团赴日参加考察活动。

一场新的战斗正在等待着宁调元。

---

① 《要闻一》，《申报》1911 年 9 月 29 日。又见：《川乱中报馆风潮》，《民立报》1911 年 9 月 29 日。

② 宁调元：《与高天梅书（三十二）》，《宁调元集》，2008 年，第 223 页。

③ 刘谦：《宁调元先生事略》，《宁调元集》，1988 年，第 652 页。

④ 《公电》，《申报》1911 年 10 月 11 日。

第八章 民初政见

宁调元途经上海准备赴日之际，适值武昌起义爆发。宁调元立即改变东游计划，乘轮西上到达长沙，被湘督谭延闿聘为秘书，继而被派驻上海，任湘省驻沪特派员。南北议和期间，宁调元主张北伐，直捣虏廷。民国成立后，宁调元与孙武、刘成禺等发起成立民社，创办《民声日报》作为机关报，并任总编纂，主张建都武汉，同时积极与柳亚子、朱少屏等为被清山阳县令姚荣泽残酷杀害的南社社友周实与阮式昭雪，对在关键时刻庇护姚荣泽的临时大总统袁世凯产生强烈的反感，这为其以后反袁思想的形成奠定了坚实基础。

第一节 反对议和

10月9日，正当宁调元南下行抵上海之际，距离上海800多公里之外的武汉，发生了一件大事。

这天下午，孙武正在汉口俄租界宝善里十四号武汉起义领导机构之一的政治筹备处配制炸药，因不小心引发了爆炸，导致浓烟从窗户、屋顶冒出，邻居大呼救火，俄国领事、巡捕闻声而来，夺门而入，对屋内进行搜查，搜出革命党人为起义准备的旗帜、印信、文告以及起义骨干的名册。俄国领事如获至宝，立即通告湖北当局。湖广总督瑞澂得报后大为震恐，急忙下令紧闭城门，搜捕革命党人。当晚，据密报，清军突袭设于小朝街八十五号的起义指挥所，抓获彭楚藩、刘复基、杨洪胜等一批革命党人。蒋翊武侥幸从指挥所逃脱后，召集紧急会议，决定当晚起义，并发出命令，以鸣炮为号，各起义部队同时动作。但因通知炮队的命令没有及时送到，起义计划没有实行。10 月 10 日凌晨，彭楚藩、刘复基、杨洪胜三人被斩首于督署东辕门外。面对敌人的搜捕和屠杀，武汉革命党人并未屈服，他们自动联络，决定按原计划和命令起事。当晚 7 时许，新军工程第八营革命党总代表熊秉坤领导该营首先发难，起义军击毙镇压起义的反动军官，冲往楚望台军械库夺取弹药。军械库守军中具有革命思想的士兵群起响应，一举占领楚望台。旋即，步、炮、辎重各营和军事学堂学生约 5 个营兵力纷纷起义，齐集楚望台，临时推原日知会会员、队官吴兆麟担任指挥，向总督衙门发动进攻。起义将士们奋不顾身，血战通宵，经过三次猛烈进攻，终于次日凌晨攻下督署，湖广总督瑞澂和湖北新军第八镇统制张彪先后逃走。起义军一夜之间占领了武昌城，取得了首义的胜利。11 日晚和 12 日晨，驻汉阳、汉口的新军也先后起义。至此，武汉三镇完全被革命党人所控制。起义成功后，革命党人成立了湖北省军政府，推举原湖北新军第二十一混成协协统黎元洪为都督，原谘议局议长汤化龙为民政部部长。

由于武昌起义爆发，日本商界恐有损失，取消了中国实业团赴日考察的计划。① 宁调元滞留上海。10 月 22 日（阴历九月一日），长沙新军响应武昌，发动起义，一举成功后宣布湖南独立，成立中华民国军政府湖南都督府，公推焦达峰为都督、陈作新为副都督、谭延闿为民政部长、阎鸿飞为军务部长，成为响应武昌首义的第一个省份。宁调元闻讯后十分高兴，立即买舟西行返湘。途中，宁调元阅《大陆报》，读到一则外电披露清政府将以黑漆饰

---

① 《专电》，《申报》1911 年 10 月 18 日。

招商轮船标识，装载米粮接济其驻汉口的兵舰，以攻击武汉民军的消息，随即将其译成中文，途经九江时，托人转送九江军政分府。九江地处长江中游，为南京、上海经长江通往武汉的必经之地，革命军控制了九江，就隔断了武汉北军的水路接济，能制其于死命。九江军政分府接到宁调元转译的情报后，立即采取措施，加强对过往船只的检查，及时截获清军伪装船三艘，使汉口清军舰队陷入粮断援绝的困境，不得不开赴九江投降民军，解除了清军舰队对武汉民军的威胁。[①]

11 月初，宁调元抵达长沙，但此时湖南政局发生了重大变化。就在宁调元抵湘的数日之前，湖南新军第二十五混成协五十标二营管带梅馨因个人利欲未遂，对新政权不满，指使部下制造“和丰公司纸币挤兑风潮”，先后将副都督陈作新、都督焦达峰杀害，拥谭延闿为都督。宁调元至湘后，立即去见谭延闿。谭延闿见宁调元返湘十分高兴。是年 5 月至 9 月，谭延闿入京参加各省谘议局联合会议第二次会议及中央教育会议，时间长达 4 月之久，其间在京与宁调元接触频繁，对宁调元的才华、人品非常欣赏。因而谭延闿聘宁调元为都督府秘书，协助其处理都督府日常事务。

宁调元抵湘之时，也正值革命形势非常严峻之际。湖北方面，汉口刘家庙大捷后，民军本应乘胜前进，但汉口前线指挥何锡藩却下达了收兵之命。就在汉口前线民军贻误战机之际，清政府却借机调整阵容，加快了清军南下的步伐。10 月 27 日，清政府授袁世凯为钦差大臣，节制调遣湖北前线水陆各师，并将大量弹药运往湖北前线。当日，清军分三路向民军进攻，于上午 11 时攻占刘家庙及日、德租界以北一带市区，民军伤亡惨重，炮队队长蔡茂、敢死队队长马荣相继阵亡，何锡藩、张廷辅等指挥官负伤撤下前线，而前线总指挥张景良先是畏战，后又脱逃，汉口战局随即转危，民军随时可能溃阵。因此，“武汉战事紧急，求援之电，日必

① 刘谦：《宁调元先生事略》，《宁调元集》，1988 年，第 653 页。

数至”[①]。湖南方面，焦、陈被杀事件在省内引起了骚动，焦、陈旧部“多欲举兵复仇”，而梅馨部下还想继续残害焦、陈部属。这种乱局如不及时扭转，不仅将导致湖南政局动荡不定，而且还将直接影响到已经抵达岳州的第一批援鄂湘军的情绪和后续援鄂湘军的派出。正在武汉前线指挥民军抗击清军的黄兴闻讯后，“恐后方有变，贻误前敌”，一面命随他在武汉督战的刘揆一立即回湘，以“消除内争，请兵援鄂”[②]，一面致函正在长沙的谭人凤、周震鳞等人指示他们维护谭延闿的威信，共同安定湖南，迅速出兵援鄂。[③]

在这种情况下，宁调元积极协助谭延闿、谭人凤、周震鳞等人，不仅迅速稳定了湖南的局势，协调王隆中率领的第一批援鄂湘军及时赶往武汉，而且还陆续派出甘兴典、刘玉堂、刘耀武所率第二、三、四批湘军相继入鄂，对武汉前线给予了有力的支援。与此同时，“复派刘钺、周岐、唐吉簠、唐煛、曾杰、刘劲等挟炸弹离湘，分途狙击满清要人”。湖南都督府上述有力、有序、有效的工作，“居中策划，君（宁调元）力为多”[④]。

在湖南的有力支持下，武汉形势趋于稳定。此时，陕西、山西、江西、云南、上海、贵州、浙江、江苏、广西、安徽、广东、福建等地也纷纷响应武汉，举行起义，宣布独立。12 月 2 日，江浙联军攻克南京，控制了长江下游。面对革命形势的迅速发展，袁世凯深知用武力消灭革命已无可能，于是电令冯国璋停止进攻，谋求与民军和谈。这时，帝国主义也认为帮助袁世凯压迫革命党妥协的时机成熟，便出面进行斡旋。12 月 2 日，英国驻汉口领事向双方提出停战建议。革命党人为了争取袁世凯反正，逼迫清帝退位，早日结束战争，早定共和大局，也同意和谈。

---

① 粟戡时：《湖南反正追记》，《辛亥革命在湖南》，第 126 页。

② 刘揆一：《黄兴传记》，《刘揆一集》，第 165 页。

③ 黄兴：《致周震鳞谭人凤书》，《黄兴集》，第 133 页。

④ 刘谦：《宁调元先生事略》，《宁调元集》，1988 年，第 653 页。

1911年12月初，各省都督府代表会议经讨论同意袁世凯提出的南北双方停战议和条件后，清政府于12月7日任命袁世凯为议和全权大臣，袁又奏派唐绍仪为北方议和全权代表。9日，11省军政府公推伍廷芳为南方议和总代表。18日，南北双方的议和代表在上海英租界南京路市政厅正式开始谈判。南北议和虽然开谈，但双方在国体政体、停战撤兵、袁世凯职位、优待清室等问题上针锋相对，一时难以达成共识。

南北议和开始后，各方关注的中心转向上海。为了及时掌握谈判的动向并加强与已独立各省的联系，谭延闿委派宁调元为湘省驻沪特派员，赴沪开展相关工作。对于南北议和，曾经大声呼吁"怀百年灭种之忧，抱九世复仇之志""夷满洲为放牛场，赦载湉作降王长"的宁调元极端反对，"其满腔不平之慨，时于言外见之"[①]，并自沪数电谭延闿，主动请缨南下联络广东都督胡汉民会合湘军长驱北伐，直捣虏廷。但谭延闿综合分析各方情况后复电宁调元曰："数电均悉。所论极中肯綮。胡都督（汉民）既已来沪，公即毋庸往粤。湘军甚紧要，公请速来为盼。"[②]

恰在此时，革命领袖孙中山于12月25日自海外抵达上海。他的到来，使革命派的气势为之一振。革命党人认为成立中央临时政府、推定临时大总统的时机已经成熟，即于29日由17省都督府代表在南京开会，选举孙中山为临时大总统。1912年1月1日，孙中山在南京宣誓就任临时大总统，宣告中华民国临时政府成立，并宣布改用公历，以中华民国纪年，将1912年定为民国元年。3日，代表会议续选黎元洪为副总统，并通过了由孙中山提出的9名国务员名单。

南京临时政府的成立，打乱了袁世凯企图通过召开"国民会议"来"公决国体"，进而达到实行君主立宪目的的如意算盘。为了取消革命政权，袁世凯于1月19日公然提出，清政府和南京临

---

① 牛仰山：《牛仰山文集》（下），首都师范大学出版社，2008年，第705页。

② 《民立报》1911年12月26日。

时政府同时解散，由他在北方重新成立临时政府接管全国政权。其目的是一笔勾销体现着革命成果和资产阶级民主共和制度的南京临时政府。对于袁世凯篡权的图谋，孙中山、黄兴等革命党人予以坚决反对。

尽管孙中山曾致电袁世凯表示："文虽暂时承乏，而虚位以待之心，终可大白于将来。望早定大计，以慰四万万人之渴望。"①但袁世凯对于南京临时政府的成立，仍恼羞成怒，一面悍然宣布唐绍仪签订的关于国民会议各项办法逾越权限，他概不承认，并谕令唐辞职，声明以后和谈事项由他自己和伍廷芳直接电商；一面又唆令姜桂题、冯国璋、张勋等北洋将领十五人联名致电内阁，极力主张维持君主立宪，反对共和，并呼吁王公贵族出钱，以便继续作战。向亲贵勒索了一笔钱以后，袁世凯又发布了一道"全军整备再战"的命令，恫吓革命党人，并唆使张勋、倪嗣冲等破坏停战协议，在陕西、山东、山西、安徽、江苏等地进攻民军。1月11日，孙中山宣布北伐，自任北伐军总指挥，派黄兴为北伐军陆军参谋长，并制定了六路北伐的计划。27日，孙中山又通电宣布袁世凯破坏议和的罪状，表示停战不再展期："此次议和，屡次展期，原欲以和平之手段，达共和之目的。不意袁世凯始则取消唐绍仪之全权代表，继又不承认唐绍仪于正式会议时所签允之选举国民会议以议决国体之法。复于清帝退位问题，业经彼此往返电商多日，忽然电称并未与伍代表商及等语。似此种种失信，为全国军民所共愤。况民国既许以最优之礼对待清帝及清皇室，今以袁世凯一人阻力之故，致令共和之目的不能速达，又令清帝不能享逊让之美名，则袁世凯不特为民国之蠹，且实为清帝之仇。此次停战之期届满，民国万不允再行展期，若因而再启兵衅，全唯袁世凯是咎，举国军民，均欲灭袁氏而后朝食。"②

对于孙中山、黄兴决定北伐，宁调元表示坚决拥护。此时，

---

① 孙中山：《致袁世凯电》，《孙中山全集》（第1卷），第576页。

② 孙中山：《致伍廷芳电》，《孙中山全集》（第2卷），第50页。

为支援北伐，直捣北京，唐群英、张汉英等在沪组织女子后援会，开赴各处救护民军受伤军士，并到各省筹款，接济军饷。稍后，唐群英等又发起组织北伐军救济卫生队。对此，宁调元表示坚决支持，并与黄兴、黎元洪、宋教仁、刘揆一、龙璋、胡汉民、欧阳振声、谭延闿等人一道，列名该会的赞成员。[①]

由于南方革命党人坚决要求民主立宪，坚决不同意袁世凯在北方重新成立临时政府，并筹划北伐，袁世凯不得不改变策略，由解散南京临时政府转为攘夺临时政府大总统职务。在得到孙中山“如清帝实行退位，宣布共和，则临时政府决不食言，文即可正式宣布解职，以功以能，首推袁氏”[②] 的承诺后，立即对清帝实行逼宫。2 月 12 日，在革命形势不断发展和袁世凯逼迫的双重打击下，奄奄一息的清政府不得不宣布接受优待条件，下诏宣布皇帝退位。次日，袁世凯声明赞成共和，孙中山随即向临时参议院提出辞职。15 日，临时参议院选举袁世凯为临时大总统。

面对这一现实，宁调元虽然借“世渐承明喜欲狂”“衣冠重睹汉家装”“青史更无先例在”[③] 等诗句表达了对于推翻清政府专制统治、建立共和民国的喜悦之情，但也以“不食帝羓终积憾”[④] 和“铁铸九州浑是错”[⑤] 等诗句表达了对南北议和的不满之意。前句的“帝羓”，指辽太宗耶律德光的干尸。契丹人风俗，富贵之人死后破腹取出肠胃，塞入香药、盐等，并将血液抽尽，制成干尸，耶律德光死后即用此法，故人称之帝羓。宁调元借“不食帝羓”表示北伐未成，没有彻底推翻清帝之意。后句则化用黄遵宪《述闻》诗“铁铸六州成大错”之句，认为革命党人与袁世凯议和是一场大错之意。

宁调元在南京临时政府成立前后反对议和的所言所行，充分

---

① 《民立报》1912 年 2 月 4 日。

② 孙中山：《孙中山全集》第 2 卷，第 23 页。

③ 宁调元：《太一诗存》，《宁调元集》，2008 年，第 139 页。

④ 宁调元：《太一诗存》，《宁调元集》，2008 年，第 138 页。

⑤ 宁调元：《太一诗存》，《宁调元集》，2008 年，第 142 页。

表达了他彻底推翻清朝专制统治和坚决反对君主立宪的民主革命思想，也为他后来毅然反对袁世凯独裁专制，捍卫共和民国奠定了坚实的思想基础。

第二节　发起民社

作为湘省驻沪特派员，宁调元由湘甫抵沪，孙发绪就来登门拜访。孙发绪，字莼斋，又号琴斋，远公，安徽桐城人，早年入安徽巡抚朱家宝幕，武昌起义后，由朱家宝派往武昌探访消息，经胡鄂公推荐，被黎元洪任为鄂军政府顾问，并作为湖北代表参加了各省都督府代表联合会，推动南北议和谈判。宁调元1911年在北京主编《帝国日报》时就认识了孙发绪，此次他乡遇故旧，自然很高兴。在交谈中，孙发绪告诉宁调元，自己正在上海筹建一个政团叫民社，并希望宁调元参加筹建工作，因为他早就十分欣赏宁调元的才华和能力。宁调元了解到此事得到了黎元洪、蓝天蔚、谭延闿、孙武、张振武的支持，便慨然应允，随即与孙发绪一道投入紧张的筹建工作。

经过紧张的筹备，1912年1月20日，宁调元与黎元洪、蓝天蔚、谭延闿、王正廷、王鸿猷、李登辉、孙武、朱瑞、张振武、吴稚晖、孙发绪等24人发布《民社缘起》及其《规约》，宣告民社正式成立。《民社缘起》曰：

> 昔卢梭有言："国家者，人民同意所约成之社会也。既不能有脱离国家之社会，亦同时不能有违悖民意之国家。果国家而违悖民意者，其社会即得合全体之力监督而纠正之，或竟取消而改造之，以无僢民意为究竟。"武汉起义，二三同志，以人民消极之份子，岂敢犯天下之不韪，而为此芟夷根株、摧廓习惯之举动乎？诚以某等奔走国事数年于兹，默觇人心，或表同情，所幸民意所指，如矢在括，义声一倡，响

应者十余省，景从者逾同胞全额之半，满清之覆，当在不日，成绩固良好矣。虽然，此岂高唱凯歌、交驰祝电、铺张功业、侈意肆志之日乎！行百里者半九十，前途之艰巨，正未可一息自卸也。破坏易，建设难。破坏之事业，得少数热心志士，鼓其百折不挠之气，牺身命，糜汗血，皆优为之；建设之事业，非团结我国民全体中之多数有能力者，护惜萌芽，防范流弊，审慎结构，不能达完全良好之目的，一有不慎，启破坏之端，而流不可收拾之祸，其负罪于天下后世、世界万国者为何如，更毋宁不先发难，而贻此大任于来哲之为苟安旦夕也。以故破坏之事业，得少数人民之同意，即可以无敌于天下者。建设之事业，非合多数人民之同意，即不能收万弩齐发、趋于一鹄之效果。某等发难于机先，自不能不绸缪于事后。爰本卢梭人民社会之旨，发起民社。我父老兄弟，其能集思广益，铸造舆论，以国民联合之大多数，组成统一共和之新国家乎。是岂独本社之赐耶？

民社《规约》共六章十七条，其中规定该社宗旨为“对于统一共和政治，持进步主义，以谋国利民福”。并规定“本社设社长一员，总理本社一切事务；副社长一员，协助社长，率同各干事、评议员执行任务”，“本社现在上海设立本部，各省、地方以次设立支部”，“先就上海组织《民声日报》，为发表言论机关”，“本社事务所，暂设上海江西路A字五十号四明银行间壁”。[①]

民社正式成立后，确定以下领导机构及人员，理事长：黎元洪，常务理事：孙武、刘成禺、张伯烈、孙发绪，总干事：吴稚晖，秘书科：何雯，庶务科：汪彭年，会计科：张伯烈，招待科：宁调元，评议员：张伯烈、孙发绪、张振武等人。此外，重要的成员还有蓝天蔚、时功玖、覃达方等人。

在民社的发起和运转过程中，宁调元十分活跃。民社正式成立后，宁调元担任社中两个重要职务：

---

① 《民社缘起》，《申报》1912年1月20日。

一是招待科负责人。清末民初社团或政党的招待科实际是负责设立地方支部和发展会（党）员的机构，相当于政团的组织部门。在组织设立和社员发展方面，宁调元有前辛亥俱乐部交际员的经历和经验，工作起来十分得心应手，并亲自力邀柳亚子等人入社。民社成立后，宁调元即致信柳亚子："敝社成立，吾兄谅表同情。可否即时填写愿书，以便入社协同办事？"[①] 几日后，宁调元又托好友朱少屏做柳亚子的工作，并函告柳亚子："吾兄道德文章，素所倾仰。比即托少屏邀兄入社，以便将来在《民声》为共同办事之地。"[②] 经过宁调元的努力，民社成立不久，就发展迅速，除在上海、汉口设本部、分部外，还在南京、镇江、杭州、安庆、长沙、南昌、开封、京津等 10 余省市遍设支部，积极发展会员，扩大势力，总人数达 1 万人以上。当时一份各政党的调查报告中，对于民社的调查报告称："此会以黎元洪、谭延闿、蓝天蔚、孙武、王正廷诸人为中心，其他列名发起者皆一时豪杰之士。绸缪运画，为社中之重要分子者，则北京《帝国日报》前编辑员宁调元君也。"[③] 这篇调查报告肯定了宁调元为民社创立所做出不懈的努力。

二是民社机关报《民声日报》的总编纂。曾为《帝国日报》总编辑的宁调元对于办报自是行家里手。还在筹备民社之初，宁调元就决定创办《民声日报》为其机关报，并被推举为总编纂。为了办好《民声日报》，宁调元又开始物色人才。2 月 14 日，宁调元又致书柳亚子说："《民声报》出版在即，事务纷烦，务望自今日起来望平街报馆就事为盼。"[④] 2 月 17 日，宁调元在《民立报》刊登《民声日报出版预告》称"本报为民社所组设之机关，即以民社之宗旨为宗旨。编纂各员均系海内外知名之士，每日暂出二

① 宁调元：《致柳亚子书（五）》，《宁调元集》，2008 年，第 228 页。
② 宁调元：《致柳亚子书（六）》，《宁调元集》，2008 年，第 228 页。
③ 《共和国新发生之政党调查》，天津《大公报》1912 年 2 月 6 日。
④ 宁调元：《致柳亚子书（九）》，《宁调元集》，2008 年，第 229 页。

大张，准于新历2月中旬出版”，并公布招聘访员、征求小说、募集写真、招登广告等事宜。①

经过紧张的筹备，《民声日报》终于2月20日在沪问世，社址设在江西路四明银行隔壁。作为该报的总编纂，宁调元十分高兴，亲撰发刊词曰：

> 武汉首难，海内闻风响应，不一百余日，而满清政府如败叶之遇秋风。厚赏至不足以激将士之心，暗杀复不足以延宗社之命，孤儿寡妇，甘解政权，武夫悍卒，群持人道。昔者美利坚独立，苦战八年；法兰西革命，流血三次；葡萄牙之推倒王政，旧教徒尽遭排逐；墨西哥民军初兴，外人不受保护。国事解决有如斯之易者乎？个人程度有如是之高者乎？此不独中国历史上所未有之创局，抑亦西东各国历史上所不见之例也。虽然，破坏之事，幸竟全功，建设之难，其绪千万。语云：“行百里者半九十。”老子云：“事几于成，不慎则败。”当此上无坚固之政府，下少健全之舆论，教育极幼稚也，如何而普及之？财政极繁困也，如何而整理之？国民生计之艰苦也，如何以谋缮补？海陆军备之衰微也，如何而图振兴？以及司法、交通各项问题，有亟需改良者，有应待扩张者，殆无一不为人民苦乐所系，国家存亡攸关。依草附木之流，或曲学以阿世，挟异鸣私之辈，更倒是以为非，致政治与舆论背道而驰，内情与外潮融洽无道。微乎，危乎！可不慎欤？盖吾党所虑者，不在共和政体之不成立，惟在共和政治之不进行。嘉卉将华，灌溉必勤，僮稚在抱，翼导宜周。吾党有知，将与海内君子共商榷之。《民声》出版，因而为之辞。②

此发刊词表达了《民声日报》关注民国建设事业、促进共和政治进行的办报宗旨，反映了宁调元积极投身祖国建设的壮志豪

① 《民声日报出版预告》，《民立报》1912年1月27日。

② 宁调元：《〈民声日报〉发刊词》，《宁调元集》，2008年，第587页。

情。与此同时，宁调元还别出心裁，再撰《昆阆游仙》一文，祝贺《民声日报》出版：

> 椒浆祝岁，柏酒迎春，银市夜开，玉楼人醉。仙侠颐倦，坐听厨下婢说沪上岁时佳话。阿蛮言民国新建，新历已移，凡旧日占鸡、卜凤、金抢、龙旗诸惯例，皆随腊鼓声中断送净尽。时篆香凝雾，兰膏增辉，诵紫府游仙之句，恍若有悟，觉魂自顶际出，驾元鹤，凭丹霞，度昆仑而西骞，徜徉乎普鲁士与嘎司开德两大陆之高峰，濯足殴波，扬影仙岛，引吭长啸，羽客咸集，御凤导引，游睹乎兰原。原高可千寻，金城绛阙，矗立云表。阙南一楼巍然，碧槛琼轩，翼以紫盖，颜曰宪声楼，藏书约万帙。神经怪牒，摹索不可辨认，中一部血痕斑驳，字画若断若续。侍史曰：此法兰西民宪史也。法兰西宪法皆以民血铸成。虽历千百年，鬼神无敢犯者。循楼而下，珠树成林，散英泻艳，的砾作华，盖庆云之状。歌音袅袅远自空际，逐芳风而导客。款步寻声，瑶台石间，微露一馆曰民声馆。伟男子数人，蚪髯虎掌。厥貌至雄杰，倚长剑，舞象舞，青童叩柱，素女调弦，应节而歌，歌曰：
>
> 虎啸兮龙吟，拔长剑兮倚昆仑。驱天狼兮执玉衡，我所思兮先民。
>
> 歌罢，乐师诏予，此黄帝正始之音也。黄帝起中州，建华国，上德不德，民无贵贱智愚贤否，执中立极，今五洲大同，文明世复有兴者，其在兹乎！汝谨志之。罗仙导予出，返昆阆，登元圃，还睨东亚之东，朝暾曈昽，海波澎湃，忽霹雳一声，紫电烧空，化作金轮万丈，轮中幻出五色奇字曰：中华民国新纪［元］民声万岁！①

宁调元这篇祝词独辟蹊径，以诗人的浪漫情怀，运用传统的游仙题材，歌颂了民国的创立和《民声日报》的创刊，使人耳目

① 宁调元：《昆阆游仙》，《宁调元集》，2008年，第588页。

一新。袁枚曰："游仙诗大半出于寄托。"[①] 宁调元此篇《昆阆游仙》就寄托着宁调元对《民声日报》的美好祝愿。

在宁调元的力邀之下，柳亚子也欣然赴沪出任《民声日报》文艺编辑，后在《民声日报》开辟了"新刊介绍"栏，陆续介绍《越社丛刊》，苏曼殊的《潮音》《文学因缘》、马君武的《新文学》、龚自珍的《定庵集外诗》以及欧美文学剧本《夜未央》《鸣不平》等，并在"上天下地"栏发表随笔式文章，为该报增色不少。

2 月 28 日，民社在上海寰球学生会召开社员谈话会，研究讨论该社改组政党的四条政纲：一、提倡军国民教育；二、采用贸易保护政策；三、扩张海陆军军备；四、主张铁道国有。宁调元与上海本部社员及南京、武汉等地社员代表参会。在谈话会上，宁调元就改组政党的四条政纲发表意见。

对于提倡军国民教育，宁调元素来积极主张，因而十分赞成将其列为政纲："本社所言之军国民教育，即所谓适应今日世变之教育也。以今日国力之弱，国势之危，而立于今之世界，一切对内、对外问题，苟不提倡尚武，使人人皆兵，安能设法挽回各种权利？如泛泛适应时变，安得为本社政纲？又安适应今日之世变？……正因军国民教育未能普及，所以本社定为政纲，谋其普及。"

对于采用贸易保护政策，宁调元指出："改正条约、保护贸易之本，事极困难，然吾人当以全力赴之，不当因难而退。"

对于扩张海陆军军备，宁调元极为赞同，并强调："扩张海、陆军备，固非今日所能办到，宜先注重养成人材及预备军事制造事业，自有一日可达目的。海陆军备之扩张，本属逐渐进行，国力如何，即如何扩张，非徒张大其辞，可不必加'量国力'字样以限制之。"

对于铁道国有，宁调元表示赞同，并进一步指出："当满清

---

① 袁枚：《随园诗话》卷八。

时，铁道国有，直可谓国造铁道。今所谓国有，但仿法国制度，所有应筑铁道，任人民自由兴筑。人民力所不及，国家出资筑之；人民所已筑者，俟二十年后或三十年后，由国家收回股本，作为国有。既不有害商本，又可防托拉斯之发生，其利甚大。况现在各事纷错，皆当谋其统一，铁道国有，亦即谋统一之一端。”[①]

2 月 14 日，宁调元祖母杨氏在醴陵逝世。宁调元在汉闻噩耗，忆及祖孙情深，不禁悲从中来，立即收拾行装，回籍奔丧，并于 25 日在《民声日报》上发布一则启事曰：“鄙人顷接家电，祖母病故，即须奔丧回梓。所有本报总编纂一席，暂时请人代理。湖南通信处，《长沙日报》馆文牧希君转交。”[②] 就这样，宁调元 2 月 28 日参加民社社员谈话会之后，即于次日告别民社和《民声日报》的同仁，离开上海返回湖南，暂时结束了在民社的工作。

第三节　昭雪英烈

1912 年 1 月中旬，正在上海为组织民社而操劳的宁调元曾突然接到柳亚子的来信。信中，柳亚子请求宁调元以民社名义致电孙中山，要求惩办杀害江苏山阳县革命志士周实、阮式的祸首清政府山阳县令姚荣泽，为周实、阮式昭雪。

周实，字实丹，原名桂生，字剑灵，号无尽、和劲、吴劲、山阳酒徒，1885 年出身于江苏山阳（今淮安市淮安区）县一个书香门第。周实早年在读私熟的时候，不仅读了四书五经，也读了《美利坚独立史》《法兰西革命纪》等书籍，萌生了革命意识。1902 年，周实考中秀才，岁考名列一等。

---

① 宁调元：《在民社第一次谈话会上的发言》，《宁调元集》，2008 年，第 596—597 页。

② 宁调元：《因奔丧致民社同人启事》，《宁调元集》，2008 年，第 593 页。

阮式，原名书麒，字梦桃，号翰轩，别号汉宣，1889 年出身于江苏山阳（今淮安市淮安区）县城内一个世代书香的封建大家庭，1903 年入江北高等学校。

周实与阮式从小就是很要好的朋友，1906 年，他俩与周实的宗兄周伟一起报考南京宁属师范学校，一同被录取。1908 年，他们因不满校方管制，共同愤而退学。嗣后，周实、周伟考入南京两江师范学堂。次年，周实由高旭介绍，加入南社，入社编号为 45 号，与柳亚子、高旭、朱少屏等人交往密切，被称为“社中眉目”。而阮式则走入社会，先后任宣城模范小学、淮安敬恭学校、山阳高等小学教习，上海《女报》编辑，《克复学报》撰述，并应周实之约共创“淮南社”，为南社“桴鼓之应”。

武昌首义爆发，上海、苏州、镇江相继光复，时在两江师范读书的周实欣喜若狂，会同城中各校学生七百余人，准备举事。适接柳亚子、朱少屏来书相召，即赴沪与柳亚子“联床竟夕，商谈江北起义方略”[①]。第二天，周实决定返回山阳谋响应武昌、上海等地起义。

周实回到山阳后，立即与阮式等人研究光复之策，决定召集旅宁旅沪回山阳学生及本城中学生成立“学生队”，周、阮分任正副队长。随后，周、阮带领学生队到城守营驻地夺得枪械百余支，再直扑府署，发一排枪，将清朝黄龙旗扯毁，插上白旗。淮安知府刘名誉闻变，从后门逃走。周实、阮式一面安定人心，令商民照常营业；一面派人到江北都督府接洽组织淮安军政分府事宜，同时把学生队改名为淮安巡逻部，周实为部长，阮式为副部长，负守城之责。

11 月 12 日，清河县（清江浦，今淮阴）光复，陆军参议蒋雁行被推为江北都督。同日，蒋传檄山阳反正，并邀淮安官绅赴都督署议事，但山阳县令姚荣泽抗令不从，山阳士绅当即推举周实、顾震福等 5 人赴会。周实赴会期间，姚荣泽散布谣言说周实要

① 柳亚子：《柳亚子自述》，第 13 页。

“杀官劫绅”，以挑起劣绅的仇恨。

周实回山阳后，于14日在旧漕署召开山阳光复大会，参加者数千人。姚荣泽未到。周实在大会上宣布山阳光复，并陈说光复理由。阮式也即席发言，指出姚荣泽不到会，即为反对光复的行为。会后，周、阮积极筹建山阳军政分府，并被举为军政分府负责人。而姚荣泽为形势所迫，假意支持光复，但暗中与典史周域邠、参将杨建廷和劣绅顾震福、秦保愚、阮钵香、何钵山等人勾结，谋杀周、阮二人。17日午后，周实途经府学宫前，有持姚荣泽名片者，邀其赴学宫议事。周实不知有诈，坦然而入。一进学宫内，早已埋伏其间的周域邠突然举枪朝周实连开两枪，周实中弹倒地。周域邠接着又向前对周实补了五枪，致使周实当即殒命，年仅27岁。接着，杨建廷又率团勇包围阮宅，以请阮式议事为名，将阮式诱至府学后捆绑。阮式知道遭了暗算，但毫无惧色。他愤怒地说：“要杀就杀，快刀立断！”姚荣泽竟惨无人道，指使无赖朱二吼将阮式刳肠剖胸，惨烈而死，年仅23岁。

周实被害后，姚荣泽对周实七十高龄的父亲周鸿翥也不放过，将其判处十年监禁。阮式的两位兄长阮保麒、阮玉麒和弟弟阮锦麒被迫逃往镇江。

周、阮遇害后二日，镇江都督林述庆派遣的北伐军支队一部在臧在新率领下抵达山阳。臧在新与周实是老朋友，得知周、阮遇害消息之后，十分震惊，立即下令捉拿凶手。姚荣泽闻讯趁夜携巨款潜逃南通，托庇于南通总司令张詧，并分别上书南京临时政府大总统以及沪军都督、江苏都督和江北都督，给周、阮捏造罪名，为自己的罪行辩解。周实的父亲周鸿翥被释放出狱后，在周伟、张冰、杨楚材等人陪伴下，先后到南京、上海为周实、阮式昭雪冤案。逃避到镇江的阮式兄弟阮保麒、阮玉麒等人闻讯也赶至上海与他们汇合，共同为周、阮谋求昭雪。

柳亚子、朱少屏等南社社友得知周、阮遇害的噩耗后，义愤填膺，立即联名上书时任沪军都督陈其美，告以“虏令无状，一日杀二烈士，不扑杀此獠，无以谢天下”[①]。陈其美曾于1911年2月18日由柳亚子介绍加入南社，入社书编号为125，因此对于姚荣泽谋杀南社社友周、阮的行径非常气愤，立即行文南通索姚。但临时大总统孙中山已据姚荣泽的呈文，以山阳县地属江苏管辖，批令此案由江苏都督讯办。南通方面便以此为由，拒绝将姚荣泽解沪。

在这种情况下，为了尽快将姚荣泽解沪讯办，为周、阮二人申冤，柳亚子一面通过陈其美致电孙中山，要求其将姚荣泽一案改由上海讯办；一面又急忙致书新成立的民社的负责人宁调元，请其以民社的名义请求孙中山同意，将姚荣泽一案交上海都督讯办。

宁调元与周实虽未曾谋面，但神交已久。1911年5月16日，宁调元曾在其主编的《帝国日报》“文苑”栏目中刊登了周实的《岁暮杂感》(二首)：

> 文采风流晋右军，罪言还拟杜司勋。人民城郭年年异，环佩笙歌处处闻。豹隐山南成遁世，马空冀北感离群。卖文未合为生计，一夕都将笔砚焚。
>
> 莫任乔松诩大年，且邀司命共醺然。野萝山鬼愁人世，瑶草琪花宴众仙。不卖痴呆甘守拙，但求寂灭未逃禅。小姑独处无郎惯，那用悲歌相府莲。[②]

因此，对于姚荣泽杀害南社社友周、阮二人的行径，宁调元也异常气愤，完全赞同和支持柳亚子等人为周、阮昭雪的行动，但对于柳亚子以民社的名义致电孙中山的建议，宁调元以为不妥，即于1月22日复函柳亚子，建议以同志们联名的方式致电孙中山：

> 周烈士覆盆之冤，兄等意欲为之昭雪。古道照人，无任钦佩！惟弟以为由民社发电，中间经种种手续，反觉迟缓误事。若得同志数人署名，由尊处拟一电稿，要求孙中山提案

① 柳弃疾（亚子）：《阮烈士梦桃传》，《无尽庵遗集》卷首。

② 《帝国日报》1911年5月16日。

究办，不特直捷了当，其效力当亦相等。未审以为如何？弟总当为发电列名人之一也。[①]

1912年2月8日，宁调元、柳亚子、高旭、雷铁厓等人联名致电孙中山，要求南通张詧把姚荣泽移交给沪军都督陈其美：

山阳周实、阮式，光复淮城，勋劳卓著。突遭满清伪令姚荣泽惨杀，同人共愤。务请电饬南通总司令张詧，毋再袒抗，火急解申，归案讯办，以伸国法。[②]

孙中山接电后，高度重视，当即电令张詧云：

山阳周实丹、阮式被杀一案，迭经各处来电申诉，非彻底查究，不足以彰国法而平公愤。仰该司令迅将姚荣泽及此案证据卷宗，克日遴派妥员，解送沪军都督讯办，毋庸再行解交江苏都督。切切。[③]

与此同时，孙中山又电令上海都督陈其美：

此案既经周、阮二人家属及各团体迭向贵都督告发，自应迳由贵都督讯明律办，免致枝节横生，沉冤莫白。已饬南通州张司令查察，火速将姚荣泽及此案紧要证据卷宗遴委妥员，解交贵都督秉公讯办，以彰国法，而平公愤。[④]

宁调元、柳亚子等人得知孙中山将姚荣泽杀害周、阮案改由上海都督陈其美讯办，从中看到了周、阮案昭雪和姚荣泽伏法的希望，即于2月11日下午，以南社的名义联合《克复学报》社和淮安学团在上海西门外江苏教育总会隆重举行周实、阮式两烈士追悼大会。到会者男宾百余人，女宾二十余人。会场内外摆满了挽联。孙中山送挽联曰：

喋血于孔子庙中，吾道将衰，周公不梦；

阴灵绕淮安城上，穷途痛哭，阮籍奚归。

---

① 宁调元：《致柳亚子书》，《宁调元集》，2008年，第228页。

② 宁调元：《致孙中山电》，《宁调元集》，2008年，第586页。

③ 中国社科院近代史所等编：《孙中山全集》第2卷，第75页。

④ 中国社科院近代史所等编：《孙中山全集》第2卷，第75页。

陈其美送挽联云：

不忍见徐淮亡，以一身殉国；

誓平反锻炼狱，为二公雪冤。

柳亚子送挽联云：

一日杀二烈士，苟民国犹有典型，忍使鲸吞终漏网；

奇冤埋八旬余，恨中原尚余胡虏，不曾鸟尽已藏弓。

高旭送挽联云：

作逆贼护符，真狗彘之不若；

正民国新造，叹麟凤兮长辞。[①]

下午二时，追悼大会正式开始，先行追悼礼，次由淮安学团代表顾振黄报告周、阮二烈士事略，南社代表柳亚子宣读祭文，然后，宁调元与沪军都督代表徐鑑安、自由党代表徐东頫以及王立才、高弃疾、黄朴人、梁舜傅、陈勒生、陈汉元、龚禁侵、范甫英、高旭、胡朴庵、沈道非、费公直、夏天华等人相继演说，均激昂慷慨，表示誓殛姚荣泽为两烈士复仇。[②]

由于有孙中山的指令，南通总司令张謇不敢怠慢，只得把姚荣泽交出押送苏州。2 月 23 日，陈其美派员把姚荣泽从苏州押解到上海。

3 月 23 日，姚泽荣枉杀周、阮二人一案在上海南市市政厅公开法庭开庭初审，陈其美委上海都督府军法司长蔡寅为临时庭长，南京临时政府司法总长伍廷芳、中国大律师丁榕等为陪审，并由中华民国律师金泯澜代表民国办理是案。该案又经 3 月 30 日再审，3 月 31 日审结，宣判姚荣泽死刑，于两周内执行。审判结果，大快人心。柳亚子、宁调元等人只待两周后看到姚荣泽被执行死刑的结果。但令人没有想到的是，部分陪审员竟以所谓“罪有应得，情有可原”为由，运动业已卸职的司法总长伍廷芳函请通商交涉使温宗尧代为转报时任临时大总统袁世凯，要求“恩施轻减”。就

① 《周实阮式纪念集》，《江苏文史资料》第 43 辑，1991 年，第 156—157 页。

② 《周阮两烈士追悼会纪事》，《申报》1912 年 2 月 12 日。

在陈其美下令军法司预备对姚荣泽执行死刑之际，北京传来了袁世凯的命令：

> 前江苏山阳县民政长姚荣泽因杀死周实丹、阮式被控一案，经该管法庭按律判定死刑。兹据前司法总长伍廷芳及陪审员胡贻谷等四员，先后电陈本案发生在秩序扰乱之际，与平靖之时不同，该犯虽罪有应得，实情尚可原，等语。本大总统依《临时约法》第四十条，特赦姚荣泽免其执行死刑，余照该法庭所拟办理。[①]

对此，南社社员、此案的陪审员之一徐宗鉴愤而致书袁世凯指出："审判此案，承审官有陈贻范、蔡寅、丁榕三人，陪审员有胡文甫、徐粹庵、贝润生、虞和甫、刘崇熙、邬挺生、蔡学彰七人。兹据温宗尧电，此十人中已有六人力主轻减。夫法律昭彰，是非具在，公理不可易，铁案不可移，此岂可以托词多数，箝执人口耶？陈贻范、丁榕身为承审官，既知情有可原，胡不于未判决之前声明此意，而于宣告死刑之后，始函嘱陪审员蔡学彰签名，继又请求于伍廷芳，缘饰舞弄，代罪人奔走乞怜者，岂为承审官者所应尽之职务耶？抑法律上规定之手续耶？且承审官三人，而原文独称陈贻范、丁榕亦均同意，可疑者一；陪审员七人而以四人具名电禀，可疑者二；电文之发，不由于司法总长或沪军都督，而出诸于交涉司之手，可疑者三。……姚荣泽之罪既应得矣，则何情之足原？承审官既判决其死罪矣，复为之请求，则法律可以尽废；陪审员可以不用全体名义，则将来可以不必有七人之名额；电文可以由交涉使呈请，则职官权限可以不分。在大总统诚有特赦之权，在请求者不闻案情之可杀可恕，曰罪有应得，曰情有可原，是故意出入人罪，以效专制时代抑扬翻复、上下其手之惯技。呜呼！民国初立，第一次特别审判，由数人之私见，以破坏司法独立权，宁不痛心！粹庵等对于姚荣泽无仇无怨，实为尊重民国

---

① 《命令》，《临时公报》1912年4月14日。

法律起见，万无可以赦免之理，故终不能缄口不言也。”[①]

此书理由充分、义正词严。但袁世凯未予理会。于是，姚荣泽被免去死刑，改定为终身禁锢之罪，后来又改为监禁十年，实际上被关押三个月之后即被放了出来，逍遥法外。宁调元、陈其美、柳亚子等人的种种努力，结果被袁世凯一笔勾销。对于这个结果，宁调元、柳亚子等人感到难以接受。柳亚子愤恨地指出：这是“江苏革命史上一大污点”。[②]

袁世凯特赦残害革命志士的姚荣泽一事，在宁调元、柳亚子等南社社友心里埋下了对袁世凯仇恨的种子，也为他们日后奋起反对袁世凯专制独裁、破坏民主共和奠定了思想基础。

需要指出的是，除了积极为江苏山阳革命志士周实、阮式昭雪，宁调元也没有忘记其他为革命牺牲的先烈。他由周实、阮式想起了曾经并肩战斗过的好友禹之谟，并由残杀周、阮的姚荣泽想起了残害禹之谟的金蓉镜，于是与宋教仁致电湘督谭延闿要求逮捕金蓉镜，依法惩处：“禹之谟为满清酷吏金蓉镜周内，非刑毙命，同仁共愤，乞逮案正法，慰死者，快人心。”[③] 但金蓉镜早已于辛亥革命前夕就辞官回嘉兴老家，谭延闿鞭长莫及。不过，谭延闿对于禹之谟还是非常重视，于10月派委员将禹之谟灵柩由湘乡青树坪移葬长沙岳麓山，并沿路举行追悼。10月31日禹之谟灵柩由祖山发绍至青树坪时，即在青树坪举行盛大追悼会，经过湘乡时，县城人民开会吊祭，11月12日到达长沙后，停柩烈士祠。[④] 14日，省会各界举行盛大追悼会，谭延闿及唯一校友会致祭。是时返湘考察实业的黄兴也出席大会，并执绋前导送葬岳麓山。

1912年12月，宁调元被北京政府稽勋局函聘为临时稽勋局名誉审议，“请于审议会开会时出席讨论，或用函电商榷，以补调查

---

① 《徐粹庵致袁世凯书》，《太平洋报》1912年4月18日。

② 柳亚子：《江苏革命博物馆月刊序》，中国革命博物馆等编《磨剑室文录》（下），上海人民出版社，1993年，第1062页。

③ 宁调元：《致谭延闿函》，《宁调元集》，2008年，第597—598页。

④ 《长沙日报》1912年11月13日。

所未及”[①]。宁调元利用这一机会又积极为当年在上海创办《洞庭波》时认识的革命志士徐敬吾请勋。

徐敬吾，广东香山县人，早年流寓上海，为爱国学社庶务员，在四马路青莲阁开书店，“专以出售革命书报为业，常偕其女宝姒在味莼园及青莲阁等处演说革命，听者如堵，书报借此畅销，时人以徐尝撰《野鸡花榜》载诸小报，故赐以‘野鸡大王’之徽号。宝姒亦有辩才，其父之得力助手也”[②]。钱玄同曾回忆，1903 年，他认识一位朋友送了他两部书：一部是章太炎的《驳康有为论革命书》，一部是邹容的《革命军》，都是徐敬吾翻印的，用有光纸石印，字迹很小，白洋纸的封面，封面上印着红色的书名。[③]《苏报》案发后，徐敬吾受牵连入狱，而“某吏谓其人名不雅驯，必非真正革党，遂责其立功自赎”[④]。但出狱后，徐敬吾仍积极参加革命活动，并于 1904 年 11 月 7 日参加黄兴与杨毓麟、章士钊、刘揆一、陈天华、蔡锷、仇亮、张继、黄炎培等 40 余人在新马路余庆里召开的大会，决定“即日分途运动大江南北之学界、军队，起义鄂、宁等处”[⑤]。“当慈禧太后庆寿，举国皆悬灯结彩，歌颂备至，而万寿无疆之标帜，所在皆是。大王亦不甘落寞，步趋人后，却于书铺门前标‘万寿失疆’四字，并书一横披：‘请看今日之域中，竟是谁家之天下。’人们以为触犯忌讳太甚，为之惴惴恐惧，而大王谈笑自若也。大王以到处演讲，被捕数次，及出狱，必借缧绁至照相馆摄留一影，饰作囚徒，以为光荣纪念，清吏无如之何也。”[⑥] 1905 年 4 月，邹容在提篮桥狱中被迫害致死，徐敬吾闻噩耗后即冒着盗尸的罪名用木车载着邹容遗体，独自一人拉车，到距龙华五里的华泾镇，用土掩盖。第二天，又和在《中外日报》

① 冯自由：《革命逸史》（中），金城出版社，2014 年，第 541 页。

② 冯自由：《革命逸史》（上），东方出版社，2011 年，第 212 页。

③ 曹述敬：《钱玄同年谱》，齐鲁书社，1986 年，第 6 页。

④ 冯自由：《革命逸史》（上），新星出版社，2016 年，第 98 页。

⑤ 饶怀民编：《刘揆一集》，华中师范大学出版社，1991 年，第 165 页。

⑥ 郑逸梅：《世说人语》，北方文艺出版社，2016 年，第 245 页。

馆工作的邹容四川同乡陈竞全等，买棺收殓，暂时停放在北四川路的四川义庄，为了避免麻烦，薄棺上只写“周镕”两字，从而使邹容的坟墓长存人间。1906 年，江苏同盟会以《复报》为机关报，将编辑好的《复报》送到东京出版，然后与东京出版的《民报》《洞庭波》《鹃声》《汉帜》等革命报刊再通过健行公学在国内发行，并请徐敬吾帮助推销这些革命刊物。徐敬吾也乐此不疲。1907 年徐锡麟刺杀恩铭案发，两江总督端方等加紧镇压革命党人，江苏同盟会因而暴露，健行公学被取缔，徐敬吾也不知所终。

宁调元感念徐敬吾为革命事业做出的贡献，特于 1913 年 4 月 11 日致电稽勋局局长冯自由曰：“有江苏人徐敬吾者，上海爱国学校学生，自该校解散后，专以贩卖革命书报为业。乙丙之际，沪肆禁售革命书报，而徐敬吾尚日销《民报》百余份，及被端方拿获，勒充侦探人，特不肯加害同志，并以月薪接济太炎。此等艰苦卓绝之人，在中国社会诚不多见。现虽身故，应请贵局特别表彰，以励末俗。”[①] 但此事后因“二次革命”爆发而不了了之。

第四节　论争国都

南北统一后，孙中山践行前诺，1912 年 2 月 13 日正式向南京临时政府参议院提出辞呈，解除临时大总统之职并举袁世凯为新总统。在辞呈咨文中，孙中山还提出了以下三项重要前提条件：“一、临时政府地点设于南京，为各省代表所议定，不能更改；一、辞职后，俟参议院举定新总统亲到南京受任之时，大总统及国务各员乃行辞职；一、临时政府约法为参议院所制定，新总统必须遵守颁布之一切法制章程。”[②] 孙中山之所以坚持定都南京，

① 《野鸡大王亦将稽勋矣》，《申报》1913 年 4 月 16 日。

② 孙中山：《孙中山全集》第 2 卷，第 84 页。

就是希望袁世凯离开北京老巢到革命气氛浓厚的南京就职，受到革命派的监控，从而在一定程度上保留革命成果。

然而，孙中山临时政府地点仍设于南京之提议却遭到了来自革命阵营内部及外部的抵制和反对。2 月 14 日，同盟会员占议员绝大多数的临时参议院竟以 20 票对 8 票的多数，通过临时政府设在北京的议案。孙中山、黄兴闻讯后大为震怒，急召见参议员中同盟会员李肇甫、黄复生等，严责其不应为袁氏张目。黄兴“尤怒不可遏”，愤然说：“政府决不为此委屈之手续，议院自动翻案，尽于今日；否则吾将派宪兵入院，缚所有同盟会会员去！”① 次日，在孙、黄的劝导下，参议院经过激烈辩论，终于以 19 票对 7 票的多数决定临时政府仍设在南京。当天下午，孙中山致电袁世凯，促其南下就职。

虽然临时参议院改变了决议，决定临时政府仍设在南京，但袁世凯表示反对。孙中山向临时政府参议院提出辞呈的两天前，即 2 月 11 日，袁世凯就在致南京临时政府表示赞成共和的电报中，以“北方秩序不易维持，军旅如林，须加部署，而东北人心未尽一致，稍有动摇，牵涉各国”② 作为其赖在北京的“依据”。15 日，他致电孙中山称，若不定都北京，他将宁愿“退归田园”③。16 日，他邀见在京的各国公使，请列强支持其定都北京的主张。21 日，袁世凯再次致电孙中山，坚拒“舍北而南”之议，并以武力相威胁。

以黎元洪为首的武昌集团也不赞成孙中山定都南京的主张，却提出定都武昌的要求。早在 2 月 13 日，黎元洪就曾致电伍廷芳提出，“组织正式共和政府，招集南北各省代表，预筹善后纲领，即以汉口为招集地点”④，企图以武汉作为南北统一后的临时政府

---

① 毛注青编：《黄兴年谱长编》，中华书局，1991 年，第 273 页。

② 章伯锋、李宗一：《北洋军阀》（第二卷），武汉出版社，1990 年，第 1350 页。

③ 章开沅、林增平：《辛亥革命史》下册，人民出版社，1981 年，第 408 页。

④ 曹亚伯：《曹亚伯自述（1875—1937）》下，人民日报出版社，2013 年，第 669 页。

所在地。次日，黎元洪又致电袁世凯，提出筹组统一的中央政府，“集会之地，似以汉口为适中之地”，希望袁“速派定北方各处代表南来”。[①] 2月19日，黎元洪致电袁世凯，再次提出改建共和，为久远计，“会议之区似以汉口为适中，恳通电各处遣派代表来汉以便组织中央政府”[②]。20日，以黎元洪为理事长的民社发出通电提出：“建都问题，南京非宜，已成舆论。……折中定制，莫若武昌。”[③] 一些湖北籍革命党人居正、马伯援、田桐、杨玉如等也通电主张建都武昌，其理由有二：其一，就政治上言，武昌地当全国中心，交通便利；其二，就战略上言，武昌为全国之腹地，外患之来，较边地易于防范。还有湖北议员认为，民主国之首都须有两种资格：（一）对外有险可守；（二）对内无险可守。恐大总统恃险要而生野心，武昌为四战之地，对内则无险可守，而四境有重重门户，对外则有险可守。此两种资格为武昌独有，他省无之。他还提议湖北省议会将此意见电南京参议院。[④] 24日，湖北省议会作出了“请以武昌为国都”[⑤] 的决议。27日，黎元洪又致电孙中山、袁世凯明确提出建都武昌的主张：“欲为民国谋统一，规久远，则临时政府自应以地形险要、交通便利、能管全国枢纽为适当之地点。居中驭远，莫若武昌。”[⑥]

除了袁世凯集团和以黎元洪为首的武昌集团，革命营垒里也有一些人反对孙中山、黄兴的主张。孙中山提出辞呈的同一天，章太炎致电南京临时参议院，反对建都南京。他列举了“迁都”南京的五种弊害：一是“威力必不及于长城以外”；二是“必无南土足音，是将北民化为蒙古”；三是“迫令（袁）南来，则北方失

① 《黎副总统政书》卷六。

② 辛亥革命武昌起义纪念馆等编：《湖北军政府文献资料汇编》，武汉大学出版社，1986年，第205页。

③ 朱建华：《中国党派百年风云》，华文出版社，1996年，第113页。

④ （新加坡）《南洋总汇新报》1912年2月22日第4版。

⑤ 上海《民声日报》1912年2月26日。

⑥ 曾业英编：《蔡锷集》，湖南人民出版社，2008年，第492页。

所观望”；四是“清帝尚处颐和园，不逞之徒，思拥旧君以倡乱者，非止一宗社党也。政府在彼，则战威不远，足以镇制；若徒处南方，是纵虎兕于无人之地”；五是迫令使馆南徙，必以重资备偿，“民穷财尽之时，难复縻此巨帑”。他要求孙中山和黄兴“规度利弊，顾瞻全势，而不可以意气争也”[①]。他还以光复会总会的名义致电袁世凯，直截了当地提出：“公既为参议院公举，请即就职，以顺舆情。惟建都当在北京。”[②] 南方军队中部分高级将领朱瑞、姚雨平、柏文蔚、李燮和等也以“南京联军参谋团”名义发布通电主张统一政府地点宜设在北京。

与此同时，一些地方官员也主张定都北京。2 月 15 日，江苏都督庄蕴宽通电全国，对于孙中山提出的“临时政府地点设于南京”和“新总统到南京受任”这二项办法，“期期以为不可”，并指出：“各省代表所议临时政府地点设于南京乃南北未统一以前，今事实既已变更，则前议岂有拘执。至政府地点之应设在南京，与新总统之是否须到南京当就事实上论之，不可参以主客尔我之见，致起中外猜疑。今姑设为问题数则：一现势上之观念，如袁公南来，北方各省能否保持秩序？满蒙等处能无联外人拥幼主以破坏全局之事否？一地点与历史上之观念，披览地图，南京能控制西北各边否？中国古时除洪武一代外，南京有建都之价值否？一外界上之观念，东西各国能不反对迁都否？”最后，他认为：“舍北就南种种危险，将使和平解决之共和政体自生荆棘，致启争端。”[③] 庄蕴宽的主张得到浙、湘、滇、晋等省都督的赞同，亦纷纷通电，倡议定都北京。

社会舆论也普遍表示支持迁都北京。就连革命党人主办的《民立报》也不赞同孙中山提出的“临时政府地点设于南京”的主

① 章太炎：《致南京参议院论建都书》，汤志钧编《章太炎政论选集》（下），中华书局，1977 年，第 562—563 页。

② 章开沅、林增平等：《辛亥革命史》（下册），人民出版社，1981 年，第 408 页。

③ 《公电二》，《申报》1912 年 2 月 21 日。

张，而是积极倡议定都北京。2 月 13 日，《民立报》在社论栏目中发表空海《建都私议》一文，明确提出建都北京，“近闻南北议和，清帝退位之条件，双方大抵皆无异议。所争者，不过临时统一政府之中央地点，即国都问题尔。夫国都宜在北京，此稍有识者所同意也”，并还列举了“谋政治上之统一”“谋经济上之发展”“谋财政上之撙节”“避外交上之烦难”“筹边防之支持”“谋兵权之统一”“达光复之目的”“巩固共和之基础”等八条国都“不可不在北京”的理由。[①] 2 月 21 日，《民立报》又联会中华民国联合会、民社、国民协会等党团及《神州日报》《时事新报》《大共和日报》等报致电南京参议院，认为参议院“为政府所牵制，舍北取南，帝党有死灰复燃之势，强敌有趁机侵略之虞”，并指出，参议院不能保持独立，是立法权被行政权所侵犯，“民国开此恶例，尤可寒心”，希望参议员“以去就力争，保全天职”。[②]《申报》也于 2 月 24 日刊登评论《去争篇》，称赞反对定都南京的庄蕴宽、孙毓筠为“谋国之忠，虑事之密”，并认为“居今日而言都城，宜乎集汉满蒙回藏之宅中，而始能收统一之效果”者，“舍燕京而莫属矣”。[③] 同时，对于孙中山定都南京一说，《申报》持坚决的反对态度，并攻击孙中山“阳托参议院之议决，而阴以遂其胁制之私，置满蒙回藏于不顾”[④]。

民国初年这场声势浩大的定都之争，也引起了时任《民声日报》总编纂宁调元的注意。他以一个新闻记者对于重要时政的敏感，立即投入了这场争论，积极发表自己的观点和主张。但他既不赞同建都北京，也不赞成定都南京，而是主张定都武昌。在其 2 月 24 日至 25 日发表在《民声日报》上的长文《国都平论》中，宁调元指出：“主南京者，仅临时政府中之少数人，理由绝少，可

① 空海：《建都私议》，《民立报》1912 年 2 月 13 日。

② 《民立报》1912 年 2 月 21 日。

③ 《去争篇》，《申报》1912 年 2 月 24 日。

④ 《申报》1912 年 2 月 25 日。

无论断。主北京者，空海君《建都私议》，持八理由，辞甚辩。”并对空海关于建都北京的八点理由逐条提出质疑。

对于空海“谋政治之统一，不可不在北京”的观点，宁调元辩驳：“英荷殖民，远在万里。日辖朝鲜，不必迁都。满、蒙纵迩强邻，西南宁能放弃！……谋政治之统一，在政府之能力，抑在政府之地点乎？”

对于空海“谋经济之发展，不可不在北京”的观点，宁调元辩驳：“中国为百物之所府藏，何地无实业，何业不当发展？西北荒寒，天下公认。北京旧称首善之区，维新数年，无一烟筒。有时至日用寻常之品，无所问取。稍留北京者当知余言非詟。盖既失水陆交通之便，又非实业试验之场，纵借口于满洲之林矿可获厚利，蒙古之畜牧足以富国，则移民开垦，发展经济之事，随时随地可以举行，于国都何与乎？”

对于空海“谋财政之撙节，不可不在北京”的观点，宁调元辩驳：“我堂堂新造之国，果以因陋就简为辞，则西安、大梁，何地不宜？否则北京之所谓衙署者，除外务、陆军等所谓新造之署外，其他或因地点散漫，办公不便，形式衰陋，无可因仍。满清晚年，土木未衰，方事改革，我纵迁就，讵能合用？且街道秽浊，天雨泥泞，深没人膝，将来添修马路，改建电车，振兴市政之费，亦非一端。”

对于空海“避外交之烦难，不可不在北京”的观点，宁调元辩驳：“倘吾人折中定制，别寻地点，择四会五达之区，可以促中外工商业之发展，而又有领事馆可以资扩大者，外人未必反对，或且乐从，而不亟亟索补助费，或索补助费亦未必巨。盖其所损者有限，而所利者无穷也。”

对于空海“筹边防之支持，不可不在北京”的观点，宁调元辩驳：“论者亦知近日英人之于西藏，法人之于云南乎？北部有警，大江以北，固非我有；西南有警，大河以南，又何如耶？然其理由，大约可以第一条括之。”

对于空海“谋兵权之统一，不可不在北京”的观点，宁调元辩驳："将来统一政府成立，陆军驻扎地点指定以后，南军可驻北方，北军可驻南方。就现势而论，南军中有北人，北军中亦有南人，汉满蒙藏，且将一家，南北有何界线？牵制更不足言。"

对于空海"达光复之目的，不可不在北京"的观点，宁调元辩驳："满清僭窃，吾人所以驱逐之者，在去其权位，还我旧土，非仅与之争燕京耳。权位去，旧土恢复，则民国奠都，无论何处，皆称光复，云何北京始达目的？"

对于空海"巩固共和之基础，不可不在北京"的观点，宁调元辩驳："国民程度，北逊于南，此教育上与交通之关系，于都城何与？现时革命，北人或不知为何物，然则前此之所谓立宪者，非主持于北京政府乎？例以论者所云，其人民之知识应高出于南方万万矣，何反不及耶？且也陕、甘、川、黔等处，其人民之知识，又远逊北京，不惟不晓共和，或并君主立宪而未梦见。其他藩属，更无论矣。我中华民国以五大民族组织之，人民程度不齐如此，都城有限，宁能遍设？"

在逐条辩驳空海建都北京的八点理由之后，宁调元提出建都武昌的主张：

> 武昌居全国之中枢，擅水陆之胜利。东至上海，不过三日，北通蒙、满，亦复相等。三年之内，川汉、粤汉铁路成功，则西南相距均数日程。既无建业偏安之讥，亦鲜北京旧俗之染。自起义以来，流血无量，人心之所向往，大势之所趋归，实民国惟一之纪念场，世界第二之华盛顿也。日本维新，自西徂东，舍故谋新，其故可思。人久郁抑，不吸新空气必病，机关枪累用不换则坏，事势有然。且汉阳峙其右，工场布设，规模宏远；汉口峙其左，当残毁之余，一切均应改造。倘奠都如此，万众争趋，工商业之发达借可促进，武汉人民之元气亦立见昭苏。南北之纷争可以息，中外之精英可以荟萃，尚其余事也。

最后，宁调元强调："张君溥泉谓凡一国都会，地点必具有代

表一国人民精神之资格。余深韪其言。余益信武昌建都之说为不可易。”[①]

2月26日，《民立报》又发表空海所撰社论《人心之趋向与民国之统一》一文，强调定都北京已是大势所趋、人心所向：“观舆论，则多数报纸既已主都北京；察政党，则多数团体亦皆主都北京；论政府，则多数之都督、督抚与将校，又皆主都北京，而况从前主都南京最力之人之报，近亦怡然谦让，虽不主都北京，亦不主都南京，甚且有前主都南，今又翻然主都北者……盖其一时之感情，终不敌其天赋之理性。而其希望少数便宜心，终不敌其希望全国统一心之切也。盖统一南北，本也，奠都南北，末也。争其末而败其本，愚者不为。……“惟第三说（定都北京袁易于操纵）而不知专制恶魔万难再活，思想既变，舆论已成，吾国民既以共和为最美之政治，又安能容袁之变更。且袁世凯再三布告于天下万世曰，永远不使君主政体再发生于民国，今日宣誓之空文，异日讨罪之实据也，袁世凯虽愚，肯出此乎？”[②]

对于空海所谓定都北京是人心趋向的言论，宁调元不以为然，再在《民声日报》上发表《国都平论之二》一文，与之辩驳。他指出“国都之宜改建武昌，适于地势、国势、时势”，空海所谓定都北京，“乌可虚拟心理上之仿佛，轻于武断？且人心趋向，宁有标准之可言！即如革命未成功以前，试问人心之趋向共和多数乎，抑少数乎？傥其时必以此为标准，岂亦将谓共和之劣于专制乎？岂亦可谓专制之必不能代以共和乎？仆有以知其不然也。况人心之果趋向都北与否，实亦无凭指数。语云：‘人心之不同如其面焉。’非可遽以己度人也”。接着，宁调元强调奠都武昌的重要意义：“空海君既以国都聚讼，统一久悬，险恶丛生，深堪痛悸，则何为不执两用中，赞成武昌之议？长此攻南和北，坐致纷纭，适贻扬汤止沸之讥，宁免推波助澜之诮！余为此说，知空海君必以

① 宁调元：《国都平论》，《宁调元集》，2008年，第590—593页。

② 空海：《人心趋向与民国之统一》，《民立报》1912年2月26日。

何不赞成北京以趋一致，转而相诘。不知今之悬而不决者，南北之争，屈北从南与屈南从北，同为相持之纽，必无解决之方。非调停南北，折衷武昌，无以息两造之纷，而出一哄之市。”[①]

然而，意见当意见，争论归争论。南京临时政府还是于2月21日派出以教育总长蔡元培、海军顾问刘冠雄、外交次长魏宸组、法制院长宋教仁等为代表的迎袁南下就职专使团由上海启程赴京。27日，专使团抵京时，袁世凯以最隆重的礼节，大开正阳门欢迎，并公开表示愿赴南京就职，还与蔡元培等人商谈了南下就职的路线问题。一切似乎都在按计划顺利进行。

但就在29日晚，北京东城、前门一带突然枪声大作，火光冲天。原来是驻北京的曹锟北洋军第三镇发生“兵变”，乱兵持枪闯入各商店到处抢劫，纵火焚毁东安市场、东四牌楼等处，甚至持枪闯入专使团的驻地，吓得专使们纷纷仓皇出走，分头躲避。第二天，“兵变”很快又蔓延至保定、天津等地。3月1日，袁世凯和蔡元培分别致电孙中山，告知了京津保“兵变”详情。此时，反对袁世凯南下就职的呼声更加高涨。鉴此，3月5日，蔡元培等致电孙中山，建议临时政府设于北京，袁世凯可在北京就职。

为了顾全大局，孙中山最后也不再坚持己见，只好致电蔡元培，同意袁世凯不必南下就职。在这样的形势下，3月6日，临时参议院议决六条办法，允许袁世凯在北京就第二任临时大总统职。3月10日下午，袁世凯在北京宣誓，正式就任中华民国临时大总统。至此，民国初年的定都之争告一段落。

对于宁调元主张奠都武昌的主张，有论者认为：“善良的宁调元不了解建都之争的实质，因而，当了黎元洪等人的传声筒。”[②]对此，笔者不敢苟同。民国初年，宁调元反对建都北京固然有不满袁世凯的因素，但他主张奠都武昌也未必就是黎元洪等人的传声筒。

---

① 宁调元：《国都平论之二》，《宁调元集》，2008年，第594—595页。

② 杨天石、曾景忠：《前言》，《宁调元集》，2008年，第5—6页。

事实上，临时政府地点自武昌首义开始，就议论不断。1911年11月9日，蔡锷致电各独立省军政府："自今以后，非有集中统一之机关，即无对外活动之资格。现在长江以南渐次光复，黄河流域当必陆续反正，统一机关之急宜组织，谅为数万万同胞所共认。武昌居全国中心，交通总汇，联合枢纽，似以此地为宜。"[①] 11月30日在汉口召开的各省都督府代表联合会会议议决以湖北军政府为中央政府。当时，《民立报》也主张建都武昌，汉口与汉阳陷落后，才改为主张建都南京。南北和谈之际，《申报》仍主张建都武昌，认为"鄂乃天下中心，由京汉以控制朔北，由粤汉以驾驭两粤，西接巴蜀，东连沿江各省，轮轨交通，水陆利便，而汉口商业之繁盛，尤甲全国，恢恢帝都，无逾于此"[②]。就连孙中山后来也说："至首都地点，宁、鄂两处最好，无已，则宜在开封。"[③] 可见，孙中山当时坚持临时政府建在南京主要是出于政治上的考虑。因此，在建都之争中，宁调元主张奠都武昌似不能简单地认为就是支持黎元洪，反对孙中山。从其有关论述不难看出，宁调元反对建都北京，也有使袁世凯离开北京老巢到革命气氛浓厚的南方就职意图，这与孙中山、黄兴的基本意图是一致的，而其主张奠都武昌而不是南京，则主要是从武昌系首义之区，又居全国之中枢，水陆便利，工商业发达和"息两造之纷"等角度出发考虑问题的，似无特意迎合黎元洪主张并为之当传声筒之意。

---

① 上海《时报》1911年12月1日。

② 《新都问题》，《申报》1912年1月12日。

③ 孙中山：《孙中山全集》第2卷，第411页。

第九章　梦醒南粤

1912年4月，宁调元受湘督谭延闿的委派，赴广州担任三佛铁路湘省总办。任职期间，宁调元作风正派，工作负责，通过加强管理，清除积弊，取得明显成效。工作之余，宁调元与蔡哲夫、谢英伯、邓尔雅、黄节、王君衍等诗友交游唱和，砥砺革命意志，并发起成立南社粤支部。8月，袁世凯与黎元洪勾结，以莫须有的罪名，枪杀辛亥革命元勋张振武，使宁调元对袁世凯专制独裁的反动本质有了进一步认识，即于年底离粤返沪，开始策划反袁活动。

第一节　管理铁路

1912年3月，宁调元在醴陵老家办理完祖母丧事后，离醴赴沪。但在途经长沙时，宁调元却又改变了行程，不是东赴上海，而是南下广州。

原来，在长沙与都督谭延闿见面之后，谭延闿给聪明能干的宁调元安排了一项新的任务，代表湘省参与三佛铁路的管理工作。

三佛铁路即广三铁路，为粤汉铁路在广东省境内的一条重要铁路支线。1897年5月，清政府与比利时订立《芦汉铁路借款草合同》后，又于翌年1月，决定接修粤汉路（从汉口渡长江，经武昌、长沙、株洲至广州）。但该路工艰费巨，清政府无力自建，必仰赖于外债。比利时、法国、英国、美国闻讯后，都企图争得贷款权。清政府认为，比在法、俄支持下，已获芦汉路贷款权，须遏制其势力南下。英国占有香港，亦应阻其向粤扩张。而美国未直接在华占借领土，亦未对华贷款，对中国的威胁可能较小，于是便选择美国为债主。1898年4月，中国驻美公使伍廷芳，代表铁路总公司督办盛宣怀，与美国美华合兴公司代理人柏许等在华盛顿订立《粤汉铁路借款合同》，1900年7月13日，又订立《粤汉铁路借款续约》。这两件合同规定，中国向合兴公司借款4000万美元，修建粤汉铁路，年息五厘，九折实付，期限50年，铁路由美方代修，路成后，货款期内，由美方代为管理，每年分取行车余利二成并发行"余利凭票"，有效期50年。

美华合兴公司承修粤汉铁路后，发现广州至三水县沿线地势平坦，位于珠江三角洲的鱼米之乡，修建铁路的投资少而收益快，于是决定先修广州珠江南岸石围塘经三眼桥、佛山、小塘至三水这一段铁路，并于1901年12月开始修筑广州石围塘至佛山一段（复线），至1903年1月建成，长16.5公里，是为中国最早的复线铁路。嗣后，佛山至三水段也随即开工，于当年10月建成32.36公里的单线。至此，广三铁路全线建成，长48.9公里。11月14日，时任两广总督岑春煊主持了盛大的广三铁路通车典礼。该路穿越富庶的珠江三角洲北部，把中国南方最大的港口城市广州，明清时代中国四大城镇之一的佛山，与西江、北江、绥江三江交汇处的三水联结起来，沿线人烟稠密，工商业发达，盛产稻米、蚕丝、水果，客货运输终年繁忙，虽为水网地带，但航道回淤，冬季水浅，轮船开行不便，水路难与铁路争雄，因此，该路运营初期，年收入毫银80余万元，利润率高达50%。无怪乎美华合兴公司置粤汉干线工程于不顾，先集中力量修筑此路。

虽然广三铁路一炮打响，但美华合兴公司是甲午战争后，为争夺对华铁路投资权而匆忙成立的，本无基础。为修筑粤汉路，该公司积极增募资本，扩大实力。但其创办人、美国前参议员布赖士于借款合同签订后不久死去，致使公司影响力骤降。加之1900年之后，义和团兴起，八国联军血腥镇压，中国局势急剧动荡，美国投资者对粤汉路能否修成，心存疑虑，股票滞销，美华合兴公司只得赴欧招股。比利时资本乘虚而入，大力购买，控制了该公司2/3的股权。至1904年初，不仅公司的绝大多数董事成了比人，就连其总经理、驻上海办事处主任及粤汉路总工程师等，亦都换成了比人。再说，美华合兴公司向比人大量抛售股票，属违约之举，因为《借款续约》第17条规定："此续约与原约一体订立者，准美国公司之接办人或代办人一律享受，但美国人不能将此合同转与他国及他国之人。"该借款本来就因失权过多，引起鄂、湘、粤三省绅民的不满，而美方又违约行事，三省绅民更是怒不可遏。1903年，清政府颁布《铁路简明章程》，开放了民间和地方的铁路修筑权。于是，鄂、湘、粤三省绅民及留日学生纷纷要求废除借约，将粤汉路收回自办。湖广总督张之洞，热心筹划粤汉路的建设，支持三省绅民废约自办的要求，并请求清政府批准。清政府见美方违约，借美款拒比款的愿望落空，为防止京广铁路均落入比、法、俄集团之手，便于1904年11月命张之洞主持粤汉铁路废约之事。1905年8月，中国新任驻美公使梁诚代表张之洞，与美华合兴公司在华盛顿展开了废约谈判。面对中国人民强大的反美浪潮和张之洞开出的废约方案有厚利可图，美华合兴公司最终同意废约，与中方订立《收回粤汉铁路美国合兴公司售让合同》，其中规定：原中美间关于修粤汉路的两个借款合同作废，中方向美方支付赔偿费675万美元。其中300万美元，用于支付合兴公司已修成的广州至三水间支线及干线工程投资。1905年11月，中方通过港英当局借110万英镑付清偿金，最终从美华合兴公司手中收回了粤汉铁路权。张之洞随即主持召开三省代表会议，决定不借外债，由三省各自筹款，各修各路。英国的借款由三省按粤汉路在各省的长度比例分摊，将本息分作七份，湘、粤各负担三份，鄂省负担一份。从美方赎回的已成路段、营运收益及器材等，三省亦按上述比例分享。[1] 因此，粤汉路权收回后，三佛铁路由三省共管，于广州设三佛铁路局，由各省派一名总办驻局办事。故三佛铁路又称三省铁路。

民国成立后，前清时三省当局派驻三佛铁路的总办当然撤销，各省须另简要员赴三佛铁路局视事。因此，湖南都督谭延闿此时正在为特色合适人选赴粤上任而发愁。一见到生气勃勃的宁调元，谭延闿大喜过望，当即决定派宁调元赴粤任三佛铁路湘省总办。

对于宁调元的这个新职务，杨天石等编《宁调元年谱》称之为三佛铁路总办，其实并不准确。如前所述，1905 年该路赎回后，所费由湘、粤、鄂三省分担，其管理也由三省各派一名总办驻局办事。因此，宁调元的这个新职务准确地说，应为三佛铁路湘省总办。[2]

对于三佛铁路湘省总办这个职务，宁调元欣然接受，并雄心勃勃，准备到广东大干一场。因为在他看来，清朝封建专制统治已经推翻，自己为之奋斗的中华民国已经建立，接下来的任务是把民国建设好，而况孙中山和黄兴此时已做出榜样，以发展实业为己任，特别是孙中山还担任了全国铁路督办，提出了在十年内建筑二十万里铁路的宏伟计划。为此，他把这一消息告诉了上海的同仁，立即得到柳亚子等人的赞同。由南社社友姚雨平、叶楚伧、柳亚子、苏曼殊等人于 4 月 1 日创办于上海的《太平洋报》特发《铁路总办之得人》的消息云：

> 湖南杰士宁君调元，为南社社员兼任《民声报》总编辑，才高学富，久为海内所推崇。闻现将赴广东，经办三佛铁路，其所带有文案一人，随丁一名，俭约之风尤足以为表率，想从此整顿一切，该铁路必大有进步矣。[3]

---

① 李占才主编：《中国铁路史 1876—1949》，汕头大学出版社，1994 年，第 135—137 页。

② 邓江祁：《〈宁调元年谱〉考误》，《特立学刊》2018 年第 5 期。

③ 《铁路总办之得人》，《太平洋报》1912 年 4 月 25 日。

对此，南社社友莫不欢欣鼓舞，奔走相告，纷纷赋诗以贺，同时表达了依依惜别之情。柳亚子《送太一入粤》诗云：

豪气吞云梦，神交历岁年。邹阳梁狱泪，正则楚骚篇。
乍作江南客，还寻岭外船。重逢知未易，扶醉各相怜。①

陈范（蜕盦）的《送太一之粤》诗云：

君行常万里，一顾悠云别。人生如飞尘，聚散非足惜。
但怨华年催，临歧意相诀。回念去此时，惘惘无所适。
十载乃生还，朋侣悉邀集。后岂殊前观，挥手又倏忽。②

在好友们的祝贺声中，宁调元由长沙启程赴粤，开始了新的生活。

4月30日，作为湘省总办，宁调元正式到广州三佛铁路公司总部视事。当日一大早，宁调元就带领文案等人从广州城到三水巡路，由三水返抵广州时，视察汉利轮，发现有小贩在轮上聚赌，认为是船主李全有意纵容，当即牌示罚其薪一月，并要求其举一反三，立即在汉利轮开展全面整治。结果“数月积案百数十起分别批发，仅三日而清厘矣”。

5月1日，宁调元在查阅公司人事档案时发现，该路前以洋工程师任总管，故设有华文大写（翻译）一职，月支薪近二百元。但近年换为粤人蔡天福任总管，华文大写一职已成虚设，而蔡天福却以其亲信郑柏卿挂名此职，“耗金甚巨，舞弊最熟，前三省总办均无奈伊何”，宁调元经访查确实后，立时将郑柏卿撤去，“此一举也岁节二千余金”。

5月2日，宁调元查悉，行车处副管账罗子衡营私舞弊，立时撤换，并由公司派人接充。同时，宁调元还发现，公司总文案向不驻司办事，亦立即进行撤换。以前公司开除护路巡警工役均给恩饷，宁调元到司后认为不合理，立即宣布废止此规定。宁调元还发现，三佛铁路路长年免票向无限制，每免票一张，即可租赁

① 柳亚子：《送太一入粤》，《太平洋报》1912年5月3日。

② 陈蜕盦：《送太一入粤》，《太平洋报》1912年4月25日。

他人，“岁损车利万余元”。对此，宁调元非常气愤，当即宣布：今后除对邮局、县署免票数张之外，路长的其他免票权一概撤销。

5月3日，宁调元到行车处检查乘车券（即车票）的印发情况，发现乘车券统由该处印制和发放，因缺乏监管，弊混极多，而且还有不少人纷纷向宁调元请求到行车处工作。宁调元认为，厚利之图，必在车券，乃当即决定，以后行车处印制的乘车券必须送公司加戳后方为有效，从而扭转了行车处自行印发乘车券，无人监管的状况。

5月4日，宁调元赴五眼桥站检查工作，发现该站站长曾桂臣卖票舞弊，当即命巡警局拘留查办，并按章宣布对其罚银十倍。

5月5日，宁调元发现三佛铁路的地亩员向归行车处管理，认为与章不合，即批示改由公司直接管理。

5月6日，蔡天福欲派黄伯常为报关员，但慑于宁调元到司后的作风，只好向宁调元面保黄伯常。宁调元调查后发现，三佛铁路以前用人、行政等一切事宜概归行车处自行处理，并不报告公司，公司亦不敢过问，因此“丧失利权岁以数十万计”。而且宁调元还发现，黄伯常“声名恶劣，向为路蠹”，遂不允行。全路闻之，“人心大快”，认为“宁君此举为此路开辟以来之创见也”。

5月7日，宁调元到三佛铁路巡警总所检查，发现巡警多达百数十名，冗员甚多，“月耗薪饷近三千元”，而且还发现巡警腐败异常，除站岗以外漫无职守，正巡官黎振武行为不正，当即派员查办黎振武。黎振武闻信潜逃，宁调元便移交地方官缉拿。同时，宁调元核减巡警总所兵额十数人，并手订三佛铁路《巡警章程》及《巡警勤务细则》，严格规范巡警勤务，切实保护客商。由此“客商及附近居民不特宾至如归，即百里以内闾阎亦口碑载道矣”。

在调查中，宁调元发现三佛铁路火车用煤向来购自日本，以致利源外溢。对此，宁调元即与粤省总办詹天佑筹商后宣布，以后三佛铁路专用国内的开平煤，不得再向日本购买，以塞漏卮。宁调元还发现，行车处采购货物均用港币，损失贴水较多，即批示以后在省与人交易，只准行用省银。这一举措，每百元可为公司节省贴水十余元。蔡天福在公司一向直接经管车利，其间弊端甚多。宁调元发现此情况后，当即决定，取消蔡天福派员经管车利特权，改归公司直接管理。

5月8日，宁调元由广州巡路至佛山站发现，军兴以来，纸币日多，现银日少，公司收车利项下平均计算每日两千余元，纸币约一千五六百元，公司支出款则以纸币换银毫，每百元贴水四五元不等。通过将该站日收车利票根与公司报告单核对，宁调元发现数日间纸币之弊混已近二百元，并发现该站解银员梁云泉、曾国清从中舞弊营私，即命将梁、曾二人拿交巡警总所，由副巡官看守，"以为符同舞弊者儆"。

5月9日，宁调元又调各站票根，逐一核对，发现票根向系用洋纸，且用铅笔画码，橡皮抹擦甚易，更改不难，因此梁、曾二人便在票根上做手脚，从中营私。问题的根源找到后，宁调元即宣布，革换佛山站站长；收回各站旧有票根，另发新版票根，并一律用墨笔填写数目；各收解站银员则由公司直接派人接充，蔡天福用人亦必须先行禀告于总办。①

由于宁调元到任后，工作热情很高，亲自深入车站、工地调研、检查，并以严厉手段加强管理，发现问题及时处理，于路政、路风、路管等方面的整顿工作初见成效。对此，当时各报纸多有称赞。《申报》曾以《三佛路政之起色》为题报道曰：

> 三佛铁路为湘、粤、鄂三省合办，长仅百里，车站多至二十五处，每日平均车利收入二千余元，因向来积弊太深，故股东所获亦复有限。查该路总管前系洋工程（司）［师］，近换粤人蔡天福，而华文大写一席犹存坐支月薪二百元。该路长年免票向无限制，发出甚多，有免票者往往辗转租赁他人，公司隐受其损害。至用人、行政一切事宜，概归行车处，即乘车券亦归其印发，公司不敢过问。沿路警察甚腐败，多至百数十人，岁耗薪饷近三千金。种种腐败，不一而足。乃

① 《三佛铁路十日记》，北京《中国日报》1912年5月24日。

> 自五月以来，该路总办以严厉手段，痛加整顿，积弊渐见扫除，收回权利，岁当以巨万计矣。并闻将来该路行车，专用开平煤，不再向日本购买，以防利源外溢云。①

刚来粤省，生活翻开了新的一页，工作又有成效，宁调元自然心情舒畅，他致陈范的信中也流露出对新生活的满意：

> 来粤打破人家饭碗不少。暇则饮酒，灌花，剥生荔枝吃，津津有味。亚子、楚伧、少屏近况何似？五月，当避暑、避蚊、避疫，来海上求清净土，救苦救命。倘有好酒，幸留一杯，好花幸分一枝。余生幸甚。②

第二节　结社羊城

除了参与管理三佛铁路，宁调元到广州后立即与广东的南社社友蔡守取得了联系，因此工作之余，常聚在一起诗酒唱和。

蔡守，原名有守，亦名为内，字成诚，号哲夫、寒琼，别署成城子、寒翁等，1879 年出生，广东顺德人，17 岁入上海震旦学校（现复旦大学前身），1905 年参加黄节等人创办的国学保存会，担任会刊《政艺通报》编辑，后任《国粹学报》主笔，并刊辑《风雨楼丛书》，与潘达微合编有《天荒画报》，工诗词书画，精通文物鉴赏。1906 年因鼓动革命被通缉，1909 年 11 月由柳亚子介绍加入南社，为南社首次雅集成员之一，与柳亚子、高旭等人多有唱和。辛亥革命前夕，蔡守又回到广州参加起义。

宁调元与蔡守二人虽然之前未曾谋面，但彼此神交已久。1909 年秋，高旭曾给宁调元寄其《题哲夫绘石》诗云：

> 补天妙手迥非凡，磊磊怀中岂等闲。恨海填平精卫笑，

① 《三佛路政之起色》，《申报》1912 年 7 月 1 日。

② 宁调元：《与陈蜕盦书》，《宁调元集》，2008 年，第 230—231 页。

街残片石在人间。

我生于世竟何勋？一派关山易夕曛。醉后不妨看作虎，只怜身是故将军。[①]

时陷长沙狱中的宁调元收信后曾表示："暇当奉和《绘石》二绝，此刻不暇也。"[②] 但后来，宁调元并没有和高旭的《绘石》二绝，而作词《拜星月慢·蔡哲夫绘石，为哀蝉作》云：

片石峋嶙，谁教绘出，缺憾情天千载。百炼娲皇，想弥缝功大。料容易，巧被康回触裂，却又，后羿弯弓弄坏。依旧飞沉，在诸方三界。 叹残山剩水都淘汰，算他总阅尽沧桑态。多少雨打风吹，尚岿然长在。忆南山，没羽当时快。霸陵尉，只有侵陵耐。正待汝，越样珍存，补上苍旻再。[③]

1910年10月，时任《帝国日报》总编辑的宁调元在致高旭信中说："哲夫兄嘱题汉六花镜，人事冗烦，稍暇总当偿此债务，为我道歉是幸。"[④] 是年12月宁调元在致高旭信中又说："因蔡君哲夫汉六花镜，及吾兄《花前说剑图》，与本京友人一切嘱托未了结者，不知若干也。"[⑤]

因此，宁调元与蔡守有幸在广州相逢，真可谓足慰平生。广东是辛亥革命的策源地，革命志士众多，经蔡守介绍，宁调元又结识了谢英伯、邓尔雅、黄节、王君衍、潘致中、李尹桑等一批志同道合的新朋友。

谢英伯，原名谢华国，号抱香居士，1882年出生，广东嘉应（今梅州市梅县区）人，16岁开始学英语，翌年考进香港皇仁书院，接受西洋教育，三年之后，回广州从事新闻事业，开始了办报生涯。1902年担任《亚洲日报》总编辑，奋笔评论时政，倡导女权。1904年又主办《开智日报》，并先后在《中国日报》《东方

---

① 郭长海等编：《高旭集》，第410页

② 宁调元：《与高天梅书（二十四）》，《宁调元集》，2008年，第219页。

③ 宁调元：《蔡哲夫绘石，为哀蝉作》，《宁调元集》，2008年，第180页。

④ 宁调元：《与高天梅书（三十一）》，《宁调元集》，2008年，第222页。

⑤ 宁调元：《与高天梅书（三十二）》，《宁调元集》，2008年，第224页。

报》《少年中国报》《美禁华工拒约报》等多家报刊社任职。1906年，谢英伯先后任教于梧州中华学堂、香港安怀女学校、圣约翰学校、保罗书院、檀香山华文学堂等校，积极参加革命活动，1907年在香港加入同盟会，并任香港支部主盟人，负责吸收同盟会员入会的主盟事务。1908年河口起义失败之后，谢英伯积极筹款帮助参加起义的志士返回原籍，1910年又参加了广州新军起义的筹划工作。1911年8月，谢英伯因参加组建东方暗杀团谋炸广东水师提督李准离港，流亡檀香山。民国成立后，谢英伯回国，奉孙中山之命，重返广州任同盟会粤支部长，并被都督胡汉民聘为高等顾问。

黄节，原名纯熙，字晦闻、玉昆，别号晦翁、黄史氏、甘竹滩洗石人，1873年出生于广东顺德，早岁曾作《黄史》一书，1901年与谢英伯等创办“群学书社”，后赴上海，与邓实创办《政世通报》，介绍西方文明，宣传强国思想，并与章炳麟、邓实、马叙伦、刘师培等创立国学保存会，大量搜购明清间禁书，刊为《风雨楼丛书》及《古学会刊》，创办《国粹学报》，阐发学术传统，发起民义，伸张民权，传播反清思想。1905年8月，黄节回广州创办《美禁华工拒约报》，聘谢英伯、王君衍等为主要撰稿人，揭露美国华工受迫害的实情，鼓吹反帝爱国。1907年赴上海赞助于右任等创办《神州日报》，1909年赴香港加入同盟会，以满腔的政治热情，写下大量爱国诗文。1911年广东光复后，曾合创南武公学会、南武中学堂，并出任省高等学堂监督，替都督胡汉民草拟《改元剪辫文告》《誓师北伐文》。1912年，与谢英伯、潘达微等组织天民社，创办《天民日报》，力倡发扬民主，伸张民权，抨击贪官污吏。

邓尔雅，名溥霖，字季雨，1884年出生，广东东莞人。其父邓蓉镜是清同治辛未科二甲翰林院编修，官江西督粮道，三署江西按察使司，后归田掌教“广雅书院”。邓尔雅幼承家学，治小学，早年攻篆刻、书法和文字训诂，1899年入广雅书院就读，1905年偕妻及大儿邓小雅赴日学医，后改学美术，1910年回国任小学教员。次年与潘达微等同办《时报画报》《赏奇画报》，1912年与黄节等创办以研究金石书画、保存国粹为宗旨的贞社广州分社。

这样，宁调元在三佛铁路工作之余，就常与这些新朋友游览广州附近的名胜，饮酒赋诗，互相唱和。

民国初年，共和肇建，民众喁喁望治。但临时政府北迁后，成立不到两个月的第一届内阁却因袁世凯不尊重《临时约法》于6月15日解体，蔡元培、宋教仁、陈其美、王宠惠等四位同盟会籍总长相继辞职，加之党派林立，党争激烈，政局更是动荡不安。对此，密切关注时政的宁调元深感忧虑，借七律《粤东感赋》诗表达了对时局的担忧：

镇海楼头栖暮鸦，越王祠下树争花。风云西望生机尽，鸾凤南来住处差。回首烟花如梦寐，赏心乐事惜年华。重重烟瘴频频雨，似此羁迟亦可嗟。①

几天之后，宁调元又在《太平洋报》上发表七律《羊城感赋次前韵》云：

彩凤荒唐逐野鸭，天涯何处觅飞花？端居闷闷繁忧集，尘海茫茫百念差。一代兴亡成昨梦，万重恩怨视空华。糊涂长大糊涂老，闲坐千杯那用嗟。②

在诗中，宁调元感叹刚推翻清朝、建立民国时的“赏心乐事”“成昨梦”，如今“生机尽”的世事已成“重重烟瘴频频雨”，抒发了对现实的困惑、失望和愁闷之情。

7月下旬，宁调元借招聘工程师之机，赴上海观察情况，于29日抵沪。《太平洋报》对此有报道曰：

长沙宁太一君南社社友也。今春在上海创办《民声日报》，后以宗旨不合而去。适被推为三佛铁路总理，即往粤省。今因事来沪，于昨日到此，寓太古码头立安栈，尚有数

① 大一：《粤东感赋》，《太平洋报》1912年6月19日。

② 大一：《羊城感赋次前韵》，《太平洋报》1912年7月11日。

日留也。[1]

抵沪后，宁调元大有物是人非之感，以前的民社已与统一党、国民协进会、民国公会及其他政治团体联合组成共和党，以拥袁世凯为己任，与同盟会对抗。对此，宁调元非常不满，“愤而脱离民社，不复预闻《民声报》务，夜被酒，直入报社，欲殴击主持者，不遇乃已”[2]。稍后，宁调元在《民国新闻》报刊登脱离民社及《民声日报》的《启事》曰：

> 去岁冬，张君振武等倡民社于海上，调元实署名于发起人之末。旋与他团体合并，改称为共和党，是民社社员即为共和党分子。近见该党宗旨歧异，举动日非，调元不敢附和，谨随姚雨平、王正廷、李登辉、叶楚伧、林叔慧、郭健霄、汪文溥、王景春诸君子之后，宣告脱党。再民社组织之《民声日报》，推调元为总编纂，除出版以前不计，调元实行总编纂职务，仅阴历正月初三日至十一日止。十二日奉先祖慈讳，奔丧回籍，旋即于役粤东，与《民声日报》早无关系。外间尤多误会，用特一并登报声明。[3]

宁调元在上海处理完公干，又与姚雨平、叶楚伧、姚锡钧等南社好友交换对时局的看法和诗酒唱和之后，即于8月9日启程返粤。姚锡钧特赋《别太一即送其返粤》诗，与宁调元依依惜别：

> 冥冥隔帘雨，微微弄袖风。忧天来岭北，把盏别江东。
> 酒半饶哀乐，诗成破苦空。好留豪气在，世外著方瞳。
> 粉黛春妍夜，名场共酒场。不图青眼少，犹为紫云狂。
> 良夕忽云过，离樽莫漫伤。莺花求酷似，举首看扶桑。[4]

为此，《太平洋报》还特发消息《宁太一还粤》曰：“宁太一由粤来沪，已纪前报，勾留数日，已于前日首程还粤矣。”[5]

---

① 《宁太一来沪》，《太平洋报》1912年7月30日。

② 郑逸梅编：《南社丛谈》，上海人民出版社，1981年，第108页。

③ 宁调元：《宁调元启事》，《宁调元集》，2008年，第597页。

④ 姚锡钧：《别太一即送其返粤》，《太平洋报》1912年8月11日。

⑤ 《宁太一还粤》，《太平洋报》1912年8月11日。

但刚从上海返回广州，宁调元即惊悉黎元洪勾结袁世凯杀害张振武之事。

张振武，原名尧鑫，字春山，更名竹山，湖北省竹山县人，早年毕业于湖北省立师范学校。甲午战争后留学日本早稻田大学，攻读政治法律。1905年加入同盟会，归国后，宣传革命，并创办体育会及公立学堂，联络革命志士。1909年参加共进会，负责财务。1911年10月参与领导武昌起义，与孙武、蒋翊武齐名，号称"三武"。湖北军政府成立，被推任军务部副部长，代行部长之职，亲临前线督师，与清军激战。汉阳失守后，力主坚守武昌。次年在上海与宁调元、孙武等发起组织"民社"本部，推黎元洪为首领。旋返湖北，分别在武昌与汉口设立"民社"支部。3月15日，黎元洪却下令解除张振武和蒋翊武的军务部副部长之职。5月，奉袁世凯召进京，任总统府军事顾问，不久回鄂。8月10日，袁世凯电召张振武赴京就职，次日，张振武偕湖北将校团团长方维等10余人乘火车北上。张振武抵京后，黎元洪先后两次致电袁世凯，指控张振武"蛊惑军士，勾结土匪，破坏共和，图谋不轨"，请求袁世凯"将张振武立予正法"。[①] 15日夜，张振武宴请姜桂题、段芝贵等北洋重要将领于六国饭店后，在回旅馆途中被捕，次日凌晨被杀。16日，步军统领衙门、军政执法处奉命于金台旅馆门首张贴布告一通，先将黎元洪原电抄录，次述张振武罪状，照武昌来电刑决，又奖励张振武首义有功，照上将礼赐恤。

张振武被杀的消息传出，举国震惊。黄兴致电袁世凯提出质问："南中闻张振武枪毙，颇深骇怪！今得电传，步军统领衙门宣告之罪状，系揭载黎副总统原电。所称怙权结党，桀骜自恣，飞扬跋扈等，似皆为言行不谨之罪，与破坏共和、图谋不轨之说，词意不能针对。全电归结之语，注重于'爱既不能，忍又不可'八字。但张振武不能受爱与受忍之处，出于黎副总统一二人之意乎？抑于共和国法律上有不能爱之、不可忍之之判断乎？未见司

① 《黎副总统政书》卷十三。

法裁判，颇难释此疑问。乞更明白宣布，以释群惑。”[①] 袁世凯理屈词穷，将责任推给黎元洪。黄兴再电袁世凯，严正指出：“黎副总统原电述张、方罪状，语极含混。凡有法律之国，无论何级长官，均不能于法外擅为生杀。今不经裁判，竟将创造共和有功之人立予枪毙，人权国法，破坏俱尽。……纵使张、方对于都督个人有不轨之嫌疑，亦岂能不据法律之手续，率请立予正法，以快私心？现在外患日迫，政府信用未固，益以此事致群情激动，外人轻视，民国基础，愈形危险。”[②] 张伯烈、刘成禺等 20 名参议员向政府提出不可解者五点、质问七条，最后指出：“共和国家全赖法治，惟法律乃能生杀人，命令不能生杀人。惟司法官乃能执法律以生杀人，大总统不能出命令以生杀人。当前清专制之时，汪兆铭谋刺摄政王，事发之后，搜得铁瓮累累，证据如山，审判之结果，犹仅予以监禁。萍乡之役，胡瑛、朱子龙、刘家运谋响应于武昌，事发被系，亦仅予以监禁十年。今以民国首功之人，大总统、副总统乃口衔刑宪，意为生杀。”[③] 8 月 28 日，两湖议员张伯烈、刘成禺、时功玖、陈家鼎、覃振、刘彦、彭允彝、欧阳振声等在参议院会议上根据《临时约法》，以袁世凯捕杀张振武、方维，“皆由国务员首领陆征祥及副署之国务员段祺瑞辅佐乖谬所致，不得不负其责”为由，要求“将国务员陆征祥、段祺瑞两员即予免职，以彰国法，而固国本”。而刘星楠、刘盟训、赵世钰等议员也以副总统黎元洪“暴戾恣睢，草菅人命，弁髦约法”，不依法定手续，“屡电北京，强陆军部以必行”，枪杀张振武、方维，提议咨请政府严行查办黎元洪，“以维法律，而巩固民国之前途”。[④] 但在会上，此两弹劾案却因国民党与共和党两派议员大起冲突而最后不了了之。

---

① 刘泱泱编：《黄兴集》，第 471 页。

② 刘泱泱编：《黄兴集》，第 472 页。

③ 朱宗震等编：《民初政争与二次革命》，上海人民出版社，1983 年，第 120—122 页。

④ 朱宗震等编：《民初政争与二次革命》，第 142—143 页。

对于黎元洪勾结袁世凯杀害张振武、方维，宁调元闻之非常愤怒，即成四首七律《感事四章》云：

上将雍容阃外尊，醴泉芝草信无根。六朝金粉推红玉，七郡良家尽孟贲。不食帝羓终积憾，似闻辽鹤有啼痕。交游百辈凋零后，当作晨星总可论。

哀乐中年梦里过，功成见说有渔蓑。鄂褒不尽关毛发，树木从容老橐驼。似此生存真不易，古来英武亦无多。历朝兴废寻常事，毂得旁人烂斧柯。

世渐承明喜欲狂，衣冠重睹汉家装。五千貂锦张旗鼓，百二金瓯资栋梁。青史更无先例在，黄牛贪看异乡忙。愁来对此频搔首，惭愧新添两鬓霜。

塞上秋高马渐肥，将军推食复推衣。高楼西北腾奇气，大海东南露国徽。此去似怜乌鹊意，我来不见木棉飞。十年一事生差幸，眼看征人奏凯归。[①]

诗人借此诗，表达了对张振武不幸被害的悲痛之情和对黎元洪勾结袁世凯杀害辛亥功臣的愤怒之意，并以“不食帝羓终积憾”之语，揭示其中的原因就是革命不彻底，让前清重臣篡夺了革命政权。同时，诗人也在诗中也抒发了一时找不到解决时局办法的愁困。

《感事四章》完成后，宁调元即将其寄高旭及《太平洋报》的好友叶楚伧、姚锡钧。但宁调元意犹未尽，又集龚自珍诗成七绝两首，寄叶楚伧、姚锡钧云：

连宵灯火宴秋堂，歌板无聊舞袖凉。等是才华不巉削，匆徒须鬓矜斑苍。逢君只合千场醉，篆墓何须百字长。误我归期知几许，南风愁绝北风狂。[②]

诗中，宁调元向叶、姚表示，面对现实，要争取时间，进行斗争。万一牺牲，希望叶、姚能为他撰写一篇简短的墓志。

---

① 宁调元：《感事四章》，《太平洋报》1912 年 8 月 30 日。

② 宁调元：《集定庵句，柬鹓雏、楚伧》，《太平洋报》1912 年 9 月 24 日。

宁调元对国事的这种忧虑和激愤之情，还在与朋友的交游与诗酒酬唱中表现出来。一次，在与谢英伯、蔡哲夫、黄节、王君衍、邓尔雅游石门时，他们在舟中联句：

潋滟江流送夕阳（英伯），片帆明日又他乡。江山容我归来看（哲夫），风物添人离别伤。如鲫名士争入洛（晦闻），似水流年堪断肠（君衍）。大堤髡柳犹如昨（尔雅），知阅沧桑第几场（太一）。清绝山光与水光，垂杨夹岸郁青苍。莺花过眼都陈迹（太一），书画满船生古香。载酒江湖容啸傲（英伯），他年身世任评量。漫怜寂寞秋风里（君衍），萸芙深深菊正黄（晦闻）。[①]

在与王君衍、黄节、李茗柯、蔡哲夫、潘致中等人的北郭昌华之游中，宁调元即席次韵答蔡哲夫诗云：

天涯何处无芳草，归隐终须到此乡。欢会纵多容易散，旧游回忆更堪伤。枯荷着雨怜秋意，海燕结巢隐画梁。今日得钱拼一醉，何如傀儡强登场。[②]

8月底，宁调元与谢英伯及黄节、蔡哲夫、王君衍、李茗柯、潘致中等七人游白云山，来到位于玉虹洞的佛教寺院能仁寺。该寺于清道光四年（1824）由吟坚和尚始建，当时仅有“茅屋数椽，仅避风雨”，随后陆续增建，到光绪三十四年（1908），成为白云山规模最大的佛教寺院，是古代白云山玉虹涧名刹。自上而下有慈云殿、甘露泉、大雄宝殿、虎跑泉、六祖殿、宝月阁、玉虹池、石桥、牌坊等建筑或古迹，它们与其他景点一起，构成了一幅绚丽多彩的图画。南宋李昴英曾在此筑玉虹饮涧亭及小隐轩，结诗社。宁调元等人见此寺地势三面环山，幽谷深藏，绿树成荫，便在寺中住宿一晚。

次日返回广州后，宁调元从《太平洋报》上读到姚锡钧和其《感事四章》云：

---

① 宁调元：《太一诗存》，《宁调元集》，2008年，第139页。

② 宁调元：《太一诗存》，《宁调元集》，2008年，第140页。

汉廷飞将意飞扬，碓镇何堪比夜郎。成事公原同碌碌，言愁我始欲茫茫。缇骑夕走秋盘隼，荧惑西行夜有霜。摩眼风尘□江汉，毒氛何意尚□□。

漫言猿臂定封侯，此辈清流付浊流。乱世已怜弓狗尽，操戈肯念绨袍休。本来卧榻谁容睡，未必藩篱始可忧。西北烽烟方极目，解兵杯酒自风流。

鸩媒何事又行狂，纫蕙搴兰怨既将。两表出师空痛哭，五陵归骨自凄凉。长城道济知谁坏，短薄王珣气最张。逐逐残棋犹打劫，烂柯一笑看人忙。

五年京雒一归人，又阅南来此日春。世阅承平身可老，时当忧患事谁陈。论心海内无多子，抵掌中原大有人。种漆南园成器未，遂初何日沪江滨。[①]

宁调元为姚锡钧诗中表达的感时愤世之情怀所感动，即“复广其意，成四什答之，并柬同游诸子”云：

丈夫三十尚平平，竖子争传卫霍名。不道风云催世变，由来生死见交情。亡羊已为歧途误，功狗翻先狡兔烹。闻说佳人真绝代，伫看倾国与倾城。

江水南流夜有声，万家灯火夹江明。我来不胜丘山感，对此难消迟暮情。狺犬覗颜喧上座，沐猴作态误苍生。酒阑重忆十年事，忽动热潮憾未平。

夜气萧森十里堤，出门可有上天梯。神仙传里新鸡犬，粉墨场中假笑啼。旧雨伤心如此别，好花过眼莫重提。昨宵身在能仁寺，似听秋声过隔溪。

中年情绪似秋华，开亦无聊落亦差。握手尽怜今日意，狂游能得几回佳。百年牵挂如何了，一念轮回未有涯。欲谢夷齐归隐去，又愁猿鹤北山哗。[②]

在前两首诗中，宁调元表达了对袁世凯、黎元洪杀害革命功

---

① 姚锡钧：《有感四首继太一作》，《太平洋报》1912 年 8 月 30 日。

② 宁调元：《太一诗存》，《宁调元集》，2008 年，第 140—141 页。

臣和革命的成果被一批“狺犬”“沐猴”窃取的愤懑情绪；在后两首诗中，宁调元则表达了面对乱世想归隐而又不能的矛盾心境。

经过痛苦的反思，宁调元决定，面对当下乱世，应当有所作为。于是，他与蔡哲夫、邓尔雅等人商议，筹组南社广东支部。9月9日，宁调元与蔡哲夫、邓尔雅介绍同盟会粤支部部长谢英伯填写了入社书，正式加入南社，同时成立南社广东支部（分社）。谢英伯在《南社粤支部序》中云：

安瓜美枣，三神宫阙之奇；苏海韩潮，千古波澜之壮。炎洲翡翠，弄采南枝；铁网珊瑚，称珍上国。结想于骑养观里，拈吟于崇蜃楼边。别雨淮风，久辑西园之盖；天涯地角，未添东海之筹。珠岛云开，江山减色；铜壶水漏，帘幕生秋。此宁子仙霞到粤以来，南社支部所由设也。[①]

宁调元等此时发起成立南社广东支部，不无发扬南社固有的革命精神，以匡时济世之意。

南社广东支部成立后，宁调元积极联络上海的南社社友，交换思想。他致信柳亚子和高旭指出：“弟毫无好处，惟以酒为生涯。国事至此，吾党罪恶何时可以濯洗？”[②] 并将自己的近作寄其索和。对国事也感到愁闷的高旭，收读宁调元的来信和诗作后，深有同感，立即复信并寄来《报太一书》七律二首云：

灯前秋思未分明，入耳新声暗自惊。大好河山谁造孽，可怜我辈本多情。问天呵壁狂无恙，把酒弹筝气未平。最是中秋好明月，殷勤作伴到三更。

凄情家国气如灰，收拾伤心付酒杯。闭户雕虫犹是福，藏弓烹狗剧堪哀。试看文字腾光怪，合向交游数霸才。念子休忘湘居日，时时思我寄书来。[③]

在宁调元与南社社友的诗作唱和之中，宁调元逐步形成了匡

---

① 杨天石、王学庄：《南社史长编》，中国人民大学出版社，1995年，第295页。

② 宁调元：《与高天梅书（三十三）》，《宁调元集》，2008年，第224页。

③ 郭长海等编：《高旭集》，第446页。

救国事的思想，为其“二次革命”思想的萌发奠定了基础。

第三节　决然离职

在广东期间，国家大事令宁调元忧虑，三佛铁路也没让宁调元省心。

宁调元到任后，虽然在路政的管理方面进行了一些改革，取得初步成效，但要从根本上解决三佛铁路在建管方面存在的弊端，建立长效机制，殊非一日之功。宁调元认为必须实行分科负责，相互监督。但实行分科负责在当时却又难以实施。因为此前三佛铁路大小事务均由事务总管兼工程师蔡天福一人大权独揽。蔡天福系粤人，在当地人脉广，三佛铁路各级办事人员也多为他的人，牵一发而动全身。细心的宁调元到任后，经过调查，又发现蔡天福擅订钢材、车辆，在采购砂石、枕木等过程中有舞弊行为，因而对其进行申斥。不久，宁调元赴沪出差，蔡天福乘机致电湘省铁路公司等处，捏造罪名，对宁调元进行攻击，并拉拢粤路协理李敬宽为其护符，以达到去除宁调元、其舞弊行为不被追究的目的。

对于蔡天福的处置，宁调元早有计划，因此赴沪聘请工程师返粤后，即采取果断措施，解除了蔡天福的事务总管兼工程师职务，一时人心大快。此路虽然地处祖国南部边陲，但其黑幕却曾引起了社会的普遍关注。京沪重要报纸，如《顺天时报》《申报》《时报》《太平洋报》《民国新闻》都曾多次予以报道。1912 年 8 月 25 日，《太平洋报》和《民国新闻》同时推出《去三佛铁路之毒》的长篇报道，揭开了三佛铁路的层层黑幕：

> 三佛路线，张香涛、龙芸生殚一年半之力，湘、粤、鄂费千余万之款赎之，美合兴公司为三省公共之营业也。初聘英人连德为养路工程兼行车管理，久之专横矫恣，威福自豪，

三省股东愤之，遂合谋除之。粤人蔡天福本蛋家仔，在新加坡学习图画三年，诡称在英国学习工程肄业，不知如何运动，混入粤路办事，后因舞弊发觉，复运动盛景璿聘主三佛铁路。蔡毫无学识，徒以善钻营、工謟谀，以邀三省总办欢怡。既入彀中，于是植党营私，揽权图利，一切用人、行政，三省总办不能过问，虚名守府而已。

今年春，湘、粤、鄂三总办履新，蔡以该路股共七份，粤、湘各占三份，惟鄂仅一份，自知不理人口，恐不见究。于是多方贡媚于湘总办宁仙霞君。粤总办詹眷臣稔知蔡之秽史，不甚假以词色，蔡乃转用美人计，使其妻拜詹君夫人为干阿姊，时相过从定省，仪礼加隆。詹以兼差甚多，该路整顿计划亦遂视湘、鄂为转移，无撤蔡之必要也。湘总办宁君本先到粤，蔡三日小宴、五日大宴，凡可以博宁欢心者，罔不罗而致之。宁君沉毅简默，间以酒食应酬，惟对于舞弊私人，每发奸擿伏，不少假借，蔡严惮之，知阿堵物不足买其欢心，于是转用美人计。妻某氏本沪妓也，徐娘虽老，风韵犹存，而性情放纵，言语诙谐。一日，蔡修缄恳宁单骑枉顾，宁如约而往。既至，蔡趋入别室，命妇出陪，周旋尽致，且言今夕之宴，系拙荆雅意，所以不多速客也。宁愕然，怪其无端以色饵人，然亦阳为道歉，虚与委蛇而已。翌日，蔡即以其弟补地亩员，宁总办力驳之，并将地亩一席批归局派。蔡始惮其神明，财色两途，举不足以蛊之也。由是阴变方针，以去宁为唯一政策。宁在局严气正性，无敢干以私，前后撤人至三十余人之多，如总管账则请鄂总办找人，支应员等则请粤总办物色，举凡重要职员，宁断不以私人进，蔡无如何，亦敢怒而不敢言。居有顷，已革总管账史莲齐将经手账目送核，宁应其历年行车虚报销及支付总册逐一调查，见其吞蚀路款巨万，与鄂总办李子珖君、詹总办代表张少棠君咨粤都督及警察总厅拿案严究盛季莹。蔡天福恐此案被获，大家不能脱身，遂借司机在西南桥碾毙妇人案，结党煽惑，酿成停

> 车风潮，逢人遍告曰：此湘总办所主持也。吾人非合力去湘总办不可。外间信以为实，登报诬蔑，飞电攻击。总办不为所动，亦不置辩，盖批不出自一人之手，而三总办又分别加盖印禀，且未停车之前，湘、鄂总办见机先行，批允不罚不办，概行照旧办理，实早已立于不败之地矣。嗣宁君以聘工程（司）[师]赴沪，蔡天福一面辞职，一面请粤路公司李协理出头干预，请为挽留，事已成熟。不料，宁浃旬即归，一切均已预备，故不三日，而蔡天福销差之批下，并总管名之词亦与之并时而消灭矣。闻批下之前数旬钟，蔡尚托巡官余安之求黎协统请向宁总办处缓颊，自称系受外人播弄，悔之不及，云云。其可鄙可恨如此。又闻粤路股东多人尚以蔡天福揽权舞弊，无恶不作，仅以撤差了局，未免过于轻纵，已控经交通司咨会三省总局彻查矣。[①]

通过以上报道，宁调元一身正气、大智大勇，与蔡天福周旋，最后将其去除的事迹广为人们所赞颂。

1912 年 9 月，鉴于“社会之转移，习俗之改变，收功于深远之文章者少，收功于浅近之小说者多”，“女学未发达之日，女权未伸张之时，示以高文则难达，演为白话或易懂，使听者如闻暮鼓晨钟”[②]，唐群英在北京创办了《女子白话旬报》，旨在“专为普及女界知识起见，故以至浅之言引申至真之理，务求达到男女平权目的”[③]。该报出版后，影响很大，受到很高的评价。唐群英通过报纸得知宁调元在粤管理铁路并取得成效的消息，深感庆贺，于是《女子白话旬报》创刊号出版后，即寄赠宁调元，并向其索稿。

如前所述，宁调元与唐群英在日本相识，当年创办《洞庭波》时，唐群英曾积极撰稿。是年初，唐群英、张汉英等在上海组建

---

① 上海《太平洋报》1912 年 8 月 25 日；又见：《国民新闻》1912 年 8 月 25 日。

② 唐群英：《创办女子白话报意见书》，《女子白话旬报》第 1 期。

③ 《女子白话报简章》，《女子白话旬报》第 2 期。

女子后援会北伐军救济队时，宁调元曾给予大力支持。这次得知唐群英又创办《女子白话旬报》，为妇女解放鼓与呼，宁调元感到由衷的高兴，特为之作《〈女子白话旬报〉叙例》，以示支持：

余读岸本《社会》，所谓自己之发见者。其言曰：凡人之经营生计，其终不得不出于争。自利益之冲突，而人人互有自己之观念。自利益与利益冲突，彼我既分，而愈著其自己之观念。自遇此冲突，而有自己之观念，于是有将来之观念，于是有所有之观念。所有物愈增，而自己之观念益进。夫婆罗门所谓神我即此自己之观念，演绎而生者也。是无论男女，一切平等，智慧平等，权利、义务亦平等。而儒家者流非之曰天尊地卑，曰男尊女卑。呜呼！自阶级制度生，而女子受男子之专制，所从来久远，非一日矣。

唐女士群英，承世界之潮流，审国内之现状，发大宏愿，将使我女同胞，熙熙雍雍如登春台。是发行《女子白话旬报》，是亦求女子自己之观念演绎而蕲至于神我者也。余观其例而善之，乃为叙曰：

自卢梭氏约论出，国家之主权一变而归于人民之手，人民云者，统男女而言之也。故论其原理，男女皆有此参政之权。彼政治学者不达，强为之区别焉。遂使世界之女子缺乏政治之能力，亦使世界政治不能有绝对之美观。夫女子之参政者，世界之问题也。世界之问题解决，中国之问题亦解决。吾国女子去参政之日不远矣。是不可不速谋政治之策也。演政治第一。

人类之进化，男女平等。国家之教育，男女不平等，甚无谓也。以治家为女子之天职，而国家与社会若无与焉。故女子所处之地位，恒出于依赖之一途，其于教育亦然。此岂可语于文明诸先进国哉?！请言挪威。挪威诸学校，自小学以至大学，入校之资格，男女平等。教员之资格，男女平等。在小学校中读书同室也，游戏同场也。入大学之考试，男女无别也。夫惟教育平等，其在法律上之地位亦平等。吾女界同胞曷急起而直追之。演教育第二。

世界诸国所最重要之问题，谁乎？生活问题也。以美为世界最富之国，其女子尚不敢以富而自逸，故有任图书馆之事务员者，有任小学校之女教师也，有为新闻业者，而写真之术、簿记之法、杂物商之经理、保险社劝导员，亦皆女子为之。夫依赖人者大抵以不能生活故。然则，欲去女子依赖之根荄，岂可不先求女子独立自营之本计哉。演实业第三。

以前种种譬如昨日死，以后种种譬如今日生。此吾国今日之现状也。以五千年专制之古国一日而入于共和，我女子社会亦既与于革命之役，在民国上有此一段最光明之历史，此可以观吾国女子政治能力矣。然历史者过去之政治也。政治者现在之历史也，故夫政府之施设，国民之义思以及一切利害得失，非耳熟而目习，将闭聪而塞明。《记》曰：外言不入于阃。我中华女国民其速冲决此网罗哉！其速冲决此网罗哉!! 演时事第四。[①]

收到宁调元的《〈女子白话旬报〉叙例》后，唐群英非常满意和感激，即将其刊登在10月22日出版的第2期的首篇。

宁调元虽然成功去除了三佛铁路中的毒刺蔡天福，但他并未感到轻松，因为蔡天福虽除，而其保护伞、时任粤路协理李敬宽尚在。李、蔡二人早已狼狈为奸，相互勾结在一起了。1912年3月28日，粤路公司开股东会选举总协理董事，詹天佑获选票22万余张，李敬宽也获选票20万余张。因此，詹、李二人分任粤路总理、协理。而李敬宽的20万余张则与蔡天福有关。对此，当时的报刊就有所披露："蔡天福所以敢如此者，实恃粤路公司协理李敬宽为护符。李之被举为协理也，蔡为运送选举票万数十枚。"[②] 由此可见，李、蔡之间互有不正当之利益输送。所以，蔡天福虽然除去，但李敬宽仍在，而且还极有可能升任粤路总理。这样，蔡

① 太乙：《〈女子白话旬报〉叙例》，《女子白话报》第2期，1912年10月22日。

② 《三佛铁路之蟊贼》，《顺天时报》1912年8月21日。

天福就可能死灰复燃，卷土重来。对此，宁调元在10月6日致文斐的信中表示了这种担心："粤路协理李某（李敬宽——引者）与詹总理不协，日思据其位而有之。现詹已辞职，董事不知如何解决？万一李某升充总理，本路亦将大受影响。盖三佛路总办，粤省定章，以总理兼任也。惟李在前清时代充粤路坐办，声名欠佳，曾经邮传部严参撤任，以后不许干与路事。弟与鄂总办预议，如伊来时，惟有以两省之同事拒绝之。"[①]

李敬宽和蔡天福的事还在烦恼之中，11月9日广州又突发大火，三佛铁路局因此遭殃。宁调元虽然幸免于难，但存放在局中的书箱和一部分重要文稿却尽付一炬。宁调元对此懊恼不已。这使宁调元的烦恼又添一层。忧劳交加，宁调元终于病倒了，并产生了辞职的念头。11月24日，宁调元致书高旭曰："寄迹五羊，忽忽卒岁。百病丛生，无日不伴药炉而卧。迭电辞职，未获如愿。现已决计去粤。"[②] 当然，宁调元去粤还有一层原因，就是家事。9月24日，宁调元在致柳亚子信中曾说道："昨得家报，忽丧一儿。年来迭遭变故，俯仰身世，不时先后起归回之念。"[③] 由于以上原因，虽然宁调元迭电辞职未准，他还是决定于12月下旬离粤赴京，"拟由京回湘后当面再辞"[④]。

宁调元离粤几个月后，交通部决定，自1913年8月起，湘、鄂、粤三省商办铁路赎回国有，湘、鄂段股份，改属交通部，粤段商股仍属粤商，三佛铁路改称广三铁路，并派罗崇龄充该路总办。所以，宁调元辞职也是迟早之事。

宁调元在粤虽然为时半年多，但他为广东的铁路事业的发展和广东南社支部的创立做出了积极的努力，粤省友人对之感念不已。

---

① 宁调元：《与文穆晞书（十一）》，《宁调元集》，2008年，第203页。

② 宁调元：《与高天梅书（三十五）》，《宁调元集》，2008年，第225页。

③ 宁调元：《与柳亚子书（十二）》，《宁调元集》，2008年，第229—230页。

④ 宁调元：《与柳亚子书（十三）》，《宁调元集》，2008年，第230页。

1915年，柳亚子等整理的《太一遗书》刊行，邓尔雅抚书思人，慨然赋《题太一遗书》云：

故人太一未尝死，云散风流久索居。猿鹤虫沙并非是，温文狂侠最思渠。管他地狱谁当入，藏汝名山必此书。留得井中心史在，子云千载意如何？[①]

1936年，民国政府重修宁调元墓，邓尔雅闻讯后甚感欣慰，又赋诗纪之曰：

凉风于意欲云何，应有投诗赠汨罗。一自高寒归去后，楚人千些作哀歌。

故人墓木久苍然，贞石青丹近已镌。此日虏尘半天下，不知天上是何年？

声潦诗盟忆旧游，石门花埭小轮舟。廿年南社沧桑改，每感人间不自由。

萧瑟抵空有断云，难忘狂侠与温文。醴陵山色湘江水，昨梦依稀或是君。[②]

---

① 《南社诗集》第6册，华文印刷局，1936年，第288—289页。

② 东莞市政协编：《邓尔雅诗稿》，广东人民出版社，2007年，第468—470页。

第十章　二次革命

宁调元离粤返沪后，积极开展反袁活动，并赴赣与李烈钧筹划七省起义计划。1913 年 3 月 20 日晚，宋教仁在上海火车站被暗杀。宁调元闻讯愤而发表演讲，呼吁讨袁，旋走沪上，面见孙中山、黄兴，力主武力讨袁，参与制定讨袁计划，并自请赴武汉与革命党人蒋翊武、季雨霖、詹大悲、胡秉柯等人秘密组织革命机关，筹划在武汉举事。但因事机不密，不幸被捕，壮志未酬。

第一节　坚决反袁

1912 年 12 月 28 日，宁调元自广州抵上海，与叶楚伧同住南京路第一行台。行装甫卸，宁调元立即往见好友高旭。对于宁调元的返沪，高旭十分欣喜，口占《海上喜遇太一》相赠：

> 革命周年新纪念，良辰吉日喜重逢。惊才不合输青兕，上帝应当杀黑龙。酒后狂歌声激楚，楼头高会气豪雄。一时惹起旁人咤，感慨年来却不同。[①]

宁调元也为与昔日的战友又将并肩战斗而感到非常高兴，即

① 高旭：《海上喜遇太一，即赠》，郭长海等编《高旭集》，第 450 页。

和《海上次韵答天梅》云：

> 去年此日相逢地，可肯年年此地逢。残雪未消沉腊鼓，新元弹指过黄龙。一壶浊酒从容尽，竟日清谈意态雄。我向吟坛一低首，诗人今有李空同。①

但宁调元在上海没有见到好友柳亚子，不免有几分惆怅。一经打听，宁调元才知道其中的原因。原来，1912 年 10 月 27 日南社第七次雅集于上海愚园时，柳亚子因修改南社条例事宜与高旭等人意见不合，遂宣布永远出社，并负气返回故里苏州黎里镇。

宁调元认为，国事蜩螗，正是南社团结一致、大有作为之际，决不能四分五裂，柳亚子宣布出社，无疑对于南社内部的团结极为不利，因而立即致信柳亚子，对其出社之举委婉提出批评："南社出社之举，何以如此决绝？窃为通人不取。乞三思之。"② 除了批评柳亚子宣布出社，宁调元还做高旭等人的工作，晓以大局，使大家统一了思想，同意柳亚子继任南社会长。在此基础上，宁调元又致函柳亚子"南社经营数年，中道遗弃，想非初意。日前，弟特约在沪同人开一谈话会，对于兄任社长，兼充编辑，莫不同意。如再拒绝，实非同人所望于兄也。公函想已收到。第八集出版之期弹指即到，千乞勉为其难。弟等原以文章、道德、感情相结合，若界限太明，反滋是非"③。但柳亚子余怒未消，仍不肯复社。虽然柳亚子暂时不肯复社，但宁调元在上海还有更重要的工作要做。

为了组成政党内阁，实行内阁责任制，巩固和维护民主共和制度，1912 年 8 月 25 日，同盟会联合统一共和党、国民公党、国民共进会、共和实进会和全国联合进行会等六政团在北京虎坊桥的湖广会馆举行合并大会，正式宣告成立国民党。孙中山参加大会并致辞。大会通过了《国民党政见宣言》及政纲，选举孙中山

---

① 宁调元：《太一诗存》，《宁调元集》，2008 年，第 141 页。

② 宁调元：《与柳亚子书（十三）》，《宁调元集》，2008 年，第 230 页。

③ 宁调元：《与柳亚子书（十四）》，《宁调元集》，2008 年，第 230 页。

为理事长，黄兴、宋教仁等8人为理事，胡瑛、胡汉民等29人为参议，溥伦等7人为名誉参议。另设总务部、交际部、政事部、文事部、会计部、政务研究会等6个职能部门，宁调元与白逾桓、周震鳞、黎尚斐等人为文事部干事。[①] 国民党设本部于北京，设支部于各省省会及海外各埠，设分部于各省、厅、州、县，设交通部于省会以外各商埠，直隶本部。国民党成立后不久，孙中山委任宋教仁代理理事长，全部党务实际由宋教仁负责。国民党成立后的首要工作就是发动党员参加国会议员选举，争取在未来的国会中占有多数席位，从而组织政党内阁执政。因此，黄兴在湖北、湖南考察时，亲自鼓动，要求国民党员“共负责任，多赴地方演说，使人人知共和之真精神，并知本党之精神所在，而后国人皆知本党之可恃，共表同情，以助成本党之所主张”[②]。代理理事长宋教仁更是身体力行，回乡省亲南下途中，布置国民党各省支部参加国会选举事宜。回乡省亲后，经湖南、湖北、安徽、江西、江苏等省到上海，一路发表演讲，宣传国民党的政治主张，号召各地国民党员积极参加选举。各地国民党支部也利用各种机会，积极开展活动，切实加强宣传。

1月15日，国民党上海交通部开会欢迎各地新近来沪的姚雨平、罗佩金、宁调元、范鸿仙、张绍轩等人。欢迎会主持人居正首先致辞：“国会选举，本党既可占优胜，则今后负共和政治之责任者，必为本党。此时为准备期间，尚望同志诸公各抒伟论，以促本党政治上之进行，则本党幸甚。”接着，姚雨平发表演讲：“由京来沪，颇多感触。北京政府名曰共和国家的政府，其实仍不脱旧日官僚气习，今后欲国民政治日臻良善，必先产出良善政府，而欲希望良善之政府，必国会议员具有充分之政府能力。此次选举，吾党既占优胜，则组织国会，改良政府，责无旁贷。尤在预备完美之宪法，以为共和政治之根据。窃愿同志努力，共谋进

① 《国民党本部职员录》，罗家伦编《革命文献》第41辑，第78页。
② 刘泱泱编：《黄兴集》，第535页。

步。”由京南下的云南民政长罗佩金也发表演讲说：“民国安危系于吾党，责任既大，建设非易，惟有群策群力，共为一致之进行，以达到利国福民之目的，吾党天职，庶几克尽。”宁调元在会上发表演讲指出：“国民党由革命团体改组而成，历史和性质均极单纯，欲谋发达，本较他党为易，既破坏专制政府，必建共和政府，方无负革命之初心。须知吾党对于民国实负有绝大之责任，务望我同志诸君，以革命的精神，建共和事业，全始全终，则国家幸甚！本党幸甚！”①

不仅呼吁广大国民党员“以革命的精神，建共和事业”，作为国民党的骨干，宁调元此时也正密切关注选举情况，并连连致信湖南的文斐，催问选举之事：“湘中选举如何？甚念。”②“省议会想已招集。”③除了关心国民党参加国会议员选举的情况，此时还有与袁世凯有关的两件大事引起了宁调元的关注。

第一件是“省官制案”，即1913年1月8日，袁世凯以参议院人数不足、势将休会，《省官制》等案难以议决公布为理由，不经参议院通过，以命令形式颁布《现行各省地方行政官厅组织令》《现行各道地方行政官厅组织令》《现行各县地方行政官厅组织令》《现行京师警察官厅组织令》和《现行地方警察官厅组织令》《现行中央直辖特别行政官厅组织令》《现行顺天府属地方行政官厅组织令》《现行都督府组织令》等法令，并通令全国：“按照政府计划，以民国二年三月以前为限，一律办齐。”④袁世凯的这些命令出台后，立即遭到强烈的批评和抵制。湘籍参议员彭允彝等提出“质问书”，指出袁世凯政府发布这些命令的五个“不可解者”。第一，《临时约法》第三十三条的规定，临时大总统得制定官制官规，但须交参议院议决。现在官制不交院议，以命令制定，以命

① 《国民党交通部之欢迎会》，上海《民立报》1913年1月17日。
② 宁调元：《与文穆晞书（十二）》，《宁调元集》，2008年，第204页。
③ 宁调元：《与文穆晞书（十三）》，《宁调元集》，2008年，第204页。
④ 《政府公报》第243号，1913年1月9日，第141页。

令公布，逾越约法，蔑视立法机关。第二，《临时约法》第三十一条的规定，临时大总统为执行法律或基于法律之委任得发布命令。现以命令制定官制，以命令公布官制，并无法律依据，命令而曰制定，命令而可公布，则与法律没有区别。以命令公布命令，世界各国均无此制度。官制既可以命令制定，以命令公布，有一行政机关已足，何必有立法机关？第三，政府以命令制定官制，以命令公布制定官制之命令，既已超越约法以外，各地方倘若不遵行，如何处理？若责其违法，而此种命令本身已为约法所不许；若放任不行，又将有违整理行政之初衷。第四，此次各命令公布后要求各地于民国二年三月以前一律办齐，假如三月以前参议院议决与政府绝端反对，又如何处理？倘若参议院议决废除道之设置，而政府令行之观察使已在赴任途中，岂不是导致国政纷更，朝定夕改，求统一而势愈离，求整齐而治愈乱？第五，《临时约法》第四十四条的规定，国务员辅佐临时大总统负其责任，而参议院制定法律、议决官制之权载在约法，今以命令制定官制，以命令侵入立法范围，国务员副署此种命令，就是不负责任，开蔑视立法机关之先河。[①] 江西、广东、湖北、湖南、四川、直隶等省也坚决反对袁世凯的以上命令。

对于袁世凯违反《临时约法》的规定，以命令公布官制的违法行为，宁调元非常气愤，坚决支持彭允彝和各地反对袁世凯公布的官制，并致书时任《长沙日报》总理的好友文斐指出："官制反对，具征卓识。"[②] 后又一再叮嘱："反封官制，尤望坚持到底。"[③]

第二件是"扣留江西军械案"，即 1913 年 1 月 15 日，袁世凯下令九江扣留江西省都督府向日本订购的一批军械。此事不仅引起宁调元的关注，而且还参与其中。1 月 15 日刚参加完上海国民党交通部欢迎会，正在关注国会议员选举和官制案的宁调元，迭

① 《申报》1913 年 1 月 18 日。

② 宁调元：《与文穆晞书（十二）》，《宁调元集》，2008 年，第 204 页。

③ 宁调元：《与文穆晞书（十三）》，《宁调元集》，2008 年，第 204 页。

接江西都督李烈钧的急电，催其赴江西商议要事。宁调元与李烈钧搭上关系，牵线人是景梅九。去冬，景梅九去江西见李烈钧时得知其正在物色得力的秘书，返回上海见到宁调元之后，便去电向李烈钧极力推荐宁调元。李烈钧即迭电邀请宁调元入赣。[①] 宁调元初因三佛铁路交替事务在身，感到难以抽身，但李烈钧又托人"再三敦劝"。宁调元"不得已，绕道南昌，一商近事"[②]。抵南昌后，宁调元才知道，李烈钧与袁世凯正在较劲，急需宁调元参与筹划。原来，1912 年 12 月 1 日，袁世凯以实行军民分治为名，任命汪瑞闿为江西民政长，以牵制都督李烈钧职权，引起李烈钧的警惕。20 日，汪抵南昌上任时，李表面上殷勤接待，而暗中却授意部属予以抵制，迫使汪称病闭门不出。29 日江西军警界数千人召开拒汪大会，一致主张以武力驱汪出境，并勒令其两日内离省。翌日，汪函告李，声称赴沪就医，同时致电袁称病辞职，并于当日下午离开南昌，经九江、武汉前往北京。恰在此时，李烈钧向日本订购的一批军械，7000 余支枪和一批子弹于 1913 年 1 月 11 日由上海起运，1 月 15 日抵达九江。袁世凯获得了这一消息后，即以这批军火没有经过陆军部批准，没有发给护照为借口，密令九江镇守使戈克安予以扣留，以为报复，并派海军军舰开抵九江一线。这无疑使李、袁之间的矛盾进一步升级。李烈钧获悉械弹被扣后，即于 1 月 17 日发出密电给参、陆两部，说明这批械弹是前任都督马毓宝订购的，曾由时任南京留守黄兴发给特别护照，并早已报请陆军部承认，要求参、陆两部审核后，电令九江尽速释放。

宁调元抵赣后，李烈钧很高兴，要聘为秘书，但宁调元不允，"以路务在身，决不能同时任两事也"[③]。李烈钧便聘宁调元为都督府名誉顾问，参与研究处理军械一事。根据当时的情况，宁调元

① 景九梅：《罪案》，《山西民初散记》，山西人民出版社，2014 年，第 489 页。
② 宁调元：《与文穆晞书（十二）》，《宁调元集》，2008 年，第 204 页。
③ 宁调元：《与文穆晞书（十二）》，《宁调元集》，2008 年，第 204 页。

向李烈钧建议，一方面要筹划粤、湘、赣、苏、皖、闽等七省联合讨袁计划，一方面要联合谭延闿、柏文蔚和胡汉民等三省国民党籍都督出面支持。李烈钧深以为然，即以冬防之名，向建昌(永修)、南康（星子)、湖口一带增兵设防，积极备战。宁调元则立即致函湖南的文斐，请其转告谭延闿立即发电表态。次日，宁调元又写信再催文斐："谭都督之电已发出否？对于中央扣留江西军械一案，非多数都督出头抗议，断难挽回。"[①] 根据宁调元的建议，谭延闿即于1月30日致电袁世凯、黎元洪、李烈钧及各省都督指出："赣事发生出于误会，当此国基未固，外患纷乘，自非和衷，焉能共济？若邦域之中，先启猜疑，内外之间，未能和协，骇列强之观听，伤同体之感情，关系非浅。段总长已许拨还器械，乞将军舰调回，自易解决。李都督素顾大局，必能巩固，化除一切。副总统、程都督解释周详，望大总统开诚布公，排难解纷，以祛群疑而联情谊，不胜厚幸。"[②] 接着，黎元洪、柏文蔚、朱瑞等也出面主张和平解决江西军械案。后来，在各方的呼吁下，海军、陆军、参谋三部电令发还扣留的江西军械。

通过"省官制案"和"扣留江西军械案"，宁调元进一步看清了袁世凯独裁专制、破坏共和的真实目的，决定实施武力讨袁计划。

2月1日，宁调元致电湖南谭延闿、龙璋、周震鳞、陈家鼎、仇鳌、文斐等人指出："南北统一，逼近周年，总统违法失政之事，无日无之，擢发难数。最近如擅定官制，暨没收军械，招致广东王、杨、顺三叛徒，简任汪瑞闿为民政长等项事件，尤采用积极专制手段，实行破坏共和，虽赵匡胤黄袍尚未加身，而拿破仑雏形已具。调元未雨之鸟，戚于飘摇，亟愿我湘人上下团为一气，与各得力省份协筹对付之法。头痛去头，足痛去足，失此不

① 宁调元：《与文穆晞书（十三）》，《宁调元集》，2008年，第204页。

② 成都《国民公报》1913年2月3日。

图，后将何及！”[1]

同时，宁调元还注意联络其他省同志，一致进行，因而又致电广东国民党粤支部的邓慕韩、陈耿夫、叶竞生、江叔颖等人并转都督胡汉民指出：“总统厉行暴民政治，意思即是法律，喜怒即为赏罚，好恶即为贤不肖，致先烈头血未寒，而共和已归破坏。我东南最初起义各省，亟宜联为一气，协筹对付。弟当视力之所至而为之。诸公明达，想有卓筹。”[2] 虽然胡汉民后来表面对宁调元主张反抗中央的电报予以通电申斥，并声明：“此等妄人妄语，粤人决不承认。”[3] 但实际上这是他们当时正在考虑的问题。

正当宁调元在江西与李烈钧等人筹划联省反袁大计之际，醴陵老家辗转捎信来，告知祖母即将安葬，希望宁调元回家主持祖母安葬事宜。宁调元接信后感到，祖母安葬是件大事，家中父亲和叔父均早已去世，堂弟调文年纪尚轻，难以主持如此大事，自己必须回去操办。因此，在南昌过了春节后，宁调元不得不告别李烈钧，离赣返湘。

第二节　鼓动湖湘

宁调元返湘途经武汉时，与离湘赴沪的宋教仁相遇。此时，各地已陆续传来国民党在国会议员初选中取得压倒性多数的消息，宋教仁闻之非常兴奋，感到国民党组织政党内阁已为时不远。因此，由长沙到武汉，宋教仁一路发表演说，宣传自己的政纲，抨击袁世凯政府。由于彼此均行色匆匆，两人简单会晤后，又匆匆握别，互道珍重。途经长沙时，宁调元又与谭延闿、周震鳞、黎

① 宁调元：《致谭延闿等电稿》，《宁调元集》，2008 年，第 598 页。

② 宁调元：《致国民党粤支部邓慕韩等电》，《宁调元集》，2008 年，第 598—599 页。

③ 《亚细亚日报》1913 年 3 月 10 日；《申报》1913 年 3 月 11 日。

尚雯、程潜、文斐、刘承烈、陆鸿逵、易宗羲、文经纬、伍任钧等计议整顿湘政及集中党内力量办法。[①]

3月初，宁调元安葬祖母后，即由醴陵至长沙。从谭延闿的日记看，从3月10日至月底，宁调元与谭延闿、仇鳌、程潜、周震鳞、文斐、阎鸿飞、杨德邻、邹永成、唐群英、张汉英等人往来密切，还经常因要商量的事情多，而在谭延闿处就餐。宁调元此时往来之人都是革命党人，他们一直商讨的都是事关国家前途命运的大事。3月17日，宁调元以“大一”的笔名，在傅专任总编的《长沙日报》上发表《无题，集元人句》七绝四首云：

久乖谈笑路西东，鱼雁沉沉信不通。时复思君绕深树，灯花犹记别时红。

油壁香车不再逢，画楼魂梦可曾同。茫然不悟身何处，夜夜空随斗柄东。

精卫难期碧海干，徘徊终夜倚栏杆。不堪容易少年事，安得愁中却暂欢。

笑取青蛾对酒歌，思归无路欲如何。寄来妙句能相忆，别后悲欢事几多。[②]

在此诗中，宁调元借怀人表达愁闷和迷惘的心境。当然，宁调元此诗也是有感而发，因为湖南长沙当时的政局确实令人不无愁闷和迷惘。

3月19日，湖南省议会开幕，接着就是选举参议员。但在接连几天的参议员选举中，各党议员争斗激烈，闹得乌烟瘴气。20日，谭延闿一早赶往议会观察参议员选举情况，结果等到中午，前来参加投票之众议员不到60人，“旋至旋散，呼之不来，盖买卖未讲成也”，不得不“宣布选举延期明日”。[③] 21日，快到中午，议员们才到齐，开票至下午3时，只有彭邦栋一人当选。是日晚

① 刘谦：《宁调元先生事略》，《宁调元集》，1988年，第653页。
② 大一：《无题，集元人句》，《长沙日报》1913年3月17日。
③ 《谭延闿日记》，1913年3月20日条。

上，接着投票，“国民党因本党人投他党票而大闹，遂主加监察员，撤桌上罘罳，以为监视计。于是共和党之程希洛力争不得，遂哭闹不止，扶之出，而共和党人相率去。及开票，而田守正当选。更投则，吴景鸿、周震鳞当选。再投，李汉丞、陈焕南当选。已暮乃散”①。3月23日，省议会议员继续选举参议员，第一次投票，黎尚雯以37票当选，而宋教仁则以27票落选。国民党人闻之大愤，“喧闹甚剧”，第二次投票，宋教仁终以81票的满票当选参议员。②

湖南省议会虽然好不容易选举宋教仁为参议员，但宋教仁却永远不能担任参议员了。因为三天之前，距长沙一千多公里之外的上海发生了一起谋杀案，被谋杀对象正是宋教仁。

原来，宋教仁与宁调元在武汉分手后，先后赴上海、杭州、南京等地，积极宣传政党政治理论和国民党的政治主张，受到各地党人的密切关注和强烈反响。当时《民立报》上一篇短评说：“听孙先生演说，理想高远，是一大哲学家；听黄先生演说，诚坦动人，是一大实行家；听宋先生演说，条分缕析，是一大政治家。”③

3月10日，宋教仁回到上海，又一连发表了几次演说，并连日与在沪国民党其他领导人黄兴、于右任等人商议党务。在沪期间，宋教仁还踌躇满志地为组阁做积极准备，并洋洋洒洒地撰写了《代草国民党之大政见》一文。在此文中，宋教仁就政体方面提出了五大主张：一是国家结构形式采取单一制而非联邦制；二是政权组织形式实行责任内阁制，由政党组织内阁，使总统处于无责任之地位；三是省行政长官的产生逐步由革命初起时期的民选制转向委任制，以防地方主义之泛滥；四是省为自治团体，拥有若干行政立法权，惟不得与中央立法相抵触；五是国务总理由

① 《谭延闿日记》，1913年3月22日条。

② 《谭延闿日记》，1913年3月23日条。

③ 《东西南北》，《民立报》1913年2月21日。

众议院推出，其他国务员则由总理组织之，不需国会同意。同时在政策方面提出了十项主张：一是整理军政，划分军区，统一军制，裁汰冗兵，兴军事教育，扩充兵工厂。二是划分中央与地方行政，国家财政、外交、司法行政、重要产业行政、国际商政、国营实业、国营交通业、国营工程、国立学校、国际商政等，由中央直接行之；而地方民政、产业行政、教育行政，以中央法令委任地方行之；地方财政、地方实业、地方交通业、地方工程、地方学校、慈善事业、公益事业等，则由地方自行立法行之。三是整理财政，厉行会计制度，统一国库，设立中央银行，整理公债，划定国费与地方费，划定国税和地方税，改良币制等。四是整理行政，划分中央与地方官之权限，汰冗员，并闲署，厉行官吏考试制度，惩戒官吏失职。五是开发产业，兴办国有山林，兴修水利，放垦荒地，振兴矿业，奖励仿造洋货工业和输出品商业。六是振兴民政，整顿警察，厉行卫生，厘正礼俗，调查户口，地方自治。七是兴办国有交通业，急办国有铁道，整理扩充电信，兴办海外航业，整理铁路会计并兴办交通银行等。八是振兴教育，内容包括法政教育、工商教育、中学教育、中小学师范教育、女子教育。九是统一司法，划一司法制度，养成法官律师，改良监狱。十是运用外交，联络素日对我国亲厚之国家，维持列强对我国素持之主义，而得专心一意于内政之整理。

《代草国民党之大政见》是宋教仁提出的全面改造中国的完整方案，阐述了宋教仁在内政外交等各个方面政治主张，反映了宋教仁政党政治的理想，体现了宋教仁“建设良政治”，拯救祖国，振兴中华的爱国思想。文章完稿后，宋教仁准备带到北京经国民党本部议决实行。此时，国会召集在即，南方各省北上之国民党议员多联袂来沪，宋教仁向他们宣传《代草国民党之大政见》中的主张，与他们就其中的主要内容进行商榷，并以“勿为武力屈，勿为金钱靡，勿为权位动”与他们共勉。这时，袁世凯来电，邀宋教仁进京议事。考虑到自己身为国民党代理理事长，国会选举后将成为国会中的多数党领袖和责任内阁的总理，宋教仁决定20

日乘火车赴京。临行前，好友徐血儿提醒道："先生此行，责任甚重，顾宵小多欲不利于先生，恐前途有不测之险危，愿先生慎重防卫。"宋教仁感慨回答："无妨，吾此行统一全局，调和南北，正正堂堂，何足畏惧。国家之事，虽有危害，仍当并力赴之。"①

20日晚10时45分，宋教仁在黄兴、于右任、廖仲恺等人陪同下来到沪宁车站检票处，突然一连三声枪响，宋教仁摇晃了一下，便倒在旁边的一张铁椅子上。黄兴、于右任等人见状连忙找来一辆汽车，将宋教仁送到车站附近的沪宁铁路医院抢救。手术后，宋教仁请黄兴代笔起草致袁世凯电曰：

> 窃思仁自受教以来，即束身自爱，虽寡过之未获，从未结怨于私人。清政不良，起任改革，亦重人道，守公理，不敢有一毫权利之见存。今国基未固，民福不增，遽尔撒手，死有余恨。伏冀大总统开诚心，布公道，竭力保障民权，俾国会得确定不拔之宪法，则虽死之日，犹生之年。②

由于伤势过重，22日凌晨，宋教仁不幸逝世，年仅31岁。

宋教仁遇刺的消息，身在长沙的宁调元22日才得知，但震惊之余未知生死如何，于是与谭延闿商量决定派陈伟成赴沪打探消息，并与谭延闿商议"作函问宋教仁、黄兴"。③ 直到24日上午，宁调元与谭延闿等人才得黄兴电，知宋教仁不治身亡。噩耗传来，宁调元闻之悲痛万分，他没想到一个多月前与宋教仁的武汉之别竟成永诀。在极度悲痛的同时，宁调元清醒地意识到，此事与袁世凯、与政治大有关系。

宋教仁遇刺身亡的消息在长沙一经传开，立即激起了强烈的反响。3月26日上午，湘民公会在教育会开会，讨论对于宋教仁被刺案的对付办法，"会场内外，会楼东西，万头攒孔，仿如蚁聚"。大会由邹代藩主持，宁调元参加大会并激愤地在大会上发表

---

① 徐血儿：《痛言（一）》，徐血儿等编：《宋渔父》第1集后编，第115页。

② 朱宗震等编：《民初政争与二次革命》，第233页。

③ 《谭延闿日记》，1913年3月22日条。

演说。在演说中，他首先将矛头直指袁世凯：

诸君今日亦知绝大凶犯之所在乎？宋遁初与余订交十年，其生平余深知之，磊落光明，从无不可解之私仇。惟共和成立后，主张内阁制最力，深触袁氏之忌。近且奔走东南，反对举袁为总统，袁之党欲得而甘心者久矣。遁初今日致死之媒在此，所谓绝大之凶犯即袁氏是也。

接着，他愤怒揭露袁世凯及其死党误国误民的种种劣迹：

国会之开在即，袁世凯不且将为正式总统乎？诸君试思，姑无论袁氏之心术道德如何，即其政治手腕果足以不负吾人之委托否？召中日战争之巨祸，误苏杭甬铁路之废约，其在前清时之政绩如是。蒙、藏相继独立，英、俄着着进步，民国成立经年，迄未邀列强承认，其在民国之政绩如是。观人之道，当出视其所与，袁在前清时，其所与者果为何如人乎？在陆军则为冯国璋、段祺瑞、段芝贵、马龙标、何宗莲、雷震春、张勋、陆建章等，督抚及各部丞参则为齐耀琳、张广建、刘永翼、蔡乃煌、梁士诒、杨以德、吴鹏秋、张镇芳、徐世昌、陈璧、梁敦彦、陈夔龙、张人骏、袁树勋、吴重熹、胡聘之、陈昭常、周馥、孙宝琦、冯汝骙、汪瑞闿等。以上所举，皆袁所恃为死党，而满清赖以覆亡者也。

最后，他呼吁坚决不选袁世凯为正式大总统，以巩固民国：

今民国成立，若辈又纷纷出头，且博得袁氏之重用，不惜以亡满清之手段亡我民国矣。使袁世凯而仍为正式总统也，吾恐死者不止遁初一人，四万万同胞之生命财产将悉为所断送。彼主张举袁者所持理由，一则曰恐军警干涉，再则曰防南北分离。试问袁氏军警之势力，及今仅及于北京一隅，我且畏之。若此将来，弥漫各省，布满南北，又将若之何？是袁世凯纵不为皇帝，亦必为终身总统也。因军警干涉，遂生南北分离之虑，亦过已。袁不为总统，尚有南北可言；袁一为总统，国土且将丧尽，何有于南北？据兄弟意见，主张以消极的对付，即要求国会议员诸君勿举彼为大总统，庶足以巩固民国，慰宋遁初在天之灵。徒言缉凶，甚无谓也。[①]

宁调元的演说观点鲜明，直指问题核心，鼓动性强，因此他演说完毕后，听众“掌声雷动”“激昂慷慨”。高柏鉴、符定一等人也先后发表演说。最后，高柏鉴将对付办法七条书于黑板上：一、电问大总统，宋教仁被刺之原因，请速饬缉凶，严究主使。二、请省议会联合行政官维持湘事。三、或由议会或由公民联络各省举行联邦主义。四、按照选民册预备征兵。五、派代表向法庭起诉。六、请求湘政府多派侦探。七、侦探确实情形，即以秘密手段对付。[②]

会后，宁调元应黄兴之召，星夜奔赴上海，与孙中山、黄兴等国民党领导人商议解决时局的办法。虽然宁调元此时离开了湖南，但他3月26日在湘民公会大会上的演说对于后来湖南“二次革命”的爆发产生了重大的影响。湖南7月25日宣布独立后，当时的报纸在分析湖南“二次革命”爆发的远因时说：“湖南为革命党根据地，宋案事起，宁调元在长沙教育会演说，即提议组织讨袁军，其后，宁往上海，又联合湘人，径电谭督，请其预备独立，逐去中央任命官吏，不解中央钱粮，不奉中央命令。谭督虽置之，而民党仍进行如故。”[③]

值得一提的是，在长沙期间，宁调元还与谭延闿、杨德邻、黎尚雯、彭邦栋、仇鳌、刘承烈、曾熙、龙璋等人为女权运动领袖唐群英了结一场官司。事情的起因是，浙江籍革命党人郑师道在担任南京临时参议院议员期间，对唐群英主张男女平权十分赞赏和敬慕，后来由敬慕发展到对唐群英的爱慕。唐群英1912年底由京回湘后，郑师道设法谋到了一项考察湖南盐政的差事，于1913年2月来到长沙，殷勤探访唐群英，并向唐群英正式求婚。

---

① 朱宗震等编：《民初政争与二次革命》，第272—273页。
② 朱宗震等编：《民初政争与二次革命》，第272—273页。
③ 《湖南宣告独立近状》，《亚细亚日报》1913年7月31日；又见：《民生日报》1913年8月15日。

而唐群英是一个追求自由平等的新女性，早已将自己“许配”给了争取民族独立、争取妇女解放的大业，根本没有考虑再找伴侣之事，因而当即明确地回绝了郑师道。郑师道并不甘心，又于2月16日在《长沙日报》刊登一则《郑师道与唐群英即将结婚的启事》曰：“郑师道、唐群英同启：道、英在京，因道义感情，成婚姻之爱，已凭族友一再订盟于便宜坊。（元年）12月4号，结婚于天津日本白屋旅馆。为国步艰难，故俭礼从事。今偕来湘省，拟重证花烛，以乐慈帏”云云。唐群英对此感到惊愕，立即与张汉英等人前往报社探问，方知是郑师道所为。唐群英认为此事对自己的声誉和形象造成了极为恶劣的影响，要求报馆立即更正，报馆则以“广告无从更正”答之，唐群英等人怒不可遏，遂捣毁报馆排字房全部字盘，致使当天报纸停刊。报馆遂将唐群英告上法庭，并要求赔偿损失9000余元。后经调解，由湘督谭延闿拨公款2000元给《长沙日报》以为补偿而不再涉讼。事后，一些好事之人还在报上借此事攻击唐群英，令唐群英伤痛不已。鉴此，宁调元与谭延闿、黎尚雯、彭邦栋、仇鳌、龙璋、杨德邻等人于4月2日致电报界俱进会并各报馆，为唐群英辩诬：

> 唐君群英与《长沙日报》交涉一案已由黎尚雯、彭邦栋诸君双方和平解决。当时有人通信各埠及南洋群岛各报馆污□唐君及女界多名，实属无聊痞徒臆造捏诬。延闿等知唐君等有素，用特代为剖明，以彰公道而释群疑。[①]

该电见报后，事态迅速得以平息。此事也反映了宁调元对革命同志的关心和敢于主持公道正义的秉性。

---

① 《长沙谭都督来电》，《申报》1913年4月4日。

第三节 策动沪上

4月初，宁调元应黄兴之召由湘抵沪，住黄兴家中，与从北京赶来的李根源同住一室。[①] 李根源，字印泉，又字养溪、雪生，号曲石，云南腾越（今腾冲）人，1904年留学日本，习军事，先后毕业于振武学堂与陆军士官学校，次年加入同盟会，并任云南留日学生同乡会会长，云南杂志社经理，1909年回国，任云南讲武堂监督兼步兵科教官，旋升总办。武昌起义后，与蔡锷等发动云南新军起义，成立大汉军政府，任军政总长兼参议院院长。民国成立后，李根源离开云南，入京任众议院议员、国民党两院议员会主任等职。李根源文学造诣很深，喜欢饮酒吟诗，1905年在日本就与奉孙中山、黄兴之命前来帮助创办《云南》杂志的宁调元一见如故，结为好友。这次，为了讨袁，两个好友又相逢在黄兴家中，彼此都非常高兴。宁调元即介绍李根源加入南社，为云南南社发展打下了基础。[②]

黄兴召宁调元、李根源等人来沪，主要是研究讨袁大计。宋教仁逝世后，黄兴对宋教仁的遇害十分悲痛，对袁世凯政府的残暴十分愤恨，决心组织暗杀袁世凯，“以其制人之道，还治其人之身”。但这一策略因3月25日由日抵沪的孙中山的“极为反对”而放弃。[③]

宁调元抵沪后即根据年初在江西与李烈钧商议的讨袁方略，

---

① 李根源：《雪生年录》第2卷，1929年自印本，第6页。

② 郭建鹏等编：《南社史料辑存·南社社友录》（3），上海大学出版社，2017年，第1329页。李根源入社系1916年补填书，入社号670，介绍人为宁调元，时间为“民国贰年贰月”。但查宁、李1913年2月的行踪，未有二人交集的记载，只有1913年4月在上海相会，故李根源入社时间应为1913年4月。

③ 刘泱泱编：《黄兴集》，第697页。

向孙中山与黄兴建议："东南各省已趋一致，兵力可为吾党用，袁世凯自绝于民国，北定中原，此其时矣！"① 此议与孙中山、黄兴等人不谋而合。于是，孙中山与黄兴密电湖南都督谭延闿和广东都督胡汉民要他们准备举兵讨袁，并派李书城、李根源等人去南京发动第八师准备出兵响应。但谭延闿和胡汉民回电"皆反复陈其不可"②，而南京第八师的陈之骥、陈裕时等人也因林虎一个团已调往江西、陶德瑶一个团调往湖南而以兵士缺额较多为由，表示"还不能出兵"③，只有江西都督李烈钧等人主张武力讨袁。在这种情况下，黄兴和孙中山感到武力讨袁获胜的把握还不大，而不得不暂时由武力讨袁转以法律倒袁。

一波未平，一波又起。"宋案"尚未了结，4 月 26 日晚，国务总理赵秉钧、外交总长陆征祥和财政总长周学熙代表袁世凯政府与英、法、德、俄、日五国银行团签署了《中国政府善后借款合同》。合同规定，借款总额为二千五百万镑，借款期限为四十七年，年息五厘，但实际上经过九折出售，八四实收，只得二千一百万镑，这样，借款合同到期时中国累计要付本息达六千七百八十五万镑，为实收额的三倍多。借款的用途指定为偿还已到期的各种款项、赔偿所谓外国商人在辛亥革命中所受的损失、赎回各省政府所欠五国旧债、各省裁军费、1913 年 4 至 9 月份中央政府行政费、全国盐务整顿费等六项。这样一来，所得到的二千一百万镑，扣除赔款、借款和垫款及盐务整顿费一千二百七十余万镑后，实际到手的只有八百二十万镑。合同还规定，中国政府在借款期内不得向五国银行团以外任何银行团借款，该项借款以中国盐税为担保，并承认要在外人襄助下，对中国盐税征收办法实行整顿改良。显而易见，这是一个从垄断借款到指定用途，又从指定用途到监督财政的不合理条约，在一定程度上干涉了中国的经

① 刘谦：《宁调元先生事略》，《宁调元集》，1988 年，第 653 页。
② 刘泱泱编：《黄兴集》，第 697 页。
③ 毛注青编：《黄兴年谱长编》，第 371 页。

济主权和政治主权。因此，善后大借款合同签字的消息一经传出，全国舆论大哗。孙中山、黄兴等人发出通电，指责政府违法借款，并“深望政府，俯从民意，非得人民代表之画诺，一文不敢苟取”。湖南都督谭延闿、江西都督李烈钧、安徽都督柏文蔚、广东都督胡汉民等国民党籍四省都督也联名通电，指责袁世凯政府“悍然不经院（参众两院）议私借巨款”，“以巨金资助（宋案）凶手”。[①]

通过袁世凯政府的善后借款，宁调元进一步看清了袁世凯破坏共和、独裁专制的真实面目，更加坚定了反袁的决心，即与在沪之湘籍志士张通典、周可均、曾继梧、陆鸿逵、章勤士、龚超、张孝准等人致电谭延闿及省议会、各报馆和社会各界，要求即日宣布与袁世凯政府断绝一切关系：

> 五国借债，超出吾国岁入之半，政府私订合同，不交国会通过，擅自签押，违法卖国，专横悖谬，莫此为甚。为今之计，惟有由各省议会会同都督即日宣布中外，当我国正式政府未成立以前，此等万恶之临时政府绝对不能承认，应暂时断绝关系。一、凡临时政府借款未经国会通过者，所有本省收入及其他财产不得为抵押品；一、对于临时政府暂行停纳租税；一、临时政府对于本省所派遣之官吏应即一律限期出境；一、本省行政、司法事项不受临时政府干涉。望皆以救国为前提，为一致之决心，即日实行上列各件，或尚有补救之方。否则，交款在即，空论反抗政府，银团必置不理，与其坐以待亡，不如死中求生，凡我父老兄弟其亟图之。[②]

面对新的形势，黄兴和孙中山在法律倒袁的同时，也加快了进行武力讨袁的准备工作。法律倒袁的策略是，一方面主张“对于宋案，纯主法律解决，借债要求交国会通过”[③]，强烈要求公布

① 《民立报》1913 年 5 月 8 日。
② 《时报》1913 年 5 月 2 日。
③ 刘泱泱编：《黄兴集》，第 640 页。

在应宅查获的证据，要求在上海组织特别法庭审理“宋案”中的要犯，并要求袁世凯与五国银行团所签订的善后大借款条约交国会通过，从而揭露袁世凯反民主共和的真面目；另一面主张利用第一届国会即将开幕、选举正式大总统之机，谋求通过国会解决袁世凯去职问题，即组织议员“在国会上大力揭露袁世凯的罪行，堂堂正正地弹劾他，坚决排斥他”，“推荐黎元洪为大总统候选人”，“绝对不推荐袁世凯为大总统”。如袁世凯采取出动军警干涉的非常手段，则国民党籍议员速撤回南方，采取分庭对抗之举措。[①] 在武力讨袁的准备方面，除了此前派田桐携密函赴武汉告革命党人詹大悲、季雨霖、蔡济民、熊炳坤、蒋翊武等人“遁初惨遭狙击，经据凶手具吐实情，令人骇怒。大憝未除，必滋后悔，吾党同志，务当振奋精神，从新努力”[②] 之外，黄兴继续暗中部署南方各省武力讨袁工作，派章士钊往说岑春煊利用其前清时的部下龙济光、陆荣廷举事；督促谭延闿扩充军队、勤加训练；[③] 派谭心休联络云南都督蔡锷，为之书联“寄字远从千里外，论交深在十年前”[④]，约其共同举兵反袁。[⑤] 与此同时，黄兴和孙中山还积极争取日本从军事和经济上支持国民党武力讨袁。

在沪期间，宁调元不仅积极参与研究讨袁计划，还先后与李根源等陪同孙中山、黄兴分别前往岑春煊、赵凤昌处商议讨袁计划，以争取岑春煊、赵凤昌及陆荣廷、龙济光对讨袁的支持。[⑥]

在黄兴主持下，武力讨袁计划基本形成，决定由黄兴总管其事，宁调元参与秘书工作，拟定赣军为第一军，粤军为第二军，湘、鄂、豫联军为第三军，以与苏、浙、皖、闽、川各军相策应。[⑦]

---

① 俞辛焞：《黄兴在日活动秘录》，天津人民出版社，1998 年，第 111 页。

② 刘泱泱编：《黄兴集》，第 619 页。

③ 毛注青编：《黄兴年谱长编》，第 374—380 页。

④ 刘泱泱编：《黄兴集》，第 649 页。

⑤ 杨思义：《蔡锷轶事》，田伏隆等编《忆黄兴》，第 140 页。

⑥ 陈锡祺编：《孙中山年谱长编》（上册），中华书局，1991 年，第 801 页。

⑦ 刘谦：《宁调元先生事略》，《宁调元集》1988 年，第 653 页。

正当孙中山、黄兴等革命党人在实施法律倒袁、制订武力讨袁计划之时，袁世凯却在做好政治、军事准备以后，首先向南方革命党人举起了屠刀。6月9日，袁世凯以李烈钧“不称厥职”“不孚众望”为由下令罢免其江西都督职务，同时任命黎元洪兼领江西都督、贺国昌为护理民政长、欧阳武为江西护军使兼第一师师长节制江西陆军各营。[①] 6月14日，袁世凯又步步紧逼，以调任的方式，任命胡汉民为西藏宣抚使，撤去其广东都督职务，同时任命陈炯明为广东都督，陈昭常为广东民政长。6月30日，袁世凯又故技重演，任命柏文蔚为陕甘筹边使，解除其安徽都督职务，同时任命孙多森为安徽民政长兼署安徽都督。

自李烈钧被罢免，黄兴感到武力讨袁迫在眉睫，即于6月12日从孙中山处领取五万元军费后，加紧部署讨袁计划，把突破的地点，定在湖北，并部署沪、宁、湘、赣、皖、粤等地军事计划，令谭人凤回湘运动军队届时响应。[②]

对于黄兴的军事布置，宁调元深以为然，但他还认为：“武汉居长江上游，司南北枢纽，用兵今日，在所必争。黎元洪方与袁氏结合，非深入虎穴，从容布置，末由摧破其势力。”[③] 因而虽然当时广东都督胡汉民曾来电召宁调元赴粤处理三佛铁路事宜，宁调元与熊樾山也已买好船票，准备赴粤，但为了迅速发动反袁军事行动，宁调元主动向黄兴请缨，秘密赴汉，组织机关，加强策动起义行动。黄兴认为宁调元考虑周到，勇气可嘉，斟酌再三，最后决定派宁调元、熊樾山赴鄂组织机关，适时发动起义。

对于黄兴命宁调元、熊樾山改赴武汉的决定，时在上海的周震鳞有记载：“不久，袁世凯举借二千五百万镑的五国大借款，未提经国会参议院通过，就非法成立了。参议院议员多属国民党，对此极为愤慨，力促孙、黄两先生迅即讨袁。于是孙、黄两先生

① 朱宗震等编：《民初政争与二次革命》，第438页。

② 毛注青编：《黄兴年谱长编》，第386页。

③ 刘谦：《宁调元先生事略》，《宁调元集》，1988年，第653—654页。

又召集重要同志到上海举行第二次讨袁会议，我又从北京前往参加。这时袁世凯的帝制阴谋已经完全暴露，全国舆论哗然，群情激愤，在此形势之下，国民党发动第二次革命，已再不容迟疑犹豫了。于是会议当即决定派出同志，分赴各省督促兴师讨袁。关于湖北和江西两省，孙、黄决定派宁调元、熊樾山两同志前往。宁、熊二人本已买好船票，拟赴粤分别就粤汉铁路督办和秘书长职务，奉命后临时将行李搬回，改搭江轮分赴赣、鄂进行讨袁活动。”① 当时与宁调元同寓黄兴家的田桐也有记载：“民国二年，宋案发生来沪，居黄公家。时孙公主张速用兵，黄公欲以暗杀袁世凯，省事免牺牲，孙公持不可。黄公曰：‘还以其人之道加诸其人之身，又何不可？’迟疑未决。胡展堂时为广东都督，有电属仙霞赴粤，理广三铁路事，仙霞欲往，晚间过余辞行。余曰：‘一二日内将有决定，子无暇赴粤也。’曰：‘已买舟矣！’次日，黄公果留之，命与熊越山同赴汉口。”② 可见，宁调元在革命的关键时刻挺身而出，不惧艰险、毅然赴难的大无畏精神，给同志们留下了深刻的印象，并受到同志们的肯定和赞赏。

第四节 壮志未酬

孙中山、黄兴把“二次革命”的突破点定在湖北是基于“二次革命”前湖北革命形势的发展。1912 年 8 月，黎元洪勾结袁世凯杀害辛亥革命功臣张振武、方维，激起了湖北广大士兵的不满。之后，湖北革命党人策划的“倒黎”事件相继发生。

先是，革命党人联络南湖马队、炮队和城内驻军、黄陂驻军，

---

① 周震鳞：《关于黄兴、华兴会和辛亥革命后的孙黄关系》，《辛亥革命回忆录》第一集，中国文史出版社，2012 年，第 261 页。

② 王杰、张金超编：《田桐集》，华中师范大学出版社，2011 年，第 407 页。

计划于1912年10月10日首义周年纪念时，以城外南湖马队旅为主力，发动暴动，诛杀黎元洪，但因事机不密，9月24日晚9时，黎元洪派宪警包围机珠街总机关，捕获顾斌、顾开文、罗子常、罗子达等10余人，连夜处决。次日凌晨一点，城外南湖马队中的革命者得知城内机关破坏的消息，决定提前起义，策动南湖马队直扑起义门，希图乘敌不备，斩关而入，不料遭到预先埋伏在起义门外的黎军前后夹击。双方激战3个多小时，南湖马队阵亡200余人，余众溃散。黄陂驻军虽然依约暴动，但因得不到武昌方面的配合，终于失败。次日，黎元洪下令，“遇有马队中人，格杀无论”。营长以上军官都有杀人权。黎军乘机滥杀无辜，此役先后被害者有千人以上。

经过对“南湖马队事件”的屠杀血洗，黎元洪的统治虽然得到加强，但湖北反黎活动并没有止息。1913年春节期间，黎元洪又被同志乞丐团将揭竿而起的传言搅得惶惶不可终日。原来在黎元洪1912年的大量裁军中，许多参加过武昌首义的官兵被迫退伍，这些人因谋生无门，对当局不满，便在武汉集结为数百人的毕血会，逗留不去。黎元洪怕毕血会借故闹事，便答应给九年恩饷，使该会解散。后来，武汉及外地来汉的退伍裁汰人员、起义前参与革命的会党分子都认为自己有功于民国，而受到不公平的对待，便援毕血会先例，上书当局要求照顾，黎元洪却置之不理。于是，他们便集合四五千人组成同志乞丐团，遇高官显宦之家、巨室豪富之门，“饥则入室寻食，倦则登而寐”。就连黎元洪的亲信饶汉祥也因惧怕乞丐团强索硬借而不敢回家。1913年春节前夕，街巷风传同志乞丐团乘机起事，武昌城内一夕数惊，黎元洪坐卧不宁，穷于应付，不得不下令从腊月二十四日起，天黑以前即关闭城门，并派出军警查获几处乞丐团机关，捉拿首领，才勉强将此事平息。

“宋案”发生后，黄兴即派田桐携密函赴武汉告革命党人詹大悲、季雨霖、蔡济民、熊炳坤、蒋翊武等人“务当振奋精神，从新努力”。几天后，熊秉坤、季雨霖等假汉口汉南旅馆宴请各部队团长以上人员，宴会后，一部分革命党人秘密会议，决定成立改进团，以“改进湖北军政，继续努力进行革命事业”为号召，“彰明较著以推翻今政府”为主义，推定季雨霖、蔡济民、詹大悲、吴醒汉负责“倒黎反袁”的军事行动，杨王鹏、温楚珩等负责联络和总务，并设秘密机关于汉口碧秀里和武昌大朝街、巡道岭等处。该团的主要成员采用请喝酒、叙旧情等方式，积极联系在军队中担任职务的党人，以由此掌握的武装为基本力量，同时广泛招纳退伍军人和会党群众。但由于事机不密，不久即被黎元洪的侦探破获，捕拿改进团成员数十人。4 月 2 日，黎元洪命令秘密处决 20 余人，并下令通缉季雨霖、蔡济民、詹大悲等“首要分子”。这样，“宋案”后湖北革命党人的第一次武装讨袁行动遭到血腥镇压。对此，当时的《时报》曾有报道云：

鄂垣近因改进团谋乱，缇骑四出，军警密布。拿获之犯，日有所闻。都督府军法处已成一大流血场，连日在内，秘密处决者共有二十余人之多。所杀者什九系军政学各界知名之士，可知改进团亦不尽无意识之土匪，与大局实有莫大之关系也。闻若辈多挂名某党籍，所以牵涉者甚众。堂堂勋三位之某首功，与第八师长季雨霖及起义功人某某等多人，均处嫌疑。黎公固早宣言，只要其人自知长悔，吾决不株连。乃某某等倚仗有功，以为不敢绳之以法。机关败露以后，犹力筹进行不懈。此数日中，续破机关数处，将前第三师旅长杜武库拿获，若辈始惧而分向长江上下逃窜，今后湖北人民当可稍安矣。

改进团之组织，在近两月间，其宗旨拟推倒袁世凯、黎元洪，势力蔓延甚广，不过在他处名目有异耳。在武汉机关部共有六处。武昌：一在山前中瀛街，一在大朝街，一在山后抚院街，一在巡道岭街，一在鸿翔巷。汉口则仅德租界一处。此外，尚有小机关多处，即已经抄获之十字街、候补街等民宅是也。最初破获者，系一小机关。黎公已极注意。闻该党之计划，以勾结退伍兵士、会匪为援助，而以某师、某团为倡乱之主力。特鄂垣军队众多，不为所用者甚夥。故以煽惑军人，要求恩饷退伍，以剪当道之翼卫。迨一经退伍，则以方法勾结之。其秘密计划匪关湖北一省，并联他省为助。[1]

改进团遭到黎元洪破坏后，季雨霖、熊秉坤、詹大悲、田桐等避往上海，蒋翊武虽参与其事，但因未列名领导得以保全，继续秘密在汉从事反对袁、黎的活动。

面对湖北的这种局势，孙中山和黄兴并不灰心，再次指示蒋翊武等党人筹划发动反袁起义，并派宁调元、熊樾山二人来鄂帮同策划进行。

宁调元、熊樾山到达汉口后，寓居德租界日本人开设的富贵旅馆，与湖北革命志士季雨霖、夏述唐、詹大悲、胡秉柯、彭养光、邹永成、刘英等人取得了联系，并积极协助蒋翊武等人在汉口民国日报馆内设立国民党交通部，作为起义联络站，以蒋翊武、詹大悲为正副部长，以民国日报馆为起义的宣传机构，由宁调元、熊樾山、詹大悲等主笔政，并以改进团为基础，成立了公民讨贼团，以季雨霖、蔡济民、詹大悲、吴醒汉、夏述唐、潘康时负责军事，组成参谋团总机关。国民党汉口交通部到湖北各军联络，秘密运动军队。公民讨贼团则联络各地党人，并在全省各重要市镇，如宜昌、襄阳、岳口、新堤等设有机关。[2]

此时，江西的反袁斗争已经是如火如荼，袁世凯把大批军队派往赣省。为了缓解江西的压力，黄兴要求湖北赶紧行动，以牵制黎、袁势力。6 月 23 日夜晚，蒋翊武、詹大悲、季雨霖等立即通知各方同志数十人召开紧急会议，决定乘黎元洪 26 日到油坊岭检阅新兵之机，各路同时大举。具体部署是，25 日夜举火为号，各地同时发动。城外党人在南湖集中，口号“成城”，旗帜袖章均以白布为号；26 日由起义门（中和门）攻入城内，放火接应，口号“忍耐”，与城内驻军汇合后攻都督府，推翻黎元洪的统治。同时，派人到岳口通知章裕昆，到时率所部一营顺汉水而下，攻取汉阳；又派人联络刘家庙、谌家矶一带的驻军，准备占领汉口。

---

① 《时报》1913 年 4 月 12 日。

② 涂文学主编：《武汉通史・中华民国卷》（上），武汉出版社，2006 年，第 17 页。

然而，6月23日，因先前参与上海制造局之役而被捕的文仲达在由武汉押送北京时变节，招供了湖北革命党人的起义计划和民国日报馆这一起义的领导机关。黎元洪获知这一重要情报后，即于6月24日晨派军警会同法国汉口租界巡捕突然搜查民国日报馆，搜出起义布告、电文等件，逮捕编辑周览、杨瑞六、曾毅、成希禹等人。蒋翊武、詹大悲等人得知机关被破获，立即命令25日晚发动起义。但到了25日晚预定起义之时，武昌城内虽有几处纵火发难，却没有得到响应，并且很快就被黎元洪派兵镇压下去。26日，黎元洪又根据密探报告，在汉口大智门将百余革命党人包围后杀害，并令侦探长刘有才率都督府卫队200余人会同外交特派员胡相宗与德租界巡捕房交涉，至德租界内富贵旅馆先后抓捕宁调元、熊樾山，羁押于汉口德租界巡捕房，并从宁调元随身携带的皮包内搜出江西都督李烈钧签署的特别通行证件一个，密电码两本，日记本和讨袁临时鄂军机关总部事务人员名单，支付赴荆、沙及邻省各处人员川资清单等件。蒋翊武、季雨霖、熊秉坤、詹大悲等人见事泄后分别逃往湖南和上海。而黎元洪又乘机大肆搜捕和屠杀革命党人，其中相当一部分为湖南革命志士。孙中山和黄兴策动的湖北反袁起义再次被扼杀在血泊之中。

革命党人这次失败固然因计划被黎元洪的侦探获悉，但革命党人缺乏对敌斗争经验也是重要原因。参加起义的邹永成事后总结说："在汉口的同志还不知躲避，宁调元、熊樾山居然坐着马车出游，招摇过市，被侦探侦知他们的机关，在富贵馆将他们拿获，所有重要证据及计划书都被搜去。"①

在德租界巡捕房，德领事派员询问宁调元。宁调元说明自己是三佛铁路湘省总办，由粤经沪、宁、汉回湘办理铁路移交事项，内有讨袁临时鄂军机关总部事务人员名单的皮包是张秀玮寄存在他这里的，而张秀玮则是在南京船上认识的。在与张秀玮的闲聊中，宁调元谈及办理完铁路移交手续后，准备在汉口开一间碾米

---

① 《邹永成回忆录》，杨鹏程、胡忆红编《湖南辛亥革命史料》(1)，第80页。

公司，张秀玮则自称对汉口很熟悉，可帮助宁调元租房，于是二人同到汉口。到汉口后，张秀玮又称自己须赴九江口二三日，就将皮包寄存在宁调元处。宁调元还以自己的钥匙均不能打开皮包为证。宁调元还声明，凭空遭此诬陷，誓不甘休，将延请英国大律师福禄特尔为自己辩护。[①] 在这种情况下，德领事以证据不足，不肯将宁、熊二人引渡湖北方面。[②]

黎元洪对宁调元恨之入骨，必欲除之而后快，便立即电报袁世凯与外交部，要求与德使交涉交人。袁世凯接电后即饬令外交部与德国公使及驻汉领事交涉，引渡宁、熊二人。有关交涉情况，《申报》曾有披露：

> 外交部得黎电，已派员赴德使馆交涉，请饬驻汉德领事交出熊越山、宁调元。德使已电该领斟酌办理，意似如有确据即交。[③]

7 月 5 日，宁、熊二人从汉口被引渡过江，投入武昌湖北军法局陆军监狱。面对军法课的审讯，宁调元自知难免一死，拒不承认自己是革命党，仍照在德租界巡捕房的口径，称自己系由粤经沪、宁、汉回湘办理铁路移交事项；内有讨袁临时鄂军机关总部事务人员名单及资金支付清单的皮包是张秀玮的，等等。但湖北军法局和黎元洪是不会相信宁调元的自辩的，因为宁调元来汉后的行踪和活动早已被密探发现。因此，6 月 30 日，黎元洪通电宣布宁、熊案证据云：

> 查此次乱党总机关设在上海，宁调元、熊樾山、季雨霖等先后来鄂，携带巨资，潜住租界，与詹大悲、钟仲衡、彭养光分途运动，每以日本人所开富贵馆、松迺家等处为其集合之所。计在宁、熊二犯寓内搜出名册一本，内开：一、定名临时鄂军机关部。二、任军事者夏述堂、王之光、季良轩（季

---

① 《宁君调元被捕记》，《长沙日报》1913 年 7 月 6 日。

② 《鄂江惊涛骇浪之余波》，《申报》1913 年 7 月 10 日。

③ 《专电》，《申报》1913 年 7 月 6 日。

雨霖)。三、任调查者钟仲衡、钟勋庄。四、任联络者钟仲衡、温楚珩、杨子鬯(杨王鹏)、赵鹏飞、彭养光。五、任会计者詹大悲、邹永成。六、任文牍者曾毅、岳泉源、周览。七、任庶务者温楚珩、张秉文等。内钟仲衡一名,因暗杀黎司长天才被获正法,曾毅、周览二名已先在民国日报馆被获。又在宁、熊二犯寓内搜出账簿,内开收入宁款、季款等项,记载不明。其支付运动军队川资,武昌彭临九、德安张星南、荆州杨子鬯各二百元,阳夏钟仲衡三百元,田镇刘仲州八十元,河南钟勋庄五百五十元。此外,册列各名经手支付千百十元不等,并尚存日本钞票三千余元,银洋三百余元。证据确凿,无可掩饰。①

7月7日,袁世凯根据黎元洪的报告下令:

据兼领湖北、江西都督事黎元洪电陈乱党扰鄂情形,并请通缉各要犯归案讯办等语。此次该乱党由沪携带巨资,先后赴鄂武汉等处机关四布,勾煽军队,招集无赖,约期放火劫狱,攻城扑署。甚至议在汉阳下游一带挖掘盘塘堤,淹灌黄、广等七县,不惜拼掷千百万生命财产,以逞乱谋。虽使异种相残,无此酷毒。经该管都督派员在汉口协同西捕破获机关,搜出账簿、名册、旗帜、布告等件,并取具各犯供词,证据确凿,无可掩饰。所有案内各犯,除宁调元、熊樾山、曾毅、杨瑞鹿、成希禹、周览已在汉口租界德、法各捕房拘留,另由外交部办理外,其在逃之夏述堂、王之光、季良轩(季雨霖)、钟易庄、温楚珩、杨子鬯(杨王鹏)、赵鹏飞、彭养光、詹大悲、邹永成、岳泉源、张秉文、彭临九、张南星、刘仲州等犯,着各该都督、民政长、将军、都统、护军使一体悬赏饬属严拿,务获解究,以彰国法而杜乱萌。②

被引渡到武昌湖北军法局之后,宁调元就做好了牺牲的准备。在致文斐的信中,宁调元表示:"死生性命,早已听之自然。近年

① 《黎副总统宣布匪党谋乱情形电》,《申报》1913年7月5日。

② 《命令》,《申报》1913年7月10日。

党争剧烈，政治毫无生气。瓜分之祸，迫燃眉睫，迟早不免一死。故在此间，亦不甚愁闷。”[①] 在致刘谦的信中，宁调元表示：“生死关头，已于十年前勘破，至此复何所系？惟默揣中国时局，瓜分之祸不出三年，吾人迟早不免一死，瞻乌爰止于谁之屋？后死者重可哀也。”[②] 在武昌狱中，宁调元思前想后，不禁百感交集，痛切地感到：“自共和始创，专制既除，两纪于兹。九州之内，商不安业，农不归耕。在朝无百年长治之谋，在野存旦夕苟延之想。飞燕覆巢之惧，城犹是而人已非；啼鹃望帝之声，树欲静而风不息。山崩钟应，险象环生；兔死狗烹，恶因迭种。出东门而怀天路，依南斗而望京华。虎去狼来，一蟹不如一蟹；风凄雨苦，后人还哀后人。宫之奇尽室以行，鲁仲尼临河而返。子胥殉波臣而抉双目，梁鸿瞻宫阙而发五噫。人之云亡，天胡此醉？余为民请命，远祸无方。龙有鱼服之嫌，遂困豫且；路多羊肠之险，谁闵劳人？化为精禽，识孽缘之未尽；踢翻鹦鹉，原儿戏之所无。市虎竟骇听闻，灵犀莫辟鬼魅。后沤续前沤而至，鼠穿屋而有牙；来日与去日俱难，马何时而生角？此皆天心之未悔祸，抑亦人事之莫如何者也！虽然，生死何常，凭诸天命。晦明相间，谁识未然？”随即，吟成《武昌狱中书感》七律四首：

天阴雨骤昼闻雷，犴陛重重即夜台。铁铸九州浑是错，愁来百念尽成灰。好还且莫论天道，泄愤公然托祸魁。去日来年都不易，肯因知己托良媒？

蔓尽瓜稀泪暗吞，须臾忍死可堪论。谁明黄雀螳螂意，频见朱门主仆喧。生世不偕当五浊，问天毕竟隔重阍。身经波浪翻回在，待抉吾眸挂国门。

豺狼为依鸩为媒，万种牢愁到酒杯。事业已随流水尽，年华可有鲁戈回？尽夸热釜能煎豆，何必寒炉始作灰。地老天荒有如此，起看星斗独低徊。

---

① 宁调元：《与文穆晞书（十五）》，《宁调元集》，2008 年，第 205 页。

② 宁调元：《与刘约真书（四）》，《宁调元集》，2008 年，第 232 页。

拒狼进虎亦何忙，奔走十年此下场。岂独桑田能变海，似怜蓬鬓已添霜。死如嫉恶当为厉，生不逢时甘作殇。偶倚明窗一凝睇，水光山色剧凄凉。①

全诗慷慨悲壮、雄健苍凉，深切感叹革命志士浴血奋战十数年，终于赶走了腐朽的清王朝这条“狼”，却“铁铸九州”，迎进了袁世凯这只“虎”，使革命事业“随流水尽”，表达了对窃取胜利果实、扼杀民主共和的北洋军阀的切齿痛恨，抒发了即使牺牲，也要化作疾恶如仇的厉鬼，继续与袁世凯、黎元洪等破坏民主共和的蟊贼作斗争的革命豪情，并借倚窗深情“凝睇”水光山色更加凄凉的祖国河山而自己却不能再为之奔走呼号，表达了对祖国的无限眷恋和对自己壮志未酬的无尽慨叹。

此诗初只第二、四两首，其中后一首中间两联为“吉网罗钳新伎俩，牛头马面旧跳梁。烂羊满地都如梦，纸虎横空任暂狂”，揭露破坏民主共和跳梁小丑的丑恶面目，豪迈地预言袁世凯政府不过是一只“纸虎”，其猖獗只是暂时的，必定逃不过灭亡的下场。此诗后经探监同志带出，叶楚伧读后深为感动和鼓舞，即将其在7月16日的《民立报》上刊出，并作“题记”云：“武汉惨狱，一演再演，揆厥所由，惟袁黎首毒吾众所致。太一，吾南社豪，赭衣入狱，冤氛霾积。兹录狱中两律，其志可知矣。”②

此诗刊出之时，正值“二次革命”爆发之际，对激励革命党人同仇敌忾，奋起与袁世凯专制政府进行斗争发挥了积极的作用。高旭读此诗后即吟成《得辟支狱中诗感赋》云：

往年君系长沙狱，唱和情深两地痴。今日武昌重被锢，又劳千里寄新诗。

沪滨话别恨绵绵，君向潇湘我入燕。非为蛟螭愁失水，弥天心事恐成烟。③

---

① 宁调元：《武昌狱中书感并序》，《宁调元集》，2008年，第142—143页。

② 《民立报》1913年7月16日。

③ 高旭：《得辟支狱中诗感赋》，郭长海等编：《高旭集》，第198页。

第十一章 献身共和

宁调元被捕后，引起社会各界的高度关注，各方虽为营救宁调元而奔走呼号，但均未奏效。袁世凯镇压“二次革命”后，即下令将宁调元和熊樾山“在鄂就近讯明，按法惩办”，并以“内乱罪”判处宁调元和熊樾山死刑。9 月 25 日，宁调元英勇就义于武昌湖北省军法局内，年仅 30 岁。宁调元牺牲后，其遗体由晏国芗与刘谦等运葬于醴陵西山，其遗著由柳亚子、傅尃等人搜集整理，编为《太一遗书》传世。北伐后，国民政府下令褒扬宁调元，并拨款修墓建亭，供后人凭吊和瞻仰。中华人民共和国成立后，宁调元的墓地受到保护和修缮，宁调元的遗著得到完善并出版，宁调元的民主革命精神得以宣传和弘扬。

第一节 多方营救

宁调元、熊樾山被捕的消息一经披露，立即引起了各方面的高度关注。黄兴得知宁、熊二人被捕，非常关心，但限于当时的情形，“乃时时使人慰问，甚为殷勤”[①]。与此同时，一场大营救行动随即在全国展开。

工商总长刘揆一、参议院议员孙毓筠、袁世凯的亲信杨度等闻讯后，立即面见袁世凯，为宁、熊二人说项，要求其致电黎元洪，释放宁、熊二人。时任众议院议员的高旭得知好友宁调元被捕的消息后，非常气愤，立即在北京联络22名众议员联名致电黎元洪，要求释放宁调元，并作诗《闻太一在湖北被逮，为电武昌营救，众院中联名者二十二人》云：

朔风瑟瑟逼人寒，伫息停消泪暗弹。岂特故人情足重，神州元气恐凋残。[②]

对于以上各方面的援救，当时报纸亦多有报道。《申报》说：“宁调元、熊樾山均老同盟会员，黎都督来电因其煽乱有据已在鄂拿办。即日，杨度、刘揆一、孙少侯谒袁为说项。”[③]《申报》还说：“前在汉口德租界日本人所开富贵馆内拿获之宁调元、熊樾山二犯，当经德领事饬捕房暂为收管。现悉宁系湘人，充湘路公司执事有年；熊系粤人，充江西军政府高等顾问兼工商部顾问。所获证据中有讨贼团总机关名册及与某伟人往来东语信件暨运动军队巨款。德领事初以证物不彰，着不允引渡，兹经黎公特派石龙川会同交涉员胡朝宗等在领署会讯，将供词与证据参证，无可掩饰。昨德领事已核定引渡过江归案，但刘揆一、杨皙子、孙少侯诸君纷纷来电缓颊，黎公虽不允释放或可贷其一死。”[④]《时报》也说：“杨度、刘揆一同日亦接到上海友人私电报告此事，请其营救。杨平日就认识宁调元，刘与熊亦有私人关系，故杨、刘两君接到此电，随即联络孙毓筠，致电黎副总统，求其对于此案，勿深追究，以安人心。”杨度为此事还面见袁世凯，向其求情，但袁

① 《遣人慰问宁太一》，天忏生、冬山编《黄克强蔡松坡轶事》，上海文艺编译社，1917年，第55页。

② 郭长海等编：《高旭集》，第194页。

③ 《专电》，《申报》1913年7月2日。

④ 《痛定思痛之鄂州谈》，《申报》1913年7月13日。

已接到黎元洪的电报，杨“亦无词可以向袁总统代人剖辨，只好向大总统泛言，今日时局，不可轻于兴狱，当以宽大为怀，消弭人民之戾气而已”[①]。

然而，对于来自各方的说项，黎元洪一概回绝，并通电袁世凯、各省都督、民政长及刘揆一、杨度、孙毓筠等人说：“宁调元亲为罪魁，实无可掩饰。熊樾山同为伴侣，亦确有嫌疑。……诸公谓宁、熊二人热心国事，奔走有年，元洪亦耳其名，诚不料甘心从逆破坏共和，一至于此。”还说：“元洪承政府之命、国民之托，但期拥护共和，铲除乱党，天职所在，虽亲不挠，果系无辜，虽仇不累。……元洪对于忠告之言，惟有刻骨铭心，更何敢强颜置辩，惟雅不愿加此大题，被此恶名，知我罪我，付诸公论。”[②]总之一句话，就是不愿放人。

尽管黎元洪口风很紧，但仍有一些与黎元洪曾有接触的人士依然不愿轻易放弃，继续为营救宁调元做黎元洪的工作。孙武、项骧、汪彭年、孙发绪致电黎元洪说：“顷闻宁君调元因案被捕，详情未悉。但宁君从事革命有年，素日品行端正，如系嫌疑，乞曲予保全。”[③] 陈家鼎之弟、南社社员陈家鼐致电黎元洪说：“前年武汉起义时，宁君调元赞助我公，宣力不少。此次尊处误拿宁君，闻之不胜惊骇。当此建设伊始，如宁君之人才难得，请速将宁君释放，以释群疑，则民国幸甚。”[④] 南社社员、曾主编《民声日报》的汪文溥甚至致书黎元洪，要求其大赦党人，反戈讨袁，“自宁调元以次，释其囚服，礼为上宾”，并“秣马实弹，为讨袁之前驱”。[⑤]

除了向黎元洪求情外，还有不少人转向袁世凯求援。上海名士赵凤昌得知宁调元被捕的消息后即致函张謇，请其密电袁世凯

① 《黎副总统之要电》，《时报》1913年7月5日。

② 《黎副总统布告宁熊罪状电》，《申报》1913年7月9日。

③ 《为宁调元解围》，《神州日报》1913年7月7日。

④ 《陈家鼐致黎元洪电》，《长沙日报》1913年7月11日。

⑤ 上海《中华民报》1913年7月22日。

代为营救宁、熊："鄂案宁、熊两人，请密嘱黎宽缓，可借收彼党人心。"[①] 张謇即致电袁世凯说："顷竹君（赵凤昌）函，……鄂事幸平，宁、熊就逮。观黎答刘、杨通电，语甚严正，请转恳总统密电属鄂宽缓，以示不为已甚。……謇意：是亦今日宽猛相济一道，是否可行？乞加审察。"[②] 袁世凯复电却将责任推到黎元洪的身上称："宁、熊就逮，即电宋卿（黎元洪）详审二人才具，颇可爱惜。现托人讽宋卿缓减。望转致前途勿洩。"[③] 张謇得袁电还以为事有转机，即复电赵凤昌称："宁、熊尚可商，可见必无用兵之意。"[④]

向袁世凯求援的还有同盟会的元老谭人凤。他赴湘途经武汉时，见黎元洪正在滥杀无辜，即致电袁世凯，在痛斥黎元洪"专以仇杀湖南人为事"的同时，坚决要求袁世凯援救宁调元："前三佛铁路总办宁调元归湘结帐，过鄂被拿，湘人异常激愤。倘（黎元洪）再逞淫威，横加杀戮，湘人决不与干休。恳急电救援，用免湘鄂仇视。"[⑤]

覃超、梁昌诰等140余名众议员还联名上书袁世凯政府，就黎元洪株连无辜，"诬起义有功之宁调元、熊樾山为主动，欲置之死地"等行径提出严正质问，要求迅速答复。[⑥]

对于来自各方面的求情，袁世凯不但不予理会，还暗中与黎元洪狼狈为奸，密电黎元洪曰："湘省军事厅长程潜与宁调元至亲。宁之被拘，程已欲与同死。"并提醒其"宜先注意探访，勿为所乘"。[⑦]

---

① 李明勋、尤世玮主编：《张謇全集》（2）《函电上》，上海辞书出版社，2012年，第385页。

② 李明勋、尤世玮主编：《张謇全集》（2）《函电上》，第388页。

③ 李明勋、尤世玮主编：《张謇全集》（2）《函电上》，第391页。

④ 李明勋、尤世玮主编：《张謇全集》（2）《函电上》，第391页。

⑤ 《谭人凤营救宁君》，《长沙日报》1913年7月10日。

⑥ 《众议员质问袁政府》，《长沙日报》1913年7月21日。

⑦ 中国第二历史档案馆编：《北洋政府档案·陆军部》，中国档案出版社，2010年，第231页。

与此同时，社会舆论对于黎元洪逮捕宁调元之事，也愤愤不平，对袁世凯和黎元洪予以抨击。宁调元的好友、时任《长沙日报》总编的傅尃于7月4日起在《长沙日报》上连续披露宁调元被捕的消息，并指责黎元洪云：

> 宁君仙霞于丙午以《洞庭波》杂志鼓吹排满，大干虏廷忌讳，入长沙狱者二年，其文学事功久在人耳。此次因公言归，假道汉上，至撄虎口，缧绁有非辠之叹，囹圄飞六月雪之霜。危邦不入，不其信欤！然君固善黎，多有画策，且为首创民社及《民声日报》，旋以丧返。民声旨乃大悖，君遂与民社脱离，亦从无一语恶及元洪者，黎之憾君或即以此小人反复不可昵交比匪之伤，岂惟今日念君固出入生死，饱历辛酸，方期丝竹中年，不意烦冤盆底也。[①]

接着，傅尃在6日《长沙日报》上发表《宁调元无辜被累》一文，为宁调元仗义执言，大鸣不平：

> 宁君调元于满清以一书生，掉舌摇笔，奔走呼号，以与恶政府抗，虏吏欲杀之不得，卒锢于长沙狱者三年。出狱以后，擘画尤多。民国之成功，颇资其力。方幸共和告成，得享自由幸福，置世事于不问，读书空山以著述自见也。不图因民社之故，遭黎氏之怨毒，遂设计欲陷之死。汉皋信宿，遽就逮捕。彼黎氏之毒计虽□，然非宁君之罪也。
>
> 宁君者，黎氏前此所深倚畀者也。黎氏所倚畀者，小人则安之，君子则去之。是故，年余以来，武汉之间起义时旧人几绝迹，所与黎氏共者，非市井之流氓，即旧官署之马弁耳！流氓、马弁悉为黎氏用矣。而宁君与黎又有民社之一段恩怨，宁君安得不危哉。
>
> 是故，皮包本张秀玮物也，名单字迹非宁君手笔也，而黎氏则据以为宁君罪状之证据，报怨之左券矣。无论宁君为手造共和之人，不得以私怨而加害也，即就事实而论，原无

---

① 《辑余》，《长沙日报》1913年7月4日。

可加罪宁君之处。无罪而士可以杀，民国其尚有宁日哉？黎氏其一念之可也！[①]

7日，傅専又在《长沙日报》刊登时评《黎元洪之栽诬无罪》，愤怒指责黎元洪无端诬陷宁调元：

黎元洪之逮捕宁调元欲以报宁调元脱离民社，致湖南民社与国民党合并之怨耳，并非以宁在湖北有形迹可疑之处也。

无形迹可疑之处而逮捕宁君必有若何之证据，方足置宁于罪也。而黎氏之爪牙则指所搜获之皮包、名册为证。

今皮包既为张秀纬所寄存，名册又非宁君之手笔，则宁君可告无罪于黎氏矣。

宁君无罪则有刘揆一等来电营救，当然可以释放也，胡为乎必待袁氏之特赦哉？夫既曰特赦，则黎元洪尚以宁君为有罪矣。无罪而必诬以有罪，则将来经过武汉之人苟与黎氏有一隙之嫌者，无不可诬其有罪而杀之也。《语》云："危邦不入，乱邦不居。"国人有过武汉之境者，其凛之哉！[②]

为了营救宁、熊二人，还有一些革命党人甚至因急于求成而受骗上当。时在江西参加"二次革命"的九江镇守使耿毅就是其中之一。他说：

鄂革命党人都想倒黎，谋之于黄克强，黄派宁调元、熊樾山到汉察看一切。宁、熊路过九江时，曾和我商谈一切。我说：鄂人好谈，多过其实，必须多方侦察，尚不至有大误；若听一面之词，就去实行，恐有失败之虞。……未几，宁调元、熊樾山二人由汉口派专人送来一函云"刻在德领事馆被押，急需用款五百元，请交来人，并再给来人路费一百元"等语。我向来人询问宁、熊二人为何在领事馆被押，彼答不知。我说："你若告我详情，再给你一百元。"彼才说"宁、熊在汉和湖北乱党联络，勾结军队，意图造反。事泄后，黎

① 君剑：《宁调元无辜被累》，《长沙日报》1913年7月6日。

② 《黎元洪之栽诬无罪》，《长沙日报》1913年7月7日。

副总统行文拿捕，遂由德领事在德国饭店拿到，暂在馆内扣押，将来或交湖北都督府”云云。我当即交来人二百元，并请转交宁、熊五百元。越三日，宁、熊又来函说：“吾辈交谊，尚不抵五百元么？请速交来人五百元，再交来人路费一百元。”我细思前所交五百元大概为来人吞没，即仅给来人路费一百元，另派陈参谋带款千元，同来人到汉口德领事馆面晤宁、熊二人，如该馆人员勒索，即可照给；但如不能见面，此款即不必再交。陈参谋到汉，德领事馆果然不准与二人见面；前送之款，皆被领馆中人吞没了。但宁、熊不知此种情况，定骂我无朋友义气。[①]

对于狱外同志和朋友们的积极营救，宁调元心存感激，特于7月12号致信杨度说：“此次由粤回湘，拟将路事交卸清楚，即行来京，借聆请教。路过汉皋，征装甫卸，适江有无风之浪，市多惊虎之言。罗网当空，穷于风影；金钱是迫，波及鸿鱼。闻公在京师，仗义执言，感激之私，宁有涯既？惟案尚未结，一并仍仗大力设法斡旋。”并将自己的理由和审理情况告之，以为进一步争取之资料。[②]

就在各方积极营救宁调元之际，“二次革命”爆发，各方关注的重点立即为之转移，宁调元之案也就暂时被搁置起来了。

第二节　慷慨就义

孙中山和黄兴派宁调元赴鄂促湖北首先发动的计划落空后，黄兴又将发难的重点放到广东。因为广东是辛亥革命前同盟会重

① 全国政协文史资料研究委员会编：《辛亥革命回忆录》第一集，中国文史出版社，2012年，第447—478页。

② 宁调元：《致杨度书》，《宁调元集》，2008年，第599页。

点经营的地区之一，辛亥革命后，广东省都督胡汉民和副都督陈炯明均为国民党员。袁世凯革除胡汉民广东都督职务、任命陈炯明为广东都督后，孙中山于6月17日秘密离沪赴港澳与胡、陈共商广东发起讨袁起义事宜。但陈炯明却既害怕起兵失败，又害怕为袁利用，下不了最后的决心，迟迟不肯接任都督之职。鉴此，心急如焚的黄兴又于6月27至7月3日先后三次电促陈炯明"接任都督，宣布独立讨袁"，甚至直言"再不接任都督，独立讨袁，党人将不能相谅"。[①] 在黄兴的再三催促下，陈炯明才勉强于7月4日接都督任，着手筹划讨袁。

为了促使讨袁早日发动，6月底，孙中山由港回沪后与黄兴、陈其美召集军事会议，一致决定迅速发动武力讨袁，公推李烈钧为赣、苏、皖、闽、粤、湘、川七省讨袁联军总司令，并力促陈其美在上海独立，章梓在南京倡议，又派朱卓文前往南京运动第八师的营连长赞成起兵。但在当时的情况下，谁也不愿先发。为了取得武力讨袁的突破，黄兴与孙中山于7月8日宴请被袁世凯免职后来沪的李烈钧，动员他再回江西率先起兵发难。席间，李烈钧"意气自豪，谓各省如能响应，赣事可为"[②]。随后黄兴和李烈钧等人又在黄兴寓所商量具体行动计划，决定由李烈钧先秘密去九江，集结同志，宣布江西独立，把袁世凯的注意力引向江西；然后黄兴乘此时机夺回南京，把第二、第八师拉出来，等南方各省响应后，渡江北上。[③] 讨袁大计一定，李烈钧迅即秘密回到江西湖口，召集方声涛、赵延年、卢天柳、周璧阶、邵元冲、李明扬、欧阳琳、卓仁机、耿毅、林虎等商议讨袁行动后，于7月12日在湖口誓师起义，发布《讨袁檄文》和《讨袁通电》，宣布就任江西讨袁军总司令，宣告江西独立，并成立总司令部，任命耿毅为参谋长，林虎为左翼司令，方声涛为右翼司令，何子奇为湖口守备

---

① 刘泱泱编：《黄兴集》，第649页。

② 谭人凤：《石叟牌词》，《谭人凤集》，第400页。

③ 项立岭：《李烈钧》，上海人民出版社，1986年，第57页。

司令，随后开始反攻九江。“二次革命”（又称“赣宁之役”）就此爆发。

李烈钧讨袁的第一枪打响后，南京第八师一些中下级军官情绪激昂，跃跃欲试，准备杀了犹豫不决的师长、旅长后宣布独立，请孙中山莅临南京主持讨袁军事。该师两个旅长获悉此情况后，立即到上海向黄兴报告，表示他们愿意起兵讨袁，并提出了请黄兴赴南京作讨袁军总司令和孙中山不要在此混乱时期赴南京两个条件。为避免第八师自相残杀，促使第八师起兵讨袁，黄兴答应了上述条件，并劝说孙中山同意不去南京后，即于7月14日夜轻车简从，由沪抵宁，在第八师师长陈之骥宅邸召开军事会议，部署讨袁独立和作战计划。

7月15日，黄兴在南京逼迫江苏都督程德全宣布独立后，就任江苏讨袁军总司令，发布《讨袁通电》。在《讨袁通电》中，黄兴表示：“兴之本志，惟在倒袁。民贼一去，兴即解甲归农。”[①] 同时发布讨袁誓师词，表示“竭九死之身，努力驰驱，不除袁贼，誓不生还”[②]。为最大限度地孤立袁世凯，黄兴致电各省都督指出：“此次兴师，只认袁世凯为国之公敌，虽袁氏私人或偶为袁利用，与民军有宿嫌者，但无反抗义军实迹，悉不究问。盖吾辈惟民贼之是诛，无南北之成见。”[③] 并发布对外通电云：“今兹讨袁之军，其目的惟在保障共和，维持人道。因此而牺牲一切，亦所不惜。此次起义，并非新旧战争，更非南北决斗，除推翻欺陷我付托之民贼外，毫无自私自利之心。……自战事宣布后，北京政府已失宪法上效用，请列强告诫各资本团，勿再交付款项于北京政府。凡合同等在宣布独立之前与袁政府所订者，新政府成立仍当继续有效。惟在宣布独立之后所订合同借款等，无论如何，一概不能

---

① 刘泱泱编：《黄兴集》，第651页。

② 刘泱泱编：《黄兴集》，第652页。

③ 刘泱泱编：《黄兴集》，第659页。

承认。”[①]

在稳定南京局势之后，黄兴立即组织司令部，进行军事布置，调派各军进入防地，命黄恺元为参谋长，章士钊为秘书长，赵正平为兵站总监，章梓为都督参谋长，并命冷遹率第三师向驻韩庄的北洋军立刻发动进攻；令第八师骑兵团团长刘建藩率该师第二十九团附机关炮连及骑、炮、工兵各一营，组成混合支队，开赴徐州前线支援第三师；第一师第一旅长戢翼翘率该旅随后跟进；周应时率第一师第二旅开赴临淮关，协助安徽讨袁军进攻北军倪嗣冲部；派洪承点进驻蚌埠，节制第八师的混成支队和开赴徐州、临淮关一带的第一师的部队，并负责组织徐州以南沿线铁路的防御；第一、八师的其余部队则负责在南京四围的防御。[②] 同时，为建立统一的军事指挥机构，黄兴、李烈钧、柏文蔚等人还致电岑春煊，推举他为中华民国讨袁军大元帅，请其“即日莅宁，组织大元帅府”，统一指挥讨袁战争。[③] 为壮大讨袁力量、减轻讨袁阻力，黄兴还电促驻沪海军总司令李鼎新、上海镇守使郑汝成、上海制造局督理陈梘“宣言与袁氏脱离关系”[④]，敦促浙江都督朱瑞和广西都督陆荣廷与讨袁军“一致进行”[⑤]，并派员与活跃在鄂豫之间的农民武装首领白朗联络，共同讨袁。[⑥] 江西、江苏先后宣布独立后，安徽、上海、广东、福建、湖南、重庆相继宣布独立，“二次革命”迅速向纵深发展。

“二次革命”爆发后，武昌狱中的宁调元“闻而喜甚，终日啸歌，且戏集《水浒》人名及京戏名成百数十联以自遣，若忘其为

---

① 刘泱泱编：《黄兴集》，第 665 页。

② 李喜所：《黄兴的军事理论与实践》，人民出版社，1999 年，第 292 页。

③ 刘泱泱编：《黄兴集》，第 660 页。

④ 刘泱泱编：《黄兴集》，第 656—657 页。

⑤ 刘泱泱编：《黄兴集》，第 657 页。

⑥ 刘泱泱编：《黄兴集》，第 666 页。

待死之囚也者”[①]，“并近诗数首写寄”[②]，与北京的高旭诗歌唱和，互相激励反袁的斗志。其《柬钝剑松江》云：

松江南望几千里，秋雨秋风苦忆君。各有苍茫无限恨，岂徒鹤立在鸡群。[③]

高旭即和作《次韵，答太一狱中见枉之作》云：

箧中血泪燕游草，今日何堪持赠君。狐兔纵横天鬼啸，此生端合绝人群。[④]

宁调元又作七律《偶成》云：

天南地北羽书忙，汉水滔滔接建康。妄拟清流能误国，化为黄鹄定还乡。铜驼寂寂迷衰草，玉树依依恋夕阳。谁信循环百年事，凡人坠马斗新妆。[⑤]

高旭又和作《次辟支韵》云：

沿江烽火为谁忙，张角称兵犯建康。南北岂真天作堑，英雄无那酒为乡。裹尸马革怀宗国，被妒蛾眉怨夕阳。白纻歌终翻变征，不堪肠断此啼妆。[⑥]

宁调元还想像长沙狱中时那样，利用时间，抓紧学习，故又致信刘谦：“此间无书可看，望代购词或《史记》一册寄来。”[⑦]

李烈钧7月12日在湖口誓师起义后，抓获了黎元洪派往江西的鄂军军官汤则沸、余大鸿，于是致电黎元洪，表示愿以余大鸿、汤则沸两人交换宁调元、熊樾山，但黎元洪置之不理。此时，还有朋友为宁调元之事在操劳，并建议花钱打通关节，宁调元似又看到了一线希望，认为可行，于是又致信与文斐商量：“敝事诸承关顾，甚感。……此刻已有人为我别图方法，惟需巨款，不知湘

---

① 刘谦：《宁调元先生事略》，《宁调元集》1988年，第655页。

② 宁调元：《与刘约真书（五）》，《宁调元集》，2008年，第233页。

③ 宁调元：《柬钝剑松江》，《宁调元集》，2008年，第143页。

④ 高旭：《次韵，答太一狱中见枉之作》，郭长海等编《高旭集》，第451页。

⑤ 宁调元：《偶成》，《宁调元集》，2008年，第143页。

⑥ 高旭：《次辟支韵》，郭长海等编《高旭集》，第199页。

⑦ 宁调元：《与刘约真书（六）》，《宁调元集》，2008年，第233页。

中可设法代办否？望与道腴（周震鳞——引者）一商。至个人经济，尽可敷衍。”[①]

然而，就在宁调元感到出狱有一线希望之时，“二次革命”的反袁形势却发生了逆转。由于袁世凯发动内战蓄谋已久，其军力、财力、物力等都远远超过国民党，又用金钱收买了一部分讨袁军，致使讨袁军寡不敌众；加上国民党事先准备不够充分，统一的军事指挥机构由于岑春煊滞留上海而无法建立，南方各省讨袁军内部矛盾重重、步调不一、互不统属、仓促起事，所以，在袁世凯的大举进攻和分化瓦解下，南方讨袁军节节失利。在江苏，7月24日北军占领徐州，冯国璋、张勋率部南下，江苏讨袁军第一、八两师撤回南京，第三师则军心涣散，冷遹也脱离部队回到南京，旅长伍崇仁等则退守浦口，向北军接洽投降。在江西，7月25日，北军攻破湖口，李烈钧败退。湖口失守之后，江西讨袁军的士气几近崩溃。在上海，陈其美指挥的争夺制造局之战和吴淞之战也因李鼎新、郑汝成等倒向袁世凯、对讨袁军实施海陆夹攻和列强租界当局的干扰破坏而难以取胜。而浙江都督朱瑞不仅拒不响应起义，反而倒向袁世凯，并派浙军开赴上海支援北军。在安徽，不仅外有强敌，讨袁军内部也很混乱，先是孙多森、胡万泰搞假“独立”，被张永正部击败逃走；接着，宪兵司令祁耿寰自称都督，不久又被商团推举的都督刘国栋所驱逐。为稳定南京上游局势，黄兴敦促柏文蔚率部回到安庆自任安徽都督兼民政长，刘国栋又闻风潜逃，从而使安庆的局势表面上稳定下来。但此时被袁世凯任命为安徽都督兼民政长的倪嗣冲已在颍州集中了20个营，约1万余人，分两路向安庆扑去，形势十分严峻。在广东，陈炯明自宣布独立之后，一直督促部队出师北伐。但因师旅长们阳奉阴违，北伐之师始终未出羊城一步。况且此时龙济光已率部自梧州进逼广州，陈炯明不得不先行对付龙济光，广东援赣之师被迫停发。在福建，讨袁军总司令许崇智主要依靠新兵的支持，力量不足，

① 宁调元：《与文穆晞书（十六）》，《宁调元集》，2008年，第205页。

而都督孙道仁则佯附革命，暗地里却在旅长孙宝镕支持下，密谋调集旧部来扼杀革命。在湖南，谭延闿首鼠两端，一面向袁、黎输诚，一面同力主讨袁的国民党人虚与委蛇，加之军装局早在宣布独立前就被袁世凯贿烧，使国民党人在兵微将寡的同时，又枪弹匮乏，因而在北攻武汉、东援江西方面，难有大的作为。更为严重的是，南京独立后借口养病逃到上海的程德全看到讨袁军到处失利，败局已定，也于7月25日发表通电，声明南京独立的一切文电，是“假用德全名义号召”，并宣布在苏州行署办事，从而在政治上给南京独立以沉重的打击。翌日，镇江接受程德全命令宣布取消独立，沪宁铁路当局也奉北京交通部的命令停止通车，宁、沪的联系应声截断，“二次革命”的中枢南京陷入了腹背受敌的严重局面。

黄兴看到败局已定，悲愤万分，决定“与敌死战”，但第八师旅长陈裕时和李书城、石陶钧、张孝准等人认为“明知不可而为之，不过以一死塞责，究于国事无补”，力劝黄兴离宁，“以图将来”。[①] 黄兴默察南方全局后，最终接受了他们的劝告，于29日凌晨在讨袁军参谋长黄恺元的陪伴下登上日本“龙田”舰。临行之际，他嘱陈之骥维持南京秩序，免遭乱兵蹂躏，并密电柏文蔚曰：“大势已去，无能为力，弟已他往，望兄相机引退，留此身以待后用。”[②] 当晚9时，黄兴又换乘日本“嵯峨”舰离宁赴沪。次日下午4时“嵯峨”舰到上海港后，黄兴因早已被上海租界工部局议决“逐出租界”，又正在被袁世凯“悬赏缉拿”而无法登岸，只得又换乘日本商船静冈丸转赴香港，并与孙中山相约由香港转赴广东再次举兵。然而，由于陈炯明的反对，黄兴不得不于8月4日离开香港去日本。8月18日，南昌失陷，9月1日，南京又为袁军攻陷，“二次革命”归于失败。

武昌狱中，宁调元获悉赣宁败耗之时，遂失声大哭，愤而口

---

① 刘揆一：《黄兴传记》，田伏隆主编《忆黄兴》，第51页。

② 柏文蔚：《民初与克强先生交往的回忆》，田伏隆主编《忆黄兴》，第300页。

占一绝《残棋》云：

一局残棋尚未终，纷纷铁骑下东蒙。可怜五族共和史，容易昙花一现中。[①]

诗中充满对袁世凯的愤恨，对革命党人的惋惜以及对民国共和前途的迷惘。随后，宁调元又仿杜甫《秋兴》之作，一气吟成四组七言《秋兴》诗，“以写幽忧”[②]。其中，第一组云：

秋磷冉冉入空林，牛鬼蛇神画壁森。自悔危时轻出处，亦知天道有晴阴。分波终仗灵犀力，填海犹存精卫心。最是迷离江上月，照人离恨到疏砧。

夕阳归雁数行斜，人渐蹉跎鬓渐华。竟有潢池惊上座，微闻银汉滞仙槎。丛祠明灭篝灯火，落日凄凉榆塞笳。一样不堪回首处，卅年身世似飞花。

百尺围墙对落晖，囚徒生死事轻微。似闻孤雁伤群尽，都道寒蛾伴火飞。玩世文章成独往，中年哀乐与人违。云英待嫁徐娘老，漫抚腰支问瘦肥。

见说降幡出石头，已伤离乱更伤秋。安排浊酒消长夜，欲掘青天寄古愁。世味早知成腐鼠，人情何况逐浮鸥。茫茫前路无归处，暮雨西风江上舟。[③]

《秋兴再叠前韵》云：

却从南苑望东林，江水无声暮气森。明日黄花堪插鬓，他时绿叶又成荫。五更沉角惊残梦，万里飘蓬碎客心。谁惜天涯离别苦，几家怨女拭寒砧。

不堪雨细又风斜，心绪都如未展华。汉上惊鸿冰作影，银河彩凤玉为槎。百年人事观朝槿，万里烽烟急暮笳。独立江城无限意，我来不见落梅花。

朝来烟雾蔽朝晖，魔力渐高道力微。何日黄龙能直抵，

① 宁调元：《残棋》，《宁调元集》，2008 年，第 143 页。
② 宁调元：《秋兴用草堂韵并序》，《宁调元集》，2008 年，第 144 页。
③ 宁调元：《秋兴用草堂韵并序》，《宁调元集》，2008 年，第 144 页。

只今乌鹊尚南飞。旧人渐散空相忆，壮志犹存未忍违。从此蓬山天样远，休论燕瘦与环肥。

萧萧木叶下江头，猿啸天高万里秋。北方佳人真绝世，南国红豆最牵愁。竟教异路伤风马，为惜前盟问海鸥。是果是因谁料得，偶然郭李又同舟。[①]

《秋兴三叠前韵》云：

秋烟漠漠锁荒林，隔岸楼居气象森。逝水为谁留泡影，流光不惜分余阴。一场筵散轻分手，千里月明共此心。等是不堪愁里听，朝来寒雨晚来砧。

落日孤城万柳斜，江山无复旧繁华。故宫真有金人泪，银汉频回帝子槎。一夜微霜飞木叶，数行清泪咽胡笳。夫容生在秋江上，何事开花又落花？

汉家陵阙对西晖，南眺潇湘烟雨微。眼见红羊成浩劫，若为黄鹄竟高飞。畏蛇畏药何时了，为雨为霖此愿违。起视东南生意尽，几人田宅拥高肥。

鸾囚凤锁楚江头，一叶梧桐惊早秋。云雨已成今昨梦，乾坤不尽古今愁。汾河箫管惊神鳄，海岛旌旗殉野鸥。伐桂锄兰都细事，翻令鱼网漏吞舟。[②]

《秋兴四叠前韵》云：

橙子初肥橘满林，武昌杨柳独森森。蓬蒿遍地横征骨，风雨漫天接晓阴。龙虎预知天子气，莼鲈忽起故园心。寒衣未到寒先到，凄绝城头一夜砧。

牍背题词字半斜，又凭弦柱问年华。忧时已愤同孤注，浮海何当借一槎。西晋风流余劫火，南人野哭怨寒笳。潘郎老去情丝减，谁与重栽一县花。

百战河山近夕晖，金陵王气亦湮微。千金今日求黥布，三字当年死岳飞。莽莽乾坤名士尽，潇潇风雨故人违。南冠

① 宁调元：《秋兴再叠前韵》，《宁调元集》，2008 年，第 144—145 页。

② 宁调元：《秋兴再叠前韵》，《宁调元集》，2008 年，第 145 页。

相对无余事，饱食长眠转渐肥。

天气渐凉风打头，囚中经夏又经秋。云飞远岫原无意，蚁溃长堤自可愁。忧患那堪闻杜宇，网罗何况到沙鸥。楚江惊浪吴江雨，欲归不归何处舟。①

以上四组诗以秋兴为题，反复吟咏，充分表达了宁调元对“二次革命”失败的浩叹，对袁世凯专制独裁破坏民主的愤嫉，对剥削民脂民膏军阀的痛恨以及对国家命运、对民族前途的忧患和怅惘。

对于革命党人，袁世凯的专制政府比昏庸无能的清政府更加狠毒。在镇压“二次革命”之后，袁世凯下令通缉参加“二次革命”的革命党人，并迫不及待地对在押的革命党人大开杀戒。对于宁调元、熊樾山，袁世凯政府7月下旬曾拟押赴北京审讯，《申报》对此披露云：

宁调元、熊樾山二人与此次扰乱大有关系，兹闻拟仍解京处决。昨总统府军事处特派近卫军营长赵德华率兵二连来鄂提解。当赴都督府禀见，呈明文书，拟分两次起解，以昭慎重。闻已于二十八日将宁起解，二十九日将熊起解，均系专车晋京。②

但后来袁世凯政府担心“路途不靖，暂作罢论”③。8月4日，袁世凯下令黎元洪：“宁调元、熊樾山一案，现值赣宁匪徒倡乱，正在戒严，与从前情形不同。该犯等由鄂解京，不无周折，应即在鄂就近讯明，按法惩办。”④

8月27日，湖北军法局军法课课长程定远等对宁调元、熊樾山作出“判决书”云：

……查此案宁被逮时，在其所持皮包内搜有乱党机关部

---

① 宁调元：《秋兴再叠前韵》，《宁调元集》，2008年，第146页。

② 《武汉近闻一束》，《申报》1913年8月3日。

③ 宁调元：《与文穆晞书（十六）》，《宁调元集》，2008年，第205页。

④ 《附录》，《宁调元集》，2008年，第613页。

担任事务单、收支款项单。据供，皮包乃张秀玮之物。又供，与张系由金陵来汉，同轮认识，因欲同贸经商，汝两次共以二千元与张。张于念五日赴沪，将皮包遗下。宁于念六日持皮包上街，配置钥匙。甫出馆门，即行被逮。诚如所供，与张邂逅初交，何得遽以二千元巨款相与？皮包微物，携带极易。张之赴沪，他物既携，何独留此？如谓因配钥匙持而出馆，何张走之后，当念五之夜、念六之晨均未忆及，而恰当调查至馆拽捕及门之际，始有此举？且皮包内并无一物可以证明为张之物。……且此外足以证明其为乱党者尚夥，如收支款项单，明明有收宁款之字样，此证明其为乱党者一。又如该犯日记本载该犯前用个人名义，由赣致湘电稿，文尾有曰"虽云赵匡胤黄袍尚未加身，而拿破仑雏形已具。调元未雨之乌，戚于飘摇，亟愿我湘人上下团为一气，与各得力省份，协筹对付之法。头痛去头，足痛去足，失此不图，后将何及"等语。足见赣乱未肇之前，该犯已与谋有素。诱奸煽乱，叛迹昭著。此证明其为倡乱者二。该犯既有江西特别证，而被逮未久，赣乱即发。扣留官吏，要挟交换。该犯等非为乱党重要人物，赣匪何以汲汲出此？此证明其为乱党重要之人者三。综上数端，是宁调元实为乱党无疑。

又查本案前于六月念五之夜，军队在南湖拿获暴动乱党已经正法之王泉明供称，系奉季雨霖、钟仲衡命令，秘密结党，连合军队，占据武昌，以捣中央。伊故率党五十余人，由鹦鹉洲潜渡武昌，绕道城外，已抵南湖。正在连合炮队，欲往攻起义门，即被军队拿获云云。又查江南留鄂第一师咨送念六在汉拿获正法之匪党钟仲衡等供判前来，其中钟所供述，与王所供述大旨相符。夫王泉明、钟仲衡等之与宁调元等，虽系三处拿获，而王供匪魁系属季雨霖、钟仲衡等，而季、钟等担任职务单，又系在宁手皮包内搜出，宁之皮包又系由富贵馆内携出，其收支款项单中所载用费运动之各区域，已均次第发觉，一致吻合。是足证明富贵馆为该党等此次在湖北图谋暴动之总机关，确实无疑。

又查刑法内乱罪之成立，须备有两个要件：一须已起暴动，二须出于紊宪之宗旨。今该等此次暴动，冀图占据武昌，以捣中央，是其意在颠覆政府，紊乱国宪。且王、钟等已于念五、念六两夜次第暴动，是内乱罪之两个要件均已完备。应以内乱罪论无疑。当念五夜该党暴动之时，宁、熊二犯既同居于富馆总机关部，又均有江西特别证，而重要文件又系宁手搜出，是宁调元、熊樾山二犯均为该党执行重要事务之人犯无疑。……今此次匪徒冀图占据武昌，以捣中央，已在武汉先后暴动，而宁调元、熊樾山当武汉暴动之时，为该党执行重要事务，罪证确凿，所有宁调元、熊樾山二犯，应拟均按一百零一条律第二款执行重要事务罪处以死刑，以示炯戒。所有宁调元、熊樾山二名，仍留湖北陆军监狱拘禁，应俟奉到大总统宣布判决后再行执行。[①]

黎尚雯闻宁调元被判死刑后，"亲往省督署恳切陈词，要求代诸君去死。军法官知其营救心切，要挟以巨额银元行贿，黎尚雯竭力筹措"[②]。但《大汉报》主笔，因其在民社时与共和党合并，与宁调元之间有宿怨，在报上揭发宁调元构成"二次革命"的罪行，洋洋洒洒数千字，标题赫然为"请杀宁调元以谢天下"。[③]

9月，陆军部批复湖北军法局，对宁调元、熊樾山执行枪决。在走向刑场之前一日，即9月24日，宁调元从容吟成绝笔诗《用东坡〈狱中遗子由〉韵，寄约真长沙》[④]，表达了刚正不阿、慷慨赴死的大无畏的革命精神：

化工著手竟成春，万死一生未了身。不分螟蛉争卧榻，徒令鹬蚌饱渔人。庭前聚鹏都缘命，枕上闻鹃定损神。从古

① 《附录：判决书》，《宁调元集》，2008年，第632—634页。

② 黎子勋：《呕心沥血为共和黎尚雯传》，《长沙文史资料》第11辑，1991年，第131页。

③ 刘谦：《宁调元先生事略》，《宁调元集》，1988年，第656页。

④ 刘谦《哭太一》诗中曰："最是舍身先一日，狱中缄寄子由诗。"

盛名多坎壈，试凭后果证前因。

水断云沉乡梦冷，天阴雨湿鬼声低。只今枳棘巢鸾凤，终古神仙有犬鸡。短气共怜元祐党，长斋偏有太常妻。几时待得乌头白，弱水东流更向西。①

《狱中寄子由》是苏轼因“乌台诗案”入狱后，以为自己死期将到而写给弟弟苏辙的诀别诗。苏轼入狱后曾与其子苏迈相约，每日送饭只需菜和肉，如听到不利的消息，则送鱼。一日，苏迈有事外出，嘱咐亲戚代为送饭，却忘告知其与乃父的约定。亲戚那天给苏轼送的菜却是一条熏鱼。苏轼一见大惊，以为自己必死无疑，遂作此诗给苏辙。全诗二首云：

圣主如天万物春，小臣愚暗自亡身。百年未满先偿债，十口无归更累人。是处青山可葬骨，他年夜雨独伤神。与君世世为兄弟，更结来生未了因。

柏台霜气夜凄凄，风动琅珰月向低。梦绕云山心似鹿，魂飞汤火命如鸡。眼中犀角真吾子，身后牛衣愧老妻。百岁神游定何处？桐乡知葬浙江西。②

写完后，苏轼请狱卒梁成设法把这首诗交给苏辙，再由苏辙层层往上转呈。不久，宋神宗看到了此诗，深感苏轼是个人才，更觉得苏轼胸怀坦荡。而此时，其他的人也纷纷向神宗求情，苏辙更是请求以自己的官职为兄长赎罪。在这种情况下，神宗即令御史台立即结案上奏。结案之后，神宗下旨，苏轼免死，贬黄州（今湖北黄冈）。

宁调元虽然熟读苏轼的《狱中寄子由》，并步该诗之韵写成绝笔诗，但却不能像苏轼那样因之而改变自己的命运。9月25日，宁调元从容镇定地走向刑场。在刑场，面对刽子手，宁调元毫无畏惧，仰天大笑，口吟绝命诗七绝云：

---

① 宁调元：《用东坡〈狱中遗子由〉韵，寄约真长沙》，《宁调元集》，2008年，第146页。

② 苏轼：《东坡集》，万卷出版公司，2014年，第143页。

同是黄炎系统人，而今叛党弃周亲。此生未见三民政，二九年来再现身。[①]

吟罢，宁调元昂首就义，年仅30岁。熊樾山与宁调元一同就义。宁调元英勇就义后，由其正解职回乡途经武汉的三佛铁路局旧属晏阁芗购柩重殓。两天后，刘谦闻讯由长沙赶到武昌，与晏阁芗一同设法将宁调元灵柩运回醴陵，于10月8日葬于醴陵城郊西山。

值得指出的是，关于宁调元被害的地点，有关介绍宁调元的文章大多采用刘谦《宁调元先生事略》之所述："（宁调元）与熊樾山同日就义于武昌之抱冰堂。"但据笔者查考，此说与史实不符。第一，抱冰堂建于1907年，是清湖广总督张之洞调离湖北，升任军机大臣之时，湖北军界为其所建。张之洞，号抱冰，故该堂以张之洞的号命名，以志纪念。张之洞逝世后，抱冰堂改为张之洞祠堂。可见，抱冰堂并不是用于枪毙犯人之刑场。1927年，宁调元的好友傅尃到抱冰堂游玩，并作《扫花游·丁卯上巳抱冰堂看桃花次纪宣韵》一词，这也可证，抱冰堂并不是宁调元牺牲之地，否则傅尃不会有兴致在此游玩，而应在此悼念宁调元。第二，宁调元被捕引渡后，一直关押在位于武昌的湖北省军法局陆军监狱内。1913年7月12日，他在致刘谦信中说："弟以（七月）五号引渡过江，押军法局。"同月28日，他在致文斐信中说：来信"可直寄武昌军法局陆军监狱优待室内"。第三，刘谦是在宁调元就义之后，"越二日，余自长沙闻讯，乃间关往鄂，载君榇返醴"。因此，刘谦并非在枪杀宁调元的现场将宁调元灵柩运醴，其所说宁调元就义于"武昌之抱冰堂"亦并非其亲见。第四，尽管宁调元是被秘密处决，但事后报纸上对此事仍有多则报道。1913年10月1日的上海《神州日报》上有关报道有二，其一说："二十五日午后，军法处枪毙二人，年均二十许，貌似上流人物，伏法后有异槥以殓者，亦不菲薄，而未见布告，不知是何罪状也。"

---

① 建候：《宁调元》，香港《公平报》（半月刊）1928年第5期，第19页。

其二说："二十五日午后一时，军法处枪毙二人，实为宁调元、熊樾山。此为最确切之调查，非复道路传闻比也。"10月5日上海《新闻报》的报道更为详细，并点明了行刑地点："……顷悉黎公以（宁、熊）二犯罪情重大，极为审慎，现方判决死刑。昨已电奉政府允准，就地惩办，特将该二犯由军监内提出，在军法处前执行枪毙，处长程汉卿（即程定远——引者）亲自监刑，即以上等衣棺装殓。"由上可证，宁调元就义地点并非武昌之抱冰堂，而是武昌湖北军法局陆军监狱内。①

宁调元在世虽然只有短短的30年，但在其短暂的一生中矢志追求真理，谋求救国救民之路，为中国民主革命事业奔走呼号，两度入狱，百折不回，宁死不屈，最后献出了自己年轻的生命，留下了大量洋溢着爱国主义和英雄主义精神的感人诗文。他曾在狱中写道："死一也，而泰山、鸿毛大有别异！"② 宁调元的壮烈牺牲，正如他所希望的那样，重于泰山。

第三节 千古流芳

宁调元英勇就义后，南社社友闻之悲愤之极，纷纷以悼诗表达对袁世凯、黎元洪之流的痛恨和对宁调元的惋惜。柳亚子作《闻宁太一噩耗，痛极有作》七绝二首云：

> 当年专制犹开网，此日共和竟杀身。早识兴朝菹醢急，不应左袒倡亡秦。
>
> 独夫舄舄苍生愿，豪杰成灰白骨哀。血溅武昌他日事，鬼雄呵护复仇来。③

---

① 邓江祁：《〈宁调元年谱〉考误》，《特立学刊》2018年第4期。

② 宁调元：《南幽杂俎》，《宁调元集》，2008年，第366页。

③ 张庆军等：《天下南社》，江苏人民出版社，2014年，第215页。

诗中，柳亚子以宁调元在清末因为反清而入狱，最终获释，而这一次在袁世凯“共和”制度下却被杀害两相对照，揭露了袁世凯假共和真专制的反动本质，表达了对宁调元革命精神的由衷敬佩和对袁世凯专权的满腔愤怒。诗成后，柳亚子意犹未尽，又作《哀诗》云：

磊落宁居士，长吟诗百篇。未罹专制劫，终死共和年。

骂座狂堪掬，名山集未传。头颅付黄祖，此意问谁怜！[①]

在此诗中，柳亚子一方面愤怒谴责袁世凯假共和的残毒，一方面高度赞扬宁调元的爱国情怀和才华横溢，并表示要精心整理宁调元的遗著，将其充满革命激情的诗作和为革命英勇献身的精神传诸后世。

高旭对宁调元英年殉国深感惋惜，长歌当哭，作《吊亡友宁太一》云：

凄风苦雨杜鹃啼，春光又见柳梢齐。去年歇浦一握手，分飞劳燕各东西。

是时正作珠江客，酒国称豪诗称伯。君向潇湘我往燕，重拾堕欢渺难得。

生平磊落嵚崎人，歌出金石声粼粼。眼中碌碌皆余子，交情十载差相亲。

白帝当涂未应死，罗掘黄金付流水。太白旗搴讨一夫，南风不竞日色紫。

鲁戈难将落日挥，中原万户血横飞。从此神州再沦没，儒生挟策将安归？

弹指庄严寿命促，壮士甘心刳肠腹。一死终当重泰山，我自哀时放声哭。

天生妙手堪屠龙，岳飞报国真精忠。花前歌泣儿女气，剑底猖狂侠士风。

何意垂天折奇翼，百计终难出矰弋。松江南望几千里，

① 《南社诗集》第三册，上海中学生书局，1936年，第112页。

泉台应念伤心客。

鸣呼！我心如痗郁不开，人亡国殄哀莫哀。酒酣狂叫登高台，招公魂兮归去来！①

诗中，回忆了高旭与宁调元的“交情十载”，歌颂了宁调元的革命精神，指出袁世凯杀害宁调元，使革命“儒生”看清了袁世凯的真实面目，从而走向坚决反袁的道路。

刘谦的《哭太一诗》，“歌以写哀”，抒写了与宁调元的“交情论交”和深情厚谊以及对宁调元的无尽哀思，读之令人肝肠寸断：

漫漫长夜何时旦，宁戚悲歌梦见之。死别依依弥一载，伤心追悼不成辞。

兰蕙当门合被锄，非关误食武昌鱼。生平自有千秋在，为跖为尧尽毁誉。

每于患难见深情，十载论交与弟兄。肠断当年藕耕约，可能相续到他生。

怕从旧箧检君遗，断楮零缣系我思。最是舍身先一日，狱中缄寄子由诗。

不与臧洪同日死，负心负友此吞声。一棺归葬寻常事，忍向人间贸令名。

西山一冢倚长空，薜荔惊秋泣鬼雄。天亦为君留纪念，染枫如血满江红。

生平知己数天梅，我自南幽闻几回。赋得招魂长短句，遥知宋玉有余哀。

等身著作今何在，魔刦宁教到简篇。收拾丛残成一卷，煞劳傅柳损宵眠。

白发高堂黄吻孤，泉台应亦惨啼乌。只今消息差堪告，子读能勤母尚腴。

死生勘破十年前，后死安归却见怜。愿共有情拼一哭，

① 郭长海等编：《高旭集》，第208页。

哭声声震梵王天。[①]

刘谦一哭再哭，又吟成《哭太一诗后十首》，久久地沉浸在伤悼之中：

年年狱里送君归，七字吟成涕雨挥。今日人间又冬至，临风谁更话依依。

贾傅长沙赋鹏余，南幽回忆曾停车。前言戏耳偏成谶。狱到共和不可居。

商量出处话春城，劝作蓬莱万里行。我自哓哓君默默，此心原不在长生。

江城闻笛更飞霜，槛虎前头吠犬狂。一自噩昔惊海内，搢绅争救蔡中郎。

诗魂合并草堂灵，天醉沈沈唤不醒。两度间关数千里，包婿空自哭秦庭。

百草不芳鹦鹉洲，狂涛底事覆行舟。我来探狱君偏阻，谁分今生相见休。

临终呼母不呼天，遗语曾凭狱吏传。供养更堪无仲博，行幐记与贳青钱。

居然江夏死祢衡，腥血模糊古寺横。赖有旧人与重殓。佛香漠漠证三生。

阿咸犹及与治丧，曾几何时继作殇。讲学九原应不禁，愿教长此事吴章。

招君不返奈君何，热泪潺湲逐逝波，从此空山揽蘅若，英灵可为降崖阿。[②]

宁调元的恩师刘师陶对于得意学生之先逝悲痛欲绝，次刘谦《哭太一诗》之韵，吟成《哭太一十绝》，忆述了师生教学相长的往事，坚信学生投身的是正义事业，“千秋自有公平”，并表示要

① 沈云龙主编，胡朴安编：《南社丛选》（二），（台湾）文海出版社，1973 年，第 909—910 页。

② 《南社丛刻》4，江苏广陵古籍刻印社，1996 年，第 2833—2834 页。

整理好学生的“惊人遗句”：

童年书策追随日，此景茫茫尚忆之。不谓正平偏惨死，怕看鹦鹉呕心辞。[1]

欲效朱虚非种锄，从无归思到鲈鱼。千秋自有公平在，竖子无知任毁誉。

门衰祚薄若为情，况复形单鲜弟兄。今日慈闱虽健在，料应思子百忧生。

时难周余靡孑遗，嗷鸿中泽系予思。伤心此事谁尸咎，苦忆当年讽世时。

偶共朋侪话遗事，悲来哽咽不成声。人亡国瘁躬难阅，寂寞千秋万岁名。

一死从知万事空，放翁忧国晚犹雄。独怜洒尽满腔血，徒映江城夕照红。

此才何止作盐梅，竟似仙翁去不回。凄绝一棺还醴日，车前抚泣有余哀。

等身著作一时捐，曾向袁安觅断编。记得一囊携到后，夜深检点未成眠。[2]

膝前遗是藐诸孤，况复私情未慰乌。若使九原念家事，定知容貌少丰腴。

巍巍一家峙山前，宿草蒙茸剧可怜。剩有惊人遗句在，会当搔首问青天。[3]

文斐闻宁调元噩耗后，含泪重读宁调元武昌狱中诗，哀情益增，步宁调元狱中诗原韵作《哭太一》七律二首，对宁调元十年奔走国事的精神给予高度评价：

豪气曾将云梦吞，那堪尊酒细重论。洞庭波憾蛟龙泣，衡麓云迷燕雀喧。竟种恶因摧壮士，谁将遗恨问天阍。国魂

① 自注：太一十五六岁时从余游，至今幼年手笔存者尚多，不忍重检也。

② 自注：予从袁君雪安处得其遗著数种，系由北京带归者。

③ 柳亚子编：《南社诗集》第六册，上海中学生书局，1936 年，第 92—93 页。

未返人先逝，空听寒鸦悲墓门。

国事奔驰十年忙，常携马革到沙场。那堪枯骨夸神圣，长使英雄悲屋梁。临难不亏温序节，美新终恨子云狂。登楼忍赋招魂语，风叶萧萧万木凉。①

傅尃含泪整理宁调元在武昌狱中寄给他的诗作后，作《辑宁太一武昌狱中诗竟，因题其后述哀》云：

如君已死更安归，风景河山举目非。传志未成应有待，母妻何托竟无依。并时功罪千秋在，惊世文章知者稀。从此西山一抔土，年年凭吊泪沾衣。

名山风雨溯同门，王后卢前有旧恩。十载忧患两囹圄，一时师友各阡原。茂陵遗草伤零落，叔夜诸孤重抚存。高义我输刘季子，丛残收拾恨难论。②

高旭得悉傅尃辑宁调元武昌狱中诗并题诗后，又为宁调元同声一哭，立即和了两首云：

燕尘扑面不如归，敢说人间有是非。差怪扬雄甘莽媚，剧怜王粲肯刘依。鬼雄耿耿心难死，世变荒荒泪更稀。尚有故人能念我，留溪溪上一蓑衣。

读破楞严冷闭门，只求无怨亦无恩。疚心恨未脱张禄，呕血空教吊屈原。惨史总遗千载后，霸才今有几人存。一编珍重南冠集，他日相逢与细论。③

在哀悼宁调元的同时，高旭表示要与傅尃共同努力，编好烈士遗著。高旭搜集宁调元部分遗著后，又含泪吟成《搜辑亡友宁太一遗墨，感题四律》，以为纪念：

专制不死共和死，人天消息果离奇。冢中枯骨嗤公路，泽畔骚魂伴屈累。

---

① 《南社》第十三期。

② 傅熊湘：《傅熊湘集》，湖南人民出版社，2010年，第35页。

③ 高旭：《钝根函询近状，并告方为亡友宁太一辑武昌狱中诗，仍以题辞见示，次韵奉和》，郭长海等编：《高旭集》，第209—210页。

晞发西台挥古泪，断肠南国写新辞。鸡鸣风雨堪酬唱，回首当年恨不支。[①]

高旭哀犹不尽，又哀吟宁调元一章云：

伯夷慨黄农，杜陵比契稷。宁子墨者流，杀身安足惜！只为千载谋，坐失万夫特。[②]

稍后，高旭与傅尃又作共《哭太一次约真韵》云：

大地欲沉混沌死，我侪今日竟何之？乾坤正气终难灭，一卷芬芳续楚辞。[③]

南社社友蒋信作《题太一遗书》云：

太一平生无二想，琅珰身世得其天。文山集杜同千古，司马下蚕不足贤。[④]

诗中，蒋信将《太一遗书》比之《文山集杜》，将宁调元比之司马迁，对宁调元的道德文章给予了高度评价。

朝鲜革命志士、南社社友申柽也十分钦佩宁调元，作《太一遗书感赋》，对宁调元的人品和作品给予高度评价：

寒风吹大野，落叶满长江，先烈遗芳史，余生痛国殇。[⑤]

“二次革命”失败后，革命党人创办的反袁报刊，如《民立报》《民主报》《太平洋报》《民国新闻》等，纷纷被袁世凯政府查禁。但这并不能阻挡南社社友对宁调元的悼念。尽管有袁世凯政府的高压，宁调元的诗作和南社社友悼念宁调元的一百几十首诗文，仍在社刊《南社》上源源不断地刊登出版：

1914 年 3 月出版的《南社》第八期，登载宁调元《乙巳除夕》等 10 组诗；

1914 年 7 月出版的《南社》第十期，刊登宁调元遗像及高旭

---

① 高旭：《搜辑亡友宁太一遗墨，感题四律》，郭长海等编：《高旭集》，第 211 页。

② 高旭：《南社哀吟十二章》，郭长海等编：《高旭集》，第 210—211 页。

③ 《南社》第十四期。

④ 《南社》第十六期。

⑤ 金虎雄主编：《来华朝鲜——韩国名人事迹述略》，黑龙江朝鲜民族出版社，2006 年，第 131 页。

和宁调元武昌狱中诗 2 组；

1914 年 8 月出版的《南社》第十一期，刊登宁调元武昌狱中诗 9 组及傅尃《辑宁太一武昌狱中诗竟，因题其后述哀》；

1914 年 10 月出版的《南社》第十二期，第二次刊登宁调元遗像，并刊发宁调元《武昌狱中与刘约真书》等散文 10 篇和高旭《收辑亡友宁太一遗墨装订成册，因题四诗以弁其首》；

1915 年 3 月出版的《南社》第十三期，第三次刊登宁调元遗像，并刊发傅尃《太一遗稿书后》、刘谦《哭太一诗并序》《哭太一诗后十首并序》和文斐《哭太一次狱中原韵》；

1915 年 5 月出版的《南社》第十四期，刊登刘泽湘《哭太一十首》、刘鹏年的《哭太一诗》、周知鼾的《追哭太一先生》和高旭、傅尃《哭太一次约真韵》；

1916 年 1 月出版的《南社》第十五期，刊登刘谦《武昌告太一起榇》一文和文斐《再哭太一十首次约真韵》、沈砺《悼杨宁二君子》、周斌《闻太一遗书将出版感赋二首》；

1916 年 4 月出版的《南社》第十六期，刊登景梅九《追哭太一》、蒋信《题太一遗书》、刘师陶《哭太一十绝和约真韵》《题太一小照》；

1916 年 5 月出版的《南社》第十七期，刊登申柽《读太一遗书感赋》；

1916 年 6 月出版的《南社》第十八期，刊登蒋同超《丁仙山望太一墓感赋》。

由上可见，1914 年 3 月—1916 年 6 月，10 期《南社》中，通过先后多次刊登烈士遗像、遗作以及社友们的悼亡诗文，使宁调元的革命精神得到充分的弘扬，对于鼓励革命志士奋起与袁世凯政府斗争产生了广泛而深远的影响。

1916 年 6 月 6 日，逆历史潮流而动的洪宪皇帝袁世凯一命呜呼。7 日，黎元洪继任大总统。9 日，南社社友汪兰皋致书黎元洪，强烈要求为宁调元平反：

布衣宁调元，楚产之良。岁在癸丑，踯躅阳夏。竟罹世网，海内叹息。比之蔡邕之见杀王允，殄瘁之痛，至今未已。今际白宫践位之初，宜有平反，谓当立饬有司，出昌衡于狱，檄湖南官吏，封调元之宿草，六尺有孤，育之国学，然后远近感耸，一新听睹。

夫法治之国，千条万端，而握厥枢机，要在用人勿以其私，毋敢淫刑以逞，戮及不辜而已。某幸为共和国民，得弗囿于阶级，刍荛之献，幸不以越势为罪。伏祈万几之暇，垂赐省览，幸甚，幸甚。六月九日。①

此书虽然未获黎元洪的回应，但是既反映了南社社友对宁调元感情之深，同时也说明了“革命尚未成功，同志仍须努力”。

宁调元英勇就义之后，经傅尃、刘谦、高旭等搜集、柳亚子编辑的宁调元遗著《太一遗书》和《太一遗书续刊》分别于1915年至1916年陆续刊行。其中《太一遗书》共七种十三卷：《朗吟诗草》三卷、《南幽百绝句》一卷、《明夷诗抄》二卷、《明夷词抄》一卷、《太一诗存》四卷、《太一笺启》一卷、《太一文存》一卷；《太一遗书续刊》共七种十二卷：《笺启补遗》一卷、《诗存补遗》一卷、《读〈汉书〉札记》一卷、《〈庄子〉补释》一卷、《南幽杂俎》二卷、《南幽笔记》一卷、《太一丛话》五卷。胡朴安又1917年12月校录《读〈说文〉札记》刊发在上海《民国日报》上。此外，“仅存书目者：《闲情集》一卷、《风遗小草》一卷、《辟支庐诗稿》二卷、《叹逝集》一卷、《太一遗诗》一卷、《南幽文集》二卷、《说文广义正》若干卷、《广说文广义》一卷、《楚辞王注补》若干卷、《碧血痕》三卷、《幽室范言》一卷”②。宁调元遗著是传承和弘扬宁调元革命思想和崇高品质的重要载体，其得以整理并刊行是对宁调元最好的纪念。

在南社社友沉痛哀悼宁调元的同时，国民党、南社及其重要

① 汪文溥：《上黎元洪书》，任访秋主编《中国近代文学大系》（散文集四），上海书店，1993年，第301页。

② 刘谦：《太一诗词合钞序》，《南社三刘遗集》，中华印刷厂，1993年，第57页。

人物也以各种方式对宁调元的英勇就义表示悼念。1916 年 8 月 16 日，孙中山、黄兴等发起陈英士暨癸丑以来诸烈士追悼大会，孙中山亲致祭文，对陈其美、宁调元等癸丑以来殉国烈士表示深切的悼念。黄兴发表演讲云："有诸烈士之牺牲其身，而后能再造民国，今后亦须有牺牲之精神，而后能使民国巩固。……愿与诸同志尽力为之，更愿共抱为国牺牲之精神，以共救此国，庶有以慰先烈地下之灵。"戴季陶在追悼大会的报告中，"由癸丑后陈英士先生东渡，与孙中山先生商图革命，进行组织中华革命党时之事实述起，叙及沪上种种革命运动及各处革命运动殉国者之事略，而特追述宁太一、熊樾山、陈子范诸先烈之遗事……"①

1919 年春，孙中山在《有志竟成》一文中对宁调元的革命功绩给予充分肯定："萍醴之师败，而禹之谟、刘道一、宁调元、胡瑛等竟被清吏拿获，或囚或杀者多人。此为革命同盟会会员第一次之流血也。由此而后，则革命风潮之鼓荡全国者，更为从前所未有，而同盟会本部之在东，亦不能久为沉默矣。"②

曾与宁调元共同驰援萍浏醴起义的同盟会元老谭人凤则通过将宁调元与胡瑛对比，认为前者"死者如生"，后者"生者如死"：

> 宁调元天真烂漫，纯是书生本色，特嫌失之轻；胡经武作势装腔，强学政客派头，实嫌失之伪。但宁自被禁以来，宁静养神，已归沉重；胡自出狱而后，钻营取巧，益近诈欺。……相提并论，其人格之高下，为何如耶？吾窃叹宁虽死，死者如生；胡虽生，生者如死矣。③

1923 年，柳亚子在记述南社历史时指出："宁太一、杨性恂、仇冥鸿、程韵荪、陈勒生、周仲穆、范鸿仙、吴虎头、姚勇忱诸君子并断头沥血，白首同归，几几乎举吾社之良而尽歼之，是曰

① 上海《民国日报》1916 年 8 月 14 日。

② 《孙中山全集》第六卷，第 238 页。

③ 谭人凤：《石叟牌词》，《谭人凤集》，第 321 页。

摧残时期。然青磷碧血，抑足蔚为国光焉！”①

为了介绍和宣传先烈的革命生平事迹，宁调元的战友们纷纷撰写宁调元传记作品。1917 年 7 月，宁调元好友、曾任南社社长的柳亚子在《南社》第二十期发表《宁烈士太一传》一文，1923 年，《国学丛刊》第一卷第四期又转载此文。1929 年，刘谦撰《宁调元革命纪略》长文，由湖南官纸印刷局印行。次年，此文改名为《宁调元先生事略》又载《建国月刊》第三卷第二期。同年，傅尃所著《亡友宁太一事略》一文在《江苏革命博物馆月刊》第二卷第五期问世。

鉴于宁调元对革命事业的突出贡献，宁调元的战友们进一步谋求对宁调元的表彰上升到地方政府和国家层面。1920 年 11 月 3 日，蔡元培、章太炎、吴稚晖、张继、李石岑、杨端六、李石曾在朱剑凡、石陶钧、周震鳞、左宗澍等陪同下前往醴陵吊宁调元墓，受到醴陵同乡会特派之袁家普、刘谦、傅尃、文斐等人的热情接待。在宁调元墓前，“章、张与同事最久，尤悼惜之。因有函请谭都督拨款修墓之议。由诸先生及醴绅公同署名，并建‘太一亭’。章先生为书墓碑，蔡、张各有题字”②。

为了追念宁调元的革命功绩，褒扬宁调元的革命精神，1935 年 6 月 27 日，国民党中央 177 次常会议决：“查宁烈士调元，致力革命，垂十余年，民二讨袁之役，就义武昌，曾由中央核给年恤金四百元，为其母妻之赡养，汪兆铭委员以宁烈士遗骸掩埋匆卒，封树阙如，请核准交由国民政府明令褒扬。”③ 同年 7 月 10 日，南京国民政府下令：

> 先烈宁调元，赋性英毅，学术湛深，早岁奔走革命，屡频危难，矢志益坚。癸丑之役，联络长江各省，密谋响应，尤著勋勤，不幸中道被逮，就义武昌。追怀壮烈，轸悼弥深，

---

① 胡朴安选录：《南社丛选 · 柳序》，解放军文艺出版社，2000 年，第 5 页。

② 湖南《大公报》1920 年 11 月 8 日。

③ 《中央党务月刊》1935 年第 83 期，第 562 页。

亟应特予褒扬，用阐幽潜，而昭矜式。此令。[①]

是年，国民政府又拨专款重修宁调元墓于醴陵西山。墓前立长方体石碑，底座为正方形，高3米，碑上由时任湖南省省长的程潜题写“宁太一先生之墓”，碑前置石拜桌一张、石香炉一个、石鼓凳四个。墓侧修“太一亭”，壁嵌青石两方，左刻时任国民政府主席林森发布的褒扬令，右刻时任国民政府监察院院长于右任亲笔题写的《宁太一烈士纪念碑碑文》曰：

君讳调元，字仙霞，一字太一，醴陵宁氏。祖若岩，父子承。君少有大志。值清祀火潜，欲阴结豪杰以图光复。尝师事黄克强先生，立大成会，又易曰华兴会。既而游日本，入孙总理所创同盟会，益肆力革命。为人刚果有智略。适日人发布所谓取缔留学生规则，众大哗愤，君亦为文抗论，辞旨犀利赡美，于是归国者万计。乃有在上海设立中国公学之事。君因葬同志陈天华、姚宏业回湘，触当路忌，走沪创办《洞庭波》及《汉帜》杂志，昌种族之辨。几为侦者所得，复东渡日本。时吾党方立《民报》于东京，君颇奋笔其间。岁丙午，萍、醴、浏革命军起，党人推君回国策应。至长沙，闻军败，东返，抵岳阳，被捕。有司质讯，君箕踞不屈。刘泽湘以百口保君，得黎府司狱三载。日课书史，遂博涉群籍，思表彰明季节烈之士，著《碧血痕》一书，久之湘醴陈文玮、龙璋营救君出狱。辛亥武昌起义，君自沪趋汉。读西报，知清廷载粮犒军，飞报九江司令截取之。清在鄂军舰，卒以饥降。民国成立，授广东三佛铁路总办，厘剔积弊，路政以肃。民国二年，袁世凯谋称帝，君联合东南各省同志，发兵抗之。黄克强先生总军事，以武汉重镇，黎氏方睦于袁，不取为患，君潜行至汉谋举事。不克，死者七十人，逮君下狱。及宁、赣讨袁军相继覆没，君闻而痛哭，赋诗托愤。竟以九月二十五日就义武昌抱冰堂。年三十有一。惜哉，三佛路局吏晏国

① 《国府褒扬先烈宁调元》，《申报》1935年7月11日。

葬为购具以殓。越日，刘谦归其梓，葬醴陵西山。君长于文词。殁后，柳亚子、傅君剑刊其遗著十二种行于世。妻阳氏，子鸿猷、女鸿雪。君廉洁自持，家无余蓄。殁后二十有二年，国民政府归念旧勋，明令褒君伟烈，发币金修治坟墓，恤其家。爰勒贞珉，昭示来者。

铭曰：洞庭波兮，终古荡荡；碧血著论兮，国族之沦亡；汉帜拔兮，与日月争光；愿来者继其志兮，庶道行而国昌。民国二十五年于右任撰并书。[①]

中华人民共和国成立后，中国共产党和人民政府没有忘记曾经为争取民族独立和人民解放的革命事业做出过突出贡献的先烈。宁调元的遗著得以完善并重新出版，杨天石、曾景忠在其所编之《宁调元集》的序言中指出："不论是就人言，还是就诗言，宁调元都是南社的光荣和旗帜。"这一评价恰如其分，切中肯綮，标志着宁调元无论在辛亥革命史上还是在中国近代文学史上的都具有十分重要的地位。同时，宁调元的墓地也得到地方政府的保护。1983 年，湖南省人民政府公布宁调元墓为省级重点文物保护单位。1985 年，湖南省人民政府又拨专款，陆续修整宁调元墓和"太一亭"，以供后人永久凭吊、瞻仰和纪念。

① 辽宁省党史人物研究会编：《中华英烈碑文选》，辽宁人民出版社，1998 年，第 67 页。此碑文内容多来自刘谦的《宁调元先生事略》一文。

附录　宁调元年表

1883 年　（清光绪九年　癸未）

8 月 22 日（阴历七月二十日）　出身于清湖南省长沙府醴陵县东富乡芷泉潘家塘（今湖南省醴陵市东富镇芷泉村潘家塘组）一个耕读世家，派名之梯，学名调元，字光甲，号仙霞、大一，又称仙甫、太一、辟支、士逸等。父：宁卫均，母：谭元娘。

1894 年　（清光绪二十年　甲午）　11 岁

幼时由其父宁卫均开蒙，并口授《庄子》《离骚》，略解大义。

1895 年　（清光绪二十一年　乙未）　12 岁

受业于本邑塾师刘师陶，初学为诗。

1899 年（清光绪二十五年　己亥）　16 岁

春　学塾毁坏，几死于瓦石中。

1901 年（清光绪二十七年　辛丑）　18 岁

2 月　赴长沙参加府县考试。因不愿拜孔夫子像而落第。

是年　与阳璞结婚。

1902 年（清光绪二十八年　壬寅）　19 岁

2 月 8 日　父宁卫均暴病卒。嗣后卖田还债，家道中落。

9 月 18 日　子祥大出生，字鸿猷，号小仙。

本年　就学于醴陵渌江书院，从山长吴德襄学习训诂考据。

1903 年（清光绪二十九年癸卯）　20 岁

春　与傅尃同读于渌江书院。

7月　托傅尃为其删订诗稿，编为《朗吟诗草》三卷。为傅尃《纫秋兰集》题诗，有“诗坛请自今日始，大建革命军之旗”句。

9月　自醴陵赴长沙，进入明德学堂第一期速成师范班读书。受黄兴、周震鳞、张继、胡元倓等教习“革命排满”之说影响。并结识刘揆一、黎尚雯、李步青、陆鸿逵、宋教仁、陈天华、禹之谟及姚宏业、陈嘉祐、胡瑛、张启汉、阎鸿飞等一大批师友。

初冬　在长沙患痢疾，几死，回醴陵家中养病。

1904年（清光绪三十年　甲辰）　　21岁

2月15日　华兴会在长沙正式成立，宁调元入会，并积极参加华兴会策划的长沙起义准备工作。

10月24日　长沙起义事泄，湘抚陆元鼎派兵搜捕与事者。黄兴得长沙圣公会会长黄吉亭帮助，化装潜赴上海。宁调元遇逻卒，以机警应付脱险。

冬　回醴陵倡办渌江中学堂，因保守派阻拦而奔走于醴陵、长沙之间，寻求解决办法。

1905年（清光绪三十一年　乙巳）　　22岁

春　因争取到湖南巡抚端方书“渌江中学堂”匾额，保守派不敢阻拦而将学堂办成。

5月　由长沙经正学堂保送，被选派赴日本公费留学。途中经武昌时，湖广总督张之洞设筵祖饯，但相见时要求磕头。宁持头可断不可磕之说，与其他二三人未往督署。

7月初　抵达东京，入早稻田大学学法学。陆续结识杨卓林、秋瑾、唐群英、张汉英、景梅九、陈家鼎、易本羲等大批革命党人。

8月下旬　经黄兴介绍，加入同盟会。

11月　积极参与组织反对日本政府文部省公布“取缔规则”（《关于许清国人入学之公私立学校之规程》）运动，任文牍干事，撰文进行宣传，组织东京中国留学生罢课活动，后与宋教仁、姚宏业、杨卓林等组织留学生归国，以示抗议。

12月8日　陈天华投日本大森海湾自尽。宁调元作诗哀悼。

12 月 14 日　与姚宏业随同第一批集体归国学生率先从日本归国，并受黄兴委派回湘建立同盟会湖南分会。

12 月 19 日　抵达上海。

12 月 21 日　与随同第二批集体归国学生回国的刘棣英、朱剑、吴勋、王敬芳等人会合，并决定在上海派克路东升里成立留日学生总会事务所。

1906 年（清光绪三十二年　丙午）　23 岁

1 月初　与姚宏业等在上海虹口创设中国公学，容纳归国留学生。

1 月中旬　告别姚宏业，返回长沙与周震鳞、禹之谟等建立湖南同盟会分会。

1 月 24 日　在长沙度岁。

1 月至 2 月　往来于长沙、醴陵间七八次。在醴陵主持渌江中学校务，向学生灌输革命思想，暗中与洪江会会首李香阁、龚春台、宋弼唐等联络。

4 月 6 日　姚宏业在上海因中国公学校款不继，困难重重，效法陈天华，自沉黄浦江。

4 月中旬　宁调元闻姚宏业自沉黄浦江，与禹之谟、石蕴三、邹价人等人组织湘学会，并计议迎回姚、陈二人灵榇，进行公葬。

5 月 20 日　长沙各界近千人在左文襄公祠举行陈天华、姚宏业二烈士追悼大会。宁调元与禹之谟等共同倡议，公葬二烈士于岳麓山。

5 月 23 日　宁调元、禹之谟等发动长沙各校学生为陈、姚二烈士送葬，公葬二烈士于岳麓山。宁、禹在葬仪上发表演说。

6 月 19 日　宁、禹等组织公葬陈天华、姚宏业二烈士于岳麓山后，遭到守旧派的强烈反对，湖南省学务处札饬长沙、善化两县，命将两烈士灵柩克期迁葬，后又禁止学生开会演说、停课、私送传单，并拘捕参与公葬的学生。宁、禹吩咐学生密切注视俞诰庆的行动，终于是晚在樊西巷一家妓院抓获宿娼的俞诰庆，并拍照、示众，迫使俞诰庆答应立即释放在押学生。

7月18日　与禹之谟、石蕴三、邹价人等人在邵阳驻省中学堂开湘学评议员会，得知清政府湖南当局将搜捕闹事的革命党人，即商之胡子靖，胡力劝宁远遁，并赠百金为旅费，乃乘沅江轮船出险赴上海。

7月下旬　抵沪，寓先期抵沪的陈家鼎、傅尃在美租界北四川路所办湘学社内，与此时来沪联络革命党人的秋瑾比邻而居。结识高旭、柳亚子等江苏革命党人。在上海与傅尃、陈家鼎等人创办革命刊物《洞庭波》。孙中山时自西贡至日本，途经吴淞口，因清政府防范甚严，不得登岸。宁调元等人接到通知，到船上会晤孙中山。

8月10日　禹之谟被捕入狱。

8月至9月间　得悉禹之谟被捕，乃变姓名，由沪抵江宁（今南京），过九江，至汉口，与革命党人接洽，拟回湘救禹，为同志劝阻。

9月　再次返沪，居住于租界内江苏革命党人机关“夏寓”。

10月2日　与傅尃、陈家鼎送杨卓林赴南京。同日，《洞庭波》杂志第一期在日本付印。

10月上旬　接待来沪联络萍浏醴起义事的魏宗铨、蔡绍南。

10月18日　《洞庭波》杂志第一期在日本东京正式出版，宁调元以屈魂、仙霞、辟支等名发表《仇满横议》等诗文多篇。该刊每期印数千册，散布各省，特别流传于萍浏醴一带。

10月29日　因《洞庭波》鼓吹排满革命，触怒当道，两江总督端方下令拘捕宁调元，“侦卒数至”，遂再次浮海渡日。

11月初　抵日本东京，在中国同盟会总部任《民报》干事，与张继、胡汉民、汪兆铭、章炳麟等交往。

11月7日　托黄兴请宋教仁为《洞庭波》总编辑。

11月9日　宋教仁致信黄兴，言不能任《洞庭波》编辑事，请其转告宁调元。

11月17日　告宋教仁《洞庭波》拟将改名为《中央杂志》，请其为之撰文。宋允撰时评、小说等。

12 月 4 日　萍浏醴起义爆发。消息传至日本，同盟会开会谋响应。

12 月 13 日　在民报社与章炳麟、宋教仁谈萍浏醴起义事良久。

12 月中旬　孙中山、黄兴派谭人凤、周震鳞、宁调元等一同国策应萍浏醴起义。

12 月下旬　宁调元由日至沪，住傅尃、谢诮庄之《竞业旬报》社，与秋瑾、杨卓林、李发群等密谋运动长江一带会党，响应萍浏醴起义。

12 月 25 日　与赴南京谋刺端方以举事的杨卓林、李发群等人握别。

1907 年（清光绪三十三年　丁未）　24 岁

1 月 2 日　启程赴湖南，与前来送行的秋瑾握别。

1 月 5 日　禹之谟在靖州（今湖南靖县）被绞杀。

1 月中旬　至长沙，遇党人潘昭于旅店，得知萍浏醴起义事败，但仍将秋瑾所赠匕首及其他秘密函件交潘昭保存，搭火车至醴陵，寻找萍浏醴起义领导人龚春台、李香阁等人。

1 月 25 日　由《洞庭波》改名的《汉帜》第一、二期同时出版，第一期上刊登宁调元诗作《九月十二日渡黑水洋有作兼赠汉援》。第二期上刊登宁调元《新拾遗记》《三合会讨满檄文》等文。

1 月下旬　在醴陵寻找龚春台、李香阁等人不得，乃由株洲搭民船抵岳阳。

1 月 28 日　由岳阳乘轮船赴武汉、上海转返日本时，被清军水师营截获，旋被押解至长沙。

2 月初　湖南臬署委员车某审讯宁调元数次，宁箕坐抗辩，自请上断头台，并作绝命词。醴陵廪贡生刘泽湘闻讯具呈力保宁调元，醴陵知县汪文溥详呈上报。湖南省当局亦因无证据，将宁案暂且搁置。随后，宁调元在狱中，每天坚持看书学习，开始撰《碧血痕》并作诗词。

3 月 20 日　杨卓林因谋刺端方在南京被害。

3月　在狱中委托刘谦、李隆建重组同盟会湖南支部。

4月6日　作《清明日忆亡友姚竞生》诗。

4月　作诗祝贺杨毓麟主办的《神州日报》在上海创刊。

7月7日　作《哭禹之谟烈士》诗二十章，又作《哭杨卓林武士二十首》，深切悼念禹、杨二人。

7月15日　秋瑾在绍兴就义。宁调元闻噩耗后作《吊秋竞雄女侠十首》等以哀悼。

7月29日　为联络文化界革命人士，陈去病在上海组织神交社，并拟发刊《神交集》。宁调元闻之赞同。

12月12日　在《长沙日报》发表《去私利》一文。

12月19、20日　在《长沙日报》上发表《论风俗之蠹》一文，批判奢侈、淫乱、赌博风。

12月24日　作自祭文。

12月26至28日　在《长沙日报》发表《论开国会之宜缓》，反对杨度等“煽惑湖南学界，联名要求亟开国会”。

冬　以古近体诗若干首寄上海《国粹学报》社邓实，请转交高旭，作为《神交集》的稿件。

1908年（清光绪三十四年　戊申）　　25岁

1月12日　柳亚子、陈去病、高旭等人在上海酝酿组织文学团体南社。

2月5日　在狱中抄录日本社会党人幸德秋水诗，并和作。

3月7日　再通过高旭转交五七言诗数十章，作为《神交集》的稿件。

4月21日　为《神州日报》创办周年题贺诗。

4月底　为明中叶杨继盛诗《苦阴雨》题诗并与傅尃、高旭等唱和。

5月初　作《南社序》，并寄高旭、傅尃，提出以“钟仪操南音，不忘本”为宗旨，主张继承明末几社、复社等团体遗风，创作反映时代特点的作品。

5月16日　致书高旭，论及《南社》编辑方针，主张“添论著一门，专述历代涛运之盛衰及其源流；添传记一门，专为历代诗人作小传”。

上半年　致书章太炎，调解同盟会内部矛盾，希望章太炎继续办好《民报》。

7月19日　在《竞业旬报》第十二期上发表《释臣》一文，借文字学宣传反封建思想。

12月3日　致函高旭，告其友人正在运动释放自己事。

1909年（清宣统元年　己酉）　26岁

5月　将在狱中研读《庄子》所作札记编成《庄子补释》一卷。同时写成《说文广义正》《广说文广义》，“于前人解释之讹、断句之谬、传写之误，颇有订正处”。

春　编《南幽百绝句》，请高旭为之题诗。

7月7日　作《庄子补释》自序。

11月1日　经文斐等奔走营救，并由谭延闿、龙璋等联名具结，于本日出狱。

11月13日　南社在苏州虎丘召开成立会，到会社员十七人、来宾二人。

1910年（清宣统二年　庚戌）　27岁

3月初　经周震鳞推荐，应前明德学堂师长（历史教习）陆鸿逵（咏霓，华兴会员）之召由湘赴北京，协办《帝国日报》。

3月17日　抵京，任《帝国日报》总编辑，并负责紧要新闻、中央及地方新闻、时评、丛话、文苑等栏目。

7月　致书高旭，告以“南社同人诗，弟拟择尤登载报端”。

8月16日　南社在上海张家花园第三次雅集，选举宁调元为文选编辑员。

9月10日　致书柳亚子，辞谢南社文选编辑员一席。

9月中旬起　在《大一丛话》中揭露日本吞并朝鲜的罪恶，借以警醒国人。

10月3日　资政院开院（第一届常年会），雷震等运动各报套红印刷，以示庆祝，但《帝国日报》与《国民》《帝京》《中国》

等报均严加拒绝。宁调元每日以记者身份到会旁听，将所见所闻写成幽默小品，发表在“议场谭屑”栏目中，揭露议场上种种丑态怪事。

10 月 11 日　致书柳亚子、高旭、蔡守，再辞南社文选编辑员一席。

12 月初　御史胡思敬呈文朝廷，罗织罪名，参劾《帝国日报》肆意讥讽、侮蔑大臣，对朝廷礼制有大不敬行为，提请清政府严行查办。宁调元立即组织给予回击，《民立报》《申报》等报纷纷支持《帝国日报》。民政尚书肃亲王善耆嘱报界公会调停。后以《帝国日报》登有“花丛新闻”，谓有伤风化，罚洋五十元，从轻销案。

1911 年（清宣统三年　辛亥）　28 岁

1 月 10 日　致函柳亚子，提出：“开国会之期已近，吾人当即组织政党，预备竞争选举。”

1 月　患外感，住进内城医院，每日仍坚持为报纸写作。

2 月至 7 月　在《帝国日报》上辟“是是非非”栏目，抨击时政。

4 月下旬起　《帝国日报》连续报道黄花岗起义情况。

5 月 17 日　至国民公报馆见入京参加各省谘议局联合会议第二次会议（5 月 12 日—6 月 25 日）的谭延闿，并邀其步行至帝国日报馆，与周震鳞、向瑞琨、洪荣圻、陆慎斋等人同饮。

5 月 24 日　在《帝国日报》上发表《诘问盛宣怀》一文，抨击盛宣怀宣布的铁道干线国有化政策。

5 月 26 日　与周震鳞至松筠庵见谭延闿。

5 月　学部左丞乔树枬以《帝国日报》刊登其被禁烟公所调验搜身之事，将《帝国日报》告上北京地方审判厅。宁调元等《帝国日报》人坚决表示不服，并利用清政府新近颁布的报律、刑律，反控地方审判厅及检查厅“紊乱律章”。北京地方审判厅及检查厅不得不偃旗息鼓。

是月起　《帝国日报》连续刊登章士钊介绍西方政党及政党

政治的文章。

6月14日　辛亥俱乐部成立，宁调元任交际员之一。

6月19日　补填《南社入社书》。

7—8月　报道和评论中央教育会议。

8月6—8日　与谭延闿、周震鳞等人乘京张火车至八达岭游长城、张家口、明陵。

8月12日　与杨度等人在法源寺宴请谭延闿。

8月13日　中午与谭延闿、周震鳞等至十刹海会贤堂，赴陆亮丞宴请，宴罢，与谭延闿、周震鳞等人至德贵澡堂洗浴，并邀其同至帝国日报馆进晚餐。

8月29日　与谭延闿、周震鳞等游万牲园并摄影留念，后至帝国日报馆用餐。餐毕，谭延闿为宁作扇书。

9月22日　四川保路运动爆发后，四川总督赵尔丰制造成都血案，又电奏清廷，推脱掩饰罪责。当时北京各报均作新闻转录，唯《帝国日报》于发表时冠以《赵尔丰一面之词》的标题。是日，北京外城警厅传讯《帝国日报》发行人，质问使用《赵尔丰一面之词》的标题是何用意。发行人据理力争，遭警厅将其拘留关押。

9月23日　北京各报会议，即刻具禀将《帝国日报》发行人保出，警厅将此案移交地方审判厅。

9月27日　晚上与谭延闿等人聚会。

9月29日　在帝国日报馆设饮，接待谭延闿。

10月上旬　北京报界公会公推宁调元附赴东实业团去日本考察。赴东实业团定于10月11日在上海会齐，宁调元遂离京赴沪。

10月10日　武昌起义爆发，宁调元闻讯改赴湘，途中阅《大陆报》，读到一则外电披露清政府将以黑漆饰招商轮船标识，装载米粮接济其驻汉口的兵舰，即将其译成中文，托人转送九江军政分府，及时截获清军伪装船三艘，使汉口清廷舰队陷入粮断援绝的困境，不得不开赴九江投降民军。

10月22日　长沙起义，湖南宣布独立。

10月31日　湖南立宪党人发动兵变，焦达峰、陈作新被杀，谭延闿继任都督。宁调元至湘后，被谭延闿聘为秘书，“居中策划，君力为多”。

12 月 18 日　南北双方的议和代表在上海英租界南京路市政厅正式开始谈判。宁调元被任命为湘省驻沪特派员。宁调元对南北议和极端反对，主张北伐，并数电谭延闿，拟赴粤联络，为谭电阻。

1912 年（民国元年　壬子）　29 岁

1 月 1 日　南京临时政府宣告成立。

1 月 20 日　与孙武、刘成禺、谭延闿、蓝天蔚、吴敬恒等人在上海发起成立民社，拥黎元洪为党魁。

同月　致书柳亚子，动员其入民社。

2 月 8 日　因山阳南社社友周实、阮式被害事，与高旭、雷昭性、柳亚子、朱少屏、沈砺联名致电南京临时政府大总统孙中山，要求将罪犯清县令姚荣泽归案讯办。

2 月 11 日　参加周实、阮式追悼会，并发表演说。

2 月 14 日　致书柳亚子，邀其到《民声日报》任事。

2 月 20 日　民社机关报《民声日报》在上海创刊，宁调元任总编纂，以大一为笔名发表发刊词。

2 月 24 日　在《民声日报》上发表《国都评论》一文，主张建都武昌。

2 月 25 日　在《民声日报》上刊出启事，称因祖母病故，奔丧归里，总编纂一席请人代理。

2 月 28 日　参加民社本部在上海召开的第一次谈话会，讨论该社提倡军国民教育、采用贸易保护政策、扩张海陆军军备、主张铁路国有等四条政纲。并在《民声日报》上发表《国都评论（之二）》一文，仍力主建都武昌。

2 月 29 日　回湘奔祖母丧。

4 月 18 日　介绍仇亮加入南社。

4 月下旬　赴广州就任三佛铁路湘省总办。就职后，整顿路务，清查积弊，成效初显。公余，与邓尔雅、蔡守、黄节、谢英伯诸人饮酒赋诗，互相唱和，遍游广州附近石门、昌华、白云诸山。

7月29日　因聘技术人员和湘路收归国有事抵沪，寓太古码头立安栈。

8月6日　在《民国新闻》登报声明脱离民社及所并入之共和党，并宣布与《民声日报》早已脱离关系。

8月9日　离沪返粤。嗣后果断查办三佛铁路植党营私、揽权图利的总管兼工程师蔡天福。

8月15日　黎元洪勾结袁世凯枪杀张振武、方维。宁调元闻讯激愤异常，作《感事四章》。

9月9日　与蔡哲夫、邓尔雅介绍同盟会广东支部长谢英伯入南社，并成立南社粤支部。

10月6日　致书文斐，言三佛铁路事，表示不希望蔡天福的保护伞、粤路协理李敬宽升任总理。

11月24日　致书告高旭，迭电辞职，未获如愿，已决计去粤。

12月28日　由粤抵沪，住上海第一行台叶楚伧处。

1913年（民国二年　癸丑）　　30岁

1月8日　致函柳亚子，对其退出南社之举不以为然，劝其复社。

1月13日　再致函柳亚子劝其复社。

1月15日　在国民党上海交通部召开的欢迎会上发表演讲云：“务望我同志诸君，以革命的精神，建共和事业。”

1月下旬　经江西都督李烈钧电催，由沪赴赣，与李烈钧商定粤、湘、赣、苏、皖、闽等七省联合讨袁计划，被李聘为都督府名誉顾问。

1月29日　致书文斐，支持湖南反对袁世凯不经国会同意，擅以命令公布地方官制，并询问湖南选举国会议员情况。

1月30日　致书文斐，托其请谭延闿发电抗议陆军部扣留江西军械。

1月31日　再致书文斐，询问谭延闿抗议扣留江西军械电是否已发出，并希望湖南将反对袁世凯擅以命令公布地方官制之事坚持到底。

2月1日　致电谭延闿、龙璋、周震鳞、陈家鼎、仇鳌、文斐等人，指出袁世凯“违法失政之事，无日无之，擢发难数”，建议“湘人上下团为一气，与各得力省份协筹对付之法”。

同日，致电国民党粤支部邓慕韩、陈耿夫、叶夏声、江叔颖并转广东都督胡汉民，指责袁世凯“厉行暴民政治”，力主“东南最初起义各省，亟宜联为一气，协筹对付”袁世凯的办法。

2月6日　在南昌江西都督府内度岁。旋因安葬祖母，离赣返湘，经过武汉时与宋教仁、杨王鹏等人会晤。

2月下旬　经过长沙时与谭延闿、周震鳞、黎尚雯、程潜、文斐、刘承烈、陆鸿逵、易宗羲、文经纬、伍任钧等计议整顿湘政及集中党内力量办法。旋赴醴陵安葬祖母。

3月初　由醴陵返沪途中至长沙停留，与谭延闿、周震鳞、黎尚雯、程潜、文斐、阎鸿飞、杨德邻、仇鳌、唐群英等往来密切。

3月20日　宋教仁在上海北火车站被袁世凯派人暗杀，二日后去世。

3月22日　闻宋教仁遇刺，与谭延闿商议“作函问宋教仁、黄兴”，并同谭延闿、仇鳌等人共进晚餐。

3月24日　得黄兴电，知宋教仁不治身亡，悲痛万分，认为此事与袁世凯、与政治大有关系。

3月26日　出席湘民公会在教育会开会，讨论对于宋教仁被刺案的对付办法。在大会发表长篇演讲，历数袁世凯的罪状，呼吁“勿举彼为大总统，庶足以巩固民国，慰宋遁初在天之灵”。下午，见谭延闿，商议对付办法。

3月29日　赴周震鳞家宴，与谭延闿、黄吉亭、龙璋、杨德邻、周震鳞等人同坐一桌。

4月2日　与谭延闿等人致电各报馆，为唐群英与《长沙日报》交涉一案辩诬。旋应黄兴命赴沪。

4 月上旬　抵沪后寓黄兴家，与李根源同住一室，并介绍李根源加入南社。

4 月中旬　参与商议讨袁大计，力言东南各省已趋一致，主张迅速举兵，北定中原。在黄兴主持下，制定反袁方略，决定由黄兴总管其事，宁调元参与秘书工作。拟定赣军为第一军，粤军为第二军，湘、鄂、豫联军为第三军，以与苏、浙、皖、闽、川各军相策应。

4 月底　为反对袁世凯政府非法借款，与陆鸿逵等湘籍在沪反袁志士致电谭延闿、省议会、各报馆及各界，要求湖南与袁世凯政府断绝一切关系。

6 月 9 日　袁世凯下令免除江西都督李烈钧职，北兵相继南下。

6 月 12 日　黄兴从孙中山处领取五万元军费后，加紧部署讨袁计划，把突破的地点定在湖北。宁调元认为武汉为南北枢纽，袁世凯、黎元洪已联合一气，应深入该处发动讨袁，并自请赴汉运动。黄兴乃派宁调元和熊樾山秘密赴武汉，组织鄂省革命机关。

6 月 14 日　袁世凯下令免除广东都督胡汉民职。

6 月中旬　至汉口，寓德租界日本人所开之富贵旅馆。与蒋翊武、季雨霖、詹大悲、邹永成、夏述堂等联系，决定乘黎元洪 26 日到油坊岭检阅新兵之机，各路同时大举。

6 月 24 日　武汉军警会同法国巡捕搜查汉口民国日报馆，搜出起义布告、电文等件，遂逮捕编辑周览、杨端六、曾毅、成希禹，关押于法巡捕房。蒋翊武、詹大悲等见事已泄，谋先发制人，于当晚督队攻汉阳制造局，失败。

6 月 25 日　是夜，武昌数处起义，旋被镇压，党人及下级军官被捕者七十余人，次晨被杀于市。蒋翊武、詹大悲等见事已不可为，避往湖南和上海。

6 月 26 日（五月二十二日）　宁调元、熊樾山在汉口德租界内富贵馆被捕，从宁调元携带的皮包中搜出李烈钧签署的特别证件及密码本（与赣省都督府联络用）、日记本、讨袁临时鄂军机关总部事务人员名单，赴荆、沙、田镇及邻省各处人员川资支付清单等件。

7月2日　黎元洪通电公布汉口搜捕民国日报馆和富贵馆宁调元、熊樾山事，要求袁世凯政府与德使交涉，饬德领事引渡宁调元、熊樾山。

7月5日　袁世凯饬令外交部与德国公使及驻汉领事交涉，要求引渡宁、熊。本日，宁调元、熊樾山经德方同意引渡后关入武昌湖北省军法局陆军监狱，交军法课审讯。

7月7日　军法课审讯宁调元。宁称，内有讨袁临时鄂军机关总部事务人员名单及资金支付清单的皮包系同行者"张秀玮"之物，坚不承认策划反袁之事。同日，审讯熊樾山，熊亦推说不知情，并否认与宁同党。

同日　袁世凯下令，所有案内各犯，除宁调元、熊樾山、曾毅等，已在汉口租界德、法捕房拘留，另由外交部办理外，其在逃之夏述堂、王之光、季用轩、钟勖庄、彭养光、詹大悲等，"一体悬赏，饬属严拿"。

7月8日　军法课再次审讯宁调元，并以黎元洪可派宁与反袁诸省疏通相诱惑，令其实供，宁仍拒绝招认。

7月12日　李烈钧在湖口宣告独立，"二次革命"爆发。

同日　自狱中寄书刘谦，表示"生死关头，已于十年前勘破"，请刘谦"为我告湘中好友，幸自珍爱，无以我为念"。

同日，致书杨度，对其在京"仗义执言"，表示感激，并希望"仍仗大力设法斡旋"。

7月13日　李烈钧致电黎元洪，愿以扣押的黎部军官余大鸿、汤则沸二人交换宁调元、熊樾山。黎元洪置之不理。

7月15日　黄兴在南京就讨袁军总司令职，与程德全宣布江苏独立。

同日　宁调元致书文斐，告以军法处已"详请解京，至今尚未发表，或归打消，亦未可知"。并托文斐转请谭延闿派人来鄂交涉："俟将路事交卸清楚，再行解鄂。"

7月上旬　作《武昌狱中书感》二首（后增至四首），抒发“抉双眸挂国门”，以看着袁世凯之流灭亡的悲壮心情。

7月16日　上海《民立报》刊登宁调元《武昌狱中书感》二首，叶楚伧为之作序。

7月28日　致函文斐曰：“死生性命，早已听之自然。近年党争剧烈，政治毫无生气。瓜分之祸，迫燃眉急，迟早不免一死。故在此间，亦不甚愁闷。”

7月下旬　湖口失陷。程德全宣告江苏取消独立。

是月，刘揆一、杨度、孙毓筠、陈家鼐、孙武、项骧、汪彭年、孙发绪、汪文溥、张謇、谭人凤等及高旭与22名众议员，分别致电黎元洪或袁世凯，要求释放宁调元、熊樾山；覃超、梁昌诰等140余名众议员还联名上书袁世凯政府，就抓捕宁、熊事提出质问案，要求答复。

8月4日　袁世凯下令：“现值赣宁匪徒倡乱，正在戒严，与从前情形不同”，宁调元、熊樾山等“由鄂解京，不无周折，应即在鄂就近讯明，按法惩办”。

8月5日　致书文斐，告以得京函，“解京之说”，“因路途不靖，暂作罢论。此刻已有人为我别图方法，惟需巨款，不知湘中可设法代办否”？

8月10日　再次致书文斐，告以“解京之说虽已详上，尚未发表，惟消息不好耳”。

8月16日　致书刘谦，谓其间无书可看，望代购词或《史记》一册寄来。

8月18日　江西讨袁军失败，南昌失陷。

8月中旬　文斐与谭延闿设法集资三千金，遣李隆建至鄂，援救宁调元，被奸人设计夺金。

8月27日　湖北都督府军法课审理定案，指控宁调元、熊樾山“当武汉暴动之时，为该党执行重要事务”，决定“处以死刑”，“俟奉到大总统宣布判决后再行执行”。

9月1日　南京失陷。“二次革命”失败。

9月上旬　闻“二次革命”失败，悲愤至极，作《残棋》及秋兴诗四叠。

9月24日　陆军部处决令下。从容作绝笔诗《用东坡〈狱中遗子由〉韵，寄约真长沙》。

9月25日　与熊樾山一同就义于武昌湖北军法局陆军监狱内。

10月8日　晏阁芗、刘谦运宁调元灵柩返醴陵后，葬于醴陵城郊西山。

1935年

7月10日　国民政府下令曰：“先烈宁调元赋性英毅，学术湛深，早岁奔走革命，屡濒危难，矢志益坚。癸丑之役，联络长江各省密谋响应，尤著勋勤。不幸中道被逮，就义武昌。追怀壮烈，轸悼弥深，亟应特予褒扬，用阐幽潜，而昭矜式。此令。”

是年，国民政府又拨专款重新修宁调元墓于醴陵西山，以供后人瞻仰。

1983年

湖南省人民政府公布宁调元墓为省级重点文物保护单位。

1985年

湖南省人民政府拨专款，修整宁调元墓和“太一亭”。

1988年

杨天石、曾景忠所编《宁调元集》，由湖南人民出版社出版。

2008年

杨天石、曾景忠所编《宁调元集》，被列入“湖湘文库”甲编第357种，由湖南人民出版社重版。

后 记

宁调元是辛亥革命时期的风云人物，为近代中国民主共和制度的建立和巩固建立了不朽的功绩，永远受到中国人民的称颂和尊敬。

本书在撰写过程中，得到了导师饶怀民教授的精心指导，初稿完成后又蒙饶怀民教授审改，并提出了诸多修改意见，为本书增色不少；同时还得到了醴陵市东富镇芷泉村宁海根先生、王启政先生，《湖南工业大学学报》《特立学刊》《文史拾遗》以及国家图书馆、广东中山图书馆、湖南师范大学图书馆等有关部门的负责同志热情帮助。本书的出版，得到了华民慈善基金会、湖南省委统战部及其原副部长彭军良先生的大力支持，岳麓书社的领导以及编辑王文西、邱建明先生为之付出了辛勤的劳动，在此一并表示衷心的感谢！

由于水平和学识有限，本书的疏漏和错误之处在所难免，敬请专家和读者不吝赐教。

邓江祁
2019 年 4 月

图书在版编目(CIP)数据

南社诗雄宁调元传/邓江祁著．—长沙：岳麓书社，2021.8
ISBN 978-7-5538-1535-0

Ⅰ.①南…　Ⅱ.①邓…　Ⅲ.①宁调元(1873—1913)—传记
Ⅳ.①K827=52

中国版本图书馆 CIP 数据核字(2021)第 175925 号

NANSHE SHIXIONG NINGDIAOYUAN ZHUAN

南社诗雄宁调元传

作　　者：邓江祁
责任编辑：王文西
特邀编辑：邱建明
责任校对：舒　舍
封面设计：胡　颖

岳麓书社出版发行
地址：湖南省长沙市爱民路 47 号
直销电话：0731-88804152　0731-88885616
邮编：410006

版次：2021 年 8 月第 1 版
印次：2021 年 8 月第 1 次印刷
开本：890mm×1240mm　1/32
印张：18.5
字数：514 千字
书号：ISBN 978-7-5538-1535-0
定价：90.00 元

承印：长沙市宏发印刷有限公司

如有印装质量问题，请与本社印务部联系
电话：0731-88884129